国家科学技术学术著作出版基金资助出版

高速列车耦合大系统动力学
理论与实践(第二版)

张卫华　著

科学出版社
北京

内 容 简 介

本书系统阐述了高速列车耦合大系统动力学的理论基础及应用实践。全书共8章，第1章描述了高速列车耦合大系统动力学的内涵；第2~4章描述了高速列车耦合大系统动力学的建模方法、仿真平台以及性能的基本特征与评价。后4章主要介绍高速列车耦合大系统动力学理论的工程应用实践，基于耦合大系统动力学的性能要求，开展了第5章的动力学性能优化设计、第6章的耦合大系统参数优化设计以及第7章的耦合大系统动力学性能试验设计，并在第8章中探讨了高速列车服役周期内的性能变化，提出了一系列的安全控制策略和措施。

本书可供从事高速列车设计相关专业院校与科研机构的研究生和研究人员查阅、参考。

图书在版编目(CIP)数据

高速列车耦合大系统动力学理论与实践 / 张卫华著. —2版. —北京:科学出版社, 2022.3

ISBN 978-7-03-067295-7

Ⅰ. ①高…　Ⅱ. ①张…　Ⅲ. ①高速列车-耦合系统-系统动态学-研究　Ⅳ. ①U292.91

中国版本图书馆CIP数据核字（2020）第268758号

责任编辑：华宗琪 / 责任校对：陈子昂
责任印制：罗　科 / 封面设计：墨创文化

科学出版社出版
北京东黄城根北街16号
邮政编码：100717
http://www.sciencep.com

四川煤田地质制图印刷厂印刷
科学出版社发行　各地新华书店经销

*

2013年3月第 一 版　开本：787×1092 1/16
2022年3月第 二 版　印张：27 1/2
2022年3月第三次印刷　字数：652 000

定价：328.00元

（如有印装质量问题，我社负责调换）

第一版序言

铁道机车车辆是一个复杂的多体系统，在复杂的轨道线路上运行，电气化之后又加上复杂的受电弓/接触网高压受流系统。随着速度的提高，周围气流作用急剧增加，牵引制动系统越来越复杂，振动、噪声、能耗等环保问题日益突出，高速列车所面对的就是一个如此复杂的动态环境。如何分析动力学行为、控制动态特性、保证安全平稳运行一直是高速列车设计中要解决的主要问题。日本于 20 世纪 50 年代率先开发高速铁路技术就曾受此限制。他们当时的计算结果，极限速度只能达到 270km/h，所以，运营最高速度定为 210km/h，在实践中才发现还可以提高，很快改为 230km/h。

20 世纪 60 年代现代计算机问世，多自由度的仿真计算成为可能。用数字仿真来解决汽车、火车动力学计算的车辆系统动力学，迅速发展成一门独立学科，大大推动了机车车辆设计向前发展。我国是 70 年代才开始进入这一领域，牵引动力国家重点实验室就是在这一前沿学科的基础上诞生的。牵引动力国家重点实验室结合真车动态模拟试验，以发展和推广铁路车辆系统动力学为主要任务，几十年来，为我国机车车辆研发，尤其是高速列车技术创新，发挥了很大作用。

牵引动力国家重点实验室结合我国铁路发展，研究系统动力学经历了一个漫长的探索过程。先是与国际同步研究一辆车的系统动力学和轮轨接触力学，我自己的工作也在这个领域。后来，孙翔教授扩大到一列车，解决了列车纵向力的计算问题。徐昭鑫教授用多车耦合模型研究运动稳定性，得到列车与单辆车的临界速度相接近的结论。翟婉明教授为了研究车辆与轨道的耦合振动问题，创造性地提出车辆-轨道耦合动力学，他的理论在国际上得到广泛引用。从 1996 年起，张卫华教授主持牵引动力国家重点实验室工作，除将受电弓动力学拓展为弓网耦合系统动力学之外，还将轮轨关系方面的最新研究成果并入车辆-轨道耦合动力学之中，在仿真计算中，丰富了车辆-轨道系统动力学内涵。张卫华教授的主要研究工作集中在高速列车技术创新上，他发现稠密大气的动力作用极大，无论轮轨、弓网、电力牵引等，都受它的影响，甚至车体结构强度也必须考虑气动作用。于是，他提出开展高速列车流固耦合动力学研究，并指出所有构成高速列车动态环境的因素，如流固耦合、轮轨耦合、弓网耦合、机电耦合等，都必须进入列车系统中，成为一个统一的耦合大系统，才能有效进行系统仿真、系统优化和系统控制。他为此编制软件，建立仿真平台，进行台架动态模拟试验和实车线路试验。尤为可贵的是他把这些理论研究成果，通过同相关企业合作，直接应用于我国高速列车的研究开发之中。我国自主研制的高速列车，无不经过他们做的动力学参数优化、台架试验和运营中的跟踪试验，高速列车耦合大系统动力学已经成为发展我国高速列车技术不可或缺的理论工具。

我有幸提前阅读了张卫华教授的奠基之作《高速列车耦合大系统动力学理论与实践》样书，该书图文并茂，内容翔实，数据丰富，必将成为我国，以至国外研究开发高速列车的必读著作。该书以高速列车为核心，把高速列车以及与之相关并影响其动力学性能的线路、气流、供电和接触网等耦合系统作为一个统一的大系统，研究高速列车动力学行为，以实现全局仿真、优化和控制。以大量实例及模型研究了高速列车运行稳定性、平稳性及安全性，详细总结了基本耦合关系的研究成果，提出了大系统建模、全局优化、系统评价、模拟试验、服役控制等的具体方法和应用实例。该书既是一部有深度的理论专著，又是一本极具实用价值的参考书。它的出版发行，必将推动高速列车动力学理论及技术的进一步发展。我在万分欣喜之余，特为之作序。

中国科学院院士
中国工程院院士　沈志云

2012 年 12 月

第二版前言

高速列车耦合大系统动力学是以高速列车为核心，把高速列车以及与之相关并影响其动力学性能的线路、气流、供电和接触网等耦合系统作为一个统一的大系统，研究高速列车动力学行为，以实现全局仿真、优化和控制的科学。高速列车耦合大系统动力学是构建高速列车设计—制造—运用—维护全寿命周期的动力学性能研究与试验体系的重要理论支撑。

本书提出了高速列车耦合大系统动力学理论框架及模型，针对大系统与耦合，创建了循环变量递推积分的列车动力学建模与仿真计算方法，实现长大列车的快速建模与仿真计算；提出了滑移窗口的车线耦合建模与仿真技术方法，实现了列车在任意长线路的运行模拟仿真；给出了受电弓-接触网受流时在机械振动条件下的离线电弧表达式与电弧力计算方法，实现了弓网接触的多力学场耦合；发展了基于松弛因子和状态平衡的高速列车流固耦合计算方法，有效提高了流固耦合计算稳定性与计算效率。

笔者还主持构建了高速列车数字化仿真平台、高速列车基础研究试验平台和高速列车服役性能研究试验平台，这些分析、试验和检测平台的建立，已成为高速列车全寿命周期动力学研究与试验体系的重要组成部分，为高速列车耦合大系统动力学理论的建立、验证和完善提供了有力支撑。高速列车耦合大系统动力学理论广泛应用于中国高速铁路，特别是高速列车的创新研究中，成为国家科技进步特等奖“京沪高速铁路工程”的重要创新点。

本书是在 2013 年科学出版社出版的《高速列车耦合大系统动力学理论与实践》一书的基础上，结合后来工作的成果，进行完善而形成的。首先对第 1 章进行大量删减与整理，突出本书的重点；第 2 章给出车线耦合计算中钢轨在窗口滑移的计算公式，以便其他学者引用；第 3 章进行适当删减与调整，突出耦合大系统的协同仿真；第 8 章增加高速列车运行维护方面的应用内容，首次提出并尝试使用高速列车运行安全度的概念；其他章节改动较小，保持了第二版与第一版之间的一致性。

本书的再版得到了诸多的支持和帮助。首先要感谢笔者的人生与学术导师，中国科学院和中国工程院院士沈志云教授，他一直在不同场合不遗余力地宣传高速列车耦合大系统动力学理论，认为这是高速列车创新发展的重要理论基础，并鼓励笔者不断完善其理论体系。当然还要感谢西南交通大学牵引动力国家重点实验室的同事，从 2013 到 2020 年，高速列车的基础研究试验平台得到了完善，并很好地应用于高速列车的创新发展中，保证了高速列车设计—制造—运用—维护全寿命周期的动力学性能研究与试验体系的构建。特别要感谢所有参加本书再版修改的各科研课题的老师和研究生，他们所提供的研究成果是本书形成的基础，本书也是我们共同努力的结果。最后要感谢科学出版社的编辑，是他们的辛勤劳动和积极配合才得以使本书顺利出版。

张卫华

2021 年 10 月

于成都西南交通大学

第一版前言

笔者于 2005 年撰写《机车车辆动态模拟》一书时，正值我国高速铁路建设初期，虽然在第十五章“高速列车动态模拟研究的发展”中，思考了高速列车中的基础理论问题以及拟开展的相关课题，但因缺乏中国高铁的“实战”经验，未形成系统的高速列车动力学理论。从 2006 年至 2012 年，中国高速铁路 7 年的快速发展，使得中国一跃成为世界上高速铁路里程最长的国家。中国高速列车的发展秉承“引进先进技术，联合设计生产，打造中国品牌”的指导方针，实现了高速动车组的引进、消化吸收和再创新。伴随中国高速铁路的发展和高速列车的自主创新，笔者在理论上和实践上对高速列车有了新的认识，提升了高速列车理论系统研究的高度，并累积了大量的实践经验。本书旨在及时总结理论研究成果和经验，以期为高速列车设计、分析、运用和维护提供更加系统的理论和依据。

笔者在《机车车辆动态模拟》一书中提到机车车辆与其他系统的耦合作用，并用实物模拟、计算机模拟和混合模拟研究了机车车辆、轮轨关系和弓网关系。在我国高速列车研究中，笔者愈加重视高速列车与线路系统、弓网系统、供电系统及气流状态的耦合作用，在 2007 年铁道部制订的《时速 300～350km 动车组总体技术方案》中，笔者所提出的“应用与发展高速列车耦合大系统动力学理论”已作为高速动车组基础理论的创新要点。之后，笔者不断思考和研究了高速列车耦合大系统动力学理论框架，构建了仿真平台，并尝试将其应用于高速列车动力学及其轮轨、弓网、流固和机电耦合关系研究之中。目前，有相当一部分研究成果在实际工程中得到了应用。

高速列车耦合大系统动力学是构建高速列车设计—制造—运用—维护全寿命周期的动力学性能研究与试验体系的重要理论支撑。利用轨道交通国家实验室筹建之机，笔者主持构建了高速列车数字化仿真平台，并主持建设了高速列车基础研究试验平台和高速列车服役性能研究试验平台。这些试验和检测装备的建立，已成为高速列车全寿命周期动力学研究与试验体系的重要组成部分，也为高速列车耦合大系统动力学理论的建立和验证提供了条件。

在高速列车耦合大系统动力学理论、仿真和试验平台建立的基础上，笔者主持完成了国家 973 计划项目“高速列车安全服役关键基础问题研究”和国家科技支撑计划项目“中国高速列车关键技术研究及装备研制——共性基础及系统集成技术”，相关研究成果汇集形成了本书。

本书共分 8 章。第 1 章总结了世界高速铁路发展概况，回顾了法国、德国、日本和中国高速铁路技术的发展特点，并从车辆系统动力学、列车系统动力学、轨道系统动力学、空气动力学以及弓网系统动力学 5 个方面展示了铁路领域动力学理论研究的现状，针对高速铁路系统的特殊性以及当前高速铁路面临的动力学问题，提出了开展高速列车耦合大系统动力学研究的必要性，并对耦合大系统动力学的基本研究内容进行了介绍。

第 2 章首先定义了高速列车耦合大系统动力学的概念，将其建模分解为 7 个子系统的建模、系统耦合建模以及各系统综合的耦合大系统动力学模型，并在此基础上拓展至列车运行牵引控制和高速列车服役的建模。详细介绍了各子系统建模的内涵，对车辆系统、线路系统、受电弓系统、接触网系统、空气动力学、供电系统和传动系统 7 个子系统的建模方法、建模思路以及理论支撑进行了逐一说明。从车间耦合模型、列车耦合模型、弓网耦合模型、轮轨耦合模型、车线耦合模型、流固耦合模型以及机电耦合模型 7 个方面对高速列车系统中存在的耦合模型进行了理论建模。最后，在子系统和耦合关系模型的基础上构建了高速列车耦合大系统动力学模型。本章详细描述的各类模型的建立和计算方法，是高速列车耦合大系统动力学理论研究的核心，是展开理论研究的必要前提。

第 3 章基于第 2 章的动力学模型，组建了高速列车耦合大系统动力学的仿真平台。首先从仿真平台功能、软件架构和硬件架构 3 方面搭建了仿真平台的框架，并利用面向 CAD 的动力学属性提取技术、高速列车的参数化建模以及动力学的图形化建模等方法进行了高速列车的建模，采用集成建模技术(组件建模)、三层耦合控制仿真方法和耦合器以实现高速列车耦合大系统动力学的仿真计算，并从高速列车耦合大系统仿真平台的数据体系的特征、任务和技术要求出发，设计了仿真平台的数据体系，建立了数据体系与动力学仿真工况之间的对应关系。随后运用不同粒度、不同域以及多样化的动态数据展示技术对仿真结果进行后处理。最后，对比了高速列车耦合大系统动力学仿真结果和高速列车试验结果，验证了仿真平台的建模方法和耦合仿真方法的有效性。

第 4 章首先从高速列车、轮轨耦合、弓网耦合、流固耦合和机电耦合 5 个方面对高速列车耦合大系统动力学参数进行了细致的描述，随后介绍了评价列车振动、弓网关系、流固关系和机电耦合关系的各性能指标，并针对高速列车耦合大系统中各耦合系统的动力学性能进行了基本特性描述。

第 5 章基于高速列车动力学性能的优化目标以及高速列车的顶层设计指标，探讨了高速列车的运动稳定性设计方法、运行平稳性设计方法和运行安全性设计方法，明确了相应的控制策略以及参数优化设计的方法。随后综合了高速列车参数对动力学性能的影响程度，提出参数设计需要系统优化的观点，并将其运用于轮对踏面设计、轮径、轴距、一系纵向定位刚度、二系空气弹簧参数以及减振器参数等转向架参数的设计中。

第 6 章从轮轨耦合关系、弓网关系和流固耦合关系出发，对高速铁路线路参数、高速受电弓和接触网参数以及高速列车气动参数进行了探讨。通过线路平纵断面特点、线路刚度以及轨道不平顺对动车组的安全性和舒适性的影响分析，提出了线路参数的基本优化方法。针对受电弓结构参数和悬挂参数、接触网型式和结构参数以及受电弓的弓间距对弓网动力学性能的影响特性，提出了合理的弓网参数优化设计方法。分析了高速列车头部剖面控制线外形、线路线间距以及挡风墙对高速列车气动特性的影响，并提出了合理的线路间距设置以及挡风墙高度取值。

第7章首先从系统性、试验性和实践性3方面介绍高速列车创新研究平台的总体技术方案，确立了高速列车基础研究试验、数字化仿真以及服役性能试验的3大平台建设框架，并对高速列车各项基础研究台架试验技术、动力学服役性能跟踪试验技术以及高速列车科学研究性试验的试验技术进行了详细的说明。以京津城际高速铁路的研究性试验为例，利用试验结果充分展现高速列车各系统间的耦合作用以及试验技术的有效性。

第8章基于高速列车跟踪检测结果，探讨了高速列车服役过程中动力学性能的演变规律；结合高速列车走行部的安全监控平台、车载安全检测技术、地面安全检测技术对高速列车走行部的监控技术进行了介绍；从车轮踏面磨耗、轮对尺寸误差和车辆悬挂参数对高速列车动力学性能的影响出发，给出了各参数的阈值；引入高速列车服役可靠度的概念，以轮对踏面和一系定位系统的可靠性设计进行了举例说明，并提出了高速列车服役可靠度的控制策略。

本书的出版，得到了诸多的支持和帮助。首先要感谢笔者的导师——中国科学院和中国工程院院士沈志云教授，正是他的引导和鼓励，笔者才有勇气探索高速列车耦合大系统动力学；当然要特别感谢牵引动力国家重点实验室的同事们和参与轨道交通国家实验室建设的同仁们，正是他们的积极配合和支持，才保证了高速列车设计—制造—运用—维护全寿命周期的动力学性能研究与试验体系构建这项系统而又复杂工作的完成；还要感谢所有参加笔者主持的各项科研课题研究的老师和研究生，他们的研究成果极大地丰富了本书的内容，本书的成稿也是他们共同努力的结果。最后要衷心感谢科学出版社的领导和编辑，是他们的直接支持和辛勤工作促成了本书的及时出版。

高速列车耦合大系统动力学理论的形成时间还不长，高速列车设计—制造—运用—维护全寿命周期的动力学性能研究与试验体系还需要在实践中不断完善，加之作者在专业上的限制，而且有些研究还在进行之中，书稿并没有达到预期的要求，希望在以后的工作中逐步完善。如此种种，限于笔者水平，肤浅和粗糙之处敬请同行们多多指教，书中错误和不当之处也敬请广大读者批评指正。

张卫华

2012年12月9日

于成都西南交通大学

目　录

第1章　绪　论

世界高速铁路发展至今半个多世纪，全世界已建成高速铁路超过 3.7 万 km，高速铁路将欧洲、亚洲和世界许多地区都连接了起来，欧洲和亚洲逐步成为高速铁路的发展中心，形成了以德国、法国、日本和中国高速铁路技术为代表的高速铁路技术体系[1-27]。基于不同设计理念的技术体系，各具独特优势，都在不断探寻着更高速、更安全、更舒适的高速铁路设计技术，不断发展着更先进、更高效、更优良的高速铁路装备制造技术，也不断累积着更丰富、更深刻的高速铁路系统运营经验。

高速铁路是一个庞大的系统工程，其核心是高速列车系统。高速列车系统不仅包括高速列车自身，还涵盖着高速轨道线路、高速接触网(供电系统)、通信信号等子系统，如图 1.1 所示。目前，德国城际特快列车(ICE)、法国高速铁路系统(TGV)、日本新干线(JR)以及中国高速铁路(CRH)，已成为高速铁路和高速列车技术发展的代名词。四国的高速铁路系统各具鲜明特点，涵盖了典型的高速列车技术。以高速列车的牵引方式为例，高速列车主要采用了两种牵引方式——动力集中和动力分散，各自以独特的优势被广泛应用于全世界的高速列车中；以高速轨道线路技术为例，目前铺设的线路主要包括有砟轨道和无砟轨道两种形式，有砟轨道的低噪声特性和无砟轨道的高平顺性都深受设计者的喜爱，设计者在尽情发挥优势的同时不断进行技术升级，规避这两种形式铁路各自的弊端；以高速接触网技术为例，因其悬挂方式的不同，形成了简单链型悬挂、弹性链型悬挂和复链型悬挂三种结构，它们都在为提高受流质量而不断优化发展。

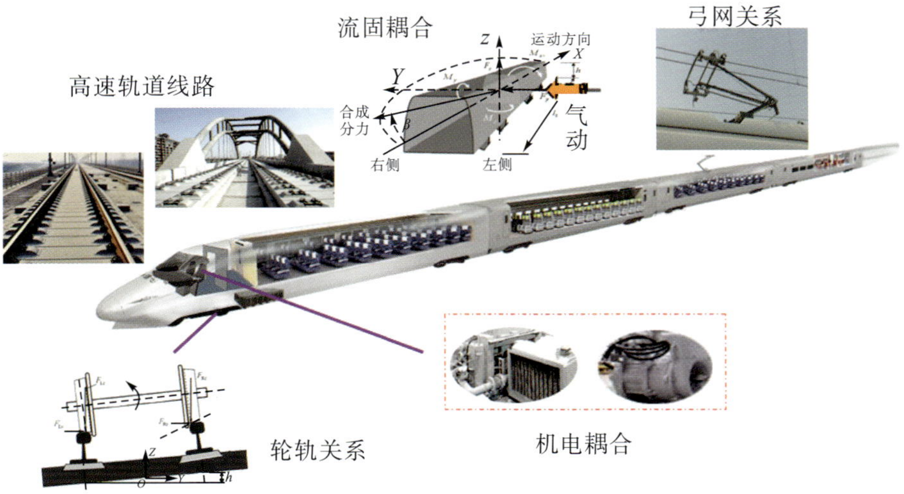

图 1.1　高速列车系统

1.1 中国高速铁路的发展和技术特点

1.1.1 中国高速铁路的发展

中国的高速铁路建设始于20世纪，秦沈客运专线是中国第一条铁路客运专线，全长404km。秦沈客运专线是中国铁路里程碑式的建筑，它是中国自己研究、设计、施工的时速200km的第一条快速铁路客运专线，并预留250km/h的提速条件。秦沈客运专线于1999年8月16日全面开工建设，2003年10月12日正式开通运营。

铁路作为中国国民经济的大动脉，长期以来，其运营速度的低下和路网规模的稀少都影响着中国的发展和百姓的出行。进入21世纪，发展高速铁路逐渐成为共识，2004年1月国务院发布了《中长期铁路网规划》，明确了中国铁路网中长期建设目标，计划到2020年，时速200km及以上的高速客运专线1.2万km以上[28]。2008年经国务院批准调整到1.8万km，包括“四纵四横”客运专线以及长三角、珠三角和环渤海三个城际客运系统[29]，构建了庞大的高速铁路发展计划。其中“四纵四横”客运专线具体如下。

四纵：北京—上海高速铁路（京沪高速铁路）、北京—武汉—广州—深圳（香港）高速铁路（京港客运专线）、北京—沈阳—哈尔滨（大连）高速铁路（京哈客运专线）、上海—杭州—宁波—福州—深圳高速铁路（杭福深客运专线）。

四横：青岛—石家庄—太原高速铁路（青太客运专线）、徐州—郑州—兰州高速铁路（徐兰客运专线）、上海—南京—武汉—重庆—成都高速铁路（沪汉蓉快速客运通道）、上海—杭州—南昌—长沙—昆明高速铁路（沪昆高速铁路）。

2016年6月29日，国务院原则批准了“八纵八横”《中长期铁路网规划》（图1.2）。在原规划“四纵四横”主骨架的基础上，增加客流支撑、标准适宜、发展需要的高速铁路，同时充分利用既有铁路，到2030年形成以“八纵八横”主通道为骨架、区域连接线衔接、城际铁路补充的高速铁路网。这次规划还明确划分了高速铁路网建设标准，高速铁路主通道规划新增项目原则采用时速250km及以上标准（地形地质及气候条件复杂困难地区可以适当降低），其中沿线人口城镇稠密、经济比较发达、贯通特大城市的铁路可采用时速350km标准。区域铁路连接线原则采用时速250km及以下标准，城际铁路原则采用时速200km及以下标准。

“八纵”通道包括沿海通道、京沪通道、京港（台）通道、京哈—京港澳通道、呼南通道、京昆通道、包（银）海通道、兰（西）广通道，“八横”通道包括绥满通道、京兰通道、青银通道、陆桥通道、沿江通道、沪昆通道、厦渝通道、广昆通道。在“八纵八横”主通道的基础上，规划布局高速铁路区域连接线，目的是进一步完善路网，扩大高速铁路覆盖。在优先利用高速铁路、普速铁路开行城际列车服务城际功能的同时，规划建设支撑和引领新型城镇化发展、有效连接大中城市与中心城镇、服务通勤功能的城市群城际客运铁路。

到2018年底，中国共生产高速动车组3313列（8辆编组的标准列），每天投入运行的高速动车组 5400 余列，高速列车的生产和运营数量世界之最；中国投入运营的高速铁路超过 2.9 万 km，到 2020 年超过 3.0 万 km，高速铁路里程为世界之最。其中举世瞩目的京沪高速铁路全长 1318km，其中桥梁长度约 1140km，占正线长度的 86.5%，采用整体道床的无砟轨道结构，设计时速 350km，是世界上建设标准最高的高速铁路。

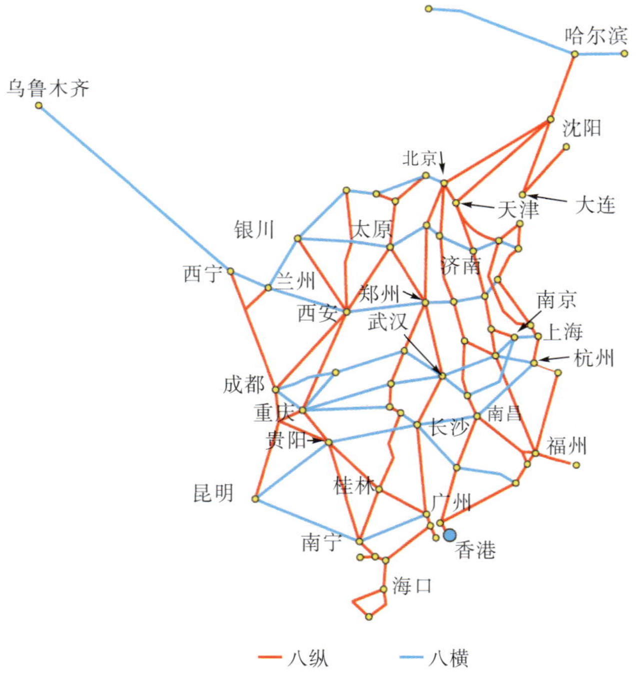

图 1.2 “八纵八横”的国家高铁网格示意图

1.1.2 中国高速铁路的技术特点

1. 线路

中国高速铁路线路一般为复线(图 1.3)，时速 300km 及以上的高速铁路线间距为 5m，线路坡度小于 2%，最小曲线半径为 7000m。为了提高线路的平顺性，避免沉降，一般采

图 1.3 中国高速铁路的高架线路

用高架桥结构，通过高架形式，实现跨江河、跃沟壑，提高线路的平顺性。因此，在选线和线路平纵断面设计时，可以充分考虑列车高速通过时的动力学性能，避免初期建设的高速铁路高速列车行驶时出现“过山车”式颠簸感。

2. 轨道

中国的高速铁路轨道大多采用具有高平顺性和稳定性的无砟轨道，中国之前缺乏轨道板制造技术，因此选择引进外国技术及自主研发来发展无砟轨道技术。2004 年 9 月，中国先于遂渝线使用自主无砟轨道技术，兴建全长 13.16km 的无砟轨道试验段，至 2007 年建造完成并通过动车组时速 232km 的线路试验，测试的各项数据都在设计和安全标准之内。

为了发展 350km/h 高速列车，中国从德国引进无砟轨道技术，选择与博格(Max Bögl)、睿铁(Rail ONE)及旭普林(Züblin)等公司合作，其中京津城际铁路和京沪高速铁路使用了博格式轨道板，武广客运专线则使用睿铁的 Rheda 2000 无砟轨道技术，郑西客运专线使用旭普林技术。另外还引进了日本新干线的无砟轨道技术，应用在哈大线。中国把不同款式的高速轨道板以型号分类，例如，将基于日本新干线的轨道板称为 CRTS Ⅰ型板式无砟轨道；将基于德国博格的轨道板称为 CRTS Ⅱ型板式无砟轨道；将基于旭普林的轨道板称为 CRTS Ⅱ型双块式无砟轨道；将中国自主研制的新型轨道板称为 CRTS Ⅲ型板式无砟轨道，其于 2009 年 11 月首次亮相，成功应用于成灌快速铁路。

通过超过 2.5 万 km 的不同结构类型高速铁路运营和试验，中国不仅掌握了不同类型轨道的设计、制造、施工和维护技术，更重要的是掌握了不同类型无砟轨道特性，形成了系列化的中国高速铁路轨道标准体系。

为了减少线路不平顺对高速运行列车的扰动，中国高速铁路建设对线路平顺性提出更高的要求，不仅全线采用无缝钢轨，在钢轨不平顺方面，安装钢轨的轨道板制造精度是 0.1mm，安装的轨距允许误差为±1mm，高度误差小于 2mm，沿轨向的误差小于 2mm，扭曲误差小于 2mm，水平向误差小于 1mm。钢轨采用材料为 U71MnK、单位长度密度为 60kg/m 的长钢轨，钢轨的轧制长度为 100m。为了实现高速通过，应用了高速道岔，确保高速列车可以正线 350km/h 和侧线 120～250km/h 的速度通过。

3. 隧道

中国既有线路的隧道面积一般在 64m^2 左右，由于隧道面积直接影响列车通过隧道时的空气阻力和气密性要求，因此中国高速铁路的隧道截面面积为 100m^2，具有缓冲结构的入口，甚至设置了辅助隧道井，以改善列车通过隧道时的空气动力学性能。

4. 列车控制系统

中国高速铁路的先进性不仅是高速度，还有高密度，列车运行实现了高速化和公交化。中国根据铁路发展需要，发展 CTCS 系列列车控制系统，其中 CTCS-2 基于应答器和轨道电路信息传输，列车驾驶员凭车载信号行车，已应用于 200～250km/h 线路。CTCS-3 基于无线信息传输，列车驾驶员凭车载信号行车，用于 300～350km/h 线路。

从兼容性考虑，CTCS-3 级列控系统可以叠加在 CTCS-2 级列控系统上，反之 CTCS-2

可作为 CTCS-3 的后备系统。无线闭塞中心或无线通信故障时，CTCS-2 级列控系统控制列车运行。由于采用了先进的列车控制系统，目前中国高速铁路的列车运行最小间隔设计为 3min，实际应用一般在 5min 左右。

5. 牵引供电系统

中国铁路的供电制式是单相交流 27.5kV/50Hz，高速铁路普遍采用自耦变压器(auto transformer，AT)供电模式，供电臂长 50km 左右。中国铁路传统的接触网系统是简单悬挂方式，中国第一条设计时速 350km 的京津城际客运专线也是采用简单悬挂。为了进一步提高弓网受流性能，特别是满足时速 350km 下的双弓受流，逐步采用了接触网刚度一致性更高的弹性链型悬挂方式，而且接触线张力提高到 30kN 左右。

1.1.3 中国高速列车的发展

中国的高速列车研究始于 20 世纪末，最终在 21 世纪初研制出中国第一列高速列车“中华之星”(图 1.4)。“中华之星”高速动车组是拥有自主知识产权的高速电力动车组，设计时速为 270km，是采用交流传动系统、动力集中型的动车组，采用 2 动 9 拖的列车编组方式，满座载 726 名旅客。2002 年 11 月 27 日，“中华之星”高速动车组冲刺试验创造了最高速度 321.5km/h，为当时“中国铁路第一速”。

图 1.4 “中华之星”高速动车组

为了发展更高速度和更加先进的高速列车技术，国务院提出发展高速列车的“引进先进技术，联合设计生产，打造中国品牌”的指导方针。据此，铁道部拉开了高速动车组“引进消化吸收再创新”工程，分别在 2004 年从阿尔斯通(Alstom)、庞巴迪(Bombardier)和川崎重工(TYO)引进了时速 200km 等级的动车组，在 2006 年从西门子(Siemens)引进了时速 300km 等级的动车组。

高速动车组需满足长距离、大运量、高密度、旅行时间短等运输需求，对设计、制造、运营和维修都提出很高的要求。为了实现高速动车组的国产化及自主创新，铁道部组织全国的优势力量进行关键技术攻关。高速列车的关键技术主要包括如下九个方面：动车组总成(即系统集成)、车体、转向架、牵引变压器、牵引变流器、牵引电机、牵引控制、列车控制网络系统、制动系统。另外，还确定了十项配套技术，包括空调系统、集便装置、车门、车窗、风挡、钩缓装置、受电弓、辅助供电系统、车内装饰和座椅。

通过引进技术的消化吸收和适应性创新研究，不仅实现了高速动车组的国产化，而且实现了高速列车的自主创新。从目前来看，动车组已形成两大速度系列、两大品牌、十个品种的基本格局。两大速度系列为时速 300～350km 系列和时速 200～250km 系列，十个品种目前为“和谐号”品牌的 CRH1(与庞巴迪合作，在中国生产)、CRH2(引进川崎重工技术)、CHR3(引进西门子技术)、CRH5(引进阿尔斯通技术)、CRH6(自主创新)以及再创新的新一代高速列车 CRH380A、CRH380B、CRH380D(与庞巴迪合作，在中国生产)八个品种，“复兴号”品牌的中国标准动车组 CR400AF 和 CR400BF 两个品种(图 1.5)。

图 1.5 “复兴号”中国标准动车组

下面以自主研发的更高速度试验列车为例，介绍其技术特征和技术参数。该动车组是由中国中车青岛四方机车车辆股份有限公司自主研发的高速试验列车，其目的是在更快的速度范围内，针对高速列车的安全性、可靠性等方面开展前瞻性、基础性、理论性研究。主要围绕以下三个科学目标：

(1)提供高速列车安全性研究技术平台。安全性是高速列车技术发展的决定性指标。希望通过探索更高速度条件下高速列车的运行稳定性、结构强度、车-线-网匹配关系等安全保障系统，进一步提高安全冗余，以更好地指导商业运营列车的工程实践和工程运用。

(2)提供基础性科学问题研究试验平台。以更高速度试验列车为基础，在更宽、更高的速度范围内进行高速列车前瞻性基础理论的研究，揭示高速列车动力学行为、特征和规律，对进一步强化产学研用的研究体系、建立可持续发展的创新环境提供有力保障。

(3)提供新材料、新技术的应用验证平台。通过各种新材料、新技术的应用研究和测试，进一步丰富和完善高速列车技术体系，以保持我国高速列车技术可持续发展，加快人才队伍培养，完善标准体系。

时速 500km 高速试验列车以中国高速铁路某型新一代高速列车自主创新成果为基础，以更高速度条件下安全、可靠运行为首要目标，重点围绕提升临界速度、提高牵引能力、降低阻力等方面，对系统集成、头型、车体、转向架、牵引、制动等系统进行了创新研究。列车主要技术参数如表 1.1 所示。

表 1.1 时速 500km 中国高速铁路某型高速试验列车主要技术参数

项目	参数	项目	参数
编组	6 辆编组，全部为动车	车体宽度	2950mm
运营速度	400km/h	车辆高度	3650mm(新轮，不含受电弓)
线路试验速度	≥500km/h	车辆定距	17500mm
控制装置	IGBT 水冷 VVVF	转向架	无摇枕空气弹簧转向架
制动方式	再生制动、直通式电空制动	转向架轴距	2800mm
列车网络	工业以太网	车轮直径	920/860mm
供电制式	25kV/50Hz(交流)，架空电缆取电	轨距	1435mm
车长	153.5m	最大轴重	15t
头车车长	27/26.5m(不同头型)	牵引功率	22800kW(试验)
中间车车长	25m	轴功率	950kW(试验)

主要技术特征如下。

1) 头尾车不一致的头型

为了满足时速 500km 以上的试验运行，一方面要减小头型气动阻力，同时要考虑减小尾车的气动升力。因此，试验列车采用了头车和尾车形状不一致的设计，车头犹如“宝剑”出鞘，车尾则采用“火箭”造型。其中尾车是基于具有良好空气动力学特性的中国高速铁路某型车的头型演变而来，头车是新设计的具有低空气阻力和侧向力的“宝剑”外形结构，头尾车[30]如图 1.6 所示。

(a) 试验列车头车　　(b) 试验列车尾车

图 1.6 中国高速铁路某型高速试验列车

2)小气动阻力的车体

为了进一步减少空气阻力和侧向气动力，对车体结构进行缩小和优化。一方面将车宽从CRH380A的3380mm减小到2950mm，同时把车高从3700mm降低到3650mm，而且加大了车顶圆弧，以增加车体刚性和减少侧向气动力。

3)大轴距的转向架

为了进一步提高列车蛇行失稳临界速度，通过考虑大功率电机的布置，转向架轴距从CRH380A的2500mm增加到2800mm。转向架为无摇枕转向架，增加了抗侧滚扭杆，抗蛇行减振器采用冗余设计，加强了二系悬挂空气弹簧柔度，提高了转向架的稳定性和减振效果。转向架临界失稳速度(临界速度)达750km/h，在500km/h速度下有足够的裕度。

4)超大的牵引功率

为了克服高速运行所带来的空气阻力，在减小列车车体断面和优化头型的情况下，进一步增大列车的牵引功率，在全动车的条件下，轴功率做到950kW，这已经是目前动车组所采用的最大功率动车组牵引电机。

5)新开发的网络

本试验列车采用中车株洲电力机车研究所有限公司新研制的网络系统，采用工业以太环网技术，实现列车运行信息、控制信息和安全信息大容量传输。与此同时，车上还设置了一个用于试验检测的网络系统，实现检测信号的同步采集。

6)新材料的应用

本试验列车采用了以太环网通讯网络、风阻制动等新技术，同时采用了碳纤维、镁合金、新型纳米隔音等新材料。

纵观法、德、中、日四国高速铁路关键技术的发展，无论是高速列车还是高速线路，其技术路线都独具特色，都是成功的典范，形成了多样化的高铁型式，同时也呈现了宝贵的高铁研制经验和教训。高速铁路技术，不仅仅包括高速列车技术、高速轨道技术、高速接触网技术，还涵盖了各子系统间的相互作用所涉及的系统耦合技术。事实上，高速列车速度越高，列车-线路-隧道-接触网-气动环境之间的相互耦合作用越强，任一子系统的设计都需要考虑相互影响关系的输入。日本“小断面”隧道的设计，虽然节约了前期投资成本，在洞口设置的缓冲段也能减小瞬态压力变化和微气压波问题，但对于更高速度需求的高速铁路，这无疑是很大的一个障碍。从作者对早期新干线运行列车乘坐的感受而言，列车在进出隧道时明显感觉到空气阻力带来的纵向冲击。法国有砟轨道的运用，虽然建设成本低，还能很好地吸收轮轨噪声(2～3dB)，但是道砟的飞溅隐患始终存在，线路长期服役的沉降等线路变形问题也难以避免，这些都会影响列车的运行品质和车下设备的可靠性。

高速铁路经过近半个世纪的发展，高速列车动力学、高速轨道动力学、高速弓网动力学、高速列车空气动力学等高速铁路理论日益累积，得到了极大的丰富。然而，随着高速铁路运行速度的提升，高速铁路各子系统之间的相互耦合机理和相互作用效应是必须囊括在高速铁路系统设计之中的，也是当下最亟待解决的高速铁路问题。

1.2　铁路领域动力学研究现状

基本的动力学问题就是振动问题，但高速列车的动力学问题还存在运动稳定性问题，远比一般的机械系统动力学问题复杂。列车在线路上运行时，由于线路、气流等外部力的激扰会产生振动，甚至导致运动失稳，列车的振动又反过来影响其他系统的振动。因此，尽管铁路领域的动力学研究是以机车车辆或者是列车为研究核心开展的，但相关系统的振动问题同样是高速铁路研究需要关注的问题。由于专业的不同，动力学问题往往根据不同专业的研究需求，以自身专业模型为核心来研究铁路系统动力学行为：以车辆专业为主的车辆系统动力学，也包括列车系统动力学；以铁道专业为主的轨道系统动力学，或者车-线耦合动力学；以气动专业为主的列车空气动力学；以供电专业力学行为研究为主的弓网系统动力学等。随着高速列车动力学研究的深入，作者提出考虑以高速列车为核心的耦合大系统动力学研究[31]，该研究以各个专业动力学为基础发展而成的。

1.2.1　车辆系统动力学

车辆系统动力学以车辆为研究对象，主要研究车辆振动与其受力之间的内在关系，研究的主要目的是掌握车辆的动力学行为，理解车辆运行过程中一些特殊的力学现象，如蛇行、脱轨等行为。车辆系统动力学的研究内容主要包括车辆运动稳定性、车辆曲线通过性能和车辆运行平稳性。

1. 车辆运动稳定性

稳定性这一概念早在 17 世纪 Torricelli 时期就已经形成，但直到 1892 年才由李雅普诺夫给出严格的定义[32]。稳定性的含义极广，有静态稳定性及动态稳定性两大类。具体到铁道车辆，车辆抗倾覆稳定性、轮对抗脱轨稳定性等都是从静力平衡条件来确定研究对象的稳定与否，因此均属于静态稳定性范畴。而蛇行运动稳定性是车辆系统本身的固有属性，是决定车辆能否高速运行的关键因素，属于动态稳定性的范畴[33]。

轮对蛇行运动这一现象早在铁路运输事业发展的初期就已经被注意到[34]，但当时只从轮对与钢轨之间的几何关系来研究蛇行运动，并没有认识到蛇行运动的本质。据文献记载，第一位发现蛇行运动机理的是英国人 Carter，他于 1916 年首次提出铁道车辆的蛇行失稳是由锥形踏面以及轮轨间的蠕滑现象产生的，至此，蛇行失稳运动有了理论基础[35]。此后，车辆系统横向运动稳定性的研究产生了跨越式的发展，以 de Pater 为代表的一些早期学者，率先采用动力学运动稳定性方法研究车辆的蛇行运动问题，以 Matsudaira 为代表的一批学者，建立了线性锥形踏面轮对和转向架模型，采用线性稳定性理论进行研究[36, 37]。

随后 Wickens 利用当时现有的线性蠕滑模型详细讨论了转向架稳定性问题，认为蠕滑力和车轮的锥度是造成系统不稳定的主要原因，最后通过模型试验和全尺寸车辆滚动试验验证了理论的正确性，并指出为了获得精确临界速度需考虑详细的动力学模型[38]。

随着轮轨接触力学的发展，轮轨间的蠕滑力计算方式主要发展为各种非线性理论[39-41]，早期由于计算机条件的限制，对车辆运动稳定性的研究大都采用线性或者等效线性化模型。由于线性稳定性的计算精度有限，许多学者认为线性稳定性分析的计算结果比较粗略，便开始了非线性动力学在车辆工程上的应用研究。Cooperrider 加入纵向和横向非线性蠕滑力，对车辆系统进行了非线性动力学行为研究[42]。Wickens 研究了转向架的非线性稳定性，其中考虑了轮对磨耗踏面的影响[43]。Knudsen 等应用 Poincare 截面法分析了单轮对的分岔及混沌现象[44]。Petersen 等应用 Vermeulen-Johnson 轮轨非线性蠕滑理论对铁道车辆的分岔与混沌现象做了大量研究[45-50]，并提出了车辆系统非线性临界速度的计算方法。Zboinski 等给出了车辆在过曲线上的稳定性分析方法[51]。曾京利用 QR 算法求得一次近似系统的特征值，并采用黄金分割法得到了铁道车辆系统在平衡位置处的失稳状态，以研究车辆系统的线性稳定性，并采用数值打靶法求解了车辆非线性系统的稳定与不稳定极限环[52]。张卫华应用运动稳定性理论、分叉、数值模拟方法进行了非线性车辆系统的蛇行运动分叉、极限环的数值分析，实现多维、强非线性系统运动稳定性的分叉及极限环性质的判别，最后应用西南交通大学牵引动力国家重点实验室的整车滚动振动试验台对高速客车的蛇行稳定性进行了试验验证[53]。

为了控制转向架的蛇行运动，采用主动控制方法也成为研究热点。Goodall 等首先建立了无约束传统轮对以及独立轮对的横向动力学方程，然后将其展开成状态方程框图的形式呈现出了蠕滑和等效锥度的反馈作用，通过框图的适当重构和简化获得了轮对被动稳定的方法，最后给出了几种可能的控制车轮稳定的主动控制方法[54]。Pearson 等在给出抗蛇行减振器容易传递高频振动等不利后果的情况下，建立了主动控制器设计模型和车辆系统动力学仿真模型，为了确保模型的准确性进行了模型的比较和试验验证，在此基础上完成了摇头反馈式主动稳定控制方法的仿真和试验研究，结果表明使用联合仿真技术能够很好地进行主动控制设计并且验证了所用方法的可行性[55]。意大利的 Bruni 等将可控的作动器应用在车体与转向架之间，制造了一个主动控制抗蛇行减振器样机，作动器由无刷电机组成，试验台试验测试结果表明，可控电机减振器比传统抗蛇行减振器的能量耗散率更高，且没有增加传递到车体上的力[56]。沈刚等也对稳定性控制进行了有意义的探索[57]。

2. 车辆曲线通过性能

受地理条件的限制，机车车辆不可能一直在笔直的线路上行驶，于是从机车车辆的诞生之日起，诸多学者对机车车辆的曲线通过性能进行了系统的研究[58, 59]，目的是掌握轮轨间相互作用行为，减小车辆系统中产生的动载荷，防止倾覆和脱轨。

机车车辆曲线通过动力学的研究经历了四个阶段[33]：20 世纪 30 年代，Heumann 及 Poter 应用摩擦中心法研究曲线通过行为，并分别用图解法和分析法进行了计算；在蠕滑理论取得突破性的进展后，60 年代末，Newland 和 Boocock 几乎在同一时期分别提出轮对在曲线上借助蠕滑力导向的概念。在建立这个分析方法时，假定蠕滑特性、轮轨接触几何关系以及车辆悬挂特性都是线性的，因此常称为线性曲线通过并且认为车辆在曲线上做稳态运动。稳态运动是指车辆以一定的速度在不变的线路条件(曲线的曲率半径、超高)下运行，当离心加速度和重力加速度在横向抵消时，横向惯性力等于零，于是便可按一般静力学问题处理；70 年代后半期，Elkins 和 Gostling 等考虑到机车车辆在通过小半径曲线的情况下轮对的横移量较大，有可能出现大的蠕滑现象，蠕滑特性和轮轨接触几何关系即呈明显的非线性，另外还计及悬挂系统中的非线性环节，于是提出一种新的计算方法，研究中引入了运动学约束条件来分割曲线区段，而在每个小段的曲段上仍认为是稳态运动，又称为非线性曲线通过。80 年代以来，Nagurka、Hedrick、Wormley 等更深入地考虑到各种情况，包括车辆从直线通过缓和曲线进入圆曲线和驶出圆曲线时的动态响应，由此可获得车辆在曲线上运行时较为完整的动力学信息。这样就使车辆在曲线上的运动研究更趋完善，这些研究称为动态曲线通过，这种研究方法使理论研究和实际情况更为接近。

为了提高机车车辆的曲线通过性，国内外专家学者进行了大量卓有成效的研究，Santamaria 等采用分析对比的方法，讨论了五种不同形式的转向架曲线通过动力学性能[60]；池茂儒等提出采用磁流变耦合轮对和转向架后轮对独立轮对的模式来改善曲线通过性能[61, 62]，其中各种形式的径向转向架的研究具有代表意义[63-65]。关于车辆曲线通过性能控制技术的研究十分火热[60]：日本国家交通安全与环境实验室(NTSEL)的 Matsumoto 等提出了主动导向转向架的概念，并对其曲线通过性能进行了数值仿真和试验台测试。主动导向转向架仅在车体和构架之间设置主动导向机构，而没有轮对间的其他机构，在小半径曲线上作动器迫使构架向径向位置运动。数值仿真及台架试验结果均表明，主动导向转向架可以大大减少内外侧车轮横向力，是实现高曲线通过性能的有效方法之一。沈志云等为了改善车辆曲线通过性能开展了转向架主动导向控制策略的基础性研究，他们研究了轮对和构架摇头控制、轮对横向主动控制、一系悬挂控制以及轮对相互运动控制等四种控制策略，并进行了综合评估。Suda 等采用 1/10 模型车辆及线路进行了试验，同时进行了计算机仿真验证，提出了采用轮轨摩擦控制器改善曲线通过性能的方法。

3. 车辆运行平稳性

除了铁道车辆的稳定性和曲线通过性能，车辆运行平稳性也是车辆系统动力学研究的一项重要内容。车辆运行平稳性研究大致可以分为三个阶段：被动悬挂系统的参数优化研究、主动及半主动悬挂系统的控制研究、刚柔耦合高频隔振和吸振研究。

为了改善车辆运行平稳性和旅客乘坐舒适度，选择合适的转向架悬挂参数是降低振动的主要途径[66-69]。池茂儒等研究了蛇行运动对车辆横向平稳性的影响，并提出了针对激扰主频进行错频设计的理念[70, 71]。吴国梁分析了轨道的轨距、曲率、横向、水平、超高与车体横向振动加速度及位移的相互关系，并对轨道的养护维修偏差问题进行了讨论[72]。为了解决新干线动车组尾摆对乘坐品质的影响，腾本裕等以编组列车为研究对象，研究了车间刚度和阻尼的影响，研究结果表明安装车间纵向减振器可有效改善列车尾摆现象，最后通过试验验证了该方法的有效性[73]。Diedrichs 等研究了高速轻质客车在隧道中的舒适度问题，通过频率响应分析计算了相关参数对舒适度的灵敏性，研究结果表明由于气动载荷直接作用于车体，车体质量对横向振动影响非常明显。利光隆志等为了抑制高速列车在隧道内因气压波动引起的车体横向振动，建立了安装车间横向减振器的单车等效模型，结合实际编组列车模型探讨了车间横向减振器对抑制车体振动的效果[74]。

为了进一步改善车辆平稳性和乘坐舒适度，车辆主动悬挂控制技术于 20 世纪 60 年代被提出。由于主动悬挂需要安装测量传感装置、作动器及控制装置，而且将消耗大量的外界附加能量，不可避免地会提高列车成本，所以更加环保和简单的半主动悬挂技术更受青睐。1974 年，美国加利福尼亚大学 Karnopp 等提出了半主动悬挂的思想，即利用可控的阻尼器根据预定的阻尼控制律实时调节阻尼力，使用半主动控制装置来实现主动控制的效果[75]。随后，他又多次发表论文详细阐述了半主动控制的控制原理，阻尼器结构形式、控制律以及参数灵敏度问题[76]。Valasek 等提出了天棚半主动悬挂技术，随后得到了学者的广泛关注[77]。以佐佐木君章为代表的日本学者做了很多建设性的工作，开发了完整的半主动悬挂系统，并在西南交通大学整车滚动振动试验台上进行了试验，试验证明采用横向半主动阻尼器能够有效降低车体的最大振动加速度[78]。Margolis 等对半主动悬挂开关控制策略做了仿真研究[79-82]。中国铁道科学研究院的姚建伟等也对铁道车辆半主动悬挂控制方法进行了仿真和试验研究[83，84]。

由于车体的弹性高频振动对乘坐舒适度的影响也比较大，所以近年来针对车体刚柔耦合高频弹性振动的研究也越来越多。高速列车车体垂直一阶弯曲振动频率在 8Hz 和 12Hz 之间，处于人体振动敏感区域，对车辆的垂直运行平稳性有相当大的影响，因此有必要研究弯曲振动的减振方法。Tomioka 认为弯曲振动与车体和转向架的摇枕纵向拉杆、牵引装置及抗蛇行减振器等连接要素的特性有关，为了降低车体的弯曲振动优化了车体和转向架间连接要素，从而提高车辆运行的舒适性[85]。Foo 等在车体前后端以及车体中部分别布置了两个电液作动器和一个电磁作动器，目的是利用主动控制算法来抑制车体的一阶弯曲振动[86]。Tamai 等研究了基于 LQG(线性二次高斯控制)算法的铁道车辆弹性振动主动控制问题[87]。Sugahara 等通过一系悬挂阻尼控制和空气弹簧阻尼控制来抑制车体的弹性振动[88]。朱浩等采用有限元分析方法建立了软卧车体有限元分析模型，并通过 ADAMS 建立了刚柔耦合车辆动力学模型，通过仿真分析了模糊控制对柔性车体的减振能力，研究结果表明了主动控制对车体弹性振动的控制能力[89]。Suzuki 等通过在车体适当部位粘贴黏弹性材料和约束层达到减小车体弯曲振动的目的，这种方法在不改变车体结构的情况下可以一定程度地减小车体的振动[90]。Takigami 等利用外部并联电路来消耗贴附有压电陶瓷的车体的弯曲振动，收到了很好的减振效果[91]。Schandl 等通过小比例车体仿真试验研究了压电堆作动器对车体弹性振动的主动控制问题[92]。陆正刚等研究了高速客车车体弹性振动的主动控制方法，研究结果显示出了主动控制的优越性[93]。周劲松等提出了车体被动减振器在高速车辆上的运用，并研究了车体弹性振动对平稳性的影响，还分析了车体动力吸振器的减振效果[94]。曾京等对铁路车辆弹性振动进行了理论分析，并阐述了共振速度的概念，最后给出了半主动控制的效果[95]。黄彩虹等研究了铁路车辆悬挂参数对车体弹性振动的影响，并研究了牵引拉杆对弹性振动的影响[96]。

纵观车辆系统动力学的发展，其主要有三大趋势：从线性模型发展到非线性模型；从被动悬挂控制技术发展到主动悬挂控制技术；从关注低频振动响应拓展到关注高频振动响应。

1.2.2 列车系统动力学

传统的车辆系统动力学把车辆作为研究对象，不考虑列车中车辆与车辆的相互作用，这样车辆一般不考虑纵向约束和纵向自由度。但是对于列车，由于牵引和制动作用时间延迟，各车辆的响应是不一致的。列车系统动力学研究的最初目的是以列车为研究对象进行列车纵向动力学行为和纵向力的传递。列车动力学的研究发展源于重载列车开行的需求，世界上但凡开行重载运输的国家，如美国、加拿大、澳大利亚、苏联等国家对重载列车动力学进行了详细的研究，其中又以美国和苏联的列车动力学研究最为广泛和深入。在列车动力学研究中，日本的研究对象例外，其侧重于旅客列车动力学行为的研究[97, 98]，尤其关注列车中尾车的动力学研究，这显然与日本新干线出现尾车振动较其他车剧烈有关。

随着美国 20 世纪 70 年代重载列车开行，列车长度的不断加长，车辆载重量的不断提高，列车动力学问题日益突出。1971 年美国提出了轨道-列车动力学研究计划(Track-Train Dynamics Program)。该计划主要研究列车运行操纵、地形条件及气候条件对列车动力学性能的影响。该研究计划由北美铁路协会(AAR)负责落实，美国联邦铁路管理局(FRA)也加入了这一项目的研究。加拿大国家研究委员会(NRC)所属的地面运输技术中心也参加了该研究计划。该计划前后用时 10 年，列车系统动力学模型上得到很大发展，建立了多种列车动力学模型，包括纵向模型(准动态模型[99, 100]和动态模型[101])、准稳态列车横向稳定性模型[102-104]、垂向动力学模型[105]等。同时结合工程，进行了大量的线路试验，采取了一系列线路改进、机车车辆调整及操纵方式优化等措施，并取得了很好的成效[106-108]。主要研究内容包括：

(1) 列车纵向动力学行为的研究。以车辆为质量块，考虑车钩的非线性弹性模型、牵引和制动过程、线路状况，特别是竖曲线状况，忽略轮轨关系，研究列车纵向动力学行为，主要是模拟计算车钩力、车辆的纵向冲动等。

(2) 列车牵引计算。采用列车动力学模型，研究在一定的操纵模式下，列车从某一站到另一站的列车运行过程，以时间和里程为坐标，研究启动加速过程、制动加速过程和运行过程，获得速度和路程的关系、牵引力和路程的关系以及功率和路程的关系。

(3) 准静态列车横向动力学研究。研究列车在曲线上的受力状态，包括轮轨力、车钩力状态，计算出脱轨系数、轮轨横向力等，以此研究列车运行安全性和线路的设计规范。

(4) 列车运行模拟器。以列车操纵、模拟驾驶为目标，配合模拟驾驶器，进行纵向动力学的快速计算。由于驾驶模拟器是典型的半实物(操纵系统)半虚拟(列车行为计算机模拟)的混合模拟系统，因此为了实现实时的积分，必须简化列车纵向动力学计算模型，提高积分速度，实现实时积分。

以美国的轨道-列车动力学研究计划为代表，到 20 世纪 80 年代，列车系统动力学建模的模型可以归结为纵向动力学模型、横向动力学模型和垂向动力学模型。

1. 纵向动力学模型

纵向动力学模型是为了开展列车纵向动力学行为研究，研究列车的纵向运动行为和运行状态而建立的。

1)准动态力学模型

准动态力学模型是为了研究列车运行动力学问题，如计算停车距离、信号间距和所需机车功率，判断现有轨道状况与列车之间稳态的动力作用等，由于不需要考虑列车内部细节的作用力，也不需要考虑瞬态的动作用力，因此采用简化模型进行仿真。在准动态力学模型中不要求缓冲装置的有关细节，也不将其作为输入的一部分来考虑。建模时所做的假设如下：

(1)每辆车的转向架均是刚性的(即不考虑悬挂效应)；

(2)忽略轨道中心线方向的控制效应；

(3)两车之间以刚性车钩相连(不允许有任何关节轮廓存在)；

(4)在考虑的速度范围内，牵引和动力制动力特性可以用直线、二次曲线和抛物线表示；

(5)每辆车只考虑一个自由度(即纵向移动)；

(6)车钩间隙的瞬态力用准稳态法近似；

(7)列车两节点(车钩力为零的点)间的所有车辆均具有相同的加速度。

2)纵向动态力学模型[101]

纵向动态力学模型是为了掌握列车在运行过程中车间的动态纵向作用力。这样除了能实现准动态模型的一切功能之外，还特别适用于缓冲装置的研究及设计。纵向动态力学模型中每辆车均按单个质量处理，以每个车辆的质量单元建立运动方程，最后形成整个列车的运行方程组。建模时所做的假设如下：

(1)车辆所装货物集中于车体中部，无滑动或其他运动，装载质量一并计入车体质量中；

(2)只考虑纵向运动(沿车辆纵轴方向)，过曲线或陡坡时的其他运动都很小，不予考虑；

(3)忽略轨道不平顺；

(4)虽然冲击可使底架产生永久变形，但仍假定底架是弹性的；

(5)假设车辆重心位于车钩中心线上，这样就可以略去车辆的点头作用。

2. 横向动力学模型

横向动力学模型用于研究列车的曲线通过性能及缓和曲线对轮轨横向力及车钩力的影响，可用于计算引起高脱轨系数或列车纵向丧失稳定性而出现的列车鼓胀的情况。在美国的轨道-列车动力学研究计划中，北美铁路协会已经利用这一模型进行了许多关于轨道几何尺寸、列车曲线通过等方面的研究工作[103，104]。但他们所建立的模型大多不包括制动效应、加速度和轨道不平顺影响，实际上是准稳态列车横向动力学模型，当然横向动力学模型也可以用于动态计算，但是采取稳态计算还是限于计算能力。这种模型的关键在于车钩的建模，假设如下：

(1) 轨道中心线的坐标已知；

(2) 两车之间相互连挂的车钩如一根刚性直杆一样没有弯曲；

(3) 车钩转角没有限制；

(4) 不管车钩处于何种角度，第 i 辆车的后摇枕到第 i+1 辆车的前摇枕之间的距离均保持不变，这一距离等于两车钩长度之和加上两车的摇枕到钩尾销的距离。

3. 垂向动力学模型

对于列车的垂向动力学，一般其都是动态模型而不是准动态模型，因为准动态就相当于静态，不是动力学研究范畴，而列车垂直振动行为和动态轮轨力的形成是在轨道不平顺激扰下的装载物车辆系统振动引起的[105]。美国的轨道-列车动力学研究计划中，垂向动力学建模时每辆车的车体考虑伸缩、浮沉和点头三个自由度，对重载车辆来说，装载物也被赋予一个纵向自由度。该模型可以用来研究车辆和装载物的动态响应，研究车体与转向架脱离等。建模时假设如下：

(1) 只有在平行于轨道中心线的垂直平面内作用的力和运动才予以考虑；

(2) 车体假设为刚体，车辆之间的连接为弹簧，即代表底架刚度、车钩和缓冲器的弹簧；

(3) 装载物为刚体，以压缩弹簧固定，后者代表车体端墙的刚度。装载物的重心与车体的重心是重合的，在垂向和水平方向坐标相同；

(4) 每辆车的转向架均视为刚体，它们连接在车体上并向车体提供垂向和水平方向反力；

(5) 由于风、坡道、曲线及其他来源的阻力均忽略不计；

(6) 阻止垂向和点头运动的是代表车钩的弹性元件，当车钩所受垂向力超过纵向力在车钩接触面产生的摩擦力时，车钩彼此之间产生滑动；

(7) 所有的位移都很小。

在计算方面，由于列车系统自由度多，非线性因素强，列车纵向动力学采用解析法十分困难，即使在大量简化的基础上也难以导出比较简单的解析表达式。为了实现解析解，在早期主要出现过两类简化模型：一类是连续质量系统，即假设列车是一根线弹性杆，将车辆的弹性约束及质量分布于列车长度上，而牵引机车是弹性杆件端部的集中质量；另一类是离散质量系统，即认为车辆为集中质量，之间用线性弹簧相连，当车辆数较少且作用力形式较简单时，可以得到解析解，但计算误差很大，在一定程度上只能用于定性分析。

由于列车动力学问题是一个复杂的车辆系统动力学问题，传统的处理方法通常是根据所关心问题的实际需要而对列车动力学模型予以简化，如不考虑轮轨接触几何关系和轮轨蠕滑特性，不考虑轮重转移的影响，借助于垂向、横向和纵向运动解耦，提出纵向、横向、垂向列车动力学模型，最大限度地减少自由度，以便满足计算机的计算能力和计算速度的需要。由于简化模型的局限性，计算结果的误差通常较大。

目前，传统的简化力学模型已不能满足现代列车动力学的研究需要，现有的机车车辆动力学仿真软件，如 SIMPACK、NUCARS、VAMPIRE、ADAMS/rail 等，均可以考虑列车各部件的相互作用和轮轨蠕滑力作用，并可考虑机车车辆各部件的所有自由度，建成准确的机车车辆动力学模型。这种详细建模法的计算结果确实精确了许多，但由于列车所有独立自由度的零部件均要建模到列车系统中，所以建模过程相当烦琐。随着列车中机车车辆数目的增加，列车系统中的自由度将成倍增加，计算规模显著增大，并且车辆数目一旦改变，就要重新修改列车的动力学模型和方程，因而建模的灵活性和通用性都很差。

我国在 20 世纪 80 年代末、90 年代初为了配合大秦运煤专线万吨重载列车的开行，开展了比较系统的列车动力学研究[97]，并研制出了具有自主知识产权的仿真计算软件[109]和列车运行驾驶模拟器[110]。为了实现快速计算，提出了 NEWMARK 显式积分方法[111]，大大提高了计算速度。我国列车动力学研究的列车模型和研究的方法与北美铁路协会基本一致。

和货物列车动力学相比，旅客列车动力学的研究要滞后一些。20 世纪 80 年代末，高速公路的兴建和航空事业的较大发展，严重影响了既有铁路的旅客运输业。为了重振铁路客运，铁路运输和装备发展策略就是扩编和提速，以提高运输能力和旅客的旅行速度。但由于钩缓装置、制动装置技术的相对落后，列车提速过程出现了较为严重的纵向冲动问题，引起了铁路工作者的强烈关注。到 90 年代中后期，我国旅客列车的系列研究打开了崭新的局面，这一时期，从 1997 年 4 月 1 日开始铁路旅客列车的大提速，动车组的研制为城际旅客运输发挥了积极的作用[112]。

以高速列车为研究对象开展列车动力学研究的有刘宏友博士，在他 2003 年完成的博士论文[97]中，依据文献[113]提出的“用三节车来研究列车动力学就足够了”的结论，应用分析动力学方法，建立了高速列车系统的三维空间耦合数学模型。为了降低列车这样一个复杂非线性系统的数值模拟难度，研究中以三节车组成的列车单元作为研究对象，三车列车模型包含头车、中间车和尾车，作为一个最小的列车单元。由于主要研究列车的基本动力学特性，即高速列车运动稳定性、曲线通过动力学行为和非线性随机响应，在模型中不计轨道的质量，只考虑轨道的整体横向和垂向刚度及阻尼。列车模型如图 1.7 所示，列车由相同的三节车组成，相邻两车车端间有折棚式风挡，并在车的顶端布有横向液压减振器，在车端的两边布有纵向液压减振器。由于没有机车或者动车的牵引传动模型，该高速列车动力学模型只是一个考虑垂向和横向耦合的列车动力学模型，无法研究列车的纵向动力学问题。

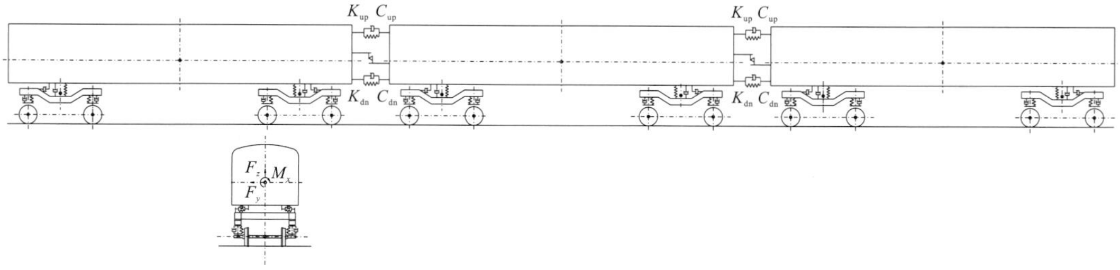

图 1.7 三车列车动力学计算模型

西南交通大学的曾京教授也是较早开展列车系统动力学研究的学者，他以五辆车为列车单元，研究了列车在直线和曲线上的运动稳定性[114]。考虑列车的牵引制动和各种运行阻力，车辆纵向自由度为独立自由度，建立 34 个自由度的车辆横-垂-纵向耦合动力学模型，通过车间连接装置，建立了动车组模型，车辆系统自由度如表 1.2 所示。模型中考虑列车系统中的非线性，包括悬挂非线性、轮轨几何关系非线性、轮轨蠕滑非线性和缓冲器非线性等。

表 1.2　列车编组中车辆系统自由度

刚体	自由度							备注
	伸缩	横移	浮沉	侧滚	点头	摇头	自旋扰动	
车体	x_c	y_c	z_c	f_c	β_c	y_c	—	
构架	x_{fi}	y_{fi}	z_{fi}	f_{fi}	β_{fi}	y_{fi}	—	i=1,2
轮对	x_{wi}	y_{wi}	(z_{wi})	(f_{wi})	—	y_{wi}	β_{wi}	i=1,2,3,4

注：括号内为非独立自由度。

单节车辆纵向受力如图 1.8 所示，F_{cg1} 为前车通过车间连接装置作用于此车的力，包括车钩-缓冲器力和阻尼力；F_{cg2} 为后车通过车间连接装置作用于此车的力，包括车钩-缓冲器力和阻尼力；F_w 为运行阻力，包括机械阻力和风阻力，由 Davis 公式给出，即

$$F_w = (a + bv + cv^2)G \tag{1-1}$$

式中，a、b、c 为因机车车辆类型而异的常数；v 为列车运行速度；G 为列车重量。

F_T 为牵引力，由牵引电机根据牵引功率提供，作用在动车轮对上。根据要求的列车速度和运行条件，算出列车阻力，确定出稳态运行需要的牵引功率 P_T 。假设整个运行过程中列车的功率保持不变，而且均匀地分配到动车的每个轮对，则第 i 个轮对 t 时刻的牵引力为

$$F_{Ti}(t) = P_T / (N_{\text{car}} \times 4 \times v_{wi}) \tag{1-2}$$

式中，N_{car} 为动车数量；v_{wi} 为第 i 个轮对的纵向运行速度。

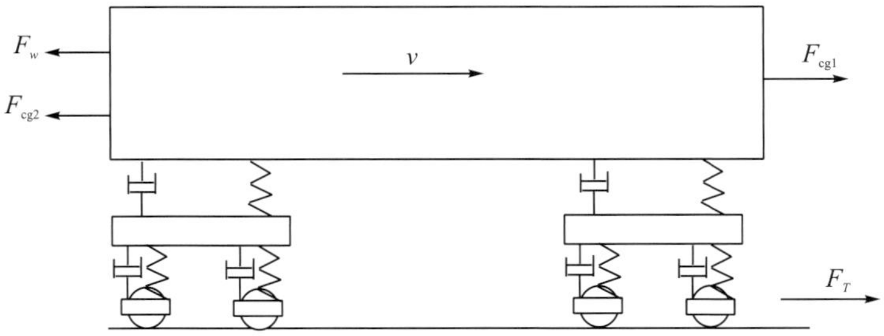

图 1.8　车辆受力分析

考虑三种列车编组，以 M 表示动车，T 表示拖车，-表示车间连接，编组如下。

编组 1 为 M-T-T-T-M，编组 2 为 M-T-M-T-M，编组 3 为 T-M-T-M-T。五车编组整列车的总自由度为 170。

当在直线上运行时，单独一辆动车的线性临界速度为 431.1km/h，单独一辆拖车的线性临界速度为 431.8km/h。在列车编组中，不考虑车间横向连接阻尼和刚度，通过求整列车的雅可比矩阵特征值得到列车的线性临界速度，编组 1 为 431.0km/h，编组 2 为 431.3km/h，编组 3 为 431.1km/h。非线性列车运动失稳临界速度如图 1.9 所示，在列车中动车和拖车的非线性临界速度与单动车和单拖车相差不大，变化范围 0～6km/h。所以，列车的非线性临界速度可以通过计算单车的非线性临界速度近似得到。

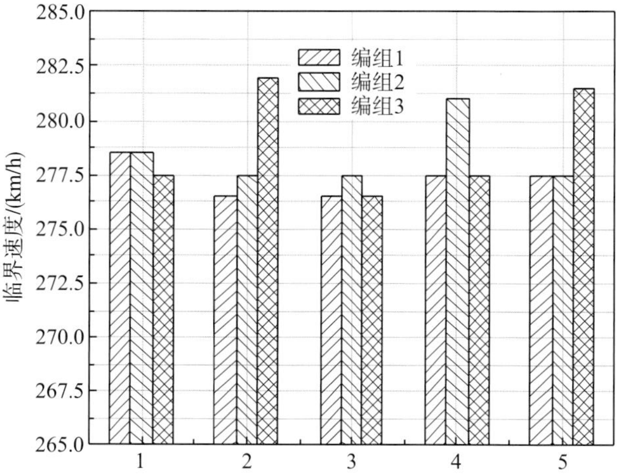

图 1.9　不同编组下非线性列车运动失稳临界速度

尽管在五节车的列车中考虑动车和拖车，也考虑气动和机械阻力等，但没有真正体现不同位置车辆的气动力作用特征，如头车的气动阻力和气动下压力、尾车难免的气动升力作用和横向扰动气动力影响等。这样的列车动力学研究与列车的实际情况还有差距。

1.2.3　轨道系统动力学

高速列车耦合大系统动力学中，轨道结构的动力特性非常重要。轨道系统的吸振、减振特性是保证高速列车运行安全性、平稳性和提高轨道承载与服役性能稳定的前提条件。轨道系统在列车运行反复作用下，会产生钢轨波磨、疲劳、断裂、轨枕损伤、道砟板结、道床粉碎、轨道板断裂和轨道变形等问题，从而影响其服役性能。另外，轨道动力特性对铁路噪声的发生和发展都有着重要的影响。轮轨系统在其表面粗糙度或各种局部不平顺的激励下，在接触区域会产生振动，该能量通过车轮和轨道结构向上下传递扩散，最终形成向外辐射的空气传播噪声和经由结构传播路径导致车体或轨下基础结构的振动声辐射二次噪声。

轨道动力学是铁路轮轨系统中最基本、最重要的动力学问题之一。最早的轨道动力学分析可追溯到 1867 年，Wnikler 提出了弹性地基梁理论，认为钢轨是架设在弹性无质量基础上的简单梁，并假设梁下弹性基础的变形与梁下压力成正比，为轨道力学分析模型的建立奠定了基础[115]。1927 年，Timoshenko 将钢轨视为连续弹性基础上支承的无限长梁，建立了弹性支承梁模型，计算钢轨在移动脉冲载荷下的竖向振动，不考虑轮轨接触力、车辆质量、轨枕质量以及车辆和轨枕的振动影响，研究了钢轨的动静应力问题[116]，这一方法至今仍被广泛使用。1943 年，Dörr 提出应建立更加完善的轨道模型，以适用列车运行速度的增加。但 20 世纪 50～60 年代，新的轨道模型解决实际问题的研究成果较少[117]。1958 年，Mathews 分析了移动简谐载荷作用下 Euler-Bernoulli 梁轨道模型的振动响应[118]。1989 年，Bogacz 等将 Euler-Bernoulli 梁轨道模型推广到 Timoshenko 梁模型[119]。1984 年，Grassie 等建立了考虑柔性轨枕的连续支承梁轨道模型，分析了轨道的高频振动特性[120]。1988 年，Sato 等首次将单层轨道梁模型扩展到三层离散支承的质量-弹簧-阻尼系统模型[121]。进入 20 世纪 90 年代，随着高速、重载铁路的蓬勃发展，包括轨道动力学在内的铁路系统动力学研究进入了黄金时期。Cai 等建立了 40 个轨枕的钢轨-轨枕两层线路模型，调查了轮轨缺陷下轨道的响应[122]。1993 年和 1994 年，Knothe 等[123]、Zhai 等[124]将三层离散支承的质量-弹簧-阻尼轨道模型引入轨道-车辆耦合模型中。Diana 等研究了铁路线路上层结构与车辆的相互作用问题[125]。Li 等分析了轮轨力作用下轨道路基的动力学响应[126]。之后，Bogacz 等[127]、Kruse 等[128]、Belotserkovskiy[129]建立了无限长离散等效集总参数轨道模型，并将其运用到轨道上运行车辆的动力学问题中。1995 年，Ripke 等从车辆和轨道整体系统的角度，采用车辆-轨道相互作用模型研究了车辆-轨道高频相互作用问题[130]。1998 年，Oscarsson 等将钢轨视为 Timoshenko 梁，建立了列车-轨道-道床动态相互作用模型，并首次进行了根据实测的频响函数确定轨道模型参数的研究[131]。Auersch 在车辆-轨道相互作用分析模型中考虑了土路基动力学特性，结果表明土路基刚度主要影响系统的低频响应[132]。1999 年，Droździel 等[133]、Gurule 等[134]运用仿真和试验方法研究了道岔区车辆-轨道动力学问题。2001 年，Oscarsson 在车辆-轨道模型中将钢轨垫层刚度、道床刚度、道床及路基的参振质量、轨枕间距等处理为随机变量，引入了轨道结构参数的随机特性[135]。2002 年，Sun 等建立了详细的五层线路轨道结构模型，研究了线路与货物车辆的垂向动力作用问题[136]。Jin 等建立了三维轨道-车辆耦合模型，研究了轨道弹性对波磨的发展及波磨对轨道动力学性能的影响[137，138]。Xiao 等建立了三层柔性线路轨道-车辆耦合模型，钢轨用 Timoshenko 梁模型代替，轨枕用 Euler 梁模拟，研究了轨道结构失效及线路鼓胀对车辆脱轨的影响[139，140]。最真实的线路建模方法是将轨道结构用三维实体单元或梁单元代替[141]。21 世纪，随着计算机技术的飞速发展，有限元方法成为轨道/线路动力学建模新的发展方向。Ripke 等[130]、Andersson 等[142]采用有限元方法建立了考虑高频柔性的线路-列车模型，研究了柔性轮轨的相互作用问题。Wu 等建立了线路/轨道-轮对有限元模型，分析了轮轨振动噪声问题[143]。Yang 等采用实体有限元方法建立了整体道床轨道结构(桥梁)-列车耦合模型，对地震下列车轨道的动力学响应进行了一系列的研究[144-147]。

在国内发表轨道线路动力学问题研究的论文稍晚，1992 年，翟婉明教授率先提出了车辆-轨道耦合动力学的思想，建立了车辆-轨道垂向统一模型和车辆-轨道空间耦合系统模型[148]，并利用上述模型，对提速线路轮轨动力作用、车-线-桥耦合振动、轮轨随机振动等进行了一系列的研究。胡用生等[149]采用 Timoshenko 梁单元模拟钢轨，建立了货车-轨道垂向耦合模型。李德建等[150]建立了车辆-直线轨道空间耦合振动分析模型，其模型将轨道离散成 30 个自由度的空间轨道单元段。金玉云[151]采用有限元方法建立了机车车辆/轨道耦合动力学模型，分析了轮对和轨道各部件在列车通过时的应力和变形。王平和任尊松建立了线路道岔-车辆耦合模型，开展了车辆与道岔相互作用研究，对我国铁路提速道岔的改进设计起到了积极的作用[152，153]。蔡英等详细考虑了路基结构的参振作用，开展了车辆-轨道-路基垂向耦合动力学研究[154，155]。王其昌等建立了线路轨道-车辆耦合动力学模型，研究了高速、快速或提速铁路中路桥过渡段的动力学问题，为路桥过渡段的路基加固、变形控制及合理长度的确定等提供了理论依据[156-160]。金学松等将轨道结构从离散体到实体有限元假设，建立了更为完善的有砟/无砟轨道-车辆耦合动力学模型，针对列车脱轨、钢轨损伤、磨耗和轮轨接触行为等轮轨动力问题进行了一系列深入的研究[161-164]。

综上所述，轨道线路动力学模型经历了集总参数模型→不考虑轨下基础结构振动的单层连续弹性支承梁模型→考虑轨下基础振动的多层连续弹性支承梁模型→全面考虑钢轨、轨枕、道床、路基的离散弹性点支承梁模型或有限元模型的演变过程。经过最近几十年的发展，轨道动力学及建模已渐趋完善，已成为铁路系统动力学研究的重要组成部分。轨道动力学应用范围随着模型的发展也在不断扩大，从最初的钢轨接头或车轮扁疤等轮轨损伤动力冲击作用分析到轨道系统各部件的振动特性和动力学强度分析、列车过岔、路桥过渡段等特殊地段的动力学等诸多铁路耦合大系统动力学问题的分析。

1.2.4 列车空气动力学

随着列车运营速度的不断提高，气流和列车的相互作用明显加剧。在低速时被忽略的列车空气动力学问题逐渐成为制约列车提速的重要因素之一。例如，环境风威胁到高速列车的安全运行；列车交会产生的瞬变空气压力，严重影响旅客乘坐舒适性和列车运行安全性；隧道出口微压波对周围环境影响较大；列车气动噪声声源辐射声功率与运行速度的6～8 次方成正比，列车噪声随着运行速度的提高变得越来越显著。当列车以低速运行时，列车气动阻力占列车阻力的比例较小，但当速度大于等于 200km/h 时，列车气动阻力所占比例超过 70%。

1. 环境风作用下列车空气动力学

环境风作用下列车的绕流流场更加复杂，列车的空气动力学性能恶化，气动力和气动力矩幅值增加，严重影响列车的运行安全性，可能造成脱轨或者倾覆等严重事故。国内外学者对环境风作用下列车空气动力学问题进行了广泛的研究，如流场特性和气动力特性。为了建立环境风作用下高速列车安全运行的保障体系，欧洲一些国家的铁路公司于 1996 年联合启动了研究项目 TRANSAERO[165]，主要研究欧洲各国不同外形列车在环境风作用下的气动特性和列车运行安全性。针对横风安全评估要求及测试流程，英国标准协会（BSI）于 2010 年制定了相应的标准[166]，提出了横风下列车的气动性能的计算方法、列车安全性的评判方法和评估侧风风险的依据。英国学者 Cooper 以 APT-P 列车模型为研究对象，通过大量风洞试验得到如下结论：当环境风作用下的 APT-P 列车速度增加 5%时，其倾覆的可能性大约增加 12%[167]。Khier 等利用数值仿真方法研究了环境风作用下在路堤运行的列车的气动规律，列车气动力与运行速度以及路堤高度之间的关系[168]。瑞典学者 Diedrichs 等以 ICE3 高速列车为研究对象，数值仿真了高速列车在平地上和路堤上运行时的气动力规律，得到的主要结论如下：在环境风作用下，高速列车在高路堤上的运行安全性要比平地上的运行安全性差[169, 170]。Baker 及其研究团队对环境风作用下的列车空气动力学问题进行了大量的研究，包括风洞试验和数值仿真方法[171-175]，并且一直进行环境风作用下列车风洞试验和数值仿真的工作。特别值得一提的是：2001～2002 年，Baker 等在英国 Eskmeals 海岸线进行了实车侧风试验[175]，悬挂系统状态包括释放和锁死，车体姿态包括倾斜 6° 和不倾斜两种状态。试验结果表明：悬挂系统状态对车体气动升力的影响较大；车体倾斜角度对气动升力的影响较为显著。车体倾斜且悬挂锁死情况下的气动升力最大，车体不倾斜悬挂释放情况下的气动升力次之，当偏航角较小时，悬挂系统释放时的车体侧力系数与悬挂系统锁死时的车体侧力系数存在差别。

中南大学田红旗对列车空气动力学问题进行了较多的研究，包括环境风列车气动性能、列车会车气动性能等工作[176]。田红旗团队以客运列车或者货车为研究对象，研究了环境风作用下列车的压力、流场分布规律和列车气动力特征，讨论了列车运行速度、环境风速度、路况等因素对列车气动力的影响，通过建立气动载荷作用下的车辆倾覆数学模型，分析了列车的安全运行域[177-179]。西南交通大学张继业及其团队建立了高速列车风致运行安全计算方法[180-185]：首先，基于流体控制方程以及湍流模型计算列车流场和列车气动力；其次，基于计算多体系统动力学建立列车系统动力学模型；然后，将环境风作用下气动载荷加载到列车系统动力学模型并计算列车的运行安全性指标；最后，根据相关标准判定环境风作用下列车的运行安全性。于梦阁等[180-182]利用风致安全计算方法分析环境风作用下高速列车的流场规律，研究了列车运行速度、风速大小及风向角与列车气动载荷之间的关系；分析了环境风作用下平地、路堤及桥梁上高速列车的运行安全特性，给出了平地、路堤和桥梁上的高速列车运行安全域。

2. 列车会车空气动力学

当两列列车相向行驶会车时，列车周围的气流会受到强烈的扰动，特别是一列列车的头部或尾部经过另一列列车的瞬间，列车车体表面的气动压力将发生瞬间突变，在非常短的时间内相继出现正负压力峰值，该瞬间压力冲击波即列车交会瞬态空气压力波[186, 187]。交会瞬态空气压力波会严重影响列车的运行安全和乘客乘坐的舒适性。

列车会车压力波的模拟可以采用缩比模型试验的方法，Neppert 等以三种不同外形的 1/25 缩比列车模型为例，得到的试验结果与实车试验结果相符，并且研究了线间距与列车会车压力波之间的关系[188]。英国学者 Howell 以高速磁悬浮列车为试验对象，进行了环境风作用下的小尺度动模型风洞试验，将侧风下列车会车气动力试验结果与之前的无侧风环境下列车会车气动力风洞试验结果进行比较，研究结果表明：侧风对列车会车气动力有较大的影响[189]。

关于列车会车的数值仿真计算方面，日本学者 Fujii 等利用有限差分法求解三维可压 Euler/Navier-Stokes 方程，研究了列车交会过程中车体表面压力和列车气动力的变化规律[190]。韩国学者 Hwang 等利用火灾动态模拟(FDS)方法离散流场计算区域，时间迭代采用上下三角矩阵对称高斯塞德乐(LU-SGS)方法，通过求解 Euler 方程，较好地模拟了列车交会过程中的压力波时程曲线，并得到了列车气动力的时程曲线[191, 192]。中南大学田红旗通过数值模拟列车交会时的压力波，研究了线间距与交会压力波之间的关系，给出了压力波与列车运行速度的关系[176]。西南交通大学张继业[156-161]研究团队对高速列车会车的气动特性和车辆动力学特性进行了较全面的研究。李雪冰利用流体力学软件 FLUENT 及车辆动力学软件 SIMPACK 数值模拟了无侧风环境下高速列车的交会过程，研究了列车交会的气动性能和车辆动力学特性[186]，包括列车等速交会、列车不等速交会、不同线间距、不同列车运行速度等因素。赵迎辉在李雪冰工作的基础上开展了侧风环境下高速列车会车的数值模拟，考虑了不同列车运行车速、不同线间距、不同路况环境、不同横风速度及不同风向角等因素，研究了环境风作用下列车交会的气动性能和动力学性能，并建议了环境风作用下高速列车会车的安全运行域[187]。

3. 列车隧道空气动力学

当列车通过隧道或者在隧道内会车时，由于受到隧道壁面的限制，列车周围的流场与明线情况下周围的流场有较大的差异，将引起比较严重的高速列车空气动力学问题[193]。当列车头部进入隧道时，列车前方的空气由于受到挤压而形成压缩波；当列车尾部进入隧道时，列车后方的空气空间突然增加而形成膨胀波。压缩波和膨胀波以声速在隧道内传播和辐射。当压缩波传播到出口处时，一部分压缩波反射形成膨胀波，并往后向入口处传播；另一部分压缩波继续向外辐射形成微气压波，如图 1.10 所示。波的来回传递形成了一系列的隧道空气动力学问题。

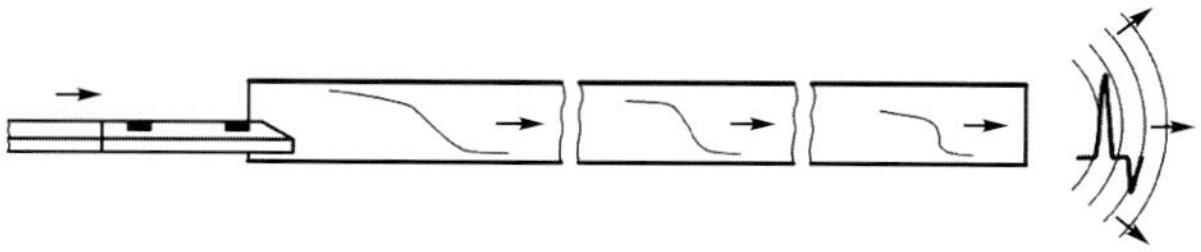

图 1.10　波的产生、传播和辐射

隧道空气动力学的数值模拟往往需要高性能计算机平台，由于计算资源的限制，在 20 世纪往往基于特征线理论对隧道空气动力学进行理论分析。在 20 世纪 60 年代，日本学者 Hara 等开创性地提出了适应于隧道压力波传播规律的一维流动理论，并给出了特征线求解方法[194]。紧随其后，众多学者如 Pope 和 Wood 等对 Hara 等提出的一维特征线法进行了修改和改进，并编写了基于一维特征线方法的隧道压力波数值模拟程序[195, 196]。随着计算机硬件条件的日新月异，针对隧道空气动力学的研究不再局限于一维方法，复杂的二维或者三维数值模拟也相继开展。Gregoire 等通过数值模拟和模型试验相结合的方法对列车进入隧道时引起的空气动力学问题进行了研究，数值方法通过求解不定常三维 Euler 方程，数值仿真得到的车体压力变化规律与模型试验结果基本吻合[197]。韩国学者 Shin 等利用数值方法求解三维雷诺平均 Navier-Stokes 方程，研究了列车从进入隧道到出隧道整个过程的流动特征和压力特征[198]。

国内关于铁路隧道空气动力学的研究起步较晚。20 世纪 90 年代中期，梅元贵和余南阳基于一维模型，利用广义黎曼特征线法对列车通过隧道以及列车在隧道内交会进行了数值仿真[199, 200]。高波等利用商业软件对隧道空气动力学的三维问题进行了较为全面的分析，研究了隧道缓冲结构和隧道竖井与列车空气动力学性能之间的关系[201-203]。张继业等利用流体软件 FLUENT 及车辆动力学软件 SIMPACK 研究了高速列车通过隧道时的空气动力学和车辆动力学特性[204]，研究表明：列车气动力和表面压力幅值与隧道阻塞比呈平方关系；列车在隧道内运行的平均阻力比明线运行的平均阻力增加约 12%。

目前，国内外关于列车空气动力学问题的研究主要侧重于列车气动性能方面，而较少研究气动作用对列车运行安全性的影响。研究气动作用下高速列车运行安全性一般采用离线仿真方法[205]：首先，求解流体控制方程得到气流作用下高速列车的气动力时程曲线或者稳定气动力；其次，将气动力时程曲线或者稳定气动力加载到车辆动力学控制方程中计算气动作用下车辆的动力学响应；最后，根据车辆动力学的安全指标判定高速列车的运行安全性。当列车运行时，气流和列车并非孤立的，两者相互耦合、相互影响[205, 206]：列车周围气流的变化可能会引起作用在列车上的气动力发生变化，而在变化的气动力作用下，列车的运行姿态可能会发生改变，进而气流的变化可能会有所加剧，列车的运行姿态与空气流场的互反馈作用将使系统处于特定的耦合振动形态。考虑到气动力作用下车辆运行姿态的改变，开展“列车流固耦合动力学”的研究[199, 200]，可以更为客观地反映高速列车与气流之间的关系。

1.2.5 弓网系统动力学

弓网关系作为保证高速列车稳定受流、安全运行的关键技术之一，其相关技术的研究目前在国内外已十分重视。尤其是近年来，为保证高速列车运营速度的不断提升，针对弓网关系的研究发展也较快。弓网高速受流表现最明显的特征在于高速滑行运动，其动力学特性是保证弓网系统受流性能和可靠性的关键因素。

弓网系统动力学特性的相关研究，一直作为弓网关系研究的核心内容之一，国内外的诸多学者进行了大量的基础研究工作，研究成果颇丰。其中，在弓网系统动力学建模与仿真方法方面的研究，在国内外十分重视，早在 20 世纪 60 年代就有大量研究，而且一直没有间断过，截至目前，这方面的研究仍十分活跃。例如，对于接触网系统，日本学者将接触线、承力索离散成集中质量点，将吊弦视为无质量的刚性杆，根据各节点之间的关系，建立其运动微分方程。该方法简单，而且稍加修改就可以模拟吊弦松弛现象，但是没有考虑接触线、承力索的抗弯、抗拉弹性。在美国，考虑到接触线、承力索的抗弯、抗拉弹性因素，则将接触线、承力索位移进行正弦级数展开，将系数作为广义变量，并利用 Lagrange 方法建立运动微分方程，采用模态叠加法加以求解。考虑参数较全面，但是只能研究简单链型悬挂接触网，而且不能考虑吊弦松弛因素。

在德国，针对弓网系统动力学主要有两种研究方法，方法一是将接触网处理为与频率有关的有限元模型，并能处理节点、悬索和弹簧组成的任意网络，且采用叠加法得到链型悬挂的总反力，更为重要的是能处理弹性悬挂接触网仿真，但梁的抗弯刚度设置为零。方法二是将接触线、承力索离散成微小单元，采用有限差分法建立微分方程，并使用并行算法有效地解决了计算速度慢的问题。可见，在国外接触网的简化及建模方法较多，但其中最具代表性的主要有集中质量模型、Euler 梁模型以及与频率有关的有限元模型等。

而在国内，张卫华等提出了通过模态分析得到接触网振动模态，并把模态设为广义变量，由此建立以模态为变量的接触网运动微分方程的建模方法[207-210]；蔡成标等提出了将接触网看成 Euler-Bernoulli 梁而承力索按集中质量处理的 Euler 梁-集中质量模型[211-213]；李丰良等建立了接触网的力学模型并写出了对应的运动学微分方程[214]。吴天行采用有限元法建立了简单链型悬挂的接触网计算模型，并考虑吊弦初始张力，研究了接触网的动静态特性[215]。

在受电弓建模基础研究方面，针对受电弓的大量数学模型已经建立，包括归算质量模型、多刚体模型、框架结构模型、有限元模型等，其中较为常见的是归算质量模型，它包括单质量块模型、两质量块模型、三质量块模型以及多质量块模型等。受电弓单质量块模型仅有一个自由度，响应频率较低，主要用于分析弓网系统的低频振动，适用范围有限。例如，在日本，安孝廉将受电弓简化成单自由度模型，由此通过 Mathieu 方程对弓网动力学系统进行等效描述，并进行分析[216]。而在我国，吴天行等基于单自由度受电弓模型建立了简单的弓网系统模型，以此为基础推导出稳定受流界限，并对跨距内接触线空间刚度的变化以及振动波在接触线上的传播问题进行了相应的研究[217-219]。目前而言，采用受电弓两质量块模型、三质量块模型或多质量块模型，分别将受电弓的弓头、框架等部件等效为一个质量-弹簧-阻尼机构，然后对弓网系统的动力学行为进行研究最为常见[220-230]。在传统受电弓模型研究的基础上，涌现出一些新的建模方法，例如，Cho 等在传统三质量块受电弓模型的基础上，提出了一种考虑弓头点头运动的受电弓模型[231]。梅桂明等推导了受电弓非线性模型的运动微分方程，并利用 Taylor 级数展开对非线性模型进行线性化，最后在这个基础上建立起受电弓/接触网垂向耦合动力学模型，同时考虑了机车、轨道激扰因素影响[232]。李丰良等在对受电弓进行力学分析的基础上，充分考虑了高速受电弓的各种运动，将受电弓的滑板、支架作为平面运动考虑，同时考虑了两块滑板的俯仰运动，在建立此力学模型的基础上，推导了受电弓的运动微分方程，并对其归算质量进行了确定[233，234]。蔡成标等采用框架结构的受电弓模型，建立了接触网和受电弓系统的动力学分析模型[211]。

在弓网系统动力学建模与仿真方法研究的基础上，国内外诸多学者对弓网系统的动力学及受流性能开展了大量的研究工作。Metrikine 等将受电弓对接触网的作用简化描述为沿接触线匀速移动的点载荷，并对在移动载荷作用下的弓网动态行为进行了研究[235]；Lopez-Garcia 等[236]研究了弓网系统动力学分析的初始平衡条件；Park 等[237]基于归算质量受电弓模型，建立了弓网耦合系统的平衡方程，然后对弓网系统的动力学响应和灵敏度进行了分析；Yu 等[238]、Aboshi 等[239]从弓网系统的动态特性、接触线波动速度、离线率等方面研究了弓网的受流性能。Cho 等研究了接触网预弛度对弓网接触压力波动、离线等动态性能的影响[231]。而在国内，梅桂明等分析了弹性链型和简单链型两种不同悬挂形式接触网的刚度特性[240]，在此基础上，通过动力学仿真计算，对两种不同悬挂形式接触网对受电弓动力学性能的影响进行了分析。刘红娇利用优化技术对高速受电弓框架结构几何参数进行了优化，确定了提高受电弓运动学性能的结构参数[241]。黄标基于虚拟样机技术对受电弓的上框架和下臂杆进行了强度计算，并对受电弓的几何参数进行了验证[242]。刘怡等利用模态叠加法计算了在受电弓/接触网耦合作用下接触网的振动响应，得到了接触网动应力的演变规律[243]。

随着高速列车速度的大幅度提升，高速气流扰动、列车振动激扰以及接触网不平顺的影响日益凸显，因而这就给高速弓网动力学行为的研究提出了更高的技术要求。就目前而言，采用空间的接触网和受电弓建模方法，考虑弓网的全空间运动、高速气流扰动、结构的弹性变形、列车振动激扰以及接触网不平顺的影响将是弓网动力学行为研究发展的必然趋势。

随着高速列车速度的提升，受电弓的空气动力学特性则是影响高速受流的关键因素之一，受电弓气动力对弓网受流的影响已非常明显。研究表明，受电弓气动阻力占全车气动阻力的 7%～14%[244]，高速气流不仅对减阻降噪有直接的负面影响，同时其产生的气动升力和气动横向力会引发结构的流致振动，复杂化弓网间的振动，进而恶化高速弓网的受流。在受电弓气动特性研究方面，目前只是略做了些工作，主要包括单从气动力学方面进行的受电弓气动特性优化，以及基于简单耦合加载条件下的弓网流固耦合分析。例如，在日本主要通过风洞试验和数值仿真，对受电弓结构的气动力特性、气流特征进行了测试和分析，并在优化受电弓空气动力学性能和研发低噪声受电弓方面进行了深入研究，提出了有意义的策略和研究方法[245，246]。而在国内，也主要是通过一些风洞试验或线路试验，对受电弓的减阻降噪特性进行研究[247-249]，近年来，随着气动力学仿真软件和计算机硬件的迅速发展，也采用数值模拟方法对受电弓的气动特性以及对动力学特性的影响进行了研究[250，251]。

随着运行速度的提升，除了气流扰动对弓网系统动力学性能的影响日益显著，来自轨道、车辆系统的耦合作用也不容忽视。在列车振动对弓网系统影响研究方面，翟婉明等[252]通过建立受电弓-接触网动态相互作用模型，并运用机车-轨道耦合动力学理论分析方法，研究了机车-轨道系统对受电弓-接触网系统的振动影响问题，证实列车在几何状态不良的线路上运行时，列车与轨道的耦合振动对弓网系统动态性能影响较大，特别是在较高速度下，这种影响更为明显，不容忽视。而梅桂明等采用受电弓的线性模型及非线性模型，考虑列车-轨道激扰因素影响，对接触网-受电弓系统的动态性能进行了计算并加以比较[232]，结果表明：当采用受电弓线性模型时，列车振动很难传递到受电弓质量块，使得列车-轨道激扰对受电弓-接触网系统的动力学响应的影响不能体现，而采用受电弓非线性模型时，则能够完全反映其动力学响应，在考虑列车振动激扰前后，接触压力的变化明显增大，同时也说明，当要考虑列车-轨道对弓网系统的影响时，需采用受电弓的非线性模型。

由此可见，受电弓与接触网、车辆与轨道，以及运行介质(气流)之间相互作用、相互影响，共同构成高速列车耦合大系统。而且车辆-轨道系统以及气流对弓网子系统的影响随着速度的提升已越来越明显。就目前的研究而言，弓网系统动力学问题仍是弓网关系研究的重点之一，而弓网系统动力学的研究目前主要集中在弓网系统本身，即使考虑气流以及车辆系统的影响，也主要通过一种简单的耦合或加载方式，并未将弓网系统作为子系统纳入整个高速列车耦合大系统，进行实时动态的耦合。因此，随着高速列车速度等级的不断提升，考虑大系统耦合的前提下，研究强气流作用下受电弓和接触网的流致振动，确定来自气流激扰和车辆-轨道系统振动激扰的烈度和谱特征以及对弓网耦合振动的影响，从而提出满足高速受流需求的弓网关系解决方案将是非常必要的。

1.3 高速列车耦合大系统动力学研究的必要性

1.3.1 铁路系统的特殊性

尽管铁路诞生至今已有180多年的历史，列车的运营时速由十几千米提高到今天的最高350km，列车的载重量由几十吨提高到数万吨，但传统的轮轨系统相互作用至今仍无法精确分析和模拟，以至于脱轨事故时有发生，钢轨的波浪形磨耗和滚动接触疲劳问题百年不解[31, 253]。从学术研究的角度看，铁路系统的研究需要面对如下三个基本问题：

(1)尺度效应。对于列车，长度少则几百米，多则几千米，支撑列车并传递牵引或制动力的轮轨接触斑，仅几毫米到十几毫米，尺度的比例达到百万倍。这样的多尺度不仅给精确建模和计算带来难度，而且给试验研究带来困难。

(2)时间效应。机车车辆的服役周期一般为25～30年，其性能都随运用时间增加而改变。引起性能退化的因素除了结构失效，更多的是参数的时变特性。时变还给系统建模和表征带来困难，更是给试验研究带来不便。

(3)空间效应。我国幅员辽阔，这导致我国列车东西南北穿行，长途跋涉。这种空间上的跨度，不仅带来线路结构(线桥隧)的千变万化，而且带来环境的变化，温度、湿度、气压、风沙、冰雪和紫外线等都会一日三变。这种变化将反映到列车的安全服役性能，需要在系统表征和研究中加以考虑。

此外，铁路系统存在严重的非线性，特别是轮轨关系和线路结构等都存在强非线性。线路结构和不平顺还存在严重的随机因素和随机干扰。正是由于这些研究所面临的客观障碍，以至于有学者认为，人类已完全掌握了航天器的运行和控制，但至今无法对铁路系统进行精确建模。复杂混合系统的精确建模、高维非线性系统的运行稳定性和随机振动研究，是对传统高速列车系统动力学的极大挑战和未来发展的方向。

1.3.2 高速铁路面临的动力学问题

中国高速列车取得成功，我们不仅要攻克高速转向架技术、轻量化车体技术、牵引传动技术、制动技术等关键技术，更要从创新的源头——基础研究开始。这些关键技术的基础理论核心是系统动力学。转向架技术实际上就是直接反映动力学性能的技术，无论是运动稳定性、运行平稳性还是安全性。车体技术，除了车体结构成形技术，其他在车体设计中相关的刚度、模态设计技术也是在动力学研究基础上形成的，而车体的外形设计技术更是建立在空气动力学的基础上；列车的牵引制动计算是建立在列车纵向动力学基础上的，而牵引和制动过程中的纵向冲动和纵向加速度限制也是动力学性能所要求的；列车的运行控制也应该以基于车辆特征、线路特征和供电系统特征的系统动力学理论为基础。为此，在中国发展高速铁路过程中，把系统动力学问题的研究列为共性基础研究，以挑战动力学问题[30]带来的制约。

1. 系统失稳

就动力学研究而言，高速列车是一个确定的机械系统，由轮对、转向架构架和车体这三个基本质量单元及一系和二系悬挂组成。对于铁路车辆，其有别于一般的机械系统是因为它存在特殊的轮轨接触关系。尽管轮轨关系在理论上是确定约束关系，但轮轨接触的几何关系和力学关系均具有强非线性特征，而轮轨蠕滑力所扮演的角色是对轮对运动进行导向，实现轮轨的对中。然而，蠕滑力在铁路车辆的运行过程中也同时起着系统阻尼的作用，而这一阻尼参数会随着车辆运行速度的提高而降低，从而就有可能导致系统阻尼无法遏止车辆的系统振动，使车辆系统从稳定系统变成不稳定系统。一旦车辆出现系统失稳，轮对就将出现蛇行运动，这不仅使得车辆系统的振动加剧，更可怕的是极容易导致脱轨事故。高速列车的临界失稳速度就是高速列车运行的极限速度。在高速稳定性和良好的曲线通过共同要求下，如何实现高速列车高稳定性，是高速列车动力学研究和创新设计的一个挑战。

2. 系统振动

车辆沿轨道运行时，由于线路等扰动，车辆系统各部件会产生振动。车体的振动影响乘坐舒适性，振动的加剧势必产生更大的载荷，对各部件产生疲劳破坏，结构可靠性降低。

轨道-路基系统是一个连续的振动体，以体波(压缩波、剪切波)和表面波(瑞利波)的形式传播，这些波的波动速度就是线路的临界速度。当列车运行速度接近或大于轨道临界速度时，轨道-路基变形传播将趋向或处于失稳状态。试验结果表明，运行速度超过轨道临界速度后，高速列车诱发轨道结构强烈振动的动力系数可高达正常情况下的 10 倍，这将导致轨道几何状态的恶化，引发行车安全问题，增加轨道维修工作量和费用。因此，轨道临界速度必须达到 1.5～2 倍的列车运营速度，轨道临界速度也就是列车运行的极限速度。在高速铁路设计中，采用无砟轨道可提高轨道临界速度。对特别松软的地基，应采取“以桥代路”的办法，增大基础刚度，提高轨道临界速度。以桥代路成为京沪高速铁路的最大特点，桥梁占到全线长度的 80.5%。

另外，在车辆条件确定的情况下，线路几何不平顺以及线路刚度不一致所激发的车辆振动，会随着列车运行速度的提高而加剧。因此，列车振动烈度的限值，也就相当于限制了列车的运行速度。与此同时，如何针对线路不平顺谱特性，有效隔离激扰，实现高速列车运行的高平稳性是高速列车动力学研究的挑战。

3. 弓网振动

接触网为高速列车提供牵引动力，同时又参与高速列车系统的振动。接触网的振动会影响受流质量，从而影响列车的正常运行，同时会造成接触网和受电弓弓头的磨损，并引起噪声问题。

在弓网系统动力学研究中，往往认为接触网的垂向刚度不一致性和接触线不平顺是影响弓网受流的重要因素，但这些因素可以通过结构和参数的优化来减小对弓网受流的影响，而真正制约列车运行速度提高的因素是接触网的波动速度。当车速接近波动速度时，弓网振动加剧，弓网间会产生很大的接触力，这不仅增加接触线的疲劳破坏和摩擦磨损的进程，而且弓网振动导致离线而无法正常受流。因此，接触网的波动速度是制约高速列车最高运行速度的重要条件之一。对于高速铁路的接触网系统，需在保证导电质量的前提下，研制轻型和具有高抗拉强度的线材，以提高接触网的波动速度。

4. 气动扰动

高速列车空气动力学研究是一项基本的研究内容，首先是高速列车的流线型外形设计，以降低列车运行的空气阻力。但列车运行速度的提高总会带来空气阻力的剧增，在列车牵引功率确定的条件下，空气阻力就成为列车运行速度提升的限制因素。牵引力和阻力的平衡点就是列车运行速度的极值。

高速气流带来的不仅是阻力，还有对列车运动姿态的影响。尤其在横风作用下，高速列车倾覆安全性降低，事实上大风吹翻列车时有发生。对于高速列车，列车倾覆危险性不仅和横风风速有关，而且随着列车运行速度的提高，倾覆危险性增加。不同横风风速下，列车运行速度受到限制，一般而言，风速越高，列车运行速度限值越低。如何提高限值，确保其列车运行安全性，是高速列车设计的挑战。

从前面与动力学性能相关的高速列车限制和挑战分析可以看到，高速列车动力学研究，不仅是要提高高速列车自身的动力学性能，更加要考虑好与运行系统的耦合关系，实现系统的最优。

在试图通过提高高速列车的动力学性能，以保证其运行品质时，还应该清楚地看到，高速列车的运行受到线路和接触网等固定设施条件的影响，同时受牵引供电和列车运行控制系统的控制，最终还将受到空气扰动、阻力及噪声的制约。因此，高速列车与高速铁路各子系统之间构成相互联系、相互依存、相互制约的关系，如与线路之间的轮轨关系、与接触网之间的弓网关系、与空气之间的流固耦合关系、与牵引供电系统之间的机电耦合关系、对环境作用的环境耦合关系等，如图 1.11 所示。在高速运行条件下，列车和线路轨道、接触网、空气等流固耦合系统之间的相互作用加剧，形成了复杂的耦合动力学关系。列车运行速度的提高不仅对车辆动力学性能设计提出了更新、更高的要求，还加剧了轮轨和弓网的磨耗、磨损，甚至导致失效，严重影响运行；高速气流也不再仅仅是运行阻力，同时影响列车的运行性能，甚至导致列车运行安全性问题；高速所需的大功率和高密度行车，对供电系统的电力释放和吸收提出更高的要求，一旦车与供电系统的关系没有匹配好，就可能导致电压的波动，甚至供电系统因超压、欠压或振荡冲击而崩溃。因此，高速列车的技术创新不仅需要研究和解决列车本身动态行为问题，更需要研究和解决列车与其他各系统的耦合作用，实现高速列车及其耦合系统的系统优化和匹配。为了实现这一目标，必须把高速列车以及与列车运行品质和安全性相关联的系统耦合起来进行整体研究，发展考虑线路、接触网、气流等耦合作用的高速列车耦合大系统动力学理论。

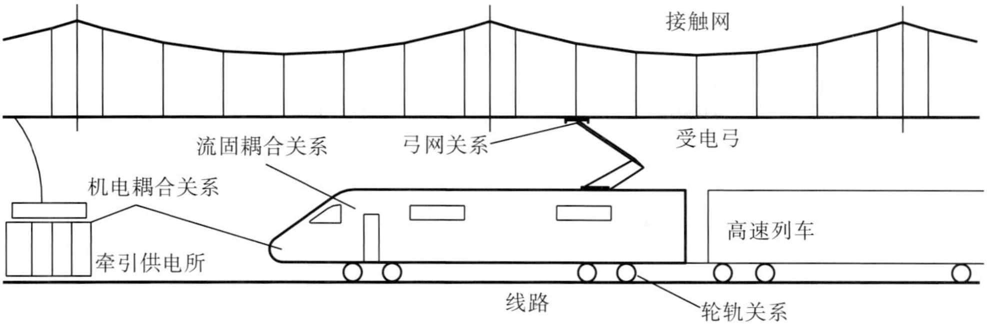

图 1.11　高速列车耦合大系统

1.4　高速列车耦合大系统动力学研究内容

传统的车辆系统动力学研究的核心是三要素，即运动稳定性、运行安全性和运行平稳性，而列车动力学研究不仅要研究列车编组状态下车辆动力学的三要素，同时要研究列车牵引/制动控制中列车的纵向动力学行为。与传统的车辆(列车)动力学不同，高速列车耦合大系统动力学除了研究列车本身的动力学问题外，还要研究列车运行所引起的线路、接触网、气流和供电等耦合系统的动态响应，研究列车与耦合系统的相互作用机制[31, 253, 254]。

1.4.1　动力学的基本研究内容

1. 运动稳定性

车辆蛇行失稳不仅影响列车运行品质、乘坐舒适度，甚至严重影响车辆运行的安全性，车辆系统稳定性研究成为车辆系统动力学研究的核心。在列车中，由于车辆编组位置不同，所受到的气动力和车间约束关系不同，各车的动力学响应不一。因此，应积极开展基于系统耦合的列车系统运动稳定性研究。高速列车运动稳定性研究包括：

(1) 研究不同编组状态(动车和拖车位置)各车的蛇行失稳速度，并以车辆最低失稳速度确定列车的失稳速度；

(2) 研究列车在不同线路条件，包括直线、曲线、坡道的列车运动稳定性状态；

(3) 研究在不同运行工况下，包括加速、匀速和减速运行工况下的列车运动稳定性状态；

(4) 研究不同故障状态下的列车运动稳定性；

(5) 在以上列车运动稳定性研究的基础上，研究动车组结构参数、悬挂参数对列车运动稳定性的影响规律，并以此来优化动力学参数。

2. 运行安全性

高速列车运行安全性研究的核心是脱轨问题，脱轨安全性指标包括脱轨系数、轮重减载率、轮轴横向力以及倾覆系数等。高速列车运行安全性研究的内容主要包括：

(1)研究不同编组状态(动车和拖车位置)各车的轮轨力及安全性指标，即脱轨系数、轮重减载率、轮轴横向力和倾覆系数等；

(2)研究列车在不同线路条件，包括直线、曲线、坡道的轮轨力及安全性指标；

(3)研究在不同运行工况下，包括加速、匀速和减速运行工况下的轮轨力及安全性指标；

(4)研究不同故障状态下的轮轨力及安全性指标；

(5)研究地震和横风作用下高速列车运行的临界安全域。

3. 运行平稳性

车辆运行的平稳性不仅涉及旅客的乘坐舒适度，同时影响车辆零部件的振动和动强度。因此，运行平稳性问题的研究，不仅要研究车体的振动，同时应该研究整个车辆系统的振动特征，力求系统每个零部件的振动都是平稳的。高速列车运行平稳性的研究内容主要如下：

(1)研究列车各车、各重要部件的振动状态(包括动应力状态)，对车体而言包括振动加速度、平稳性指标和舒适度指标；

(2)研究在不同运行工况下，包括启动加速、匀速和减速运行工况下的列车振动状态；

(3)研究不同故障状态下的列车振动状态；

(4)研究悬挂模态(刚体模态)和结构模态对列车振动状态的影响；

(5)研究动力学参数，特别是悬挂参数对列车运行平稳性的影响规律，并以此进行优化设计。

1.4.2 耦合关系的基本研究内容

高速列车耦合大系统动力学研究的特点就是除了研究列车本身的动力学性能，还要考虑轮轨、接触网、气流与高速列车运行的耦合作用，以及它们对高速列车运行品质的影响。

1. 轮轨关系

根据轮轨关系研究的内涵和习惯做法，传统概念的轮轨关系仅仅是研究轮轨接触斑上的关系，包括轮轨接触几何关系，轮轨滚动接触力学关系，影响轮轨接触性能的轮轨型面、材料和硬度等匹配关系，这包括轮轨接触带来的轮轨摩擦磨损等问题。而实际上，轮轨的相互作用是由于车辆和线路的结构、参数和状态有关，而且线路的结构、参数和状态还会直接影响列车的动力学性能。因此，轮轨关系的研究，除了研究轮轨关系本身的内容，还要研究车与线的耦合关系。从工程应用和高速列车设计的角度，轮轨关系研究应该考虑的内容如下：

(1)轮轨型面匹配；

(2)轮轨材料匹配；

(3)轮轨硬度匹配；

(4)线路(含过渡段)刚度优化；

(5)线路平纵断面设置；

(6)线路不平顺限制。

2. 弓网关系

对于高速列车，弓网关系的重要性和研究的必要性已经成为共识。然而，弓网关系到底要研究什么，解决什么问题，这样的定义还不是特别确切。相对轮轨关系研究，弓网关系的研究相对薄弱。根据中国高速列车的研究情况，高速弓网关系研究应该注重以下几个方面：

(1) 接触网波行为与速率利用；

(2) 弓网的跟随性和弓网参数优化匹配；

(3) 气流对受电弓气动作用力及其对弓网振动的影响；

(4) 接触线不平顺及其对弓网振动的影响；

(5) 双弓受流。

3. 流固关系

随着列车运行速度的提高，流固耦合关系已经越来越得到动力学研究者的重视。在高速列车中，流固耦合关系是气流和列车的相对运动和作用力关系。流固耦合动力学研究，更多地要考虑气流作用对列车动力学性能的影响：

(1) 不同线路和车辆状态(列车外形)下的空气阻力和气动升力；

(2) 气动行为、流场特征及列车表面气压分布；

(3) 气流对列车运行姿态的扰动；

(4) 气流对列车运行安全性的影响及横风作用下运行安全域；

(5) 列车风对线路及沿线物体和人员的作用。

4. 机电耦合关系

在高速列车耦合大系统动力学研究中，其机电耦合还是要重点研究列车动力学行为与供电系统的电源特征的关系，特别是在加速与电制动过程供电系统响应情况，以及供电系统的动态状态对列车运行的影响规律，并不是去直接关注供电系统的系统内部结构和电气设计。机电耦合关系主要研究内容包括：

(1) 不同列车状态及运行状态(加速、制动和匀速)与供电系统状态的耦合关系；

(2) 不同线路条件对列车运行和供电系统动态响应的影响；

(3) 不同环境条件(气流状态)对列车运行和供电系统动态响应的影响；

(4) 同一供电臂内多列车以不同方式运行对供电系统动态响应的影响；

(5) 在不同列车运行条件下的供电系统谐振和谐波特征。

参 考 文 献

[1] 钱立新. 速度 350km·h^{-1} 等级世界高速列车技术发展综述[J]. 中国铁道科学, 2007, 28(4): 66-72.

[2] 吴国栋, 李碧波. 法国 TGV 的发展历史和技术特点[J]. 国外铁道车辆, 2007, 44(1): 1-4.

[3] 朱军. 德、法、日三国发展高速铁路的启示[J]. 城市与区域规划研究, 2011, (3): 60-69.

[4] 李建兴, 徐建平, 赵国勇, 等. 欧洲城市轨道交通考察纪行[J]. 天津建设科技, 2007, 17(2): 53-56.

[5] 郑天池. 法国高速铁路的成功经验[J]. 铁道知识, 2006, (6): 14-17.

[6] Lacot F, 章三宽. TGV: 法国的高速列车[J]. 科学对社会的影响, 1992, (2): 133-142.

[7] 谢贤良. 时速 574.8 公里: 法国高速列车再创世界记录[J]. 铁道知识, 2007, (5): 32-37.

[8] 百度文库. 法国运营中的 TGV 高速铁路[EB/OL]. http://wenku.baidu.com/view/8296ac04cc1755270722086f [2020-2-5].

[9] Alstom Transport. The AGV—A Cutting-edge Technology Integrator[M]. Berlin: Innotrans, 2008.

[10] 维基百科. TGV 001[EB/OL]. https://www.hk.wiiaa.top/wiki/TGV_001 [2020-2-5].

[11] Cathelin K, 谢小海. TGV POS 高速电气化列车[J]. 国外机车车辆工艺, 2010, (3): 7-13, 21.

[12] TGV maintenance[EB/OL]. http://www.trainweb.org/tgvpages/images/maintain[2020-2-5].

[13] 百度百科. 无砟轨道技术[EB/OL]. http://baike.baidu.com/view/3077415.htm[2020-2-5].

[14] 李成栋. 遂渝线无碴轨道施工新技术及工程造价的研究[D]. 天津: 天津大学, 2007.

[15] 罗震. 高速铁路无砟轨道结构受力及轮轨动力作用分析[D]. 成都: 西南交通大学, 2008.

[16] 于正平, 张弘. 高速电气化铁路接触网: 受电弓系统的研究[J]. 中国铁道科学, 1999, 20(1): 59-72.

[17] 李瑞淳, 王駿. 德国高速列车综述[J]. 国外铁道车辆, 2005, 42(6): 1-6.

[18] 鲁宁, 刘团. 高速列车铝合金车体薄板焊接研究现状[J]. 科技创新与应用, 2012, (9): 20.

[19] Bombardier Inc. M-Size Bogies—MD523, MD524 and MD530 for long distance and high speed coaches, 2004.

[20] Siemens transportation systems. First class Bogies the complete programme for high-quality railway transportation, 2008.

[21] 芮东升, 赵陆青. 德国高速铁路轨道技术简介[J]. 铁道标准设计, 2006, (z1): 144-146.

[22] 朱飞雄. 接触网弹性链形悬挂的设计、施工与检测要点[J]. 铁道标准设计, 2008, 52(1): 84-87.

[23] 高津利次, 甘霖. 日本高铁的历史与未来[J]. 国际城市规划, 2011, 26(6): 6-15.

[24] 新干线高速列车的基本特点[EB/OL]. http://www.doczj.com/doc/be053d86dd88d0d232d46a05.html [2019-10-14].

[25] 荒井汛, 钟延篪. 铝合金车体的应用和今后的课题[J]. 电力机车与城轨车辆, 1989, 12(2): 45-49.

[26] 罗建华. 客运专线线下工程工后零沉降建设理念探索[J]. 路基工程, 2008, (3): 73-74.

[27] 李向国. 高速铁路技术[M]. 2 版. 北京: 中国铁道出版社, 2008.

[28] 张卫华, 王伯铭. 中国高速列车的创新发展[J]. 机车电传动, 2010, (1): 8-12, 69.

[29] 铁道部网站发展计划司. 国家《中长期铁路网规划》内容简介. https://www.ndrc.gov.cn/fggz/fzzlgh/gjjzxgh/200806/P020191104623823270325. pdf [2021-4-5].

[30] Zhang W H, Zeng J. Development of China's high-speed trains and the study on VSD[C]. The 6th International Symposium on Speed-up, Safety and Service Technology for Railway and Maglev Systems, Seoul, 2012.

[31] 张卫华, 张曙光. 高速列车耦合大系统动力学及服役模拟[J]. 西南交通大学学报, 2008, 43(2): 147-152.

[32] 廖晓昕. 稳定性的理论、方法和应用[M]. 2 版. 武汉: 华中科技大学出版社, 2010.

[33] 王福天. 车辆系统动力学[M]. 北京: 中国铁道出版社, 1994.

[34] Marshall D C F. A History of British Railways Down to the Year 1830[M]. London: Oxford University Press, 1938.

[35] Carter F W. On the stability of running of locomotives[J]. Proceedings of the Royal Society of London Series A, Containing Papers of a Mathematical and Physical Character, 1928, 121(788): 585-611.

[36] 池本宪三. 车辆在试验台与实际线路上蛇行运动特性的比较[J]. 国外铁道车辆, 1994, 1(3): 40-45.

[37] Matsudaira T. Dynamics of high speed rolling stock[R]. Quarterly Reports of RTRL, Special Issue, 1960: 57-65; 1961: 20-26; 1962: 13-22; 1963: 21-27; 1964: 21-26.

［38］ Wickens A H. The dynamic stability of a simplified four-wheeled railway vehicle having profiled wheels［J］. International Journal of Solids and Structures, 1965, 1 (4): 385-406.

［39］ Vermeulen P J, Johnson K L. Contact of nonspherical elastic bodies transmitting tangential forces［J］. Journal of Applied Mechanics, 1964, 31 (2): 338-340.

［40］ Kalker J J. A fast algorithm for the simplified theory of rolling contact［J］. Vehicle System Dynamics, 1982, 11 (1): 1-13.

［41］ Shen Z Y, Hedrick J K, Elkins J A. A comparison of alternative creep force models for rail vehicle dynamic analysis［C］. Proceeding of the 8th IAVSD on Dynamics of Vehicles on Roads and Tracks, Cambridge, 1984.

［42］ Cooperrider N K. The hunting behavior of conventional railway trucks［J］. ASME Journal of Engineering and Industry, 1972, 94: 752-762.

［43］ Wickens A H. The dynamic stability of railway vehicle wheelsets and bogies having profiled wheels［J］. International Journal of Solids and Structures, 1965, 1 (3): 319-341.

［44］ Knudsen C, Feldberg R, Jaschinski A. Non-linear dynamic phenomena in the behaviour of a railway wheelset model［J］. Nonlinear Dynamics, 1991, 2 (5): 389-404.

［45］ Petersen K C, True H. Periodic, bi-periodic and chaotic dynarnical behaviour of railway vehicles［C］. Proceedings of the 9th IAVSD Symposium, Linköping, 1986.

［46］ Petersen K C. Chaos in a railway bogie［J］. Acta Mechanica, 1986, 61 (1-4): 89-107.

［47］ True H. Dynamics of a rolling wheelset［J］. Applied Mechanics Reviews, 1993, 46 (7): 438-444.

［48］ True H, Kaas-Petersen C. A bifurcation analysis of nonlinear oscillations in railway vehicles［J］. Vehicle System Dynamics, 1983, 12 (1-3): 5-6.

［49］ True H, Kass-Petersen C. A bifurcation analysis of nonlinear oscillations in railway vehicles［C］. Proceedings of the 8th IAVSD Symposium, Cambridge, 1984.

［50］ True H. Railway vehicle chaos and asymmetric hunting［J］. Vehicle System Dynamics, 1992, 20 (sup1): 625-637.

［51］ Zboinski K, Dusza M. Self-exciting vibrations and Hopf's bifurcation in non-linear stability analysis of rail vehicles in a curved track［J］. European Journal of Mechanics—A, 2010, 29 (2): 190-203.

［52］ 曾京. 车辆系统的蛇行运动分岔及极限环的数值计算［J］. 铁道学报, 1996, 18 (3): 13-19.

［53］ 张卫华. 机车车辆动态模拟［M］. 北京: 中国铁道出版社, 2006.

［54］ Goodall R, Li H. Solid axle and independently-rotating railway wheelsets—A control engineering assessment of stability［J］. Vehicle System Dynamics, 2000, 33 (1): 57-67.

［55］ Pearson J T, Goodall R. An active stability system for a high speed railway vehicle［J］. Electronic System and Control Division Research, 2003: 11-14.

［56］ Bruni S, Resta F. Active control of railway vehicles to avoid hunting instability［C］. IEEE/ASME International Conference on Advanced Intelligent Mechatronics Proceedings, Como, 2001.

［57］ Shen G, Goodall R. Active yaw relaxation for improved bogie performance［J］. Vehicle System Dynamics, 1997, 28 (4-5): 273-289.

［58］ Schielen W. Multibody Systems Handbook［M］. Berlin: Springer-Verlag, 1990.

［59］ Kortüm W. Review of multibody computer, codes for vehicle system dynamics［J］. Vehicle System Dynamics, 1993, 22 (sup1): 3-31.

［60］ Santamaria J, Vadillo E G. Equivalent conicity and curve radius influence on dynamical performance of unconventional bogies.

comparison analysis[J]. Vehicle System Dynamics, 2004, 41(S): 133-142.

[61] 池茂儒, 王开文, 傅茂海, 等. 磁流体耦合轮对转向架曲线通过性能的研究[J]. 铁道学报, 2002, 24(4): 28-33.

[62] 池茂儒, 王开文, 傅茂海, 等. 后轮对独立回转新型转向架轮轨横向力的分析[J]. 交通运输工程学报, 2002, 2(2): 32-35, 72.

[63] Shen Z Y, Zhang X F, Dai H Y, et al. Curving behaviour and lateral stability of a three-axle forced-steering freight bogie for heavy haul railway transportation[C]. Proceedings of the 11th IAVSD Symposium, Toronto, 1989.

[64] 陈健, 王开文, 姜建东. 摆式客车自导向径向转向架小半径曲线通过性能仿真研究[J]. 铁道机车车辆, 2006, 26(5): 16-20.

[65] 池茂儒, 张卫华, 曾京, 等. 新型独立轮对柔性耦合径向转向架[J]. 机械工程学报, 2008, 44(3): 9-15.

[66] 王福天, 朱昶基, 陈健凡. 客车转向架横向振动的理论计算和试验分析[J]. 铁道学报, 1981, 3(1): 14-26.

[67] 刘建新, 王开云, 封全保, 等. 横向减振器对机车平稳性能的影响[J]. 交通运输工程学报, 2006, 6(3): 1-4.

[68] 池茂儒, 张卫华, 曾京, 等. 高速客车转向架悬挂参数分析[J]. 大连交通大学学报, 2007, 28(3): 13-19.

[69] 吴会超. 高速动车组车体与车下设备耦合振动研究[D]. 成都: 西南交通大学, 2012.

[70] 池茂儒, 张卫华, 曾京, 等. 蛇行运动对铁道车辆平稳性的影响[J]. 振动工程学报, 2008, 21(6): 639-643.

[71] 池茂儒, 张卫华, 曾京, 等. 铁道车辆振动响应特性[J]. 交通运输工程学报, 2007, 7(5): 6-11.

[72] 吴国梁. 轨道的几何状况与车辆的横向振动[J]. 铁道学报, 1985, (4): 11-17.

[73] 藤本裕, 丁肃秋. 新干线电动车组的横向振动及其减振措施[J]. 大功率变流技术, 1995, (7): 21-27.

[74] 利光隆志, 蔡千华, 刘宏友, 等. 利用车体间横向减振器改善高速列车的舒适性[J]. 国外铁道车辆, 2009, 46(1): 8-15.

[75] Karnopp D, Crosby M J, Harwood R A. Vibration control using semi-active force generators[J]. Journal of Engineering for Industry, 1974, 96: 619-626.

[76] Karnopp D. Design principles for vibration control systems using semi-active dampers[J]. Journal of Dynamic Systems, Measurement and Control, 1990, 112 (3): 448-455.

[77] Valasek M, Novak M, Sika Z, et al. Extended ground-hook-new concept of semi-active control of truck's suspension[J]. Vehicle System Dynamics, 1997, 27(5-6): 289-303.

[78] 佐佐木君章. 改善高速列车的横向乘坐舒适度——半主动悬挂减振装置的应用[J]. 铁道学报, 2004, 26(1): 105-115.

[79] Margolis D L, Tyle J L, Hrovat D. Heave mode dynamics of a tracked air cushion vehicle with semi-active airbag secondary suspension[J]. Journal of Dynamic System, Measurement and Control, 1975, 97(4): 399-407.

[80] 王月明. 车辆半主动悬挂开关控制特性的研究[J]. 机械工程学报, 2002, 38(6): 148-151.

[81] 王月明, 曾京. 车辆横向半主动悬挂的神经网络自适应控制[J]. 铁道学报, 2002, 24(4): 34-37.

[82] 丁问司, 卜继玲. 基于非线性神经网络的列车半主动悬挂系统[J]. 华南理工大学学报, 2005, 33(12): 75-77.

[83] 姚建伟, 孙琼, 章润鸿, 等. 铁路机车车辆半主动控制减振器的理论研究和产品研制[J]. 铁道机车车辆, 2004, 24(z1): 6-9.

[84] 董孝卿, 王悦明, 文彬. 机车车辆半主动悬挂控制的计算机仿真[J]. 铁道机车车辆, 2003, 19(1): 36-39.

[85] Tomioka T. Optimization of the specifications of carbody, truck and their connecting elements to improve the riding comfort of railway vehicles[J]. Transactions of the Japan Society of Mechanical Engineers, Series C, 2002, 68(671): 2106-2113.

[86] Foo E, Goodall R M. Active suspension control of flexible-bodied railway vehicles using electro-hydraulic and electro-magnetic actuators[J]. Control Engineering Practice, 2000, 8(5): 507-518.

[87] Tamai E H, Sotelo Jr J. LQG-control of active suspension considering vehicle body flexibility[C]. Proceedings of International

Conference on Control Applications, Albany, 1995.

[88] Sugahara Y, Takigami T, Sampei M. Suppressing vertical vibration in railway vehicles through primary suspension damping force control[J]. Journal of System Design and Dynamics, 2007, 1(2): 224-235.

[89] 朱浩, 刘少军, 邬平波, 等. 基于柔性车体的铁道车辆主动悬挂的模糊控制研究[J]. 中国机械工程, 2006, 17(18): 1883-1887.

[90] Suzuki Y, Chonan S. Theoretical analysis for flexural vibration damping method of rolling stock carbody[J]. Transactions of the Japan Society of Mechanical Engineers, 1996, 62(598): 2132-2139.

[91] Takigami T, Tomioka T. Bending vibration suppression of railway vehicle carbody with piezoelectric elements[J]. Journal of Mechanical Systems for Transportation and Logistics, 2008, 1(1): 111-121.

[92] Schandl G, Benatzky C, Kozek M, et al. Comfort enhancement by an active vibration reduction system for a flexible railway car body[J]. Vehicle System Dynamics, 2007, 45(9): 835-847.

[93] 陆正刚, 胡用生. 高速车辆结构振动的独立模态空间控制[J]. 控制理论与应用, 2007, 24(6): 879-885.

[94] 周劲松, 宫岛, 任利惠. 铁道车辆弹性车体被动减振仿真分析[J]. 同济大学学报(自然科学版), 2009, 37(8): 1085-1089.

[95] 曾京, 罗仁. 考虑车体弹性效应的铁道客车系统振动分析[J]. 铁道学报, 2007, 29(6): 19-25.

[96] 黄彩虹, 曾京, 罗仁, 等. 牵引拉杆纵向刚度对高速客车车体弹性振动的影响[J]. 交通运输工程学报, 2010, 10(3): 46-51.

[97] 刘宏友. 高速列车中的关键动力学问题研究[D]. 成都: 西南交通大学, 2003.

[98] Garg V K, Dukkipati R V. Dynamics of Railway Vehicle Systems[M]. Orlando: Academic Press, 1984: 332-366.

[99] Luttrell N W, Gupta R K, Low E M, et al. Train operation simulator-user's manual[R]. Research Report R-198. Washington: Association of American Railroads, 1976.

[100] Low E W, Garg V K, Train operation simulator-validation report[R]. Research Report R-235. Washington: Association of American Railroads, 1978.

[101] Martin G C, Tideman H. Detailed longitudinal train action model-technical documentation[R]. Research Report R-221. Washington: Association of American Railroads, 1977.

[102] Thomas L R, MacMillan R D, Martin G C. Quasi-static lateral train stability model[R]. Research Report R-209. Washington: Association of American Railroads, 1976.

[103] Chang E H, Shum K L, Abbott R A, et al. Effects of spiral length on reverse curves with minimum tangent length for slow speed operation[R]. Research Report R-309. Washington: Association of American Railroads, 1978.

[104] Shum K L, Singh S, Chang P E H. Study of effects of spiral length on lateral stability on simple curve negotiation[R]. Research Report R-355. Washington: Association of American Railroads, 1979.

[105] Raidt J B, Shum K L, Martin G C, et al. Detailed vertical train stability model-technical documentation[R]. Research Report R-267. Washington: Association of American Railroads, 1977.

[106] Gogineni B R, Garg V K. A dynamic model for longitudinal train action research[R]. Research Report R-297. Washington: Association of American Railroads, 1978.

[107] Low E M, Garg V K. Detailed longitudinal train action model-computation program documentation[R]. Research Report R-296. Washington: Association of American Railroads, 1978.

[108] Rockefane R C, Tse Y H, Martin G C. Lateral/vertical model-user's manual. computation program documentation[R]. Research Report R-237. Washington: Association of American Railroads, 1977.

[109] 马大炜. 重载列车及其试验研究(续四)：重载列车仿真研究(上)[J]. 铁道车辆, 1999, (2): 15-19.

[110] 赵小玲, 钱雪军. SS4 改进型机车驾驶模拟器[J]. 机车电传动, 1996, (2): 16-18, 24.

[111] Zhai W M. Two simple fast integration methods for large-scale dynamic problems in engineering[J]. International Journal for Numerical Methods in Engineering, 1996, 39(24): 4199-4214.

[112] 李学峰. 我国动车组的发展及综合性能试验[J]. 中国铁路, 2002, (4): 30-32.

[113] Eickhoff B M, Evans J R, Minnis A J. A review of modelling methods for railway vehicle suspension components[J]. Vehicle System Dynamics, 1995, 24(6-7): 469-496.

[114] 罗仁, 曾京. 列车系统蛇行运动稳定性分析及其与单车模型的比较[J]. 机械工程学报, 2008, 44(4): 184-188.

[115] 文克尔地基模型[EB/OL]. https://baike.baidu.com/item/文克尔地基模型/10228567?fr=aladdin [2021-01-27].

[116] Timoshenko S. Method of analysis static and dynamical stresses in rail[C]. Proceedings of the 2nd International Congress of Applied Mechanics, Zurich, 1927.

[117] Dörr J. Der unendliche, federnd gebettete Balken unter dem Einflu\\ einer gleichförmig bewegten Last[J]. Archive of Applied Mechanics, 1943, 14(3): 167-192.

[118] Mathews P M. Vibrations of a beam on elastic foundation[J]. ZAMM - Zeitschrift Für Angewandte Mathematik Und Mechanik, 1958, 38(3-4): 105-115.

[119] Bogacz R, Krzyýški T, Popp K. On the generalization of mathews' problem of the vibrations of a beam on elastic foundation[J]. ZAMM - Journal of Applied Mathematics and Mechanics, 1989, 69(8): 243-252.

[120] Grassie S L, Cox S J. The dynamic response of railway track with flexible sleepers to high frequency vertical excitation[J]. Proceedings of the Institution of Mechanical Engineers, Part D: Transport Engineering, 1984, 198(2): 117-124.

[121] Sato Y, Odaka T, Takai H. Theoretical analyses on vibration of ballasted track[J]. Quarterly Report of Railway Technology Institution, 1988, 29(1): 30-32.

[122] Cai Z, Raymond G P. Modelling the dynamic response of railway track to wheel/rail impact loading[J]. Structural Engineering and Mechanics, 1994, 2(1): 95-112.

[123] Knothe K, Grassie S L. Modelling of railway track and vehicle/track interaction at high frequencies[J]. Vehicle System Dynamics, 1993, 22(3-4): 209-262.

[124] Zhai W M, Sun X. A detailed model for investigating vertical interaction between railway vehicle and track[J]. Vehicle System Dynamics, 1994, 23(sup1): 603-615.

[125] Diana G, Cheli F, Bruni S, et al. Interaction between railroad superstructure and railway vehicles[J]. Vehicle System Dynamics, 1994, 23(sup1): 75-86.

[126] Li D Q, Selig E T. Wheel/track dynamic interaction: Track substructure perspective[J]. Vehicle System Dynamics, 1995, 24(sup1): 183-196.

[127] Bogacz R, Krzyzynski T, Popp K. On dynamics of systems modeling continuous and periodic guide ways[J]. Archives of Mechanics, 1993, 45: 575-593.

[128] Kruse H, Popp K, Krzyzynski T. On steady state dynamics of railway tracks modeled as continuous periodic structures[J]. Machine Dynamics Problems, 1998, 20: 149-166.

[129] Belotserkovskiy P M. On the oscillations of infinite periodic beams subjected to a moving concentrated force[J]. Journal of Sound and Vibration, 1996, 193(3): 705-712.

[130] Ripke B, Knothe K. Simulation of high frequency vehicle-track interactions[J]. Vehicle System Dynamics, 1995, 24(sup1):

72-85.

[131] Oscarsson J, Dahlberg T. Dynamic train/track/ballast interaction-computer models and full-scale experiments[J]. Vehicle System Dynamics, 1998, 29(sup1): 73-84.

[132] Auersch L. Vehicle-track-interaction and soil dynamics[J]. Vehicle System Dynamics, 1998, 29(sup1): 553-558.

[133] Droździel J, Sowiński B, Groll W. The effect of railway vehicle-track system geometric deviations on its dynamics in the turnout zone[J]. Vehicle System Dynamics, 1999, 33(sup1): 641-652.

[134] Gurule S, Wilson N. Simulation of wheel/rail interaction in turnouts and special track work[J]. Vehicle System Dynamics, 1999, 33(sup1): 143-154.

[135] Oscarsson J. Dynamic train-track-ballast interaction with unevenly distributed track properties[C]. The 17th IAVSD Symposium on Dynamics of Vehicles on Roads and on Tracks, Lyngby, 2001.

[136] Sun Y Q, Dhanasekar M. A dynamic model for the vertical interaction of the rail track and wagon system[J]. International Journal of Solids and Structures, 2002, 39(5): 1337-1359.

[137] Jin X S, Wen Z F, Wang K Y, et al. Three-dimensional train-track model for study of rail corrugation[J]. Journal of Sound and Vibration, 2006, 293(3-5): 830-855.

[138] Jin X S, Wen Z F, Xiao X B, et al. A numerical method for prediction of curved rail wear[J]. Multibody System Dynamics, 2007, 18(4): 531-557.

[139] Xiao X B, Wen Z F, Jin X S, et al. Effects of track support failures on dynamic response of high speed tracks[J]. International Journal of Nonlinear Sciences and Numerical Simulation, 2007, 8(4): 615-630.

[140] Xiao X B, Jin X S, Wen Z F, et al. Effect of tangent track buckle on vehicle derailment[J]. Multibody System Dynamics, 2011, 25(1): 1-41.

[141] Iwnicki S, Iwnicki S. Handbook of Railway Vehicle Dynamics[M]. Boca Raton: CRC Press, 2006.

[142] Andersson C, Abrahamsson T. Simulation of interaction between a train in general motion and a track[J]. Vehicle System Dynamics, 2002, 38(6): 433-455.

[143] Wu T X, Thompson D J. Vibration analysis of railway track with multiple wheels on the rail[J]. Journal of Sound and Vibration, 2001, 239(1): 69-97.

[144] Yang Y B, Wu Y S. Dynamic stability of trains moving over bridges Shaken by earthquakes[J]. Journal of Sound and Vibration, 2002, 258(1): 65-94.

[145] Tanabe M, Matsumoto N, Wakui H, et al. A simple and efficient numerical method for dynamic interaction analysis of a high-speed train and railway structure during an earthquake[J]. Journal of Computational and Nonlinear Dynamics, 2008, 3(4): 041002.

[146] Ju S H, Li H C. Dynamic interaction analysis of trains moving on embankments during earthquakes[J]. Journal of Sound and Vibration, 2011, 330(22): 5322-5332.

[147] Xiao X B, Ling L, Jin X S. A study of the derailment mechanism of a high speed train due to an earthquake[J]. Vehicle System Dynamics, 2012, 50(3): 449-470.

[148] 翟婉明. 车辆-轨道垂向系统的统一模型及其耦合动力学原理[J]. 铁道学报, 1992, (3): 10-21.

[149] 胡用生, 谭复兴, 陆正刚. TBDS 轮轨耦合模型的仿真验证及其应用[J]. 铁道学报, 1996, (3): 29-36.

[150] 李德建, 曾庆元. 列车-直线轨道空间耦合时变系统振动分析[J]. 铁道学报, 1997, (1): 103-109.

[151] 全玉云. 机车车辆/轨道系统垂向耦合动力学有限元分析的研究[D]. 北京: 中国铁道科学研究院, 2000.

[152] 王平. 道岔区轮轨系统动力学的研究[D]. 成都: 西南交通大学, 1997.

[153] 任尊松. 车辆-道岔系统动力学研究[D]. 成都: 西南交通大学, 2000.

[154] 梁波, 蔡英, 朱东生. 车-路垂向耦合系统的动力分析[J]. 铁道学报, 2000, 22(5): 65-71.

[155] 苏谦, 蔡英. 高速铁路路基结构空间时变系统耦合动力学分析[J]. 西南交通大学学报, 2001, 36(5): 509-513.

[156] 王其昌, 蔡成标, 罗强. 高速铁路路桥过渡段轨道折角限值的分析[J]. 铁道学报, 1998, 20(3): 109.

[157] 罗强, 蔡英, 翟婉明. 高速铁路路桥过渡段的动力学性能分析[J]. 工程力学, 1999, (5): 65-70.

[158] 毛得军, 雷晓燕, 杜厚智. 提速线路轨道过渡段动力响应分析[J]. 华东交通大学学报, 2001, 18(1): 35-40.

[159] 蔡成标. 高速铁路列车-线路-桥梁耦合振动理论及应用研究[D]. 成都: 西南交通大学, 2004.

[160] 王于, 翟婉明, 王其昌, 等. 一种确定轨道过渡段长度的新方法[J]. 铁道工程学报, 1999, 16(4): 25-28.

[161] 金学松, 王开云, 温泽峰, 等. 钢轨横向不均匀支撑刚度对钢轨波磨的影响[J]. 力学学报, 2005, 37(6): 737-749.

[162] 肖新标, 金学松, 温泽峰. 轨枕支撑硬点对轨枕动力响应的影响[J]. 交通运输工程学报, 2007, 7(6): 28-35.

[163] 肖新标, 金学松, 温泽峰. 轨下支承失效对直线轨道动态响应的影响[J]. 力学学报, 2008, 40(1): 67-78.

[164] 金学松, 郭俊, 肖新标, 等. 高速列车安全运行研究的关键科学问题[J]. 工程力学, 2009, 26(A02): 8-22, 105.

[165] Schulte-Werning B, Grégoire R, Malfatti A, et al. Transaero—A European Initiative on Transient Aerodynamics for Railway System Optimisation[M]. Berlin: Springer, 2002.

[166] European Committee for Standardization . Railway applications—Aerodynamics—Part 6: Requirements and test procedures for cross wind assessment[S]. BS EN 14067-6: 2010. Brussels: European Committee for Standardization.

[167] Cooper R K. Wind tunnel tests on a 1/25th scale APT-P model[J]. British Rail Research Division Technical Memorandum TMAERO, 1982, 43.

[168] Khier W, Breuer M, Durst F. Flow structure around trains under side wind conditions: A numerical study[J]. Computers & Fluids, 2000, 29(2): 179-195.

[169] Diedrichs B. On computational fluid dynamics modelling of crosswind effects for high-speed rolling stock[J]. Proceedings of the Institution of Mechanical Engineers, Part F: Journal of Rail and Rapid Transit, 2003, 217(3): 203-226.

[170] Diedrichs B, Sima M, Orellano A, et al. Crosswind stability of a high-speed train on a high embankment[J]. Proceedings of the Institution of Mechanical Engineers, Part F: Journal of Rail and Rapid Transit, 2007, 221(2): 205-225.

[171] Baker C J. Ground vehicles in high cross winds. Part I: Steady aerodynamic forces[J]. Journal of Fluids and Structures, 1991, 5: 69-90.

[172] Baker C J. Ground vehicles in high cross winds part II: Unsteady aerodynamic forces[J]. Journal of Fluids and Structures, 1991, 5(1): 91-111.

[173] Baker C J. Ground vehicles in high cross winds part III: The interaction of aerodynamic forces and the vehicle system[J]. Journal of Fluids and Structures, 1991, 5(2): 221-241.

[174] Baker C J. The simulation of unsteady aerodynamic cross wind forces on trains[J]. Journal of Wind Engineering and Industrial Aerodynamics, 2010, 98(2): 88-99.

[175] Baker C J, Jones J, Lopez-Calleja F, et al. Measurements of the cross wind forces on trains[J]. Journal of Wind Engineering and Industrial Aerodynamics, 2004, 92(7-8): 547-563.

[176] 田红旗. 列车空气动力学[M]. 北京: 中国铁道出版社, 2007.

[177] 周丹, 田红旗, 杨明智, 等. 强侧风作用下不同类型铁路货车在青藏线路堤上运行时的气动性能比较[J]. 铁道学报, 2007, 29(5): 32-36.

[178] 高广军, 田红旗, 张健. 横风对双层集装箱平车运行稳定性的影响[J]. 交通运输工程学报, 2004, 4(2): 45-48.

[179] 高广军, 田红旗, 姚松, 等. 兰新线强横风对车辆倾覆稳定性的影响[J]. 铁道学报, 2004, 26(4): 36-40.

[180] 于梦阁. 高速列车风致安全研究[D]. 成都: 西南交通大学, 2010.

[181] 于梦阁, 张继业, 张卫华. 侧风下高速列车车体与轮对的运行姿态[J]. 交通运输工程学报, 2011, 11(4): 48-55.

[182] 于梦阁, 张继业, 张卫华. 平地上高速列车的风致安全特性[J]. 西南交通大学学报, 2011, 46(6): 989-995.

[183] 刘加利, 于梦阁, 张继业, 等. 基于大涡模拟的高速列车横风运行安全性研究[J]. 铁道学报, 2011, 33(4): 13-21.

[184] 于梦阁, 张继业, 张卫华. 350km/h 高速列车风致安全研究[J]. 机械设计与制造, 2011, (5): 174-176.

[185] 李田, 张继业, 张卫华. 横风下车辆轨道耦合动力学性能研究[J]. 交通运输工程学报, 2011, 11(5): 55-60.

[186] 李雪冰. 高速列车交会时的气流诱发振动研究[D]. 成都: 西南交通大学, 2009.

[187] 赵迎辉. 高速交会列车的气动性能及车辆动力学特性研究[D]. 成都: 西南交通大学, 2012.

[188] Neppert H, Sanderson R. Untersuchungen zur zugbegnung, bauwerkund personerpassage in wasserkanal, schuellbanhn aerodynamic[Z]. DFVLR Forschungszentrum Ava Gottingen, 1978.

[189] Howell J P. Aerodynamic response of maglev train models to a crosswind gust[J]. Journal of Wind Engineering and Industrial Aerodynamics, 1986, 22(2-3): 205-213.

[190] Fujii K, Ogawa T. Aerodynamics of high speed trains passing by each other[J]. Computers & Fluids, 1995, 24(8): 897-908.

[191] Hwang J, Lee D H. Numerical simulation of flowfield around high speed trains passing by each other[C]. The 17th Applied Aerodynamics Conference, Norfolk, 1999.

[192] Hwang J, Yoon T S, Lee D H, et al. Numerical study of unsteady flowfield around high speed trains passing by each other[J]. JSME International Journal Series B, 2001, 44(3): 451-464.

[193] 章磊. 高速列车隧道通过气动性能研究[D]. 成都: 西南交通大学, 2012.

[194] Hara T. Aerodynamical problems when train is running into with large velocity[R]. Railway Technical Research Report No153. 1960.

[195] Pope C W. Tunnel aerodynamics[C]. Proceedings of Railway Aerodynamics Symposium, Massachusetts, 1984.

[196] Wood W A. Wave action associated with a train entering a tunnel[C]. Paper on 1st ISAVVT, Canterbury, 1973.

[197] Gregoire R, Rety J M, Masbermat F. Experimental study (scale 1/70) and numerical simulations of the generation of pressure wave and micro-pressure waves due to high-speed train-tunnel entry[C]. Paper on 4th ISAVVT, New York, 1982.

[198] Shin C H, Park W G. Numerical study of flow characteristics of the high speed train entering into a tunnel[J]. Mechanics Research Communications, 2003, 30(4): 287-296.

[199] 梅元贵. 高速铁路隧道压力波数值模拟研究[D]. 成都: 西南交通大学, 1997.

[200] 余南阳, 梅元贵. 高速铁路隧道压力波动主要影响参数研究[J]. 中国铁道科学, 2003, 24(6): 67-69.

[201] 骆建军, 高波, 王英学, 等. 高速列车穿越隧道的二维非定常流数值模拟[J]. 铁道学报, 2003, 25(2): 68-73.

[202] 骆建军, 高波, 王英学, 等. 高速列车通过隧道时压力变化的数值模拟[J]. 中国铁道科学, 2003, 24(4): 82-86.

[203] 骆建军, 高波, 王英学. 高速列车突入隧道与缓冲结构时的数值模拟[J]. 空气动力学学报, 2003, 21(3): 376-381.

[204] Feng Z P, Zhang J Y, Zhang W H. The vehicle dynamical analysis of a high-speed train passing through a tunnel[J]. Applied Mechanics and Materials, 2010, 29-32: 835-840.

[205] 李田. 高速列车流固耦合计算方法及动力学性能研究[D]. 成都: 西南交通大学, 2012.

[206] 崔涛. 高速列车流固耦合振动及运行安全性研究[D]. 成都: 西南交通大学, 2011.

[207] 张卫华. 受电弓: 接触网系统动态特性的研究[D]. 成都: 西南交通大学, 1989.

[208] 张卫华, 曹新文. 高速受电弓-接触网系统的动力学研究[J]. 西南交通大学学报, 1991, 26(1): 105-111.

[209] 张卫华, 沈志云. 受电弓动力学研究[J]. 铁道学报, 1993, 15(1): 23-30.

[210] 张卫华. 准高速接触网动态性能的研究[J]. 西南交通大学学报, 1997, 32(2): 187-192.

[211] 蔡成标, 翟婉明. 高速铁路受电弓-接触网系统动态性能仿真研究[J]. 铁道学报, 1997, 19(5): 38-43.

[212] 蔡成标, 翟婉明. 高速铁路接触网静态刚度分析[J]. 西南交通大学学报, 1996, 31(2): 185-190.

[213] 蔡成标, 翟婉明. 高速铁路接触网振动特性分析[J]. 西南交通大学学报, 1997, 32(5): 497-501.

[214] 李丰良, 粟谦. 接触网的力学模型及运动微分方程[J]. 长沙铁道学院学报, 1996, (2): 90-93, 112.

[215] 吴天行. 接触网的有限元计算与分析[J]. 铁道学报, 1996, 18(3): 44-49.

[216] 安孝廉. 受电器[M]. 北京: 中国铁道出版社, 1984.

[217] 吴天行. 弓-网高速动态受流仿真研究[J]. 铁道学报, 1996, 18(4): 55-61.

[218] Wu T X, Brennan M J. Basic analytical study of pantograph-catenary system dynamics[J]. Vehicle System Dynamics, 1998, 30(6): 443-456.

[219] Wu T X, Brennan M J. Dynamic stiffness of a railway overhead wire system and its effect on pantograph-catenary system dynamics[J]. Journal of Sound and Vibration, 1999, 219(3): 483-502.

[220] Zhang W, Mei G, Zeng J. A study of pantograph/catenary system dynamics with influence of presag and irregularity of contact wire[J]. Vehicle System Dynamics, 2002, 37(sup1): 593-604.

[221] Zhang W H, Liu Y, Mei G M. Evaluation of the coupled dynamical response of a Pantograph-Catenary system: Contact force and stresses[J]. Vehicle System Dynamics, 2006, 44(8): 645-658.

[222] Lee K. Analysis of dynamic contact between overhead wire and pantograph of a high-speed electric train[J]. Proceedings of the Institution of Mechanical Engineers, Part F: Journal of Rail and Rapid Transit, 2007, 221(2): 157-166.

[223] Lopez-Garcia O, Carnicero A, Maroño J L. Influence of stiffness and contact modelling on catenary-pantograph system dynamics[J]. Journal of Sound and Vibration, 2007, 299(4-5): 806-821.

[224] Kim J W, Chae H C, Park B S, et al. State sensitivity analysis of the pantograph system for a high-speed rail vehicle considering span length and static uplift force[J]. Journal of Sound and Vibration, 2007, 303(3-5): 405-427.

[225] Cho Y H. Numerical simulation of the dynamic responses of railway overhead contact lines to a moving pantograph, considering a nonlinear dropper[J]. Journal of Sound and Vibration, 2008, 315(3): 433-454.

[226] 周宁, 张卫华. 基于直接积分法的弓网耦合系统动态性能仿真分析[J]. 中国铁道科学, 2008, 29(6): 71-76.

[227] 周宁, 张卫华, 王冬. 受电弓等效模型参数识别及动态性能测试[J]. 西南交通大学学报, 2011, 46(3): 398-403.

[228] Zhang W H, Zhou N, Li R P, et al. Pantograph and catenary system with double pantographs for high-speed trains at 350km/h or higher[J]. Journal of Modern Transportation, 2011, 19(1): 7-11.

[229] Bucca G, Collina A, Manigrasso R, et al. Analysis of electrical interferences related to the current collection quality in pantograph-catenary interaction[J]. Proceedings of the Institution of Mechanical Engineers, Part F: Journal of Rail and Rapid Transit, 2011, 225(5): 483-500.

[230] Zhou N, Zhang W H. Investigation on dynamic performance and parameter optimization design of pantograph and catenary system[J]. Finite Elements in Analysis and Design, 2011, 47(3): 288-295.

[231] Cho Y H, Lee K, Park Y, et al. Influence of contact wire pre-sag on the dynamics of pantograph-railway catenary[J]. International Journal of Mechanical Sciences, 2010, 52(11): 1471-1490.

[232] 梅桂明, 张卫华. 受电弓/接触网系统动力学模型及特性[J]. 交通运输工程学报, 2002, 2(1): 20-25.

[233] 李丰良，孙焰，粟谦. TSG3 受电弓的归算质量[J]. 铁道学报, 1998, 20(2): 55.

[234] 李丰良，李敏，唐建湘. 受电弓的建模与参数测试[J]. 中南大学学报(自然科学版), 2006, 37(1): 194-199.

[235] Metrikine A V, Bosch A L. Dynamic response of a two-level catenary to a moving load[J]. Journal of Sound and Vibration, 2006, 292(3-5): 676-693.

[236] Lopez-Garcia O, Carnicero A, Torres V. Computation of the initial equilibrium of railway overheads based on the catenary equation[J]. Engineering Structures, 2006, 28(10): 1387-1394.

[237] Park T J, Han C S, Jang J H. Dynamic sensitivity analysis for the pantograph of a high-speed rail vehicle[J]. Journal of Sound and Vibration, 2003, 266(2): 235-260.

[238] Yu D, Lo K L. Analysis on catenary current-collection theory[C]. Proceedings of the Universities Power Engineering Conference, Belfast, 2000.

[239] Aboshi M, Nakai I, Kinoshita H. Current collection characteristics and improvement methods of high-tension overhead catenary systems[J]. Electrical Engineering in Japan, 1998, 123(4): 67-76.

[240] 梅桂明，张卫华. 不同结构类型接触网动态特性研究[J]. 交通运输工程学报, 2002, 2(2): 27-31.

[241] 刘红娇. 受电弓机构几何参数优化与主动控制的研究[D]. 成都: 西南交通大学, 2002.

[242] 黄标. 基于虚拟样机技术的受电弓/接触网系统研究[D]. 成都: 西南交通大学, 2004.

[243] 刘怡，张卫华，梅桂明. 受电弓/接触网垂向耦合运动中接触网动应力研究[J]. 铁道学报, 2003, 25(4): 23-26.

[244] 严隽耄. 车辆工程[M]. 2 版. 北京: 中国铁道出版社, 2003.

[245] Ikeda M, Yoshida K, Suzuki M. A flow control technique utilizing air blowing to modify the aerodynamic characteristics of pantograph for high-speed train[J]. Journal of Mechanical Systems for Transportation and Logistics, 2008, 1(3): 264-271.

[246] Suzuki M, Ikeda M, Koyama T. Flow control on pantograph with air intake and outlet[J]. Quarterly Report of RTRI, 2007, 48(4): 236-239.

[247] 张弘，于正平，吴鸿标. 受电弓空气动力学模型及风洞试验研究[J]. 中国铁道科学, 1995, 16(1): 37-49.

[248] 蔡国华. 高速列车受电弓气动力特性测量[J]. 流体力学实验与测量, 2004, 18(1): 53-56.

[249] 张建辉，杨炯，姚勇. 高速列车受电弓减阻的风洞试验研究[J]. 铁道科学与工程学报, 2010, 7(6): 116-121.

[250] 宋洪磊，吴俊勇，吴燕，等. 空气动力作用对高速受电弓受流特性影响研究[J]. 电气化铁道, 2010, 21(1): 28-32.

[251] 吴燕，吴俊勇，郑积浩. 基于有限元和空气动力学模型的高速受电弓动态性能仿真[J]. 西南交通大学学报, 2009, 44(6): 855-859.

[252] 翟婉明，蔡成标. 机车-轨道耦合振动对受电弓-接触网系统动力学的影响[J]. 铁道学报, 1998, 20(1): 32.

[253] 张卫华. 动车组总体与转向架[M]. 北京: 中国铁道出版社, 2011.

[254] 张曙光. 高速列车设计方法研究[M]. 北京: 中国铁道出版社, 2009.

第 2 章　高速列车耦合大系统动力学建模

2.1　高速列车耦合大系统动力学的基本定义

高速列车耦合大系统动力学是以高速列车为核心，把高速列车以及与之相关并影响其动力学性能的线路、气流、供电和接触网等耦合系统作为一个统一的大系统，研究高速列车动力学行为，以实现全局仿真、优化和控制的科学。

根据图 1.10 所示的高速列车耦合大系统，基本的子系统包括车辆系统、线路系统、弓网系统、供电系统以及影响列车动力学性能的气流。不同系统的响应是相互影响、相互关联的，两两之间存在着独有的耦合关系，其中，包含传统的列车内部的车间耦合关系、车线之间的轮轨耦合关系、车载受电弓与供电接触网之间的弓网耦合关系、供电系统与列车之间的机电耦合关系和列车与环境之间的流固耦合关系[1]，如图 2.1 所示。

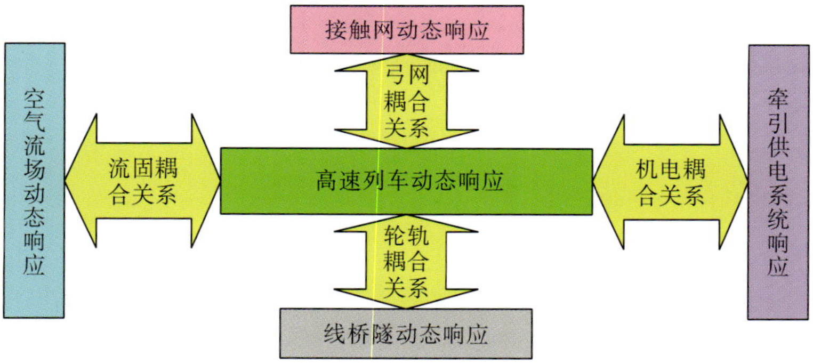

图 2.1　系统之间的耦合关系

高速列车耦合大系统动力学的基本要素如下：

(1) 以高速列车为核心；

(2) 以动力学为主要研究内容；

(3) 考虑与列车动力学行为相关的子系统；

(4) 可独立表征和研究与列车两两之间的耦合关系。

因此，高速列车耦合大系统动力学，就是要突出高速列车、大系统、耦合和动力学。同时，高速列车耦合大系统动力学，不仅仅体现在“大”上，而且体现在动力学系统的完整性和相关性上；不仅仅体现在“系统”上，而且突出子系统之间的耦合关系；不仅仅体现在“动力学”上，甚至拓展到机电的耦合，是广义的动力学问题。

图 2.2 是更加具体化的高速列车耦合大系统动力学关系图。首先是列车，列车由动车或者拖车编组而成，每节车是基本单元，也就是传统车辆系统动力学研究的对象，在列车系统动力学模型中需要考虑车与车之间的耦合作用力。受电弓安装在列车中某个车辆上，受电弓的底部随车辆的运动而运动，受电弓与接触网之间通过受电弓顶部的滑板与接触网下部的接触线实现滑动接触，实现弓网相互作用力和电的耦合及传动；列车与线路通过轮轨相互作用来实现力的传动。在线路内部，有钢轨、无砟轨道板和路堤或高架桥，它们之间也通过力的传动实现耦合。最后是气流，高速气流作用到列车上就是气动力，而气动力不仅仅作用在车上，也作用到受电弓上，甚至作用到接触网上，产生振动。可以看到，除了机电耦合，其他系统都是直接通过力耦合形成大系统动力学。而机电耦合，通过电能和机械能的相互转换，用电机的扭矩来驱动(或制动)车轮，最终在轮轨接触点上产生牵引力(或制动力)，使得列车加速、减速或者恒速运行。

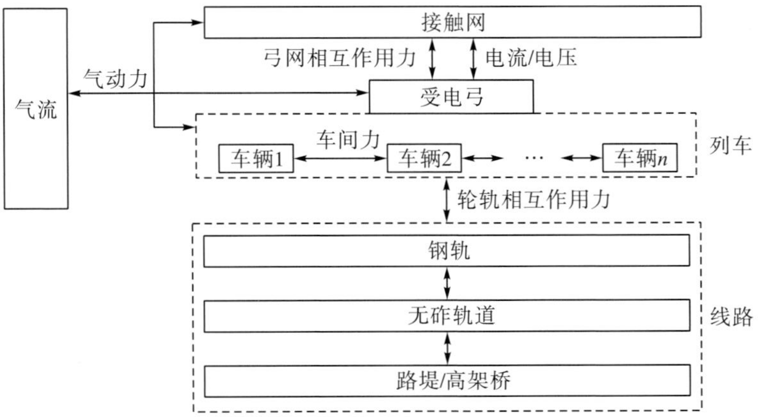

图 2.2 高速列车耦合大系统动力学关系图

下面首先分别给出车辆系统、轨道系统、弓网系统、供电系统、牵引传动系统和气流的系统模型，再给出基于列车动力学的车间耦合、弓网接触耦合、轮轨接触耦合等耦合模型。

2.2 子系统动力学建模

2.2.1 车辆系统建模

传统的车辆系统动力学采用一般力学方法建模，把车辆系统分离成轮对、构架和车体若干质量块。以质量块为受力单元，应用牛顿力学定律得到每个质量块的运动微分方程，最后组成整车的运动微分方程组[2-6]。由于传统建模方法难以应用基于图形的建模方法，运用计算多体系统动力学理论进行车辆系统动力学建模和仿真研究成为趋势。

多体系统是由惯性体(包括刚体和弹性体)、力元(包括弹簧、阻尼和作动器等)、铰和约束等组成的系统。机械系统、机器人、车辆系统、太空结构和生物机械等都是典型多体系统。最近发展起来的计算多体动力学理论，用于研究这些系统的运动学和动力学特性。车辆系统是由车体、构架、轮对、电机和轴箱体等部件通过钢弹簧、橡胶堆、液压减振器、空气弹簧和轴承等连接起来的机械系统，是典型的多体系统。

图 2.3 是真实的高速列车照片。将车体、构架、轮对电机和轴箱体等零部件等效为刚体或弹性体，将钢弹簧、橡胶堆、液压减振器、空气弹簧等简化为力元，轴承等效为旋转铰，通过部件之间连接关系，建立如图 2.4 所示的车辆系统拓扑图。相比用牛顿法列出车辆系统主要惯性部件微分方程的传统车辆系统动力学建模方法，采用多体系统动力学理论建立车辆系统动力学模型更具通用性和扩展性。将车辆系统动力学理论与一般多体动力学理论结合还可以拓展传统车辆动力学理论的研究范畴，如高速列车耦合大系统动力学联合仿真和车辆脱轨过程及脱轨后行为研究等。

图 2.3 高速列车照片

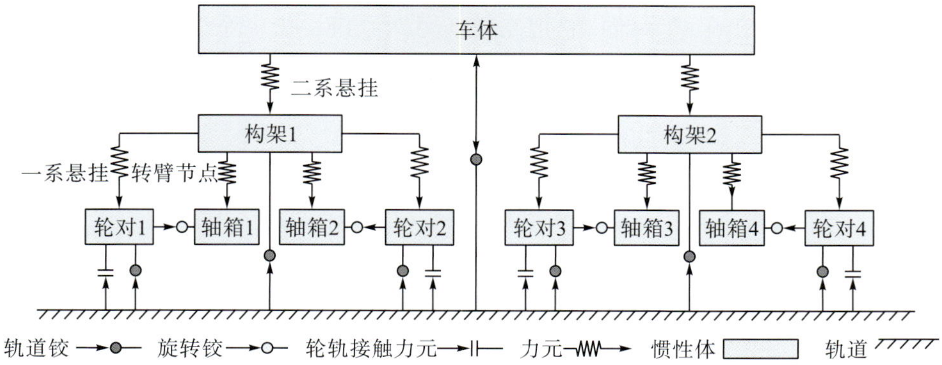

图 2.4 车辆系统拓扑图

车辆系统与一般的多体系统相比有两个主要的区别：一是车辆系统沿特定轨道运行，二是轮轨之间存在复杂的滚动接触。因此，针对车辆系统的特点，发展了轨道坐标系建模方法。

1. 车辆系统多刚体建模

1) 多刚体动力学理论

多体系统动力学中的惯性体按照物体是否发生弹性变形分为刚体和柔性体。刚体上任意两点之间的距离保持不变，车辆系统的主要惯性部件，如车体、构架和轮对等，由于刚度较大，在传统车辆动力学研究中，一般忽略其弹性变形，可简化为刚体。

图 2.5 为刚体上任意一点的空间描述，假设整个多体系统定义在同一个绝对坐标系(全局惯性坐标系 $OXYZ$)中，每个刚体拥有一个体坐标系，假设图中车体为刚体 i，其体坐标系为 $O^iX^iY^iZ^i$，刚体 i 在全局惯性坐标系中的位置用其体坐标系原点的位置矢量 $\boldsymbol{R}^i$ 表示，假设刚体上任意一点 P 在体坐标系中的位置矢量为 $\bar{\boldsymbol{u}}^p$，在绝对坐标系下该矢量为 $\boldsymbol{u}^p$，体坐标系相对全局惯性坐标系的方位矩阵为 $\boldsymbol{A}^i$，为表达方便略去上标 i，则 P 点在绝对坐标系中位置矢量可以表示为

$$\boldsymbol{r}^p=\boldsymbol{R}+\boldsymbol{u}^p=\boldsymbol{R}+\boldsymbol{A}\cdot\bar{\boldsymbol{u}}^p \tag{2-1}$$

P 点的速度和加速度可表示为

$$\dot{\boldsymbol{r}}^p=\dot{\boldsymbol{R}}+\dot{\boldsymbol{A}}\bar{\boldsymbol{u}}^p=\dot{\boldsymbol{R}}+\boldsymbol{\omega}\times\boldsymbol{u}^p=\dot{\boldsymbol{R}}+\boldsymbol{A}\tilde{\bar{\boldsymbol{u}}}^p\bar{\boldsymbol{\omega}}^i \tag{2-2}$$

$$\ddot{\boldsymbol{r}}^p=\ddot{\boldsymbol{R}}+\ddot{\boldsymbol{A}}\bar{\boldsymbol{u}}^p=\ddot{\boldsymbol{R}}+\boldsymbol{A}\left\{\tilde{\bar{\boldsymbol{\alpha}}}\bar{\boldsymbol{u}}^p+\tilde{\bar{\boldsymbol{\omega}}}\tilde{\bar{\boldsymbol{\omega}}}\bar{\boldsymbol{u}}^p\right\} \tag{2-3}$$

式中，$\boldsymbol{\omega}=\begin{bmatrix}\omega_x & \omega_y & \omega_z\end{bmatrix}^{\mathrm{T}}$ 为绝对坐标系下的角速度矢量；$\bar{\boldsymbol{\omega}}=\begin{bmatrix}\bar{\omega}_x & \bar{\omega}_y & \bar{\omega}_z\end{bmatrix}^{\mathrm{T}}$ 为体坐标系下的角速度矢量。式中，$\tilde{\boldsymbol{x}}$ 为关于矢量 $\boldsymbol{x}$ 的反对称矩阵，即

$$\tilde{\boldsymbol{x}}=\begin{bmatrix}0 & -x_3 & x_2\\ x_3 & 0 & -x_1\\ -x_2 & x_1 & 0\end{bmatrix} \tag{2-4}$$

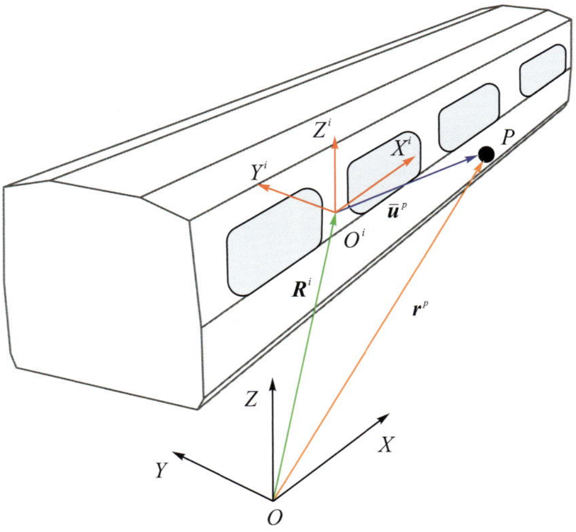

图 2.5　刚体上任意一点位置描述

描述刚体空间姿态的广义姿态坐标方法有很多种，如方向余弦矩阵、欧拉角坐标、欧拉参数坐标等。方向余弦矩阵有 9 个元素，但只有 3 个独立变量，因此需要引入 6 个正交化约束方程，一般不采用其进行系统建模。欧拉角有 3 个独立的角度变量，但存在奇异点。

欧拉参数是根据欧拉定理得到的，即刚体的任一姿态均可通过绕空间上某一个轴的一次有限转动来实现。欧拉参数也称为欧拉四元素，其拥有 4 个元素，但只有 3 个独立变量，也需要引入一个约束方程，但与欧拉角相比避免了三角函数运算，不存在奇异点。假设刚体旋转轴矢量为 $\boldsymbol{v}=\begin{bmatrix}v_1 & v_2 & v_3\end{bmatrix}^{\mathrm{T}}$，绕该轴旋转的角度为 θ，则描述该刚体的欧拉参数为

$$\boldsymbol{\varLambda}=\begin{bmatrix}\lambda_0 & \lambda_1 & \lambda_2 & \lambda_3\end{bmatrix}^{\mathrm{T}} \tag{2-5}$$

式中，$\lambda_0=\cos\dfrac{\theta}{2}$，$\lambda_i=v_i\sin\dfrac{\theta}{2}$，$i=1,2,3$。变换矩阵用欧拉参数表示为

$$\boldsymbol{A}=\begin{bmatrix}2\left(\lambda_0^2+\lambda_1^2\right)-1 & 2\left(\lambda_1\lambda_2-\lambda_0\lambda_3\right) & 2\left(\lambda_1\lambda_3+\lambda_0\lambda_2\right)\\ 2\left(\lambda_1\lambda_2+\lambda_0\lambda_3\right) & 2\left(\lambda_0^2+\lambda_2^2\right)-1 & 2\left(\lambda_2\lambda_3-\lambda_0\lambda_1\right)\\ 2\left(\lambda_1\lambda_3-\lambda_0\lambda_2\right) & 2\left(\lambda_2\lambda_3+\lambda_0\lambda_1\right) & 2\left(\lambda_0^2+\lambda_3^2\right)-1\end{bmatrix} \tag{2-6}$$

欧拉参数必须满足以下约束方程：

$$\boldsymbol{\varLambda}^{\mathrm{T}}\boldsymbol{\varLambda}=1 \tag{2-7}$$

由于欧拉参数的优越性，很多动力学软件都采用其作为多体系统的广义姿态坐标。令描述刚体运动的广义坐标列阵为

$$\boldsymbol{q}=\begin{bmatrix}\boldsymbol{R}^{\mathrm{T}} & \boldsymbol{\varLambda}^{\mathrm{T}}\end{bmatrix}^{\mathrm{T}} \tag{2-8}$$

为简化表达，考虑式(2-5)和四元数矩阵 $\bar{\boldsymbol{G}}$，其中，$\bar{\boldsymbol{G}}=\begin{bmatrix}-\lambda_1 & \lambda_0 & \lambda_3 & -\lambda_2\\ -\lambda_2 & -\lambda_3 & \lambda_0 & \lambda_1\\ -\lambda_3 & \lambda_2 & -\lambda_1 & \lambda_0\end{bmatrix}$，则可得到 $\bar{\boldsymbol{\omega}}=2\bar{\boldsymbol{G}}\dot{\boldsymbol{\varLambda}}$ 和 $\bar{\boldsymbol{\alpha}}=2\bar{\boldsymbol{G}}\ddot{\boldsymbol{\varLambda}}$，利用上述关系并考虑如下方程：

$$\boldsymbol{B}=\begin{bmatrix}\boldsymbol{I} & -2\boldsymbol{A}\tilde{\bar{\boldsymbol{u}}}^{p}\bar{\boldsymbol{G}}\end{bmatrix} \tag{2-9}$$

$$\boldsymbol{a}_v=\boldsymbol{A}\tilde{\bar{\boldsymbol{\omega}}}\tilde{\bar{\boldsymbol{\omega}}}\bar{\boldsymbol{u}}^{p} \tag{2-10}$$

则式(2-1)和式(2-3)可以改写为

$$\dot{\boldsymbol{r}}^{p}=\boldsymbol{B}\dot{\boldsymbol{q}},\quad \ddot{\boldsymbol{r}}^{p}=\boldsymbol{B}\ddot{\boldsymbol{q}}+\boldsymbol{a}_v \tag{2-11}$$

整个多体系统由 N 个刚体组成，广义坐标为 $\boldsymbol{q}=\begin{bmatrix}\boldsymbol{q}^{1\mathrm{T}} & \boldsymbol{q}^{2\mathrm{T}} & \cdots & \boldsymbol{q}^{N\mathrm{T}}\end{bmatrix}^{\mathrm{T}}$，对于无约束系统，则由拉格朗日第二类方程可得系统方程

$$\boldsymbol{M}\ddot{\boldsymbol{q}}=\boldsymbol{Q}_e+\boldsymbol{Q}_v \tag{2-12}$$

式中，$\boldsymbol{M}=\mathrm{diag}\left(\boldsymbol{M}^1 \quad \boldsymbol{M}^2 \quad \cdots \quad \boldsymbol{M}^N\right)$ 为质量矩阵；$\boldsymbol{M}^i$ 为第 i 个刚体的质量矩阵；$\boldsymbol{Q}_v$ 为与速度二次项相关的广义惯性力，$\boldsymbol{Q}_e$ 为广义外力。

$$\boldsymbol{M}^i=\int_{V^i}\rho^i\boldsymbol{B}^{\mathrm{T}}\boldsymbol{B}\mathrm{d}V^i \tag{2-13}$$

$$\boldsymbol{Q}_v^i=-\int_{V^i}\rho^i\boldsymbol{B}^{\mathrm{T}}\boldsymbol{a}_v\mathrm{d}V^i \tag{2-14}$$

根据达朗贝尔原理和虚功原理，并假设所有约束为理想约束，利用拉格朗日乘子可得

带约束系统的微分代数方程组：

$$\begin{cases} \boldsymbol{M}\ddot{\boldsymbol{q}} + \boldsymbol{C}_q^{\mathrm{T}}\lambda = \boldsymbol{Q} \\ \boldsymbol{C}(\boldsymbol{q},t) = \boldsymbol{0} \end{cases} \tag{2-15}$$

式中，$\boldsymbol{M}$ 为系统质量矩阵；$\boldsymbol{q}$ 为广义坐标向量；λ 为拉格朗日乘子；$\boldsymbol{Q} = \boldsymbol{Q}_e + \boldsymbol{Q}_v$ 为广义力向量，包含了力元产生的广义力、重力以及广义惯性力(包括离心惯性力和科里奥利力(科氏力))等；$\boldsymbol{C}_q$ 为约束方程雅可比矩阵，$\boldsymbol{C}(\boldsymbol{q},t)$ 为约束方程，包含了欧拉参数的约束条件。

2)基于轨道坐标系的车辆系统建模

车辆系统与一般多体系统的主要区别之一就是沿特定轨道运动，因此发展出基于轨道坐标系车辆系统建模方法。该方法对每个刚体引入一个轨道坐标系，称为体轨道坐标系，该坐标系跟随刚体一起沿轨道中心线运动，轨道坐标系的坐标原点用轨道弧长 s 唯一确定，刚体 i 对应的轨道坐标系为 $O^t X^t Y^t Z^t$，如图 2.6 所示。

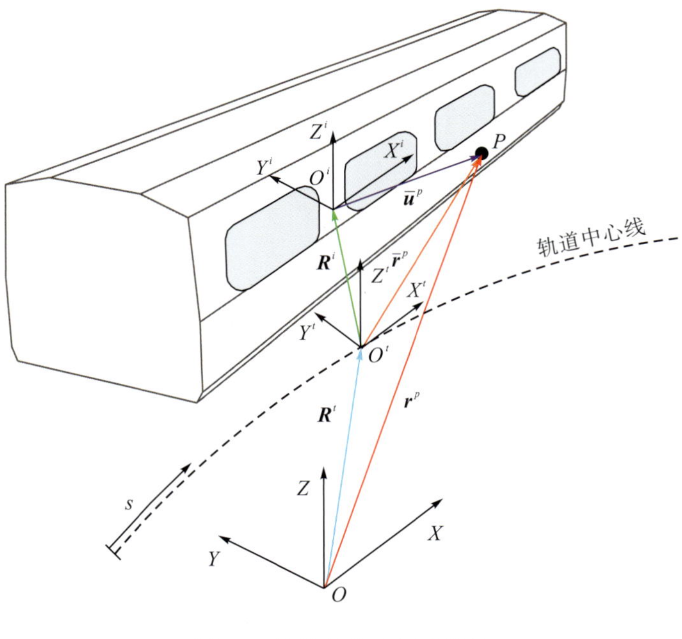

图 2.6　刚体轨道坐标系描述

该坐标系中 X 轴与曲线相切指向车辆前进方向，Z 轴垂直于水平面向上，Y 轴垂直 XOZ 平面向左，此时，刚体的广义坐标为

$$\boldsymbol{p}^i = \begin{bmatrix} s^i & y^i & z^i & \boldsymbol{\Lambda}^{i\mathrm{T}} \end{bmatrix}^{\mathrm{T}} \tag{2-16}$$

式中，s^i 为轨道坐标系，也是刚体坐标系纵向弧长坐标；y^i、z^i 和 $\boldsymbol{\Lambda}^i$ 分别为刚体 i 相对其轨道坐标系的横向位置、垂向位置和广义姿态角。刚体相对轨道坐标系的变换矩阵为 $\boldsymbol{A}^i$，在车辆系统动力学中将刚体绕其轨道坐标系 X 轴的转动角称为侧滚角，绕 Y 轴的转

动角称为点头角，绕 Z 轴的转动角称为摇头角，这些角度可通过欧拉参数转换获得。此时，刚体上任意一点 P 的位矢可以表示为

$$\boldsymbol{r}^p=\boldsymbol{R}^t+\boldsymbol{A}^t\overline{\boldsymbol{r}}^p=\boldsymbol{R}^t+\boldsymbol{A}^t\boldsymbol{R}^i+\boldsymbol{A}^t\boldsymbol{A}^i\overline{\boldsymbol{u}}^p \tag{2-17}$$

式中，$\boldsymbol{R}^i=\begin{bmatrix}0 & y^i & z^i\end{bmatrix}^{\mathrm{T}}$；$\boldsymbol{R}^t=\boldsymbol{R}^t(s)$ 为轨道坐标系在总体坐标系中的位置矢量；$\boldsymbol{A}^t=\boldsymbol{A}^t(\psi(s),\theta(s),\phi(s))$ 为轨道坐标系相对总体坐标系的变换矩阵，采用欧拉角坐标系描述，转动顺序为 3-2-1，$\psi(s)$、$\theta(s)$、$\phi(s)$ 分别为轨道的摇头角、点头角和侧滚角，当 s 确定时 $\boldsymbol{R}^t$ 和 $\boldsymbol{A}^t$ 为已知量。

P 点处的速度可以表示为

$$\begin{aligned}\dot{\boldsymbol{r}}^p&=\dot{\boldsymbol{R}}^t+\dot{\boldsymbol{A}}^t\boldsymbol{R}^i+\boldsymbol{A}^t\dot{\boldsymbol{R}}^i+\dot{\boldsymbol{A}}^t\boldsymbol{A}^i\overline{\boldsymbol{u}}^p+\boldsymbol{A}^t\dot{\boldsymbol{A}}^i\overline{\boldsymbol{u}}^p\\&=\left(\frac{\partial\boldsymbol{R}^t}{\partial s}\right)\dot{s}+\left(\frac{\partial\boldsymbol{A}^t}{\partial s}\right)\dot{s}\boldsymbol{R}^i+\boldsymbol{A}^t\dot{\boldsymbol{R}}^i+\left(\frac{\partial\boldsymbol{A}^t}{\partial s}\right)\dot{s}\boldsymbol{A}^i\overline{\boldsymbol{u}}^p+\boldsymbol{A}^t\dot{\boldsymbol{A}}^i\overline{\boldsymbol{u}}^p\end{aligned} \tag{2-18}$$

式中，$\dfrac{\partial\boldsymbol{R}^t}{\partial s}=\boldsymbol{i}^t$，$\dfrac{\partial\boldsymbol{A}^t}{\partial s}=\dfrac{\partial\boldsymbol{A}^t}{\partial\psi}\dfrac{\partial\psi}{\partial s}+\dfrac{\partial\boldsymbol{A}^t}{\partial\theta}\dfrac{\partial\theta}{\partial s}+\dfrac{\partial\boldsymbol{A}^t}{\partial\phi}\dfrac{\partial\phi}{\partial s}$。

令

$$\boldsymbol{L}=\left[\boldsymbol{i}^t+\left(\frac{\partial\boldsymbol{A}^t}{\partial s}\right)\boldsymbol{R}^i+\left(\frac{\partial\boldsymbol{A}^t}{\partial s}\right)\boldsymbol{A}^i\overline{\boldsymbol{u}}^p\quad \boldsymbol{j}^t\quad \boldsymbol{k}^t\quad -2\boldsymbol{A}^t\boldsymbol{A}^i\tilde{\overline{\boldsymbol{u}}}^p\overline{\boldsymbol{G}}\right] \tag{2-19}$$

其中，$\boldsymbol{i}^t$、$\boldsymbol{j}^t$、$\boldsymbol{k}^t$ 分别为轨道坐标系中沿 X 轴、Y 轴和 Z 轴的单位向量。则式(2-18)可以写为

$$\dot{\boldsymbol{r}}^p=\boldsymbol{L}\dot{\boldsymbol{p}} \tag{2-20}$$

P 点的加速度为

$$\ddot{\boldsymbol{r}}^p=\boldsymbol{L}\ddot{\boldsymbol{p}}+\gamma_v \tag{2-21}$$

$$\begin{aligned}\gamma_v&=\dot{\boldsymbol{L}}\dot{\boldsymbol{p}}\\&=\left(\frac{\partial\boldsymbol{i}^t}{\partial s}+\frac{\partial^2\boldsymbol{A}^t}{\partial s^2}\boldsymbol{R}^i\right)\dot{s}^2+2\frac{\partial\boldsymbol{A}^t}{\partial s}\left(\dot{\boldsymbol{R}}^i-\boldsymbol{A}^i\tilde{\overline{\boldsymbol{u}}}^p\overline{\boldsymbol{G}}\right)\dot{s}-2\boldsymbol{A}^t\left(\dot{\boldsymbol{A}}^i\tilde{\overline{\boldsymbol{u}}}^p\overline{\boldsymbol{G}}+\boldsymbol{A}^i\tilde{\overline{\boldsymbol{u}}}^p\dot{\overline{\boldsymbol{G}}}\right)\dot{\boldsymbol{A}}^i\end{aligned} \tag{2-22}$$

用同样的方法可以推导出基于轨道坐标系的车辆系统动力学方程：

$$\begin{cases}\boldsymbol{M}\ddot{\boldsymbol{p}}+\boldsymbol{C}_p^{\mathrm{T}}\lambda=\boldsymbol{Q}_e+\boldsymbol{Q}_v+\boldsymbol{Q}_{\mathrm{wr}}\\\boldsymbol{C}(\boldsymbol{p},t)=\boldsymbol{0}\end{cases} \tag{2-23}$$

式中，$\boldsymbol{M}=\mathrm{diag}\left(\boldsymbol{M}^1\quad \boldsymbol{M}^2\quad \cdots\quad \boldsymbol{M}^N\right)$ 为质量矩阵；$\boldsymbol{M}^i$ 为第 i 个刚体的质量矩阵；$\boldsymbol{Q}_v$ 为与速度二次项相关的广义惯性力；$\boldsymbol{Q}_e$ 为一般力元广义外力；$\boldsymbol{Q}_{\mathrm{wr}}$ 为轮轨力广义力。

$$\boldsymbol{M}^i=\int_{V^i}\rho^i\boldsymbol{L}^{\mathrm{T}}\boldsymbol{L}\mathrm{d}V^i \tag{2-24}$$

$$\boldsymbol{Q}_v^i=-\int_{V^i}\rho^i\boldsymbol{L}^{\mathrm{T}}\gamma_v\mathrm{d}V^i \tag{2-25}$$

根据基于轨道坐标系的车辆系统动力学方程可以看出，由于轨道坐标系的引入，且该坐标系是运动的，必然导致质量矩阵产生惯性耦合。此外，与一般多体动力学方程相比，系统方程中包含了轨道几何的高阶导数，为了保证计算结果的可靠性要求轨道的空间曲线至少两次导数光滑。

3) 车辆系统力元库

车辆系统中可以等效为力元的部件有钢弹簧、橡胶堆、液压减振器、转臂节点、空气弹簧、抗侧滚扭杆、牵引拉杆、横向止挡、车钩连接和接触摩擦副。这些部件可以等效为几种主要的力元类型，即线性或非线性轴向力元、三向力元、扭转力元、弹簧-阻尼串联力元、摩擦力元和空气弹簧力元等。

(1) 线性弹簧-阻尼器并联轴向力元。

轴向力元是指具有一定长度且合力方向沿力元轴向方向的力元(表述应该为作用力方向沿力元长度变化方向的力)，以线性弹簧-阻尼器并联轴向力元为例，如图 2.7 所示。对应刚体 i 和刚体 j 位于轨道坐标系中，其体坐标系分别为 $O^iX^iY^iZ^i$ 和 $O^jX^jY^jZ^j$ ，对应的轨道坐标系分别为 $O^{ti}X^{ti}Y^{ti}Z^{ti}$ 和 $O^{tj}X^{tj}Y^{tj}Z^{tj}$ 。力元的两个连接点分别位于两个刚体上的 P^i 点和 P^j 点。假设力元的刚度为 K，阻尼为 C，初始长度为 l_0，初始作用力为 F_0。首先将力元连接点的位置矢量变换到整体坐标系，计算力元的长度和长度变化率，从而计算出力元作用力，并转化成广义力向量：

$$\boldsymbol{r}^{ij}=\boldsymbol{r}^{pi}-\boldsymbol{r}^{pj}=\boldsymbol{R}^{ti}+\boldsymbol{A}^{ti}\boldsymbol{R}^{i}+\boldsymbol{A}^{ti}\boldsymbol{A}^{i}\overline{\boldsymbol{u}}^{pi}-\left(\boldsymbol{R}^{tj}+\boldsymbol{A}^{tj}\boldsymbol{R}^{j}+\boldsymbol{A}^{tj}\boldsymbol{A}^{j}\overline{\boldsymbol{u}}^{pj}\right) \tag{2-26}$$

$$\dot{\boldsymbol{r}}^{ij}=\dot{\boldsymbol{r}}^{pi}-\dot{\boldsymbol{r}}^{pj}=\boldsymbol{L}^{i}\dot{\boldsymbol{p}}^{i}-\boldsymbol{L}^{j}\dot{\boldsymbol{p}}^{j} \tag{2-27}$$

则力元作用力的大小为

$$F_s=K\left(l-l_0\right)+C\dot{l}+F_0 \tag{2-28}$$

式中，l 为力元长度；$\dot{l}$ 为力元长度变化率：

$$l=\sqrt{\boldsymbol{r}^{ij\mathrm{T}}\boldsymbol{r}^{ij}} \tag{2-29}$$

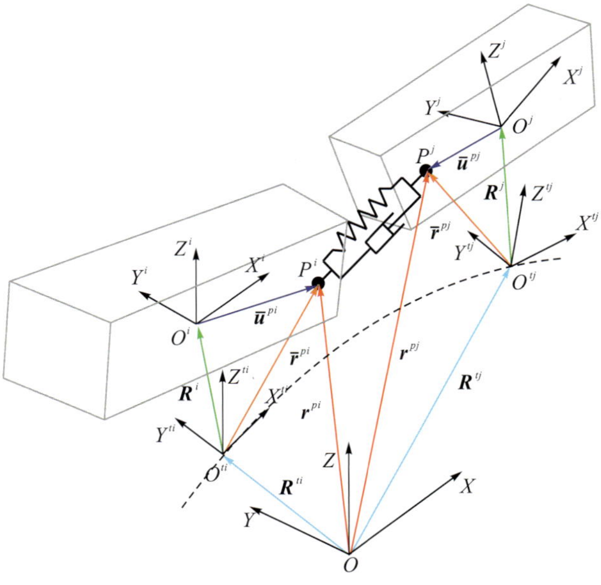

图 2.7　线性弹簧-阻尼器并联轴向力元

$$\dot{l} = \hat{\boldsymbol{r}}^{ij\mathrm{T}} \dot{\boldsymbol{r}}^{ij} \tag{2-30}$$

$\hat{\boldsymbol{r}}^{ij} = \boldsymbol{r}^{ij} / l$ 为力元的单位方向矢量。对应的广义力矢量为

$$\begin{aligned} \boldsymbol{Q}_e^i &= -F_s \boldsymbol{L}^{i\mathrm{T}} \hat{\boldsymbol{r}}^{ij} \\ \boldsymbol{Q}_e^j &= F_s \boldsymbol{L}^{j\mathrm{T}} \hat{\boldsymbol{r}}^{ij} \end{aligned} \tag{2-31}$$

其他力元与上述力元类似,只要获得力元连接点的运动信息以及两个刚体的姿态信息即可根据不同的力元特性计算出力元作用力。

(2)弹簧-阻尼串联力元。

弹簧-阻尼串联力元在车辆系统中广泛使用，用来模拟液压减振器及其端部的橡胶节点，该力元如图 2.8 所示。

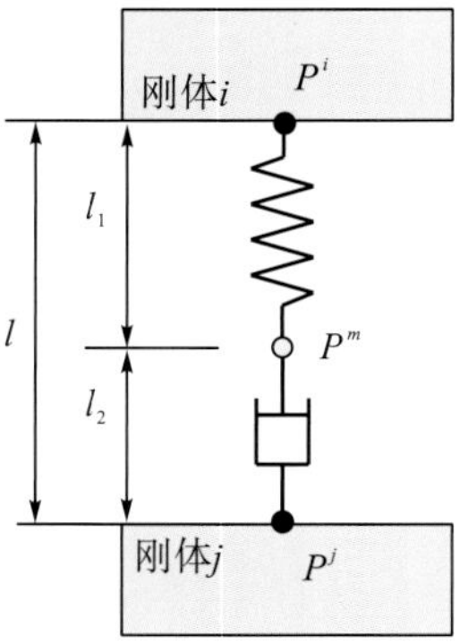

图 2.8 弹簧-阻尼串联力元

设力元连接点之间的距离为 l，由式(2-29)计算得到；弹簧长度为 l_1，初始长度为 l_0，刚度为 K；阻尼器长度为 l_2，阻尼为 C。忽略模型的惯性，可以认为弹簧力 F_s 和阻尼力 F_d 相等。该力元存在以下关系：

$$l = l_1 + l_2 \tag{2-32}$$

$$F_s = F_d \tag{2-33}$$

式中，$F_s = K\left(l_1 - l_0\right)$，$F_d = C\dot{l}_2$。对式(2-32)求一阶导数可以得到

$$\dot{l} = \dot{l}_1 + \dot{l}_2 \tag{2-34}$$

结合以上公式可以得到一阶微分方程：

$$\dot{l}_2 + \frac{K}{C} l_2 = \frac{K}{C}\left(l - l_0\right) \tag{2-35}$$

将该一阶微分方程与车辆系统的微分-代数方程一起求解即可。

(3)空气弹簧模型。

空气弹簧是高速车辆系统中重要的二系悬挂部件，是一个复杂的系统，由空气弹簧本体、节流孔、附加空气室、管路、压差阀和高度调整阀等部件组成，如图 2.9 所示。其静态刚度在工作范围内具有较好的线性特性，一般可以采用线性三向力元模拟。在车辆高速运行过程中，空气弹簧的动态特性往往对车辆动力学性能有一定影响。因此，有必要建立更精细的空气弹簧模型。

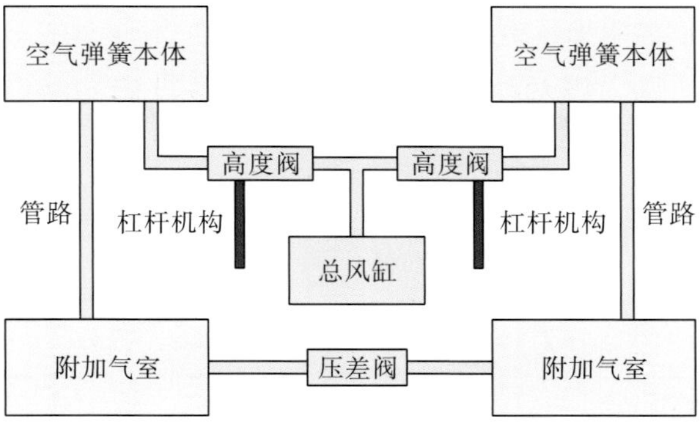

图 2.9　空气弹簧示意图

考虑空气弹簧本体、附加气室、节流孔、压差阀和高度阀，忽略次要因素，假设空气弹簧内气体是理想气体，根据气体状态方程建立了空气弹簧垂向力学模型[7]。空气弹簧本体的气体力学方程为

$$\dot{P}_1 = (\dot{m}_1 R T_1 + m_1 R \dot{T}_1 - n P_1 V_1^{n-1} \dot{V}_1) / V_1^n \tag{2-36}$$

$$C_v m_1 \dot{T}_1 = -\beta \dot{T}_1 - P_1 \dot{V}_1 + C_p \dot{m}_1 T_p \tag{2-37}$$

式中，P_1、V_1 分别为空气弹簧本体内部压力和空气弹簧本体体积；m_1、T_1 分别为空气弹簧本体内气体质量和气体热力学温度；R 为气体常数；n 为气体多变指数；C_v、C_p 分别为等容比热容和等压比热容；β 是传热系数；T_p 为流入本体的气体的温度。

设空气弹簧的有效承载面积为 A_e，它和 P_1 有关，则空气弹簧提供的垂向力 F_{sz} 为

$$F_{sz} = P_1 A_e(P_1) \tag{2-38}$$

附加气室的力学方程和空气弹簧本体的相似，只是其体积没有变化：

$$\dot{P}_2 = (\dot{m}_2 R T_2 + m_2 R \dot{T}_2) / V_2^n \tag{2-39}$$

$$C_v m_2 \dot{T}_2 = -\beta_2 \dot{T}_2 + C_p \dot{m}_2 T_p \tag{2-40}$$

式中，P_2、V_2 分别为附加气室内部压力和体积；m_2、T_2 分别为附加气室内气体质量和热力学温度。

节流孔气体交换可按绝热过程处理，根据热力学理论，气体交换的流量与其压力比 P_D/P_U 有关，质量流量 q 可以表达如下：

$$q = \begin{cases} C_d A_s \sqrt{P_U \rho_U \dfrac{2\kappa}{\kappa - 1}\left[\left(\dfrac{P_D}{P_U}\right)^{2/\kappa} - \left(\dfrac{P_D}{P_U}\right)^{(\kappa+1)/\kappa}\right]}, & \dfrac{P_D}{P_U} > 0.5282 \\ C_d A_s \sqrt{P_U \rho_U \kappa \left(\dfrac{2}{\kappa+1}\right)^{(\kappa+1)/(\kappa-1)}}, & \dfrac{P_D}{P_U} \leqslant 0.5282 \end{cases} \tag{2-41}$$

式中，P_D、P_U 分别为本体和附加气室气压的大值和小值；C_d 为节流孔流量系数；A_s 为节流孔开口面积；ρ_U 为节流孔流出气体侧空气密度；κ 为绝热指数。

考虑带延迟机构的高度阀模型，其不感带约为 10mm，延时 3s 左右。根据压差阀的

工作原理，当左右两侧的附加气室压差高于设定压力时，压差阀打开，故压差阀可以简化为一个阶跃函数形式。图 2.10 是高度阀开口位移和开度的非线性关系以及压差阀的特性，其中，S 为阀的高度控制机构的位移。

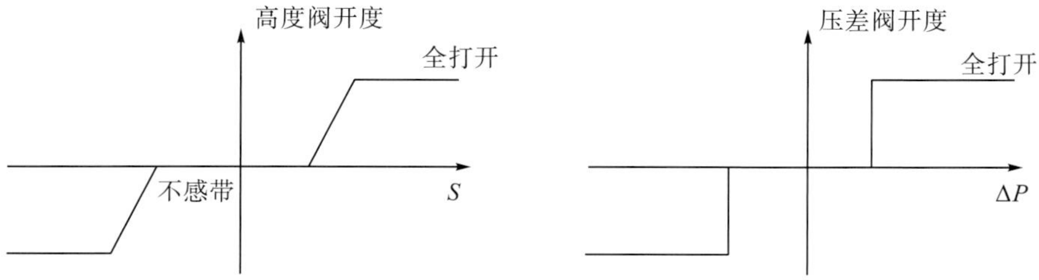

图 2.10 高度阀和压差阀非线性工作特性（ΔP 表示压差）

(4) 外载荷力元。

车辆系统受到一些外力作用，如风载荷、车间力、作动力以及与其他铁路子系统之间的耦合力等。这些外力以外载荷力元的方式连接总体坐标系和受力物体。假设刚体受到的外力向量和外力矩向量为

$$\boldsymbol{F}_e=\begin{bmatrix}F_x & F_y & F_z\end{bmatrix}^{\mathrm{T}},\quad \boldsymbol{T}_e=\begin{bmatrix}T_x & T_y & T_z\end{bmatrix}^{\mathrm{T}} \tag{2-42}$$

外载荷的作用点在体坐标系中的位置矢量为 $\bar{\boldsymbol{u}}^p$，则刚体所受的广义力向量可以表示为

$$\boldsymbol{Q}_e=\boldsymbol{L}^{\mathrm{T}}\boldsymbol{F}_e+\bar{\boldsymbol{H}}^{\mathrm{T}}\boldsymbol{T}_e \tag{2-43}$$

式中

$$\bar{\boldsymbol{H}}=\begin{bmatrix}\boldsymbol{A}^i\bar{\boldsymbol{G}}^t\dfrac{\partial\boldsymbol{\theta}^t}{\partial s} & \mathbf{0} & \mathbf{0} & \mathbf{0} & \bar{\boldsymbol{G}}^i\end{bmatrix} \tag{2-44}$$

$\boldsymbol{\theta}^t=\begin{bmatrix}\psi^t & \theta^t & \phi^t\end{bmatrix}^{\mathrm{T}}$ 为轨道欧拉角向量；$\mathbf{0}$ 为 3×1 零矩阵。

2. 车辆系统刚柔耦合建模

在传统的车辆动力学研究中，一般将车辆系统的惯性部件考虑成刚体，大多数情况下这是合理和经济的方式，但随着高速列车的发展和车体轻量化设计的要求，车辆上部件的弹性振动对车辆系统动力学性能的影响越来越显著。因此，在一些特定的动力学计算和研究中需要考虑部件的弹性变形，建立刚柔耦合的车辆系统动力学方程。

由于车辆系统的惯性部件如车体、构架和轮对刚度较大，属于小变形，因此可以采用模态叠加法描述结构的弹性变形。为了建立车辆系统的刚柔耦合动力学方程，首先通过有限元软件提取需要考虑成弹性部件的模态信息，根据模态信息计算惯性常量项，并组建刚柔耦合动力学方程。在进行结构动应力分析和疲劳寿命评估时，结合动力学和有限元是可行的方法，但过程相对烦琐。可以根据类似位移模态叠加的方法，通过应力和应变模态叠加，采用刚柔耦合动力学仿真方法直接获取结构的应力和应变。刚柔耦合建模和仿真流程如图 2.11 所示。

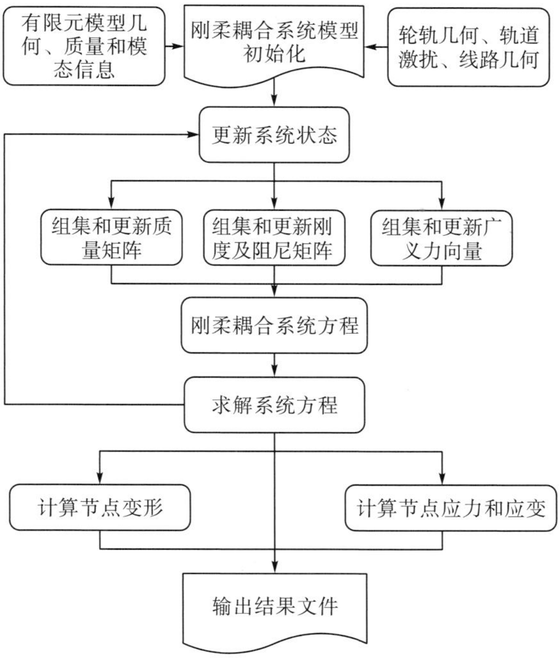

图 2.11　刚柔耦合建模和仿真流程图

1) 有限元模态提取

弹性体在理论上有无限多自由度，即使用有限元的思想描述结构的变形也需要数目巨大的节点自由度。对于如车体、构架这样复杂的结构，一般需要几十万到几百万个自由度，基于结构小变形和线性结构的假设，采用模态叠加法描述结构的变形可以大大缩减所需自由度，一般最大只需要几十个自由度。模态叠加法的基本条件是获得合理和完备的结构模态集，这直接决定了位移的准确性和精度。模态集是各阶模态对应的所有节点的位移的集合，柔体动力学分析主要使用自由模态集和 Craig-Bampton 模态集[8] (C-B 模态集)。C-B 模态集包含非正交约束模态和正交固定边界特征模态。该模态集除了包含对结构变形贡献比较大的低阶特征模态，还补充静力或位移作用下的静态响应即约束模态，以补偿高阶模态截断造成的误差，改善收敛性和提高精度。

将自由度分为两个集合，分别为结构与其他结构连接的边界自由度 $\boldsymbol{u}_B$ 和结构内部自由度 $\boldsymbol{u}_I$，自由度数分别为 N_o 和 N_i，将运动方程按该集合分块如下：

$$\begin{bmatrix} \boldsymbol{M}_{BB} & \boldsymbol{M}_{BI} \\ \boldsymbol{M}_{IB} & \boldsymbol{M}_{II} \end{bmatrix}\begin{bmatrix} \ddot{\boldsymbol{u}}_B \\ \ddot{\boldsymbol{u}}_I \end{bmatrix}+\begin{bmatrix} \boldsymbol{K}_{BB} & \boldsymbol{K}_{BI} \\ \boldsymbol{K}_{IB} & \boldsymbol{K}_{II} \end{bmatrix}\begin{bmatrix} \boldsymbol{u}_B \\ \boldsymbol{u}_I \end{bmatrix}=\begin{bmatrix} \boldsymbol{F}_{fB} \\ \boldsymbol{0} \end{bmatrix} \tag{2-45}$$

式中，$\boldsymbol{F}_{fB}$ 为边界自由度作用力，内部自由度受力为零，采用 C-B 变换将物理坐标 $\boldsymbol{u}_B$ 和 $\boldsymbol{u}_I$ 变换为边界自由度物理坐标 $\boldsymbol{u}_B$ 和内部自由度模态坐标 $\boldsymbol{q}_m$ 的混合自由度集，选取 N_n 阶数特征模态，如式(2-46)所示：

$$\boldsymbol{u}=\begin{bmatrix} \boldsymbol{u}_B \\ \boldsymbol{u}_I \end{bmatrix}=\begin{bmatrix} \boldsymbol{I} & \boldsymbol{0} \\ \boldsymbol{\phi}_B & \boldsymbol{\phi}_I \end{bmatrix}\begin{bmatrix} \boldsymbol{u}_B \\ \boldsymbol{q}_m \end{bmatrix}=\begin{bmatrix} \boldsymbol{\Phi}_C & \boldsymbol{\Phi}_N \end{bmatrix}\begin{bmatrix} \boldsymbol{u}_B \\ \boldsymbol{q}_m \end{bmatrix}=\boldsymbol{\Phi}_{\mathrm{CB}}\boldsymbol{q} \tag{2-46}$$

式中，$\boldsymbol{I}$ 为 $N_o \times N_o$ 单位矩阵；$\mathbf{0}$ 为 $N_o \times N_i$ 零矩阵；$\boldsymbol{\phi}_B$ 为边界自由度刚性位移与内部自由度弹性变形之间的变换矩阵；$\boldsymbol{\phi}_I$ 为模态响应与内部自由度弹性变形之间的变换矩阵；$\boldsymbol{\Phi}_C$ 为约束模态集；$\boldsymbol{\Phi}_N$ 为固定边界特征模态集；$\boldsymbol{\Phi}_{\mathrm{CB}}$ 为 C-B 模态集，为一个非正交模态集，为了对其进行正交变换，令

$$\boldsymbol{M}_{\mathrm{CB}} = \boldsymbol{\Phi}_{\mathrm{CB}}^{\mathrm{T}} \boldsymbol{M}_f \boldsymbol{\Phi}_{\mathrm{CB}}，\ \boldsymbol{K}_{\mathrm{CB}} = \boldsymbol{\Phi}_{\mathrm{CB}}^{\mathrm{T}} \boldsymbol{K}_f \boldsymbol{\Phi}_{\mathrm{CB}} \tag{2-47}$$

$$\left\{\boldsymbol{K}_{\mathrm{CB}} - \omega^2 \boldsymbol{M}_{\mathrm{CB}}\right\}\boldsymbol{\phi} = \mathbf{0} \tag{2-48}$$

计算出特征向量并采用质量矩阵进行正则化，得到 ω 为正交化之后的频率值和特征向量 $\boldsymbol{\phi}_i$，但这些特征向量不是原系统的特征向量，没有明确的物理意义。将这些特征向量组成变换矩阵 $\boldsymbol{T} = \begin{bmatrix}\boldsymbol{\phi}_1 & \boldsymbol{\phi}_2 & \cdots & \boldsymbol{\phi}_{N_m}\end{bmatrix}$（$N_m$ 为约束模态与固定边界特征模态数总和），则正交化后的 C-B 模态集为

$$\boldsymbol{\Phi} = \boldsymbol{\Phi}_{\mathrm{CB}} \boldsymbol{T} \tag{2-49}$$

在模态叠加时节点的平动自由度和转动自由度对弹性变形的影响不同，将模态集按此分为平动自由度模态集合 $\boldsymbol{\Phi}_t$ 和转动自由度模态集合 $\boldsymbol{\Phi}_r$，即

$$\boldsymbol{\Phi} = \begin{bmatrix}\boldsymbol{\Phi}_t & \boldsymbol{\Phi}_r\end{bmatrix} \tag{2-50}$$

2) 车辆系统刚柔耦合建模理论

考虑在轨道坐标系中的惯性体弹性变形，如图 2.12 所示。物体上 P 的位置矢量可以表示为

$$\boldsymbol{r}^p = \boldsymbol{R}^t + \boldsymbol{A}^t\boldsymbol{R}^i + \boldsymbol{A}^t\boldsymbol{A}^i\bar{\boldsymbol{u}}^p = \boldsymbol{R}^t + \boldsymbol{A}^t\boldsymbol{R}^i + \boldsymbol{A}^t\boldsymbol{A}^i\left(\bar{\boldsymbol{u}}_0^p + \bar{\boldsymbol{u}}_f^p\right) \tag{2-51}$$

式中，$\bar{\boldsymbol{u}}_0^p$ 为 P 点在柔性体上的初始位置；$\bar{\boldsymbol{u}}_f^p$ 为 P 点的弹性变形，用模态叠加法可以表示为

$$\bar{\boldsymbol{u}}_f^p = \boldsymbol{\Phi}_t^p \boldsymbol{q}_f \tag{2-52}$$

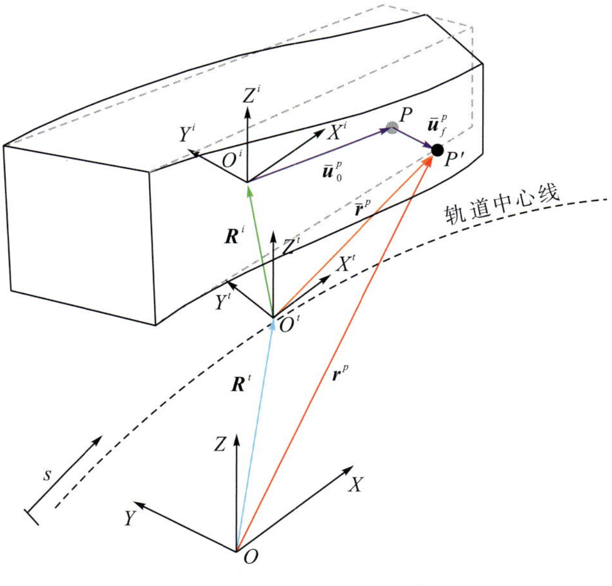

图 2.12 惯性体弹性变形描述

则 P 点的速度可以表示为

$$\begin{aligned}\dot{\boldsymbol{r}}^p &= \dot{\boldsymbol{R}}^t + \dot{\boldsymbol{A}}^t\boldsymbol{R}^i + \boldsymbol{A}^t\dot{\boldsymbol{R}}^i + \dot{\boldsymbol{A}}^t\boldsymbol{A}^i\bar{\boldsymbol{u}}^p + \boldsymbol{A}^t\dot{\boldsymbol{A}}^i\bar{\boldsymbol{u}}^p + \boldsymbol{A}^t\boldsymbol{A}^i\boldsymbol{\Phi}_t^p\dot{\boldsymbol{q}}_f \\ &= \left(\frac{\partial \boldsymbol{R}^t}{\partial s}\right)\dot{s} + \left(\frac{\partial \boldsymbol{A}^t}{\partial s}\right)\dot{s}\boldsymbol{R}^i + \boldsymbol{A}^t\dot{\boldsymbol{R}}^i + \left(\frac{\partial \boldsymbol{A}^t}{\partial s}\right)\dot{s}\boldsymbol{A}^i\bar{\boldsymbol{u}}^p + \boldsymbol{A}^t\dot{\boldsymbol{A}}^i\bar{\boldsymbol{u}}^p + \boldsymbol{A}^t\boldsymbol{A}^i\boldsymbol{\Phi}_t^p\dot{\boldsymbol{q}}_f\end{aligned} \tag{2-53}$$

令

$$\boldsymbol{R} = \left[\boldsymbol{i}^t + \left(\frac{\partial \boldsymbol{A}^t}{\partial s}\right)\boldsymbol{R}^i + \left(\frac{\partial \boldsymbol{A}^t}{\partial s}\right)\boldsymbol{A}^i\bar{\boldsymbol{u}}^p \quad \boldsymbol{j}^t \quad \boldsymbol{k}^t\right],\ \boldsymbol{A} = \boldsymbol{A}^t\boldsymbol{A}^i,\ \boldsymbol{B} = -2\boldsymbol{A}^t\boldsymbol{A}^i\tilde{\bar{\boldsymbol{u}}}^p\bar{\boldsymbol{G}} \tag{2-54}$$

则变换矩阵 $\boldsymbol{L}$ 可表示为

$$\begin{aligned}\boldsymbol{L} &= \left[\boldsymbol{i}^t + \left(\frac{\partial \boldsymbol{A}^t}{\partial s}\right)\boldsymbol{R}^i + \left(\frac{\partial \boldsymbol{A}^t}{\partial s}\right)\boldsymbol{A}^i\bar{\boldsymbol{u}}^p \quad \boldsymbol{j}^t \quad \boldsymbol{k}^t \quad -2\boldsymbol{A}^t\boldsymbol{A}^i\tilde{\bar{\boldsymbol{u}}}^p\bar{\boldsymbol{G}} \quad \boldsymbol{A}^t\boldsymbol{A}^i\boldsymbol{\Phi}_t^p\right] \\ &= \left[\boldsymbol{R} \quad \boldsymbol{B} \quad \boldsymbol{A}\boldsymbol{\Phi}_t^p\right]\end{aligned} \tag{2-55}$$

柔性体 i 的广义坐标包括模态坐标，即

$$\boldsymbol{p} = \left[s \quad y \quad z \quad \boldsymbol{\varLambda}^{\mathrm{T}} \quad \boldsymbol{q}_f^{\mathrm{T}}\right]^{\mathrm{T}} \tag{2-56}$$

则式(2-53)可以简化为

$$\dot{\boldsymbol{r}}^p = \boldsymbol{L}\dot{\boldsymbol{p}} \tag{2-57}$$

式中，与刚体相比 $\boldsymbol{L}$ 中的 $\bar{\boldsymbol{u}}^p$ 不是常数，包含了初始位置和弹性变形量。

采用与多刚体同样的推导方式可得到系统的质量矩阵，令

$$\boldsymbol{M}^i = \int_{V^i}\rho^i\boldsymbol{L}^{\mathrm{T}}\boldsymbol{L}\mathrm{d}V^i = \int_V\rho\begin{bmatrix}\boldsymbol{R}^{\mathrm{T}}\boldsymbol{R} & \boldsymbol{R}^{\mathrm{T}}\boldsymbol{B} & \boldsymbol{R}^{\mathrm{T}}\boldsymbol{A}\boldsymbol{\Phi}_t^p \\ & \boldsymbol{B}^{\mathrm{T}}\boldsymbol{B} & \boldsymbol{B}^{\mathrm{T}}\boldsymbol{A}\boldsymbol{\Phi}_t^p \\ \text{symm} & & \boldsymbol{\Phi}_t^{p\mathrm{T}}\boldsymbol{\Phi}_t^p\end{bmatrix}\mathrm{d}V = \begin{bmatrix}\boldsymbol{m}_{RR} & \boldsymbol{m}_{R\theta} & \boldsymbol{m}_{Rf} \\ & \boldsymbol{m}_{\theta\theta} & \boldsymbol{m}_{\theta f} \\ \text{symm} & & \boldsymbol{m}_{ff}\end{bmatrix} \tag{2-58}$$

式中，$\boldsymbol{m}_{RR}$ 为柔性体平动惯量；$\boldsymbol{m}_{R\theta}$ 为平动与转动的惯性耦合项；$\boldsymbol{m}_{Rf}$ 为平动与变形的惯性耦合项；$\boldsymbol{m}_{\theta\theta}$ 为转动惯性张量；$\boldsymbol{m}_{\theta f}$ 为转动与变形的惯性耦合项；$\boldsymbol{m}_{ff}$ 为体弹性变形的惯性。各项采用离散节点信息表示如下：

$$\begin{cases}\boldsymbol{m}_{RR} = \int_V\rho\boldsymbol{R}^{\mathrm{T}}\boldsymbol{R}\mathrm{d}V \approx \boldsymbol{R}^{\mathrm{T}}\boldsymbol{R}\sum_{p=1}^{N_n}m^p = \boldsymbol{R}^{\mathrm{T}}\boldsymbol{R}m \\ \boldsymbol{m}_{R\theta} = \int_V\rho\boldsymbol{R}^{\mathrm{T}}\boldsymbol{B}\mathrm{d}V \approx -2\boldsymbol{R}^{\mathrm{T}}\boldsymbol{A}\sum_{p=1}^{N_n}m^p\tilde{\bar{\boldsymbol{u}}}^p\bar{\boldsymbol{G}} \\ \boldsymbol{m}_{Rf} = \int_V\rho\boldsymbol{R}^{\mathrm{T}}\boldsymbol{A}\boldsymbol{\Phi}_t^p\mathrm{d}V \approx \boldsymbol{R}^{\mathrm{T}}\boldsymbol{A}\sum_{p=1}^{N_n}m^p\boldsymbol{\Phi}_t^p \\ \boldsymbol{m}_{\theta\theta} = \int_V\rho\boldsymbol{B}^{\mathrm{T}}\boldsymbol{B}\mathrm{d}V \approx 4\bar{\boldsymbol{G}}^{\mathrm{T}}\sum_{p=1}^{N_n}m^p\tilde{\bar{\boldsymbol{u}}}^{p\mathrm{T}}\tilde{\bar{\boldsymbol{u}}}^p\bar{\boldsymbol{G}} \\ \boldsymbol{m}_{\theta f} = \int_V\rho\boldsymbol{B}^{\mathrm{T}}\boldsymbol{A}\boldsymbol{\Phi}_t^p\mathrm{d}V \approx -2\bar{\boldsymbol{G}}^{\mathrm{T}}\sum_{p=1}^{N_n}m^p\tilde{\bar{\boldsymbol{u}}}^{p\mathrm{T}}\boldsymbol{\Phi}_t^p \\ \boldsymbol{m}_{ff} = \int_V\rho\boldsymbol{\Phi}_t^{p\mathrm{T}}\boldsymbol{\Phi}_t^p\mathrm{d}V \approx \sum_{p=1}^{N_n}m^p\boldsymbol{\Phi}_t^{p\mathrm{T}}\boldsymbol{\Phi}_t^p\end{cases} \tag{2-59}$$

式中，m 为整个柔性体的质量，与刚体相比，柔性体除了存在广义外力，还存在结构变形弹性力和阻尼力，则系统方程可以写为

$$\begin{cases} \boldsymbol{M}\ddot{\boldsymbol{p}}+\boldsymbol{D}\dot{\boldsymbol{p}}+\boldsymbol{K}\boldsymbol{p}+\boldsymbol{C}_p^{\mathrm{T}}\boldsymbol{\lambda}=\boldsymbol{Q}_e+\boldsymbol{Q}_v+\boldsymbol{Q}_{\mathrm{wr}} \\ \boldsymbol{C}(\boldsymbol{p},t)=\boldsymbol{0} \end{cases} \tag{2-60}$$

$\boldsymbol{D}$ 为阻尼矩阵；$\boldsymbol{K}$ 为刚度矩阵：

$$\boldsymbol{K}=\begin{bmatrix} 0 & 0 & 0 \\ 0 & 0 & 0 \\ 0 & 0 & \boldsymbol{K}_{ff} \end{bmatrix},\quad \boldsymbol{D}=\begin{bmatrix} 0 & 0 & 0 \\ 0 & 0 & 0 \\ 0 & 0 & \boldsymbol{D}_{ff} \end{bmatrix} \tag{2-61}$$

$$\boldsymbol{K}_{ff}=\mathrm{diag}\left(\omega_1^2 \quad \omega_2^2 \quad \cdots \quad \omega_{N_m}^2\right),\quad \boldsymbol{D}_{ff}=\mathrm{diag}\left(2\zeta_1\omega_1 \quad 2\zeta_2\omega_2 \quad \cdots \quad 2\zeta_{N_m}\omega_{N_m}\right) \tag{2-62}$$

式中，ω_i 为柔性体第 i 阶固有频率；ζ_i 为等效黏性阻尼比。

3) 动应力计算

基于刚柔耦合动力学的动应力计算方法主要有三种[9]：①根据系统的质量、阻尼和刚度矩阵计算获得模态坐标，然后通过模态叠加方法计算出结构有限元节点位移，再根据有限元应力、应变矩阵求解结构的应力和应变；②计算出结构的动载荷，在有限元软件中计算出单位载荷作用下的应力和应变结果，利用线性叠加原理求解出结构的应力和应变；③计算出结构动载荷，导入有限元软件中直接进行瞬态分析，这种方法计算量巨大，一般不采用。

本书介绍一种与位移模态叠加法类似，采用应力和应变模态叠加的计算方法，计算出结构的应力和应变。假设结构属于线性小变形，不考虑结构的预应力，则根据有限元理论，结构的应力和应变可以写为

$$\boldsymbol{\varepsilon}=\boldsymbol{B}\boldsymbol{u} \tag{2-63}$$

$$\boldsymbol{\sigma}=\boldsymbol{E}\boldsymbol{B}\boldsymbol{u} \tag{2-64}$$

式中，$\boldsymbol{B}$ 为应变矩阵；$\boldsymbol{E}$ 为弹性矩阵；$\boldsymbol{u}$ 为节点位移。在刚柔耦合动力学仿真中节点位移用模态叠加获取，如式(2-52)所示，将该式代入式(2-63)和式(2-64)得到结构的动态应变和动态应力：

$$\boldsymbol{\varepsilon}=\boldsymbol{B}\boldsymbol{\Phi}\boldsymbol{q}_f=\boldsymbol{\Phi}_\varepsilon\boldsymbol{q}_f \tag{2-65}$$

$$\boldsymbol{\sigma}=\boldsymbol{E}\boldsymbol{B}\boldsymbol{\Phi}\boldsymbol{q}_f=\boldsymbol{\Phi}_\sigma\boldsymbol{q}_f \tag{2-66}$$

对于车辆系统，其结构变形都属于线弹性变形，求解应变和应力矩阵都属于线性操作，因此可以采用应变和应力模态叠加法求解。其中，$\boldsymbol{\Phi}_\varepsilon$ 和 $\boldsymbol{\Phi}_\sigma$ 分别为应变模态矩阵和应力模态矩阵，为结构在模态振型 $\boldsymbol{u}$ 下对应的应变状态和应力状态。由于振型是归一化的，因此其对应的应变和应力数值不具有实际的物理意义。在进行有限元模态分析时，可以同时计算出各阶振型对应的应力和应变，导出应变和应力矩阵，用于刚柔耦合动力学仿真动态应变和应力的计算。

3. 车辆系统动力学建模扩展

传统的车辆系统动力学主要研究车辆的稳定性、平稳性和曲线通过性等，随着车辆系统动力学的发展，其研究内容也在发展。为了更深入地研究车辆系统相关的动力学问题，

车辆系统动力学的建模技术和方法也需要发展，如参数时变系统建模、拓扑时变系统建模以及多体动力学建模与其他建模方法的联合等都是对车辆系统动力学建模的扩展，也是对车辆动力学研究方法的丰富和扩展。

1) 故障动力学建模[10, 11]

传统车辆动力学故障模拟，一般用故障之后的参数建立模型，不考虑故障瞬间的动力学性能突变，但一般情况下故障瞬间由于参数突变导致车辆系统出现危险的概率最大，因此这里对车辆系统故障动态过程进行建模和研究。车辆系统的故障过程是一个悬挂参数时变过程，不同部件的故障表现出不同的时变特性，对动力学性能的影响也不相同。

以空气弹簧本体橡胶囊破裂为例，橡胶囊破裂会导致空气弹簧的气体突然释放，二系支撑作用瞬间消失，然后应急弹簧起作用，整个过程时间较短，二系悬挂整体刚度剧烈变化，二系悬挂力随之变化，冲击车体和构架，甚至导致安全问题。为了模拟这一过程，需要建立车辆系统空气弹簧失气故障模型。该悬挂部件失效过程分为三部分，即正常工作的空气弹簧模型、故障过程的刚度衰变模型、故障发生后空气弹簧失效模型(黏滑接触模型)。正常工作的空气弹簧模型采用线性三向力元模拟，其他两个过程的模型如下。

(1) 故障过程的刚度衰变模型。

空气弹簧失气过程也是二系悬挂刚度衰变的过程，二系悬挂刚度会以线性或指数衰变。假设空气弹簧本体刚度为 K_a，应急橡胶的刚度为 K_1，空气弹簧正常工作时二系悬挂刚度为两者串联刚度，即

$$K_0 = K_a K_1 / \left(K_a + K_1\right) \tag{2-67}$$

假设空气弹簧失气时刚度从 K_s 指数衰变至零，然后上空气弹簧磨耗板与应急橡胶磨耗板接触，二系悬挂垂向刚度突变为 K_1，二系悬挂刚度变化如式(2-68)和图 2.13 所示。应急弹簧垂向刚度的非线性关系如图 2.14 所示。

$$K_s = \begin{cases} K_0, & t \leqslant t_0 \\ K_0\left(1-\sqrt{1-\left(\dfrac{t-t_0-t_e}{t_e}\right)^2}\right), & t_0 < t \leqslant t_0 + t_e \\ K_1, & t > t_0 + t_e \end{cases} \tag{2-68}$$

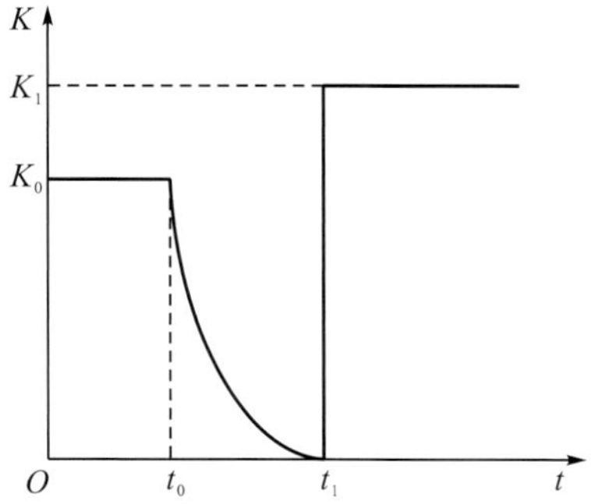

图 2.13　悬挂刚度时变曲线(t_1 即 t_0+t_e 位置)

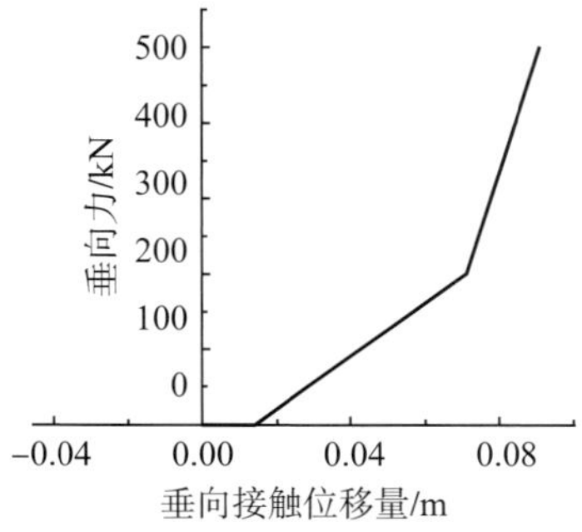

图 2.14　应急弹簧的垂向刚度

(2)黏滑接触模型。

图 2.15 为空气弹簧示意图，其中，H_a 为空气弹簧簧体工作高度，H_b 为应急橡胶工作高度，H_c 为工作时应急橡胶的压缩量。当上盖板磨耗板与应急橡胶磨耗板接触后，二系悬挂退化为黏滑接触模型，该模型垂向为开放式约束，可能产生垂向脱离，纵向和横向会产生相对滑动，因此黏滑接触模型具有复杂的动力学行为。该模型垂向为非线性接触力元，横向和纵向为二维摩擦与弹簧-阻尼串联的黏滑模型，如图 2.16 所示。图中 K_{1z} 为应急橡胶等效的弹簧刚度，C_{1z} 为应急橡胶等效的纵向阻尼，K_{1x} 为应急橡胶等效的横向和纵向刚度，C_{1x} 为应急橡胶等效的横向和纵向阻尼，上盖板磨耗板与应急橡胶磨耗板之间摩擦面的摩擦系数为 μ。在计算过程中，上盖板磨耗板点 P_c 和空气弹簧座上点 P_f 的位置由车辆系统动力学计算获得，应急橡胶磨耗板点 P_b 位置由黏滑接触模型计算获得。

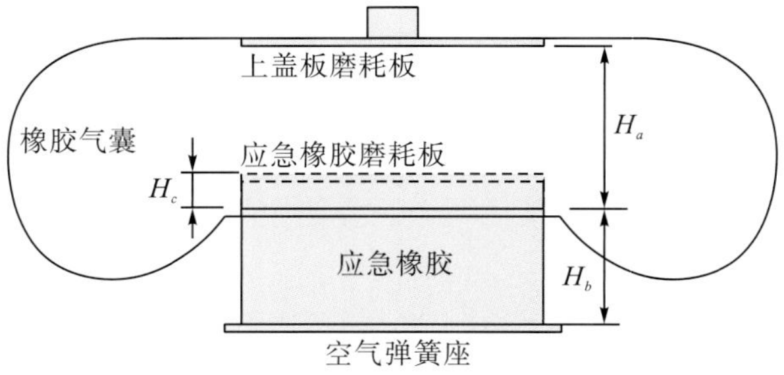

图 2.15 空气弹簧示意图

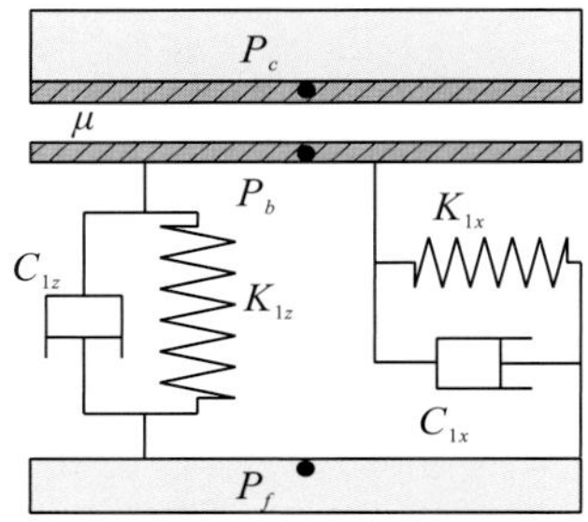

图 2.16 黏滑接触模型

非线性黏滑接触模型分为三种状态，即黏着、滑移和脱离，三种状态下接触法向力 F_z 和横向力 F_x 的计算公式以及三者之间的转换条件如图 2.17 所示。图中，Δx 为应急橡胶横向变形量，Δv 为应急橡胶横向变形速率，v 为上下磨耗板之间的横向相对移动速度，v_s 为黏着限制速度，当 v 低于该值时，力元由滑移状态变为黏着状态，一般设为很小的值，如 0.001m/s。d 为应急橡胶垂向压缩量，当 $d>0$ 时上、下盖板磨耗板脱离。初始时刻假设力元处于黏着状态，每一积分步根据上一时刻的状态和状态切换条件决定当前时刻力元的状态，并根据图 2.17 对应的计算公式计算力元的垂向力和横向力。

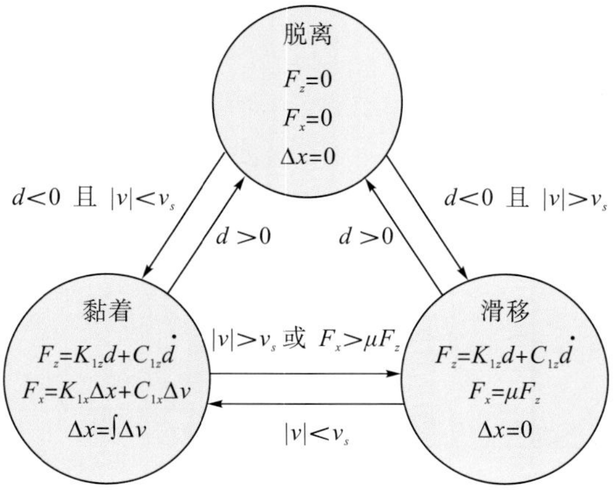

图 2.17 黏滑接触力元模型

(3) 仿真结果。

设置在 1s 时空气弹簧突然失气，从图 2.18 和图 2.19 计算结果可以看出，在空气弹簧失气瞬间车体出现突然下沉，二系垂向力出现冲击，轮轨垂向力瞬间减小，轮重减载率突然变大，甚至超标。

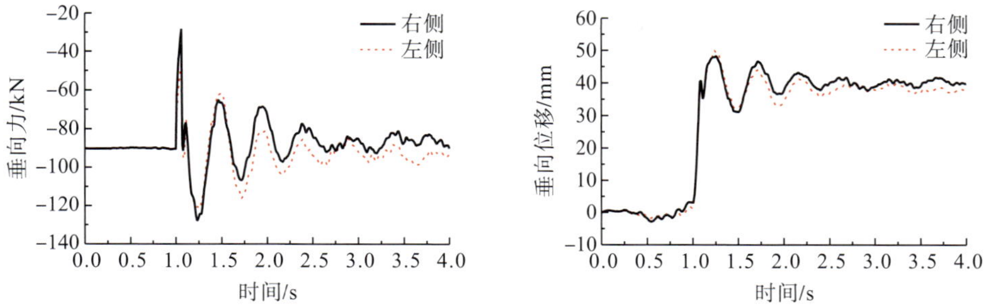

(a) 二系垂向力　　(b) 二系垂向位移

图 2.18　二系垂向力及垂向位移

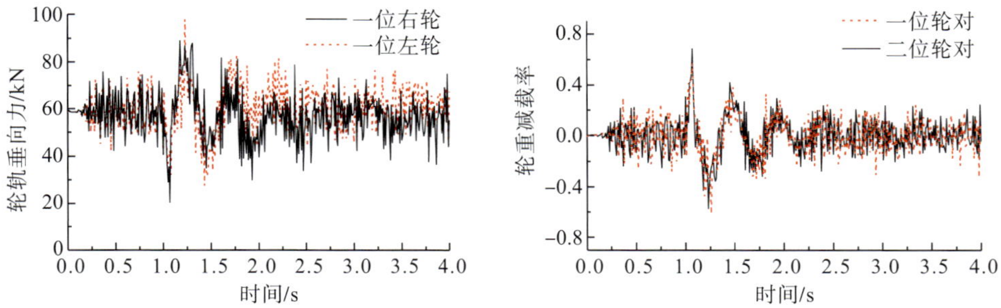

(a) 轮轨垂向力　　(b) 轮重减载率

图 2.19　轮轨垂向力及轮重减载率

2) 车辆动力学与离散元联合建模

在某些意外情况下，如列车发生溜车事故或线路边坡出现滑坡等，土堆或石堆阻挡在列车运行的轨道上，这种情况下，列车在与阻碍物发生碰撞时的碰撞力和车辆在碰撞力作用下的动力学行为如何研究，是一个新的课题。具体研究可将车辆系统看成刚体，而将土堆或石堆看成离散体。为了研究这种不同性质的物体碰撞，需要进行两个系统的联合建模。以某次溜车事故为例，事故列车停在一个具有坡度的轨道上，该线路终端设有浆砌片石式车挡。由于未知列车发生溜车原因，以约 16km/h 的速度撞击终端车挡。采用离散元法和多体系统动力学联合建模及仿真的方法对撞击事故的动态过程进行研究。

浆砌片石式车挡由片石和土壤构成，本书中采用球形颗粒单元进行模拟。颗粒之间存在接触、滑移和内聚作用，黏性阻尼造成颗粒碰撞的高能量消散。采用如图 2.20 所示的颗粒单元本构模型描述颗粒之间的作用，图中 F_{nt} 为非张力连接，F_c 为接触力，F_r 为摩擦力，F_{pb} 为并行约束力，K_n、D_n、K_s 和 D_s 分别为接触力元的法向刚度、法向阻尼、切向刚度和切向阻尼，μ 为摩擦滑块的摩擦系数；K_{pbn} 和 K_{pbs} 分别为并行约束力元的法向刚度和切向刚度。

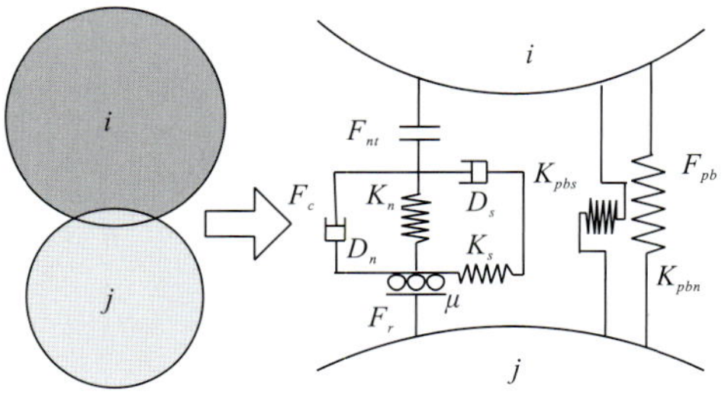

图 2.20 土壤颗粒本构关系

头车头部相对终端车挡刚度要大很多，从事故现场也可以看出头车只是出现局部凹坑，因此假设头车为刚性墙，根据多体动力学建立的列车模型计算列车的运行状态，用头车的运动信息控制头车刚性墙与终端车挡的离散元模型发生碰撞，计算出颗粒对头车刚性墙作用的合力，将合力作为外力施加到列车系统动力学模型中，如此循环直至仿真结束，两个模型之间的耦合关系如图 2.21 所示。

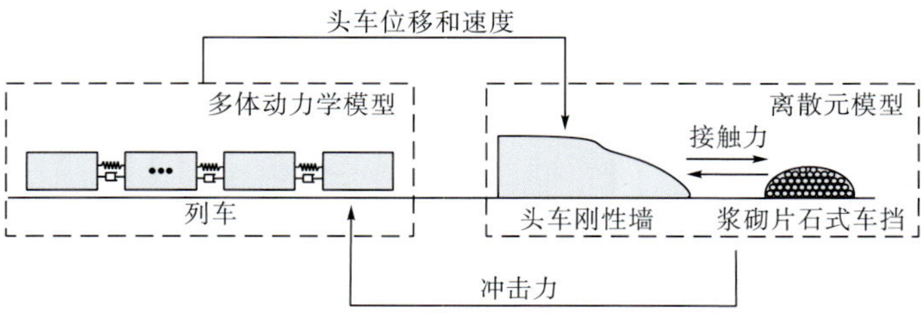

图 2.21 车辆动力学与离散元耦合模型

图 2.22 为车辆动力学与离散元联合仿真的结果，可以看出车辆冲击浆砌片石式车挡的整个动态过程，撞击之后的土壤颗粒分布与现场基本吻合。

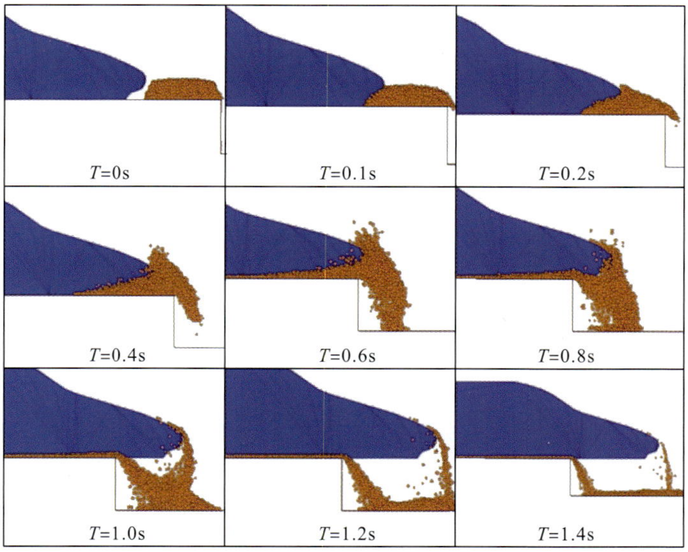

图 2.22 列车冲击浆砌片石式车挡动态过程

由图 2.23 的仿真结果可以看出，冲撞发生在 0.1s 左右，此时冲击力达到最大值 891.55kN，冲击力导致头车产生的最大加速度为 1.614g；整个冲撞过程消耗能量为 634.7kJ，车挡消耗的能量为 569.07kJ。将最大冲击力用于头车强度校核，计算发现该冲击力导致车头局部较小的凹陷，不会造成头车主结构破坏。这一结果与现场情况吻合。冲击后列车还有较大的动能，这也导致其冲出轨道后继续运行近 20m，直至撞击到其他建筑物才停下。

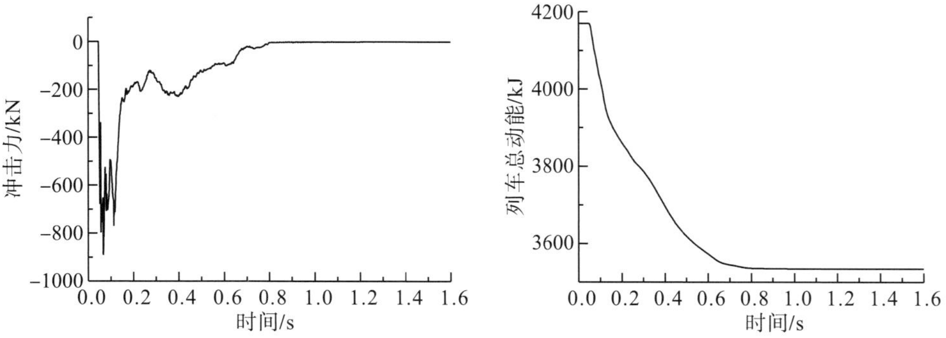

图 2.23　列车冲击终端车挡时程曲线

3) 脱轨动力学建模

目前，对于车辆系统脱轨问题的研究，主要集中在脱轨判定准则和脱轨机理上，对于脱轨后车辆运动行为的研究很少。此外，研究时通常采用简化的多质量块模型，且一般为二维平面模型。对于复杂的车辆系统，模型过于简单，车辆系统各部件与轨道之间的相互作用都无法考虑，因此这类模型无法得到满意的仿真结果，需要建立更为准确的专门用于车辆系统脱轨的动力学仿真模型。

车辆系统的脱轨过程是一个变拓扑的过程，由原来的轮轨接触变为车轮与轨道板之间的接触问题，由车辆系统动力学问题变为多体系统接触碰撞问题。脱轨动力学建模时主要有几个难点：一是脱轨前后轮轨接触拓扑变化的处理；二是多体三维几何接触碰撞的处理；三是车辆系统部件的破坏和参数的变化处理。

为了处理轮轨之间的拓扑变化，需要建立两套轮对和钢轨：

(1) 用传统的轮对踏面和钢轨型面，建立轮轨接触力元，用于轮轨力计算，与轮轨三维几何外形无关。

(2) 轮对和钢轨三维几何形状，用于计算脱轨后轮对与钢轨以及轮对与轨道板之间的接触力。轮轨接触力元采用动态查找接触点，并将钢轨型面文件进行扩展。传统的动力学仿真只需要轨头部位的型面信息，但在进行脱轨动力学仿真时需要将其延伸，以便在脱轨后仍然可以查找到接触点，如图 2.24 所示。扩展部分要比真实的轨道板三维几何表面低，这样轮轨接触模块求解时既不会停止计算，也不会因为不产生压缩量而无法获得轮轨力。

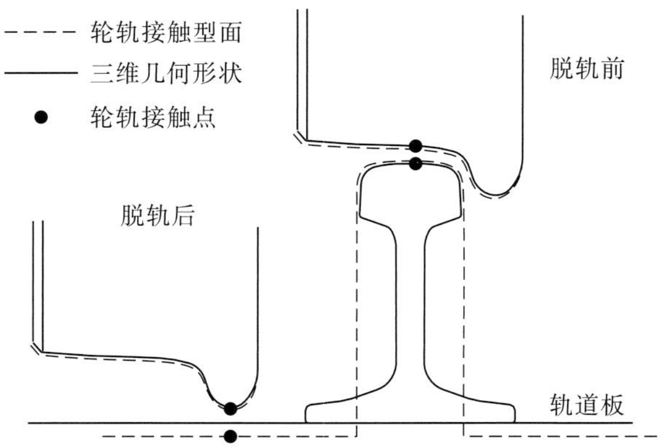

图 2.24 轮轨接触处理

车辆脱轨后车辆的主要部件与轨道之间会发生接触，如车轮与轨道板、车轮和钢轨、电机和钢轨、齿轮箱和钢轨以及制动盘和钢轨等，需要建立轮对、电机、钢轨、齿轮箱、电机和制动盘等完整的三维几何形状，并在可能发生接触的部件之间建立接触对。脱轨的判定是踏面横移 70mm，且垂向位移 30mm，此时，轮缘位于轨顶，达到脱轨临界状态。

几何接触碰撞在赫兹接触的基础上考虑到滞后阻尼效应，法向力可表示为

$$F_N=\begin{cases}K_{\mathrm{Hz}}\delta^{3/2}\left(1+\dfrac{3(1-\varepsilon^2)}{4}\dfrac{\dot{\delta}}{\dot{\delta}^{(-)}}\right), & \delta>0\\ 0, & \delta\leqslant 0\end{cases} \tag{2-69}$$

式中，K_{Hz} 为赫兹接触刚度；δ 为接触渗透量；ε 为碰撞恢复系数；$\dot{\delta}$ 为两个物体任意时刻的接近速度；$\dot{\delta}^{(-)}$ 表示两个接触物体开始接触时相对逼近速度。切向力主要为滑动摩擦力，当两个物体接触的同时又有滑动时，切向力为

$$F_T=-F_N\mu\left(|v_s|\right)\hat{v}_s \tag{2-70}$$

摩擦系数随相对滑动速度是变化的，变化曲线如图 2.25 所示。图中 μ_s 和 μ_d 分别为静摩擦系数和滑动摩擦系数，v_s 和 v_t 分别为静摩擦过渡速度和动摩擦过渡速度。

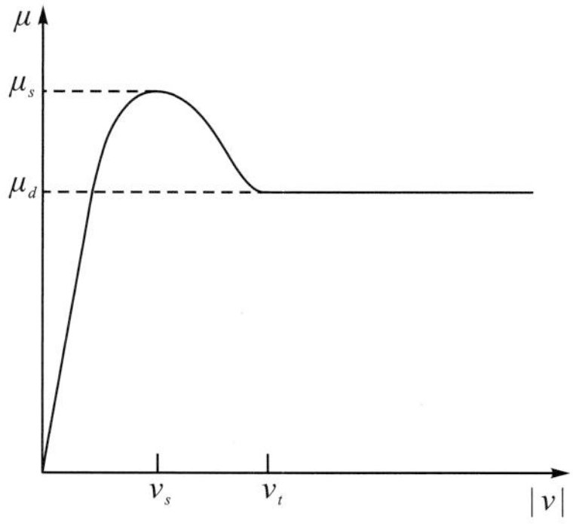

图 2.25 摩擦系数随相对滑动变化曲线

脱轨过程是车辆系统极端恶劣的工况，一般动力学计算时使用的动力学参数通常是在正常工作范围内的，如空气弹簧等在正常工作情况下垂向刚度线性度很好，但对于脱轨工况下，其刚度必定是非线性的，因此除了处理轮轨之间的接触和建立各部分与钢轨的接触，还需对车辆系统的悬挂参数进行必要的修正。

由于脱轨时产生巨大的冲击，可能导致某些部件或结构的破坏，为此在一系悬挂、转臂节点、空气弹簧、各减振器力元中设置破坏阈值，当作用力或力元的长度超过某个限定值时，假设这些力元损坏，气动力学性能也相应地发生变化，这样的处理将使得脱轨后车辆动力学仿真的结果更加准确，更能真实地模拟脱轨后车辆和列车的运行形态。图 2.26 为列车脱轨后不同时刻的动态行为。

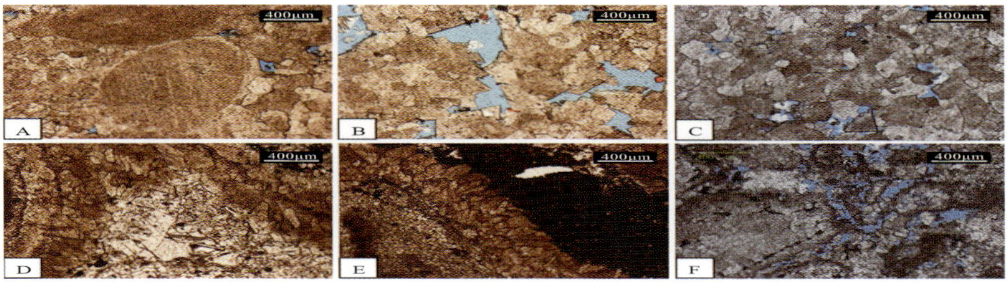

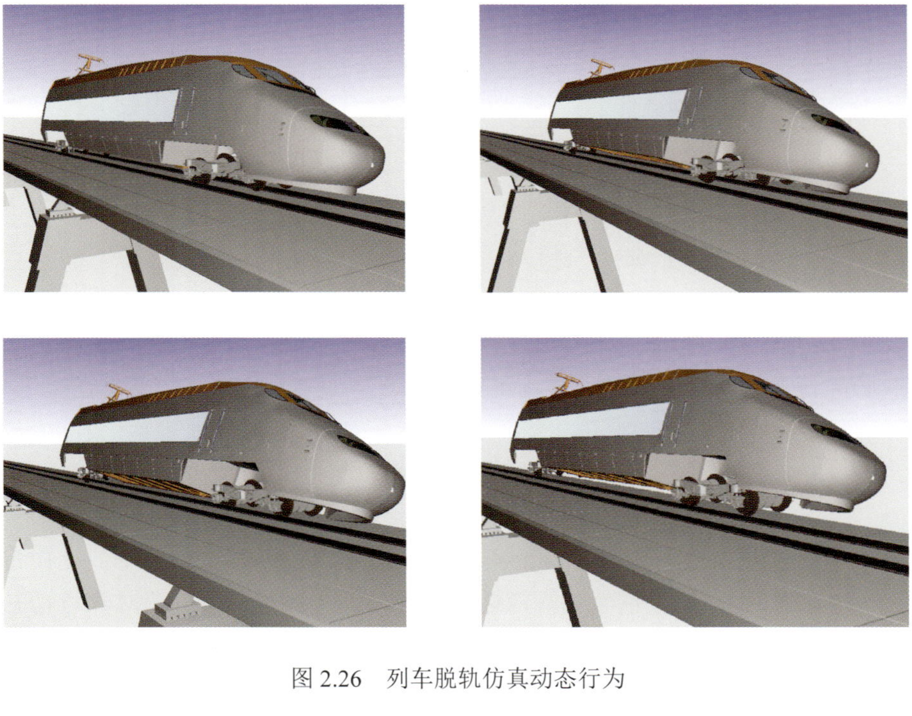

图 2.26　列车脱轨仿真动态行为

2.2.2　线路系统建模

全世界 100 多万公里的普通铁路轨道结构采用有砟道床，我国既有干线铁路几乎都是有砟道床，最高运行速度达到 250km/h 以上。过去，世界上许多国家高速轨道结构采用有砟道床，如日本新干线部分路段、欧洲高速铁路主要路段以及韩国前几年修成的首尔—釜山高速线，我国的京沪高速铁路也有超过 50km 的有砟道床。有砟道床轨道结构具有一系列的显著优点，如弹性好、吸收能量性能好、噪声低、建造成本低等。当有砟道床轨道结构用在长大隧道中时，能够有效吸收微气压表波的能量，有效抑制或消除高速列车通过隧道时产生的音爆现象，而且建造费用相比无砟轨道大约低 30%。无砟轨道一般具有稳定性好、刚度均匀、耐久性强、维修工作量低等优点。无论是无砟轨道还是有砟轨道，在现代高速线路中均有应用。为此，本书分别介绍有砟轨道动力学模型和无砟轨道动力学模型。

1. 有砟轨道

有砟轨道模型中，轨道系统可简化为如图 2.27 所示的质量-弹簧-阻尼振动模型。左右钢轨被视为连续弹性离散点支承基础上的 Timoshenko 梁，并考虑钢轨的垂向、横向和扭转运动；轨枕与钢轨之间以及轨枕与道床之间在垂向和横向用线性弹簧和黏性阻尼连接；轨枕简化为 Euler-Bernoulli 梁，并考虑轨枕的垂向弯曲振动、横向刚体运动、扭转运动；道床离散为刚性质量块，道床块之间由剪切刚度和剪切阻尼相连，道床与路基之间用线性弹簧和阻尼连接，只考虑道床的垂向振动。

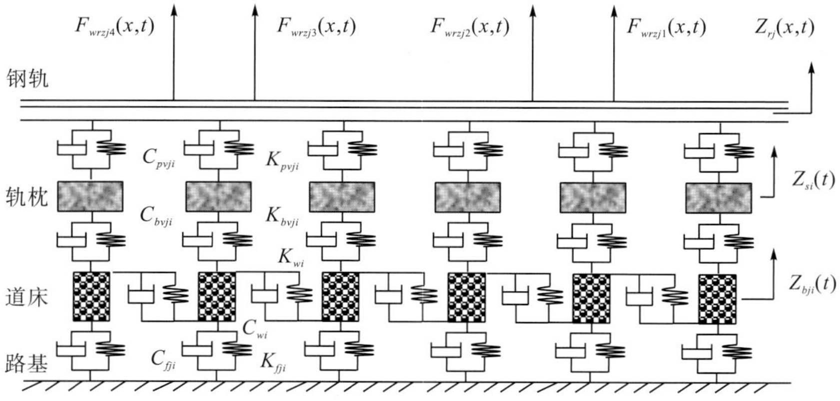

图 2.27 有砟轨道模型

虽然理论上钢轨假定为无限长 Timoshenko 梁，但在实际数值计算中，往往将钢轨看成有限长的简支梁。为了调查钢轨梁端部边界条件处理和计算长度选取对轨道动态响应的影响，针对单节车，文献[12]作了系统的计算分析，对有砟轨道，建议的钢轨计算长度不小于 52.8m，即不小于轨枕间距的 88 倍，钢轨两端简支处理。当车辆以速度 v 在轨道上运行时，钢轨在轮轨相互作用力 $F_{wrzjk}(t)$（j=L, R，k=1～N_w，N_w 为轮对个数）和轨下支承反力 $R_s(t)$ (s=1～N_s，N_s 为对应钢轨计算跨长内轨下支承的个数)的作用下，钢轨弯曲振动可由平动和截面转动两个偏微分方程表示，基于 Timoshenko 梁理论[13]得到钢轨横向、垂向和扭转三个方向的运动方程如下。

横向：

$$\begin{cases} m\dfrac{\partial^2 y(x,t)}{\partial t^2}+\kappa_y GA\left[\dfrac{\partial \psi_y(x,t)}{\partial x}-\dfrac{\partial^2 y(x,t)}{\partial x^2}\right]=-\sum_{i=1}^{N_s}R_{yi}(t)\delta(x-x_{si})+\sum_{j=1}^{N_w}F_{wryj}(t)\delta(x-x_{w_j}) \\ \rho I_z\dfrac{\partial^2 \psi_y(x,t)}{\partial t^2}+\kappa_y GA\left[\psi_y(x,t)-\dfrac{\partial y(x,t)}{\partial x}\right]-EI_z\dfrac{\partial^2 \psi_y(x,t)}{\partial x^2}=0 \end{cases} \tag{2-71}$$

垂向：

$$\begin{cases} m\dfrac{\partial^2 z(x,t)}{\partial t^2}+\kappa_z GA\left[\dfrac{\partial \psi_z(x,t)}{\partial x}-\dfrac{\partial^2 z(x,t)}{\partial x^2}\right]=-\sum_{i=1}^{N_s}R_{zi}(t)\delta(x-x_{si})+\sum_{j=1}^{N_w}F_{wrzj}(t)\delta(x-x_{w_j}) \\ \rho I_y\dfrac{\partial^2 \psi_z(x,t)}{\partial t^2}+\kappa_z GA\left[\psi_z(x,t)-\dfrac{\partial z(x,t)}{\partial x}\right]-EI_y\dfrac{\partial^2 \psi_z(x,t)}{\partial x^2}=0 \end{cases} \tag{2-72}$$

扭转：

$$\rho I_0\frac{\partial^2 \phi(x,t)}{\partial t^2}-GK\frac{\partial^2 \phi(x,t)}{\partial x^2}=-\sum_{i=1}^{N_s}M_{si}(t)\delta(x-x_{si})+\sum_{j=1}^{N_w}M_{Gj}(t)\delta(x-x_{w_j}) \tag{2-73}$$

式(2-71)～式(2-73)中，$y(x,t)$、$z(x,t)$和$\phi(x,t)$分别表示钢轨横向、垂向和扭转位移；$\psi_y(x,t)$、$\psi_z(x,t)$分别为钢轨 y 轴和 z 轴的截面转角变形；$R_{zi}(t)$和$R_{yi}(t)$分别为第 i 支点垂向和横向支反力；F_{wrzj}和F_{wryj}分别为第 j 位车轮作用于钢轨的垂向、横向载荷；$M_{si}(t)$和$M_{Gj}(t)$分别为第 i 支点处钢轨支反力矩和第 j 位车轮作用于钢轨的力矩；I_y和I_z分别为钢轨截面对 y、z 轴的惯性矩；G 为钢轨剪切模量；A 为钢轨截面面积；κ_y和κ_z分别为钢轨横向、垂向截面的剪切因子，采用有限元软件 ANSYS 根据中国 60kg/m 钢轨的截面几何参数计算其剪切因子可得κ_y=0.4507 和κ_z=0.5329。

应用分离变量法，采用正则振型函数以其正则坐标表示钢轨横向、垂向、扭转位移为

$$y(x,t)=\sum_{k=1}^{\mathrm{NMY}}Y_k(x)q_{yk}(t) \tag{2-74}$$

$$\psi_y(x,t)=\sum_{k=1}^{\mathrm{NMY}}\varPsi_{yk}(x)w_{yk}(t) \tag{2-75}$$

$$z(x,t)=\sum_{k=1}^{\mathrm{NMZ}}Z_k(x)q_{zk}(t) \tag{2-76}$$

$$\psi_z(x,t)=\sum_{k=1}^{\mathrm{NMZ}}\varPsi_{zk}(x)w_{zk}(t) \tag{2-77}$$

$$\phi(x,t)=\sum_{k=1}^{\mathrm{NMT}}\varPhi_k(x)q_{Tk}(t) \tag{2-78}$$

式中，$q_{yk}(t)$、$q_{zk}(t)$和$q_{Tk}(t)$分别为对应钢轨横向、垂向和扭转的正则坐标；$w_{yk}(t)$和$w_{zk}(t)$分别为对应钢轨横向和垂向振动时钢轨截面转角的正则坐标；$Y_k(x)$、$Z_k(x)$和$\varPhi_k(x)$分别对应钢轨横向、垂向和扭转的正则振型函数；$\varPsi_{yk}(x)$和$\varPsi_{zk}(x)$分别为对应钢轨横向和垂向振动时钢轨截面转角的正则振型函数；NMY、NMZ 和 NMT 分别为钢轨横向、垂向和扭转振动在数值计算中考虑的模态阶数。正则振型函数取为[14]

$$Y_k(x)=\sqrt{\frac{2}{ml_{\text{tim}}}}\sin\left(\frac{k\pi}{l_{\text{tim}}}x\right) \tag{2-79}$$

$$\varPsi_{yk}(x)=\sqrt{\frac{2}{\rho I_y l_{\text{tim}}}}\cos\left(\frac{k\pi}{l_{\text{tim}}}x\right) \tag{2-80}$$

$$Z_k(x)=\sqrt{\frac{2}{ml_{\text{tim}}}}\sin\left(\frac{k\pi}{l_{\text{tim}}}x\right) \tag{2-81}$$

$$\varPsi_{zk}(x)=\sqrt{\frac{2}{\rho I_z l_{\text{tim}}}}\cos\left(\frac{k\pi}{l_{\text{tim}}}x\right) \tag{2-82}$$

$$\varPhi_k(x)=\sqrt{\frac{2}{\rho I_0 l_{\text{tim}}}}\sin\left(\frac{k\pi}{l_{\text{tim}}}x\right) \tag{2-83}$$

运用正则振型的正交性以及 Dirichlet 函数的性质，将钢轨四阶偏微分方程化简整理为关于正则振型坐标的二阶常微分方程如下。

横向：

$$\begin{cases}\ddot{q}_{yk}(t)+\dfrac{\kappa_y GA}{m}\left(\dfrac{i\pi}{l_{\text{tim}}}\right)^2 q_{yk}(t)+\kappa_y GA\dfrac{i\pi}{l_{\text{tim}}}\sqrt{\dfrac{1}{m\rho I_z}}w_{yk}(t)=-\sum\limits_{i=1}^{N_s}R_{yi}(t)Y_k(x_{si})+\sum\limits_{j=1}^{N_w}F_{wryj}(t)Y_k(x_{w_j}) \\ \ddot{w}_{yk}(t)+\left[\dfrac{\kappa_y GA}{\rho I_z}+\dfrac{EI_z}{\rho I_z}\left(\dfrac{i\pi}{l_{\text{tim}}}\right)^2\right]w_{yk}(t)-\kappa_y GA\dfrac{i\pi}{l_{\text{tim}}}\sqrt{\dfrac{1}{m\rho I_z}}q_{yk}(t)=0 \\ k=1\sim \text{NMY}\end{cases} \tag{2-84}$$

扭转：

$$\begin{cases}\ddot{q}_{Tk}(t)+\dfrac{GK}{\rho I_0}\left(\dfrac{i\pi}{l_{\text{tim}}}\right)^2 q_{Tk}(t)=-\sum\limits_{i=1}^{N_s}M_{si}(t)\varPhi_k(x_{si})+\sum\limits_{j=1}^{N_w}M_{Gj}(t)\varPhi_k(x_{w_j}) \\ k=1\sim \text{NMT}\end{cases} \tag{2-85}$$

垂向：

$$\begin{cases}\ddot{q}_{zk}(t)+\dfrac{\kappa_z GA}{m}\left(\dfrac{i\pi}{l_{\text{tim}}}\right)^2 q_{zk}(t)+\kappa_z GA\dfrac{i\pi}{l_{\text{tim}}}\sqrt{\dfrac{1}{m\rho I_y}}w_{zk}(t)=-\sum\limits_{i=1}^{N_s}R_{zi}(t)Z_k(x_{si})+\sum\limits_{j=1}^{N_w}F_{wrzj}(t)Z_k(x_{w_j}) \\ \ddot{w}_{zk}(t)+\left[\dfrac{\kappa_z GA}{\rho I_y}+\dfrac{EI_y}{\rho I_y}\left(\dfrac{i\pi}{l_{\text{tim}}}\right)^2\right]w_{zk}(t)-\kappa_z GA\dfrac{i\pi}{l_{\text{tim}}}\sqrt{\dfrac{1}{m\rho I_y}}q_{zk}(t)=0 \\ k=1\sim \text{NMZ}\end{cases} \tag{2-86}$$

以前的轨道模型中，轨枕被简化为刚性质量块，其有横移、垂移、侧转三个自由度，因此该模型能够描述轨枕在轨道横向、垂向平面内的频率响应。但是，刚体运动相对集总质量块的频率响应小得多，为了能够反映更高的轨枕振动频率，可将轨枕简化为 Euler-Bernoulli 梁，并考虑轨枕的垂向弯曲振动、横向刚体运动、扭转运动。其垂向振动方程为

$$E_s I_s \frac{\partial^4 z_s(y,t)}{\partial y^4} + \frac{M_s}{l_s}\frac{\partial^2 z_s(y,t)}{\partial t^2} = -F_{bzLi}\delta(y+d_{s\text{Leq}}) - F_{bzRi}\delta(y-d_{s\text{Req}}) + R_{zLi}(t)\delta(y+d_r) + R_{zRi}(t)\delta(y-d_r) \tag{2-87}$$

考虑轨枕的弯曲刚度为 $E_s I_s$，总质量为 M_s，长度为 l_s。R_{zLi} 和 R_{zRi} 分别为左、右钢轨作用在轨枕 i 上的力，$\delta(x)$ 为 Dirac 函数，d_r 为左右钢轨距离之半，F_{bzLi} 和 F_{bzRi} 表示轨枕 i 与其下面的左、右道床块间的作用力，可表示为

$$F_{bzLi} = \int_{-l_s/2}^{0} k_{\text{beq}}[z_{si}(y,t) - Z_{bLi}(t)]\text{d}y + \int_{-l_s/2}^{0} c_{\text{beq}}[\dot{z}_{si}(y,t) - \dot{Z}_{bLi}(t)]\text{d}y \tag{2-88}$$

$$F_{bzRi} = \int_{0}^{l_s/2} k_{\text{beq}}[z_{si}(y,t) - Z_{bRi}(t)]\text{d}y + \int_{0}^{l_s/2} c_{\text{beq}}[\dot{z}_{si}(y,t) - \dot{Z}_{bRi}(t)]\text{d}y \tag{2-89}$$

考虑轨枕为 Euler-Bernoulli 梁的模型，如图 2.28 所示，其中，c_{beq} 和 k_{beq} 为道床块单位面积等效阻尼和刚度。假设 $d_{s\text{Leq}}$ 和 $d_{s\text{Req}}$ 分别表示轨枕中心到力 F_{bzLi} 和 F_{bzRi} 作用点间的等效间距，Z_{bLi}、Z_{bRi} 分别表示编号为 i 的左、右道床块的垂向位移。

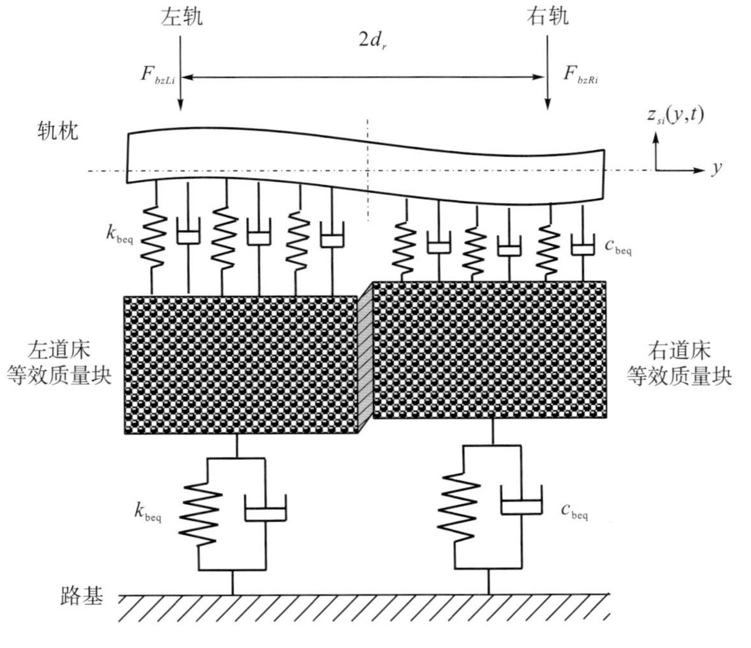

图 2.28　轨枕分析模型

轨枕的垂向振动包括两个刚体运动模态和高频柔性弯曲模态，运用模态叠加法可得轨枕的振动响应[5]：

$$z_{si}(y,t) = \sum_{k=1}^{\text{NMSR}} Z_{sRk}(y)T_{sRk}(t) + \sum_{k=1}^{\text{NMSE}} Z_{sEk}(y)T_{sEk}(t) \tag{2-90}$$

式中，NMSR、NMSE 分别为轨枕的刚体运动模态阶数和柔性弯曲模态阶数；$T_{sRk}(t)$ 和 $T_{sEk}(t)$ 为其正则坐标；$Z_{sRk}(y)$ 和 $Z_{sEk}(y)$ 为 k 阶振型方程，如式(2-91)所示：

$$\begin{cases} Z_{sRk}(y)=\sqrt{\dfrac{1}{M_s}}, & k=1 \\ Z_{sRk}(y)=\sqrt{\dfrac{3}{M_s}}\left(1-\dfrac{2y}{l_s}\right), & k=2 \\ Z_{sEk}(y)=\sqrt{\dfrac{1}{M_s}}\Big[\big(\cosh(\alpha_k y)+\cos(\alpha_k y)\big)-C_k\big(\sinh(\alpha_k y)+\sin(\alpha_k y)\big)\Big], & k=1,2,\cdots,\text{NMSE} \end{cases} \tag{2-91}$$

式中，α_k 和 C_k 分别为轨枕自由端频率响应系数和振型系数[5]。轨枕 i 的横向运动方程为

$$M_s\ddot{Y}_{si}=(F_{yLi}+F_{yRi})-F_{ysbi} \tag{2-92}$$

F_{yLi} 和 F_{yRi} 分别为轨枕 i 与钢轨间的横向作用力；F_{ysbi} 为其下道床块的等效横向支撑力。同时忽略轨枕的摇头、点头运动，其纵向运动也不加考虑。

将轨枕简化为刚性质量块模型时，只能模拟频率在 100Hz 以下的轨道结构振动响应[6]，而基于 Euler-Bernoulli 梁的轨枕模型则能模拟频率在轨道结构 600Hz 以下频率范围的振动响应。在轮轨噪声中，一般 500Hz 以下频率范围的主要来源是轨枕振动声辐射贡献[15]，因此采用 Euler-Bernoulli 梁模拟轨枕在这种情况下更适用。另外，若将轨枕简化为 Timoshenko 梁模型，其扭转和剪切变形对轨道动力学响应的影响并不大[16]。因此，基于 Euler-Bernoulli 梁的轨枕模型足以用来分析高速列车耦合大系统动力学的动态响应。

至今，如何来建立完整的轨道模型仍是一个难题，即便是完整的数值模型。现将道床简化为刚性质量块，如图 2.29 所示。只考虑质量块质心的垂向运动，其运动方程可表示为

$$M_{bL}\ddot{Z}_{bLi}=F_{bzLi}+F_{zrLi}+F_{zLRi}-F_{zgLi}-F_{zfLi}+M_{bL}g \tag{2-93}$$

$$M_{bR}\ddot{Z}_{bRi}=F_{bzRi}+F_{zrRi}-F_{zLRi}-F_{zgRi}-F_{zfRi}+M_{bR}g \tag{2-94}$$

式中，F_{zfLi}、F_{zrLi}、F_{zfRi}、F_{zrRi}、F_{zLRi} 分别为相邻道床块间的垂向剪切力；F_{zgLi} 和 F_{zgRi} 分别为路基与道床块间的相互作用力。

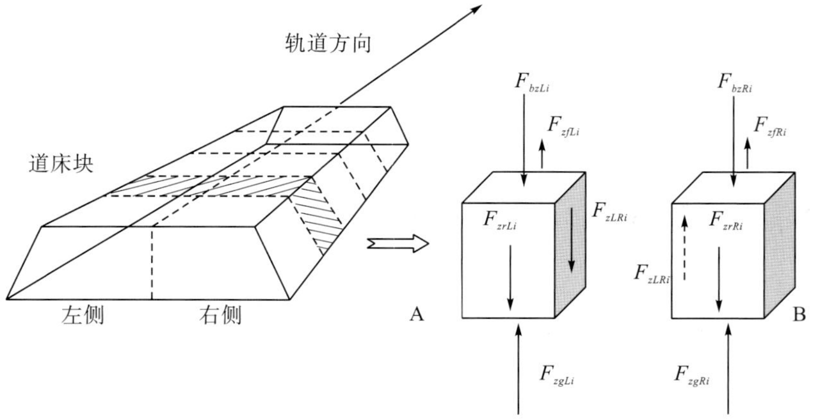

图 2.29 道床受力图

此模型能够模拟道床块在轨道垂、横面内的顺时针和逆时针转动，如图 2.30 所示。

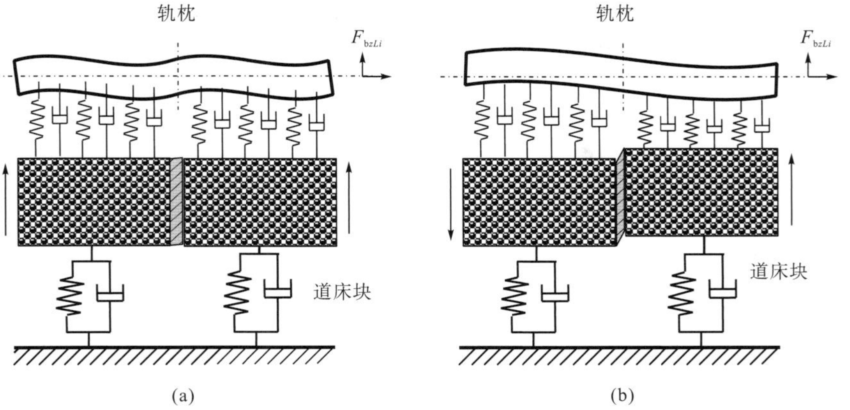

图 2.30　道床块模型

2. 路堤段无砟轨道

无砟轨道具有稳定性好、刚度均匀、耐久性强、维修工作量低等优点。所以，现在的高速铁路主要采用无砟轨道。文献[6]用板单元理论模型模拟无砟轨道的轨道板，采用模态叠加法计算了其在列车通过时的垂向振动位移，而其横向运动则采用刚体运动模拟。本书对轨道板采用实体有限元模型，可同时考虑其垂向、横向及耦合运动。该模型如图 2.31 所示，利用该模型可研究地震对高速运行条件下列车轨道动力学性能和安全运行的影响[14]。若需进一步考虑地基结构的动态响应或动力行为，可采用实体单元对地基结构进行离散，然后采用与轨道板类似的建模与求解方法，建立相应的系统动力学模型。

无砟轨道模型中，轨道被视为由钢轨、扣件系统、轨道板及 CA 砂浆层组成。板式轨道模型如图 2.32 所示，其中，左右钢轨被视为连续弹性离散点支承基础上的 Timoshenko 梁，并考虑钢轨的垂向、横向和扭转振动，轨道板用三维实体有限元单元模拟，钢轨扣件和 CA 砂浆层用周期性离散的黏弹性单元代替。

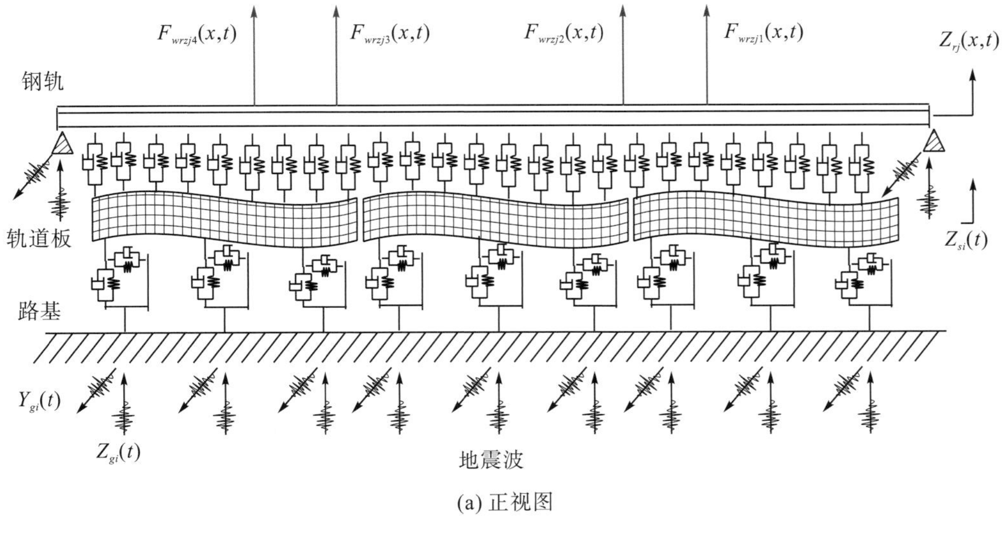

(a) 正视图

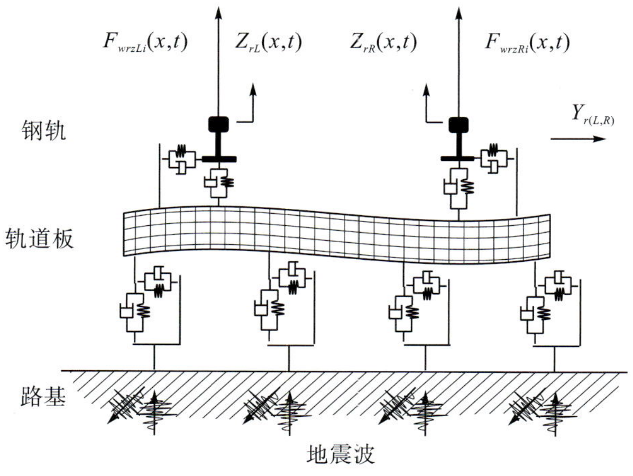

(b) 侧视图

图 2.31　路堤段无砟轨道动力学模型

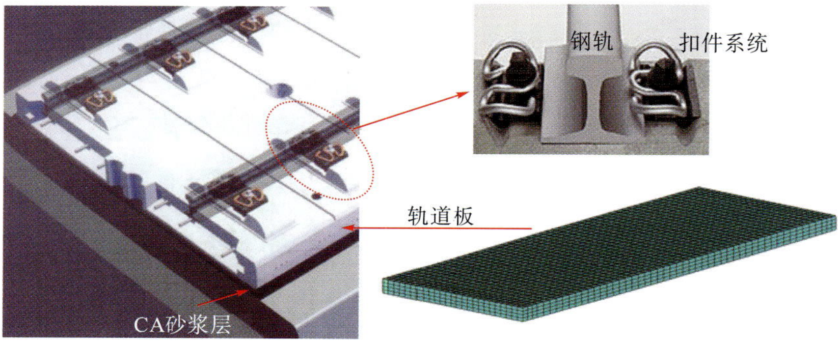

图 2.32　中国高铁常用板式轨道结构

无砟轨道建议的钢轨计算长度是 65.0m[12]，其下覆盖 100 根轨枕和 10 块轨道板，钢轨两端简支处理。对地震下高速列车/轨道耦合动力学模型，考虑到列车运行速度和地震行波效应的影响，不同时刻钢轨端部和各轨下支撑位置的地震波输入是不一样的。为简化计算，忽略上述两因素影响，即假设 Timoshenko 梁支座两端及其中间轨下支撑处的地震激励是一致的，则地震作用下钢轨的运动方程可简化如下。

横向运动方程：

$$\begin{cases} \rho A\dfrac{\partial^2 y}{\partial t^2}+\kappa_y GA\left(\dfrac{\partial \psi_y}{\partial x}-\dfrac{\partial^2 y}{\partial x^2}\right)=-\sum\limits_{i=1}^{N_s}R_{yi}(t)\delta(x-x_{si}) \\ \qquad\qquad +\sum\limits_{j=1}^{N_w}F_{wryj}(t)\delta(x-x_{p_j})-\rho A\dfrac{\mathrm{d}^2 Y_g(t)}{\mathrm{d}t^2} \\ \rho I_z\dfrac{\partial^2 \psi_y}{\partial t^2}-EI_z\dfrac{\partial^2 \psi_y}{\partial x^2}+\kappa_y GA\left(\psi_y-\dfrac{\partial y}{\partial x}\right)=0 \end{cases} \tag{2-95}$$

垂向运动方程：

$$\begin{cases}\rho A\dfrac{\partial^2 z}{\partial t^2}+\kappa_z GA\left(\dfrac{\partial\psi_z}{\partial x}-\dfrac{\partial^2 z}{\partial x^2}\right)=-\sum\limits_{i=1}^{N_s}R_{zi}(t)\delta(x-x_{si})\\ \qquad\qquad +\sum\limits_{j=1}^{N_w}F_{wrzj}(t)\delta(x-x_{p_j})-\rho A\dfrac{\mathrm{d}^2 Z_g(t)}{\mathrm{d}t^2}\\ \rho I_y\dfrac{\partial^2\psi_z}{\partial t^2}-EI_y\dfrac{\partial^2\psi_z}{\partial x^2}+\kappa_z GA\left(\psi_z-\dfrac{\partial z}{\partial x}\right)=0\end{cases}\tag{2-96}$$

扭转运动方程：

$$\rho I_0\frac{\partial^2\phi}{\partial t^2}-GK\frac{\partial^2\phi}{\partial x^2}=-\sum_{i=1}^{N_s}M_{si}(t)\delta(x-x_{si})+\sum_{j=1}^{N_w}M_{Gj}(t)\delta(x-x_{p_j})\tag{2-97}$$

上述方程中，$Y_g(t)$、$Z_g(t)$分别表示作用在钢轨两端和各轨下支撑地基处的横向、垂向位移激励。利用模态叠加法，可将上述运动方程(2-95)～(2-97)化简为广义坐标下的二阶常微分方程。

钢轨横向运动方程：

$$\begin{cases}\ddot q_{yk}(t)+\dfrac{\kappa_y GA}{m}\left(\dfrac{k\pi}{l_{\text{tim}}}\right)^2 q_{yk}(t)-\kappa_y GA\dfrac{k\pi}{l_{\text{tim}}}\sqrt{\dfrac{1}{m\rho I_z}}w_{yk}(t)=-\sum\limits_{i=1}^{N_s}R_{yi}(t)Y_k(x_{si})\\ +\sum\limits_{j=1}^{N_w}F_{wryj}(t)Y_k(x_{p_j})+\rho A\ddot Y_g(t)\int_0^L Y_k(x)\mathrm{d}x\\ \ddot w_{yk}(t)+\left[\dfrac{\kappa_y GA}{\rho I_z}+\dfrac{EI_z}{\rho I_z}\left(\dfrac{k\pi}{l_{\text{tim}}}\right)^2\right]w_{yk}(t)-\kappa_y GA\dfrac{k\pi}{l_{\text{tim}}}\sqrt{\dfrac{1}{m\rho I_z}}q_{yk}(t)=0\\ k=1\sim\text{NMY}\end{cases}\tag{2-98}$$

钢轨垂向运动方程：

$$\begin{cases}\ddot q_{zk}(t)+\dfrac{\kappa_z GA}{m}\left(\dfrac{k\pi}{l_{\text{tim}}}\right)^2 q_{zk}(t)-\kappa_z GA\dfrac{k\pi}{l_{\text{tim}}}\sqrt{\dfrac{1}{m\rho I_y}}w_{zk}(t)=-\sum\limits_{i=1}^{N_s}R_{zi}(t)Z_k(x_{si})\\ +\sum\limits_{j=1}^{N_w}F_{wrzj}(t)Z_k(x_{p_j})+\rho A\ddot Z_g(t)\int_0^L Z_k(x)\mathrm{d}x\\ \ddot w_{zk}(t)+\left[\dfrac{\kappa_y GA}{\rho I_y}+\dfrac{EI_y}{\rho I_y}\left(\dfrac{k\pi}{l_{\text{tim}}}\right)^2\right]w_{zk}(t)-\kappa_z GA\dfrac{k\pi}{l_{\text{tim}}}\sqrt{\dfrac{1}{m\rho I_y}}q_{zk}(t)=0\\ k=1\sim\text{NMZ}\end{cases}\tag{2-99}$$

钢轨扭转运动方程：

$$\ddot q_{Tk}(t)+\frac{GK}{\rho I_0}\left(\frac{k\pi}{l_{\text{tm}}}\right)^2 q_{Tk}(t)=-\sum_{i=1}^{N_s}M_{si}(t)\varPhi_k(x_{si})+\sum_{j=1}^{N_w}M_{Gj}(t)\varPhi_k(x_{p_j}),\quad k=1\sim\text{NMT}\tag{2-100}$$

轨道板的有限元模型如图 2.32 所示，CA 砂浆层被视为平面连续的弹簧阻尼系统。轨道板在全局坐标下的运动方程可表示为

$$[M]\{\ddot x\}_i+[C]\{\dot x\}_i+[K]\{x\}_i=\{F^{rs}\}_i+\{F^g\}_i,\quad i=1\sim N_{\text{slab}}\tag{2-101}$$

式中，$[M]$、$[C]$、$[K]$分别为轨道板的质量、阻尼、刚度矩阵；下标 i 表示钢轨下轨道板

的标号；本书中介绍的计算模型所考虑的轨道板总个数 N_{slab} 取 10 或 11；$\{x\}_i$ 表示第 i 个轨道板的位移列阵；$\{F^{rs}\}_i$ 和 $\{F^g\}_i$ 分别为钢轨对轨道板的作用力和地基与轨道板之间作用力列阵，求得

$$\{F^{rs}\}_i = K_p[\{x^r\} - \{x\}_i] + C_p[\{\dot{x}^r\} - \{\dot{x}\}_i], \quad i = 1 \sim N_{slab} \tag{2-102}$$

$$\{F^g\}_i = K_{CAM}[\{x\}_i - \{x^g\}_i] + C_{CAM}[\{\dot{x}\}_i - \{\dot{x}^g\}_i], \quad i = 1 \sim N_{slab} \tag{2-103}$$

式中，$\{x^g\}_i$ 表示第 i 个轨道板下的地震激励位移列阵；K_p、C_p 和 K_{CAM}、C_{CAM} 分别为钢轨扣件系统及 CA 砂浆层的刚度和阻尼。值得注意的是，$\{F^{rs}\}_i$ 包括轨枕与钢轨之间的作用力 R_{yi} 和 R_{zi}。由方程(2-98)、(2-99)及(2-103)可知，基于板式轨道的车辆/轨道耦合动力学分析不仅需要地震激励加速度，同时需要地震的速度和位移。利用模态叠加原理和轨道板的振型函数，轨道板的振动方程可化简为如下解耦方程：

$$M_n\ddot{X}_{in} + C_n\dot{X}_{in} + K_nX_{in} = P_n, \quad i = 1 \sim N_{slab}, n = 1 \sim N_{mode} \tag{2-104}$$

式中，$\{X\}_{in}$ 是第 i 个轨道板的正则坐标列阵；M_n、C_n、K_n 和 P_n 分别表示其广义正则质量、阻尼、刚度及外部载荷矩阵(改为刚度矩阵及外部载荷列阵)，表达式为

$$\begin{cases} M_n = \{\phi\}_n^T[M]\{\phi\}_n, \quad C_n = \{\phi\}_n^T[C]\{\phi\}_n, \quad K_n = \{\phi\}_n^T[K]\{\phi\}_n \\ P_n = \{\phi\}_n^T\{F^{rs}\}_i + \{\phi\}_n^T\{F^g\}_i, \quad i = 1 \sim N_{slab}, n = 1 \sim N_{mode} \end{cases} \tag{2-105}$$

式中，$\{\phi\}_n$ 为 n 阶模态向量，可由有限元分析软件 ANSYS 对轨道板进行模态分析得到。本书中考虑其前 20 阶(N_{mode}=20)模态，包括 6 阶刚体模态和 14 阶弹性模态。图 2.33 给出了前三阶弹性模态和变形最大模态的示意图。

综上所述，第 i 轨道板的位移可表示为

$$\{x\}_i = \sum_{n=1}^{N_{mode}} \{\phi\}_n X_{in} = \{\Phi\}\{X\}_i, \quad i = 1 \sim N_{slab} \tag{2-106}$$

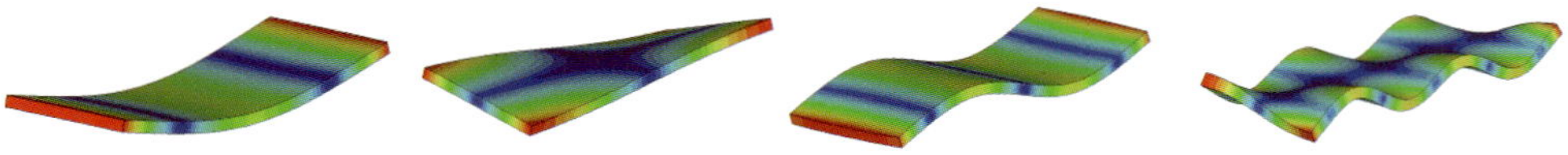

(a) 20.201Hz(1阶)　(b) 30.936Hz(2阶)　(c) 58.310Hz(3阶)　(d) 238.713Hz(14阶)

图 2.33　轨道板模态变形图

3. 桥梁段无砟轨道

桥梁段无砟轨道动力学建模与路堤段的基本相同，最大的差异为板式轨道与桥梁相连，再通过桥墩与路基连接。从钢轨到轨道板的建模，与路堤段的完全一样，轨下桥梁结构的建模可采用有限元法和解析法两种。

对于有限元法，其建模思路和求解与三维实体轨道板的类似，只需按照桥梁结构的实际尺寸、材料属性和结构特性，用有限元法建模即可。轨道板对桥梁的作用通过轨道板支座反力施加在桥梁上，桥梁段无砟轨道动力学模型如图 2.34 所示。

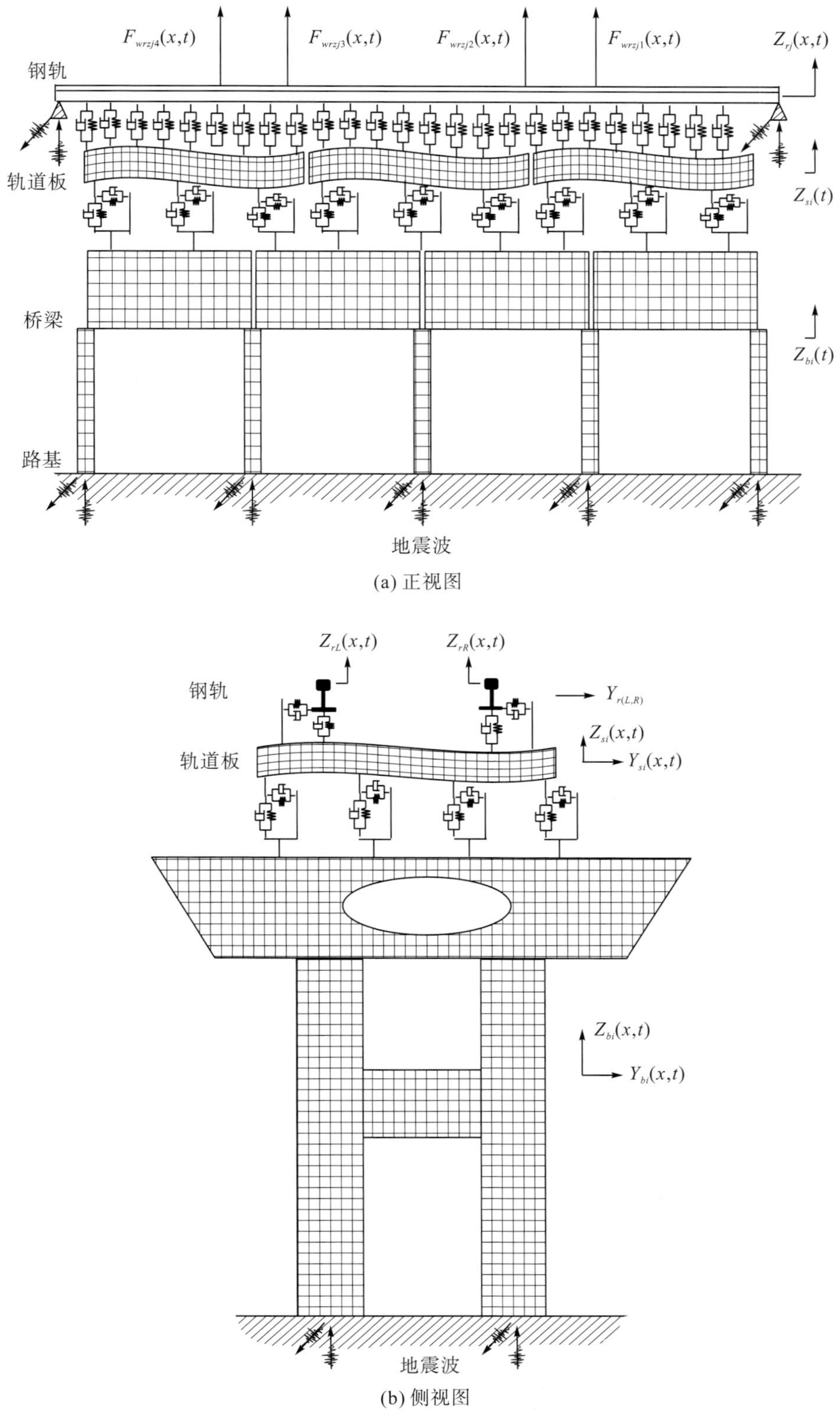

图 2.34　桥梁段无砟轨道动力学模型

桥梁结构(含桥墩)的振动方程可化简为如下解耦方程：

$$M_{bn}\ddot{X}_{bin}+C_{bn}\dot{X}_{bin}+K_{bn}X_{bin}=P_{bn},\quad i=1\sim N_{\text{bridge}},\ n=1\sim N_{\text{mode}} \tag{2-107}$$

式中，X_{bin} 是第 i 跨桥梁结构的正则坐标列阵；M_{bn}、C_{bn}、K_{bn} 和 P_{bn} 分别为其广义正则质量、阻尼、刚度及外部载荷矩阵，表达式如下：

$$\begin{cases}M_{bn}=\{\phi_b\}_n^{\mathrm{T}}[M_b]\{\phi_b\}_n,\quad C_{bn}=\{\phi_b\}_n^{\mathrm{T}}[C_b]\{\phi_b\}_n,\quad K_{bn}=\{\phi_b\}_n^{\mathrm{T}}[K_b]\{\phi_b\}_n\\ P_{bn}=\{\phi_b\}_n^{\mathrm{T}}\{F_b^{rs}\}_i+\{\phi_b\}_n^{\mathrm{T}}\{F_b^{g}\}_i,\quad i=1\sim N_{\text{bridge}},\ n=1\sim N_{\text{mode}}\end{cases} \tag{2-108}$$

式中，$\{\phi_b\}_n$ 为 n 阶模态向量，可由有限元分析软件 ANSYS 对桥梁结构进行模态分析得到。联合求解式(2-95)～式(2-108)，即可得到轨道系统的动态响应。

对于解析法，采用 Euler-Bernoulli 梁来考虑桥梁的弯曲振动，轨道板对桥梁的作用通过轨道板支座反力以均布力的形式施加在桥梁上，桥梁段无砟轨道动力学模型如图 2.35 所示。

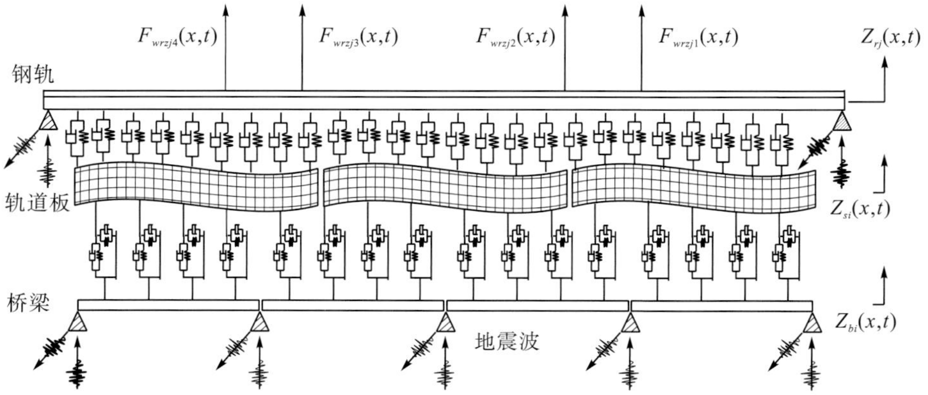

图 2.35　解析法桥梁段无砟轨道动力学模型

桥梁横向运动方程：

$$E_bI_{by}\frac{\partial^4 y_b(x,t)}{\partial x^4}+m_b\frac{\partial^2 y_b(x,t)}{\partial t^2}=p_y(x,t)-\rho_bA_b\frac{\mathrm{d}^2Y_g(t)}{\mathrm{d}t^2} \tag{2-109}$$

桥梁垂向运动方程：

$$E_bI_{bz}\frac{\partial^4 z_b(x,t)}{\partial x^4}+m_b\frac{\partial^2 z_b(x,t)}{\partial t^2}=p_z(x,t)-\rho_bA_b\frac{\mathrm{d}^2Z_g(t)}{\mathrm{d}t^2} \tag{2-110}$$

桥梁扭转运动方程：

$$\rho_bI_{b0}\frac{\partial^2\phi_b(x,t)}{\partial t^2}-G_bK_b\frac{\partial^2\phi_b(x,t)}{\partial x^2}=M_b(x,t) \tag{2-111}$$

式(2-109)～式(2-111)中，$y_b(x,t)$、$z_b(x,t)$ 和 $\phi_b(x,t)$ 分别为桥梁横向、垂向和扭转位移；$p_y(x,t)$、$p_z(x,t)$ 和 $M_b(x,t)$ 分别为轨道板通过 CA 砂浆层作用于桥梁的垂向、横向和扭转力矩均布载荷；I_{by} 和 I_{bz} 分别为桥梁截面对 y、z 轴的惯性矩；G_b 为桥梁剪切模量。

应用分离变量法，采用正则振型函数及其正则坐标表示桥梁横向、垂向、扭转位移为

$$y_b(x,t)=\sum_{k=1}^{\mathrm{NY}}Y_{bk}(x)q_{byk}(t) \tag{2-112}$$

$$z_b(x,t)=\sum_{k=1}^{\mathrm{NZ}}Z_{bk}(x)q_{bzk}(t) \tag{2-113}$$

$$\phi_b(x,t)=\sum_{k=1}^{\mathrm{NT}}\varPhi_{bk}(x)q_{bTk}(t) \tag{2-114}$$

式中，$q_{byk}(t)$、$q_{bzk}(t)$ 和 $q_{bTk}(t)$ 分别为对应桥梁横向、垂向和扭转的正则坐标；$Y_{bk}(x)$、$Z_{bk}(x)$ 和 $\varPhi_{bk}(x)$ 分别对应桥梁横向、垂向和扭转的正则振型函数；NY、NZ 和 NT 分别为桥梁横向、垂向和扭转振动在数值计算中考虑的模态阶数。参考桥梁两端简支边界条件，正则振型函数取为[14]

$$Y_{bk}(x)=\sqrt{\frac{2}{m_b l_b}}\sin\left(\frac{k\pi}{l_b}x\right) \tag{2-115}$$

$$Z_{bk}(x)=\sqrt{\frac{2}{m_b l_b}}\sin\left(\frac{k\pi}{l_b}x\right) \tag{2-116}$$

$$\varPhi_{bk}(x)=\sqrt{\frac{2}{\rho_b I_{b0} l_b}}\sin\left(\frac{k\pi}{l_b}x\right) \tag{2-117}$$

运用正则振型的正交性以及 Dirichlet 函数的性质，将桥梁四阶偏微分方程化简整理为关于正则振型坐标的二阶常微分方程如下。

横向：

$$\ddot{q}_{byk}(t)+\frac{E_b I_{by}}{m_b}\left(\frac{k\pi}{l_b}\right)^4 q_{byk}(t)=\int_0^{l_b}p_y(x,t)\sin\left(\frac{k\pi}{l_b}x\right)\mathrm{d}x+\frac{1-(-1)^k}{k\pi}\rho A l_b \ddot{Y}_g(t) \tag{2-118}$$

垂向：

$$\ddot{q}_{bzk}(t)+\frac{E_b I_{bz}}{m_b}\left(\frac{k\pi}{l_b}\right)^4 q_{bzk}(t)=\int_0^{l_b}p_z(x,t)\sin\left(\frac{k\pi}{l_b}x\right)\mathrm{d}x+\frac{1-(-1)^k}{k\pi}\rho A l_b \ddot{Z}_g(t) \tag{2-119}$$

扭转：

$$\ddot{q}_{bTk}(t)+\frac{G_b K_b}{\rho_b I_{b0}}\left(\frac{i\pi}{l_b}\right)^2 q_{bTk}(t)=\int_0^{l_b}M_b(x,t)\sin\left(\frac{k\pi}{l_b}x\right)\mathrm{d}x \tag{2-120}$$

其中，轨道板通过 CA 砂浆层作用于桥梁的垂向和横向均布载荷，由式(2-121)计算：

$$p_y(x,t)=k_{y\mathrm{CAM}}[Y_s(x,t)-y_b(x,t)]+c_{y\mathrm{CAM}}[\dot{Y}_s(x,t)-\dot{y}_b(x,t)] \tag{2-121}$$

$$p_z(x,t)=k_{z\mathrm{CAM}}[Z_s(x,t)-z_b(x,t)]+c_{z\mathrm{CAM}}[\dot{Z}_s(x,t)-\dot{z}_b(x,t)] \tag{2-122}$$

式中，$k_{y\mathrm{CAM}}$、$k_{z\mathrm{CAM}}$、$c_{y\mathrm{CAM}}$、$c_{z\mathrm{CAM}}$ 分别表示 CA 砂浆层的横向、垂向均布的刚度和阻尼。联合求解式(2-95)～式(2-106)和式(2-109)～式(2-122)，即可得到轨道系统的动态响应。

2.2.3　受电弓建模

近年来，诸多学者对弓网系统动力学进行了大量的研究，并提出了一些弓网系统动力学的标准数学模型。就受电弓而言，包括多刚体模型、归算质量模型、刚柔混合模型、全柔性体模型等。采用不同的受电弓模型将对弓网动力学分析造成明显的差异，因此很有必要对不同受电弓模型的建模方法展开研究。下面以 TSG19 受电弓为例，介绍受电弓的多刚体模型、归算质量模型、刚柔混合模型和全柔性体模型等四种模型的建模方法，如图 2.36 所示。

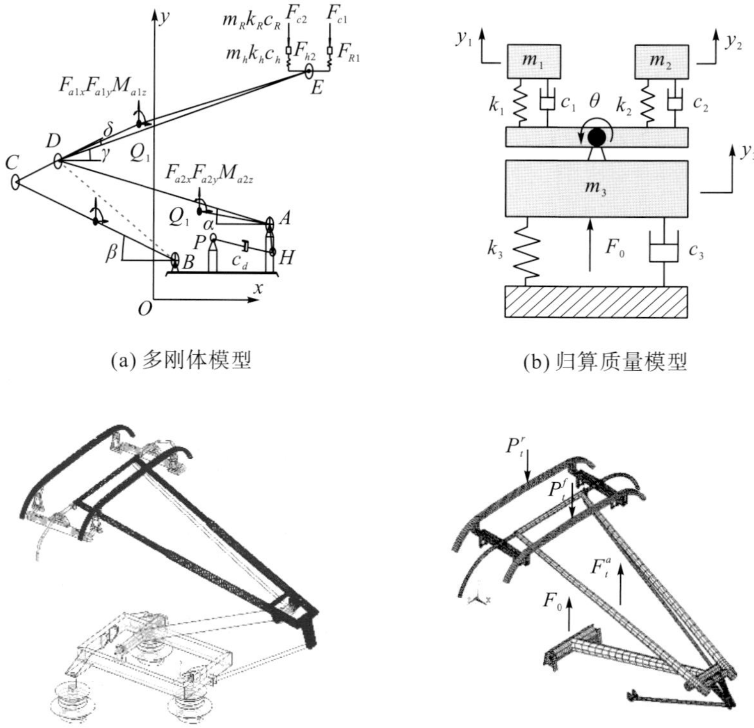

(a) 多刚体模型　　(b) 归算质量模型

(c) 刚柔混合模型　　(d) 全柔性体模型

图 2.36　受电弓模型

1. 多刚体模型

受电弓的动力学建模可以采用多刚体方法[17]，弓头的建模比较简单，框架的建模则需根据框架几何形状和物理参数，建立其非线性模型，如图 2.36(a)所示。

由于该型受电弓是双滑板受电弓，因此可以将弓头部分看成两个简单的等效质量块的振动系统，略去弓头在 x 方向的运动偏差(受电弓设计要求弓头沿垂向运动)，其弓头的运动微分方程为

$$m_h \ddot{y}_{h1} + F_{c1} - F_{h1} = 0 \tag{2-123}$$

$$m_h \ddot{y}_{h2} + F_{c2} - F_{h2} = 0 \tag{2-124}$$

式中，m_h、$\ddot{y}_{h1}$、$\ddot{y}_{h2}$ 分别为前(后)滑板质量、前滑板垂向加速度、后滑板垂向加速度；F_{c1}、F_{c2} 分别为前、后滑板与接触网间的接触压力；F_{h1}、F_{h2} 分别为前、后滑板的弹簧力，有如下表达形式：

$$F_{h1}=-k_h\left(y_{h1}-y_E+l_d\sin\theta_h\right)-c_h\left(\dot{y}_{h1}-\dot{y}_E+l_d\cos\theta_h\cdot\dot{\theta}_h\right) \tag{2-125}$$

$$F_{h2}=-k_h\left(y_{h2}-y_E-l_d\sin\theta_h\right)-c_h\left(\dot{y}_{h2}-\dot{y}_E-l_d\cos\theta_h\cdot\dot{\theta}_h\right) \tag{2-126}$$

式中，k_h、c_h 分别为弓头与框架间的刚度、阻尼；l_d为前、后滑板距离之半；θ_h为平衡臂与水平方向的夹角。

另外，弓头转动的动力学平衡方程可表达为

$$J\ddot{\theta}_h+(F_{h1}-F_{h2})l_d\cos\theta_h=0 \tag{2-127}$$

式中，θ_h 为弓头的转动自由度；J 为弓头的转动惯量；l_d 为前后滑板之间的距离。

受电弓框架部分可以被视作仅具有一个自由度(下臂杆转角 α)的杆系结构。由于仅有一个独立的转动自由度 α，因此可以较为方便地写出其动力学平衡方程，如下所示：

$$\begin{aligned}&f_1(\alpha)\ddot{\alpha}+f_2(\alpha)\dot{\alpha}^2+f_3(\alpha)\dot{\alpha}+f_4(\alpha)\operatorname{sgn}(\dot{\alpha})\\&+f_5(\alpha,\dot{\alpha},y_{h1},y_{h2},\theta_h,\dot{y}_{h1},\dot{y}_{h2},\dot{\theta}_h)=0\end{aligned} \tag{2-128}$$

式中

$$f_1(\alpha)=J_1+m_1l_{AQ_1}^2+k_2^2J_2+m_2k_2^2l_{BQ_2}^2+k_3^2J_3+m_3\left[l_{AD}^2+k_3^2l_{DQ_3}^2+2k_3l_{AD}l_{DQ_3}\cos(\alpha+\gamma+\angle EDQ_3)\right]$$

$$\begin{aligned}f_2(\alpha)=&k_2k_{12}J_2+m_2k_2k_{12}l_{BQ_2}^2+k_3k_{13}J_3+m_3\left[k_3k_{13}l_{DQ_3}^2+k_{13}l_{AD}l_{DQ_3}\cos(\alpha+\gamma+\angle EDQ_3)\right.\\&\left.-k_3(1+k_3)l_{AD}l_{DQ_3}\sin(\alpha+\gamma+\angle EDQ_3)\right]\end{aligned}$$

$$f_3(\alpha)=c_d\frac{\mathrm{d}l_{PH}}{\mathrm{d}\alpha}l_{AH}\sin\angle AHP+U_A+k_2^2U_B+(k_2+k_3)^2U_C+(1+k_3)^2U_D$$

$$f_4(\alpha)=B_A+|k_2|B_B+|k_2+k_3|B_C+|1+k_3|B_D$$

$$\begin{aligned}f_5(\alpha,\dot{\alpha},y_{h1},y_{h2},\theta_h,\dot{y}_{h1},\dot{y}_{h2},\dot{\theta}_h)=&-M_z+F_{h1}\left(l_{AD}\cos\alpha+k_3l_{DE}\cos\gamma-k_5l_d\cos\theta_h\right)\\&+F_{h2}\left(l_{AD}\cos\alpha+k_3l_{DE}\cos\gamma+k_5l_d\cos\theta_h\right)\\&+m_1gl_{AQ_1}\cos\left(\alpha-\angle DAQ_1\right)+k_2m_2gl_{BQ_2}\cos\beta\\&+m_3g\left[l_{AD}\cos\alpha+k_3l_{DQ_3}\cos(\gamma+\angle EDQ_3)\right]\end{aligned}$$

式中，m_1、J_1，m_2、J_2，m_3、J_3 分别为下臂杆、拉杆、上臂杆的质量与绕质心的转动惯量；U_A、B_A，U_B、B_B，U_C、B_C，U_D、B_D 分别为铰 A、B、C、D 的阻尼与干摩擦；c_d 为阻尼器的阻尼系数；M_z 为升弓力矩；$k_2=\dfrac{\mathrm{d}\beta}{\mathrm{d}\alpha}$；$k_3=\dfrac{\mathrm{d}\gamma}{\mathrm{d}\alpha}$；$k_{12}=\dfrac{\mathrm{d}k_2}{\mathrm{d}\alpha}$；$k_{13}=\dfrac{\mathrm{d}k_3}{\mathrm{d}\alpha}$。

由此，受电弓多刚体非线性运动学模型建立完毕。对于不同的受电弓，建模方法类似，仅在具体推导的运动微分方程中略有不同，如有的模型考虑了平衡杆的质量，有的考虑了干摩擦力在整个系统中的作用，有的受电弓弓头是单滑板结构，此时弓头仅需考虑为一个简单的等效质量块振动系统，减少弓头的运动自由度。

受电弓安装在高速列车车顶：一方面车体振动将通过安装座和绝缘子传递到受电弓底座及框架结构，从而造成弓网接触点的位移波动较大，使得弓网振动加剧、受流质量恶化；另一方面，弓网的振动也会沿弓头、框架和底座传递到车体，由此造成对车辆系统动力学性能的影响。

为考虑车辆与受电弓之间的耦合作用，首先采用 2.2.1 节车辆系统的建模方法，建立高速车辆系统动力学仿真模型，在多刚体模型的动力学方程(2-23)或刚柔混合模型的动力学方程(2-60)中的右端，增加一广义力 Q_p，以考虑受电弓对车辆系统的影响。为研究车辆振动对弓网动力学性能的影响，以受电弓多刚体模型为例，假设 $\ddot{y}_A$ 为车体作用于受电弓底座的动态激扰。由此，框架部分的动力学方程(2-128)可改写为如下形式：

$$\begin{aligned} &f_1(\alpha)\ddot{\alpha}+f_2(\alpha)\dot{\alpha}^2+f_3(\alpha)\dot{\alpha}+f_4(\alpha)\operatorname{sgn}(\dot{\alpha}) \\ &+f_5(\alpha,\dot{\alpha},y_{h1},y_{h2},\theta_h,\dot{y}_{h1},\dot{y}_{h2},\dot{\theta}_h,\ddot{y}_A)=0 \end{aligned} \tag{2-129}$$

式中，$f_i(\alpha)$ (i=1～4)与式(2-128)中相同，而 $f_5(\alpha,\dot{\alpha},y_{h1},y_{h2},\theta_h,\dot{y}_{h1},\dot{y}_{h2},\dot{\theta}_h,\ddot{y}_A)$ 应写为

$$\begin{aligned} f_5(\alpha,\dot{\alpha},y_{h1},y_{h2},\theta_h,\dot{y}_{h1},\dot{y}_{h2},\dot{\theta}_h,\ddot{y}_A)=&-M_y+F_{h1}\left(l_{AD}\cos\alpha+k_3l_{DE}\cos\gamma-k_5l_d\cos\theta_h\right) \\ &+F_{h2}\left(l_{AD}\cos\alpha+k_3l_{DE}\cos\gamma+k_5l_d\cos\theta_h\right) \\ &+m_1gl_{AQ_1}\cos\left(\alpha-\angle DAQ_1\right)+k_2m_2gl_{BQ_2}\cos\beta \\ &+m_3g\left[l_{AD}\cos\alpha+k_3l_{DQ_3}\cos(\gamma+\angle EDQ_3)\right] \\ &+\left[m_1l_{AQ_1}\cos\left(\alpha-\angle DAQ_1\right)+m_2k_2l_{BQ_2}\cos\beta\right. \\ &\left.+m_3l_{AD}\cos\alpha-m_3k_3l_{DQ_3}\cos\left(\gamma+\angle EDQ_3\right)\right]\ddot{y}_A \end{aligned} \tag{2-130}$$

由此，通过车辆系统和弓网系统的联合建模，可以研究车体与受电弓之间的耦合作用。但是，先前的研究以及试验结果表明，与列车的质量相比，受电弓的质量小得多，可以忽略不计，也就是说机车的振动不会受到受电弓运动的影响。因此，车辆系统与弓网系统的耦合作用可相应地简化为将车顶的振动响应作为弓网系统的激扰输入，主要考察车体振动对弓网系统的影响。

当列车运行速度较低时，受电弓空气动力学对弓网受流的影响较弱，因此研究弓网系统动力学时，通常不予考虑。但是，当列车运行速度达到200km/h及以上时，受电弓空气动力学对弓网受流的影响已十分显著。中国高速铁路所用受电弓，如DSA250、SSS400+和DSA380都通过安装导流板优化受电弓空气动力学性能，从而满足高速受流要求，所以进行受电弓空气动力学以及考虑气流扰动下的弓网动力学研究是非常必要的。

列车运行过程中，高速气流作用于受电弓，使其各杆件产生气动阻力、升力和力矩，最终形成垂向的气动抬升力[18]。气动抬升力是影响弓网受流质量的关键因素，导流板的作用就是保证受电弓具备合适的气动抬升力值。目前，进行气流扰动下的弓网动力学研究时，主要有离线仿真和流固耦合仿真。离线仿真：首先，通过试验或者仿真获得时间历程上的受电弓气动抬升力；其次，将气动抬升力引入受电弓仿真模型进行弓网耦合动力学求解，离线仿真无法考虑受电弓运动引起的气动力改变，进而影响弓网动力学性能。流固耦合仿真：将受电弓空气动力学和弓网耦合动力学建成相互耦合、相互影响的耦合系统，每个仿真步长内将弓网耦合动力学计算的受电弓振动速度传递给空气动力学仿真模型，将受电弓空气动力学计算的气动力传递给弓网耦合动力学模型，以此考虑受电弓运动引起的气动力改变以及气动力变化对弓网耦合动力学的影响。

以受电弓多刚体模型为例，介绍考虑流固耦合时的弓网动力学仿真。对于受电弓前后滑板，根据受电弓空气动力学仿真计算得到的气动阻力和升力，按照受电弓气动抬升力计算方法，计算得到前后滑板的气动抬升力 F_{a1} 和 F_{a2}，由此弓头的运动微分方程可写为

$$m_h\ddot{y}_{h1}+F_{c1}-F_{h1}-F_{a1}=0 \tag{2-131}$$

$$m_h\ddot{y}_{h2}+F_{c2}-F_{h2}-F_{a2}=0 \tag{2-132}$$

将受电弓上框架和下臂杆的气动阻力、升力和力矩分别向其质心等效，由此获得受电弓框架部分在气动力作用下的运动微分方程，其形式和式(2-128)相同，而 $f_5(\alpha,\dot{\alpha},y_{h1},y_{h2},\theta_h,\dot{y}_{h1},\dot{y}_{h2},\dot{\theta}_h)$ 应写为

$$\begin{aligned}f_5(\alpha,\dot{\alpha},y_{h1},y_{h2},\theta_h,\dot{y}_{h1},\dot{y}_{h2},\dot{\theta}_h)=&-M_y+F_{h1}\left(l_{AD}\cos\alpha+k_3l_{DE}\cos\gamma-k_5l_d\cos\theta_h\right)\\&+F_{h2}\left(l_{AD}\cos\alpha+k_3l_{DE}\cos\gamma+k_5l_d\cos\theta_h\right)\\&-F_{a1x}\left[l_{AD}\sin\alpha-k_3l_{DQ_3}\sin\left(\gamma+\angle EDQ_3\right)\right]\\&-F_{a1y}\left[l_{AD}\cos\alpha+k_3l_{DQ_3}\cos\left(\gamma+\angle EDQ_3\right)\right]-k_3M_{a1z}\\&-F_{a2x}l_{AQ_1}\sin\left(\alpha-\angle DAQ_1\right)-F_{a2y}l_{AQ_1}\cos\left(\alpha-\angle DAQ_1\right)+M_{a2z}\\&+m_1gl_{AQ_1}\cos\left(\alpha-\angle DAQ_1\right)+k_2m_2gl_{BQ_2}\cos\beta\\&+m_3g\left[l_{AD}\cos\alpha+k_3l_{DQ_3}\cos(\gamma+\angle EDQ_3)\right]\end{aligned} \tag{2-133}$$

式中，F_{a1x}、F_{a1y} 和 M_{a1z} 分别为上框架质心处的气动阻力、升力和力矩；F_{a2x}、F_{a2y} 和 M_{a2z} 分别为下臂杆质心处的气动阻力、升力和力矩。

由此，便建立起考虑气流扰动时的受电弓动力学计算模型，这样即可按照流固耦合联合仿真方法，在每个仿真时间步长内交换计算得到的受电弓气动力和振动速度，完成气流扰动下的弓网耦合动力学仿真。

2. 归算质量模型

目前，研究弓网系统动力学时，受电弓归算质量模型也较为常用，它是在上述多刚体模型的基础上，利用动能等效原理进行等效，将原结构特别是框架结构简化成几个具有集中质量的等效模型，如图 2.36(b)所示。

为了简化框架非线性运动微分方程，得到框架的归算参数，需在某一工作高度对框架部分的运动方程进行线性化。通过对式(2-128)的简化和整理[17]，最后得到具有弹簧和阻尼的受电弓两质量块线性模型，弓头部分的运动微分方程见式(2-123)～式(2-127)，而框架部分的运动微分方程为

$$m_3\ddot{y}_3+c_3\dot{y}_3+k_3y_3+F_1+F_2=F_0 \tag{2-134}$$

若不考虑弓头部分的转动，则可将运动微分方程的 θ 项略去。若将受电弓框架部分等效为两个集中质量块，类似地可以得到受电弓四质量块模型，如图 2.37 所示，其弓头部分的运动微分方程类似，质量块 m_3 的方程只需将右端置为零，而 m_4 的运动微分方程可写成如下形式：

$$m_4\ddot{y}_4+(c_4+c_3)\dot{y}_4+(k_4+k_3)y_4-c_3\dot{y}_3-k_3y_3=F_0 \tag{2-135}$$

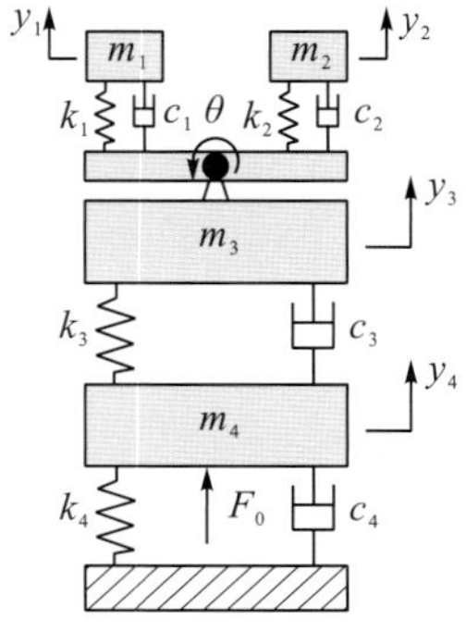

图 2.37　受电弓四质量块模型

3. 刚柔混合模型

随着受电弓运行速度的不断提升，弓网相互作用引起的高频振动成分不断增加，以及强气流引发的流致振动的影响，使

得受电弓弓头滑板以及框架臂杆等关键部件的柔性变形日益显著。因此，为满足上述分析需求，受电弓被等效为一种刚体和柔体的混合结构，其中弓头滑板或框架上臂杆等关键部件等效为柔性体，其余部件等效为刚体，如图 2.36(c)所示。基于有限元法，使用实体单元或壳单元对这些部件进行离散，从而建立相应的柔性体模型。在此基础上，通过运动铰连接刚体和柔性体，由此建立起刚柔混合的受电弓模型。

由于弓头滑板或框架臂杆被等效为柔性体结构，具有多个自由度，因此动力学平衡方程已不能写为单自由度或多自由度的简单形式，只能写为如下一般形式：

$$[M_p]\{\ddot{u}_p\}+[C_p]\{\dot{u}_p\}+[K_p]\{u_p\}=\{f(t)\} \tag{2-136}$$

式中，$[M_p]$是受电弓质量矩阵；$[C_p]$是受电弓阻尼矩阵；$[K_p]$是受电弓刚度矩阵；$\{u_p\}$是节点位移向量；$\{f(t)\}$是受电弓载荷向量。而对于受电弓其余部分，由于它们被等效为刚体，因此对于动力学平衡方程，与受电弓多刚体模型有相同的表达形式。

4. 全柔性体模型

全柔性体模型是将受电弓等效为一种全柔性结构，基于有限元法，通过实体单元或壳单元对结构进行离散，并通过运动铰描述各个部件之间的运动关系，从而建立起全柔性的受电弓模型，如图 3.36(d)所示。一般而言，受电弓各部件主要由管材和板材焊接而成，弓头部分由于采用轻量化设计以具有良好的跟随性和动力学性能，各零部件都较轻、较薄，厚度一般在 1～2.5mm。而对于框架及底座部分，相对而言，它们为主要的承重部件，需具有足够的强度和刚度，因而结构都较为厚重，杆件的厚度一般在 5～6mm。但是，总体而言，受电弓各管材或板材的厚度与其长度或宽度方向的尺寸相比，都相对较小，因此通常可以采用壳单元对结构进行离散以提高计算效率，如弓头支架、上臂杆、下臂杆、弓头横梁和底座等。而对于那些整体成型的部件则需采用实体单元进行离散，如弓头滑板由两个实体黏结而成，需采用实体单元分别对上下的碳条和铝托进行离散。同时，由于上下为两种不同的材料，沿厚度方向滑板至少应保证有两个网格。

对于各部件的运动关系处理，主要采用三种铰：固定铰、平面转动铰和空间球铰。固定铰主要用于模拟各部件的固定连接关系；平面转动铰主要用于模拟包括弓头悬挂系统、上臂杆和下臂杆、下臂杆和底座等部件间的平面转动关系；空间球铰主要用于模拟平衡杆和上框架，以及平衡杆和下框架等部件间的空间转动关系。例如，对于 TSG19 受电弓，其运动关系定义如图 2.38 所示，其中定义了 21 个平面转动铰(图中圆柱体)和 2 个空间球铰(图中球体)。

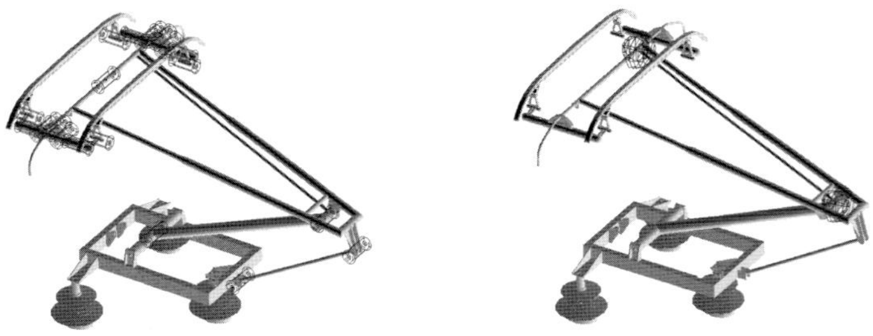

(a) 平面转动铰　　(b) 空间球铰

图 2.38　受电弓全柔性体模型运动关系定义

对于全柔性体模型，由于整个结构被等效为柔性体，具有多个自由度，因而，运动微分方程也不能写为简单的形式，只能写为如式(2-136)所示的一般形式。

2.2.4　接触网建模

对于弓网系统动力学行为的研究，接触网模型起着至关重要的作用。只有获取正确的接触网模型，才能为弓网系统动力学行为的研究提供准确的基础数据。接触网的建模方法有很多，针对不同的应用场合可以采用不同的建模方法，大体上分为两种：一种是通过计算得到接触网振动模态，把模态设为广义变量，建立以模态(幅值)为变量的接触网运动微分方程。采用此方法进行接触网建模较为便捷，而且具有良好的精度，应用广泛，但对复杂接触网系统处理得比较困难，因而主要用于简单链型悬挂。另一种是直接建立接触网的简化结构模型，通过解析或数值方法，建立接触网的运动微分方程。这种方法的优点是建模过程清晰、直观，可获得丰富的接触网数据，如接触网初始平衡条件下的吊弦长度和应力分布等重要信息。但由于模型规模和计算时间的增加，建模的效率有所降低。

1. 基于模态的建模方法[2]

这里首先介绍一种采用 Fourier 展开和模态技术，来进行接触网建模的方法。图 2.39 是简单链型接触网的计算模型，其由承力索、接触线、吊弦、支柱和限位器组成，接触网分析一般以锚段为对象，在一个锚段中一般有很多跨。其中符号含义为锚段长 L，支柱刚度 k_T，支柱质量 m_{AT}，支柱(数) N_T，限位器质量 m_{BT}，吊弦(数) N_D，吊弦刚度 k_{Di}，吊弦质量之半 m_D，承力索张力 S_A 和接触线张力 S_B，承力索弯曲刚度 EI_A 和接触线弯曲刚度 EI_B，承力索线密度 ρ_A 和接触线线密度 ρ_B。

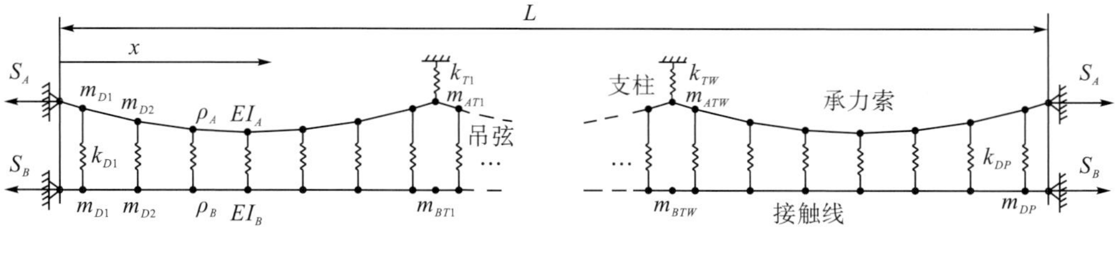

图 2.39　简单链型接触网的计算模型

当研究接触网垂向振动时，承力索和接触线的垂向位移为 z_A 和 z_B。由于接触网在锚段末端下锚，接触线、承力索在下锚点可以简化成如图 2.39 所示的铰连接，也就是说在锚端点的约束位移为零，约束刚度也为零，即

$$z|_0 = z|_L = 0 \tag{2-137}$$

$$\left.\frac{\partial^2 z}{\partial x^2}\right|_0 = \left.\frac{\partial^2 z}{\partial x^2}\right|_L = 0 \tag{2-138}$$

这样，承力索和接触线的位移 z_A 和 z_B 就可以进行奇函数展开，表示成正弦波的 Fourier

展开：

$$z_A(x,t)=\sum_{i=1}^{N}A_i(t)\sin\left(\frac{i\pi x}{L}\right) \tag{2-139}$$

$$z_B(x,t)=\sum_{i=1}^{N}B_i(t)\sin\left(\frac{i\pi x}{L}\right) \tag{2-140}$$

式中，$A_i(t)$ 和 $B_i(t)$ 是承力索和接触线位移展开的第 i 项幅值；x 是与锚段端点的距离；L 为接触网总长度；N 是延拓展开项的项次数，理论上应该延拓展开到无穷大，但作为一个工程问题，展开的项次 N 为有限项。

这里采用第二类 Lagrange 方程来建立接触网的运动学微分方程。首先计算整个系统的动能 T 和势能 V。系统的动能是所有质量体运动的动能，总动能为

$$T_{总}=T_{承力索}+T_{接触线}+T_{吊弦}+T_{支柱}+T_{限位器} \tag{2-141}$$

系统势能除所有弹性变形的势能，还应包括所有张力构成的势能。由于接触网运动方程是建立在重力作用下的平衡状态上的，所以势能中不包括重力势能，这样总势能为

$$V=V_{张力}+V_{弯曲}+V_{吊弦}+V_{支柱} \tag{2-142}$$

由此，根据 Laplace 方程，系统的总能量有

$$\varGamma=T-V \tag{2-143}$$

$$\frac{\mathrm{d}}{\mathrm{d}t}\left(\frac{\partial \varGamma}{\partial \dot{A}_i}\right)-\frac{\partial \varGamma}{\partial A_i}=Q_{Ai} \tag{2-144}$$

$$\frac{\mathrm{d}}{\mathrm{d}t}\left(\frac{\partial \varGamma}{\partial \dot{B}_i}\right)-\frac{\partial \varGamma}{\partial B_i}=Q_{Bi} \tag{2-145}$$

式中，A_i 和 B_i 为广义坐标；Q_{Ai} 和 Q_{Bi} 为广义力，对于自由振动，Q_{Ai} 和 Q_{Bi} 为零。代入总动能和总势能的表达式，便可导出接触网的 2N 个运动微分方程。对于自由振动，可简写为

$$[M]_{2N\times 2N}\begin{pmatrix}\ddot{A}\\ \ddot{B}\end{pmatrix}_{2N\times 1}+[K]_{2N\times 2N}\begin{pmatrix}A\\ B\end{pmatrix}_{2N\times 1}=(0) \tag{2-146}$$

式中，$[M]$ 是质量矩阵；$[K]$ 是刚度矩阵。根据式(2-146)得到特征方程为

$$\det([K]-\omega^2[M])=0 \tag{2-147}$$

由式(2-147)可解出接触网的自振频率 ω_1、ω_2、…、ω_{2N} 和相应的特征向量，对第 i 阶振型有特征向量：

$$\{A,B\}_i^{\mathrm{T}}=\{a_{i1},a_{i2},\cdots,a_{iN},b_{i1},b_{i2},\cdots,b_{iN}\}^{\mathrm{T}} \tag{2-148}$$

式中，a_{ij}、b_{ij} (j=1～N) 分别为 A_i、B_i 的分量。因此，第 i 阶接触网的振型 $\varPhi_i$ 可表示为

$$\begin{aligned}\varPhi_{Ai}&=\sum_{j=1}^{N}a_{ij}\sin\frac{j\pi x}{L}\\ \varPhi_{Bi}&=\sum_{j=1}^{N}b_{ij}\sin\frac{j\pi x}{L}\end{aligned} \tag{2-149}$$

采用振型叠加原理，把接触网的各阶模态振型 $\varPhi_i$ 取为广义坐标 q_i。由此可得到接触网的二阶线性微分方程为

$$m_i\ddot{q}_i+2m_i\omega_{ni}\zeta_i\dot{q}_i+m_i\omega_{ni}^2q_i=Q_i(t),\quad i=1,2,\cdots,N \tag{2-150}$$

式中，m_i 是第 i 阶模态质量；ω_i 是第 i 阶模态频率；ζ_i 是第 i 阶模态阻尼；$Q_i(t)$ 是第 i 阶广义力，当由外力 $f(x,t)$ 作用时，第 i 阶广义力可表示为

$$Q_i = \int_0^L f(x,t)\Phi_i(x)\mathrm{d}x \tag{2-151}$$

2. 直接建模方法

直接建模方法即通过解析或数值方法，定义接触网各部件在空间的几何位置、拓扑关系及受力状况，从而建立接触网的运动微分方程，得到其模型。

这里首先介绍一种通过解析方法建立其运动微分方程的方法[19]。

将接触网的接触导线假设为 Euler-Bernoulli 梁，接触线的张力为 T_c，线密度为 ρ_c，抗弯刚度为 EI_c，由此可建立接触线的运动微分方程为

$$\rho_c \frac{\partial^2 y_c(x,t)}{\partial t^2} + EI_c \frac{\partial^4 y_c(x,t)}{\partial x^4} - T_c \frac{\partial^2 y_c(x,t)}{\partial x^2} + k_d(y_m - y_c)\delta(x - x_n) = P\delta(x - vt) \tag{2-152}$$

式中，$y_c(x,t)$ 为接触线的振动位移；k_d 为吊弦刚度；P 为弓网接触压力；v 为受电弓运行速度。

类似地，将接触网的承力索假设为 Euler-Bernoulli 梁，承力索的张力为 T_m，线密度为 ρ_m，抗弯刚度为 EI_m，由此也可以建立承力索的运动微分方程为

$$\rho_m \frac{\partial^2 y_m(x,t)}{\partial t^2} + EI_m \frac{\partial^4 y_m(x,t)}{\partial x^4} - T_m \frac{\partial^2 y_m(x,t)}{\partial x^2} + k_d(y_m - y_c)\delta(x - x_n) + k_s y_m \delta(x - x_s) = 0 \tag{2-153}$$

式中，$y_m(x,t)$ 为承力索的振动位移；k_s 为承力索座的支撑刚度。

对于承力索，也可将其等效为一种集中质量模型，如图 2.40 所示，考虑到 θ_1、θ_2 均为微小量，则可以写出其运动微分方程为[20]

$$T\left[\frac{y_{c1} - y_m}{S_1} + \frac{y_{c2} - y_m}{S_2}\right] = m\ddot{y}_m \tag{2-154}$$

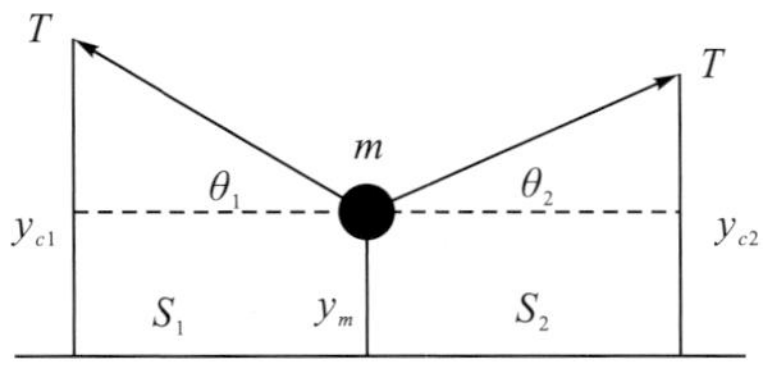

图 2.40　集中质量模型受力分析

除了解析的方法直接建立接触网模型，也可以通过数值的方法，如有限元法，先建立其几何模型，然后采用梁单元或索单元对接触线和承力索进行模拟，吊弦相对前两者来说线密度较小，可以采用弹簧质量单元来模拟，而对于吊弦线夹等一些附加零部件主要通过质量单元来模拟[21]。由此，通过对其几何结构进行有限元网格划分，从而直接建立其有限元模型；然后，通过单元到整体的矩阵组装，得到接触网系统的质量、刚度和阻尼矩阵，以及载荷向量，从而建立结构的运动微分方程为

$$[M_c]\{\ddot{u}_c\} + [C_c]\{\dot{u}_c\} + [K_c]\{u_c\} = \{f(t)\} \tag{2-155}$$

式中，$[M_c]$ 为接触网质量矩阵；$[C_c]$ 为接触网阻尼矩阵；$[K_c]$ 为接触网刚度矩阵；$\{u_c\}$ 为节点位移向量；$\{f(t)\}$ 为节点载荷向量。

由于有限元法在灵活性、简捷性及求解精度上具有明显的优势，目前采用该方法对弓网系统进行建模较为普遍。用有限元法直接建立接触网模型时，采用的结构形式、单元类型、计算方法等因素对其力学性能的影响较大。先前的研究表明：采用现实平衡态的结构

形式，并考虑接触网拉出值的影响，基于梁单元同时考虑单元的轴向刚度，从而建立接触网的结构模型是较为合理的[22]。

为减小环境、施工误差等因素造成的轨道不平顺对车辆振动以及弓网受流的影响，我国的高速客运专线较多采用高架桥方式，将接触网直接架设在高架桥上，如图 2.41 所示。同时，接触网的跨距不会因桥梁的跨距而改变，造成接触网支柱不一定位于桥墩位置，从而桥梁振动会直接通过支柱传递到接触网上，对弓网系统动力学及受流性能产生较大影响。因此，下面介绍相应的建模方法以考虑车-桥耦合作用对弓网系统动力学性能的影响。

图 2.41 高架桥上受电弓/接触网系统

首先，针对高架桥上的受电弓/接触网系统，可通过如图 2.42 所示的弓网系统动力学模型进行描述。对于车辆、线路(桥梁和轨道)及受电弓系统的建模分别在 2.2.1 节、2.2.2 节和 2.2.3 节中介绍，这里就不再赘述。以下主要介绍如何对接触网系统进行合理的建模，以考虑通过桥梁、接触网支柱传递到接触网的振动影响。

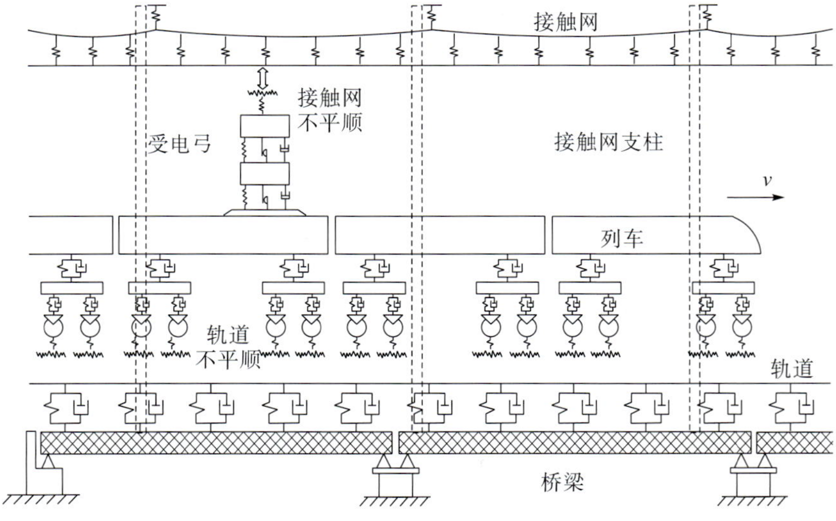

图 2.42 高架桥上弓网系统动力学模型

如将接触网承力索假设为 Euler-Bernoulli 梁，为考虑桥梁振动引发的接触网支柱振动的影响时，假设接触网支柱为刚体，y_s 为桥梁的振动位移，由此在式(2-153)的基础上可得承力索的动力学方程为

$$\rho_m \frac{\partial^2 y_m(x,t)}{\partial t^2} + EI_m \frac{\partial^4 y_m(x,t)}{\partial x^4} - T_m \frac{\partial^2 y_m(x,t)}{\partial x^2} + k_d(y_m - y_c)\delta(x-x_n) + k_s(y_m - y_s)\delta(x-x_s) = 0 \tag{2-156}$$

式中，$y_m(x,t)$ 为承力索的振动位移；k_s 为承力索座的支撑刚度。

而对于接触线的动力学方程，其与式(2-156)有相同的形式。由此，联立桥梁、轨道、车辆、受电弓和接触网系统的动力学方程，则可以对高架桥上的弓网系统动力学性能进行分析求解。

接触网设计风速分为风偏设计风速和结构设计风速，前者用于校验正常行车时接触网风偏，后者用于校验支撑结构强度。自然风实际包含平均风和脉动风两种成分，但是接触网传统设计中，最大跨距基本是通过校验静态风偏来确定的，忽略了脉动风对跨距设计及弓网受流质量的影响。对于基本自振周期小于 0.25s 的工程结构，一般不考虑脉动风的影响，而接触网属于柔性结构，其自重较轻，自振频率较低，属风敏感结构，在风载荷作用下易产生较大的变形和振动，且表现出很强的非线性特征。为此，需要分析考虑脉动风作用时的接触网动态响应，从而使接触网设计风速计算更为准确[23]。

进行横风条件下的接触网动态性能仿真计算时，首先建立接触网脉动风场；其次建立三维接触网有限元模型，将风载荷施加于接触网模型；最后求解时间历程上的接触网动态响应。自然风包含周期较长的平均风和周期较短的脉动风，平均风周期一般大于结构的自振周期，通常认为平均风载荷对结构产生静力作用；而脉动风周期一般在几秒至几十秒，脉动风载荷的作用性质可视为动载荷。因此，作用于结构上任一点坐标(x_i, y_i, z_i)的风速$v(x_i, y_i, z_i, t)$可表示为

$$v(x_i, y_i, z_i, t) = \overline{v}(z_i) + v(x_i, y_i, z_i, t) \tag{2-157}$$

式中，$\overline{v}(z_i)$为平均风速；$v(x_i, y_i, z_i, t)$为脉动风速。

平均风速沿高度变化的规律可用指数律来表示，任意高度 z 处的平均风速与 10m 高度处的平均风速的指数律关系为

$$\overline{v}(z) = \overline{v}_{10}\left(\frac{z}{10}\right)^{\alpha} \tag{2-158}$$

式中，α 为地表粗糙度；$\overline{v}(z)$为高度 z 处的平均风速；$\overline{v}_{10}$ 为 10m 高度处的平均风速。

大气风脉动可以近似认为是各态历经、零均值、平稳高斯过程，其模拟方法主要有谐波合成法、线性滤波法和小波变换法，而线性滤波法用于模拟具有随机性、时间和空间相关性的脉动风场，具有高效、高精度的特点。因此，可以采用线性滤波法中的自回归(AR)模型进行接触网脉动风场模拟。

接触网结构高度通常在 1.5m 左右，由于接触网高度变化引起的风速差异较小，因此顺向谱可以采用与高度无关的 Davenport 谱，如下所示：

$$S_u(n) = 4K\overline{v}_{10}^2 \frac{x^2}{n\left(1+x^2\right)^{4/3}} \tag{2-159}$$

式中，$x=\dfrac{1200n}{\overline{v}_{10}}$；$K$ 为反映地面粗糙度的系数；n 为脉动风赫兹频率。

高速铁路接触网跨距通常为 50m 左右，考虑到风速时程的空间相关性，沿接触线布置方向，相距 25m 取模拟风速点，如图 2.43 所示。

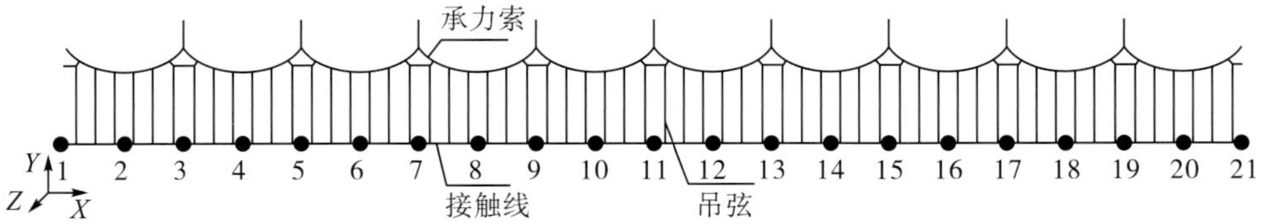

图 2.43　接触网风场模拟点布置

采用 MATLAB 编制了计算程序，图 2.44(a)给出了平均风速为 30m/s 时，点 10 处的顺风向脉动风速时程。从图中可以看出，模拟点处的风速在不同时刻的差异非常大，这种脉动性将对接触网产生动力作用。为验证模拟得到的脉动风速时程的准确性，将脉动风速时程变换到频域中，在双对数坐标系中与目标谱进行比较，发现模拟谱和目标谱比较一致，如图 2.44(b)所示。

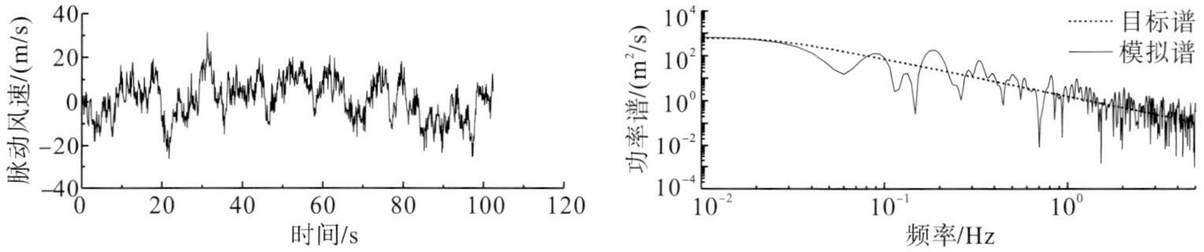

(a) 顺风向脉动风速时程　(b) 功率谱比较

图 2.44　点 10 模拟脉动风速时程及功率谱比较($\overline{v}_{10}=30\mathrm{m/s}$)

采用有限元法建立三维接触网仿真模型，其模态振型如图 2.45 所示。从图中可以看出，接触网的频率呈密集型分布，第 1～7 阶振型为垂向振动，第 8、10 阶振型为横向振动，第 9 阶振型为横向和垂向的耦合振动，由此可知，接触网的振动较为复杂，垂向和横向振动交替出现，部分振型出现横向和垂向的耦合振动。

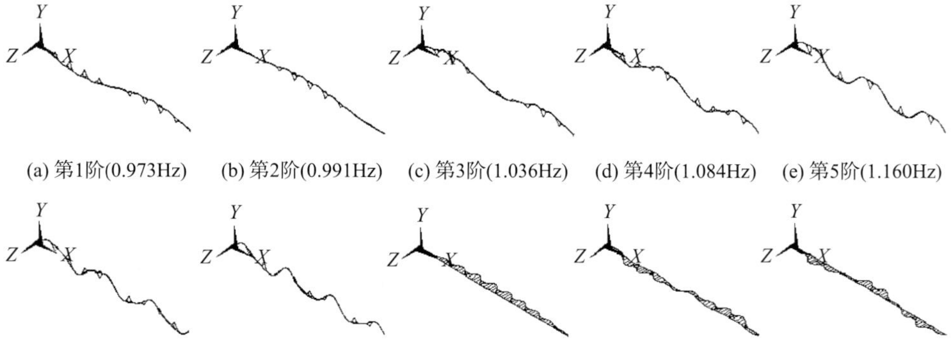

(a) 第1阶(0.973Hz)　(b) 第2阶(0.991Hz)　(c) 第3阶(1.036Hz)　(d) 第4阶(1.084Hz)　(e) 第5阶(1.160Hz)

(f) 第6阶(1.237Hz)　(g) 第7阶(1.322Hz)　(h) 第8阶(1.384Hz)　(i) 第9阶(1.390Hz)　(j) 第10阶(1.402Hz)

图 2.45　接触网模态振型

当三维接触网模型建立完成后，便可将风载荷作用于接触网上，其运动微分方程如下所示：

$$\{M_{ci}\}\{\ddot{u}_{ci}\}+\{C_{ci}\}\{\dot{u}_{ci}\}+\{K_{ci}\}\{u_{ci}\}=\{F_{ci}(t)\} \tag{2-160}$$

式中，$\{M_{ci}\}$、$\{C_{ci}\}$ 和 $\{K_{ci}\}$ 分别为接触网质量矩阵、阻尼矩阵和刚度矩阵；$\{\ddot{u}_{ci}\}$、$\{\dot{u}_{ci}\}$ 和 $\{u_{ci}\}$ 分别为接触网节点 i 的加速度、速度和位移向量；$\{F_{ci}(t)\}$ 为节点 i 的风载荷向量。由此，便可进行横风条件下的接触网动态特性仿真。

2.2.5　气流建模

空气动力学计算模型包括数学模型和几何模型，数学模型是求解的理论基础，几何模型主要包括列车外形、线路环境、边界条件等方面。

1. 数学模型

流体控制方程主要包括三大方程，即连续性方程、动量守恒方程和能量守恒方程，其本质分别是质量守恒定律、牛顿运动定律和能量守恒定律。以高速列车为研究对象时，列车周围的流场数远远大于 10^7，流场完全处于湍流状态。

通过引入流场通量 $\boldsymbol{\varphi}$，流体控制方程的通用表达式如下[24，25]：

$$\frac{\partial(\rho\boldsymbol{\varphi})}{\partial t}+\mathrm{div}(\rho\boldsymbol{v}\boldsymbol{\varphi})=\mathrm{div}\left(\Gamma\,\mathrm{grad}\,\boldsymbol{\varphi}\right)+\boldsymbol{S} \tag{2-161}$$

式中，ρ 为流体密度；t 为时间变量；div 为散度算子；$\boldsymbol{v}$ 为速度矢量；grad 为梯度算子；Γ 为扩散系数；$\boldsymbol{S}$ 为源项。如果流场通量 $\boldsymbol{\varphi}$ 选取不同的流场变量，并且相应地适当选取扩散系数和源项表达式，那么可以得到具体的流体控制方程表达式：连续性方程、动量守恒方程、湍动能方程和湍动能耗散率方程如表 2.1 所示。

表 2.1　流场变量与对应的扩散系数、源项

	$\boldsymbol{\varphi}$	$\boldsymbol{\Gamma}$	$\boldsymbol{S}$
连续性方程	1	0	0
动量守恒方程	u_i（i=1，2，3）	$\mu+\mu_t$	$\frac{\partial}{\partial x_i}(-p)+\frac{\partial}{\partial x_j}\left(\tau_{ij}+\tau'_{ij}\right)$
湍动能方程	k	$\mu+\frac{\mu_t}{\sigma_k}$	$\mu_t s_{ij}\frac{\partial u_i}{\partial x_j}-\rho\varepsilon$
湍动能耗散率方程	ε	$\mu+\frac{\mu_t}{\sigma_\varepsilon}$	$\frac{\varepsilon}{k}\left(C_{1\varepsilon}\mu_t s_{ij}\frac{\partial u_i}{\partial x_j}-C_{2\varepsilon}\rho\varepsilon\right)$

在任意一个有限控制体内，对通用输运方程进行积分可以得到

$$\frac{\partial}{\partial t}\int_V\rho\boldsymbol{\varphi}\mathrm{d}V+\int_A\boldsymbol{n}\cdot\left(\rho\boldsymbol{v}\boldsymbol{\varphi}\right)\mathrm{d}A=\int_A\boldsymbol{n}\cdot\left(\Gamma\,\mathrm{grad}\,\boldsymbol{\varphi}\right)\mathrm{d}A+\int_V\boldsymbol{S}\mathrm{d}V \tag{2-162}$$

式中，V 为该有限控制体的体积；A 为该控制体的表面面积。

若控制体的外表面的运动速度为$\bar{\boldsymbol{v}}$，则输运方程的积分表达式如下[24, 25]：

$$\frac{\partial}{\partial t}\int_V \rho\boldsymbol{\varphi}\mathrm{d}V+\int_A \boldsymbol{n}\cdot\left(\rho(\boldsymbol{v}-\bar{\boldsymbol{v}})\boldsymbol{\varphi}\right)\mathrm{d}A=\int_A \boldsymbol{n}\cdot\left(\varGamma\,\mathrm{grad}\,\boldsymbol{\varphi}\right)\mathrm{d}A+\int_V \boldsymbol{S}\mathrm{d}V \tag{2-163}$$

若表面运动速度$\bar{\boldsymbol{v}}=0$，则式(2-163)退化为流体方程的 Euler 表达式，即网格固定于空间不动；若表面运动速度$\bar{\boldsymbol{v}}=\boldsymbol{v}$，则式(2-163)退化为流体方程的 Lagrange 表达式；若表面运动速度$\bar{\boldsymbol{v}}\neq\boldsymbol{v}$且不等于 0，则式(2-163)为流体方程的任意 Lagrange-Euler(ALE)表达式。

2. 几何模型

近年来，随着计算机硬件的不断发展，计算速度不断提高，列车空气动力学的数值模拟应用越来越广泛。数值模拟相比试验研究具有更自由、更灵活的特点，数值模拟能够获得流场范围内的全部流场信息，而试验能够测试的数据非常有限。由于数值模拟的列车模型与实际真实情况略有差异，而且对控制方程的离散可能会遇到发散或者不稳定问题，因此高速列车空气动力学的研究有必要将数值模拟和试验相结合。但是，数值模拟在列车空气动力学研究中的作用越来越大。几何建模是列车空气动力学数值模拟的关键环节之一。

要使得数值模拟的结果更加真实，几何建模中需要满足如下几个基本原则：

(1) 车辆模型建模原则。至少应包含头车、中间车和尾车，应尽可能接近车体原始外形。

(2) 计算区域选取原则。区域边界应保证不能干扰车辆周围的流动。根据研究问题的不同，需验证计算区域与计算结果的无关性。

(3) 边界条件设置的原则。能够正确反映出真实的物理现象，并将由无限的真实空间缩小为有限的计算区域造成的误差减小到最低。

环境风作用下列车空气动力学和列车交会空气动力学的几何建模是列车空气动力学问题的两种类别的典型代表。图 2.46 为环境风作用下某典型列车空气动力学模型的计算区域[25]。针对环境风作用下列车空气动力学问题，往往采用类似于风洞试验的方式来进行数值模拟并加载相应的边界条件。流场区域的边界条件设置如下：列车头部正前方和左

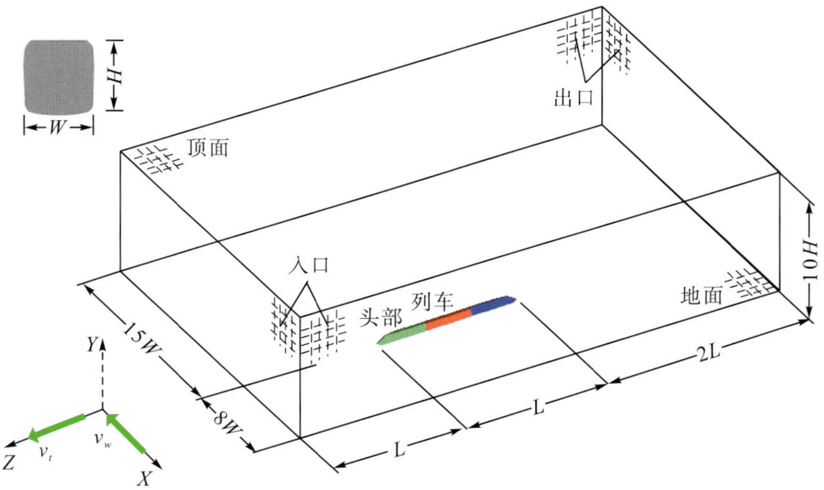

图 2.46 环境风作用下高速列车计算区域

侧区域端面均设置为速度入口条件；列车尾部正后方和右侧区域端面均设置为压力出口条件，即 $P_{\text{outlet}}=0$；列车正上方的区域端面设置为对称边界条件。若列车的长宽高分别为 L、W 和 H，那么流场计算区域的长度、宽度和高度至少为 $4L$、$23W$ 和 $10H$。列车正前方入口端与头车鼻尖处的纵向距离至少为 L；列车正后方出口端与车头鼻尖处的纵向距离至少为 $2L$；区域顶部到地面的高度至少为 $10H$；区域迎风侧与轨道中心线之间的横向距离至少为 $8W$，区域背风侧距离轨道中心线至少 $15W$。

图 2.47 和图 2.48 为某典型列车交会空气动力学模型的计算区域及边界条件[26]。针对列车交会空气动力学问题，往往采用滑移网格方法进行数值模拟。流场区域的边界条件设置如下：列车正上方和两侧的区域端面均设置为对称边界条件；列车正前方和正后方的区域端面均设置为压力出口条件，即 $P_{\text{outlet}}=0$；两个网格区域交界面设置为交界边界条件，即两个区域的交界面流场信息相互传递；包含列车的网格区域均设置为滑移网格，并且整个滑移网格区域的滑移速度等于列车的运行速度。区域顶部到地面的高度至少为 $10H$；区域左右侧距离线路中心的距离至少为 $10W$，线间距为 D_0，两列列车头车鼻尖纵向距离为 D_1，经验表明 D_1 至少保证大于等于 50m。

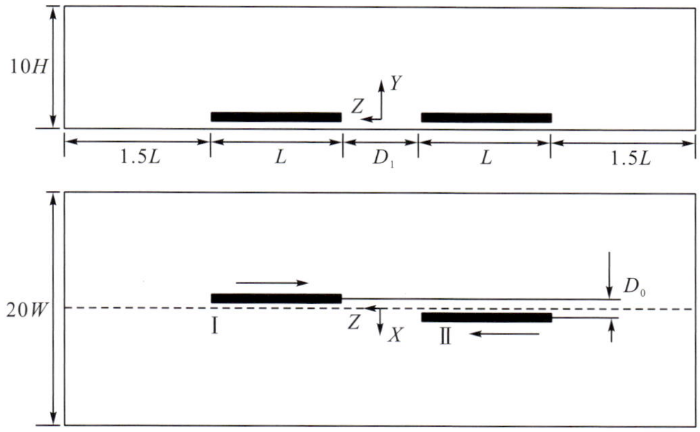

图 2.47　列车交会空气动力学模型计算区域

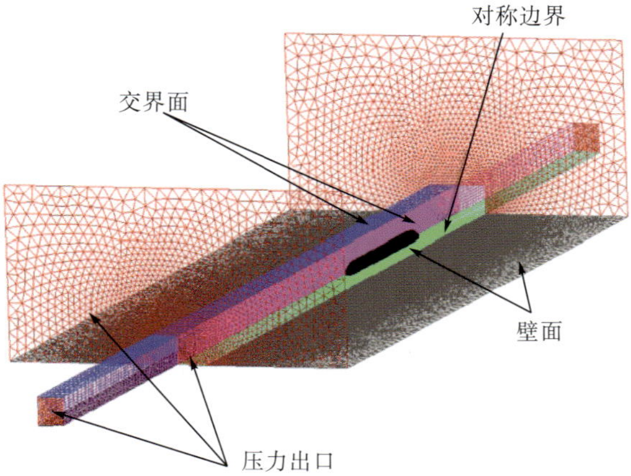

图 2.48　列车交会空气动力学模型边界条件

2.2.6 供电系统建模

高速铁路牵引供电系统如图 2.49 所示。相对牵引变电所，通常将为其供电的电力系统称为外部电源或一次系统。牵引供电系统由牵引网和牵引变电所组成[27, 28]。

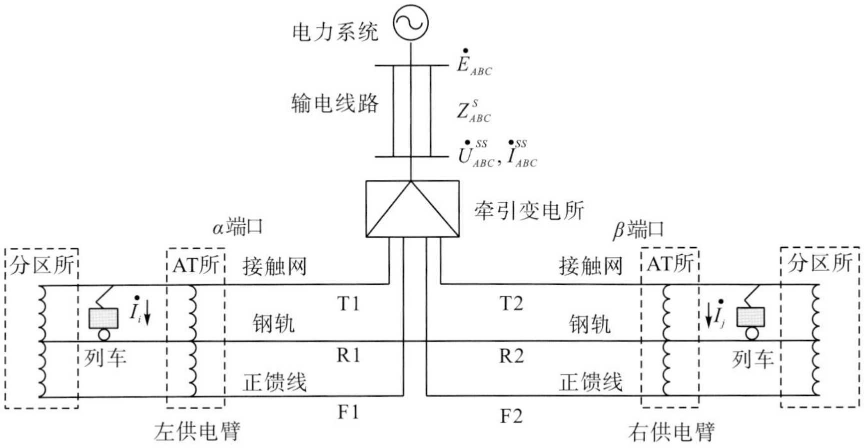

图 2.49 高速铁路牵引供电系统

电力系统和输电线：它们为电气化铁路提供电源，其电压等级为 110kV 或 220kV。电气化铁路的牵引负荷为一级负荷。

牵引变电所：牵引变电所的作用是将电力系统供应的电能转变为始于电力牵引及其供电方式的电能。其中，核心部件为牵引变压器。常见的牵引变压器接线方式包括 YNd11、Scott、Vv、Vx 等。同时为了平衡负序，牵引变压器还采取了换相连接。

牵引供电方式：牵引网的供电方式可分为直接供电方式、带回流线的直接供电方式(DN)、BT(booster transformer，吸流变压器)供电方式、AT(auto transformer，自耦变压器)供电方式和 CC(coaxial cable，同轴电缆)供电方式等。不同供电方式下，牵引网导线的空间分布形式各异。高速铁路一般采用 AT 供电方式，本书按照如图 2.49 所示供电方式进行建模和仿真。

1. 牵引变电所模型

牵引变电所通用等值电路，除了要考虑牵引变压器的接线形式和接入相序，还应当考虑电力系统运行方式以及电力输电线产生压损的影响。在图 2.49 中，电力系统三相电压向量为 $\dot{\boldsymbol{E}}_{ABC}=\left[\dot{E}_A,\dot{E}_B,\dot{E}_C\right]^{\mathrm{T}}$；电力系统三相阻抗阵为 $\boldsymbol{Z}^S_{ABC}=\begin{bmatrix} z_{aa} & z_{ab} & z_{ac} \\ z_{ba} & z_{bb} & z_{bc} \\ z_{ca} & z_{cb} & z_{cc} \end{bmatrix}$，包含了系统

阻抗和输电线路阻抗；牵引变压器漏抗矩阵为 $\boldsymbol{Z}_{ABC}^{TT}=\begin{bmatrix} z_{TA} & z_{TAB} & z_{TAC} \\ z_{TBA} & z_{TB} & z_{TBC} \\ z_{TCA} & z_{TCB} & z_{TC} \end{bmatrix}$；牵引变电所进线处三相电压 $\dot{U}_{ABC}^{SS}$、$\dot{I}_{ABC}$ 为牵引负荷等效到原边的三相电流。牵引供电系统结构模型[29]如图 2.50 所示。

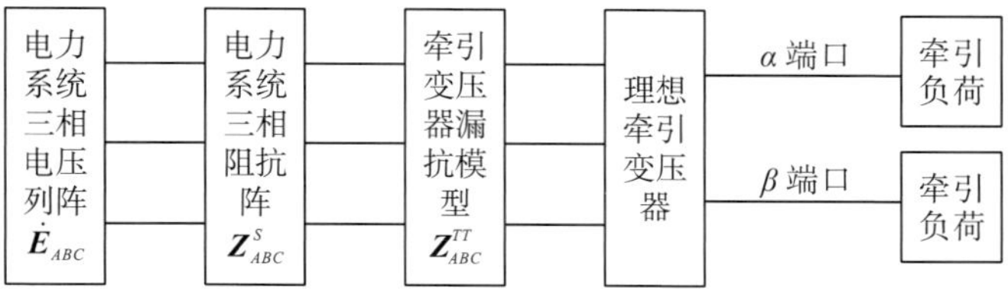

图 2.50　牵引供电系统结构模型

2. 牵引供电系统仿真模型

目前的牵引供电方式，不论是单线还是复线，从整体上看，牵引网的骨架都是由供电网导线和回流网导线组成的平行多导体传输线系统[30, 31]。利用链式结构将牵引变电所、牵引负荷、牵引网络连在一起，建立牵引供电系统仿真通用数学模型，可适应不同牵引网供电方式下的多列车潮流计算。

以某 AT 复线为例，如图 2.51 所示，牵引网上、下行线上分别有一列列车。根据牵引供电系统的网络结构特点和列车实际位置对系统进行“切割”，牵引网被划分成牵引变电所、机车 1、AT 所、机车 2 及供电臂末端 5 个切面。这个链式网络由纵向串联元件和横向并联元件组成；其中，串联元件是相邻切面间的平行多导体线段，并联元件是所有处在切面上的横向元件。

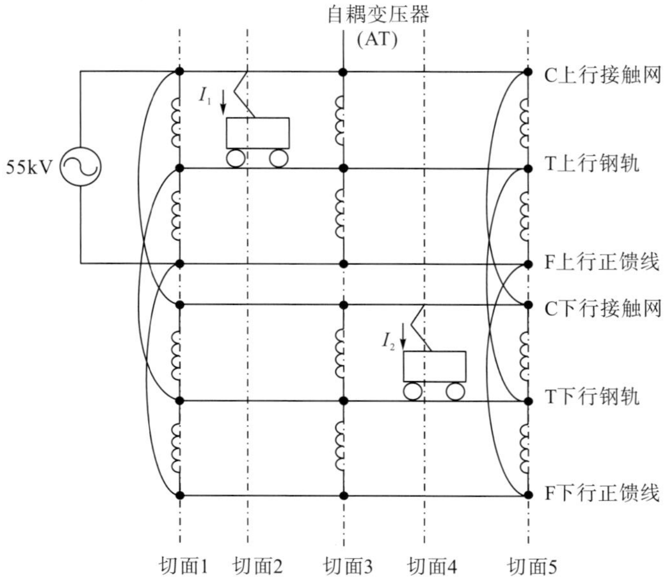

图 2.51　牵引网链式网络示意图

牵引网链式网络的等效电路如图 2.52 所示，切面 1 上的 $Y^{(1)}$ 代表牵引变电所模型，切面 2 与 4 上的 $I^{(2)}$ 和 $I^{(4)}$ 表示负荷电流，切面 3 上的 $Y^{(3)}$ 代表 AT 模型，切面 5 上的 $Y^{(5)}$ 代表牵引网末端的模型，切面间的平行多导线以 Π 型电路作为等效电路，$Y^{(1\text{-}2)}$ 为切面 1 到切面 2 的牵引网对地导纳，其他以此类推。对于图中所示的 AT 复线，牵引网导体数为 6，共包含 6 根导线，因此各阻抗矩阵和导纳矩阵的阶数均为 6×6。

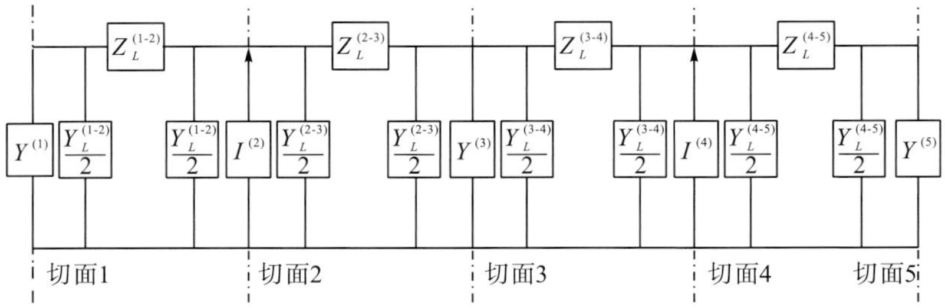

图 2.52 链式网络等效电路

对于任意形式的牵引网，可以设平行导体数为 m，则各阻抗矩阵和导纳矩阵的阶数均为 $m\times m$。供电臂共有 n 个切面，将每个切面作为节点，对切面上的串、并联元件进行建模，并合并并联元件的导纳矩阵，就可以得到供电臂的节点导纳矩阵，如式(2-164)所示：

$$\boldsymbol{Y}=\begin{bmatrix} Y_1+Z_1^{-1} & -Z_1^{-1} & & & & \\ -Z_1^{-1} & Z_1^{-1}+Y_2+Z_2^{-1} & -Z_2^{-1} & & & \\ & -Z_2^{-1} & Z_2^{-1}+Y_3+Z_3^{-1} & & & \\ & & \ddots & \ddots & \ddots & \\ & & & & Z_{n-2}^{-1}+Y_{n-1}+Z_{n-1}^{-1} & -Z_{n-1}^{-1} \\ & & & & -Z_{n-1}^{-1} & Z_{n-1}^{-1}+Y_n \end{bmatrix} \tag{2-164}$$

以上所推导的是 AT 供电方式某一供电臂的模型，以牵引变电所为单位，将变电所两供电臂 a、b 的链式结构联合在一起，便可建立以牵引变电所为中心的牵引供电系统仿真模型，图 2.53 为以牵引变电所为中心的链式网络结构模型，其中 Z_N 为电分相值。

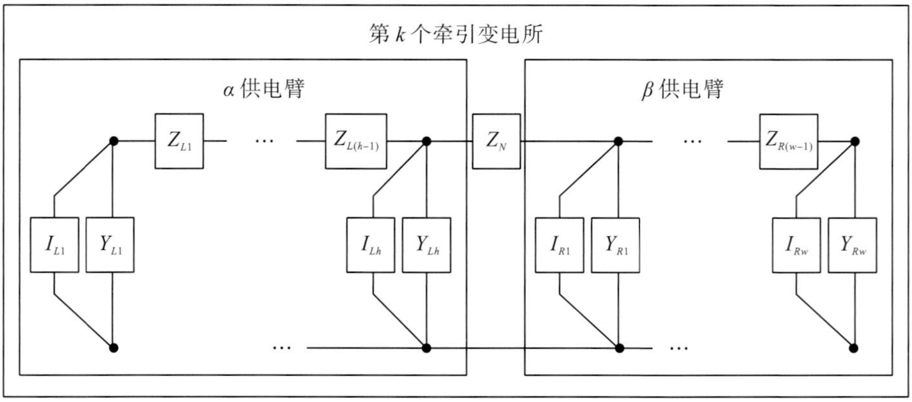

图 2.53 以牵引变电所为中心的链式网络结构

由此，可以写出基于牵引变电所的节点电压方程，如式(2-165)所示：

$$
\begin{bmatrix} I_{L1} \\ \vdots \\ I_{Lh} \\ I_{R1} \\ \vdots \\ I_{Rw} \end{bmatrix} = \begin{bmatrix} Y_{L1}+Z_{L1}^{-1} & -Z_{L1}^{-1} & \cdots & 0 & 0 & \cdots & 0 \\ \vdots & \vdots & & \vdots & \vdots & & \vdots \\ 0 & 0 & \cdots & Z_{L(h-1)}^{-1}+Y_{Lh}+Z_{N}^{-1} & -Z_{N}^{-1} & \cdots & 0 \\ 0 & 0 & \cdots & -Z_{N}^{-1} & Z_{N}^{-1}+Y_{R1}+Z_{R1}^{-1} & \cdots & 0 \\ \vdots & \vdots & & \vdots & \vdots & & \vdots \\ 0 & 0 & \cdots & 0 & 0 & \cdots & Z_{R(w-1)}^{-1}+Y_{Rw} \end{bmatrix} \begin{bmatrix} U_{L1} \\ \vdots \\ U_{Lh} \\ U_{R1} \\ \vdots \\ U_{Rw} \end{bmatrix} \tag{2-165}
$$

2.2.7　传动系统建模[32]

1. 高速列车传动系统拓扑结构

高速列车牵引传动系统的功能就是将电能转换成机械能牵引列车运行，同时在列车制动时将机械能转变成电能回馈电网。列车需要牵引运行时，牵引传动系统将接触网上25kV、50Hz单相交流电变换成电压、电流和频率可调的三相交流电供给牵引电动机，控制电机的矩速特性满足机车牵引特性的要求。列车需要制动时优先实行动力制动，牵引电机作为发电机运行，牵引传动系统将牵引电机输出的三相电压、电流、频率不断变化的三相交流电转换成25kV、50Hz单相交流电反馈给电网，实现再生制动。

牵引传动主要由受电弓(包括高压电气设备)、牵引变压器、四象限脉冲整流器、中间直流环节、牵引逆变器、牵引电机等电气设备组成。高速列车牵引传动系统组成如图2.54所示。

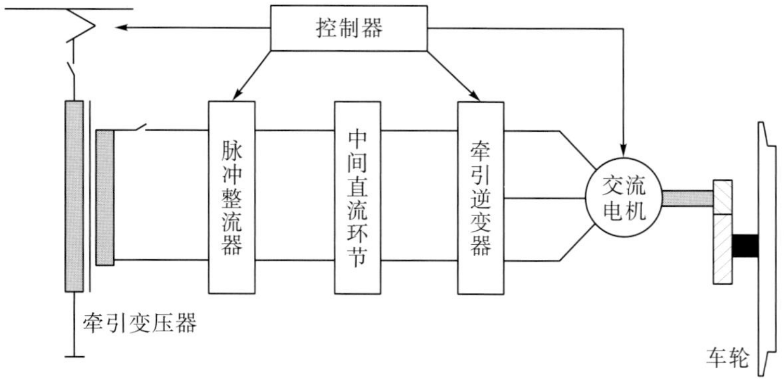

图 2.54　高速列车牵引传动系统组成原理图

受电弓将接触网的25kV单相工频交流电输送给牵引变压器，经变压器降压后的单相交流电供给脉冲整流器，脉冲整流器将单相交流电变换成直流电经中间直流电路将直流电输出给牵引逆变器，牵引逆变器输出电压、电流，频率可控的三相交流电供给三相异步牵引电动机，牵引电机轴端输出的转矩与转速通过齿轮传动传递给轮对，转换成轮周牵引力和线速度。

目前，国内生产的三相交流传动高速列车都采用有直流电压中间电路的交-直-交主电路结构。图 2.55 为我国生产的某型高速动车组交-直-交电压源型三电平主电路。下面以该型动车组为例给出从受电弓输入电压到牵引电机输出转矩的数学模型。

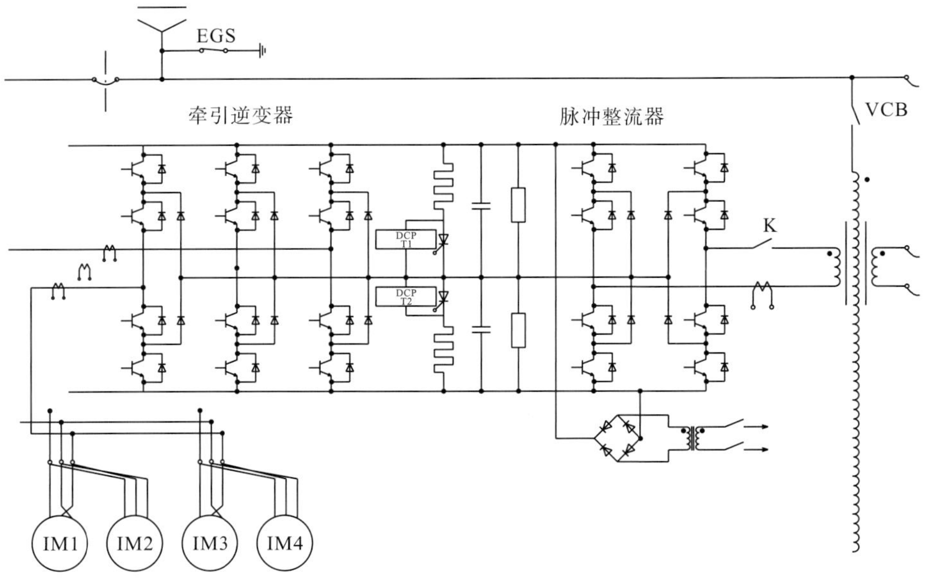

图 2.55 某型高速动车组交-直-交电压源型三电平主电路框图

EGS 为动车组保护接地开关，VCB 为真空断路器，DCP 为直流电路电压检测单元

2. CRH 某型动车组牵引传动系统数学模型

1) 三电平脉冲整流器

二极管箝位型三电平脉冲整流器的主电路结构如图 2.56(a)所示，图中 u_1 为直流侧支撑电容 C_1 上的电压，u_2 为直流侧支撑电容 C_2 上的电压。为了便于分析，定义理想开关函数 S_A 和 S_B 如式(2-166)和式(2-167)所示。采用理想开关函数并忽略牵引绕组电阻，则图 2.56(a)所示的三电平脉冲整流器主电路可以等效为如图 2.56(b)所示的电路。

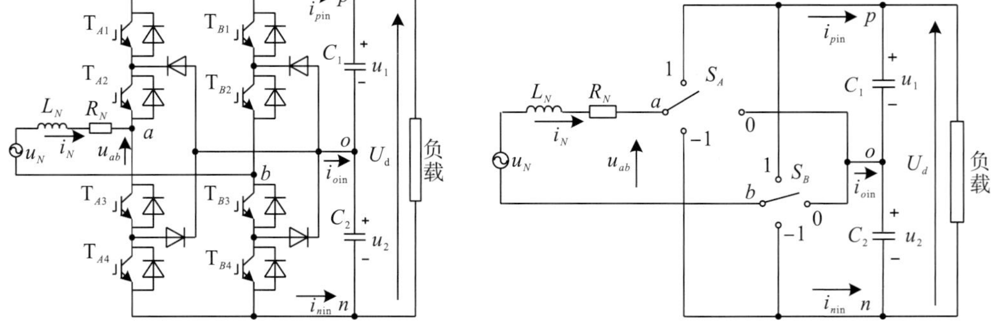

(a) 主电路拓扑　　(b) 等效开关图

图 2.56 三电平脉冲整流器拓扑结构图

$$S_A=\begin{cases}1(P), & \mathrm{T}_{A1}\text{和}\mathrm{T}_{A2}\text{导通}\\ 0(O), & \mathrm{T}_{A2}\text{和}\mathrm{T}_{A3}\text{导通}\\ -1(N), & \mathrm{T}_{A3}\text{和}\mathrm{T}_{A4}\text{导通}\end{cases} \tag{2-166}$$

$$S_B=\begin{cases}1(P), & \mathrm{T}_{B1}\text{和}\mathrm{T}_{B2}\text{导通}\\ 0(O), & \mathrm{T}_{B2}\text{和}\mathrm{T}_{B3}\text{导通}\\ -1(N), & \mathrm{T}_{B3}\text{和}\mathrm{T}_{B4}\text{导通}\end{cases} \tag{2-167}$$

由基尔霍夫定律，对网侧输入端的电压和电流进行分析，网侧输入端电压可以表示为

$$u_{ao}=\frac{S_A(S_A+1)}{2}u_1-\frac{S_A(S_A-1)}{2}u_2 \tag{2-168}$$

$$u_{bo}=\frac{S_B(S_B+1)}{2}u_1-\frac{S_B(S_B-1)}{2}u_2 \tag{2-169}$$

$$u_{ab}=u_{ao}-u_{bo}=\left[\frac{S_A(S_A+1)}{2}-\frac{S_B(S_B+1)}{2}\right]u_1-\left[\frac{S_A(S_A-1)}{2}-\frac{S_B(S_B-1)}{2}\right]u_2 \tag{2-170}$$

假设开关管为理想模型，即在换相过程中没有功率损失和能量储存，则交流侧与直流侧瞬时功率相等，有

$$u_{ab}i_s=u_1 i_{p\text{in}}-u_2 i_{n\text{in}} \tag{2-171}$$

将式(2-170)代入式(2-171)中，则有

$$i_{p\text{in}}=\frac{S_A(S_A+1)-S_B(S_B+1)}{2}i_s \tag{2-172}$$

$$i_{n\text{in}}=\frac{S_A(S_A-1)-S_B(S_B-1)}{2}i_s \tag{2-173}$$

2) 三电平牵引逆变器

三电平逆变器给异步牵引电机供电时系统主电路如图 2.57(a)所示。理想三电平逆变器电路的开关模型如图 2.57(b)所示，每相桥臂的电路结构可以简化为一个与直流侧相通的单刀三掷开关 S，每个桥臂有 3 种状态：状态 P(上桥臂开关器件导通)、状态 O(辅助开关器件导通)及状态 N(下桥臂开关器件导通)。

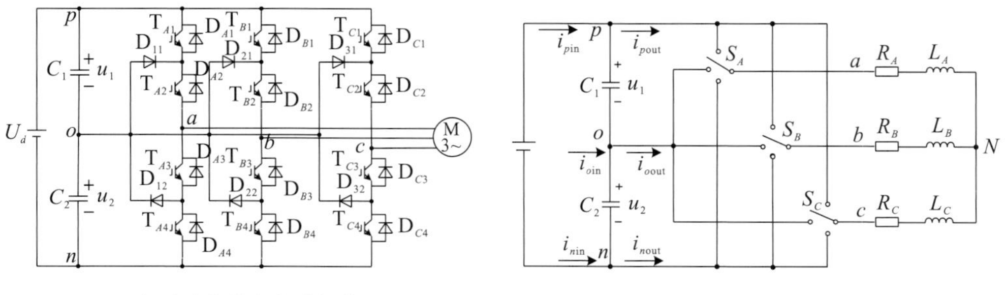

(a) 三电平逆变器主电路拓扑　　(b) 三电平逆变器等效开关图

图 2.57　三电平逆变器-电机拓扑结构图

定义一个理想开关函数 $S_i(i=A,B,C)$，把状态 P、O、N 分别用 1、0、−1 表示，则逆变器每个桥臂输出相电压可表示为

$$\begin{cases} u_{ao}=\dfrac{S_A(S_A+1)}{2}u_1-\dfrac{S_A(S_A-1)}{2}u_2 \\ u_{bo}=\dfrac{S_B(S_B+1)}{2}u_1-\dfrac{S_B(S_B-1)}{2}u_2 \\ u_{co}=\dfrac{S_C(S_C+1)}{2}u_1-\dfrac{S_C(S_C-1)}{2}u_2 \end{cases} \tag{2-174}$$

中间直流环节电容电压可表示为

$$\begin{cases} C_1\dfrac{\mathrm{d}u_1}{\mathrm{d}t}=i_{p\mathrm{in}}-i_{p\mathrm{out}} \\ C_2\dfrac{\mathrm{d}u_2}{\mathrm{d}t}=-i_{n\mathrm{in}}+i_{n\mathrm{out}} \\ C_1\dfrac{\mathrm{d}u_1}{\mathrm{d}t}-C_2\dfrac{\mathrm{d}u_2}{\mathrm{d}t}=-i_{o\mathrm{in}}+i_{o\mathrm{out}} \end{cases} \tag{2-175}$$

中间直流环节输出电流可表示为

$$\begin{cases} i_{p\mathrm{out}}=\dfrac{S_A(S_A+1)i_a+S_B(S_B+1)i_b+S_C(S_C+1)i_c}{2} \\ i_{n\mathrm{out}}=\dfrac{S_A(S_A-1)i_a+S_B(S_B-1)i_b+S_C(S_C-1)i_c}{2} \\ i_{o\mathrm{out}}=-S_A^2i_a-S_B^2i_b-S_C^2i_c=(S_C^2-S_A^2)i_a+(S_C^2-S_B^2)i_b \end{cases} \tag{2-176}$$

3) 牵引电机数学模型

交流异步牵引电机作为牵引传动系统中的一个主要执行环节，其本身是一个高阶次、非线性、强耦合的多变量系统，它的静态和动态特性以及控制技术远比直流电机复杂。传统三相坐标系下的异步电机数学模型比较复杂，简单起见，这里只讨论两相同步旋转 dq 坐标系下的 ω_r-ψ_r-i_s 状态方程，如果需要其他类型的两相坐标系，只须稍加变换就可以得到。

转矩公式：

$$\begin{aligned} T_e&=\frac{n_pL_m}{L_r}(i_{sq}\psi_{rd}-L_mi_{sd}i_{sq}-i_{sd}\psi_{rq}+L_mi_{sd}i_{sq}) \\ &=\frac{n_pL_m}{L_r}(i_{sq}\psi_{rd}-i_{sd}\psi_{rq}) \end{aligned} \tag{2-177}$$

ω_r-ψ_r-i_s 状态方程如下：

$$\frac{\mathrm{d}\omega_r}{\mathrm{d}t}=\frac{n_p^2L_m}{JL_r}\left(i_{sq}\psi_{rd}-i_{sd}\psi_{rq}\right)-\frac{n_p}{J}T_L \tag{2-178}$$

$$\frac{\mathrm{d}\psi_{rd}}{\mathrm{d}t}=-\frac{1}{T_r}\psi_{rd}+\left(\omega_s-\omega_r\right)\psi_{rq}+\frac{L_m}{T_r}i_{sd} \tag{2-179}$$

$$\frac{\mathrm{d}\psi_{rq}}{\mathrm{d}t}=-\frac{1}{T_r}\psi_{rq}-(\omega_s-\omega_r)\psi_{rd}+\frac{L_m}{T_r}i_{sq} \tag{2-180}$$

$$\frac{\mathrm{d}i_{sd}}{\mathrm{d}t}=\frac{L_m}{\sigma L_s L_r T_r}\psi_{rd}+\frac{L_m}{\sigma L_s L_r}\omega_r\psi_{rq}-\frac{R_s L_r^2+R_r L_m^2}{\sigma L_s L_r^2}i_{sd}+\omega_s i_{sq}+\frac{u_{sd}}{\sigma L_s} \tag{2-181}$$

$$\frac{\mathrm{d}i_{sq}}{\mathrm{d}t}=\frac{L_m}{\sigma L_s L_r T_r}\psi_{rq}-\frac{L_m}{\sigma L_s L_r}\omega_r\psi_{rd}-\frac{R_s L_r^2+R_r L_m^2}{\sigma L_s L_r^2}i_{sq}-\omega_s i_{sd}+\frac{u_{sq}}{\sigma L_s} \tag{2-182}$$

式中，T_e 为电机转矩；n_p 为极对数；R_s 为电机定子电阻；R_r 为电机转子电阻；L_m 为电机励磁电感；L_s 为定子自感；L_r 为转子自感；i_{sd}、i_{sq} 为电机定子电流 d、q 轴分量；u_{sd}、u_{sq} 为电机定子电压 d、q 轴分量；ψ_{rd}、ψ_{rq} 为电机转子磁链 d、q 轴分量；ω_s 为电机供电频率；ω_r 为电机转速；J 为转动惯量；T_L 为负载；T_r 为转子电磁时间常数，$T_r=\dfrac{L_r}{R_r}$；σ 为电机漏磁系数，$\sigma=1-\dfrac{L_m^2}{L_s L_r}$。

2.3 耦合模型及耦合计算方法

利用以上所述的车辆系统、轨道系统、弓网系统、供电系统和牵引传动系统，进行车间耦合、轮轨耦合、弓网耦合和机电耦合，形成高速列车耦合大系统动力学模型。

2.3.1 耦合模型

1. 车间耦合模型

高速列车中车辆与车辆的车端连接在车辆设计中是一个非常重要的环节，因为它不仅要实现车辆间的机械连接，还要实现车辆与车辆之间的电气连接，不仅涉及车辆之间作用力的传递，还要考虑车辆的限界、空气动力学、车辆动力学的影响。除此以外，还要考虑为旅客提供安全、舒适的通道等。高速列车的车端连接装置主要包括密接式车钩缓冲装置、车间减振器、内外风挡及空气、电气连接设备，而其中对列车动力学性能产生重要影响的有车钩缓冲装置、车间减振器及密接式风挡装置。为建立高速列车/轨道耦合动力学模型，本书针对我国高速列车中常见的密接式车钩缓冲装置、车间减振器及密接式风挡装置进行详细的动力学建模，如图 2.58 所示。

1) 车钩缓冲装置模型

车钩缓冲装置是车端悬挂系统中最重要的设备，在车辆装备中处于最重要的部件行列。它主要实现车辆之间的各种连接，如机械连接、风挡连接、电气连接等；要实现车辆之间的缓冲作用，防止在连挂或运行中对车体造成破坏，还要保证车辆之间运动的平稳性，提高车辆运行的舒适度。我国“和谐号”高速动车组的车钩缓冲系统主要有动车组两端的自动密接式车钩和动车组车辆之间的半永久车钩及紧急情况下供动车组救援使用的紧急过渡车钩，自动密接式车钩和紧急过渡车钩位于动车组前后端部，用于动车组重连或列车与列车间的连接；而半永久车钩位于列车中部，用于列车中相邻车辆的连接。建立考虑多节车的高速列车动力学模型，仅需针对列车中部车辆连接用半永久车钩缓冲装置进行数值建模。图 2.59(a)为我国高速动车组常用车间半自动密接式车钩缓冲装置的组成部件示意图[33]。由图可知，两车之间的车钩用连接螺栓固定住，不能在水平面内相互错动。而整个车钩缓冲装置可绕钩销在横向、垂向自由转动一定角度，保证列车通过平竖曲线；而钩体及两车钩连接部位近似为刚性部件，缓冲器则能轴向伸缩以提供车间缓冲力，缓解列车的纵向冲动。

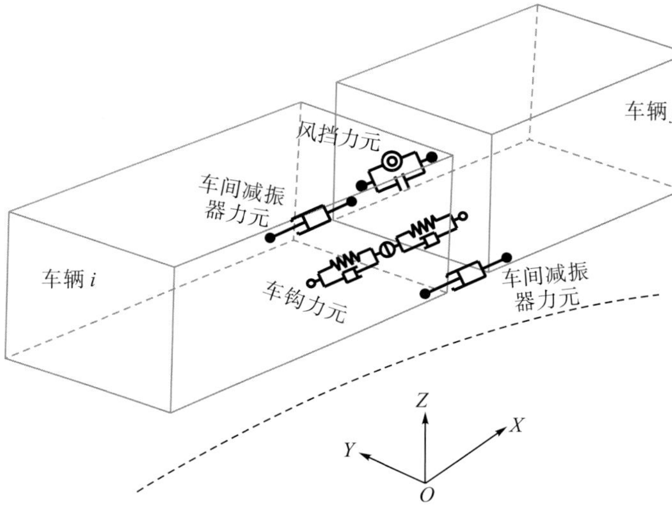

图 2.58 车端连接力元

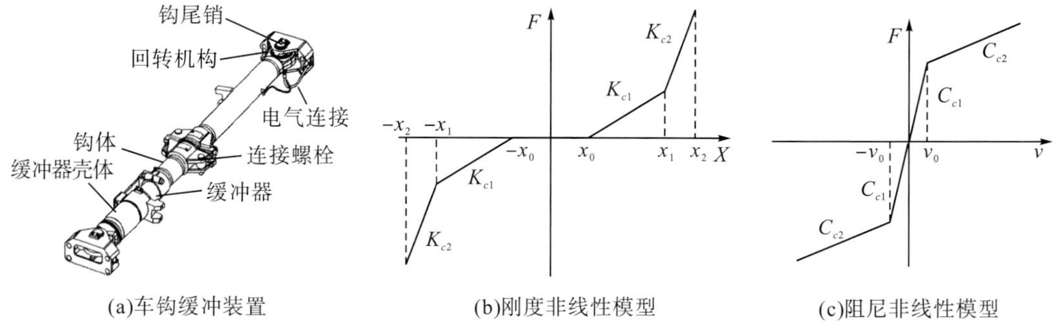

图 2.59 车钩缓冲装置组成及刚度阻尼非线性模型

为建立车钩缓冲装置动力学模型，本书假设：车钩缓冲系统铰接于两车体端部底座中心，只能轴向伸缩变形；列车运行过程中车钩的横向、垂向转角在各自设计最大自由转角范围内，不与车体发生刚性接触；车钩缓冲系统的质量对整列车的惯性贡献可忽略不计。由此，车钩缓冲装置就简化为只能沿轴向伸缩的空间二力杆，由任意瞬时前后车体车钩铰接点的空间坐标可求得列车运行过程的车钩缓冲装置的作用力及作用于车体端部的纵向、横向、垂向分力。密接式车钩通过钩头紧密连接在一起，基本不会有相对纵向位移，因此可以看成一个力元，车钩尾销可以保证车钩的摇头，但允许车钩点头的角度比较小，车钩缓冲为两个车钩的串联，并在车钩尾销设置抗点头刚度。为建立车钩力元模型，做如下基本假设：①列车车辆之间相互连挂的车钩缓冲装置为刚性二力直杆，没有弯曲，仅能轴向伸缩变形；②列车运行过程中车钩的横向、垂向转角在各自设计最大自由转角范围内，不与车体发生刚性接触；③车钩缓冲系统的轴向变形对于两相邻车钩尾销中心之间的距离可忽略不计。图 2.60 和图 2.61 分别为密接式车钩力元的俯视图和侧视图。

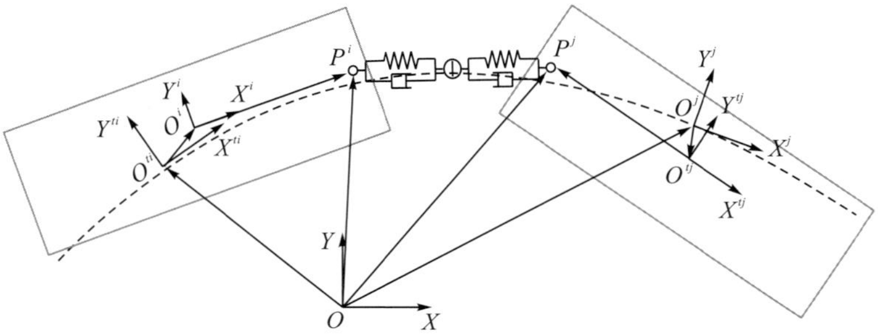

图 2.60　密接式车钩力元俯视图

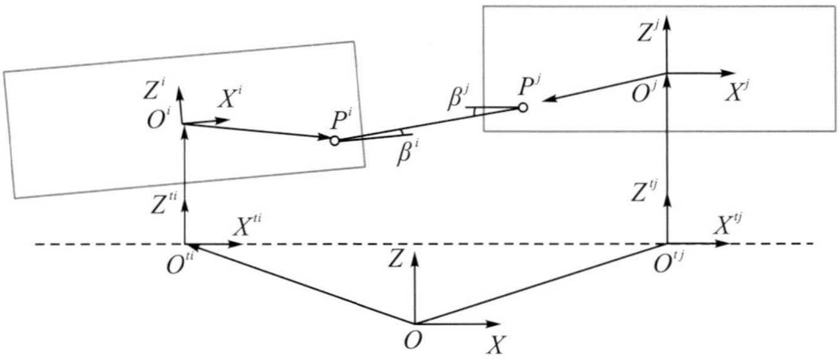

图 2.61　密接式车钩力元侧视图

车钩的纵向力与 2.2.2 节第一部分线性弹簧-阻尼并联力的计算公式相似，只是车钩是非线性很强的力元，有复杂的拉压特性，即

$$F_c = f_c(l - l_0) + g_c(\dot{l}) + F_0 \tag{2-183}$$

式中，f_c、g_c 分别为车钩非线性刚度和阻尼。由于实际车钩允许点头的角度很小，因此在车钩尾销处设置一个抗车钩点头的扭转弹簧，计算车钩产生的点头力矩，将总体坐标系下车钩的长度 $\boldsymbol{r}^{ij}$ 变换到前后车体坐标系下：

$$\overline{\boldsymbol{r}}^i = \boldsymbol{A}^{i\mathrm{T}}\boldsymbol{A}^{ti\mathrm{T}}\boldsymbol{r}^{ij},\quad \overline{\boldsymbol{r}}^j = \boldsymbol{A}^{j\mathrm{T}}\boldsymbol{A}^{tj\mathrm{T}}\boldsymbol{r}^{ij} \tag{2-184}$$

当车辆出现点头或通过竖曲线时，车钩与车体之间产生点头夹角，如图 2.61 所示，计算出车钩与前后车体坐标系之间的点头角分别为

$$\beta^{i}=\arcsin\left(\frac{\overline{r}_{3}^{i}}{\left|\overline{\boldsymbol{r}}^{i}\right|}\right),\quad \beta^{j}=\arcsin\left(\frac{\overline{r}_{3}^{j}}{\left|\overline{\boldsymbol{r}}^{j}\right|}\right) \tag{2-185}$$

根据该点头角即可计算出车头产生的点头力矩。车钩力的大小由车钩缓冲系统的动态特性曲线确定，由于其动态特性难以测量，本书仅将车钩缓冲装置的非线性特性用双线性模型模拟，如图 2.59(b)和(c)所示。虽然高速列车采用密接式的车钩，但仍存在 1～2mm 车钩间隙，本书车钩缓冲系统模型也考虑了这一特性，故车钩力可表示为

$$f_{c}(x)=\begin{cases}0, & |x|<x_{0}\\ K_{c1}(x-x_{0}), & x_{0}\leqslant|x|\leqslant x_{1}\\ K_{c1}(x_{1}-x_{0})+K_{c2}(x-x_{1}), & |x|>x_{1}\end{cases} \tag{2-186}$$

$$g_{c}(\dot{x})=\begin{cases}C_{1}(\dot{x}), & |\dot{x}|\leqslant v_{1}\\ C_{1}(v_{1})+C_{2}(\dot{x}-v_{1}), & |\dot{x}|>v_{1}\end{cases} \tag{2-187}$$

式中，x_0 为车钩自由间隙；$x=l-l_0$ 为车钩缓冲装置沿轴向的伸缩长度；l_0 为钩缓冲装置的初始等效长度；K_{c1} 和 K_{c2} 为不同阶段车钩的刚度。

高速列车在直线上运行时车钩力主要表现为纵向分力，而横向分力和垂向分力很小，可以忽略；但当列车通过平竖曲线时，车钩力的横向、垂向分量对列车动力学的影响就不可忽视了。列车通过曲线时，相邻车辆的几何中心线会发生相对转动，车钩中心线相对于车体也会出现相对转动。根据式(2-183)求得的是车钩力的合力。在本书列车动力学模型中车钩是以外载荷的形式施加于车体的。

2) 车间减振器模型

对于最高运行速度超过 250km/h 的高速动车组，往往需要在车辆之间装设纵向或横向减振器。设置车间减振系统能够使列车中相邻车辆更好地耦合起来，有利于提高列车系统的整体动力学性能。图 2.62(a)为我国某型高速动车组上安装的车间纵向减振器，线路试验和数值研究表明[34]，车间纵向减振器不仅能够减小列车的纵向冲击，还能抑制车辆的摇头和点头运动，提高列车系统的临界速度，还能改善列车的横向平稳性和乘坐舒适性，从而提高高速列车的整体动力学性能。

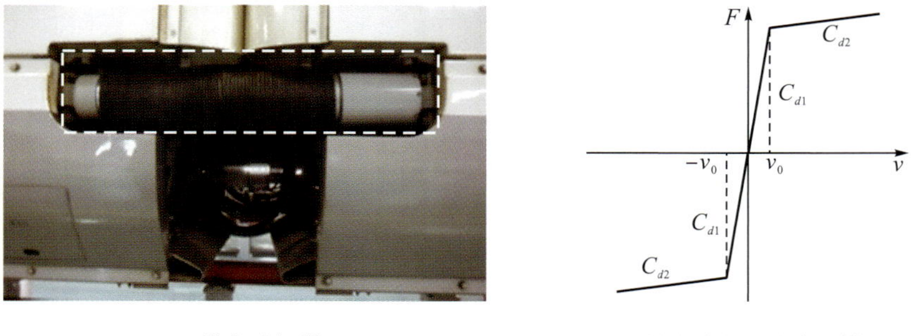

(a) 纵向减振器　　(b) 纵向减振器非线性模型

图 2.62　某型高速动车组车间纵向减振器及其非线性模型

本书将车间纵向减振器简化为非线性弹簧-阻尼串联力元，用 2.2.1 节第一部分介绍的弹簧-阻尼串联力元，只是阻尼特性为非线性，如图 2.62(b) 所示，式(2-35)可以变为

$$\dot{l}_2+\frac{K}{g_c\left(\dot{l}_2\right)}l_2=\frac{K}{g_c\left(\dot{l}_2\right)}\left(l-l_0\right) \tag{2-188}$$

式中，K 为减振器接头刚度；$g_c(\dot{x})$ 为非线性阻尼函数。

3) 风挡模型

风挡装置是列车之间的柔性连接部分，为旅客提供安全的车辆间贯通通道，保证客室环境的舒适美观。对于高速列车，风挡装置还需满足列车的空气动力学及声学要求，同时应具有良好的纵向伸缩性和横向、垂向柔性，以承受和适应车辆之间在运行中的错动和冲击，保证列车安全通过曲线和道岔。密接式风挡装置作为车间的内风挡，在高速列车中得到广泛应用，该风挡具有较好的密封性、能有效地隔离车外噪声、气密性好以及较好的保温、隔热功能，图 2.63 是 CRH3 动车组所采用的密接式风挡。随着列车运行速度提高，列车阻尼力进一步降低，车间甚至设置了外风挡，使列车表面光滑，减小风阻。图 2.64 是 CRH2 所采用的橡胶式外风挡，它是一种间断式风挡，主要考虑减阻功效。同时由于图 2.64 的外风挡为压缩型外风挡，它在安装时需考虑预压缩，以保证在列车通过曲线时，前后车的外风挡保持接触，由于这类风挡具有一定的压缩刚度，它与通常的车端缓冲器一样具有同等的减振性能。最近有些外风挡产品采用全密闭的形式，也就是车体端部一周安装整体上外风挡，其结构有点类似内风挡，这样的外风挡同时起到隔离噪声和密封的效果。

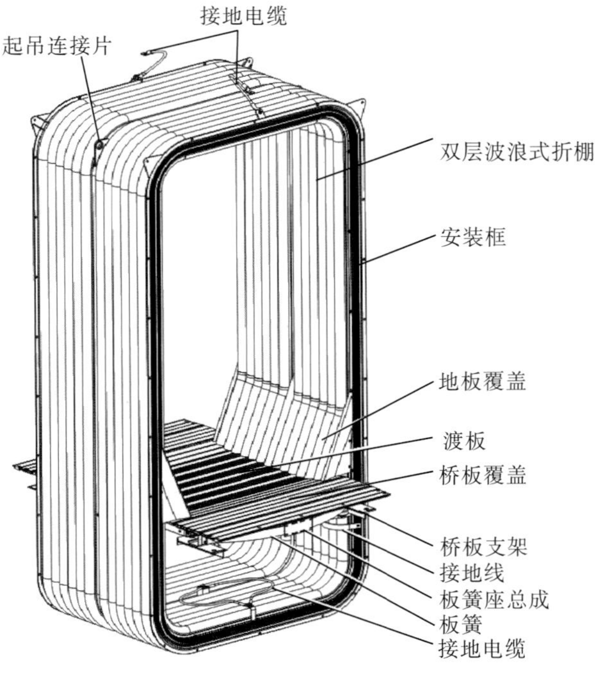

图 2.63　CRH3 动车组的密接式风挡

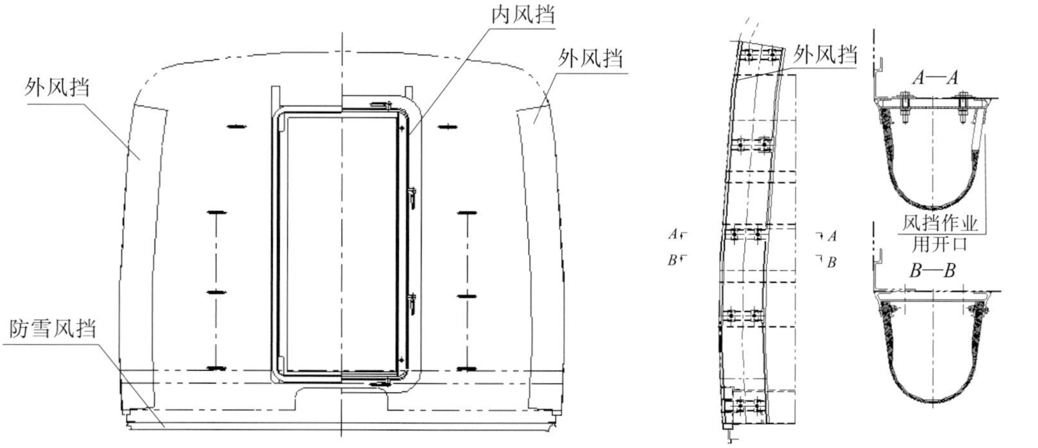

图 2.64 CRH2 动车组橡胶式外风挡

无论是内风挡还是外风挡，对车端力的作用主要是车端相对位置变化所产生的相互作用力，简单的风挡力模型可以看成一个万向力元-摩擦力元模型。

万向力元是指具有三个平动刚度和平动阻尼(平动刚度包括纵向刚度 K_x、横向刚度 K_y、垂向刚度 K_z，平动阻尼包括纵向阻尼 C_x、横向阻尼 C_y、垂向阻尼 C_z)、三个扭转刚度和扭转阻尼(扭转刚度包括侧滚扭转刚度 K_ϕ、点头扭转刚度 K_θ、摇头扭转刚度 K_ψ，扭转阻尼包括侧滚扭转阻尼 C_ϕ、点头扭转阻尼 C_θ、摇头扭转阻尼度 C_ψ)的力元，该力元可以产生三个方向力和力矩。风挡等效模型如图 2.65 所示，P^i 和 P^j 分别属于两个车体的力元标记点，在风挡模型中初始时刻两个点是重合的，位于风挡的几何中心处。标记点定义与体坐标系平行的标记点坐标，这两个坐标系之间的位置矢量和转换矩阵用于计算风挡的拉伸量和旋转角度，以便计算风挡作用力。万向力元作用力为

$$\boldsymbol{F}_s=\begin{bmatrix}F_{nx}+K_x\Delta x+C_x\Delta\dot{x}\\F_{ny}+K_y\Delta y+C_y\Delta\dot{y}\\F_{nz}+K_z\Delta z+C_z\Delta\dot{z}\end{bmatrix},\quad \boldsymbol{T}_s=\begin{bmatrix}T_{n\phi}+K_\phi\Delta\phi+C_\phi\Delta\dot{\phi}\\T_{n\theta}+K_\theta\Delta\theta+C_\theta\Delta\dot{\theta}\\T_{n\psi}+K_\psi\Delta\psi+C_\psi\Delta\dot{\psi}\end{bmatrix} \tag{2-189}$$

式中，F_{nx}、F_{ny}、F_{nz}、$T_{n\phi}$、$T_{n\theta}$、$T_{n\psi}$ 分别为各个方向的初始力和初始力矩；Δx、Δy、Δz、$\Delta\phi$、$\Delta\theta$、$\Delta\psi$ 分别为三个方向的位移和三个方向的转角。另外，内风挡之间由于折棚的滞回特性，风挡之间也有摩擦特性。因此，内外风挡还应该考虑摩擦力模型。可简化成在风挡的几何中心处的横向和垂向剪切摩擦力和侧滚旋转摩擦力矩，假设摩擦系数与滑动速度相关，摩擦系数如图 2.66 所示，摩擦力和摩擦力矩如下：

$$\boldsymbol{F}_f=\begin{bmatrix}0\\\mu_y(\Delta\dot{y})F_{sx}\\\mu_z(\Delta\dot{z})F_{sx}\end{bmatrix},\qquad \boldsymbol{T}_f=\begin{bmatrix}\mu_\phi(\Delta\dot{\phi})F_{sx}r_\phi\\0\\0\end{bmatrix} \tag{2-190}$$

式中，μ_y、μ_z 和 μ_ϕ 分别为横向摩擦系数、垂向摩擦系数和侧滚摩擦系数；r_ϕ 为等效摩擦半径，车端连接风挡总作用力为

$$\boldsymbol{F}_{fd}=\boldsymbol{F}_s+\boldsymbol{F}_f,\quad \boldsymbol{T}_{fd}=\boldsymbol{T}_s+\boldsymbol{T}_f \tag{2-191}$$

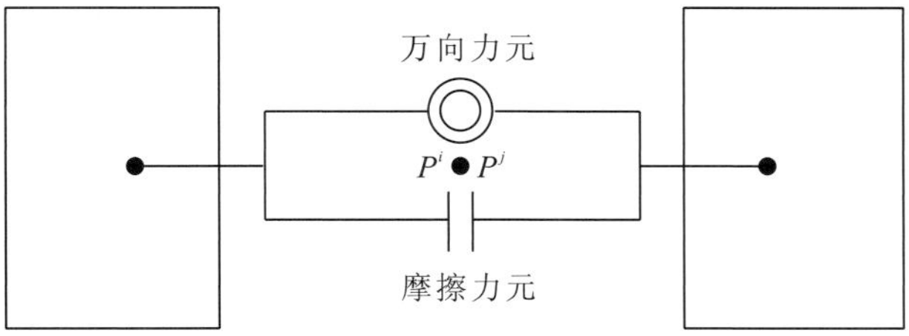

图 2.65　风挡等效模型

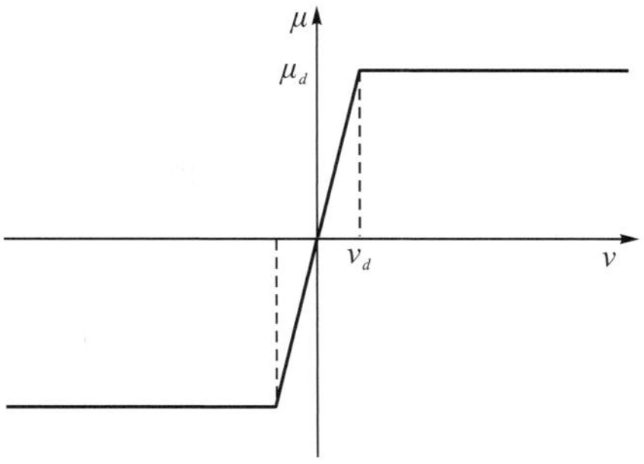

图 2.66　摩擦系数曲线

2. 列车耦合计算方法

传统车辆系统动力学一般只考虑一辆车，且忽略纵向运行；而列车动力学研究一般也只采用简化的多质量块列车模型，研究列车的运行行为和制动性能。随着动力学研究的深入，需要越来越精确的模型。高速动车组一般属于动力分散型列车，动车和拖车的转向架参数有一定差别，且每一节车体由于结构设计、定员数量和悬挂的设备等不同，质量参数有所差别。图 2.67 为不同编组方式的高速列车。

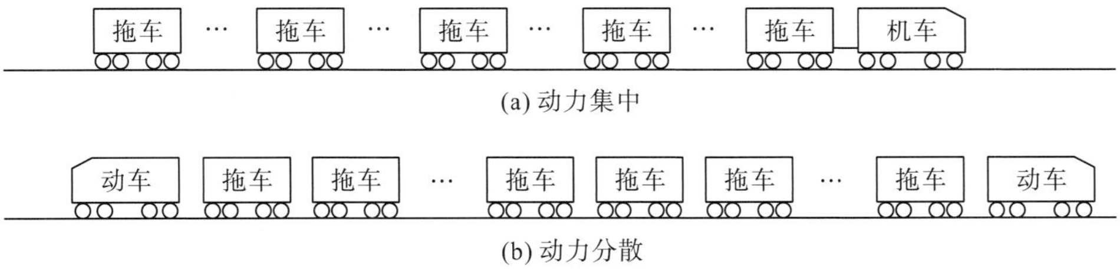

图 2.67　不同编组方式的高速列车

传统的列车动力学建模和积分方法，是把全列车的各运动微分方程全部写出，组成整列车自由度的庞大矩阵进行同步计算，而循环变量方法把一节车看成一个基本的积分单元。新的积分方法不像传统的积分方法那样，需要在每一个时间步长一次计算出列车系统中所有变量的运动状态，而是先计算第一节车，再计算第二节车，这样一节车、一节车逐个进行计算，直到计算出尾车的运动状态，再进入下一个积分步长。在新的积分计算方法中，由于方程和变量被重复使用，因此新的积分方法可称为循环变量法；由于在积分中从第一节车开始计算，后面车的计算用到前面已算出的新运动状态，达到递推的效果，因此也称为递推积分方法[2]。

在每个时间步内每辆车的积分初值的确定，以及车与车之间的车间耦合力的计算便成为循环变量法需要解决的关键问题。在积分过程中，把每辆车每次循环的计算结果存入各自的中间变量内，以备下一积分步及相邻车调用。每一积分步内每辆车的积分初值和车与车之间的车间耦合力的计算可直接通过中间变量来调度，如图 2.68 所示。

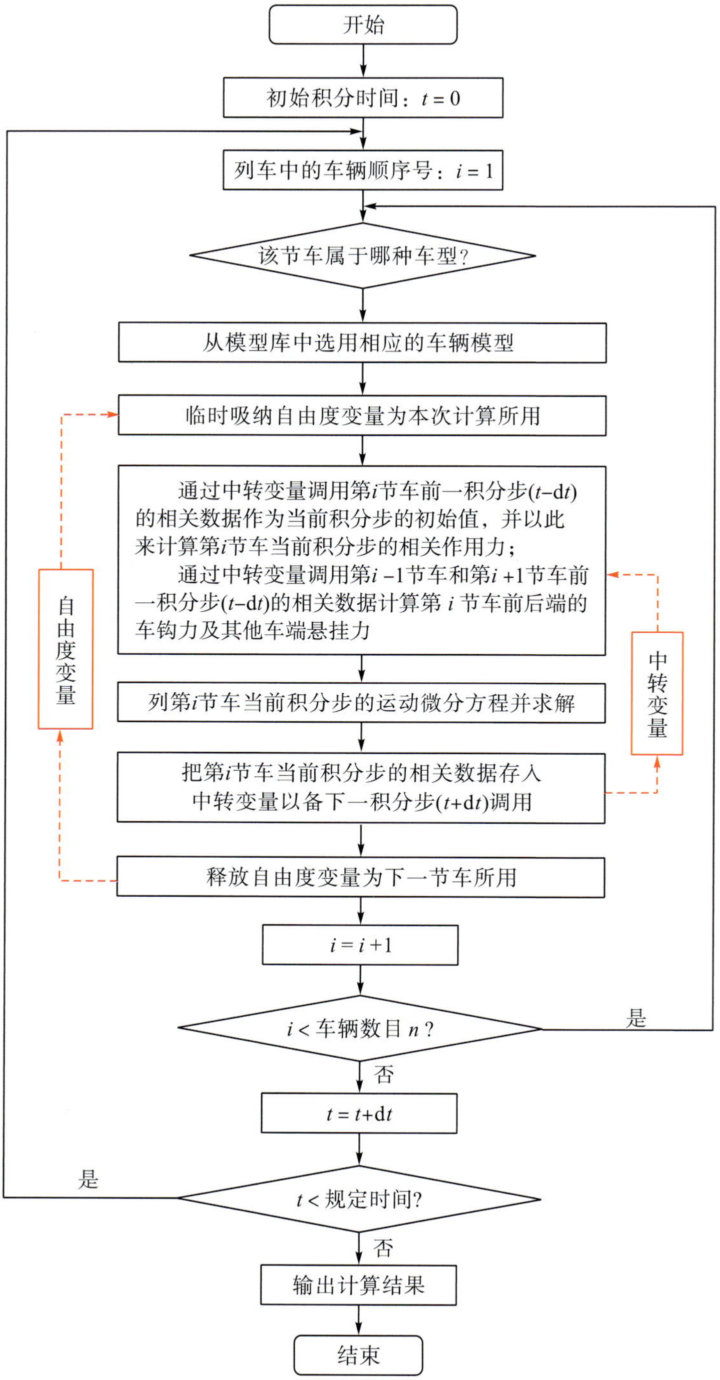

图 2.68 循环变量法程序流程图

在积分计算时，根据车辆位置所对应的车辆模型，调用对应于车辆类型的参数矩阵，并从临时矩阵中的变量状态和受力状态进行积分。可以看到，采用新循环变量积分方法，不仅有效减少了求解规模，同时不需要写出所有车辆自由度的方程，而仅写出不同类型车辆模型和不同类型车辆的编组状况，所以建模过程便捷，工作量大大减少。特别是，当列车编组发生改变时，也仅需要修改编组的定义，而不需要像传统的计算和建模方法那样，要重新建模和修改程序，从而提高列车动力学仿真软件的通用性和灵活性。在上述循环变量法基本原理的基础上，将每个车辆看成一个完整的系统，车钩力作为外力施加到车辆系统中，这样保证车辆系统的独立性，采用并行计算求解整个列车系统。按照实际列车编组构建模型，形成完整的列车动力学模型。整个列车系统的动力学方程为

$$\boldsymbol{M}^i\ddot{\boldsymbol{p}}^i=\boldsymbol{Q}_c^i+\boldsymbol{Q}_e^i+\boldsymbol{Q}_v^i+\boldsymbol{Q}_{\mathrm{wr}}^i+j\boldsymbol{Q}_{\mathrm{cf}}^i+k\boldsymbol{Q}_{\mathrm{cr}}^i,\quad i=1\sim n \tag{2-192}$$

式中，$\boldsymbol{Q}_{\mathrm{cf}}$ 为前车车间连接广义力；$\boldsymbol{Q}_{\mathrm{cr}}$ 为后车车间连接广义力；j 和 k 为系数，当 i=1 时 j=−1，k=0，当 i=n 时 j=0，k=1，其他情况下 j=−1，k=1。可采用分布计算或并行计算对列车动力学行为进行求解。列车动力学仿真流程如图 2.69 所示。

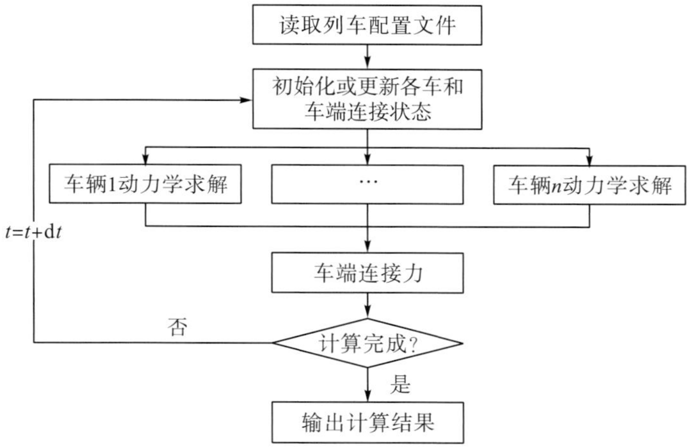

图 2.69　列车仿真流程

首先根据列车系统配置文件生成每辆车的动力学模型以及车端连接的动力学模型，采用并行计算对每辆车同时进行独立求解，然后根据车辆状态计算车端连接装置的作用力，若计算未结束则车端力施加到车辆系统中，更新车辆系统状态，继续下一步积分，直至仿真结束。

3. 弓网耦合模型

传统的弓网接触力模型仅考虑不计接触形貌的点接触状态，考虑基于线性接触刚度下的接触弹性变形，利用接触刚度和接触变形计算得到弓网接触力，也就是点接触模型。随着弓网空间实体建模技术的发展，考虑弓网接触形貌的精确接触建模方法有待发展。

考虑弓网接触点形貌的弓网接触模型如图 2.70 所示，其中坐标 $OXYZ$ 是弓网系统的坐标系。弓网接触点位于 c 点，$cX'Y'Z'$ 是弓网接触点的本地坐标系，$cX'Y'Z'$ 原点是弓网接触点 c，Y' 轴同 Y 轴方向，绕 Y' 轴转动弓网接触角 θ_c 后得到。弓网接触点的正压力为 F_c，

正压力的计算采用传统的非线性接触刚度计算方法，这时接触线对受电弓滑板作用的正压力为

$$\begin{cases} F_c = -k_c(z'_{\mathrm{cph}} - z'_{\mathrm{ccw}}) \\ F_c = 0, \quad z'_{\mathrm{cph}} - z'_{\mathrm{ccw}} \leqslant 0(\text{离线状态}) \end{cases} \tag{2-193}$$

此处，$z'_{\mathrm{cph}} - z'_{\mathrm{ccw}}$ 是受电弓滑板和接触线在接触点沿接触点法向的相对位移，可以根据弓网在接触点的垂向位移通过接触角 θ_c 换算得到；k_c 是与滑板上接触点位置有关的接触刚度。

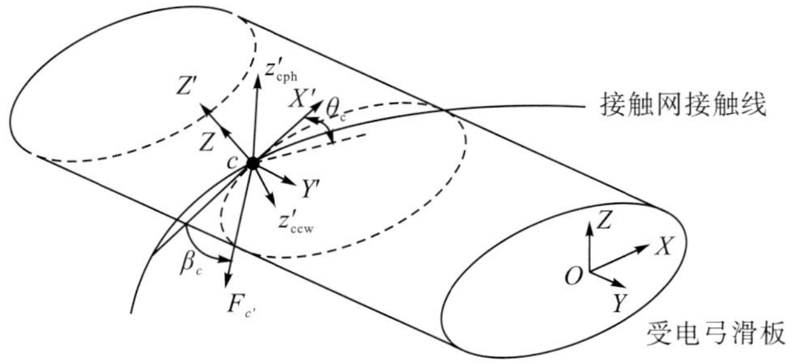

图 2.70 弓网接触模型

图 2.71 是 CTMH150 接触线与浸金属碳滑板材料相互作用下实测的接触刚度数据，接触压力与接触变形呈线性特征，表 2.2 是弓网接触刚度。另外，在不同的接触角 θ_c 下，接触刚度不同。

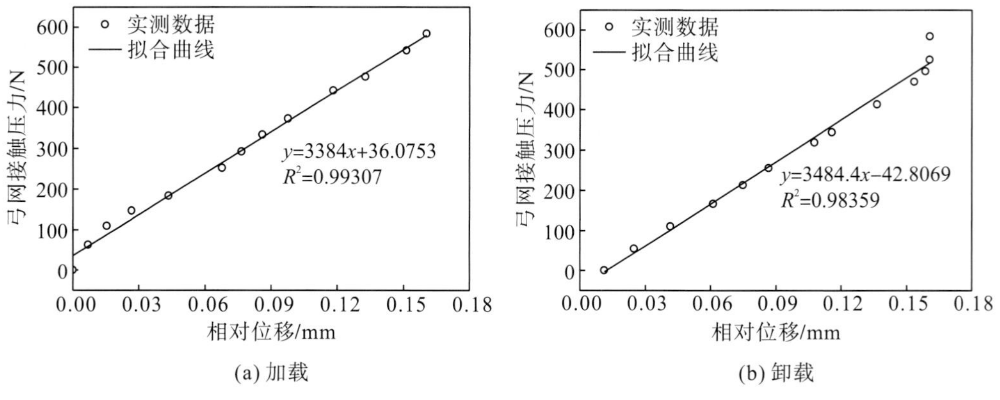

图 2.71 加卸载弓网接触刚度测试数据

表 2.2 弓网接触刚度

加载刚度/(N/mm)	卸载刚度/(N/mm)
3384	3484.4

由于要考虑弓网相对滑动时的摩擦力，假设接触点的摩擦系数与滑板接触点位置 c 和滑板运动速度 v 有关，接触点的摩擦系数为 μ_{cv}，则考虑方向性的弓网间摩擦力：

$$F_\mu = \mu_{\mathrm{cv}} F_c \operatorname{sgn}(v'_{\mathrm{cph}} - v'_{\mathrm{ccw}}) \tag{2-194}$$

式中，$v'_{\mathrm{cph}} - v'_{\mathrm{ccw}}$ 是受电弓滑板和接触线在接触点所在切平面的相对运动速度，弓网摩擦力 F_μ 大小为接触点处摩擦系数乘正压力(即 $\mu_{\mathrm{cv}} F_c$)，方向在接触点切平面上且弓网相对运动速度的反向。

假设弓网相对运动方向与 X' 负轴的夹角 β_c，这样弓网耦合作用力就是弓网接触压力 F_c 和弓网摩擦力 F_μ，将其换算到弓网系统坐标系 $OXYZ$ 中，弓网接触点相互作用力即

$$\begin{cases} F_x = -F_\mu \cos\beta_c \sin\theta_c - F_c \cos\theta \\ F_z = -F_\mu \cos\beta_c \cos\theta_c + F_c \sin\theta \\ F_y = F_\mu \sin\beta_c \end{cases} \tag{2-195}$$

在实际计算中，受电弓也有偏离列车坐标系的情况，如图 2.70 中的 $OXYZ$ 坐标与线路坐标系有一定的旋转角。这时，需要对式(2-195)进行相应的修正，从而得到弓网接触点处的相互力。

因此，在知道受电弓滑板断面形状和接触线的弯曲形状的前提下，根据滑板及接触网运动状态，就可以得到弓网间的耦合作用力。

4. 轮轨耦合模型

轮轨接触在基于多体动力学的车辆系统模型中可以作为一种特殊的力元处理，但与一般力元相比，轮轨接触力元要复杂得多，这是车辆系统与一般多体系统的主要区别。轮轨力主要分为轮轨法向力和轮轨蠕滑力，轮轨法向力的计算主要有约束反力法和非线性赫兹弹簧法，轮轨蠕滑力的计算有很多相对成熟的轮轨蠕滑理论，如 Vermeulen-Johnson、Kalker 简化理论、沈氏理论、Polach 非线性接触理论和 Kalker 三维精确理论等。轮轨法向力、轮轨蠕滑力以及轮轨力的主要计算步骤为：①根据轮对和钢轨的位置确定轮轨接触点位置，根据接触渗透量计算轮轨垂向力；②根据轮对和钢轨运动速度和轮轨几何信息计算轮轨蠕滑率，采用轮轨蠕滑理论计算出轮轨蠕滑力；③将轮轨法向力和轮轨蠕滑力合成最终的轮轨力。

1) 轮轨接触点计算

图 2.72 是基本的轮轨接触几何关系。轮轨接触几何关系是由五个轮轨接触状态基本参数决定的，称为轮轨关系五要素，它们是：

(1) 车轮和钢轨型面；

(2) 轨距 $2d_T$；

(3) 轨底坡 θ_T；

(4) 轮缘内侧距 $2b$ 或名义滚动圆距轮对中心距离 l_0；

(5) 车轮名义半径 R_0。

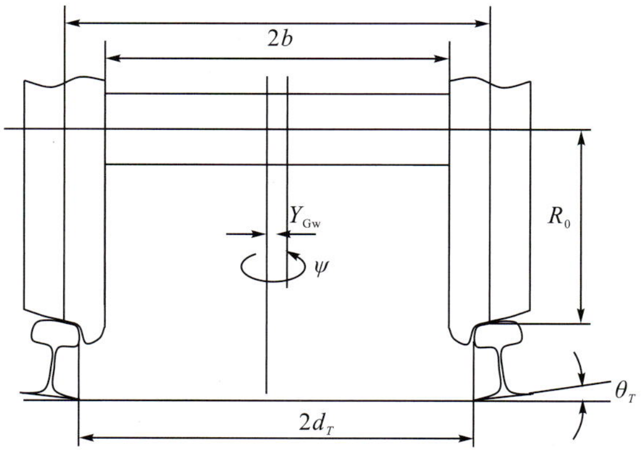

图 2.72 基本的轮轨接触几何关系

在轮轨关系五要素确定后，以上轮轨接触几何关系的参数值便是轮对横移 Y_{Gw} 和轮对摇头角 ψ 的函数值。对于简单圆弧或直线轮轨型面，可以直接推导出精确的函数表达公式。但对于复杂型面，只能用数值求解，并采用图表表达，不过也有文献采用近似拟合公式表达的。不同的轮轨型面匹配，就有不同的轮轨接触几何关系和接触几何参数，一旦轮轨接触状态基本参数有所调整，轮轨接触几何参数就有所变化。

轮轨接触几何关系的数值计算方法已有很多。在机车车辆试验台试验研究中，轮和轨的型面状态是通过数字化型面仪直接测量得到的，这是离散的数值关系。因此，采用参考文献[35]所用的迹线法，就可以对任意踏面形状轮轮接触几何关系进行推导。采用迹线法计算轮轨接触点，首先要计算接触迹线。将轮对看成由一系列滚动圆组成，每个滚动圆都存在一个可能的接触点。这些接触点必须满足一定的条件，即接触点处的法向矢量必须指向车轴中心线，并且平行于轨道坐标系的 YOZ 平面，由这些可能接触点组成的空间曲线就是接触迹线。迹线法的示意图如图 2.73 所示。图中 $O^tX^tY^tZ^t$ 为轮对对应的轨道坐标系，$O^WX^WY^WZ^W$ 为轮对辅助坐标系，该坐标系与轮对体坐标系原点和 OY 轴重合，但不跟随轮对转动，ϕ 和 ψ 分别为轮对的侧滚角和摇头角，a_c 为滚动圆到轮对中心的横向距离，δ

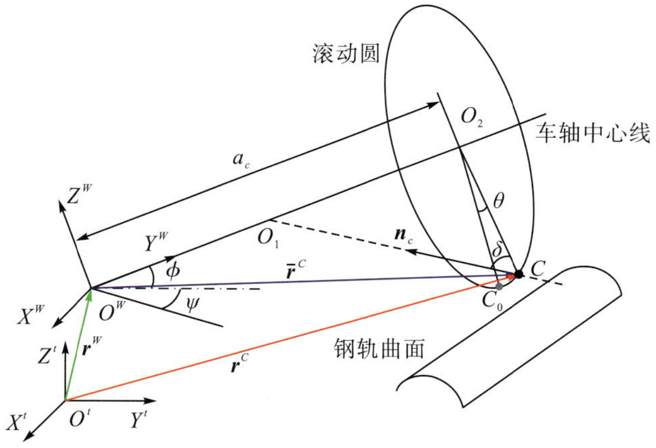

图 2.73 迹线法示意图

为接触角。当轮对存在摇头角时可能接触点不再是滚动圆的最低点 C_0 点，而是会超前或滞后在点 C 处，这种现象称为接触点超前/滞后，滚动圆中心到两个点之间的夹角称为超前/滞后角 θ。

可能接触点在轨道坐标系中的矢量可以表示为

$$\boldsymbol{r}^C=\boldsymbol{r}^W+\boldsymbol{A}^W\overline{\boldsymbol{r}}^C \tag{2-196}$$

式中

$$\boldsymbol{r}^W=\begin{bmatrix}0\\ y_w\\ z_w+R_0\end{bmatrix},\quad \boldsymbol{A}^W=\begin{bmatrix}\cos\psi & -\sin\psi\cos\phi & \sin\psi\sin\phi\\ \sin\psi & \cos\psi\cos\phi & -\cos\psi\sin\phi\\ 0 & \sin\phi & \cos\phi\end{bmatrix},\quad \overline{\boldsymbol{r}}^C=\begin{bmatrix}R(a_c)\sin\theta\\ a_c\\ R(a_c)\cos\theta\end{bmatrix}$$

根据可能接触点处的法向矢量 $\boldsymbol{n}_c$ 需要满足的条件，求解超前/滞后角 θ：

$$\theta=\arcsin\left(\frac{-\cos\phi\sin\psi\tan\delta(a_c)}{\sqrt{1-\cos^2\phi\sin^2\psi}}\right)-\arctan(\sin\phi\tan\psi) \tag{2-197}$$

式中，$R(a_c)$ 和 $\delta(a_c)$ 为滚动圆半径和接触角，为踏面的固有特性，将 θ 代入式(2-196)即可确定选定滚动圆上可能的接触点，通过修改滚动圆到轮对中心横向距离 a_c 的值，选择一系列的滚动圆，即可计算出整条接触迹线。获得的迹线如图 2.74 所示。

将接触迹线投影到钢轨截面所在平面内，计算接触迹线投影与钢轨截面曲线之间的最大渗透量 δ_0，如图 2.75 所示，当渗透量小于零时说明轮轨之间已经脱开，未发生接触。

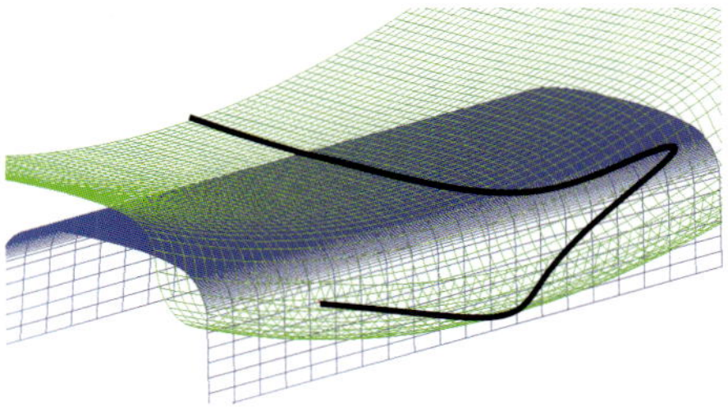

图 2.74　接触迹线

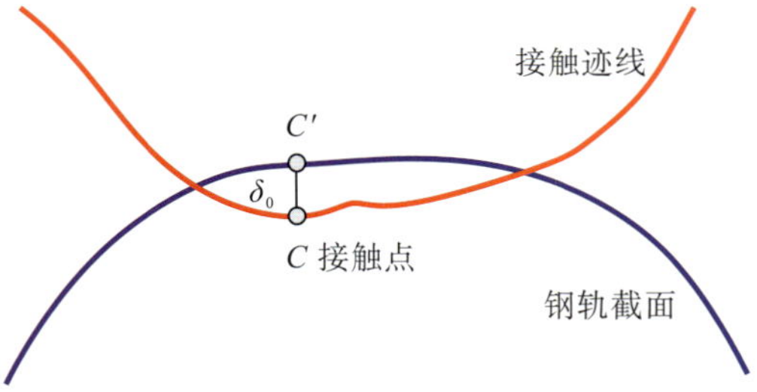

图 2.75　接触点确定

2) 轮轨法向力

要计算轮轨耦合作用力，即轮轨蠕滑力 F、蠕滑力矩 M 及法向力 N，首先要计算出轮轨接触的法向力(或正压力)，法向力 N 计算采用等效的非线性单约束弹簧模型。大部分情况下可以用赫兹接触理论处理，赫兹接触理论假设两表面初始间隙函数 $h(x, y)$ 为二次函数，接触斑为椭圆，接触力分布呈椭球函数分布，即

$$h(x,y)=Ax^2+By^2 \tag{2-198}$$

$$p(x,y)=p_0\sqrt{1-\left(\frac{x}{a}\right)^2-\left(\frac{y}{b}\right)^2} \tag{2-199}$$

式中，A 和 B 为与两个接触几何参数相关的常数；p_0 为最大接触压力；a 和 b 为接触斑长

短轴之半。令$1/R_1$和$1/R_1'$为接触体 1 在接触点处的主曲率，$1/R_2$和$1/R_2'$为接触体 2 在接触点处的主曲率，则有

$$B+A=\frac{1}{2}\left(\frac{1}{R_1}+\frac{1}{R_1'}+\frac{1}{R_2}+\frac{1}{R_2'}\right) \tag{2-200}$$

$$B-A=\frac{1}{2}\left[\left(\frac{1}{R_1}-\frac{1}{R_2}\right)^2+\left(\frac{1}{R_1'}-\frac{1}{R_2'}\right)^2+2\left(\frac{1}{R_1}-\frac{1}{R_2}\right)\left(\frac{1}{R_1'}-\frac{1}{R_2'}\right)\cos(2\alpha)\right]^{1/2} \tag{2-201}$$

式中，α为两个物体主曲率对应的主方向之间的夹角。假设已知总接触法向力为P，接触区域为椭圆，则其长轴和短轴之半分别为

$$a=m\left[\frac{3PG^*}{4(B+A)}\right]^{1/3},\quad b=n\left[\frac{3PG^*}{4(B+A)}\right]^{1/3} \tag{2-202}$$

令η为接触法平面间的夹角，$\cos\eta=\dfrac{B-A}{B+A}$，求出$\eta$后，通过查表即可求出$m$和$n$。其中$G^*=G_1+G_2=\left(1-v_1^2\right)/E_1+\left(1-v_2^2\right)/E_2$为两个接触体的等效剪切模量之和，$v_1$、$v_2$和$E_1$、$E_2$分别为两个接触物体的泊松比和弹性模量。计算出的接触点法向距离d_c作为几何渗透量δ_0，实际弹性变形量$\delta<\delta_0$，本书取$\delta=0.65\delta_0$，可通过式(2-203)计算法向接触力：

$$P=\frac{4\beta}{3G^*\sqrt{A+B}}\delta^{3/2}=K_{\text{Hz}}\delta^{3/2},\quad \delta>0 \tag{2-203}$$

式中，$\beta=\left(\dfrac{\pi m}{2K(e)}\right)^{3/2}$，根据$\beta$和$A/B$的关系，如表 2.3 所示，可求出$K_{\text{Hz}}$。

表 2.3 赫兹系数

A/B	1.0	0.7041	0.4903	0.3333	0.2174	0.1325	0.0718	0.0311	0.00765
β	0.318	0.3215	0.3322	0.3505	0.3819	0.4300	0.5132	0.6662	1.1450

求出轮轨法向力后可以确定轮轨接触椭圆的长短轴之半a和b。

3) 轮轨蠕滑力

轮轨蠕滑率是在接触斑坐标系中定义的，如下所示：

$$\begin{cases}\xi_x=\dfrac{v_{w1}-v_{r1}}{V}\\[2ex]\xi_y=\dfrac{v_{w2}-v_{r2}}{V}\\[2ex]\xi_\psi=\dfrac{\Omega_{w3}-\Omega_{r3}}{V}\end{cases} \tag{2-204}$$

式中，ξ_x、ξ_y、ξ_ψ分别为纵向蠕滑率、横向蠕滑率和自旋蠕滑率；V为名义运行速度；v_{w1}、v_{w2}、Ω_{w3}分别为定义在轮对接触斑坐标系中的纵向速度、横向速度和自旋角速度，v_{r1}、v_{r2}、Ω_{r3}分别为定义在钢轨接触斑坐标系中的纵向速度、横向速度和自旋角速度。

$$
\begin{cases}
\xi_{r(l)x} = \dfrac{V + \psi \dot{y} - R_{r(l)}\Omega + R_{r(l)}\psi\dot{\phi} \pm a_{r(l)}\dot{\psi}}{V} \\
\xi_{r(l)y} = \dfrac{\left(\dot{y} - \psi V + \phi\dot{z} + R_{r(l)}\dot{\phi}\right)\cos\delta_{r(l)} + \left(\dot{z} - \dot{y}\phi \mp a_{r(l)}\dot{\phi}\right)\sin\delta_{r(l)}}{V} \\
\xi_{r(l)\psi} = \dfrac{\pm\left(\Omega - \psi\dot{\phi}\right)\sin\delta_{r(l)} + \dot{\psi}\cos\delta_{r(l)}}{V}
\end{cases}
\tag{2-205}
$$

式中，下标 $r(l)$ 对应的是右轮（左轮）；$\pm$ 的 $+$ 和 $-$ 分别对应右轮和左轮；y、z、ϕ、ψ 分别为轮对相对轨道的横向位移、垂向位移、侧滚角和摇头角；R 为轮对接触点处的滚动圆半径；a 为滚动圆到轮对中心的横向距离；δ 为接触点处接触角；Ω 为轮对滚动加速度。采用沈氏理论计算轮轨蠕滑力，首先由 Kalker 线性理论计算横向和纵向蠕滑力：

$$
\begin{bmatrix} T'_x \\ T'_y \\ M'_\psi \end{bmatrix} = Eab \begin{bmatrix} c_{11} & 0 & 0 \\ 0 & c_{22} & \sqrt{ab}c_{23} \\ 0 & -\sqrt{ab}c_{23} & abc_{33} \end{bmatrix} \begin{bmatrix} \xi_x \\ \xi_y \\ \xi_\psi \end{bmatrix}
\tag{2-206}
$$

式中，E 为弹性模量；c_{11}、c_{22}、c_{23} 和 c_{33} 为 Kalker 系数，可以通过查表获得。沈氏理论将 Johnson 和 Vermeulen 理论修正后的合成蠕滑力为

$$
T = \begin{cases}
\mu N\left[\left(\dfrac{\bar{T}}{\mu N}\right) - \dfrac{1}{3}\left(\dfrac{\bar{T}}{\mu N}\right)^2 + \dfrac{1}{27}\left(\dfrac{\bar{T}}{\mu N}\right)^3\right], & \bar{T} \leqslant 3\mu N \\
\mu N, & \bar{T} > 3\mu N
\end{cases}
\tag{2-207}
$$

式中，$\bar{T}$ 为修正前合成蠕滑力，$\bar{T} = \sqrt{T_x'^2 + T_y'^2}$。修正后纵向蠕滑力和横向蠕滑力为

$$
\begin{bmatrix} T_x \\ T_y \end{bmatrix} = \varepsilon \begin{bmatrix} T'_x \\ T'_y \end{bmatrix}
\tag{2-208}
$$

式中，$\varepsilon = T / \bar{T}$。沈氏理论与 FASTSIM 结果接近且算法简单，求解效率较高，因此在车辆系统动力学仿真中得到广泛应用。

5. 车线耦合模型

在考虑高速列车耦合大系统对线路激励输入时，现有的车线耦合激励模型主要包括定点载荷模型、移动载荷模型、移动不平顺模型、移动车辆模型和滑移窗口模型。

1）定点载荷模型

定点载荷模型[36]是最简单的车线耦合激励模型，如图 2.76 所示。模型中，列车系统被简化为相对线路系统在纵向方向静止不动的时变载荷激励。此模型最适用于计算线路系统固有频率、振型和导纳特性，并且其计算结果与现场采用力锤敲击或激振器激励方式的测试数据最具可比性。因此，定点载荷模型常用于对线路系统动态特性计算分析中，尤其是在频域下研究线路动态特性。

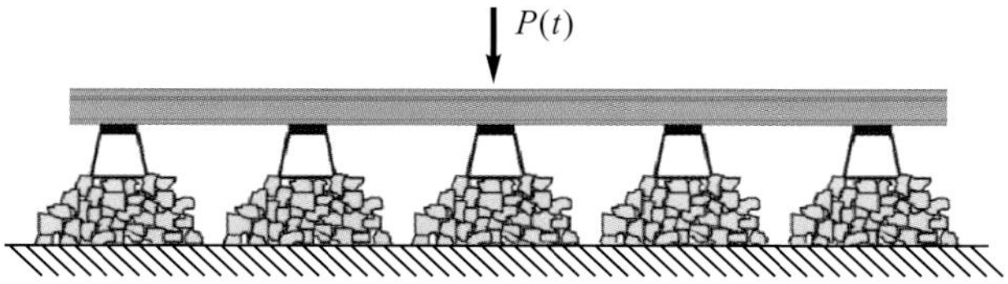

图 2.76　定点载荷模型

对于线路系统，其所受载荷可用式(2-209)表述：

$$F(x,t)=P(t)\cdot\delta(x-x_0) \tag{2-209}$$

式中，$F(x,t)$为列车系统对线路系统的载荷激励；$P(t)$为时变载荷的大小；$\delta(x)$为 Dirac 函数；x_0为载荷作用点位置；t为时间变量。

对定点载荷模型，需要注意的是，线路系统动态响应与载荷激励点位置相关。例如，当定点载荷作用位置位于轨枕支撑上方时，由于载荷作用点在钢轨共振模态的节点处，其计算结果对此频率的钢轨响应会体现不足。尤其是采用此模型计算线路系统模态特性时，若载荷作用点位于系统模态节点处，则该频率的系统动态响应可能无法被有效激发，进而可能会漏掉该阶模态信息。解决此缺点的方法为对载荷作用纵向位置进行略微变更和关注系统相频响应特性。

2) 移动载荷模型

移动载荷模型[36]是定点载荷模型的拓展，如图 2.77 所示。与定点载荷模型相比，移动载荷模型最大的区别是载荷将以列车运行速度 v 沿其行进方向移动。此模型主要用于早期的铁路系统动力学理论研究中。

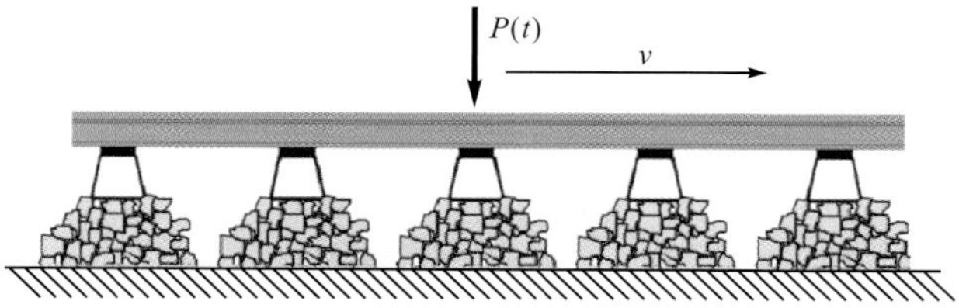

图 2.77　移动载荷模型

对于线路系统，其所受载荷可用式(2-210)表述：

$$F(x,t)=P(t)\cdot\delta(x-vt) \tag{2-210}$$

3) 移动不平顺模型

移动不平顺模型[36]是定点载荷模型的另一种拓展，如图 2.78 所示。模型中，列车系统被简化为相对线路系统在纵向方向静止不动，轮/轨的不平顺以列车运行速度 v 沿其行进方向反向移动。

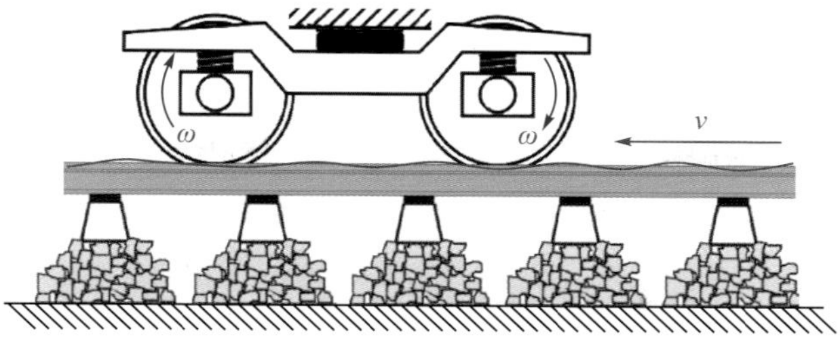

图 2.78　移动不平顺模型

此模型能考虑纵向分布的不平顺对列车/线路大系统动力学的影响，相对移动车辆模型，它具有简单、高效的显著优势，特别是在频域求解时。

4) 移动车辆模型

移动车辆模型[36]是与实际列车运行情况最符合的车线耦合激励模型，如图 2.79 所示。此模型也是现有车线耦合激励模型中最复杂的，通常用于时域调查列车-线路系统动力学。

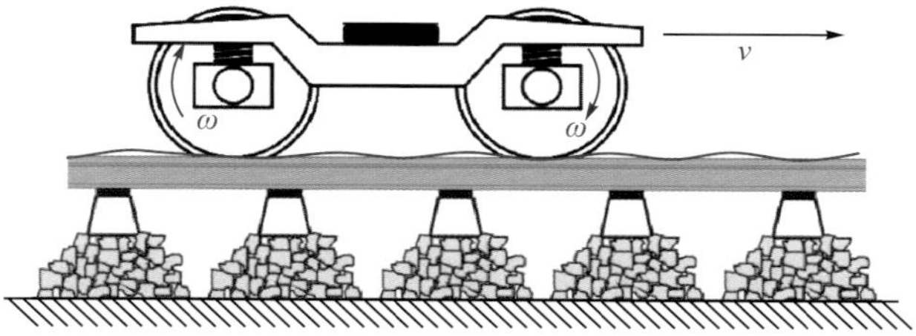

图 2.79　移动车辆模型

上述四种车线耦合激励模型可从列车纵向运动的角度将其概括成两类：车辆移动模型和车辆静止模型。车辆移动模型是指车辆在钢轨上运动，系统不平顺和轨枕的离散支撑是以位置函数表达的计算模型，简称移动模型，移动载荷模型和移动车辆模型属于此类；车辆静止模型是指车辆静止于线路的固定位置，换言之，在系统整个动态响应过程中，其纵向位置始终固定不变，系统不平顺是以时间函数表达的计算模型，简称定点模型，定点载荷模型和移动不平顺模型属于此类。

车辆移动模型能更好地模拟列车和线路系统在横向、垂向和纵向的空间振动行为，计算结果与实际情况更为接近，但计算量庞大且复杂，尤其是在线路系统考虑中高频振动特性对系统动态响应影响时或需要捕捉线路下部结构(如地基土层)波动特性时，需要采用实体有限元建模分析。当需要对较长区段线路运行下的高速列车/线路大系统动态行为进行研究时，往往会由于线路系统过于庞大，超出目前计算机所能承受的运算和存储能力范围，使得最终采用移动模型无法实施。而且，由于采用梁模型的钢轨过长，造成钢轨模态精度下降，而且难以描述短波的振动行为。

为了克服移动模型的不足，往往对列车纵向运动进行简化处理，采用定点载荷模型。定点载荷模型的优点是列车系统在纵向方向固定不动，根据圣维南原理，仅需选取一定长度的线路区段进行计算即可保证系统动态响应结果的精度，因此计算量大大减小，数值过程也变得简单。

但在采用定点模型时，计算线路区段内所包含的轨下支撑个数是固定不变的，且它们在整个计算过程中在线路纵向位置也不发生变化，无法与列车运行过程联系起来考虑轨下结构纵向刚度变化特性。换言之，该模型无法处理因列车运行导致轨下支撑(扣件、轨枕、道床及路基)不规则或不均匀连续周期更换，而对高速列车/线路大系统形成激励作用和对系统动力学特性产生影响，不能体现高速列车/线路耦合动力学中车轮过轨跨频率和过轨下周期离散支撑频率的影响。而且，该模型也无法给出轨下结构在车辆通过时的动态响应时间历程，只能给出列车通过时的一个瞬时值，并认为是动态响应的最大值，也就是轨道下部结构的动态响应时间历程由靠车轮最近的轨下支撑结构(轨枕与等效道床块)输出，这是定点载荷模型最明显的缺点[37]。

综合上述两种模型的长处，可采用“滑移窗口模型”来更为高效地进行车线耦合激励模拟，其基本原理及思路可参考文献[37]的“tracking window”(图 2.80)。滑移窗口模型顾名思义，是列车系统静止不动，线路系统包括钢轨、扣件、轨下垫层、轨道板、轨枕、道床和道砟及轮轨表面不平顺沿行车相反方向做相对运动，运动速度大小和行车速度相同。实际上可以理解成列车沿真实轨道系统前进。

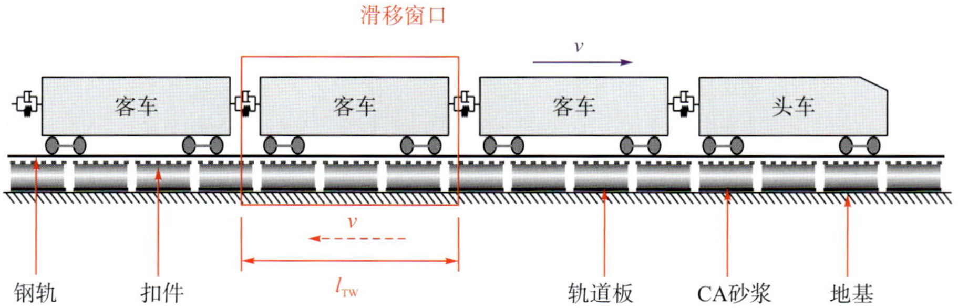

图 2.80　滑移窗口模型[37]

5)滑移窗口模型

(1)滑移窗口的定义。

滑移窗口模型可充分考虑离散轨下支撑特性和轨道不平顺的影响，尤其是线路沿纵向不均匀变化的支撑特性。此模型更为接近列车在轨枕跨间移动的实际情况，在每一个计算时间步，判断计算钢轨长度内的轨下支撑。根据圣维南原理，仅考虑在计算钢轨长度内的轨下支撑对该时刻的列车/线路系统起激振作用，计算区域外的轨下支撑则忽略不计。

在滑移窗口模型中，为满足高速铁路枕木、轨道板和桥梁结构计算窗口的选择，滑移窗口长度 l_{TW} 的设置是时变的，如图 2.81 所示。滑移窗口设置的基本原则是：①针对枕木、轨道板和桥梁设置不同的计算窗口；②窗口选择要保证有足够的长度，以保证窗口能反映振动的基本信息；③各窗口长度的设置要考虑到边界点，其中枕木(也就是钢轨)窗口的设置长度一定在枕木上，不能在枕木中间，否则钢轨悬空，无法进行边界点计算，轨道板的窗口边界一定在轨道板的边缘，桥梁的窗口也一定在桥梁端部，不能在轨道板和桥梁上面；④各窗口之间应该保持协调，即轨道板窗口移动在桥梁窗口范围内，枕木(钢轨)的窗口在轨道板的窗口内。根据以上滑移窗口设置的基本原则，则可确定不同线路类型对应的滑移窗口的长度。

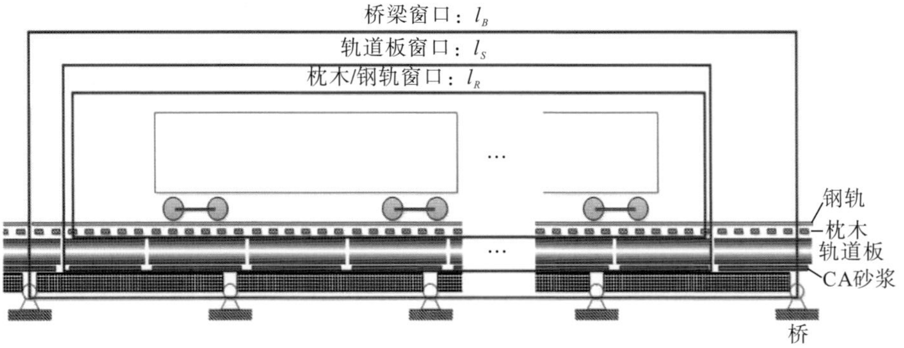

图 2.81　滑移窗口长度计算模型

滑移窗口是随车运行跳跃式移动的，枕木窗口的跳跃距离是枕木间距，一般为 0.6m，轨道板窗口的跳跃距离是轨道板长度，一般为 6.5m，高架桥梁窗口的跳跃距离是桥梁长度，一般为 32m，因此各窗口移动一直在发生且交替变换，使计算变得十分复杂。为了简化，以桥梁窗口的移动为基础，轨道和枕木(钢轨)窗口和桥梁窗口随动，但是由于枕木和轨道板相对每一跨桥梁可能是不一致的，三个窗口之间的相对位置有变换，而且桥梁本身跨距在不同位置也可能发生变化，因此三个窗口必须同时存在，按照上述规则进行协调移动。

考虑桥梁、轨道板、枕木及钢轨振动衰减，可以忽略所计算窗口外的振动。这时整个列车/线路的滑移窗口长度 l_{TW}、钢轨移动窗口长度 l_R、枕木移动窗口长度 l_S、桥梁移动窗口长度 l_B 应满足 $l_R \leqslant l_S \leqslant l_B \leqslant l_{\mathrm{TW}}$。如果是路堤段无砟轨道，则没有桥梁窗口 l_B。

对于车-线-桥耦合问题，桥梁窗口的选择至关重要，它也是轨道板和枕木窗口选择的依据。在桥梁窗口跟随列车步进式移动时，应尽可能使桥梁窗口在列车窗口中间，窗口前后端到列车的距离应该大于保证计算精度的计算域。

在运用以上滑移窗口技术的基础上，不仅可以有效降低长大线路仿真时的计算量，而且可以实现列车前进方式的仿真计算，同时可以比较灵活地处理路堤段、过渡段和桥梁段的复合结构线路方式，使得连续长大线路条件的列车运行仿真计算成为可能。

(2) 钢轨的滑移窗口计算方法。

采用滑移窗口进行车线耦合计算时，由于枕木、轨道板和轨道桥可以看成离散的对象，因此移入移出计算窗口很好处理。但钢轨是一个连续体，即便是取一段钢轨作为梁单元进行计算，也还没有学者尝试让钢轨通过滑移窗口，不断按照列车位置进行变化，实现任意长钢轨上列车的运行模拟。

假设在 t_0 时刻，钢轨原计算窗口为 AB，下一个计算时刻 $t_0+\Delta t$ 的窗口为 $A'B'$，钢轨有振动的位移(变形)有效区在 $A'B$ 之间的虚框内，虚框之外的钢轨振动位移可以忽略，如图 2.82 所示。在窗口 AB，钢轨假定为简支梁，A 点为梁的局部坐标原点，沿轨道前进方向为 X 轴，这时的窗口 AB 梁的振动位移 z_r 可以表述为

$$z_r(x,t_0)=\sum_{k=1}^{n_z} z_{rk}(x)q_{rk}(t_0) \tag{2-211}$$

式中，$z_{rk}(x)$ 为窗口区钢轨 AB 的第 k 阶模态振型；$q_{rk}(t)$ 是第 k 阶模态幅值；n_z 是模态阶数。

在下一个计算时刻的窗口 $A'B'$ 内，钢轨假定为简支梁，A' 点为梁的局部坐标原点，沿轨道前进方向为 X' 轴，这时的窗口 $A'B'$ 梁的振动位移 z_r' 可以表述为

$$z_r'(x',t_0+\Delta t)=\sum_{k=1}^{n_z} z_{rk}'(x')q_{rk}'(t_0+\Delta t) \tag{2-212}$$

式中，$z_{rk}'(x')$ 为窗口区钢轨 $A'B'$ 的第 k 阶模态振型；$q_{rk}'(t)$ 为钢轨第 k 阶模态幅值。

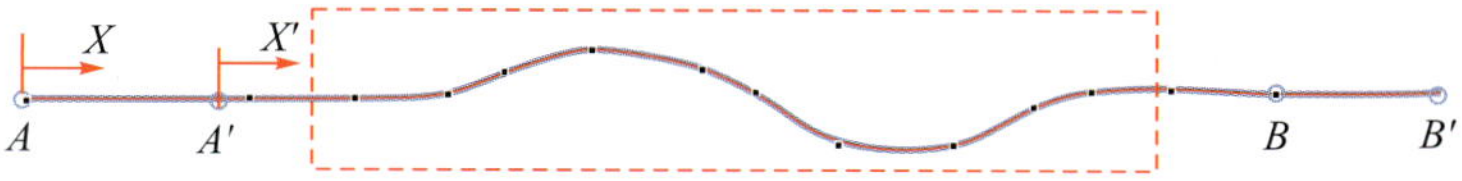

图 2.82 滑移窗口

在图 2.82 和图 2.83 中，$A'B$ 是前后两个计算时刻滑移窗口 AB 和 $A'B'$ 的公共段，包含钢轨的振动位移有效区。在公共段设置 n_z 个断面，这样对于两个不同窗口，同一个截面 k 处，钢轨在两个窗口坐标系中的坐标分别是 (x_k,z_k) 和 (x_k',z_k')，由于是同一点，显然 $z_k=z_k'$。

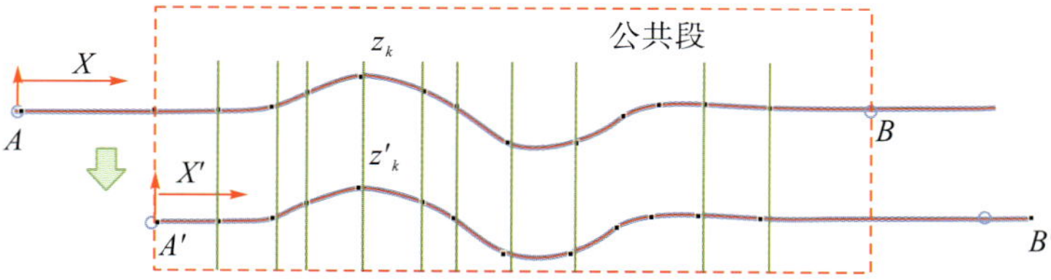

图 2.83 滑移窗口断面设置

$$\sum_{k=1}^{n_z} z_{rk}'(x_k')q_{rk}'(t_0+\Delta t)=z_k(x_k,t_0),\quad k=1,2,\cdots,n_z \tag{2-213}$$

由于钢轨的振动位移 z_k 和窗口 $A'B'$ 的钢轨振型 z_{rk}' 为已知量，式(2-213)就成为一个线性方程组，求解模态幅值 q_{rk}'。求得模态幅值 q_{rk}' 后，这时的钢轨振动就从原窗口 AB 到新窗口 $A'B'$，实现了窗口滑移。

6. 流固耦合模型

鉴于流固耦合计算的复杂性，在流固耦合计算时大体采用以下几种不同的计算模型。

1) 离线仿真模型

传统的空气动力学模型不考虑在气动力作用下的列车姿态变化，利用流体动力学软件来计算得到稳态的气动力或力矩，再加载到车辆动力学模型中计算动力学响应，即离线仿真方法。

结合列车动力学方程(2-23)和流体控制方程(2-161)，高速列车离线仿真的表达式如下：

$$\begin{cases}\dfrac{\partial}{\partial t}\displaystyle\int_V \rho\boldsymbol{\varphi}\mathrm{d}V+\int_A \boldsymbol{n}\cdot\big(\rho(\boldsymbol{v}-\overline{\boldsymbol{v}})\boldsymbol{\varphi}\big)\mathrm{d}A=\int_A \boldsymbol{n}\cdot\big(\Gamma\,\mathrm{grad}\,\boldsymbol{\varphi}\big)\mathrm{d}A+\int_V \boldsymbol{S}\mathrm{d}V\\ \overline{\boldsymbol{v}}=\boldsymbol{V}_c\\ \boldsymbol{F}_a=H(\boldsymbol{\varphi})\\ \boldsymbol{M}\ddot{\boldsymbol{p}}=\boldsymbol{Q}_c+\boldsymbol{Q}_e+\boldsymbol{Q}_v+\boldsymbol{Q}_{\mathrm{wr}}+\boldsymbol{Q}_a\end{cases} \tag{2-214}$$

式中，$\boldsymbol{V}_c$ 为列车的运动速度矢量；气动力(矩) $\boldsymbol{F}_a$ 可以表达为关于流场通量 $\boldsymbol{\varphi}$ 的积分函数 H。

离线仿真方法是传统的列车空气动力学计算方法，仅仅适用于对计算精度不高、在空旷条件下稳态气流作用的列车空气动力学计算。

2) 联合仿真模型

实时地把气动力加载到列车系统动力学的计算模型中，而列车运行姿态的调整所造成的气动力变化也可以得到及时反映，实现真正的流固耦合计算。由于联合仿真中每一步积分都要重新对列车姿态进行气动力的计算，因此计算效率很低，但是这一模式对于会车、隧道通过和脉动风作用这样的动态过程，是唯一的选择。

结合列车动力学方程(2-23)和流体控制方程(2-161)，高速列车联合仿真的表达式如下：

$$\begin{cases}\dfrac{\partial}{\partial t}\displaystyle\int_V \rho\boldsymbol{\varphi}\mathrm{d}V+\int_A \boldsymbol{n}\cdot\big(\rho(\boldsymbol{v}-\overline{\boldsymbol{v}})\boldsymbol{\varphi}\big)\mathrm{d}A=\int_A \boldsymbol{n}\cdot\big(\Gamma\,\mathrm{grad}\boldsymbol{\varphi}\big)\mathrm{d}A+\int_V \boldsymbol{S}\mathrm{d}V\\ \boldsymbol{F}_a=H(\boldsymbol{\varphi})\\ \overline{\boldsymbol{v}}=\dot{\boldsymbol{R}}+\boldsymbol{\omega}\times\boldsymbol{u}\\ [\dot{\boldsymbol{R}}\ \ \boldsymbol{\omega}]^{\mathrm{T}}=\dot{\boldsymbol{p}}\\ \boldsymbol{M}\ddot{\boldsymbol{p}}=\boldsymbol{Q}_c+\boldsymbol{Q}_e+\boldsymbol{Q}_v+\boldsymbol{Q}_{\mathrm{wr}}+\boldsymbol{F}_a\end{cases} \tag{2-215}$$

高速列车流固耦合联合仿真计算流程如图 2.84 所示[38, 39]。每一个耦合时间间隔进行如下迭代：①根据列车的姿态信息更新流场计算网格；②在新的网格基础上离散并求解流体控制方程，计算流体计算区域内的流场信息以及列车的气动力；③传递列车气动力信息至车辆动力学模型，并计算气动力作用下的车辆动力学响应。流体计算区域的网格更新主要采用弹簧近似方法和网格重划分方法。

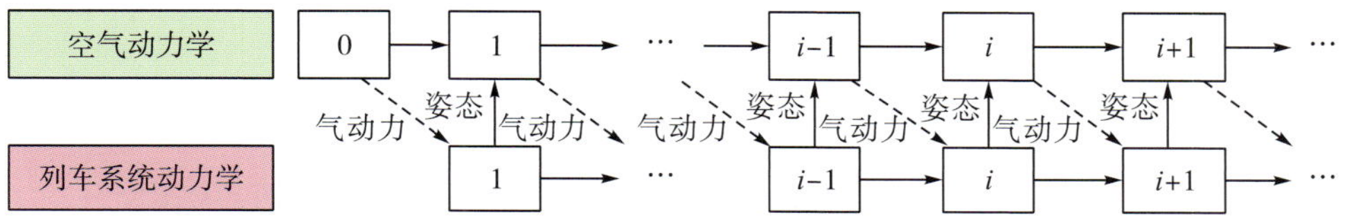

图 2.84　高速列车流固耦合联合仿真计算流程

一般而言，流固耦合计算对流体和车辆在时间尺度的要求上是不一致的。车辆动力学求解器需求的时间迭代步长量级往往要比列车空气动力学求解器需求的时间迭代步长量级小。若列车空气动力学计算的时间迭代步长偏小，则会极大地影响计算效率和速度；若车辆动力学计算的时间迭代步长偏大，则容易引起计算结果的振荡或者发散。高速列车流固耦合计算方法中，列车空气动力学和车辆动力学的时间迭代步长分别选取适合自己的量级，这样可以较好地解决流固耦合计算对流体和车辆在时间尺度的要求不一致的问题[38]。

由于高速列车流固耦合计算中列车空气动力学和车辆动力学计算的时间迭代步长不一致，如果耦合迭代过程中气动力作为恒定力传递给车辆动力学求解器，那么在两个相邻的耦合迭代步对应时刻，传递给车辆动力学求解器的气动力可能存在突变，容易引起车辆动力学计算的振荡或者发散。为了避免这种情况，使得传递给车辆动力学求解器的气动力连续，可以通过插值当前时刻和上一时刻的气动力，那么时刻 t(介于时刻 t_n 和 t_{n-1})传递给车辆动力学求解器的气动力 $\boldsymbol{F}_a$ 表达式[38]为

$$\boldsymbol{F}_a = \boldsymbol{F}_{n-1} + \frac{t - t_{n-1}}{t_n - t_{n-1}}(\boldsymbol{F}_n - \boldsymbol{F}_{n-1}) \tag{2-216}$$

式中，$\boldsymbol{F}_n$ 和 $\boldsymbol{F}_{n-1}$ 分别为时间 t_n 和 t_{n-1} 通过列车空气动力学求解器求解得到的气动力。

3)基于松弛因子的联合仿真模型

高速列车流固耦合动力学中存在一个关键问题：列车空气动力学和列车系统动力学之间迭代的耗散，即如何加载列车气动力计算车辆系统动力学响应。为了尽可能降低列车空气动力学和车辆系统动力学之间迭代的耗散，提出了一种基于松弛因子的高速列车流固耦合联合仿真方法[25]，如图 2.85 所示。相比如图 2.84 所示的联合仿真方法，基于松弛因子的高速列车流固耦合联合仿真方法的不同之处在于：第 i+1 时刻(即第 i+1 个耦合迭代步)空气动力学求解器传递给车辆系统动力学求解器的气动力不是第 i 时刻的气动力，而是由第 i 时刻以及第 $i-1$ 时刻等的气动力信息预测校正得到的。

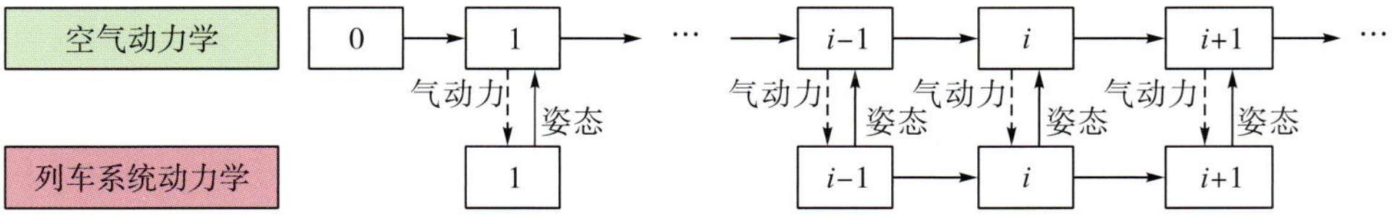

图 2.85 基于松弛因子的高速列车流固耦合联合仿真

假设第 $i-1$ 时刻和第 i 时刻列车空气动力学求解器计算得到的列车气动力分别为 f_{i-1} 和 f_i，并且列车空气动力学求解的时间迭代步长为 Δt，那么第 i 时刻的列车气动力的一阶导数近似可以表述如下：

$$\dot{f}_i = \frac{f_i - f_{i-1}}{\Delta t} \tag{2-217}$$

由于时间迭代步长 Δt 量级比较小，故预测第 i+1 时刻的列车气动力近似为

$$f_{i+1} = f_i + \Delta t \times \dot{f}_i = 2f_i - f_{i-1} \tag{2-218}$$

通过引入松弛因子 λ 对第 i+1 时刻的列车气动力进行修正，则第 i+1 时刻空气动力学求解器传递给车辆系统动力学求解器的气动力 $\tilde{f}_{i+1}$ 表达式为

$$\tilde{f}_{i+1}=(1-\lambda)f_i+\lambda f_{i+1}=(1+\lambda)f_i-\lambda f_{i-1} \tag{2-219}$$

当 $\lambda=0$ 时，第 i+1 时刻空气动力学求解器传递给车辆系统动力学求解器的气动力 $\tilde{f}_{i+1}$ 为 f_i，即前面描述的联合仿真方法。

研究结果表明[40]：当松弛因子 λ 选取 0.5 时，列车空气动力学和列车系统动力学之间迭代的耗散最小。

4) 平衡状态模型

环境风虽然是瞬息万变的，但是也存在很多区域环境风的速度在一段时间内较稳定。当车辆系统动力学忽略轨道不平顺谱等外激励的影响时，具有较平稳速度的环境风作用下的高速列车气动力和列车姿态处于一种相对平衡状态，即气动力和姿态的波动在一定阶段过后会比较小。考虑在气动力作用下的列车姿态变化，计算时首先采用流固耦合计算，计算得到稳态气流作用下的列车姿态变化，待姿态稳定后，把稳态后的气动力加载到列车系统动力学模型中，进行离线的流固耦合计算，即平衡状态方法[25]。这一模式较传统空气动力学模式可以进一步提高计算精度，提高了计算稳态环境风下高速列车流固耦合的计算速度和效率。高速列车流固耦合平衡状态法的流程如图 2.86 所示。

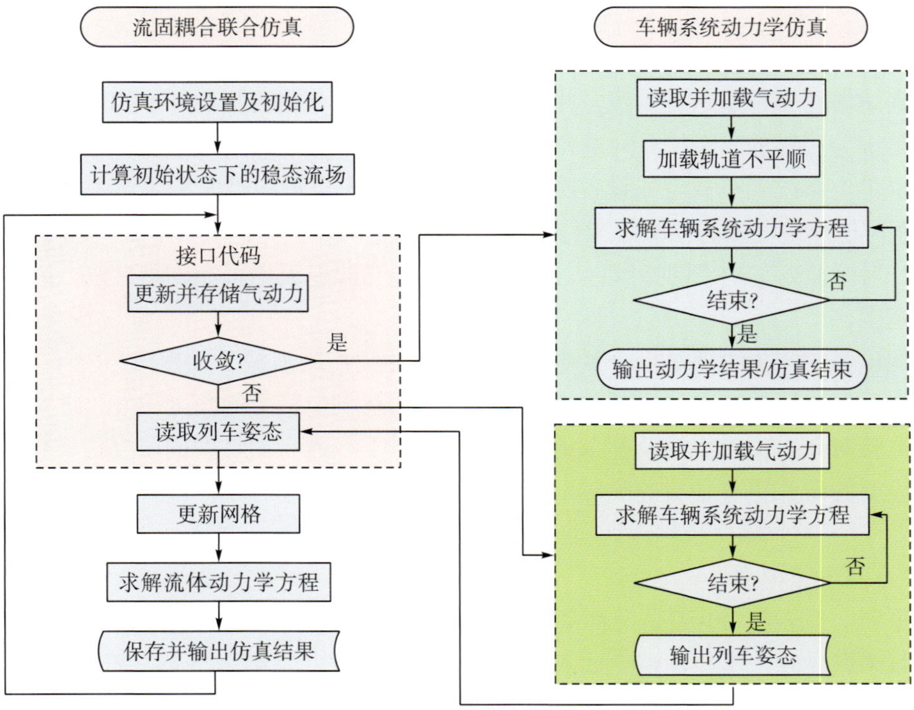

图 2.86　高速列车流固耦合平衡状态法流程图

计算过程主要如下：

(1) 利用列车空气动力学求解器计算初始状态下高速列车的流场信息以及气动力；

(2) 更新列车气动力(矩)，并根据收敛准则判断结果是否收敛，若收敛则跳至第(6)步，否则进入第(3)步；

(3) 忽略轨道不平顺的影响，利用车辆动力学求解器计算当前气动力作用下的车辆动力学响应，并将车体稳定姿态的信息传递给接口代码；

(4) 接口代码根据返回的列车姿态信息，利用网格更新技术对流场计算区域的网格进行更新，并利用列车空气动力学求解器计算当前姿态下列车的流场，直到列车气动力的幅值波动较小；

(5) 存储流体计算输出结果并跳至第(2)步；

(6) 加载轨道不平顺，利用车辆动力学求解器计算平衡状态下气动力作用的车辆动力学响应，并存储动力学输出结果。

气动力的收敛判断需要通过建立收敛准则，即任意一个指标 x 满足收敛准则：

$$\left|\frac{x_{i+1}-x_i}{x_i}\right|<\varepsilon \tag{2-220}$$

式中，x_i 和 x_{i+1} 分别为第 i 个和第 $i+1$ 个时间迭代步的指标幅值；ε 为收敛误差。

7. 机电耦合模型

1) 车-网机电耦合

列车在高速运行过程中，通过安装于车顶的受电弓从接触网上获取电能。受电弓与接触线在高速滑动条件下进行受流，并且承受机械、电气和热等复杂环境的影响，需保持稳定受流是十分困难的，因此弓网电弧时有发生。弓网电弧容易引起谐波和过电压现象，从而对牵引供电系统和车载电气设备造成影响。以往对于电弧的研究主要集中在开关电弧领域，然而，与开关电弧的立即熄灭特性不同，弓网电弧作为弓网离线状态时传输能量的特殊载体，为保证列车功率的持续性，弓网电弧不能立即熄灭也不能剧烈燃烧，需将其控制在一定范围。

弓网电弧的产生主要是由于受电弓滑板与接触线在剧烈振动过程中产生了间隙，高压电场击穿后形成了等离子体电弧放电通道，因此需从机电耦合的角度出发，研究弓网振动引起的电弧对牵引供电系统及列车运行的影响。对于弓网振动特性的研究已比较成熟，弓网电弧模型的研究也有了新的突破，所以关键问题是如何建立弓网电弧与弓网振动之间的关系。

(1) 弓网电弧模型。

理论和实践表明，电弧是一种复杂的等离子体形态，其电压和电流之间存在高度非线性，电弧未燃烧时，电极两端之间的气体不具有导电性，呈高阻状态，随着气体的击穿，电弧的持续燃烧，电弧电阻呈现负阻状态，电弧电压呈现相对稳定的值，当电弧提供的能量不足时，电弧电阻呈现正阻状态，电弧稳定性减弱，并快速熄灭。因此，电弧负载在仿真分析中可以采用非线性电阻来模拟，在电路仿真分析中采用黑盒模型，经典的电弧黑盒模型有 Cauchy 模型和 Mayer 电弧模型，分别如式(2-221)和式(2-222)所示。

Cauchy 电弧数学表达式：

$$\frac{1}{g}\frac{\mathrm{d}g}{\mathrm{d}t}=\frac{\mathrm{d}\ln g}{\mathrm{d}t}=\frac{1}{\tau}\left(\frac{u^2}{U_c^2}-1\right) \tag{2-221}$$

Mayer 电弧数学表达式：

$$\frac{1}{g}\frac{\mathrm{d}g}{\mathrm{d}t}=\frac{\mathrm{d}\ln g}{\mathrm{d}t}=\frac{1}{\tau}\left(\frac{ui}{P}-1\right) \tag{2-222}$$

式中，g 为电弧电导；u 为电弧电压；U_c 为电弧电压常数；t 为电弧持续时间；τ 为电弧模型自由参数；i 为电弧电流；P 为耗散功率。

在研究了 Cauchy 和 Mayer 电弧模型的基础上发现，Cauchy 电弧模型适合大电流电弧稳定燃弧状态，Mayer 模型适用于小电流电弧，但是弓网电弧在起弧-燃烧-熄灭整个过程中，电流由小变大再减小，因此可以考虑综合应用 Cauchy 和 Mayer 电弧模型，将 Mayer 电弧电阻与 Cauchy 电弧电阻串联。其电路结构如图 2.87 所示。根据电路图，可得到其电弧新的表达式，如式(2-223)所示。

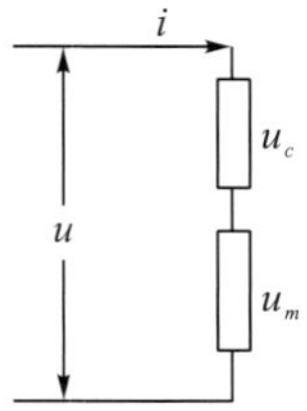

图 2.87　Cauchy-Mayer 串联电弧模型

$$\begin{aligned}&\frac{\mathrm{d}g_c}{\mathrm{d}t}=\frac{1}{\tau_c}\left(\frac{u^2g^2}{U_c^2g_c}-g_c\right)\\&\frac{\mathrm{d}g_m}{\mathrm{d}t}=\frac{1}{\tau_m}\left(\frac{u^2g^2}{p_0}-g_m\right)\\&\frac{1}{g}=\frac{1}{g_c}+\frac{1}{g_m}\end{aligned} \tag{2-223}$$

采用 MATLAB 对 Cauchy-Mayer 串联电弧模型建立电弧仿真模块，利用 Simulink 对其电气特性进行仿真。电弧模型由电压控制的电流源、微分方程编辑器、定值检测、阶跃信号、电压测量模块组成，仿真结果如图 2.88 和图 2.89 所示，图 2.88 为串联电弧在某一周期的电弧模型，图 2.90 为 Cauchy-Mayer 串联连续燃弧电压，图 2.89 为实测电弧电压波形。比较图 2.88 和图 2.89 可知，仿真得到的电弧电压波形和测试得到的电弧电压波形极其相似。可见 Cauchy-Mayer 串联电弧模型可以反映电弧特性，相比 Cauchy 和 Mayer 电弧模型，其结果更能真实反映弓网电弧。

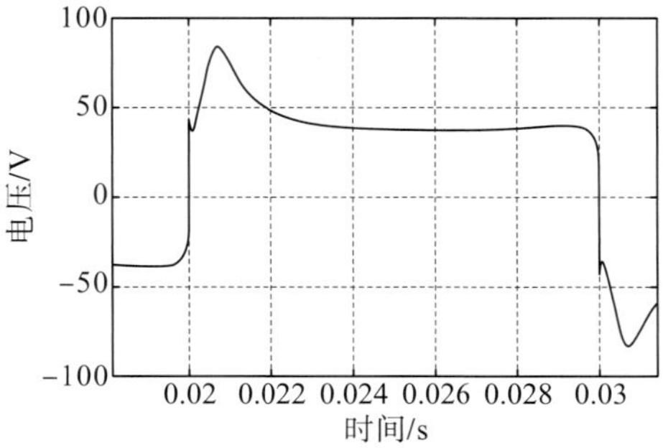

图 2.88　Cauchy-Mayer 串联电弧电压

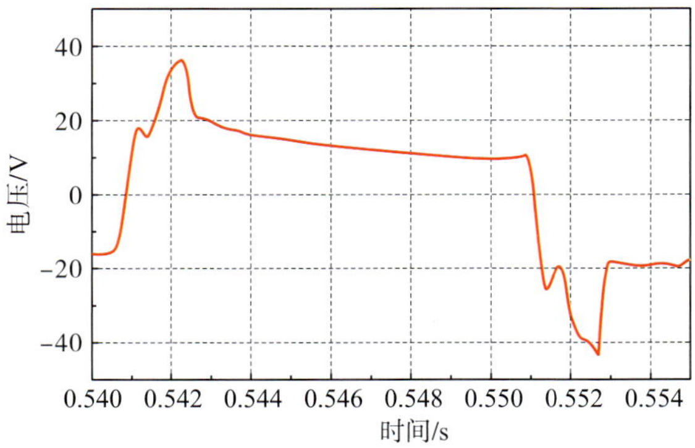

图 2.89 弓网电弧实测电弧电压

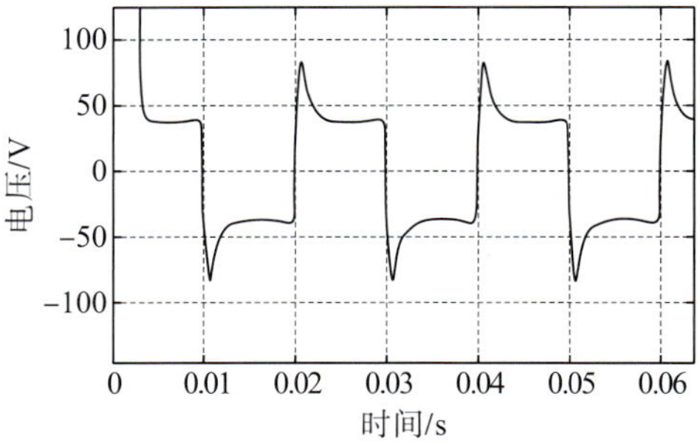

(a) Cauchy-Mayer串联接触电弧电压

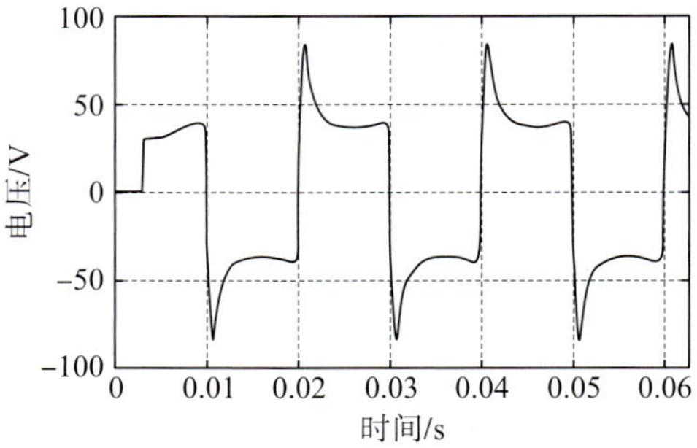

(d) Cauchy-Mayer串联分离电弧电压

图 2.90 Cauchy-Mayer 串联连续燃弧电压

由图 2.88 可知，Cauchy-Mayer 串联电弧模型，无论是接触过程还是分离过程，电弧起弧电压、稳定燃弧电压及电弧熄灭电压均为一恒定值，这与弓网的离线电弧实际情况不一致，弓网离线过程中，弓网之间的间隙不断变化，起弧电压、稳定燃弧电压、电弧熄灭电压均随间隙变化而变化，而非恒定值。因此，直接将 Cauchy 和 Mayer 电弧模型串联得到的电弧模型仅能反映弓网电弧某一周期的电弧形态，不能反映整个弓网电弧的动态变化特性，实际弓网电弧的动态特性中 U_c 和 P_0 并不是常量，应为与弓网间隙、电弧周围流场相关。

对 Cauchy-Mayer 串联电弧模型进行修正，建立了适用于弓网电弧的数学模型：

$$
\begin{aligned}
&\frac{\mathrm{d}g_c}{\mathrm{d}t}=\frac{1}{\tau_c}\left(\frac{u^2g^2}{U_c(d)g_c}-g_c\right)\\
&\frac{\mathrm{d}g_m}{\mathrm{d}t}=\frac{1}{\tau_m}\left(\frac{u^2g^2}{Cp_0(d)}-g_m\right)\\
&\frac{1}{g}=\frac{1}{g_c}+\frac{1}{g_m}
\end{aligned}
\tag{2-224}
$$

式中，C 为弧柱散热系数，该系数与弧柱周围气流场及弓网散热系数有关；d 为弧柱长度，也称为弓网振动间隙。

利用式(2-224)建立弓网电弧仿真模型，图 2.91 为仿真得到的电弧接触燃弧电压，图 2.92 为实测的弓网重燃电弧电压。随着弓网电弧的间隙(弧长)减小，其起弧电压、稳定燃弧电压及电弧熄灭电压等均在降低，仿真得到的结果与测试得到的结果具有高度的相似性，因此式(2-224)可以作为弓网电弧的数学模型。

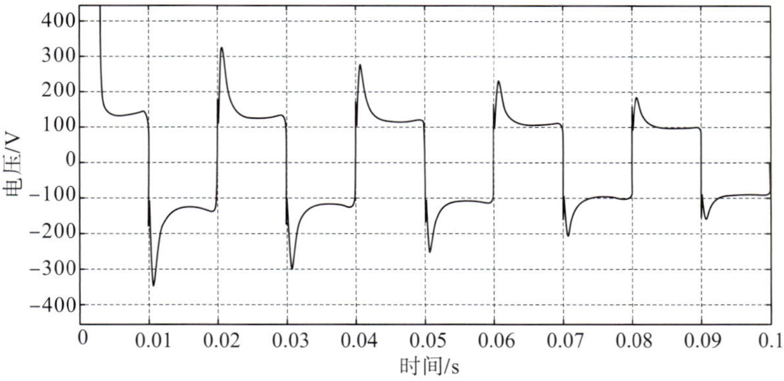

图 2.91 电弧接触燃弧电压

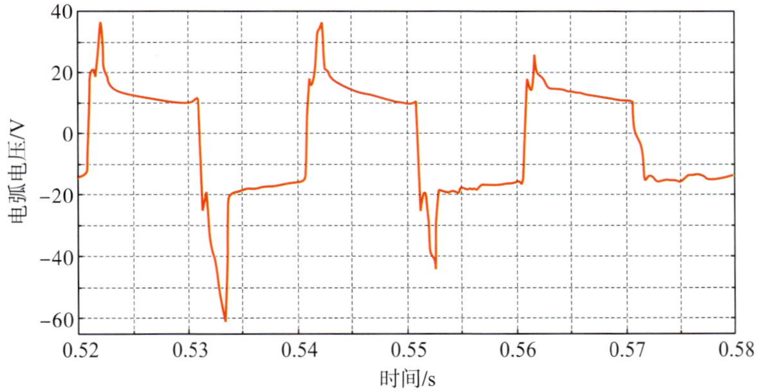

图 2.92 实测弓网重燃电弧电压

(2) 车-网机电耦合模型。

我们已经知道，弓网接触压力表达式可写为

$$F_c = -k_c(z'_{\text{cph}} - z'_{\text{ccw}}) \tag{2-225}$$

式中，F_c 为弓网接触压力；k_c 为接触刚度；z'_{cph} 为弓头垂向位移；z'_{ccw} 为接触线在与弓头接触点处的垂向位移。

由弓网接触压力表达式可知，当 $F_c \leqslant 0$ 时，表明弓网产生离线，因此前述弓网振动间隙 d 又可表示为

$$d = z'_{\text{ccw}} - z'_{\text{cph}}, \quad d>0 \tag{2-226}$$

式中，z'_{ccw} 和 z'_{cph} 可根据弓网耦合动力学方程组求解。

因此，根据弓网振动间隙以及弓网电弧模型可建立起车-网的机电耦合关系，如

式(2-227)所示：

$$\begin{cases}\dfrac{\mathrm{d}g_c}{\mathrm{d}t}=\dfrac{1}{\tau_c}\left(\dfrac{u^2g^2}{U_c(d)g_c}-g_c\right)\\ \dfrac{\mathrm{d}g_m}{\mathrm{d}t}=\dfrac{1}{\tau_m}\left(\dfrac{u^2g^2}{Cp_0(d)}-g_m\right)\\ \dfrac{1}{g}=\dfrac{1}{g_c}+\dfrac{1}{g_m}\\ d=Z_c-Z_H,\quad d>0\end{cases} \tag{2-227}$$

根据以上建立的车-网机电耦合关系，就可通过弓网系统电路分析模型，研究机电耦合条件下弓网离线对牵引供电系统的影响规律，如图2.93所示。图中U_m是牵引变电所的输出电压，R_c和L_c是接触网的电阻和电感，R_r和L_r是钢轨的电阻和电感，C_c是接触网与钢轨间的分布电容，R_d和L_d是表征高速动车组的等效电阻和电感。

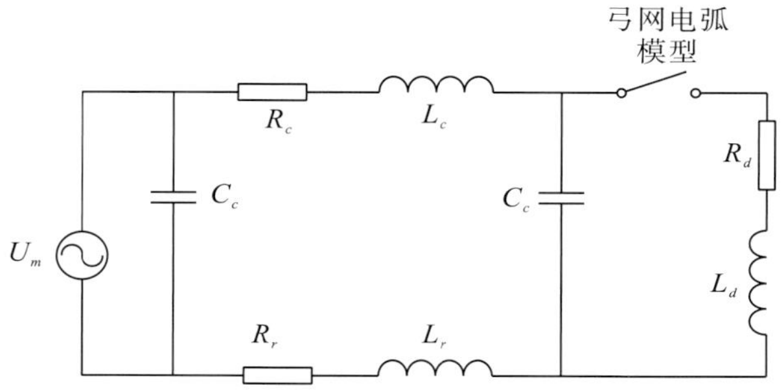

图2.93 车-网机电耦合仿真图

进行车-网机电耦合仿真时，首先通过弓网耦合动力学计算获得弓网振动间隙d，然后将振动间隙d引入弓网电弧模型，最后将弓网电弧模型引入牵引供电仿真模型进行计算分析。

2)电机-车轮耦合

在电传动系统的建模中，只给出了从受电弓获取电源到电机输出扭矩数学模型，从牵引电机到轮对，还需要经过车轮联轴器、齿轮箱，最后把牵引扭矩传递到轮对，驱动或者制动列车。大部分高速动车组驱动装置的悬挂方式为架悬式，驱动系统与传动系统之间通常采用挠性浮动齿式联轴节相连，牵引电动机通过螺栓连接完全固定于构架横梁上，牵引电动机的输出扭矩经挠性浮动齿式联轴节传递给主动小齿轮，并通过齿轮的啮合将扭矩传递到从动大齿轮，进而驱动轮对旋转，如图2.94所示。需要特别注意的是，从动大齿轮是直接压装在车轴上的，同时齿轮箱的一端通过抱轴承悬挂在车轴上，另一端通过弹性吊杆吊挂在构架横梁上。这样大齿轮和齿轮箱将参与到轮对的运动中，它的质量和转动惯量需要在车辆系统动力学模型中考虑到轮对模型中。

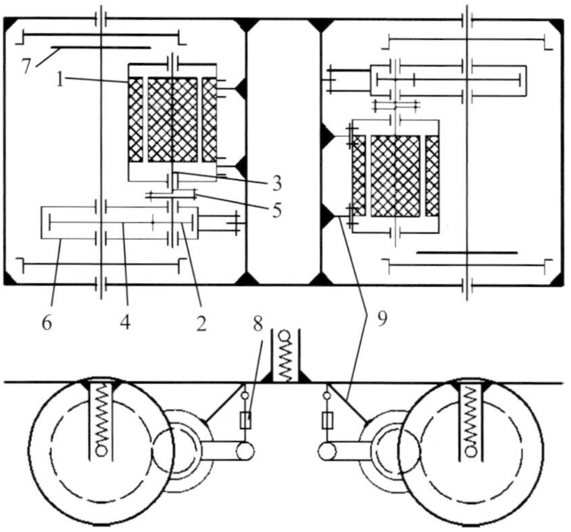

图 2.94　挠性浮动齿式联轴节架悬式驱动装置结构原理图

1-牵引电机；2-小齿轮；3-驱动轴；4-大齿轮；5-挠性联轴器；6-减速齿轮箱；7-制动盘；

8-齿轮箱吊挂装置；9-电机吊挂装置

在一般的列车动力学研究和列车牵引计算中，从牵引电机到轮对的数学模型考虑比较简单，仅仅是考虑齿轮箱的传动比。在实际情况中，挠性浮动齿式联轴节是多齿轮的准静态啮合，基本不存在运动和对电机输出扭矩的扰动。但准确考虑传动齿轮传动的动态行为时，可以在传动模型中建立齿轮啮合动力学方程，考虑齿轮的振动行为。

当不考虑传动轴和支撑系统的弹性变形时，可将传动齿轮系统简化处理为齿轮副的扭转振动系统，如图 2.95 所示，θ_p、θ_g 为主、被动齿轮的扭转振动角位移，I_p、I_g 为主、被动齿轮的转动惯量，R_p、R_g 为主、被动齿轮的基圆半径，$e(t)$ 为轮齿啮合综合误差，k_m 为啮合综合刚度，c_m 为啮合阻尼，T_p、T_g 为作用在主、被动齿轮上的外载荷力矩。

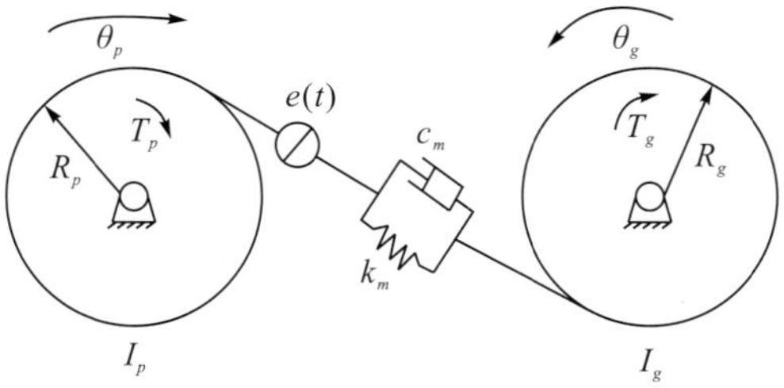

图 2.95　齿轮振动模型

则动力学方程可以表示为[41]

$$\begin{cases} I_p\ddot{\theta}_p + c_m R_p[R_p\dot{\theta}_p - R_g\dot{\theta}_g - \dot{e}(t)] + k_m R_p[R_p\theta_p - R_g\theta_g - e(t)] = T_p \\ I_g\ddot{\theta}_g - c_m R_g[R_p\dot{\theta}_p - R_g\dot{\theta}_g - \dot{e}(t)] - k_m R_g[R_p\theta_p - R_g\theta_g - e(t)] = -T_g \end{cases} \tag{2-228}$$

定义啮合线上两齿轮的相对位移 Δx 为

$$\Delta x=R_p\theta_p-R_g\theta_g \tag{2-229}$$

式(2-228)中两式相减得

$$I_pI_g\Delta\ddot{x}+(I_gc_mR_p^2+I_pc_mR_g^2)(\Delta\dot{x}-\dot{e}(t))+(I_gk_mR_p^2+I_pk_mR_g^2)(\Delta x-e(t))=I_gR_pT_p+I_pR_gT_g \tag{2-230}$$

方程包含了系统在力矩平衡状态下的相对转角 Δx_0。

令 $\Delta\ddot{x}_0=0$，$\Delta\dot{x}_0=0$，可求出平衡状态下静变形的相对转角。此时 $T_p=T_{p0}$，$T_g=T_{g0}$。代入式(2-230)得

$$(I_gc_mR_p^2+I_pc_mR_g^2)(-\dot{e}(t))+(I_gk_mR_p^2+I_pk_mR_g^2)(\Delta x_0-e(t))=I_gR_pT_{p0}+I_pR_gT_{g0} \tag{2-231}$$

求出 Δx_0 后，令 $x=\Delta x-\Delta x_0$，则式(2-230)可表示为

$$\frac{I_gI_p}{R_p^2(I_g+iI_p)}\ddot{x}+c_m(\dot{x}-\dot{e}(t))+k_m(x+\Delta x_0+e(t))=\frac{I_gT_p+iI_pT_g}{R_p(I_g+iI_p)} \tag{2-232}$$

式中，i 为传动比。

将时变啮合刚度表示为 $k_m=\bar{k}-\Delta k(t)$，引入总的等效激励误差，略去微小量，则式(2-232)可变为

$$M\ddot{x}+C\dot{x}+\bar{k}x=\Delta k(t)e(t) \tag{2-233}$$

式中，$\bar{k}$ 为平均刚度；$\Delta k(t)$ 为齿轮啮合刚度的变刚度部分。从上述表达式可以看出，整个系统是一个非线性时变刚度系统，齿轮在啮合过程中会引起刚度的不断变化，从而在轮齿之间会产生动态啮合力。即使外部激励为零，这种内部的动态激励依然会对齿轮的振动产生影响。

2.3.2 高速列车耦合大系统动力学

1. 高速列车耦合大系统动力学模型

有了高速列车各子系统的数学模型以及耦合关系的模型，就可构建高速列车(耦合)大系统动力学模型。图 2.96 是以高速列车为核心，考虑线路系统、供电系统、弓网系统、传动系统以及气流等子系统的项目，通过车车、轮轨、弓网、流固和机电耦合形成高速列车耦合大系统动力学模型。图中数学模型仅仅是一种展示，不一定完整，而且往往有多种建模方法和表达方法。在大系统动力学模型中，体现了多体、多态的复杂性，其中车辆、线路和受电弓模型可以是多刚体模型，也可以是刚柔混合模型、供电和牵引传动系统的电气模型，而气流模型是流体力学模型。尽管高速列车耦合大系统动力学模型复杂，但在考虑耦合关系的子结构方式时，不仅建模上可以依托不同专业进行建模，更重要的是在仿真计算中可以根据耦合和研究的需要，灵活实现不同子系统之间的耦合，这在第 3 章介绍。

2. 列车运行牵引控制

有了高速列车耦合大系统动力学模型，就可以在虚拟的运行条件下进行运行过程的仿真计算，但是由于考虑机电耦合，要研究在牵引或者电制动过程中列车、牵引传动系统和

供电系统的瞬态过程，这时不仅要考虑供电臂下各列车的运行状态，进一步的精确仿真还要考虑牵引控制过程。

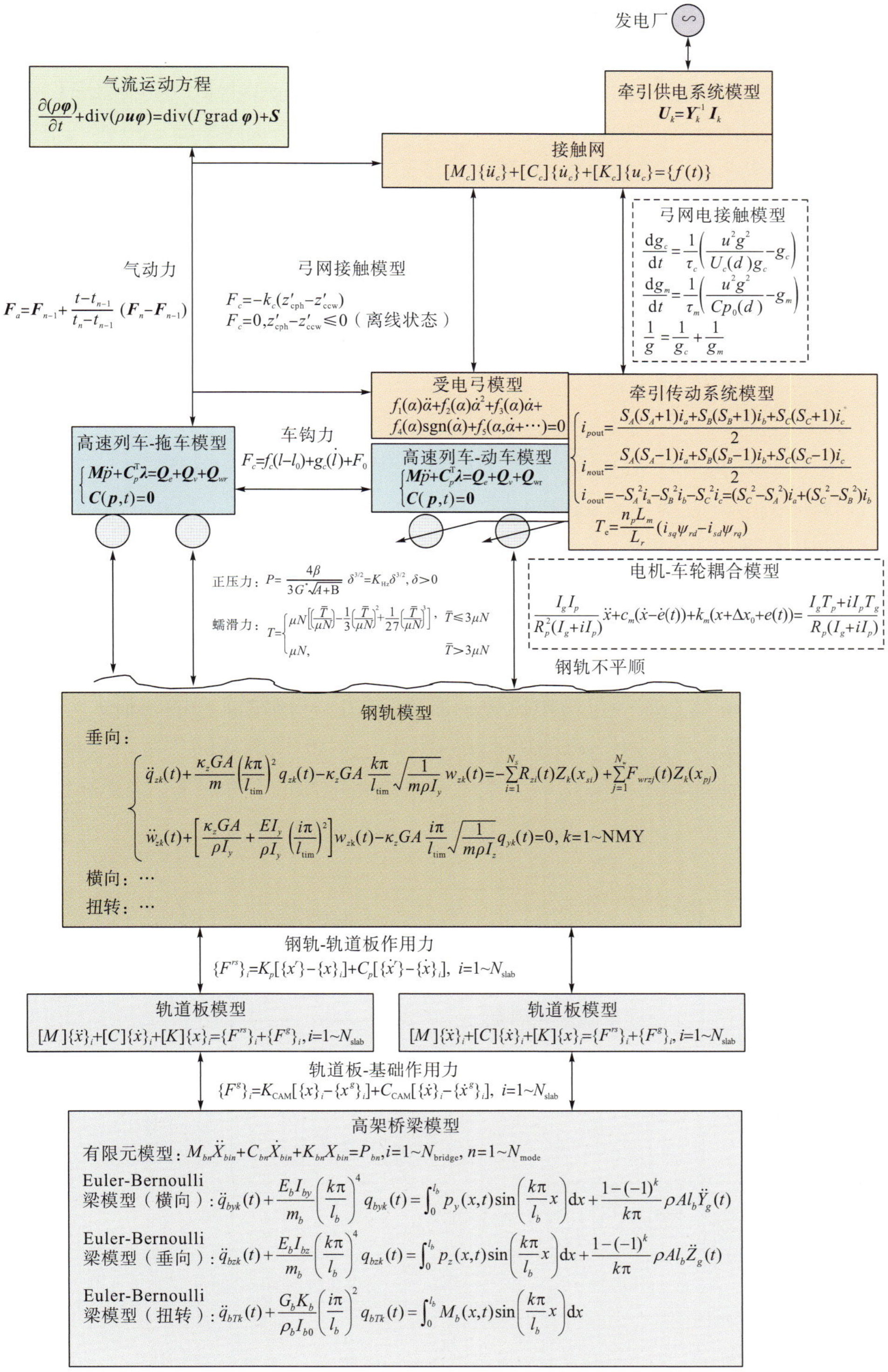

图 2.96　高速列车耦合大系统动力学模型

牵引控制就是控制牵引电机的转速和扭矩。在高速动车组上目前主要采用异步交流电机，更加先进的永磁同步电机还没有得到普遍应用。异步牵引电动机控制方法经历了转差-电流控制、磁场定向控制和直接转矩控制三个发展过程。早期的转差-电流控制方法基于异步电动机的稳态数学模型，其动态性能远不能与直流调速系统相媲美。20 世纪 70 年代推出了磁场定向控制理论，也称为矢量控制，它基于直流调速系统的控制思想对异步电动机进行矢量解耦，实现磁链和转矩独立调节，达到了与直流调速系统同样的动态响应性能。80 年代中期推出的直接转矩控制是基于定子磁场定向，其数学模型简单，具有更优良的动、静态性能。目前牵引控制系统具有代表性的控制系统是整流器瞬态电流控制和逆变器磁场定向矢量控制。

根据整流器的工作原理，采用瞬态直接电流控制方案，可以对整流器进行控制，其具体数学公式如下：

$$\begin{cases}I_{N1}=K_p(U_d^*-U_d)+1\big/T_i\int(U_d^*-U_d)\mathrm{d}t\\I_{N2}=I_dU_d\big/U_N\\I_N^*=I_{N1}+I_{N2}\\u_{ab}(t)=u_N(t)-\omega L_NI_N^*\cos(\omega t)-G_2[I_N^*\sin(\omega t)-i_N(t)]\end{cases}\tag{2-234}$$

式中，G_2 为比例放大系数；I_d 为中间直流环节电流；ω 为网侧电压的角频率。图 2.97 为两电平脉冲整流器的瞬态电流控制框图。由图可知，控制系统需要反馈 u_N、i_N 和 U_d 三个信号量，通过测量网压的大小，再根据变压器的变比进行折算后，可得到变压器空载时二次侧的输出电压 u_N，图中 50Hz BPF 模块为频带为 50Hz 的带通滤波器，其目的是提取采样的网侧电压信号的基波分量。模块(1)为电压外环控制器，支撑电容电压给定值与通过电压传感器测得实际值之差经过恒电压控制器后，输出网侧电流 i_N 的幅值 I_{N1}。恒电压控制器一般采用 PI 调节器。为了减轻中间直流环节电压 PI 调节器的负荷，改善 PI 调节器的动态响应，用直流侧输出功率除以二次侧牵引绕组电压的有效值 U_N 来计算给定电流的有效分量 I_{N2} 并将它和 I_{N1} 相加，共同作为网侧电流的给定值 I_N^*。

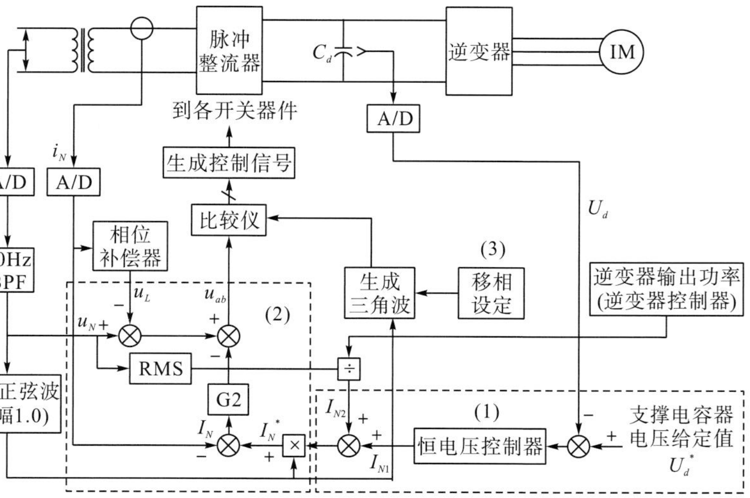

图 2.97 两电平脉冲整流器瞬态电流控制框图(A/D 指模数转换)

(1)-电压外环控制器；(2)-电流内环控制器；(3)-SPWM 信号发生器

模块(2)为瞬态电流内环控制器，调制信号 $u_{ab}(t)$ 由式(2-234)产生，瞬态电流控制需要反馈网侧电感电流 $i_N(t)$，系统中有一个 $G_2[I_N^*\sin(\omega t)-i_N(t)]$ 环节，这样就使系统具有动态响应好、对系统参数变化能很快作出调整等优点。

模块(3)为正弦脉冲宽度调制(SPWM)信号发生器，SPWM 控制信号由三角载波与调制波 $u_{ab}(t)$ 进行比较产生。

瞬态直接电流控制是目前电力机车和高速动车组中采用较多的控制策略，该控制策略具有实现简单、能够有效抑制二次侧牵引绕组的电流谐波、直流侧电压纹波小、动态响应好等优点。

磁场定向矢量控制是一种发展方向，在轮对防空转方面有一定优势，CRH2 型系列高速动车组就采用了类似的系统。磁场定向矢量控制方法较整流器瞬态电流控制复杂，这里就不展开介绍了。

3. 高速列车服役模拟

在以往的车辆系统动力学研究中，特别是仿真计算时，主要是进行运行状态的模拟，以得到运行边界条件下的响应，分析其动力学性能。随着高速列车耦合大系统动力学研究的开展，服役模拟的概念越来越得到认可，文献[42]中给出了基本的概念。服役模拟和运行模拟所不同的是，后者仅仅关注运行的状态，特别是设计阶段特定参数匹配和线路条件下的动力学性能；而前者关注长期服役过程中动力学性能的演变规律。当然运行模拟的基础是服役模拟。

1)运行模拟

运行模拟是特定运行需求、边界条件和环境制约下的高速列车耦合大系统仿真计算，主要是为了掌握高速列车及其耦合系统的动态响应，进行高速列车参数优化，以及和其他耦合子系统的匹配优化，如图 2.98 所示。

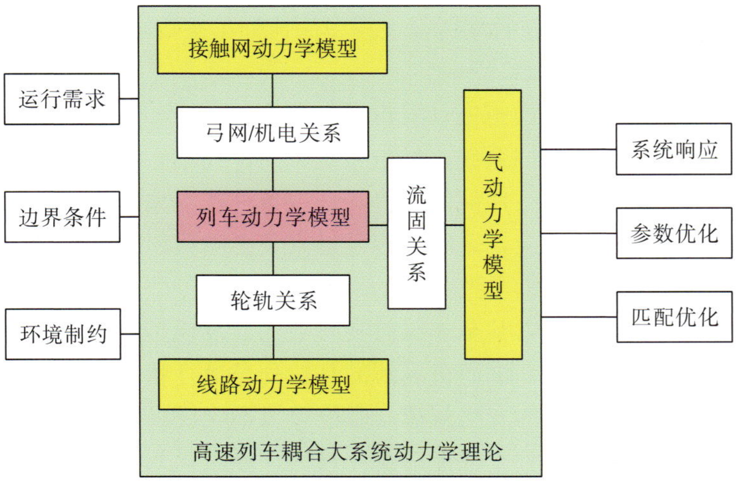

图 2.98　运行模拟框图

运行需求就是模拟运行速度等，边界条件主要是指线路条件，包括平纵断面、线路不平顺、线间距等，另外还有接触网不平顺以及市电电网电压波动等；环境制约主要包括气流状态，特别是横风状态，还有严重影响运行安全性的地震，甚至包括在运行过程中的气候变化对高速列车耦合大系统动力学性能的影响。边界和环境模型主要包括：

(1) 轨道和接触网不平顺。轨道不平顺是引起车辆振动的主要因素，在车辆系统动力学仿真计算中，一般把轨道不平顺作为边界处理，作为输入，直接加载在钢轨表面，用附加位移方式激励车轮。其实接触网的接触线同样存在不平顺问题，处理方法和轨道不平顺一样，把接触线不平顺直接加载到接触线上，用附加位移激励受电弓弓头。

(2) 气流状态或者风载荷。在高速列车耦合大系统动力学建模中，尽管在大系统模型中建立了流固耦合关系，但真正的风载荷还是作为外部输入，特别是脉动风。

(3) 地震波。地震波由线路通过轮轨关系作用于列车，对于高速列车耦合大系统，地震波完全是外部输入[43, 44]，应该直接作用到线路的地基或者高架线路的桥墩处。地震波的表征包括震向、烈度和波的动态过程(即地震谱)。

(4) 环境变化。高速列车穿行千里，环境变化大。由于环境会影响零部件，特别是橡胶和塑料等高分子材料零部件的性能，有时冰雪还会直接导致接触网质量的变化、车辆悬挂的失效等。因此，应该考虑环境的影响，并把环境视为系统的输入。当然，环境作用主要影响零部件的性能，在运行模拟或服役模拟时，仅仅把环境所造成的零部件参数或性能的变化加载到模型中或者是参数列表中。

2) 服役模拟

传统的车辆系统动力学研究，主要是作为计算机辅助设计的工具，以指导结构设计，确定参数设计的理论值，采用最多的手段是模拟运行的仿真。然而，由于高速铁路的时间效应，在长时间的服役过程中，高速列车及与其耦合子系统的结构参数将发生变化，从而引起系统性能的变化，使性能退变，甚至诱发安全事故。因此，对高速列车耦合大系统动力学行为进行研究，不仅仅是对系统状态和性能的研究，更重要的是从服役过程表征的角度开展服役模拟，也就是研究在长期服役过程中高速列车参数与性能的演变规律。

(1) 计算框图。

高速列车耦合大系统服役模拟的计算框图如图 2.99 所示。系统模型中描述了高速列车(耦合)大系统模型，包括弓网系统、供电系统、高速列车系统、牵引传动系统和轨道系统的模型。影响高速列车运行性能的边界和环境条件作为系统输入，对此系统模型进行仿真计算，可得到系统的响应，系统响应反过来又影响材料和结构的服役性能，引发材料和结构的失效和破坏，进而导致参数的退变，使某些参数具有时变特征。在仿真计算中考虑这些时变参数的变化，甚至加载时变参数的计算模型，计算每一运行时刻的参数变化值，据此重新仿真计算，进而得到新的高速列车运行状态，由此可以得到在长期服役过程中结构、参数和性能的变化规律。服役模拟不仅仅可以预测高速列车及其耦合系统的动力学性能，掌握高速列车性能的变化规律，还可以为高速列车运行、维修和再设计提供依据。

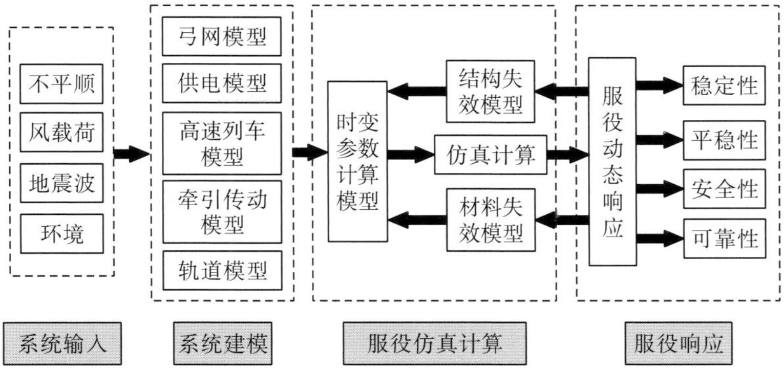

图 2.99　高速列车耦合大系统服役模拟的计算框图

可以看到，服役模拟和传统动力学仿真的不同之处在于，后者在得到响应结果后，仿真过程就结束了；而在服役模拟时，系统模型中加入了时变的计算参数模型，形成服役仿真模型。因此，在计算时，利用服役模拟和仿真计算，需在系统响应和时变参数模型之间反复迭代，实现高速列车的服役过程模拟，得到系统响应和广义失效之间的关系，揭示高速列车动态行为和性能的演变规律。

(2) 失效模型。

开展服役模拟，首先要建立涉及材料失效、结构损伤和参数变化的失效模型，并将其加载到高速列车耦合大系统动力学模型中，形成高速列车耦合大系统的服役模型。

高速列车服役模拟在理论上是可行的，主要是能建立各种精确、全面的失效模型，这显然是比较困难的，也没有必要。还是要抓住失效或退变明显且直接影响高速列车运行性能的结构和参数。比较重要的因素如下：

①参数失效。参数主要是指悬挂参数和踏面等几何参数，高速列车的悬挂参数包括一系和二系的悬挂刚度、阻尼及干摩擦。它们的变化直接影响高速列车运行性能。由于运用时间和环境的作用，悬挂元器件，特别是橡胶件、摩擦件和阻尼器，悬挂参数变化是不可避免的，应在服役模拟中加以考虑。高速列车的几何参数变化主要集中在转向架中，如车轮的轮径、踏面形状和轮重等。这些几何参数的变化往往是由摩擦磨损、塑性变形等造成的。

②结构失效。结构决定系统的功能，但结构失效同样影响系统的性能。在高速列车及其耦合系统中，主要的结构失效形式有疲劳破坏和摩擦磨损。根据高速列车运行中的滚动、滑动、紧配合微动和振动四种运动模式，将呈现不同的失效。对于轮轨，由于高速滚动，既有轮轨的摩擦磨损导致的轮轨几何参数变化和波浪形磨耗等，也有接触疲劳导致的轮轨表面剥落、龟裂和断轨的失效。对于车辆结构，特别是转向架结构，主要是疲劳带来的结构断裂等失效事故；对于弓网，由于其在载流条件下高速滑动，其失效模式不仅有磨损，还有电弧烧蚀等。

③材料失效。材料失效是指在系统服役过程中材料组织或成分的变化导致的机械性能变化，包括强度、硬度、韧性和摩擦磨损性能，以及导电和导热等性能，最终导致结构性能和参数的变化，或者材料表面状态的变化，如硬度、摩擦系数等。材料失效主要是材料

在运用过程中力、热、电和磁的耦合作用，以及环境影响所致。材料失效时，由于其结构的外形基本不变，往往是缓慢而隐蔽的过程，但其影响和破坏作用不能低估。

参考文献

[1] 张卫华, 张曙光. 高速列车耦合大系统动力学及服役模拟[J]. 西南交通大学学报, 2008, 43(2): 147-152.

[2] 张卫华. 机车车辆动态模拟[M]. 北京: 中国铁道出版社, 2006.

[3] 翟婉明. 车辆-轨道耦合系统动力学[M]. 2版. 北京: 中国铁道出版社, 2003.

[4] 王福天. 车辆系统动力学[M]. 北京: 中国铁道出版社, 1994.

[5] Garg V K, Dukkipati R V. Train Dynamics[M]. Amsterdam: Elsevier, 1984: 332-366.

[6] Iwnicki S, Iwnicki S. Handbook of Railway Vehicle Dynamics[M]. Boca Raton: CRC Press, 2006.

[7] 罗仁, 曾京, 邬平波. 空气弹簧对车辆曲线通过性能的影响[J]. 交通运输工程学报, 2007, 7(5): 15-18.

[8] Craig R R, Bampton M C. Coupling of substructures for dynamic analysis[J]. American Institute of Aeronautics and Astronautics Journal, 1968, 6: 1313-1319.

[9] Wallrapp O. Flexible bodies in multibody system codes[J]. Vehicle System Dynamics, 1998, 30(3-4): 237-256.

[10] 高浩, 罗仁, 池茂儒, 等. 车辆系统空气弹簧失气安全性分析[J]. 交通运输工程学报, 2012, 12(3): 60-66.

[11] 高浩, 戴焕云. 列车冲撞浆砌片石式线路终端车挡的动态仿真分析[J]. 中国铁道科学, 2012, 33(3): 61-66.

[12] Xiao X B, Jin X S, Wen Z F, et al. Effect of tangent track buckle on vehicle derailment[J]. Multibody System Dynamics, 2011, 25(1): 1-41.

[13] Timoshenko S, Young D H, Jr Weaver W. Vibration Problems in Engineering[M]. 4th ed. New Jersey: John Wiley & Sons, 1974.

[14] Xiao X B, Jin X S, Wen Z F. Effect of earthquake on high speed railway vehicle running safety[C]. Proceedings of the IAVSD, Sweden, 2009.

[15] Thompson D J, Jones C J C. A review of the modelling of wheel/rail noise generation[J]. Journal of Sound and Vibration, 2000, 231(3): 519-536.

[16] Cai Z Q. Modeling of rail track dynamics and wheel/rail interaction[D]. Kingston: Queen's University, 1992.

[17] 梅桂明. 受电弓-接触网系统动力学研究[D]. 成都: 西南交通大学, 2011.

[18] 李瑞平, 周宁, 张卫华, 等. 受电弓气动抬升力计算方法与分析[J]. 铁道学报, 2012, 34(8): 26-32.

[19] Park T J, Han C S, Jang J H. Dynamic sensitivity analysis for the pantograph of a high-speed rail vehicle[J]. Journal of Sound and Vibration, 2003, 266(2): 235-260.

[20] 蔡成标, 翟婉明. 高速铁路受电弓-接触网系统动态性能仿真研究[J]. 铁道学报, 1997, 19(5): 39-44.

[21] 周宁, 李瑞平, 张卫华. 基于负弛度法的接触网建模与仿真[J]. 交通运输工程学报, 2009, 9(4): 28-32.

[22] 李瑞平, 周宁, 梅桂明, 等. 初始平衡状态的接触网有限元模型[J]. 西南交通大学学报, 2009, 44(5): 732-737.

[23] Li R P, Zhou N, Zhang W H, et al. Wind load simulation and wind-induced vibration analysis of catenary[C]. International Symposium on Speed-up and Service Technology for Railway and Maglev Systems, Seoul, 2012.

[24] 崔涛, 张卫华. 基于姿态变化的列车侧风安全性研究[J]. 铁道学报, 2010, 32(5): 25-29.

[25] 李田. 高速列车流固耦合计算方法及动力学性能研究[D]. 成都: 西南交通大学, 2012.

[26] 李雪冰. 高速列车交会时的气流诱发振动研究[D]. 成都: 西南交通大学, 2009.

[27] 曹建猷. 电气化铁道牵引供电系统[M]. 北京: 中国铁道出版社, 1983.

[28] 李群湛, 贺建闽. 牵引供电系统分析[M]. 成都: 西南交通大学出版社, 2007.

[29] 李群湛. 牵引变电所供电分析及综合补偿技术[M]. 北京: 中国铁道出版社, 2006.

[30] 张进思. 电牵引负荷谐波在电力系统中的分布[J]. 西南交通大学学报, 1984, 4: 82-92.

[31] 吴命利. 牵引供电系统电气参数与数学模型研究[D]. 北京: 北京交通大学, 2006.

[32] 冯晓云. 电力牵引交流传动及其控制系统[M]. 北京: 高等教育出版社, 2009.

[33] 凌亮. 考虑多节车的高速列车/轨道耦合动力学研究[D]. 成都: 西南交通大学, 2012.

[34] 张曙光. 高速列车设计方法研究[M]. 北京: 中国铁道出版社, 2009.

[35] 王开文. 任意形状轮轨几何关系的研究[D]. 成都: 西南交通大学, 1982.

[36] Knothe K, Grassie S L. Modelling of railway track and vehicle/track interaction at high frequencies[J]. Vehicle System Dynamics, 1993, 22(3-4): 209-262.

[37] 肖新标, 金学松, 温泽峰. 轨下支撑失效对直线钢轨动态响应的影响[J]. 力学学报, 2008, 40(1): 67-78

[38] 李田, 张继业, 张卫华. 横风下高速列车流固耦合动力学联合仿真[J]. 振动工程学报, 2012, 25(2): 138-145.

[39] 李田, 张继业, 李忠继, 等. 基于 Fluent 与 Simpack 的高速列车流固耦合联合仿真[J]. 计算力学学报, 2012, 29(5): 675-680.

[40] Li T, Zhang J Y, Zhang W H. An improved algorithm for fluid-structure interaction of high-speed trains under crosswind[J]. Journal of Modern Transportation, 2011, 19(2): 75-81.

[41] 李田, 张继业, 张卫华. 高速列车流固耦合的平衡方程[J]. 机械工程学报, 2013, 49(2): 95-101

[42] 中国科学院力学研究所. 时速250公里高速列车关键力学行为研究——中期报告[R]. 青岛: 南车青岛四方机车车辆股份有限公司, 2012.

[43] 李润方, 王建军. 齿轮系统动力学: 振动、冲击、噪声[M]. 北京: 科学出版社, 1997.

[44] 韩艳, 夏禾, 郭薇薇. 斜拉桥在地震与列车荷载同时作用下的动力响应分析[J]. 工程力学, 2006, 23(1): 93-98, 68.

第 3 章　高速列车耦合大系统动力学仿真平台

3.1　高速列车耦合大系统动力学仿真平台框架

3.1.1　高速列车耦合大系统动力学仿真平台功能

为了满足高速列车耦合大系统各种层面的研究需求，高速列车耦合大系统动力学仿真平台需具备的基本功能如下：

(1) 支持高速列车与线路、接触网、周边气流、供电系统等的耦合仿真；

(2) 支持高速列车与其他子系统的耦合关系研究；

(3) 支持高速列车及其耦合系统的设计评估；

(4) 支持高速列车及其耦合系统的优化分析；

(5) 可辅助支持高速列车及其耦合系统的运行维护决策。

为了更好地为我国高速列车及其耦合系统的创新设计、优化、性能评估及运行维护决策等提供支撑，需要进一步考虑平台的多样化应用需求，如串、并行计算模式下子系统间的耦合仿真需求，耦合仿真组织的灵活性需求，耦合仿真的效率及稳定性需求，异构、异操作系统运行环境下子系统间的耦合仿真需求，平台的易扩展、易维护性需求，平台的易用性、友好性需求等。因此，高速列车耦合大系统动力学仿真平台还应满足如下需求：

(1) 平台架构方面。具有开放式的体系结构，接口设计考虑规范性和通用性，使系统具有良好的可扩展性；支持分布式耦合仿真，各子系统的计算模式及对计算环境的要求允许各异；计算网络的效率、稳定性和安全性有保障。

(2) 计算资源管理方面。具有异构、异操作系统计算资源的识别和统一管理功能；具有计算资源网络拓扑自动生成功能；具有计算资源及网络故障的自诊断功能等。

(3) 用户界面方面。具有友好的人机交互界面，其功能区域划分清晰，功能图标易于理解，且符合一般仿真用户的操作习惯；具有高效的仿真建模功能，可采用可视化、参数化等方式进行建模；具有便捷的仿真工况组织功能，用户可灵活快速地配置由不同子系统组成的耦合仿真工况；具有仿真流程控制功能，采用界面提示及用户操作顺序控制等，使仿真流程清晰、可控；具有仿真数据管理功能，基于数据库可对各种仿真模型数据、仿真工况数据、仿真过程数据、仿真结果数据、用户数据等进行分块分层管理；具有丰富的仿真结果展示功能，可采用二维图表、三维立体等展示方式对各种静态和动态数据进行图形化的表达，增强用户对系统的直观认识和理解。

(4) 仿真工况调度方面。具有顺序调度、定点调度、基于优先级的抢占式调度等多种常用调度策略；提供调度算法扩展接口；提供调度算法的管理功能。

(5) 仿真工况计算方面。在计算资源充足的前提下，支持多个仿真工况同时执行耦合仿真，具有计算网络的负载均衡功能；提供耦合数据处理接口，不同子系统间可采用不同的数据处理方法；提供耦合数据处理算法管理功能；具有计算过程实时监控功能，可对所有提交的在算工况进行仿真过程的图形化监控，并对仿真过程中的异常信息进行告警。

3.1.2　高速列车耦合大系统动力学仿真平台软件架构

根据高速列车耦合大系统动力学仿真平台的功能要求，其软件系统采用基于客户端-服务器(C/S)模式的分布式仿真体系，其主要功能模块包括主控模块、前处理模块、耦合计算模块、后处理模块和系统管理模块，如图 3.1 所示，各模块之间的数据通过数据库系统和数据文件进行关联和管理，图中的箭头方向代表数据的流向。

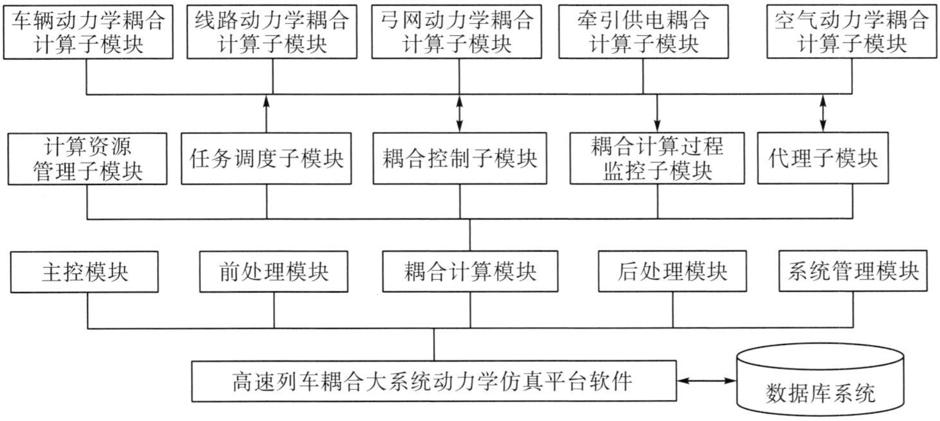

图 3.1　高速列车耦合大系统动力学仿真平台软件模块组织结构

高速列车耦合大系统动力学仿真平台软件系统各模块的功能描述如下。

(1) 主控模块。该模块用于各种仿真流程的建立和仿真数据的管理，具体包括：整个系统的数据分发与管理；子系统仿真数据的有效性检查；子系统计算模型库、计算结果分类库等的管理；耦合仿真模型的组织；仿真工况的配置和仿真工况库的管理等。

(2) 前处理模块。该模块用于建立各耦合仿真子系统的前处理模型，将各子系统的实际物理模型映射为仿真模型，从而建立各子系统仿真所需的前处理输入模型，包括高速列车动力学仿真前处理模型、线路动力学仿真前处理模型、弓网动力学仿真前处理模型、列车空气动力学仿真前处理模型和牵引供电及传动仿真前处理模型。

(3) 后处理模块。该模块用于对各子系统的耦合仿真结果进行数据处理和分析，得到性能时程曲线、演变规律等，再利用各子系统评价指标体系对相关结果进行评价，为性能评估、优化等提供依据。该模块包括通用二维图表后处理子模块、列车三维运行模拟子模块、牵引供电专用后处理子模块和空气动力学专用后处理子模块。

(4)系统管理模块。该模块用于对整个平台进行运行维护和管理，如用户管理、角色管理、权限管理等。

(5)耦合计算模块。该模块用于实现与高速列车有耦合作用关系的各子系统间基于仿真步长级的耦合计算，是仿真系统的核心，包括计算资源管理子模块、任务调度子模块、耦合控制子模块、代理子模块、车辆动力学耦合计算子模块、线路动力学耦合计算子模块、弓网动力学耦合计算子模块、牵引供电耦合计算子模块、空气动力学耦合计算子模块和耦合计算过程监控子模块，各子模块的功能描述如下：

①计算资源管理子模块。该子模块获取运行于计算资源上的代理模块返回的信息，监控网络内可用的计算资源及各计算资源的使用情况，实施异构异操作系统计算资源的统一管理，为计算任务的调度提供依据，同时提供网络拓扑信息及硬件故障辅助诊断等功能。

②任务调度子模块。该子模块用于实现对用户所提交仿真工况任务的调度。首先分析任务的计算要求、优先级、计算网络的资源情况等，再应用调度策略将计算任务调度到合适的计算资源上。若计算资源不足，则将计算任务按优先级排队等候。该子模块可以支持多工况自动调度，还支持有管理权限的用户对调度策略进行扩展。

③耦合控制子模块。该子模块用于对用户提交的仿真工况任务实施积分步长级的耦合计算，利用耦合控制算法协调列车(车辆)、线路、弓网、牵引供电、空气动力学等子系统的仿真步长使其保持时空一致仿真推进，同时控制各子系统的计算流程及各子系统耦合数据的接收、处理和分发，实现各子系统间基于仿真步长级的耦合计算(包括部分耦合计算或全耦合计算)。在计算资源足够的情况下，支持多工况耦合仿真任务，该模块具有良好的稳定性、可靠性和效率，当耦合计算网络或设备故障时，具有自诊断、自恢复功能，在无法恢复的情况下具有告警功能。

④耦合计算过程监控子模块。该子模块用于对计算过程进行实时可视监控，对异常情况进行提示或告警，使计算过程透明化。

⑤代理子模块。该子模块用于获取各个计算资源的信息，如中央处理器(CPU)的性能及使用率、内存的容量及使用情况、操作系统的类型等，通过与计算资源管理子模块的通信，实现网络拓扑的管理及计算资源的查询等。其中，耦合器代理子模块可用于自动下载并启动耦合控制子模块，并向任务调度子模块注册相关信息，通过其与任务调度子模块的通信，告知耦合控制子模块的运行状态，是实施耦合器故障诊断、恢复及网络负载均衡的基础；执行机代理子模块可用于自动下载并启动各子系统计算模块，通过其与耦合控制子模块的通信，告知各子系统计算模块的运行状态，是异构计算资源统一管理和耦合计算的基础，同时为故障诊断和恢复提供基础。

⑥车辆动力学耦合计算子模块。该子模块用于控制车辆动力学单步长仿真，输出该步的仿真结果，并与耦合控制子模块进行通信和耦合数据传输，在耦合控制子模块的协调下实施与其他子模块的耦合计算。

⑦线路动力学耦合计算子模块。该子模块用于控制线路动力学单步长仿真，输出该步的仿真结果，并与耦合控制子模块进行通信和耦合数据传输，在耦合控制子模块的协调下

实施与其他子模块的耦合计算。

⑧弓网动力学耦合计算子模块。该子模块用于控制弓网动力学单步长仿真，输出该步的仿真结果，并与耦合控制子模块进行通信和耦合数据传输，在耦合控制子模块的协调下实施与其他子模块的耦合计算。

⑨牵引供电耦合计算子模块。该子模块用于控制牵引供电子系统单步长仿真，输出该步的仿真结果，并与耦合控制子模块进行通信和耦合数据传输，在耦合控制子模块的协调下实施与其他子模块的耦合计算。

⑩空气动力学耦合计算子模块。该子模块用于控制列车空气动力学单步长仿真，输出该步的仿真结果，并与耦合控制子模块进行通信和耦合数据传输，在耦合控制子模块的协调下实施与其他子模块的耦合计算。

基于分布式的高速列车耦合大系统动力学仿真平台软件体系如图 3.2 所示，由顶至底分别为表示层、工况调度层、耦合控制层和任务执行层。其中表示层与前台的用户操作相关，包含主控模块、前处理模块、后处理模块、系统管理模块以及耦合计算过程监控子模块，其他三层与后台耦合计算相关，部署了耦合计算模块中的其他子模块，如工况调度层包含任务调度子模块和计算资源管理子模块，耦合控制层包含代理子模块和耦合控制子模块，任务执行层包括代理子模块、车辆动力学耦合计算子模块、线路动力学耦合计算子模块、弓网动力学耦合计算子模块、牵引供电耦合计算子模块和空气动力学耦合计算子模块。后台计算的这种由调度器(工况调度层设备)-耦合器(耦合控制层设备)-任务执行机(任务执行层设备)组成的三层体系结构具有很好的通用性和扩展性，当计算规模扩大时，只需增加耦合器和任务执行机的数量即可。

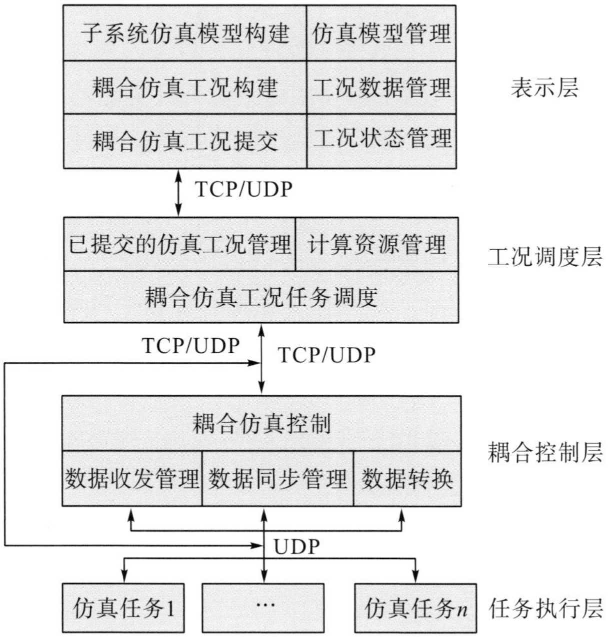

图 3.2　仿真平台软件架构

软件体系中各层的功能及任务要求描述如下：

(1)表示层。表示层主要完成参与耦合仿真的各子系统仿真模型构建、耦合仿真工况的构建及耦合仿真工况的提交，同时基于数据库对各子系统仿真模型、耦合仿真工况中产生的各种数据以及所提交的仿真工况的状态等进行管理。

(2)工况调度层。工况调度层按照用户提交工况时所设置的工况优先级对耦合仿真工况进行排队，根据计算资源的应用情况，对仿真工况实施调度。调度的内容主要包括：

①根据耦合控制层的运行情况把优先级较高的工况调度到相应的耦合器；

②根据任务执行层的负载情况以及该工况中每个仿真任务对资源的需求情况把相应的仿真任务调度到合适的计算资源；

③通知耦合器读取工况所必需的数据，这些数据包括仿真任务之间的关系，每个仿真任务的输入输出参数以及仿真粒度等；

④通知任务执行层下载仿真任务运行时必需的可执行程序以及仿真初始化时必需的输入数据及配置信息等。

仿真工况调度完成后，该工况则交由耦合控制层和任务执行层共同完成。

(3)耦合控制层。耦合控制层完成对工况耦合仿真的控制和推进，主要包括：

①接收工况调度层发送的工况配置文件，提取文件中的工况信息以及每个仿真任务的信息，生成仿真任务之间的耦合关系表、参数传递表等；

②管理任务执行层在仿真过程中所生成的每一步仿真数据，包括每个仿真任务的输入数据及输出数据；

③在工况仿真结束后通知工况调度层该工况已仿真结束；

④在工况仿真多次出现错误时将错误工况的信息通知工况调度层；

⑤删除内存中已分发的仿真数据，防止内存泄漏。

耦合控制层的核心功能包括数据收发、数据同步以及数据转换，其中数据同步管理主要完成每个仿真任务之间的仿真数据同步，使每个仿真任务能够按照设定的耦合关系进行下一步的仿真。数据转换管理是按一定的耦合控制策略及数据转换算法将不同步长的子系统的耦合输出数据转换成相同时空坐标系下的同时刻数据。

(4)任务执行层。任务执行层用于参与耦合计算的各子系统在分配的计算资源上执行具体的仿真计算任务，该层主要完成如下任务：

①下载仿真子系统的运行程序、模型输入文件及配置文件等；

②启动仿真子系统开始仿真；

③将每一个仿真子系统每一步执行的耦合输出结果上传给耦合控制层；

④向耦合控制层发送请求，获取下一步仿真所必需的耦合输入数据；

⑤接收耦合控制层发送的通告信息；

⑥定时向工况调度层发送本地资源信息；

⑦检测每个仿真任务的执行情况，并在出现异常时将信息及时反馈给工况调度层，并回收相应的计算资源；

⑧仿真结束时将每个仿真子系统的仿真结果上传到数据库或者文件服务器，并及时回收相应的资源。

3.1.3　高速列车耦合大系统动力学仿真平台硬件架构

由于各子系统对计算资源要求、运行环境要求等各不相同，同时为了保证多子系统耦合后的整体仿真效率，高速列车耦合大系统动力学仿真平台部署在由高速网络连接的分布式计算环境中，其硬件系统组织结构如图 3.3 所示，主要包括子系统仿真计算执行机、仿真用户端计算机、耦合仿真控制服务器(简称耦合器)、仿真工况调度服务器(简称调度器)、数据库服务器、文件服务器、仿真过程监控计算机、高性能并行计算机集群以及相关的网络设备。

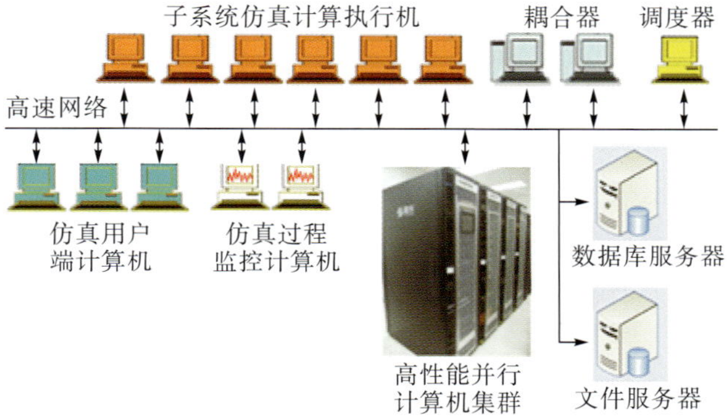

图 3.3　高速列车耦合大系统动力学仿真平台硬件系统组织结构

其中仿真用户端计算机是用户直接操作平台的客户端计算机，用于仿真前处理、提交仿真计算工况、仿真后处理及系统管理等，主要采用 Windows 操作系统，部分采用 Linux/UNIX 操作系统，由图形工作站或高性能的普通个人计算机组成。

子系统仿真计算执行机采用 Windows 操作系统，可以运行列车、线路、弓网、牵引供电子系统的仿真计算模块，由一系列高性能个人计算机组成，可根据应用需求随时动态增加或删除。

高性能并行计算机集群以 Linux/UNIX 操作系统为主，部分节点可以采用 Windows 操作系统，计算核心多，运算效率高，优先用于空气动力学耦合计算子模块的计算。

耦合器是耦合数据的处理和收发集散中心，所有耦合数据都向其汇集并经其分发到各子系统，在多工况运行的情况下，数据吞吐量较大，系统比较繁忙，要求 CPU 处理能力高，网卡数据吞吐性能好，采用 Windows 操作系统。在多工况运行的情况下，可以部署多个耦合器，同时可根据应用的需要，动态增删耦合器。

调度器用于将计算任务分发到各空闲的计算资源上，要求计算资源的稳定性好，在计算资源足够的情况下应考虑调度器的冗余部署，采用 Windows、Linux 或 UNIX 操作系统皆可。

仿真过程监控计算机主要用于仿真过程数据的监控，其主要功能是从数据库获得仿真计算的过程数据，并通过独立的计算过程监控系统进行展示，以便及时发现计算中出现的问题，提高应用的效率。仿真过程监控计算机由用户进行自主配置，可以监控一个工况的多种信息，也可监控多个工况的多种信息。该设备的特点是需要有较好的数据处理能力，同时也需要一定的图形处理能力，采用一台或多台高性能个人计算机或图形工作站都可，采用 Windows 操作系统。

数据库服务器存放各种模型数据、工况设置数据、计算结果数据等。对于存储量大、存储频率高的计算，优先采用内存数据库服务器，对于其他存储，可采用一般服务器，采用 Windows、Linux 或 UNIX 操作系统皆可。

文件服务器数据读取/存储频率一般不会太高，可采用一般的服务器，要求服务器的容量较大，采用 Windows、Linux 或 UNIX 操作系统皆可。

高速列车耦合大系统动力学仿真平台的主网络为千兆网，由两台万兆级核心路由交换机做热备份，各子系统接入层交换机采用千兆接入，高性能计算机集群内部包括计算网络和管理网络，其中计算网络采用 Infiniband 网，管理网络为千兆网。

通过对高速列车耦合大系统动力学仿真平台功能需求、软件架构及其硬件系统组织结构等进行分析，提出了基于客户端/服务器(C/S)结构的分布式高速列车耦合大系统动力学仿真平台硬件架构，如图 3.4 所示。用户的操作在客户端执行，开发图形化界面便于用户的交互操作，仿真计算放在服务器端执行，重点考虑系统的性能。

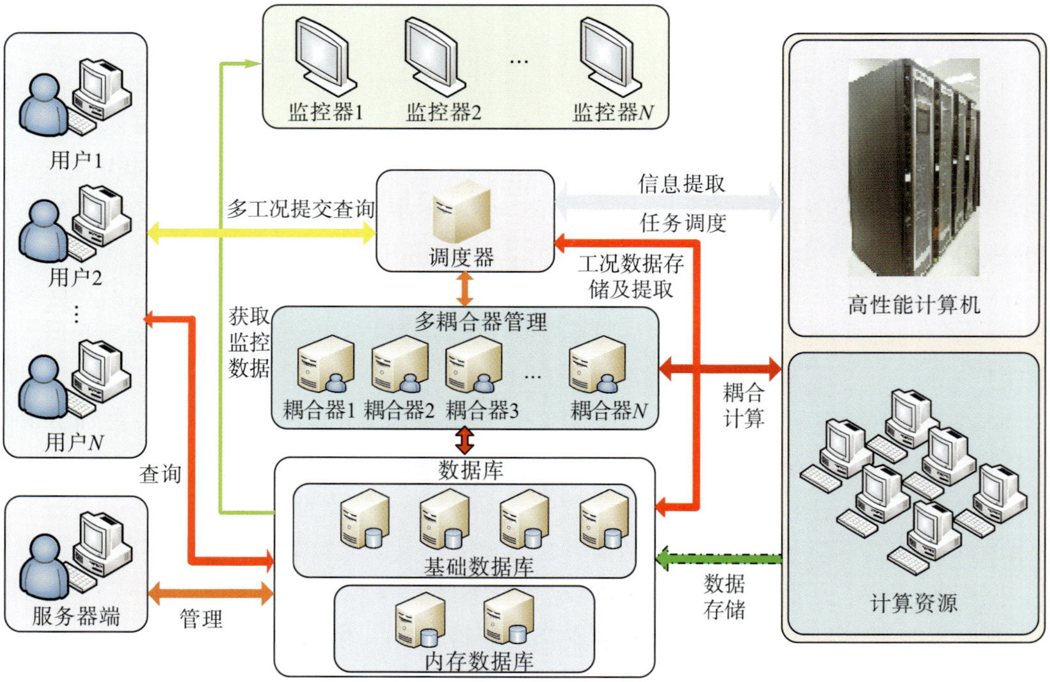

图 3.4　高速列车耦合大系统动力学仿真平台硬件架构

服务器端采用由“调度器-耦合器-执行机”组成的三层体系结构，具有良好的系统稳定性和可扩展性，根据仿真任务的需求和计算资源的情况，耦合器和仿真执行机可以自由加入或退出平台的计算资源池，当其中一耦合器或执行机异常时，其余设备可起到备份的作用，而且多耦合器也可以有效应对多工况运行带来的网络负载均衡问题。

3.2　基于参数化和图形化的高速列车建模方法

随着三维图形技术的发展，在高速列车设计中，都建立了详细的三维计算机辅助设计(CAD)模型。因此，在高速列车的动力学建模中，应考虑充分利用已有的三维 CAD 模型信息，通过高速列车设计平台与其动力学分析平台的无缝集成，进行面向 CAD 模型的高速列车动力学建模，增强对现有设计模型的直接依赖，也为基于动力学仿真结果驱动的高速列车优化设计奠定基础。在高速列车动力学建模中，采用面向 CAD 的动力学属性提取技术从现有的高速列车 CAD 模型中提取动力学仿真所需的属性，保证了设计模型和分析模型数据的一致性;将动力学模型中的各种属性采用参数化表达,便于模型的更新和重用;在建模过程中采用图形化建模技术，增强用户对模型的直观理解，减小建模难度，同时便于用户对模型进行检查和校验。

3.2.1　面向 CAD 模型的动力学属性提取技术

高速列车 CAD 模型中包含各零部件之间的装配、几何、位姿、质量、惯量、质心等信息。而高速列车动力学建模所需要的参数主要有系统拓扑、位置、质量、惯量和质心信息，刚度和阻尼特性等。因此，高速列车的大部分动力学属性信息可以从其 CAD 模型中自动提取，其他部分通过用户交互操作完成。高速列车动力学属性提取是基于高速列车 CAD 模型及其特征结构树，从装配模型中提取系统拓扑结构、整体对称中心、整体中心位置等参数，从部件模型中提取部件重心位置、转动惯量和质量等[1]，具体如下所述。

(1) 拓扑属性。拓扑属性包括如下几个方面：

①惯性体部件列表，一系/二系悬挂装置、抗侧滚装置、牵引拉杆悬挂部件列表，旋转铰、万向节等铰连接部件列表；

②惯性体拓扑连接关系和连接方式列表。

(2) 几何属性。几何属性包括如下几个方面：

①车辆基本参数，如转向架中心距、轴距、车体和构架的重心等；

②一系/二系悬挂装置、抗侧滚装置、牵引拉杆等与相关部件的连接关系及连接点位置。

(3) 物理属性。物理属性包括车体、转向架构架、轮对等部件的质量和转动惯量。

高速列车动力学的动力学属性提取与动力学建模之间的关系如图 3.5 所示。

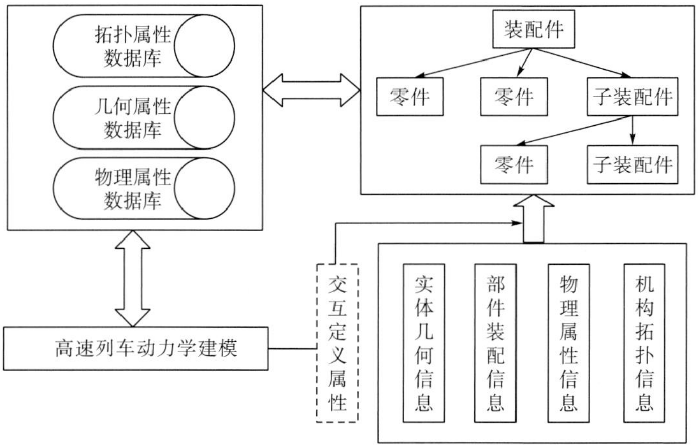

图 3.5　面向 CAD 的动力学参数提取技术与动力学建模

1)CAD 系统与多体动力学系统的坐标系定义

在 CAD 环境中，坐标系一般可分为两大类，即绝对坐标系(WCS)和用户坐标系(UCS)。为便于描述，本书对用户坐标系进行如下约定：零件建模时的参考坐标系称为零件原点坐标系，用符号 PLCS 表示，零件组合成装配体时的参考坐标系称为装配体原点坐标系，用符号 ALCS 表示。不同坐标系之间的参考关系构成父子关系，如装配体与其组成零件就构成父子关系，绝对坐标系为顶层坐标系。

在多体动力学系统中，对系统中的各个零部件进行力学抽象，称为构件或者体，将坐标系分为绝对坐标系和连体坐标系。其中绝对坐标系，也就是世界坐标系，是空间所有体的绝对参考坐标系；连体坐标系(也称为体坐标系或连体基)是过体的某一点构造一个与之相固结的正交坐标系，描述体的空间位姿。

将 CAD 模型向多体动力学模型转换时，各种坐标系之间的对应关系如表 3.1 所示。

表 3.1　CAD 模型向动力学模型转换的坐标系对应关系

CAD 模型	动力学模型
零件(装配体)原点坐标系	连体坐标系
绝对坐标系	绝对坐标系

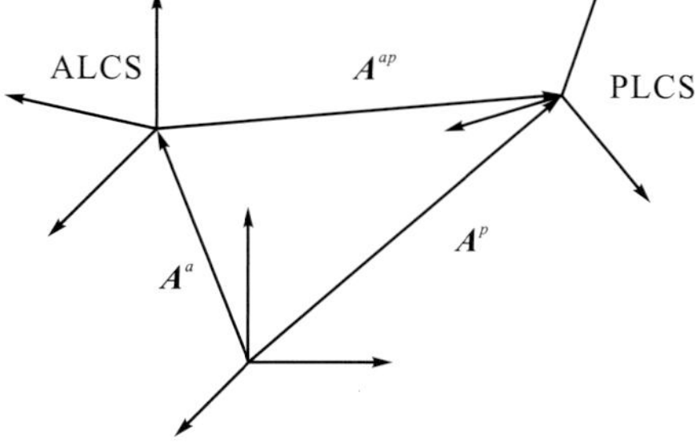

图 3.6　CAD 系统中坐标系的变换关系

不同的三维 CAD 系统，设计环境坐标系的定义不尽相同，但坐标系之间的变换关系类似。图 3.6 为 CAD 系统下坐标系之间的变换关系，该模型只有一级装配体(多级装配体依次递归)，假设装配体局部坐标系在绝对坐标系下的方向余弦阵为 $\boldsymbol{A}^{a}$，零件局部坐标系在绝对坐标系下的方向余弦阵为 $\boldsymbol{A}^{p}$，零件局部坐标系在其装配体坐标系下的方向余弦阵为 $\boldsymbol{A}^{ap}$，则由方向余弦阵的性质[2]可得 $\boldsymbol{A}^{p}=\boldsymbol{A}^{ap}\boldsymbol{A}^{a}$，进而导出 $\boldsymbol{A}^{ap}=\left(\boldsymbol{A}^{a}\right)^{-1}\boldsymbol{A}^{p}=\left(\boldsymbol{A}^{a}\right)^{\mathrm{T}}\boldsymbol{A}^{p}$。

2) 拓扑属性提取

CAD 模型装配体包含各个零件的信息，将车辆系统关注的主要部件如车体、构架、轴箱体、轮对、电机等部件提取并形成惯性体部件列表，如表 3.2 所示。

表 3.2　惯性体部件列表

序号	惯性体类型	类型编号	标识(名称)
1	车体	1	Carbody
2	构架	2	Bogie_front
3	构架	2	Bogie_rear
⋮	⋮	⋮	⋮
15	轴箱体	3	Box_rear_left

悬挂部件力元列表如表 3.3 所示，悬挂部件类型是指每一种悬挂部件，包括一系弹簧、一系垂向减振器、转臂节点、空气弹簧、二系垂向减振器、二系横向减振器、抗蛇行减振器、抗侧滚扭杆、牵引拉杆等，不同悬挂部件可以采用相同的力元类型模拟。

表 3.3　悬挂部件力元列表

序号	悬挂部件类型	类型编号	力元类型	标识(名称)
1	一系弹簧	1	1	PS1_front_right
2	一系弹簧	1	1	PS1_front_left
3	空气弹簧	2	2	SS_front_right
4	空气弹簧	2	2	SS_front_left
5	抗蛇行减振器	3	3	AHD_front_right
⋮	⋮	⋮	⋮	⋮
61	牵引拉杆	8	2	Tracbar_front
62	牵引拉杆	8	2	Tracbar _left

铰连接列表如表 3.4 所示。铰连接类型主要分为旋转铰、平动铰、万向节、球铰等。

表 3.4　铰连接列表

序号	铰连接类型	类型编号	标识(名称)
1	旋转铰	1	Gear_b1_front_right
2	旋转铰	1	Gear_b1_front_left
3	旋转铰	1	Gear_b1_rear_right
⋮	⋮	⋮	⋮
8	旋转铰	1	Gear_b2_rear_left

拓扑连接列表如表 3.5 所示，该表中包含任意两个部件之间的拓扑连接关系，前两列为两个部件的编号，第三列为部件之间的铰连接类型，0 表示无连接。第四列为力元数，第五列之后为对应的力元编号。

表 3.5 拓扑连接列表

连接起点 ID	连接终点 ID	铰类型	力元数	力元编号		
1	2	0	3	1		
1	3	0	3	3		
2	4	0	4	4	5	…
2	5	0	4	4	5	…
⋮	⋮	⋮	⋮	⋮	⋮	
15	3	0	2	10	11	…
15	7	1	0			

3) 几何属性提取

CAD 环境下多体动力学几何属性的提取主要是指用于多体动力学分析的各种定形尺寸和定位尺寸参数的提取。其中定形尺寸的提取比较简单，可以通过 CAD 系统的二次开发接口直接访问 CAD 模型的内部数据来提取。图 3.7 为从 CAD 系统提取定形尺寸的流程。首先遍历 CAD 模型的所有子装配体，再遍历子装配体中的所有零件，接着遍历组成零件的所有特征，记录下每个特征的定形尺寸。

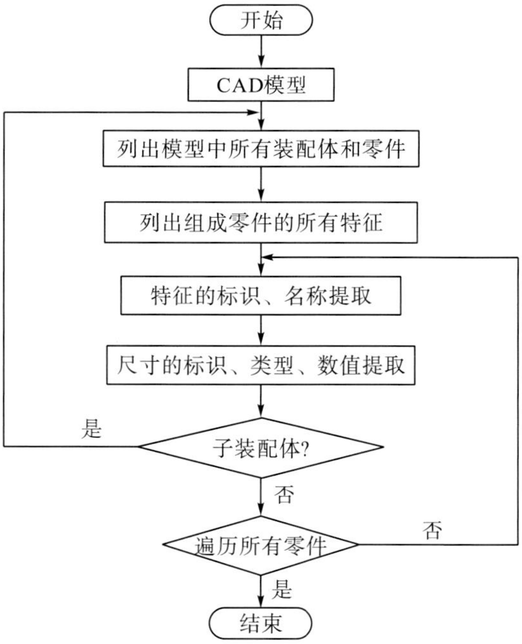

图 3.7 定形尺寸提取流程[3]

在 CAD 系统中，零部件上特征的定位约束尺寸通常以特征的几何元素(如角点、边线、面、中心线、轴线等)为基准进行定义[3]。在提取零部件间的定位尺寸时，一般以零部件的质心为基准，并结合零部件的定形尺寸和零部件上特征的定位约束尺寸，然后通过空间几何关系运算，最终获得各零部件间的定位尺寸。在特征选择中，通常采用人机交互的方式。

以提取某型号列车部分定位尺寸为例，如图 3.8 所示，先提取到零部件的位置信息，如车体质心 M_c、前转向架质心 M_{f1}、后转向架质心 M_{f2}、空气弹簧 1 质心 M_{k1}、空气弹簧 1 质心到其上表面的距离 H_{ksc1}、空气弹簧 1 质心到其下表面的距离 H_{ksc2} 等。再通过零部件间的空间几何关系运算(以轨面为基准，即轨面垂向坐标 $z=0$)，即可提取出车体质心距轨面高 H_c、转向架中心距 L_c、空气弹簧 1 上表面距轨面高 H_{ss1}、空气弹簧 1 下表面距轨面高 H_{ss2} 等定位尺寸。其中：

(1) 车体质心距轨面高 $H_c = Z_{Mc}$ (Z_{Mc} 为车体质心的 Z 向值，下同)；

(2) 转向架中心距 $L_c = X_{Mf1} - X_{Mf2}$ (X_{Mf1} 为前转向架质心的 X 向值，下同)；

(3) 空气弹簧 1 上表面距轨面高 $H_{ss1} = Z_{Mk1} + H_{ksc1}$；

(4) 空气弹簧 1 下表面距轨面高 $H_{ss2} = Z_{Mk1} - H_{ksc2}$；

(5) 同理可得其他尺寸。

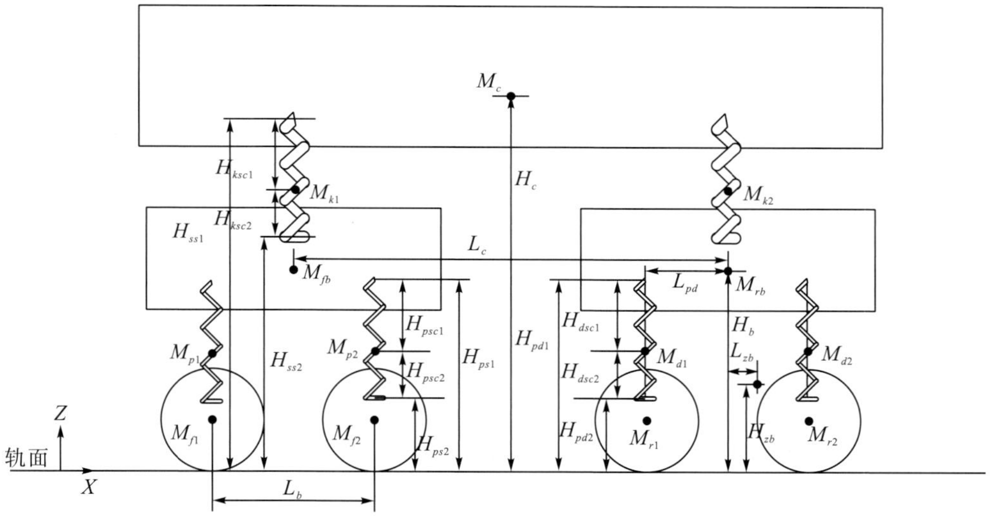

图 3.8　某型号列车的部分定位尺寸提取[3]

4) 物理属性提取

在大部分支持二次开发的 CAD 系统中，对于零件或装配体的质心、质量和转动惯量等物理属性的提取比较简单，可直接利用 CAD 二次开发接口函数从 CAD 实体模型中提取。以 CATIA 为例，其接口函数为

GetInertia(&density，&mass，position，matrix，…)；

执行该函数后，部件的质量、重心坐标和惯性矩阵便分别被赋给了变量 mass、position[3]和 matrix[9]。

利用上述原理开发的基于 CATIA 的惯性体动力学属性提取模块如图 3.9 所示，单击界面上的“属性提取”后，选择车体、构架、轮对等部件或装配体，便可提取出该部件或装配体的动力学属性。

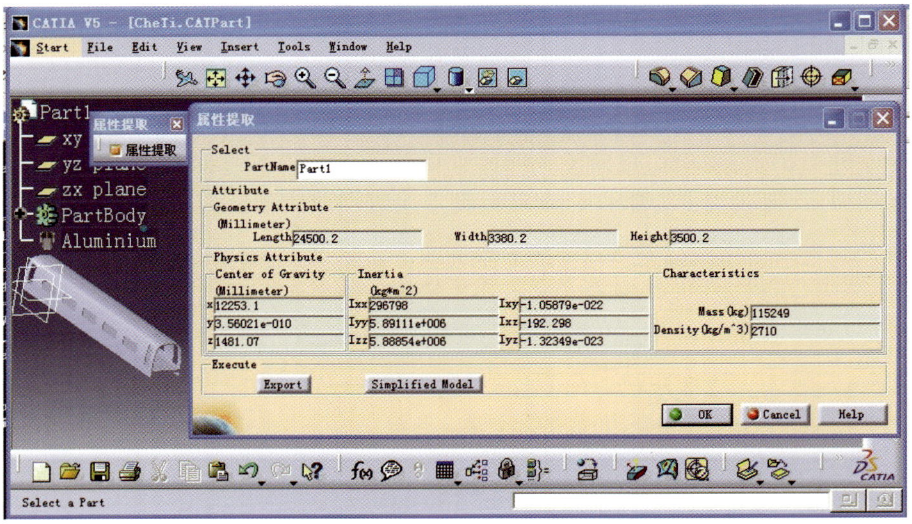

图 3.9 针对 CATIA 二次开发的惯性体动力学属性提取

3.2.2 高速列车参数化动力学建模

在高速列车耦合大系统动力学建模过程中，基于参数化设计理念主要表征为几何模型参数化、设计变量参数化、行为关系参数化和表达式参数化四个方面。

几何模型参数化主要用于各学科的参数化建模，建模人员将设计变量用参数预定义的方法建立几何约束集，在各子系统模块中预先定义基于参数的关联函数，通过将具体数值参数与几何约束集关联驱动关联函数来进行结构的自动化建模，这种建模方式匹配自顶向下的设计理念，有助于快速进行模型变更和减少建模人员的工作量。

大系统动力学仿真的一个主要目的是进行系统优化和各种设计验证或评审，设计变量参数化是在系统建模时将关心的设计变量以参数化的形式预置在系统中，建立设计变量与相关模型对象之间的关联关系，在实际仿真计算时绑定具体参数，实现参数快速变更，从而方便进行各种方案的对比分析。

行为关系参数化是指将整个大系统建模中的各种行为和运动关系进行参数化表达，如载荷作用位置、几何约束位置等，通过对这种全局关键位置点进行参数化来快速配置仿真模型的输入和边界条件。

表达式参数化是指在定义大系统中各个子模块或子对象具体关系时，通过函数表达式的方式进行定义，而不需要预先固化对象或模块之间的关系，从而使整个建模方法能对整个大系统在更高层次进行抽象，提高模型的通用性和适用范围。

在大系统动力学仿真平台中，这几种参数化建模方式都得到相应的应用，图 3.10 为平台参数化建模的界面示例，在仿真建模前先建立各种参数符号，对其进行直接赋值或通过表达式赋值，形成参数列表如图 3.10(a)所示，在实际建模中，通过引用该参数即可完成模型的定义，如图 3.10(b)所示。当需要修改模型时，只需修改参数列表中相应的参数值便可，系统会自动修改模型中与该参数相关联的部分，同时模型图形化显示窗口也会实时响应参数的更新，及时向用户反馈修改结果。

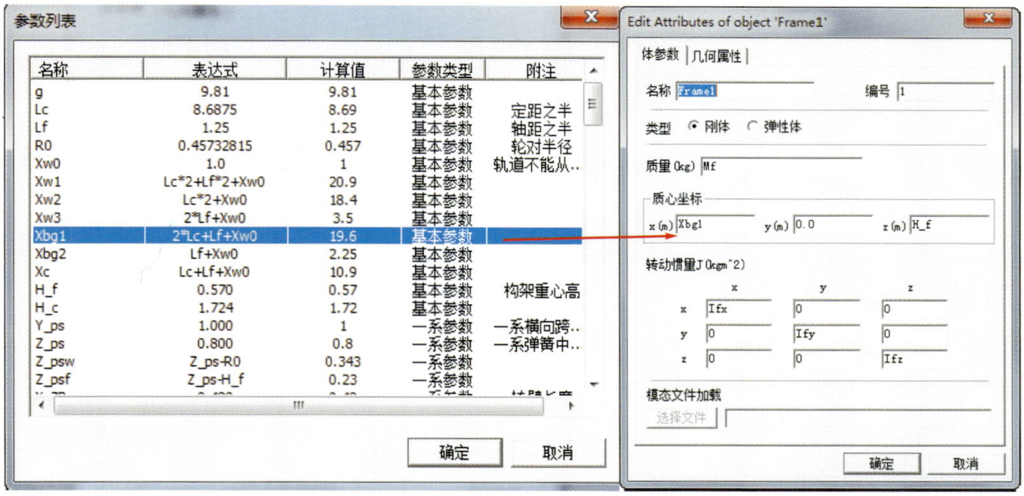

(a)参数列表　　(b)参数引用

图 3.10　参数表达式及参数化建模

在大系统动力学建模中，也涉及多学科联合仿真，基于参数化设计思想可以大大提高整个系统模型的抽象层次，使模型具有更好的适应性，大幅提高了建模和仿真分析效率。

3.2.3　高速列车图形化动力学建模

随着计算机图形图像处理能力不断增强，在系统仿真领域，图形化建模是较为广泛应用的一种建模手段。现有成熟的商业仿真软件系统中大都使用基于二维图形化技术来辅助系统建模工作，在高速列车耦合大系统动力学仿真平台中除了提供二维图形化建模手段，也实现了更加形象直观的三维可视化动力学建模。

图形化建模的前提是以模块化思想为依据对整个系统根据功能点进行合理的模块划分，然后将每个模块以二维或三维图形化的方式进行可视化表达，最后在图形化的模块之间通过选择及参数设置等人机交互操作来设定模块间的相互关系，建立仿真模型。

模块封装和接口定义是系统模块化的关键。其中模块封装抽象出模块的功能集，接口定义抽象出模块的输入输出参数集，通过连接这些不同的模块接口来定义整个仿真系统的结构关系，形成整个系统的仿真流程和仿真逻辑关系。

通过对抽象出的模块功能进行图形化封装和实现。在整个大系统动力学仿真分析时，用户首先采用拖曳、复制等方式对相应的图形模块进行交互操作，实现对仿真模型的拓扑建模，再输入各模块相应的参数，并设置计算工况条件，完成动力学仿真模型的构建。用户构建好的仿真模型也可以保存为仿真模板，便于下次做类似的仿真分析时重用。图 3.11(a)为列车二维图形化建模方式，先设置车辆数，再分别设置每节车辆的位置，然后从右边的“车辆模型库”中通过拖拽的方式设定每节车辆的动力学模型，并设置列车编组方式及列车特性参数，便可完成列车动力学模型的建立。图 3.11(b)为列车三维图形化建模方式，先建立车辆模型，再通过创建或复制操作进行其他车辆的建模，然后定义车间连接装置及列车参数，从而实现列车的三维图形化建模。

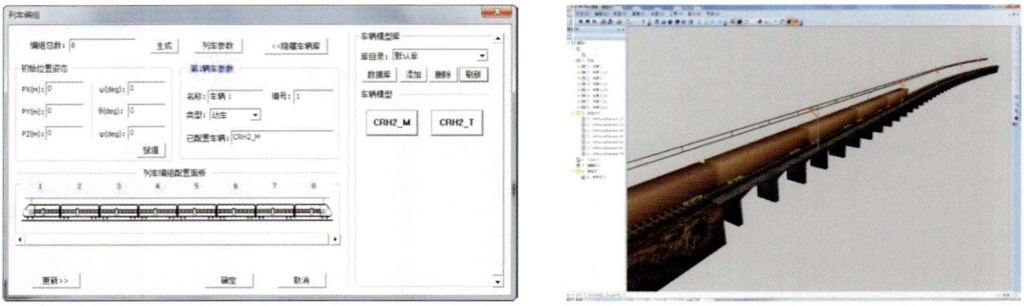

(a) 二维图形化建模　　(b) 三维图形化建模

图 3.11　高速列车图形化建模

在三维图形化建模中，系统默认提供简易模型，保证模型表达清晰，易于理解和校验，又具备较高的建模效率。同时，也可以通过系统提供的接口导入 CAD 实体模型，替代各模块的简易模型，以增强模型的直观性和真实性。

3.3　高速列车耦合大系统动力学仿真计算方法

高速列车耦合大系统动力学模型由列车动力学、线路动力学、弓网动力学、列车空气动力学、牵引供电仿真等五大子系统相互作用组成。通过详细研究这些子系统之间的相互关系和力学行为的传递关系等，将其描述为如图 3.12 所示的模型。

基于图 3.12 描述的模型实施高速列车耦合大系统动力学仿真，需要解决以下两个关键问题。

1) 不同研究尺度子系统间的耦合建模问题

高速列车耦合大系统动力学耦合计算模型是实现高速列车耦合大系统动力学耦合计算的核心基础。高速列车耦合大系统所涉及的各个子系统的研究尺度各不相同，如高速列车的研究尺度是百米级、轮轨接触斑的研究尺度是毫米级，供电系统的研究尺度在千米级以上，不同子系统间在研究形态上的跨度很大。探明这些不同研究尺度的子系统之间的耦合机理，研究合理的建模方法，建立起高速列车耦合大系统动力学耦合计算模型是需要解决的首要问题。

2) 不同积分步长的子系统间耦合计算的时空同步控制问题

仅有耦合计算模型尚不足以实现高速列车耦合大系统动力学耦合计算，因为高速列车所涉及的不同子系统在计算方法、计算步长和计算时间等方面各不相同，如各子系统的计算步长从 10^{-5}s 到 10^{-1}s 不等(空间不同步)、单步计算时间从 10^{-2}s 到 10^{2}s 不等(时间不同步)，跨度很大。因此，在同一积分坐标内，必须要协调各子系统的仿真步长，保证各子系统在耦合计算中的时空同步，才能实现高速列车各子系统基于积分步长级的耦合计算，这是需要解决的另一个关键问题。

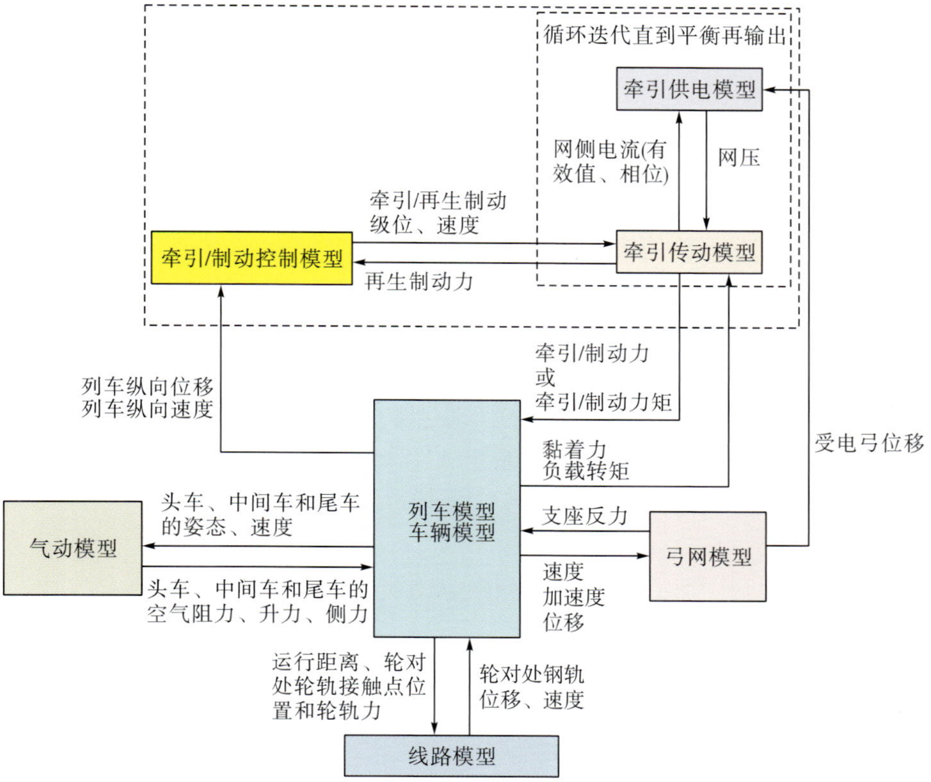

图 3.12　高速列车耦合大系统的耦合关系模型

3.3.1　耦合大系统动力学集成建模技术

本节针对不同研究尺度的子系统间的耦合建模问题，提出一种基于子结构技术的多子系统仿真建模方法，即先建立各子系统的仿真模型，再通过各子系统间的耦合作用关系建立高速列车耦合大系统动力学模型。对于各子系统，其内部仿真模型和仿真方法保持不变，但增加了其边界条件，这种多子系统仿真建模方法既有效地继承了各子系统的研究方法和研究成果，又较好地表达出各子系统之间的相互作用关系，灵活地解决了多子系统耦合仿真建模的问题。在具体实现上，采用面向组件的计算机仿真建模技术。由图 3.12 可知，高速列车耦合大系统动力学各子系统模型主要通过耦合界面传递物理信息进行交互作用，这与面向对象的建模方式非常相似，这里引入组件的方法进行描述。

在计算机术语中，组件是对数据和方法的封装。组件可以有自己的属性和方法。属性是组件数据的访问者，方法则是组件的一些可见功能。组件是一个黑匣子，其工作原理是由于组件输入集的变化，引起组件状态的变化，通过组件的作用，形成对应的输出集，在组件的应用中，应用者更关注组件两端的输入集和输出集，而对组件的内部工作机理的研究可适当弱化。因此，采用组件技术，可以充分封装并应用各领域已有的研究成果，并大大降低耦合仿真的难度。使用基于组件的建模方法，增大仿真系统建模的柔性，实现灵活建模，由此可以快捷地建立各种耦合层次的耦合计算模型。

借鉴面向对象编程的概念，将各子系统模型抽象为对象。耦合系统建模时先建立各子系统的仿真模型，且子系统模型相对独立，只通过接口与其他子系统的模型关联，体现了子系统模型对象的封装性；在子系统仿真模型的基础上可以层次化组装成多种耦合计算模型，体现了子系统模型对象的继承性和多样性。在系统建模时，采用组件对各子系统模型对象进行实例化，如图 3.13 所示，其中系统 A 到系统 E 代表高速列车耦合大系统中的各个子系统模型组件，带箭头的线段表示对象之间的接口关系，箭头指向代表数据的流向，如②表示系统 A 流向系统 B 的接口数据，①表示系统 B 流向系统 A 的接口数据。以子系统模型对象 A 为例，将其实例化为组件 A，其中 A_i 代表系统 A 的输入集，包含系统 A 本身的输入数据以及与系统 A 有耦合关系的其他系统流入的数据，作用域为本系统和相关的耦合子系统，耦合接口数据①、③、⑤、⑦包含在 A_i 中；A_o 代表系统 A 的输出集，包含系统 A 本身的输出数据以及输出到与系统 A 有耦合关系的其他系统的耦合数据，作用域为本系统和相关的耦合子系统，耦合接口数据②、④、⑥、⑧包含在 A_o 中。

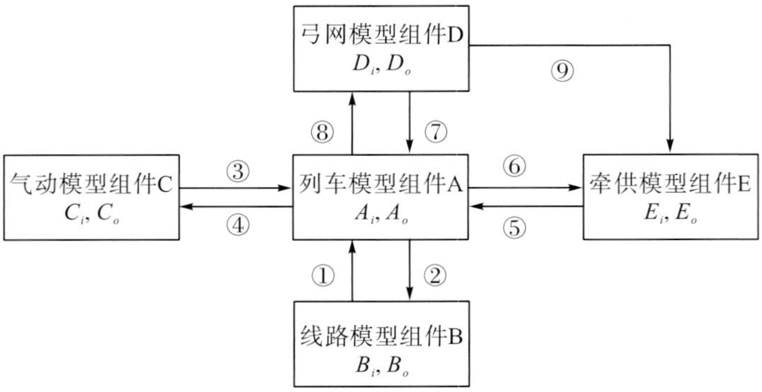

图 3.13 面向组件的高速列车耦合大系统建模[4]

采用基于组件的建模方法，可以对高速列车耦合大系统动力学行为进行各种组合，以实施高速列车与周边运行环境之间的耦合关系研究，如车辆-线路耦合仿真、车辆-线路-弓网耦合仿真、车辆-线路-气动耦合仿真、车辆-线路-牵引供电耦合仿真、车辆-线路-气动-弓网耦合仿真、车辆-线路-牵引供电-气动耦合仿真、车辆-线路-弓网-牵引供电耦合仿真等。以车辆-线路-弓网耦合仿真为例，所构建的耦合仿真组件模型如图 3.14 所示。

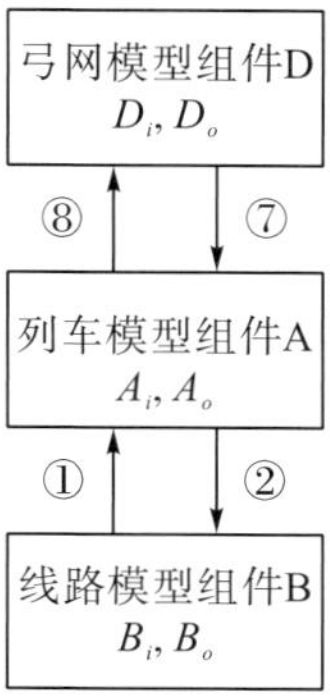

图 3.14　基于组件的车辆-线路-弓网耦合仿真模型

3.3.2　耦合计算方法

针对不同积分步长的子系统间耦合计算的时空同步控制问题，在高速列车耦合大系统动力学耦合仿真中，各子系统的仿真步长不一致，以某耦合仿真工况为例，列车子系统的仿真步长为 5×10^{-5}s，线路子系统的仿真步长为 5×10^{-5}s，弓网子系统的仿真步长为 5×10^{-5}s，空气动力学子系统的仿真步长为 1×10^{-3}s，牵引供电子系统的仿真步长为 1×10^{-1}s，各子系统的仿真步长分布在三个数量级上，为此在耦合仿真中采用了三层耦合控制仿真方法，如图 3.15 所示，描述如下：

(1) 根据各子系统的仿真步长，将各子系统划分为三层，第一层包括列车子系统、线路子系统和弓网子系统，该层的仿真步长记为 $S=5\times10^{-5}$s，耦合仿真控制步长记为 $S_{I1}=5\times10^{-5}$s，第二层为空气动力学子系统，该层的耦合仿真控制步长记为 $S_{I2}=1\times10^{-3}$s，第三层为牵引供电子系统，该层的耦合仿真控制步长记为 $S_{I3}=1\times10^{-1}$s，并设置耦合仿真结束条件。

(2) 为每个层次设置一个累积仿真步长，第一层累积仿真步长记为 S_{A1}，第二层累积仿真步长记为 S_{A2}，第三层累积仿真步长记为 S_{A3}，并初始化 $S_{A1}=0$，$S_{A2}=0$，$S_{A3}=0$。

(3) 初始化各子系统间的耦合关系接口数据。

(4) 加载各子系统仿真模型，初始化各子系统。

(5) 各层累积仿真步长 S_A 的值都增加第一层仿真步长值 S，并进行如下判别：

①如果第一层累积仿真步长值大于等于第一层耦合仿真控制步长值，即 $S_{A1}\geqslant S_{I1}$，则更新第一层子系统间的耦合关系接口数据，激活第一层子系统进行单步长仿真计算，否则仿真退出并告警(告警是因为第一层是最小计算单元，如果该层无法计算，说明程序存在异常)。

②如果第二层累积仿真步长值大于等于第二层耦合仿真控制步长值，即 $S_{A2}\geqslant SI_2$，则更新第一层和第二层子系统间的耦合关系接口数据，激活第二层子系统进行单步长仿真计算，否则跳到(7)，判别程序是否结束。

③如果第三层累积仿真步长值大于等于第三层耦合仿真控制步长值，即 $S_{A3}\geqslant S_{I3}$，则更新第一、第二和第三层子系统间的耦合关系接口数据，激活第三层子系统进行单步长仿真计算，否则跳到(7)，判别程序是否结束。

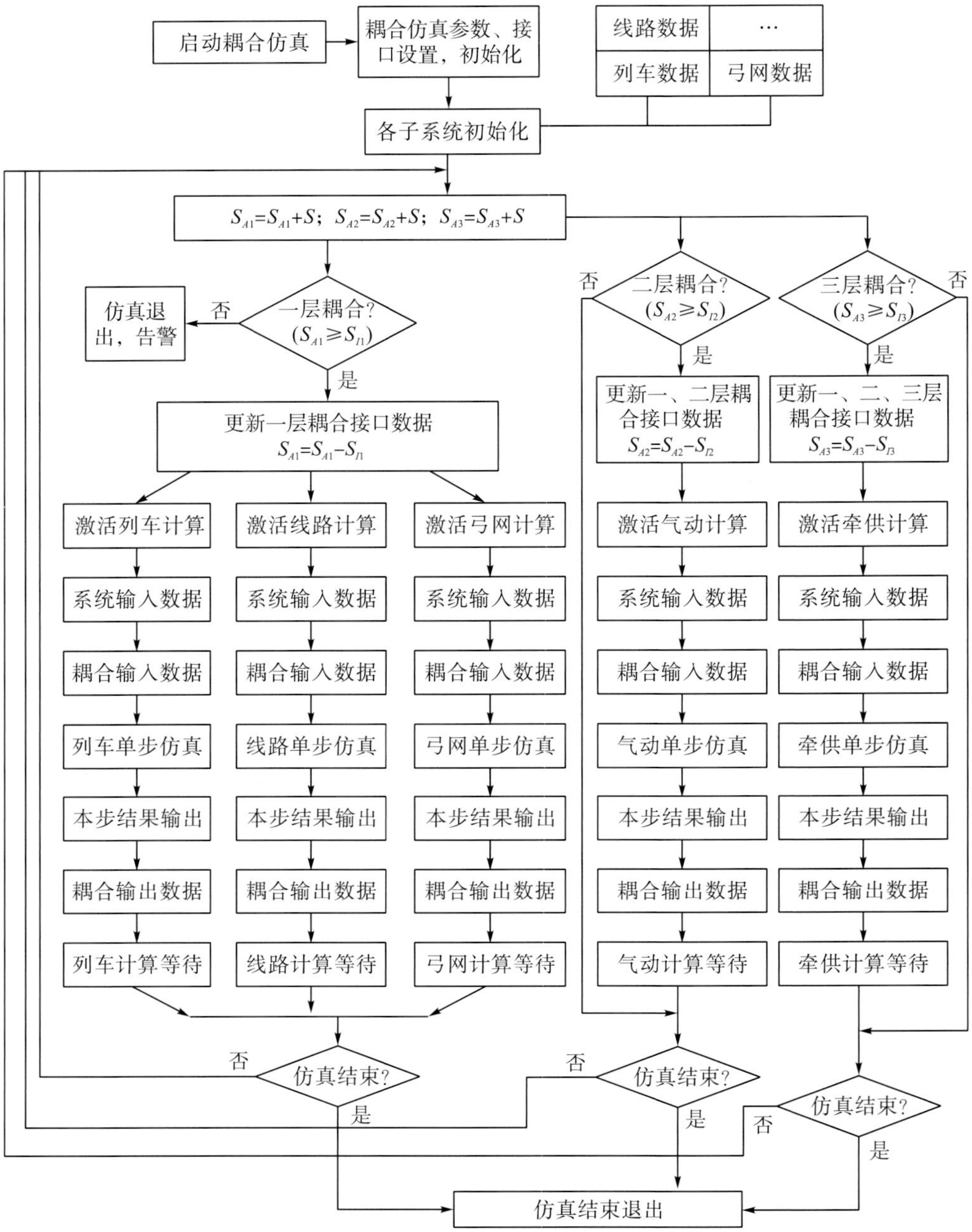

图 3.15　高速列车耦合大系统动力学三层耦合控制方法

(6)相关层的子系统被激活进行单步长仿真。各子系统的输入都由两部分组成：一部分是本系统前一步的仿真结果数据或中间数据，另一部分是其他子系统输出的耦合数据，通过这两部分输入，便可进行子系统该步的耦合计算。同样，各子系统的输出也都由两部分组成：一部分是进行本系统下一步仿真需要的数据及后处理应用分析需要的数据，另一部分是输出给其他子系统的耦合数据，通过这两部分输出，为耦合系统的下一步计算准备数据。

对于耦合输入数据，由于各子系统的积分步长不一致，在经过第一步计算以后，各子系统之间在时空上是不一致的，因此在耦合时，必须对积分步长大于当前层耦合仿真控制步长的子系统的耦合数据进行处理，利用该子系统上一步的仿真结果、耦合仿真控制步长和该子系统积分步长之间的关系，进行数据插值处理或直接利用其上一个耦合积分步的仿真结果数据，此处不同的子系统根据本子系统对边界数据的敏感性，可采用不同的数据处理方法，同样，在耦合数据的加载上，也可以进行不同的处理方法，如直接加载或分步多次过渡加载。

各子系统被激活进行单步长仿真计算时，其计算流程相同，以列车子系统为例，其流程如下：

①激活列车子系统仿真计算。

②获取系统输入数据，系统输入数据是指该子系统上一次仿真计算结果中需要作为本次仿真的输入条件的数据，在第一步仿真计算时，系统输入数据为该子系统的初始化数据。

③获取耦合输入数据，系统耦合数据是指有耦合关系的相关子系统作用于该子系统的数据，作为该子系统的边界输入条件，由有耦合关系的相关子系统在上一次仿真计算时生成，在第一步仿真计算时，耦合输入数据为相关子系统的耦合关系接口数据的初始化数据。

④列车子系统单步长仿真计算，列车子系统利用给定的仿真步长、输入条件和边界条件，进行一次仿真计算，S_{A1} 的值会增加列车子系统的仿真步长值。

⑤生成系统单步仿真结果数据，该结果数据包含两部分内容，即系统输出数据和系统存储数据，系统输出数据是指该子系统本次仿真计算结果中需要作为下一次仿真的输入条件的数据，系统存储数据是指该子系统本次仿真计算结果中用于后处理应用分析的数据。

⑥生成耦合输出数据，耦合输出数据是作用于有耦合关系的相关子系统的数据，作为这些子系统的边界输入条件，更新相关子系统间的耦合关系接口数据。

⑦列车子系统计算等待，本次仿真计算完成后，列车子系统等待下一次仿真激活。

(7) 判断是否满足仿真结束条件，若满足，则仿真结束退出，否则返回第(5)步，继续仿真。

在子系统更新耦合边界时，由于不同子系统的积分步长之间可能不存在整数倍比关系，此时需要对各子系统的耦合输入数据进行处理，其方法如图 3.16 所示，以任意的两个子系统 A、B 之间的耦合仿真为例。

(1) 如果在耦合仿真步长点有系统 A 的计算数据，则在耦合计算时系统 B 利用系统 A 的该计算数据作为耦合输入。

(2) 若在耦合仿真步长点没有系统 A 的计算数据，但在该点的时间轴前后都有系统 A 的计算数据，则利用插值算法计算出该耦合仿真步长点系统 A 的计算数据作为系统 B 的耦合输入。

(3) 若在耦合仿真步长点没有系统 A 的计算数据，且仅在该点的时间轴之前有系统 A 的计算数据，则取时间轴上离该点最近的系统 A 的计算数据作为系统 B 的耦合输入。

在处理耦合边界数据时，对各子系统间的耦合边界采用缓和插值过渡的方法，如在该耦合步获得的耦合边界数据，通过分步插值的方式加载到本子系统随后连续的几次仿真计算中，由此避免因耦合边界突变导致相关联的子系统仿真计算的失稳，以增强耦合仿真系统耦合计算的鲁棒性；在子系统间进行插值计算时，针对不同的子系统间可采用各自适合的插值算法，以提高耦合边界数据的精度，最终提高整个耦合仿真系统耦合计算的精度。

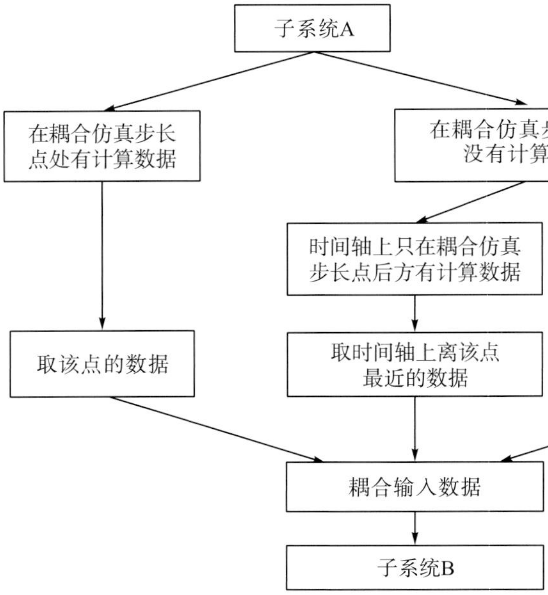

图 3.16　耦合输入数据处理算法[4]

3.3.3　耦合计算实施

在基于分布式的高速列车耦合大系统动力学计算机耦合仿真中，上述耦合仿真控制方法是在耦合器中实现的，耦合器是连接各子系统实施耦合计算的关键。各子系统在耦合器的驱动下进行仿真的时空同步推进，通过求解高速列车耦合大系统动力学耦合关系模型，更新各子系统的仿真计算边界，驱动相关子系统间实施耦合作用，最终实现高速列车-线路-弓网-牵引供电-列车空气动力学子系统间基于积分步长级的耦合计算，达到对高速列车耦合大系统动力学进行计算机仿真的目标。

耦合器的基本功能包括：

(1) 耦合计算流程控制功能，即可以控制高速列车各耦合计算子系统的启动、等待和停止。

(2) 耦合计算组织功能，即可以按用户所提的全耦合或部分耦合计算需求自适应组织相应的计算模型进行耦合计算。

(3) 耦合计算协调功能。由于高速列车各耦合子系统计算步长不一，可以按一定策略(如多层次的仿真步长同步协调策略)对各计算子系统的仿真推进过程进行协调，实现耦合计算功能。

(4) 耦合边界数据处理功能。在设定的耦合点进行耦合计算时，可以对高速列车各子系统的边界数据进行处理，为各子系统提供本步计算所需的输入数据，同时采用边界缓和过渡算法、分类数据插值算法等，保障耦合计算的稳定性和精确性。

(5) 耦合数据通信功能，即可以和各耦合子系统进行实时通信，及时接收各耦合子系统输出的数据，并将处理好的耦合数据及时发送至各耦合子系统以更新其输入。

根据高速列车耦合大系统动力学计算机仿真模型，在耦合器协调下的高速列车耦合大系统动力学仿真的一般流程如下：

(1) 各子系统在一个积分步长内独立求解；

(2) 向耦合器发送与其他子系统相关的计算结果；

(3) 求解各子系统间耦合关系模型及耦合控制算法，并进行耦合数据处理；

(4) 耦合器向各系统发送耦合数据，更新各子系统的计算边界；

(5) 判断耦合系统计算终止条件；

(6) 若满足条件，则系统退出，否则返回第 (1) 步。

高速列车各耦合子系统的仿真计算流程主要分为三个阶段：计算等待及数据准备、单步积分计算、计算结果输出。在耦合器的驱动下，三个阶段循环进行，如图 3.17 所示。在耦合计算时各子系统的输入包含两部分：一部分是从本子系统获得的数据，称为子系统输入，如从系统初始化获得的数据、从本子系统的上一步计算输出中获得的数据等；另一部分为从耦合器获得的来自其他有耦合关系的子系统数据，称为耦合输入。只有在子系统输入和耦合输入都准备完成后，子系统才能启动本步的积分计算。输出也包含两部分：系统输出和耦合输出。其中系统输出是指本步计算完成的结果，部分结果可能为下一步计算做准备，其他结果用于监控或评价等，而耦合输出则是向耦合器输出，为与本子系统有耦合关系的子系统提供下一步的耦合输入数据。耦合子系统的输出是耦合器的输入，是求解耦合关系模型的基础，而耦合关系模型的求解结果是耦合器的输出，同时也是各耦合子系统的输入。正是耦合器通过协调组织，将需要的数据从各耦合子系统获取，然后求解耦合关系模型及耦合控制算法，并对相关数据进行处理后，再将所需结果传递到相应的子系统中，实现对系统耦合仿真的控制和推进。

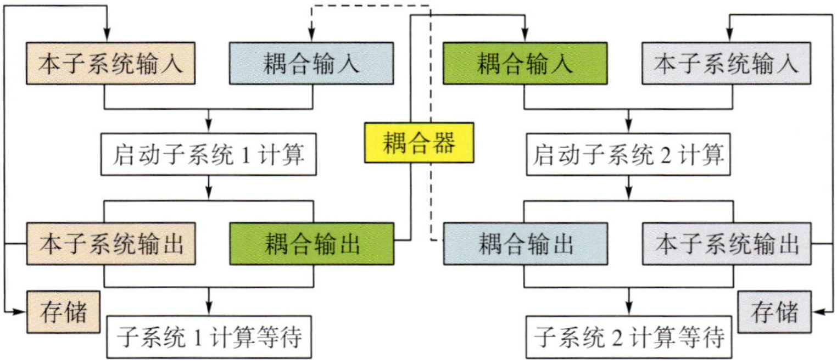

图 3.17　耦合子系统在耦合器作用下的仿真计算流程[4]

3.4　高速列车耦合大系统动力学仿真后处理展示技术

高速列车运行模拟是高速列车耦合大系统动力学仿真平台重要的后处理展示手段，采用自主研发的三维可视化软件，实现对高速列车耦合大系统动力学仿真结果的虚拟运行展示。

3.4.1 不同粒度的高速列车运行模拟展示技术

后处理系统的首要问题是真实运行场景的自动化动态建模问题，即给定线路的曲线、坡度、隧道、桥梁等的起点、长度等数据，快速自动生成精细的后处理模型及场景，进行仿真结果或实测数据驱动的模拟运行展示。图 3.18 是根据一条用户给定线路的数据文件，自动拼接生成的三维线路场景的局部。除了图中所示的桥梁、轨道、接触网，还包括路基、隧道、隧道接触网等。

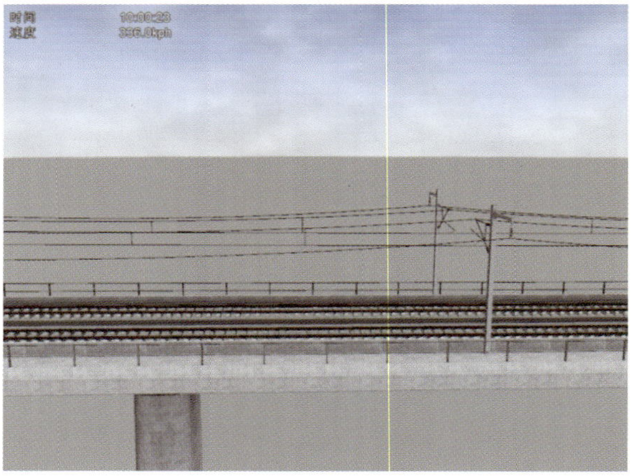

图 3.18 根据线路数据自动拼接生成的三维场景

后处理展示系统可以实现列车、线路、弓网、牵引供电系统的动力学仿真结果的时空同步一体化动态展示，包括二维数据和三维实体的结合展示。与传统的二维曲线展示相比，本系统中的三维可视化展示更加形象逼真。与其他同类商业软件相比，本系统属于专门为高速列车的运行模拟定制，专业功能更全面。

图 3.19 是后处理展示系统的截图，可以展示列车运行过程中的倾摆、振动等。运行过程中的振动通常比较小，不易观察，可交互放大后观看。

图 3.19 后处理展示系统截图

除了图 3.19 所示的车头视点，本系统还预定义了司机室视点、受电弓视点、轮轨视点、车尾视点、乘客室视点、路边行人视点、自由视点等多个视点，可以在这几个视点之间任意切换。每个视点下，用户都可以进行上、下、左、右、前、后平移，以及多自由度旋转。除了自由视点，其他视点均具有运动跟随功能。部分视点可以前后切换车厢。

图 3.20 是司机室视点的截图，同样可以体现司机室的倾斜、振动等，也可以上、下、左、右、前、后平移视点及多自由度旋转视点。司机室的控制面板上，动态显示列控、牵引传动、牵引供电等系统的车载部分内容，可用鼠标单击控制面板上的按键进行实时交互切换。

图 3.20　司机室视点

3.4.2　不同域的动态状态展示技术

图 3.21 是轮轨力显示的截图，为了能清晰观察轮轨力，将车体半透明显示。轮轨力在轮轨接触点处以箭头(力的方向)和长度(力的大小)进行显式显示，轮轨接触状态可进行局部放大观察。车体、构架和轮对等部件可以隐藏，也可以半透明显示，透明度可以设置。

图 3.21　轮轨力显示与车体半透明

本系统可以根据仿真结果模拟弓网之间的拉弧现象，图 3.22 模拟展示了在隧道内弓网之间拉弧的瞬间。该拉弧现象使用计算机图形学中的粒子系统进行模拟。粒子系统是图形学中模拟一些特定模糊现象的技术，而这些现象用其他传统的渲染技术难以实现其真实感。

图 3.22 隧道内弓网之间拉弧现象模拟展示

3.4.3 多样化的动态数据展示技术

为了能在同一时刻显示多个不同的视点以便扩大视野范围，以及与其他子系统进行分布式同步展示，本系统可以和其他子系统进行协同展示。在协同展示模式下，可以同时开启多个三维展示终端、二维曲线展示终端以及其他子系统的同步展示终端，协同展示服务器同时向各个终端发送同步更新指令，各终端收到指令后进行同步更新。协同展示过程中，可以进行暂停、继续或停止退出等操作。各终端可以在展示过程中随时接入或退出。

图 3.23 是协同展示的示意图，各个三维展示终端可以同时显示不同的视点，需要时也可以用视频矩阵将各个终端的输出投影在一个大屏幕上。与单窗口多视口的方式相比，

图 3.23 协同展示示意图

多终端方式对帧率没有影响，因此更加流畅。对于时程数据，本系统中的二维曲线展示模块可同步展示这些数据，如图 3.24 所示，二维和三维同步结合，更便于用户理解及应用。

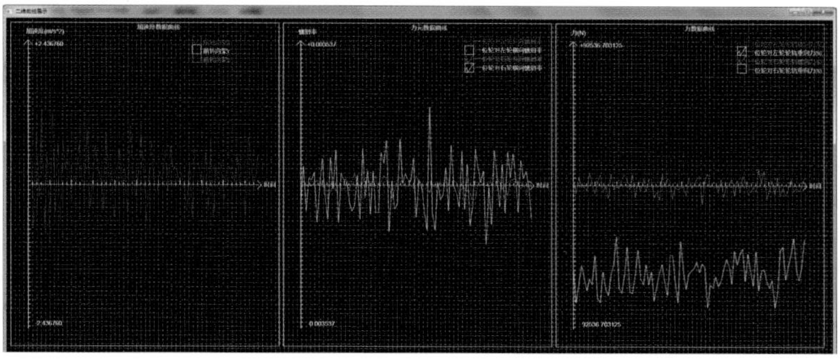

图 3.24　二维曲线同步展示

为了更加逼真地体现高速列车耦合大系统动力学仿真计算出的运动状态，本系统可用仿真结果数据驱动六自由度的运动平台，如图 3.25 所示。该运动平台可以模拟列车运行过程中的振动。在过曲线时，位于运动平台之上的仿真器能体现出由于外轨超高导致的车体倾斜。同时，也可以体验到列车会车时，当前列车由于高速气流扰动造成的冲击。

图 3.25　仿真结果数据驱动六自由度的运动平台

为了进一步提高展示系统的临场感、沉浸感、真实感，本系统实现了列车运行模拟的立体显示。系统可以在立体和非立体模式之间切换，下一步将考虑采用裸眼立体技术。

除了视景展示，本系统也实现了声音模拟。不同场景的声音效果不同，如司机室、乘客室、路边行人、进出隧道、过桥、会车等不同的场景，都有相应的独特声音效果，同时能够处理声音的混响。因为不同类型机车的声音不完全一样，用户可对不同的机车设置相应的声音素材。计算机仿真生成的音响与视景显示同步，且能随列车运行的速度和运行区段的不同而变化。声音输出为立体声，能够体现声音的频率、响度、方位感等特性。系统可以进一步处理一些特殊的音效，如表现声音的回响、反射、多普勒效应等。

在会车、路边行人目视列车驶过等场景，声音的多普勒效应十分明显。多普勒效应是波源和观察者有相对运动时，观察者接收到波的频率与波源发出的频率并不相同的现象。远方疾驶过来的列车鸣笛声变得尖细(即频率变高，波长变短)，而离我们而去的列车鸣笛声变得低沉(即频率变低，波长变长)，就是多普勒效应。观察者和发射源的频率关系为[7]

$$f' = \left(\frac{v \pm v_o}{v \mp v_s}\right) f$$

式中，f'为观察频率；f为波源发射频率；v为波速；v_o为观察者移动速度；v_s为波源移动速度。括号中分子和分母的上行运算和下行运算分别为“接近”和“远离”之意。

3.5 高速列车耦合大系统动力学仿真平台及验证

3.5.1 高速列车耦合大系统动力学仿真平台介绍

高速列车耦合大系统动力学仿真平台是一个基于分布式的、采用C/S结构的仿真应用平台，支持多用户、多工况仿真，支持列车(车辆)、线路、弓网、牵引供电、空气动力学子系统之间的不同层次的耦合计算。该平台的客户端为主控模块(进行耦合计算组织及提交模块、各种结果和模型的管理等)，其中集成了前处理模块、后处理模块和系统服务模块，服务器端为耦合计算模块，采用后台执行模式。

该平台的仿真工作流程如图3.26所示，具体如下。

(1) 主控模块是客户端的启动入口，启动主控模块，进入系统界面。

(2) 启动系统界面中的前处理模块，生成列车(车辆)、线路、弓网、牵引供电、空气动力学子系统的计算模型，并将其存入各子系统的计算模型数据库中。

(3) 设置耦合计算工况并提交。设置参与耦合的计算模块，再从各子系统的模块库中提取需要的计算模型，设置仿真参数并将它们组织成耦合计算模型存入数据库，同时提交到耦合计算模块。

(4) 启动耦合计算，其流程如下：

①耦合计算模块中的任务调度子模块接到耦合计算申请后，调用计算资源管理模块查询计算资源的状态信息，计算资源管理模块通过调用执行机代理模块获得相关资源信息。

②任务调度子模块应用一定的调度策略，利用执行机代理模块将任务调度到合适的计算资源上，并向耦合器注册调度信息，再启动各子系统计算模块完成初始化，并将状态信息及初始结果返回耦合器。

③启动耦合计算任务，利用耦合器控制各子系统计算模块的计算流程，并应用耦合控制策略和数据处理算法，实现相关模块间的耦合计算，耦合器和各子系统仿真执行机将计算过程数据分类存入相应的数据库。

④启动计算过程监控模块，对高速列车耦合大系统动力学仿真过程中各子系统需要监控的参数进行实时监控，对异常状态进行告警。

(5)启动后处理模块，进行计算结果的展示和评价。平台中提供了通用后处理子模块、列车虚拟运行展示子模块和专用后处理子模块，通过二维和三维结合的方式，全面展示各子系统的仿真结果。

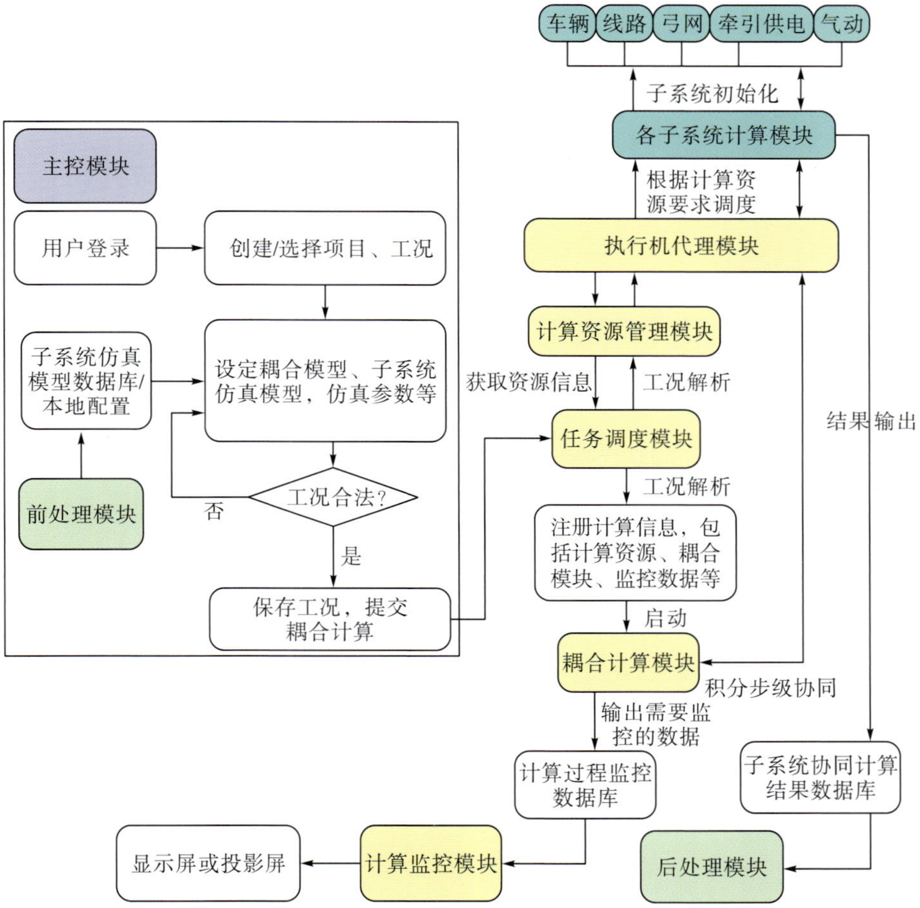

图 3.26　高速列车耦合大系统动力学仿真平台工作流程

根据上述平台的应用流程，实施的平台应用实例描述如下：

(1)启动主控模块，进入仿真平台的用户主界面，如图 3.27 所示。系统采用三级文档管理结构，分别为项目、工况和子系统，即需要先建立项目，再在该项目中建立工况，最后在该工况下组织参与耦合仿真的子系统，将这些子系统的仿真输入和输出保存在该工况下。项目是对某一类仿真任务的描述，工况是对其中的某一个具体仿真任务的描述，子系统是指参与某一次具体耦合仿真的子系统及其输入输出的集合。例如，对某型车进行的一系列仿真，即可将该车型定义为项目名，将每次具体的仿真定义为工况名，如以车-线耦合仿真工况为例，此时的子系统包含车辆子系统和线路子系统。

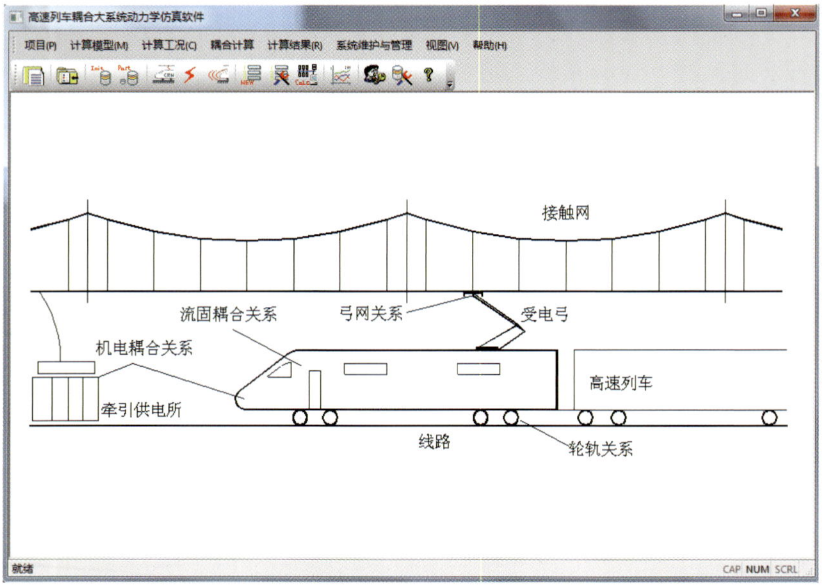

图 3.27　高速列车耦合大系统动力学仿真平台主界面

(2) 启动前处理模块，构建车辆/列车、线路、弓网、牵引供电、气动等各子系统的仿真模型，将仿真模型存入数据库或存放在用户的本地计算机系统中，如图 3.28 所示。在子系统前处理建模中，用户可以通过建模系统提供的接口导入车辆的 CAD 实体模型，然后在该实体模型的基础上进行动力学参数的设置，以增强模型的直观性和真实性；图中采用系统默认的示意模型表达方式，这种方式建模简单，建模效率高，可以满足前处理模型结构表达及对模型进行检验的要求。

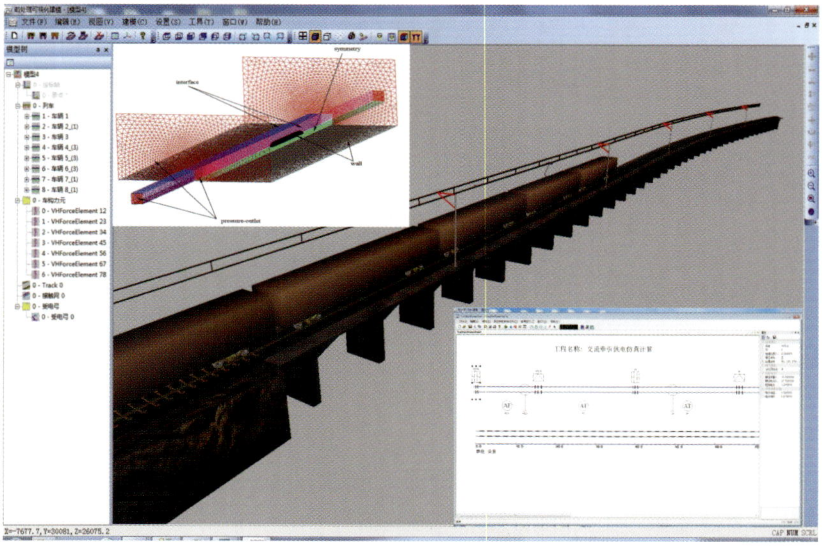

图 3.28　车辆/列车、线路、弓网、牵引供电、气动子系统前处理仿真建模

(3) 进行耦合仿真工况设置。新建或选择一个项目，在选定的项目中新建或选择一个仿真工况，组织耦合计算模型，从数据库或用户的本地计算机系统中选择参与耦合计算子系统的仿真模型，设置子系统的仿真参数和耦合仿真参数，并将该工况存储于仿真工况数据库中，然后提交后台进行耦合仿真计算，如图 3.29 所示。

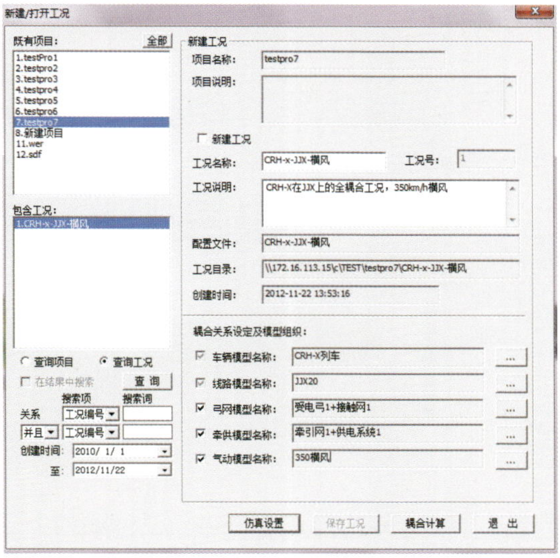

图 3.29　耦合仿真工况设置

(4) 耦合仿真计算。任务调度模块接到耦合计算申请后，将任务调度到合适的计算资源上，并启动耦合仿真。计算过程中的监控数据写入仿真过程监控数据库，并在计算监控器中展示，如图 3.30 所示，也可以对计算过程中的异常状态进行告警。耦合仿真结果按耦合子系统分类存入仿真结果数据库。

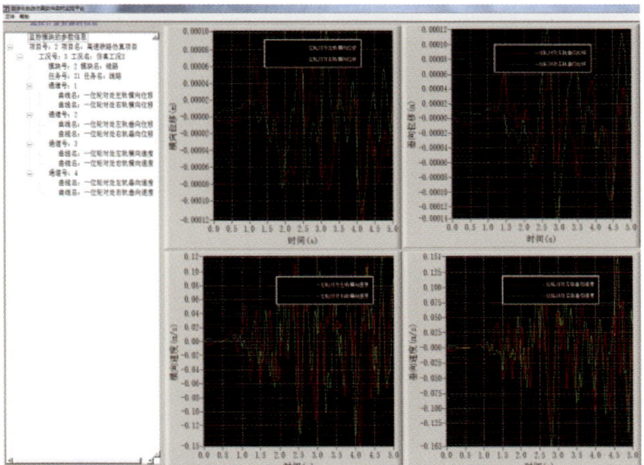

图 3.30　耦合仿真过程监控

(5)耦合仿真结果后处理。从仿真结果数据库中取出结果数据，按子系统分类采用二维或三维的方式进行仿真结果后处理。平台提供二维通用后处理模块，可自动解析各子系统的后处理结果格式并以结果树形式显示，可从树上选择一组或多组指标数据以拖拽的方式生成图表；也可进行流程化的仿真结果处理，提供常用的动力学指标评价方法，并按格式自动生成结果报告，如图 3.31 所示。

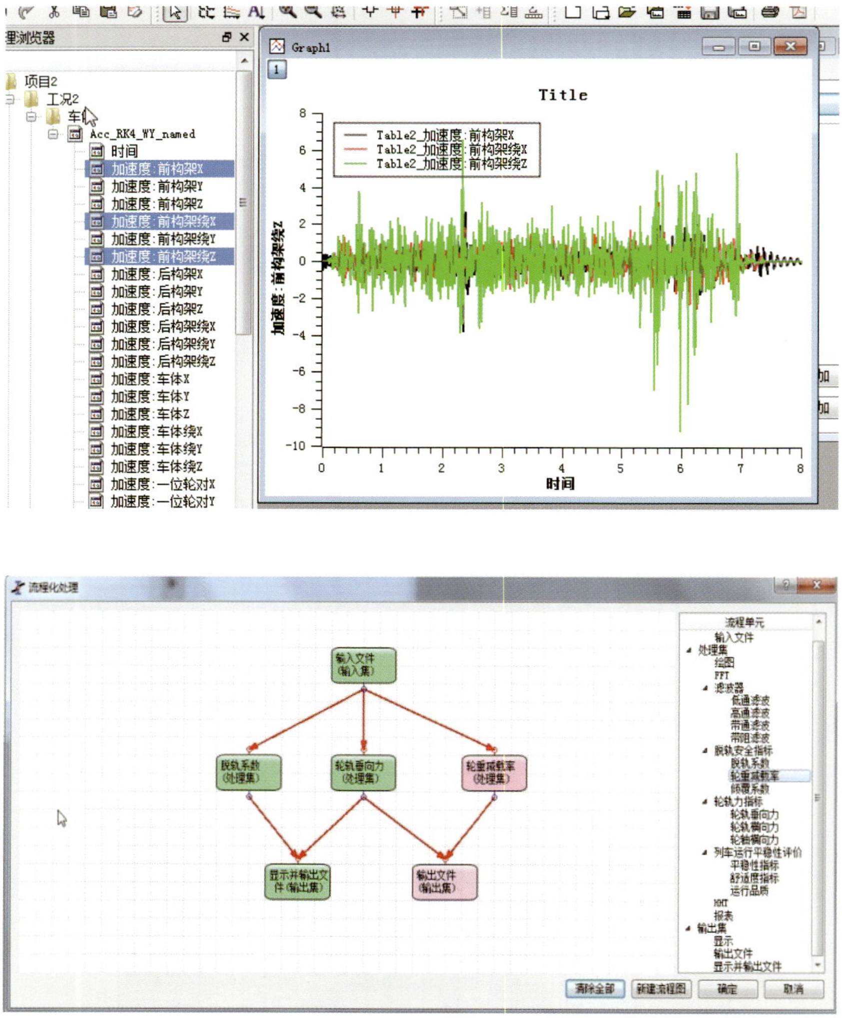

图 3.31 通用二维后处理模块

平台也提供三维运行仿真模块，该模块通过解析前处理生成的示意模型数据，自动生成逼真的线路及接触网精细化模型，并调用真实感强的列车精细化模型，在仿真数据的驱动下进行列车虚拟运行展示。该模块可以进行二维、三维同步展示，也可进行多视窗分屏展示和多子系统协同展示，如图 3.32 所示。

图 3.32　高速列车三维运行展示模块

3.5.2　仿真计算及验证

1. 仿真系统模型参数

1）车辆动力学模型

车辆系统包括 1 个车体、2 个构架、8 个轴箱、4 个轮对共 15 个体，其中车体、构架各 6 个独立自由度，轴箱只有 1 个旋转自由度，轮对有 4 个独立自由度，整车共 42 个自由度。车辆一系悬挂采用转臂定位方式，安装有钢弹簧和垂向减振器等悬挂部件。二系悬挂安装空气弹簧，并安装有横向止挡、横向减振器、抗蛇行减振器、牵引拉杆等部件。在所建立的车辆多体动力学模型中，车体、构架、轴箱和轮对采用刚体模型，根据一系和二系悬挂部件的位置及特性分别建立相应的力元模型，其模型文件如表 3.6 所示。

表 3.6　车辆动力学模型参数

车辆系统	自由度数	数量	总自由度数
车体	6	1	6
构架	6	2	12
轴箱	1	8	8
轮对	4	4	16

2）列车动力学模型

列车系统由六动车二拖车组成，其性能参数如表 3.7 所示，其牵引/制动特性如图 3.33 所示。

表 3.7 列车仿真模型参数

参数名	参数值
供电制式	单相 AC 25kV，50Hz
传动方式	交-直-交
牵引功率	7200kW
最高运营速度	350km/h
设计最高速度	370km/h
编组方式	6M2T
定员	610 人
编组长度	201.4m
编组质量	345t
转向架轴质量	≤14t
启动加速度	1.46km/(h·s)
制动方式	再生制动、电空联合制动系统
基本阻力	$\omega_0(v)=8.63+0.07295v+0.00112v^2$ (N/t)

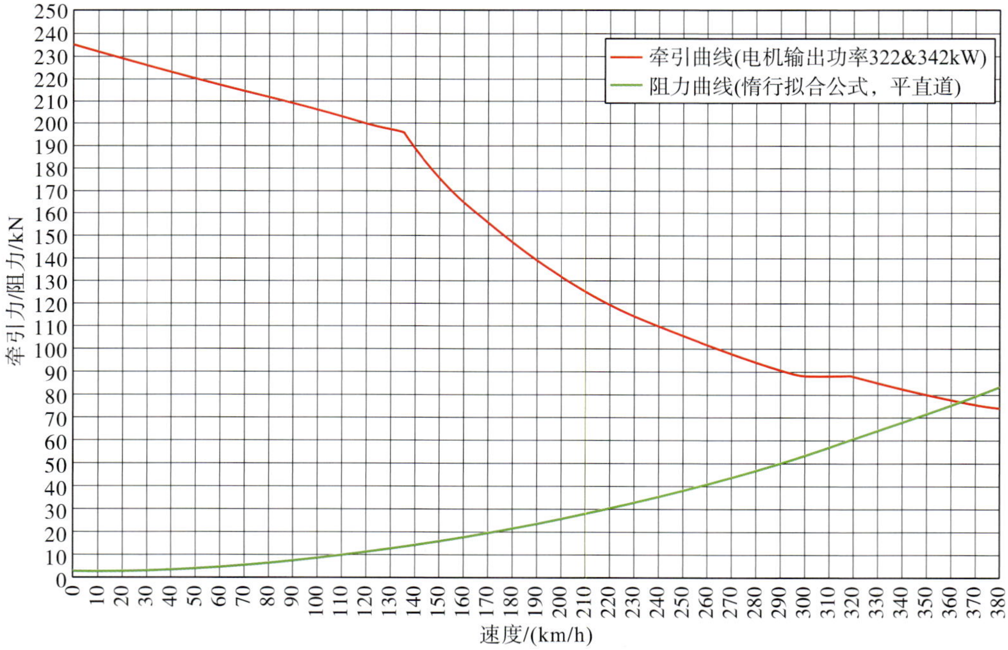

图 3.33 某型动车组牵引/制动特性曲线

3) 轨道线路动力学模型

线路模型为板式无砟轨道，轨下支承类型为路基和桥梁，线路动力学计算模型主要参数如表 3.8 所示。

表 3.8　板式无砟轨道主要参数

参数名	参数值(路基/桥梁)
钢轨弹性模量	2.059×10^{11}N/m^2
钢轨垂直抗弯惯性矩	3217×10^{-8}m^4
钢轨水平抗弯惯性矩	524×10^{-8}m^4
钢轨抗扭惯性矩	215.1×10^{-8}m^4
钢轨单位长度质量	60.64kg/m
轨道板尺寸	5.0m×2.5m×0.2m
CA 砂浆弹性模量	100/7000MPa
混凝土底座尺寸	4.93m×3.2m×0.3m
混凝土底座弹性模量	3.25×10^4MPa
混凝土底座泊松比	0.2
扣件间距	0.6m
扣件节点动刚度	60kN/mm
轨下胶垫垂向刚度	50×10^6N/m
轨下胶垫垂向阻尼	7.5×10^4N·s/m
轨下胶垫横向刚度	30×10^6N/m
轨下胶垫横向阻尼	7.5×10^4N·s/m

4) 轨道激励

由于我国目前尚无高速铁路标准轨道谱，根据京津高速客运专线和武广高速客运专线实测轨道随机不平顺数据，其功率谱密度如图 3.34 和图 3.35 所示。

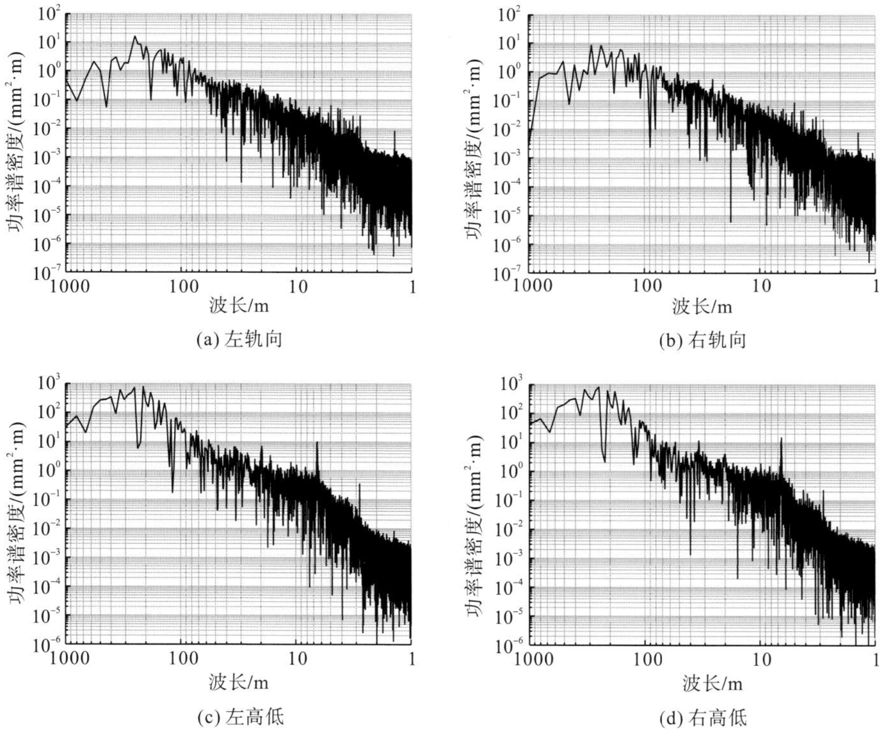

(a) 左轨向　(b) 右轨向

(c) 左高低　(d) 右高低

图 3.34　京津高速客运专线实测轨道随机不平顺的功率谱密度

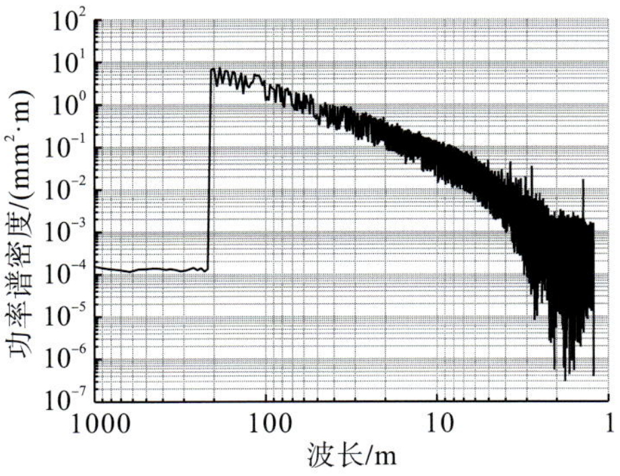

(a) 左轨向

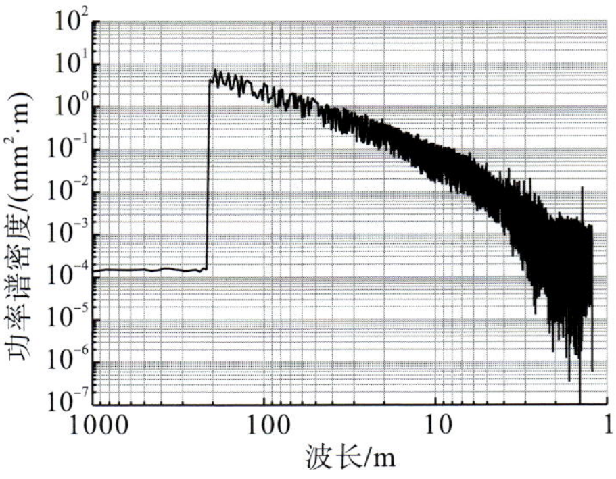

(b) 右轨向

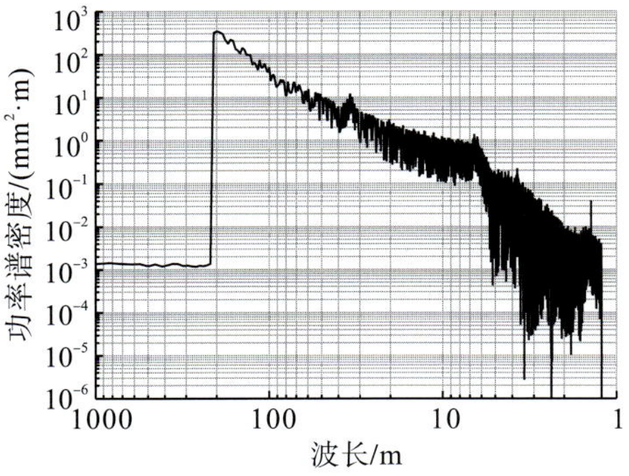

(c) 左高低

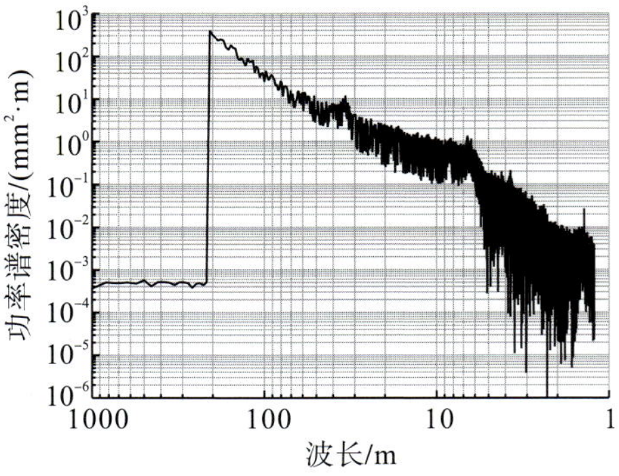

(d) 右高低

图 3.35 武广高速客运专线实测轨道随机不平顺的功率谱密度

对上述功率谱密度函数进行回归处理，可得到随机不平顺功率谱密度回归曲线。在实际仿真计算中，又可反过来根据随机不平顺功率谱密度，基于频域功率谱等效算法，得到不同波长范围的时间样本，如图 3.36 所示。

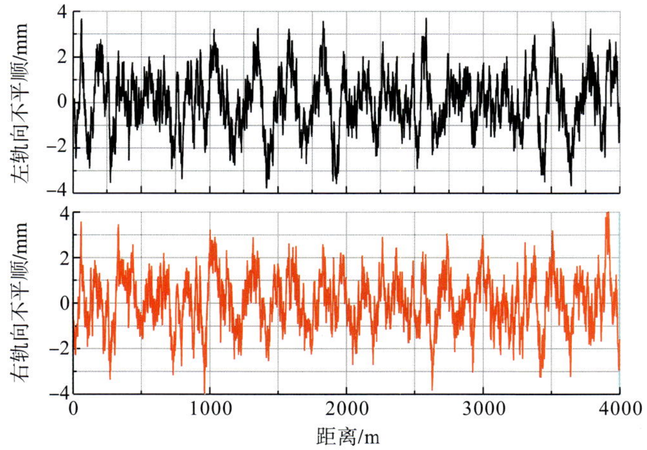

(a) 京津轨向不平顺

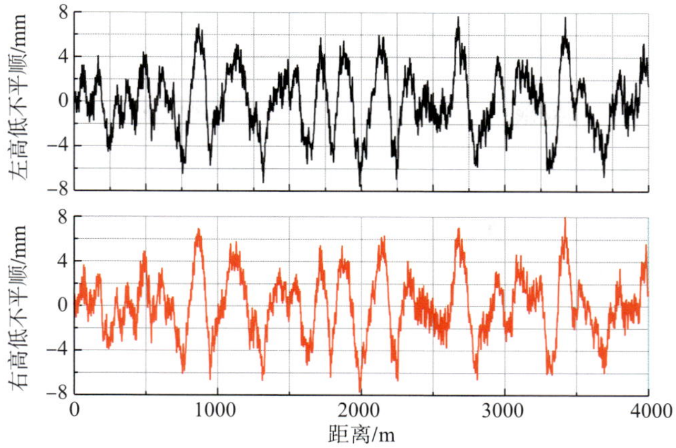

(b) 京津高低不平顺

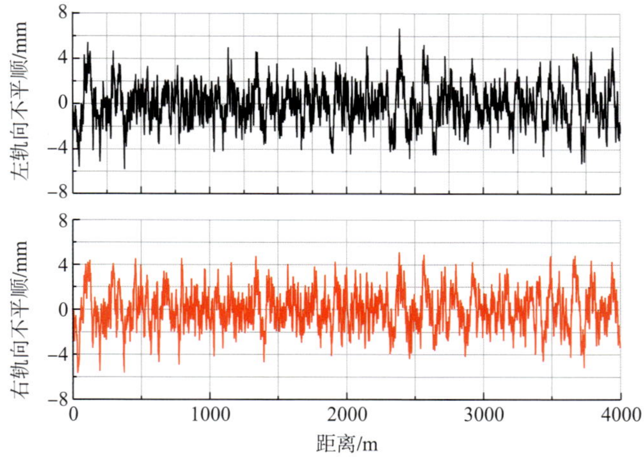

(c) 武广轨向不平顺

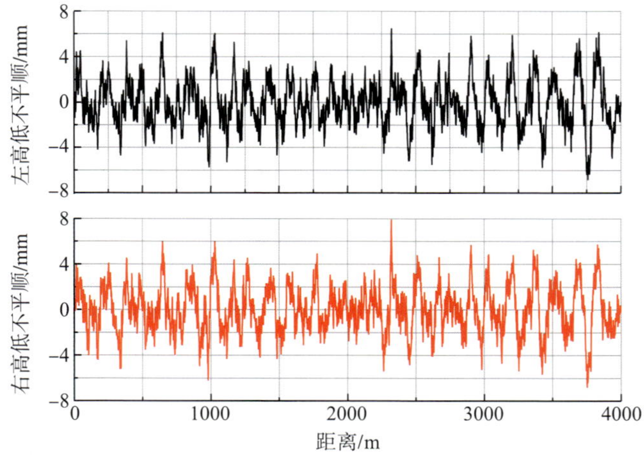

(d) 武广高低不平顺

图 3.36　高速铁路不平顺的样本

5) 弓网动力学模型

实例中针对弹性链型悬挂接触网系统，建立包括承力索、弹性吊索、接触线和吊弦的接触网动力学模型，接触网的结构及参数如图 3.37 所示。同时，采用如表 3.9 所示的力学参数，建立高速受电弓的等效数学模型。组合受电弓和接触网模型，定义相应的接触算法，从而得到弓网耦合系统的动力学模型。

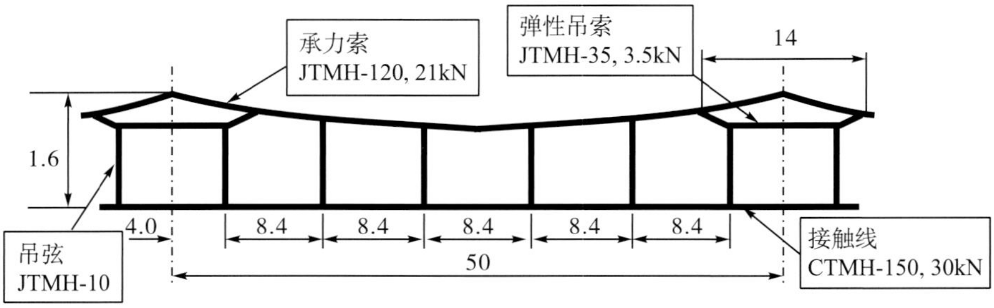

图 3.37 接触网的结构及参数(单位：m)

表 3.9 受电弓力学参数

参数名	参数值
受电弓弓头质量 m_1	6.1kg
受电弓弓头刚度 k_1	10400N/m
受电弓弓头阻尼 c_1	10N·s/m
受电弓上框架质量 m_2	10.154kg
受电弓上框架刚度 k_2	10600N/m
受电弓上框架阻尼 c_2	0N·s/m
受电弓下框架质量 m_3	10.3kg
受电弓下框架刚度 k_3	0N/m
受电弓下框架阻尼 c_3	120N·s/m
受电弓静态抬升力 F_0	70N
受电弓气动抬升系数	0.00097N·h^2/km^2

6) 列车空气动力学模型

图 3.38 为两车交会的空气动力学模型，线间距为 5m，两车纵向距离为 50m，两列列车的运行速度均为 350km/h。图 3.39～图 3.41 为隧道通过的空气动力学模型。列车鼻尖与隧道入口的距离为 80m，隧道断面面积为 100m^2，隧道内的线间距为 5m，列车的运行速度为 350km/h，计算区域的网格由结构化网格和非结构化网格组成。

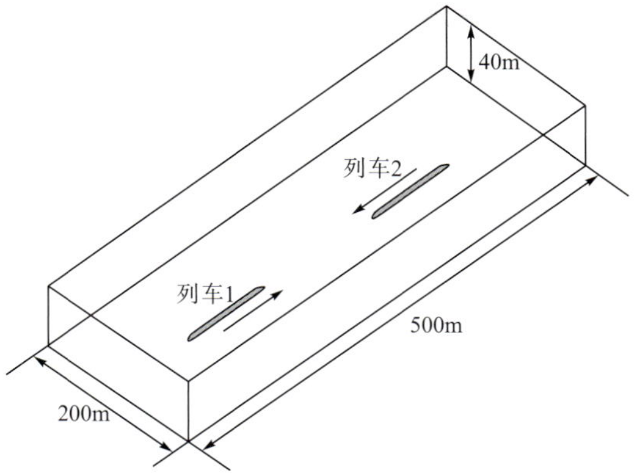

图 3.38　两车交会空气动力学模型

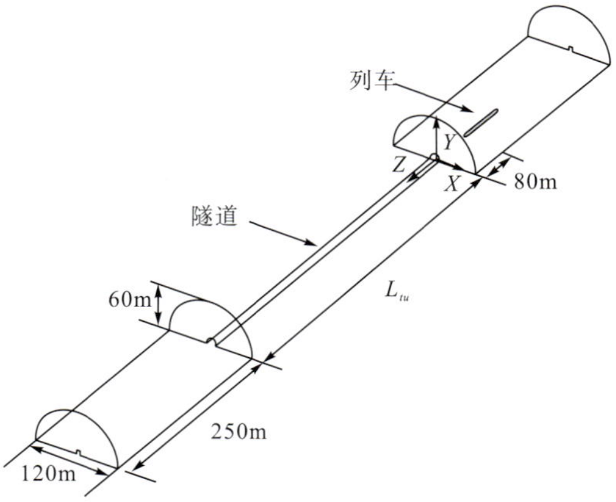

图 3.39　隧道通过的计算区域

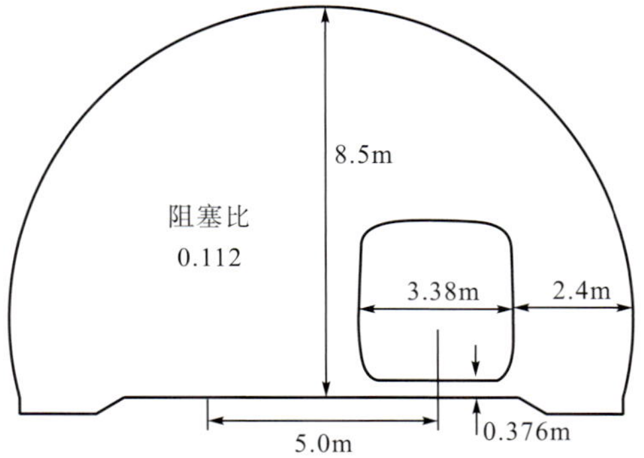

图 3.40　隧道横断面尺寸

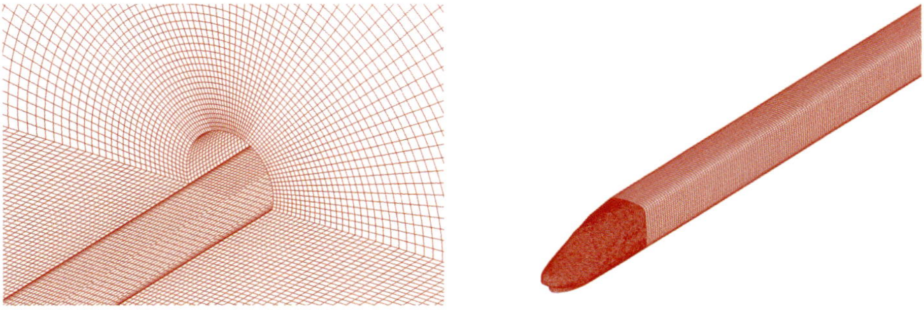

(a) 隧道及地面网格　　(b) 列车表面网格

图 3.41　网格划分

7) 耦合计算参数设置

基于高速列车耦合系统动力学仿真计算模型，设置耦合仿真各子系统的计算参数及耦合控制参数。

各子系统计算参数设置：车辆子系统、线路子系统、弓网子系统的积分步长为 5×10^{-5}s，空气动力学子系统的积分步长为2×10^{-3}s，牵引供电及传动子系统的积分步长设定为1×10^{-1}s。

耦合参数设置:按仿真工况中参与耦合计算的子系统情况自动动态设置耦合控制层次及耦合步长。

2. 高速列车耦合大系统动力学仿真结果与试验结果对比情况

为了验证计算模型和计算方法的正确性，分别以明线运行工况下的车辆动力学性能、弓网动力学性能，明线会车工况下的空气动力学性能，隧道通过工况下的空气动力学性能为例，将数值计算结果与实测数据进行对比。

1)明线运行工况下车辆动力学性能对比

通过线路试验，得到了车体三向加速度、构架三向加速度等车辆动力学性能数据。图 3.42 给出的是时速 350km 下车辆动力学仿真与试验的对比结果，从图中可以看出，其仿真结果趋势与试验结果基本相符，其整体幅值略小于试验结果是由车辆模型和线路模型的简化引起的，一些频率的贡献值未得到体现，试验结果有波动是由于其运行过程中速度存在波动。

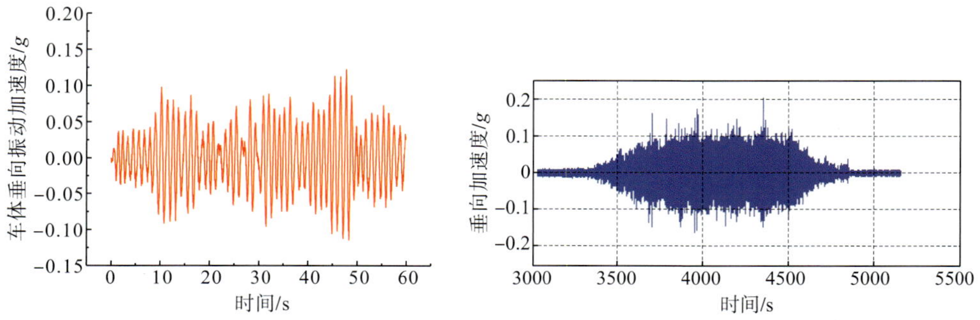

(a) 仿真结果 (b) 试验结果[8]

图 3.42 时速 350km 下车体垂向振动加速度响应的仿真结果与试验对比

2)明线运行工况下弓网动力学性能对比

通过线路试验，得到了包括接触压力、电弧、导高等弓网受流性能数据。图 3.43 为时速 350km 下受电弓闭口方向运行时的接触压力试验结果，图 3.44 为其仿真计算结果，从图中可以看出，两者的峰值和趋势都基本一致。

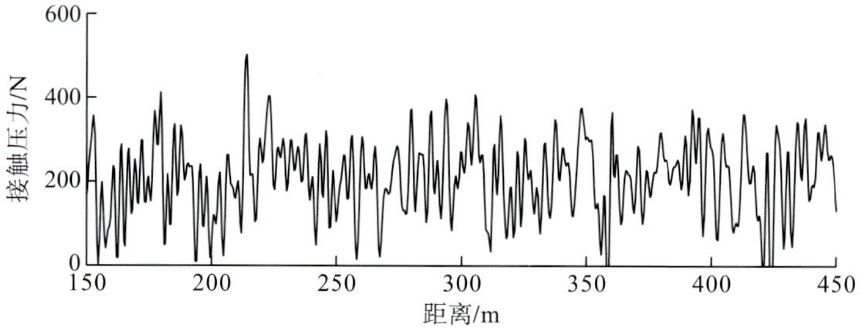

图 3.43 时速 350km 弓网接触压力试验结果[9]

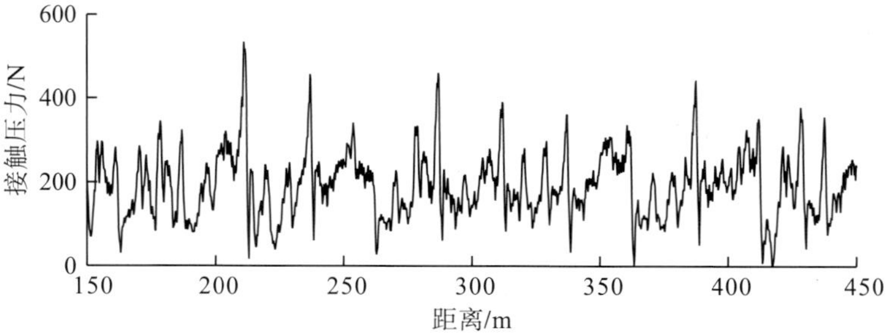

图 3.44　时速 350km 弓网接触压力仿真结果

对上述接触压力的试验结果与仿真计算的平均值、最小值和最大值分别进行统计，其结果如表 3.10 所示。由表可见，高速列车耦合大系统动力学的弓网接触压力仿真结果与试验结果较为接近。

表 3.10　时速为 350km 时接触压力结果对比（单位：N）

接触压力	试验结果	仿真结果
平均值	223.87	192.40
最小值	0	0
最大值	502.11	534.95

3）明线会车工况下空气动力学性能对比

图 3.45 为明线会车工况下八辆编组模型某测点数值仿真会车压力波曲线与某线路实车会车试验压力波动曲线比较情况。从图中可以看出，仿真结果与试验结果在峰值和变化趋势上基本一致。

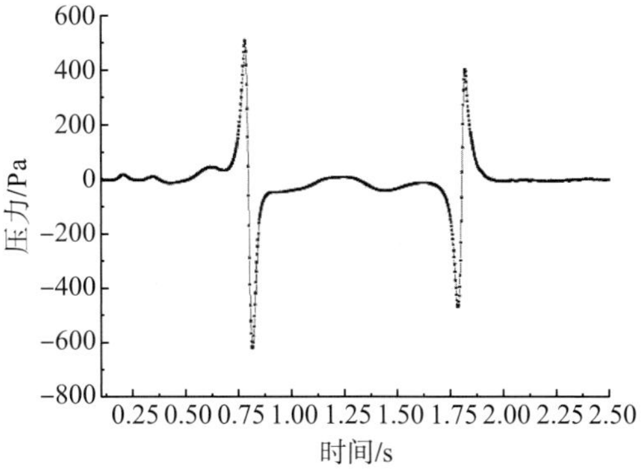

(a) 仿真结果

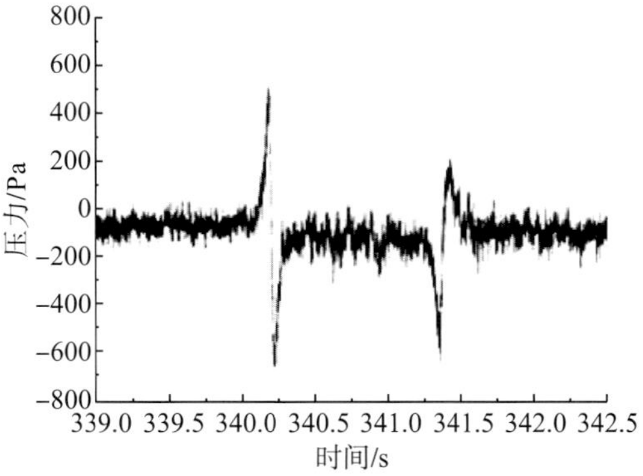

(b) 试验结果[10]

图 3.45　交会压力波的实车试验结果与仿真结果对比

4）隧道通过工况下空气动力学性能对比

实测数据是列车以 350km 时速通过线间距为 5.0m、长为 2989m 的复线隧道时列车中部车窗测点的压力时程曲线，实测车型为国内某型号列车。实车试验结果与仿真结果的压力时程曲线如图 3.46 所示，可以看出压力波动规律基本一致，峰值接近。

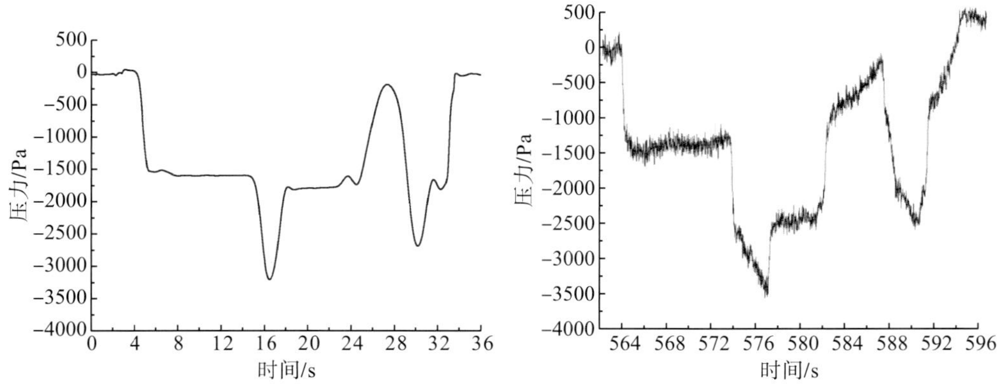

(a) 仿真结果　　(b) 试验结果[11]

图 3.46　中间车中部车窗测点压力时程曲线（时速 350km）

5）列车最大能力运行工况下运行性能及能耗对比

列车采用的运行方式为最大能力运行，图 3.47 为仿真运行性能曲线与试验数据的对比（实测数据来自中国铁道科学研究院 2008 年京津城际高速铁路科学研究试验），从图中可以看出两者基本吻合。

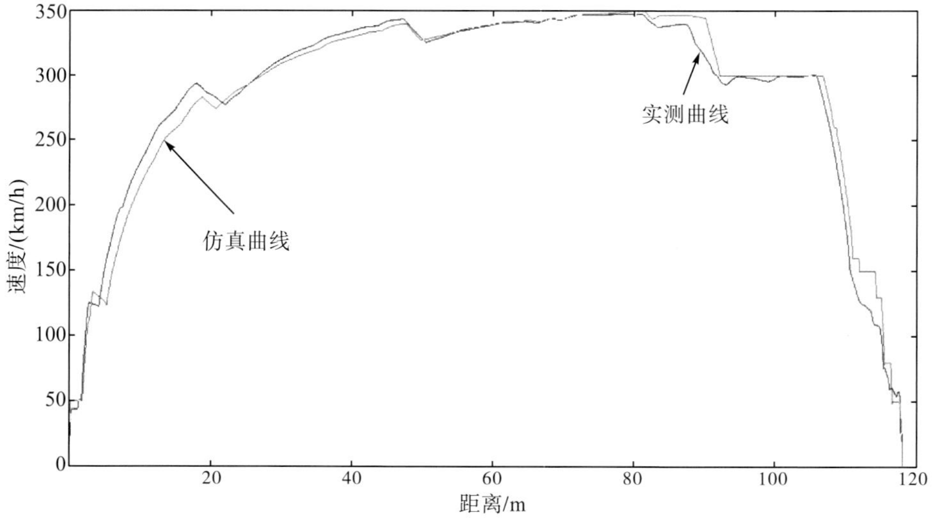

图 3.47　运行速度-距离对比

能耗情况对比结果如表 3.11 所示。其中仿真计算与试验数据的总能耗偏差 0.9%，牵引能耗偏差 2.46%，再生能量的偏差为 25.28%。其中再生能量的计算误差偏大，这主要是由于运行过程中所采用的制动方式取决于列车司机的操纵习惯，难以模拟。由于再生制动在运行过程中的能量反馈所占比例较小，因此不会对总能耗的计算造成大的偏差。

表 3.11　能耗对比

指标	试验数据/(kW·h)	仿真计算/(kW·h)	偏差/%
总能耗	2667	2691	0.9
牵引能耗	2844	2914	2.46
再生能量	−178	−223	25.28

从上述典型工况的仿真结果与试验数据的对比分析来看，其仿真结果与试验结果基本趋于一致，说明平台所采用的建模方法及耦合仿真方法是可行的，该平台具备了开展高速列车耦合大系统动力学仿真分析的支撑能力。

参 考 文 献

[1] 丁国富, 闫开印, 张卫华, 等. 面向虚拟样机设计的产品属性提取研究[J]. 计算机集成制造系统, 2006, 12(1): 14-20.

[2] 洪嘉振. 计算多体系统动力学[M]. 北京: 高等教育出版社, 1999.

[3] 张海柱, 黎荣. 高速列车虚拟样机系统技术研究报告[R]. 成都: 西南交通大学轨道交通实验室, 2012.

[4] 邹益胜, 张卫华. 高速列车系统动力学耦合计算平台研究[D]. 成都: 西南交通大学, 2011.

[5] 俞红奇, 丁宝康. 多数据库环境下的模式集成及查询分解[J]. 计算机工程, 2000, 26(10): 124-126.

[6] 宋宝燕, 张斌, 王国仁, 等. 物理集成的多数据库系统中数据一致性维护方法[J]. 小型微型计算机系统, 2000, 21(8): 858-861.

[7] 百度百科. 多普勒效应[EB/OL]. https://baike.baidu.com/item/%E5%A4%9A%E6%99%AE%E5%8B%92%E6%95%88%E5%BA%94/115710?fr=aladdin[2020-12-19].

[8] 西南交通大学牵引动力国家重点实验室. 京津城际高速铁路科学研究试验报告——CRH2 振动加速度分析试验报告[R]. 成都: 西南交通大学牵引动力国家重点实验室, 2008.

[9] 西南交通大学牵引动力国家重点实验室. 武广客运专线弓网系统动力学及受流性能试验报告[R]. 成都: 西南交通大学牵引动力国家重点实验室, 2009.

[10] 西南交通大学牵引动力国家重点实验室. 京津城际高速铁路科学研究试验报告——空气动力学[R]. 成都: 西南交通大学牵引动力国家重点实验室, 2008.

[11] 西南交通大学牵引动力国家重点实验室. 武广客运专线空气动力学实验研究报告[R]. 成都: 西南交通大学牵引动力国家重点实验室, 2009.

第 4 章　高速列车耦合大系统动力学性能基本特征与评价

4.1　高速列车耦合大系统动力学参数

4.1.1　高速列车参数

列车是由多节车辆编组而成的，每节车辆的动力学计算模型如图 4.1 所示。在进行动力学分析时，需要获得机车车辆各主要部件的质量参数、悬挂参数和关键尺寸参数等，对于列车动力学，还需获得车间连接装置的几何及性能参数。

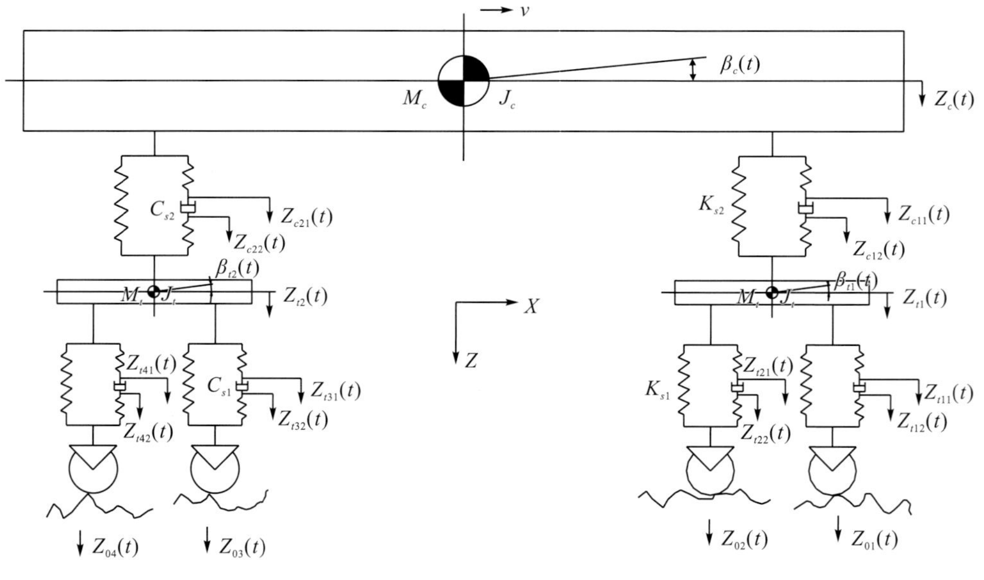

图 4.1　机车车辆动力学计算模型

M_c 为车体(包括载客或货物)质量(kg)；J_c 为车体点头惯量(kg·m^2)；M_t 为转向架簧上质量(kg)；J_t 为转向架点头惯量(kg·m^2)；K_{s1} 为车辆一系悬挂刚度(N/m)；C_{s1} 为车辆一系悬挂阻尼(N·s/m)；K_{s2} 为车辆二系悬挂刚度(N/m)；C_{s2} 为车辆二系悬挂阻尼(N·s/m)；$Z_i(t)$ 为系统部件位移(m)；$\beta_i(t)$ 为系统部件角位移(rad)；$Z_{0i}(t)$ 为轮轨不平顺位移

列车动力学仿真分析需要输入的基本参数如表 4.1 所示。具体车型还需根据实际情况进行必要的细化处理，例如，空气弹簧简单考虑其三个方向的刚度是不够的，液压减振器仅考虑其阻尼也是不够的。因此，本书将对部分需要细化处理的模型及其参数进行具体说明。

表 4.1　列车动力学仿真输入参数

关键尺寸参数	
车辆定距	一系垂向减振器作用点位置
转向架轴距	二系垂向减振器作用点位置
轨距	二系横向减振器作用点位置
轮对内侧距	抗蛇行减振器作用点位置
车轮型面外形	抗侧滚扭杆作用点位置
钢轨型面外形	牵引装置作用点位置
车轮滚动圆直径	横向止挡位置
构架重心高度	横向止挡自由间隙
车体重心高度	钩缓装置作用点位置
一系悬挂作用点位置	车间减振器作用点位置
二系悬挂作用点位置	风挡等效作用点位置
质量参数	
轮对质量	空车体质量
轮对侧滚转动惯量	空车体侧滚转动惯量
轮对点头转动惯量	空车体点头转动惯量
轮对摇头转动惯量	空车体摇头转动惯量
构架质量	重车体质量
构架侧滚转动惯量	重车体侧滚转动惯量
构架点头转动惯量	重车体点头转动惯量
构架摇头转动惯量	重车体摇头转动惯量
悬挂参数	
一系纵向定位刚度	二系横向阻尼
一系横向定位刚度	二系垂向阻尼
一系垂向刚度	抗侧滚扭杆侧滚角刚度
一系垂向阻尼	牵引装置等效刚度
二系纵向刚度	横向止挡特性曲线
二系横向刚度	钩缓装置特性曲线
二系垂向刚度	车间减振器阻尼
抗蛇行减振器阻尼	风挡等效刚度和阻尼

1. 空气弹簧计算参数说明

在列车动力学计算中，空气弹簧模型主要有三种[1]，即简化模型、线性模型和非线性模型，不同空气弹簧模型所需的计算参数也不相同。

在传统车辆动力学计算中，通常采用的空气弹簧简化模型如图 4.2 所示。它由弹簧和阻尼并联而成，该弹簧刚度和阻尼一般由试验获得。由于该模型不能真实反映空气弹簧的频变特性和幅变特性，所以现在基本不再使用了。

空气弹簧线性模型如图 4.3 所示，它是根据气体多变方程、节流孔流量线性化方程，去掉高阶无穷小量线性化的方法推导得出的。该模型的刚度参数由三部分组成：空气弹簧本体的刚度 k_1，该参数与空气弹簧的有效面积、压力和体积相关；附加空气室的刚度 k_2，该参数与附加气室与空气弹簧本体的容积比相关；有效面积变化率引起的刚度 k_3，该参数与空气弹簧有效面积变化率相关；d_2 为空气弹簧节流孔阻尼。

空气弹簧非线性模型如图 4.4 所示，其主要包括空气弹簧本体力学模型和连接管路力学模型。根据 Helmholtz 方程，在连接管内的气体动力学行为可以简化为弹簧-质量块系统。质量块考虑为连接管内的气体质量，而弹簧效应通过附加气室内气体等效获得。空气弹簧非线性模型所需的计算参数如表 4.2 所示。

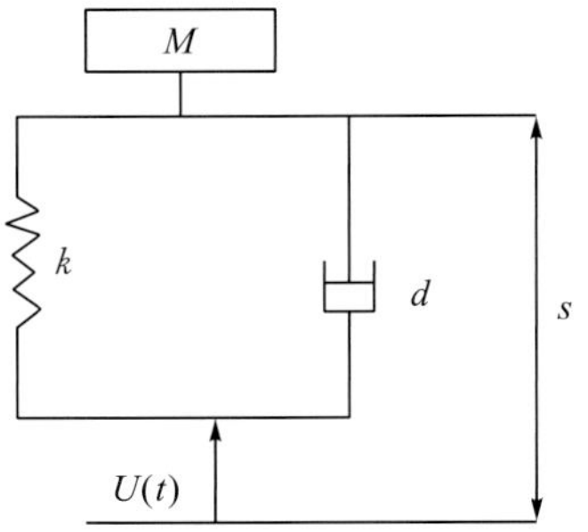

图 4.2　空气弹簧简化模型

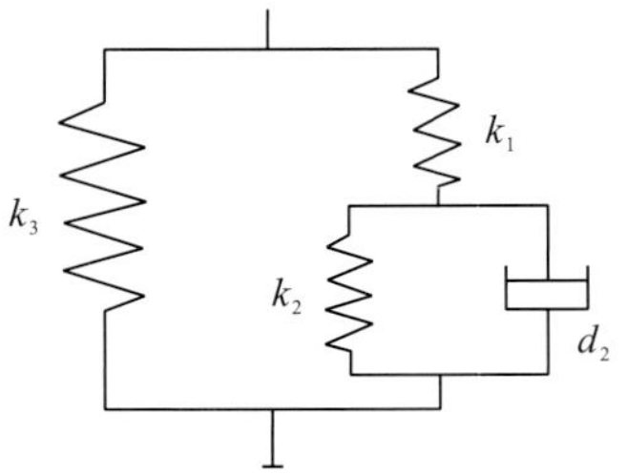

图 4.3　空气弹簧线性模型

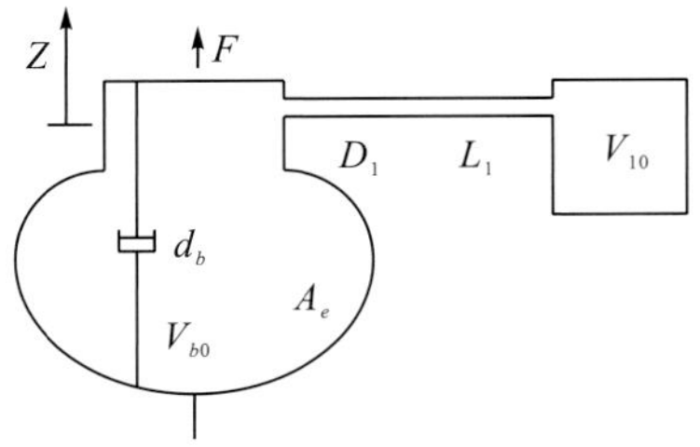

图 4.4　空气弹簧非线性模型

表 4.2　空气弹簧非线性模型所需的主要计算参数

序号	名称
1	本体容积
2	附加气室容积
3	有效承载面积
4	节流孔阻尼
5	本体到附加气室管路直径
6	本体到附加气室管路长度

2. 液压减振器计算参数说明

机车车辆使用的液压减振器在其两端均采用橡胶节点连接，当减振器的等效阻尼较大时，其橡胶节点及液体本身的弹性不能忽略。

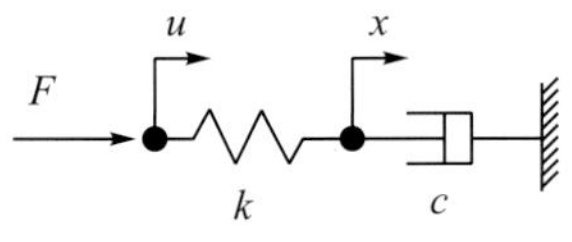

图 4.5　Maxwell 减振器串联模型

国内外减振器厂家和学者对液压减振器动力学模型进行了长期的研究，建立了多种减振器动力学仿真模型。减振器的各种模型复杂程度不同，需要的参数也不尽相同。根据 DIN-prEN13802 的规定，最简单的 Maxwell 模型(阻尼和弹簧串联)，作为车辆动力学仿真中的标准液压减振器模型如图 4.5 所示。该模型的阻尼部分 c 和等效刚度部分 k 均可以采用非线性特性。

液压减振器可以用静态特性和动态特性来描述，而实际上液压减振器的动态特性才能准确反映减振器的本质特性。

假设减振器等效串联刚度系数为 k，阻尼系数为 c，减振器活塞位移为 x_0，减振器端部受到振幅为 A、频率为 ω 的正弦位移输入 x，即 $x = A\sin(\omega t)$。则减振器系统振动微分方程可表示为

$$k(x_0 - x) + c\dot{x}_0 = 0 \tag{4-1}$$

通过分析，可以看出激振位移 x、激振速度 $\dot{x}$、活塞位移 x_0，活塞速度 $\dot{x}_0$，串联弹簧相对位移 $x_{sti}=x-x_0$，阻尼力 F 之间的相位关系如图 4.6 所示。

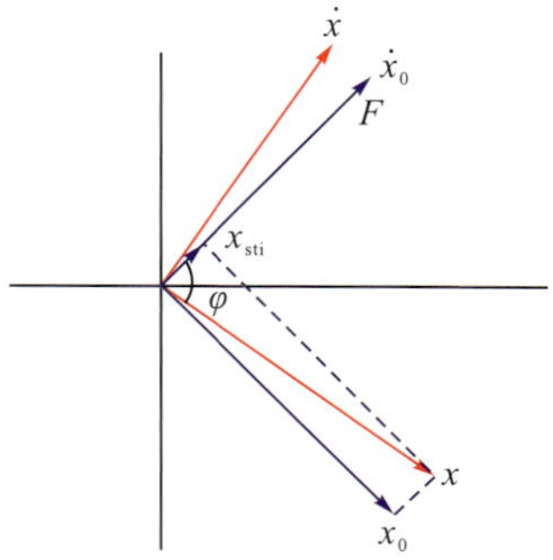

图 4.6　阻尼力-速度-位移之间的相位关系

由图 4.6 可知，当计算减振器串联刚度时，阻尼力 F 不再与激振速度 $\dot{x} = A\omega\cos(\omega t)$ 同相位，而会出现一个相位滞后(lag of phase) $\pi/2-\varphi$；其次阻尼力幅值也会相应减小，变为理想阻尼力的 $k/\sqrt{k^2+c^2\omega^2}$ 倍。根据标准 BS EN 13802：2004“Railway applications suspension components hydraulic dampers”的要求，试验测试动态阻尼系数为

$$c = \frac{k}{\omega\tan\varphi} \tag{4-2}$$

其中，ω 是激振频率；φ 是激振位移和阻尼力之间的相位角；k 是动态刚度。

减振器动态刚度为减振器的轴向力幅值 F_{max} 与弹簧变形量幅值 $x_{sti,max}$ 之比，由图 4.6 可知：

$$k = \frac{F_{max}}{x_{sti,max}} = \frac{F_{max}}{x_{max}\cos\varphi} = \frac{F_{max}}{x_{max}}\sqrt{1+\tan^2\varphi} \tag{4-3}$$

可见，动态刚度不是测试的轴向力幅值 F_{max} 与激励位移幅值 x_{max} 之比，而要计及动态特性的影响。液压减振器的动刚度和动阻尼可根据试验测试结果按上述方法处理得到。

4.1.2　轮轨耦合参数

轮轨耦合参数主要包含：①车轮和钢轨的几何及型面参数；②轨枕、道床和轨道板等线路重要部件的结构型式、几何参数和动力学特性等；③系统不平顺。

1. 车轮

我国目前铁道车辆使用的车轮基本上是整体碾钢轮，主要由轮缘、踏面、轮辋、辐板和轮毂等部分组成。踏面是车轮与钢轨的接触面，是车轮的主要工作区域。轮缘位于车轮内侧，主要由一个突出的圆弧部分组成，是确保车辆沿钢轨安全运行、防止脱轨的重要部分。由车轮踏面和轮缘组成的车轮型面是轮轨耦合作用的重要参数。典型的车轮型面[2]如图 4.7 所示，包括 LMa 型踏面和 S1002 型踏面。

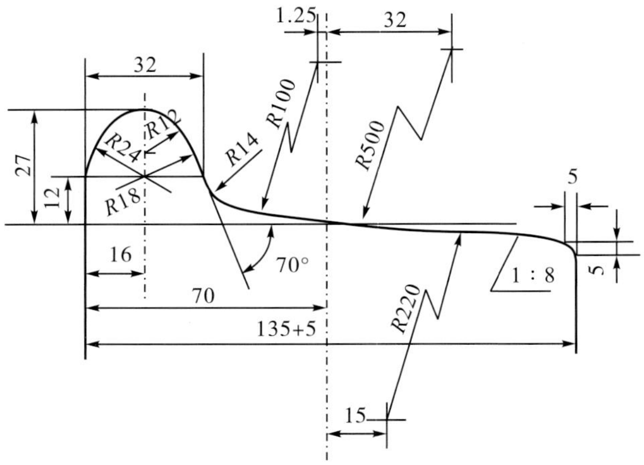

(a) LMa型踏面

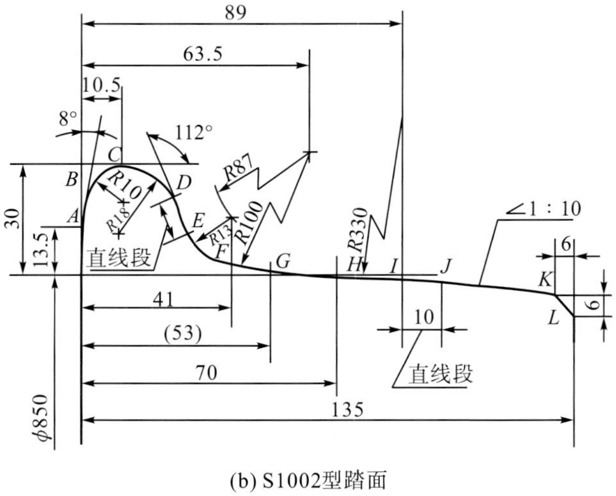

(b) S1002型踏面

图 4.7 典型车轮踏面外形(单位：mm)

2. 钢轨

世界范围内主要高速铁路所采用的钢轨均为 60kg/m 的钢轨，典型的钢轨断面尺寸如图 4.8 所示，其相应的主要参数如表 4.3 所示。

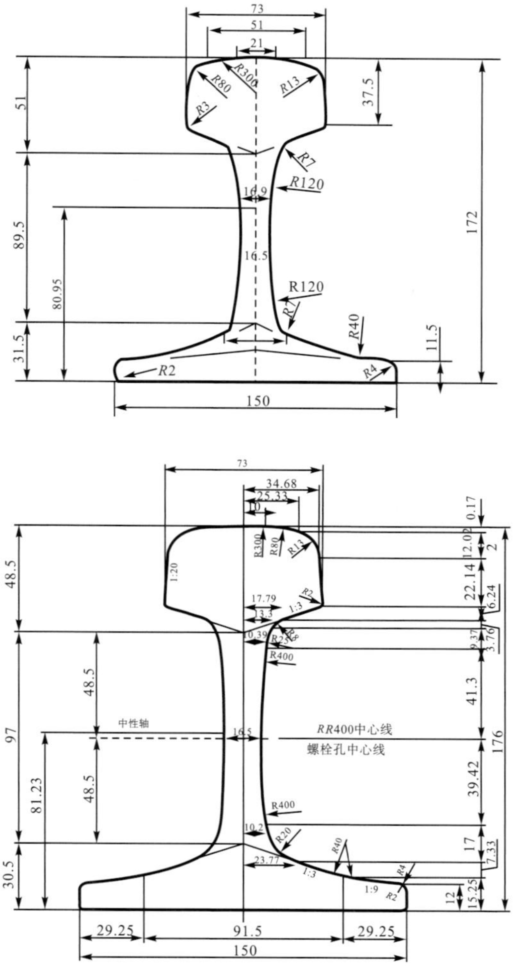

(b) 中国CHN 60轨

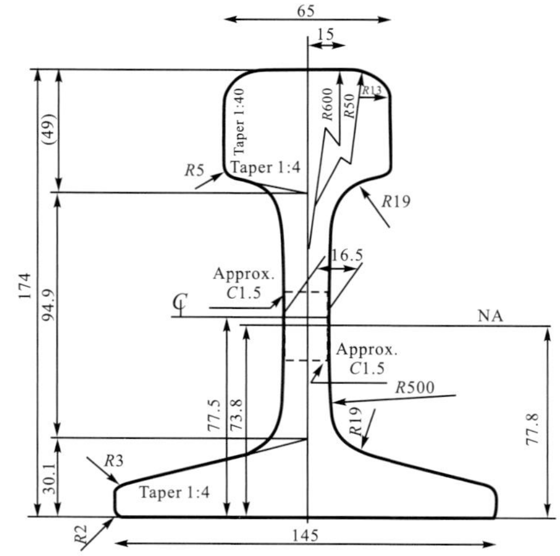

(c) 日本JIS 60轨

图 4.8　典型钢轨踏面外形(单位：mm)

表 4.3 典型钢轨截面主要参数

钢轨类型	欧洲 UIC 60	中国 CHN 60	日本 JIS 60
质量/(kg/m)	60.34	60.64	60.80
断面积/cm^2	76.86	77.45	77.50
对水平轴惯性矩/cm^4	3055	3214	3090
上部截面模量/cm^3	335.5	339.4	321.2
下部截面模量/cm^3	377.4	396.0	397.2
钢轨高度/mm	172	176	174
钢轨底宽/mm	150	150	145
轨头高度/mm	51.0	48.5	49.0
轨头宽度/mm	73	73	65
轨腰厚度/mm	16.5	16.5	16.5

3. 轨枕

世界各国高速铁路有砟轨道均采用混凝土轨枕。国外高速铁路混凝土轨枕的结构型式及适用速度范围[3]如表 4.4 所示，中国高速铁路轨枕主要设计参数[3]如表 4.5 所示。

表 4.4 国外高速铁路典型混凝土轨枕主要参数

国家	轨枕型式	轨枕型号	长度/mm	轨下截面尺寸		中间截面尺寸		枕底面积/cm^2	质量/kg	预应力筋		最高车速/(km/h)
				高度/mm	底宽/mm	高度/mm	底宽/mm			根数	质量/kg	
日本	整体式	3T	2400	190	283	175	230	6430	260	16ϕ2.9×3	6.00	< 210
		3H	2400	220	310.5	195	250	7040	325	20ϕ2.9×3	7.50	210～270
		4H	2400	220	310.5	195	250	7040	325	4ϕ13	9.98	
德国	整体式	B70W	2600	210	300	175	220	5930	304	4ϕ9.7	6.42	250
		B90W	2600	210	320	180	240	6680	330	4ϕ9.7	6.42	
		B75	2800	240	330	200	290	7560	380	4ϕ9.7	6.42	
法国	双块式	U31	2245	220	290	块长	680	3944	218	—	—	160
		U41	2415	220	290		840	4827	248	—	—	300

表 4.5 中国高速铁路典型轨枕主要参数

轨枕类型	I		II		III	
轨枕长度/mm	2500		2500		2500	
截面	轨下	中间	轨下	中间	轨下	中间
高度/mm	201	175	201	165	230	185
表面宽度/mm	165	155	165	161	170	200
底面宽度/mm	275	250	275	250	300	280
轨枕质量/kg	250		251		320，340	
轨枕底面积/cm^2	6588		6588		7720	
端头面积/cm^2	490		490		590	

4. 扣件

对高速铁路扣件的重要参数要求主要为扣压力、弹性、扣压力保持性能和绝缘性能。足够的扣压力是确保线路在纵、横向稳定性的基本要求；良好的弹性以保证线路系统具有良好的减振降噪性能；扣压力保持性能好是降低线路日常维修保养工作量的重要因素；绝缘性能好是提高轨道电路可靠性、延长轨道电路长度和降低轨道电路投资的关键。国内外高速铁路典型扣件参数[3]如表 4.6 所示。

表 4.6　国内外高速铁路典型扣件主要参数

国家	扣件型式	扣压力/kN	胶垫		弹程/mm
			厚度/mm	静刚度/(kN/mm)	
日本	120 双重弹性	6	10	60	—
法国	Nabal	11	9	70	8.1～9.1
德国	HM	11	—	70～80	14
英国	Padrol	11	10	30～50	12
中国	I	9	10	55～80	8
	II (60-12-17)	10	12	40～60	10
	II (60-12-11)			90～115	
	III	11	10	55～80	13

5. 道床

高速铁路有砟轨道的道床主要由约 300mm 的碎石层和约 200mm 的沙砾层构成，世界主要高速铁路线路断面[3]如图 4.9 所示。

道床结构的力学特性与其所采用的材质相关，一般而言，其弹性模量在 70 ～270MPa，密度在 1700～2200kg/m^3，道床等效阻尼约为 6.0×10^4N·s/m，道床等效剪切刚度约为 8.0×10^7N/m，道床等效剪切阻尼约为 8.0×10^4N·s/m。

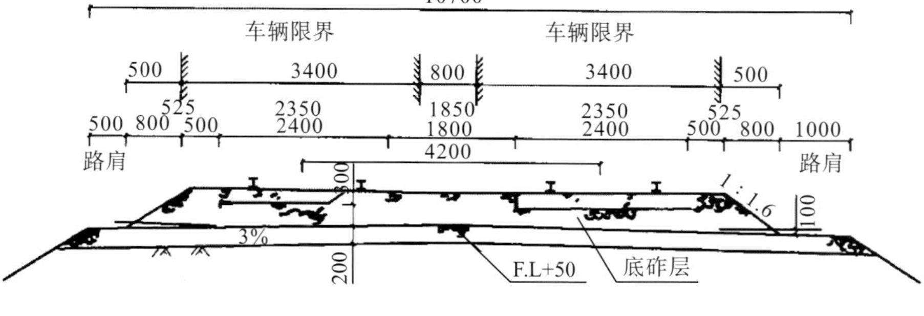

(a) 日本东海道新干线线路断面图(单位：mm)

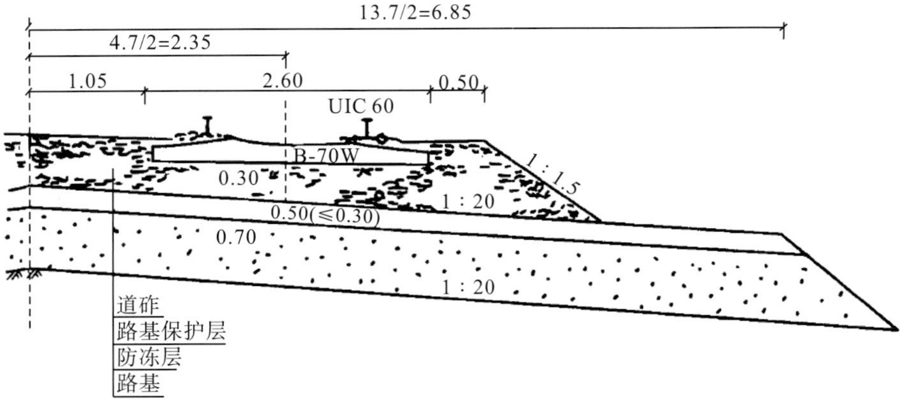

(b) 德国ICE新线线路断面图(单位：m)

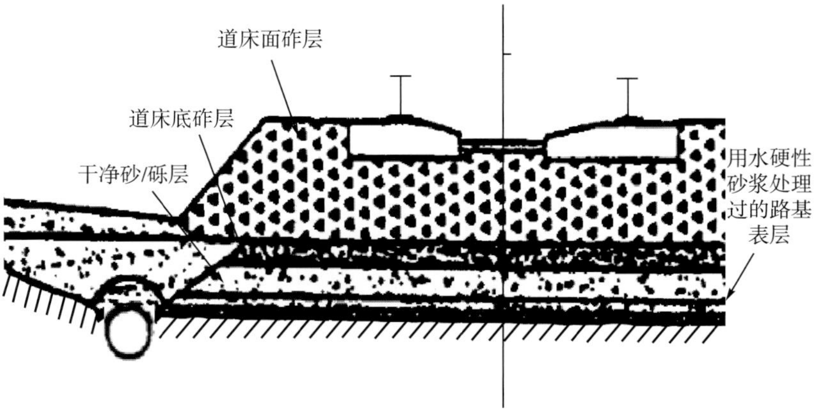

(c) 法车TGV线路断面图

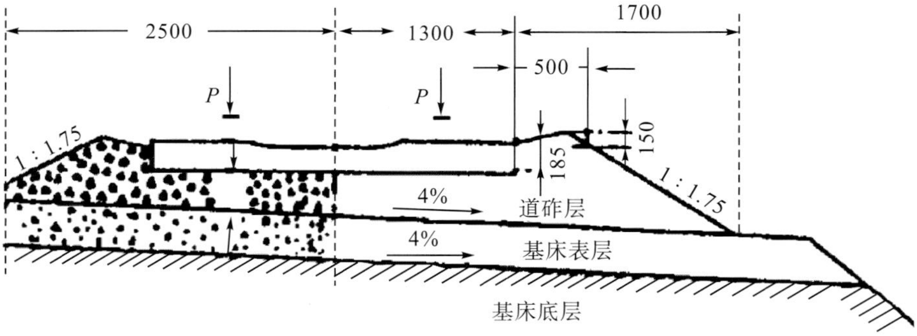

(d) 中国高速铁路线路断面图(单位：mm)

图 4.9 国内外高速铁路线路断面图

6. 板式轨道

典型的板式轨道结构如图 4.10 所示，其主要结构特性参数为：扣件间距为 0.625m，扣件节点动刚度为 60kN/mm，轨道板外形尺寸为 5.0m×2.5m×0.2m，轨道板混凝土弹性模

量 3.6×10^4MPa(C60 水泥)，轨道板混凝土泊松比为 0.2，轨道板下满足的 CA 砂浆调整层厚度为 50mm，CA 砂浆弹性模量为 100～300MPa，混凝土底座外形尺寸为 3.2m×0.3m，底座混凝土弹性模量和泊松比分别为 3.25×10^4MPa(C40 水泥)和 0.2。

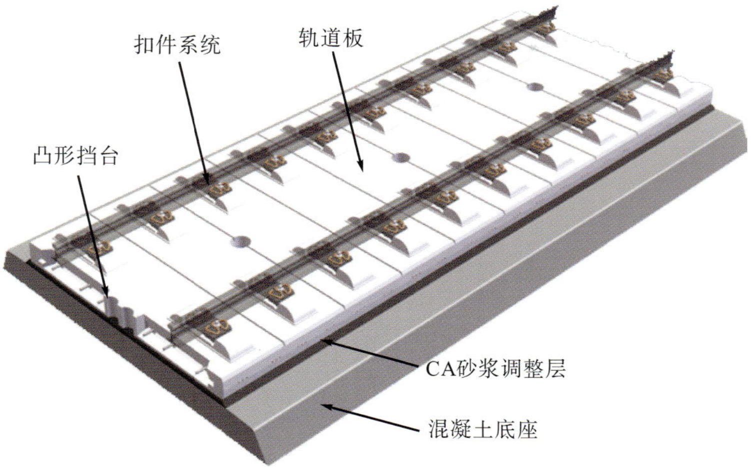

图 4.10　典型板式轨道结构图

7. 轨道不平顺

轨道不平顺是轮轨系统激励的主要来源，也是高速列车耦合大系统动态响应、轮轨动态作用力增加的主要根源，对列车运行安全性和平稳性均有重要影响，也是线路结构制约列车安全运行速度的主要因素。不同轨道不平顺对高速列车耦合大系统的主要影响[3]如表 4.7 所示，对轨道不平顺的铺设精度标准值如表 4.8 所示，单位为 mm。对轨道随机不平顺，请参考本书 6.1.3 节第一部分相关内容。

表 4.7　轨道不平顺影响

种类＼影响	振动响应	轮轨力	性质		
			安全性	平稳性	服役性能
高低	沉浮、点头	垂向力减小	促进脱轨	垂向加速度增大	结构寿命
水平	侧滚	垂向力减小	促进脱轨	侧滚加速度增大	结构寿命
扭曲	侧滚	垂向力减小	引发悬浮脱轨	侧滚加速度增大	结构寿命
轨向	侧摆、摇头	横向力增大	引发爬轨脱轨	横向加速度增大	服役状态
轨距	—	—	引发脱轨掉道	—	—
轨向水平复合不平顺	侧摆、侧滚	垂向力减小 横向力增大	引发爬轨、悬浮脱轨	垂、横向加速度增大	结构寿命 服役状态
轨面短波	轮轨高频	垂向冲击力增大	促进断轨、短轴	噪声	损伤松动
轧制不平顺	—	周期性轮轨力增大	—	垂向加速度增大	道床状态

表 4.8 轨道不平顺铺设精度标准值

种类	瑞典(无砟)	德国(无砟)	法国(有砟)	西班牙(有砟)	日本(无砟)	中国	
						有砟	无砟
水平	2	2	3	4	2	3	2
扭曲	2	—	1‰/3m	1.3‰	1.5/2.5m	3	—
高低	2	2/5m	3	3	2	3	3
轨向	2	2	2	3	2	3	3
轨距	±2	—	—	±3	—	+3/−2	±2

4.1.3 弓网耦合参数

1. 接触网

1)接触网结构参数

作为电气化铁路关键技术之一的接触网系统,其结构及参数对弓网系统的动力学性能有着重要影响。21 世纪中国以京津城际铁路为起点,标志着最高运行速度 350km/h 满足单弓受流的高速接触网系统逐步投入应用。京津线接触网系统主要采用全补偿简单链型悬挂的接触网技术,结构及参数配置如表 4.9 所示。

表 4.9 京津线接触网结构及参数配置

技术参数			单位	参数值
接触网系统	接触线	线型		CuMg-120
		工作张力	kN	27
	承力索	线型		BzII-120
		工作张力	kN	21
	吊弦	线型		JTMH-10
	吊弦间距		m	4,8,8,8,8,8,4
	跨距		m	≤50
	结构高度		m	1.6
	悬挂方式			简链

作为始发站的北京南站和天津站,因它们运行速度不大于 120km/h,正线、站线及渡线接触悬挂均采用 BzII 70+CuAg0.1 AC120(15kN+15kN);其余中间站站线及渡线接触悬挂均采用 BzII 70+CuAg0.1 AC120(15kN+15kN)。

武广高速铁路的开通,标志着最高运行速度 350km/h 且满足双弓受流的高速弓网系统建成并投入使用。武广线接触网系统正线主要采用全补偿弹性链型悬挂的接触网技术,结构及参数配置如表 4.10 所示。

表 4.10　武广高速铁路接触网结构及参数配置

技术参数			单位	参数值
接触网系统	接触线	线型		CTMH-150
		工作张力	kN	28.5～30
	承力索	线型		JTMH-120
		工作张力	kN	21～23
	弹性吊索	线型		JTMH-35
		张力	kN	3.5
	吊弦	线型		JTMH-10
	吊弦间距		m	4，8.4，8.4，8.4，8.4，8.4，4
	跨距		m	50～55
	结构高度		m	1.6
	悬挂方式			弹链

对于武广接触网系统的联络线、正线间渡线、站线、动车段所走行线等主要采用全补偿简单链型悬挂。

2012 年京沪高速铁路正式开通，其接触网系统与武广高速铁路接触网系统类似，正线也主要采用全补偿弹性链型悬挂的接触网技术，结构及参数配置如表 4.11 所示。

表 4.11　京沪高速铁路接触网结构及参数配置

技术参数			单位	参数值
接触网系统	接触线	线型		CTMH-150
		工作张力	kN	31.5
	承力索	线型		JTMH-120
		工作张力	kN	20
	弹性吊索	线型		JTMH-35
		张力	kN	3.5
	吊弦	线型		JTMH-10
	吊弦间距		m	5，8，8，8，8，8，5
	跨距		m	50～55
	结构高度		m	1.6
	悬挂方式			弹链

从目前国内外高速铁路接触网系统的结构及参数配置来看，基本呈现如下发展趋势：

(1) 尽可能地简化接触网的结构，以提高接触网的可靠性；

(2) 接触网线材尽可能选用高强、高导、轻量化的材料；

(3) 在材质一定的条件下，尽可能地提高接触线的张力，以提高接触线的波动传播速度，进而满足高速运行需求。

2) 接触网不平顺参数

由于制造工艺、装配误差和磨损等因素，接触网不可避免地存在不平顺。接触网不平顺可用包含波长和幅值的正弦波公式来简单表述，精确的接触网不平顺应该是各种波长谐波的组合，即和轨道不平顺一样存在网谱，网谱需要通过大量的实测统计得到[4]。

接触线垂向不平顺样本获取方法可归纳为[5]：首先，通过对线路实测的接触线垂向不平顺数据进行最大熵谱估计，得到相应线路的空间频率 k 与接触线垂向不平顺功率谱密度的关系曲线；其次，选取光滑函数对所得的功率谱密度曲线进行数值拟合，实现功率谱密度曲线的函数化，从而方便理论计算，选用的光滑函数如式(4-4)所示：

$$S(k)=\mathrm{e}^{\sum_{i=1}^{n}a_i(\ln k)^i+a_0} \tag{4-4}$$

式中，$S(k)$为空间频率的功率谱密度；k为空间频率；i为常数（$i=1,2,\cdots,n$）；a_i为拟合系数；i和a_i的值取决于接触线的类型及其状态。

最后，采用三角级数合成法模拟获得已知功率谱密度的接触线垂向不平顺随机样本，三角级数合成法的基本模型如式(4-5)所示：

$$X(t)=\sum_{k=1}^{N}\sqrt{2S(\omega_k)\Delta\omega}\cos(\omega_k t+\varPhi_k) \tag{4-5}$$

式中，$X(t)$为描述接触线垂向不平顺的随机样本；N为正整数；$S(\omega_k)$为弓头滑板时间频率的功率谱密度；$\Delta\omega=(\omega_n-\omega_1)/N$为频率间隔；$\omega_1$、$\omega_n$分别为$S(\omega)$有显著值的起始和截止频率；$\varPhi_k$为在$[0,2\pi]$区间内均匀分布的独立随机变量。且有

$$S(\omega)=\frac{1}{v}S(k)=\frac{1}{v}S\left(\frac{\omega}{v}\right) \tag{4-6}$$

$$\omega_k=\omega_1+(k-0.5)\Delta\omega \tag{4-7}$$

式中，v为列车运行速度。

根据上述接触线垂向不平顺获取方法依次获得了武广高速铁路、京石武高速铁路、郑西高速铁路和哈大高速铁路的接触线垂向不平顺样本。

(1)武广高速铁路接触线垂向不平顺样本。

对武广高速铁路现场采集的接触线垂向不平顺数据进行最大熵谱估计，获得空间频率与功率谱密度的关系曲线如图4.11所示。

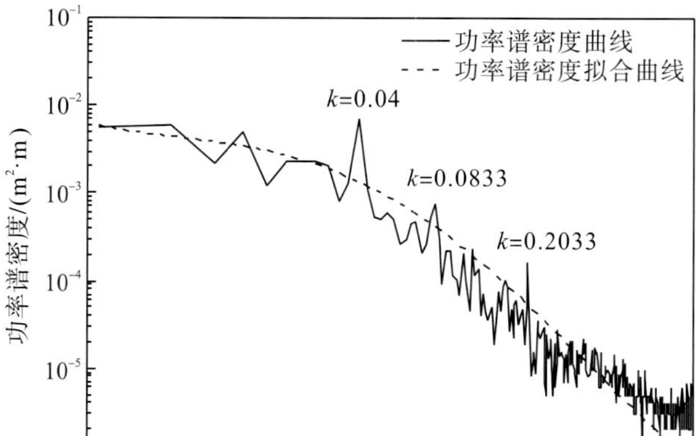

图4.11 武广高速铁路接触线垂向不平顺谱

采用光滑函数对功率谱密度曲线进行拟合，如图 4.11 中虚线所示，该曲线对应的系数见表 4.12，将该系数代入式(4-4)，即可得到光滑函数的具体形式。

表 4.12　武广高速铁路接触网功率谱密度曲线拟合系数

a_0	a_1	a_2	a_3	a_4
−14.02096	−2.31114	0.5047	0.21689	0.01846

采用三角级数合成法如式(4-5)所示，计算得到了武广高速铁路接触线垂向不平顺样本如图 4.12 所示。

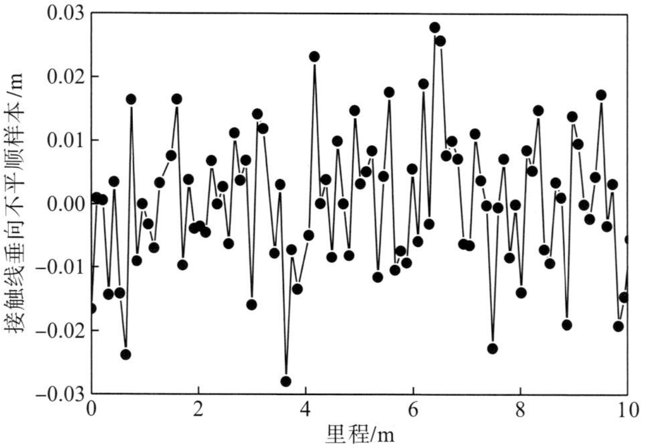

图 4.12　武广高速铁路接触线垂向不平顺样本

(2) 京石武高速铁路接触线垂向不平顺样本。

对京石武高速铁路现场采集的接触线垂向不平顺数据进行最大熵谱估计，获得空间频率与功率谱密度的关系曲线如图 4.13 所示。

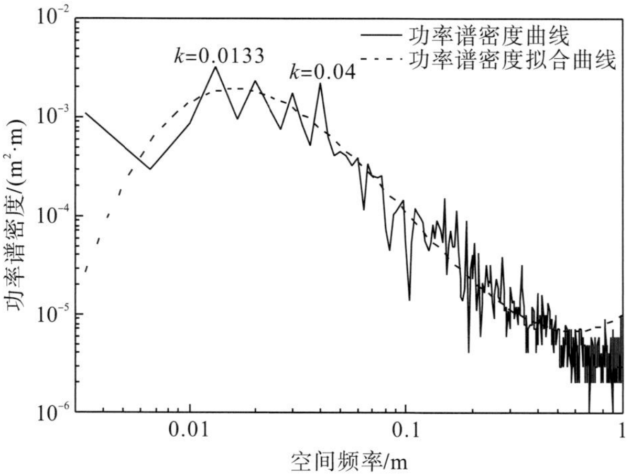

图 4.13　京石武高速铁路接触线垂向不平顺谱

采用光滑函数对功率谱密度曲线进行拟合，如图 4.13 中虚线所示，该曲线对应的系数见表 4.13。

表 4.13　京石武高速铁路接触网功率谱密度曲线拟合系数

a_0	a_1	a_2	a_3
−11.49002	1.62849	1.71538	0.24555

采用三角级数合成法计算得到了京石武高速铁路接触线垂向不平顺样本，如图 4.14 所示。

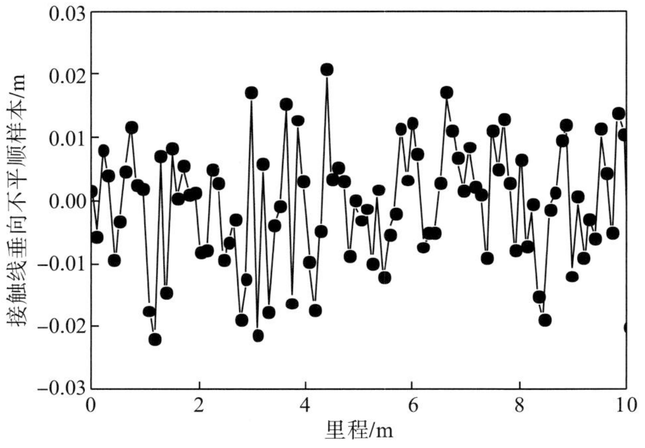

图 4.14　京石武高速铁路接触线垂向不平顺样本

(3) 郑西高速铁路接触线垂向不平顺样本。

对郑西高速铁路现场采集的接触线垂向不平顺数据进行最大熵谱估计，获得空间频率与功率谱密度的关系曲线如图 4.15 所示。

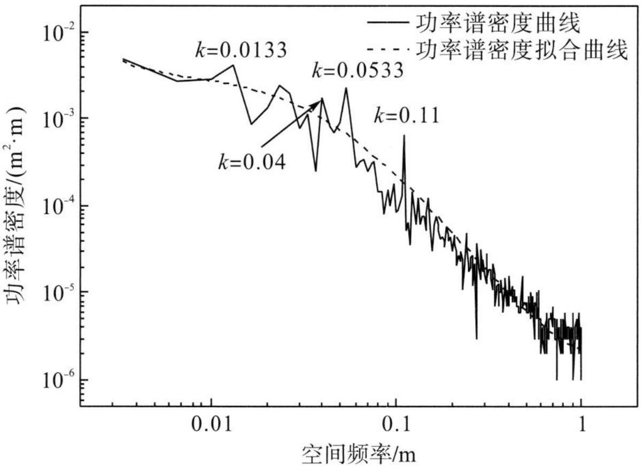

图 4.15　郑西高速铁路接触线垂向不平顺谱

采用光滑函数对功率谱密度曲线进行拟合，如图 4.16 中虚线所示，该曲线对应的系数见表 4.14。

表 4.14　郑西高速铁路接触网功率谱密度曲线拟合系数

a_0	a_1	a_2	a_3	a_4
−13.01765	−0.93061	1.07807	0.3251	0.02605

采用三角级数合成法计算得到了郑西高速铁路接触线垂向不平顺样本，如图 4.16 所示。

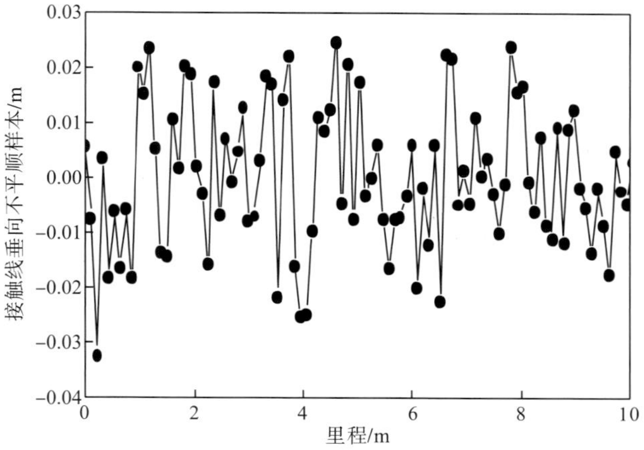

图 4.16　郑西高速铁路接触线垂向不平顺样本

(4) 哈大高速铁路接触线垂向不平顺样本。

对哈大高速铁路现场采集的接触线垂向不平顺数据进行最大熵谱估计，获得空间频率与功率谱密度的关系曲线如图 4.17 所示。

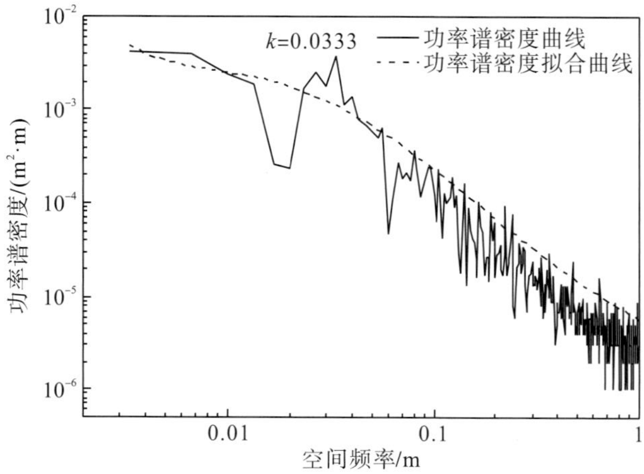

图 4.17　哈大高速铁路接触线垂向不平顺谱

采用光滑函数对功率谱密度曲线进行拟合，如图 4.17 中虚线所示，该曲线对应的系数见表 4.15。

表 4.15 哈大高速铁路接触网功率谱密度曲线拟合系数

a_0	a_1	a_2	a_3	a_4	a_5	a_6
−12.08488	−1.31444	0.04404	−0.13996	−0.05765	−0.00568	-4.13305×10^{-5}

采用三角级数合成法计算得到了哈大高速铁路接触线垂向不平顺样本，如图 4.18 所示。

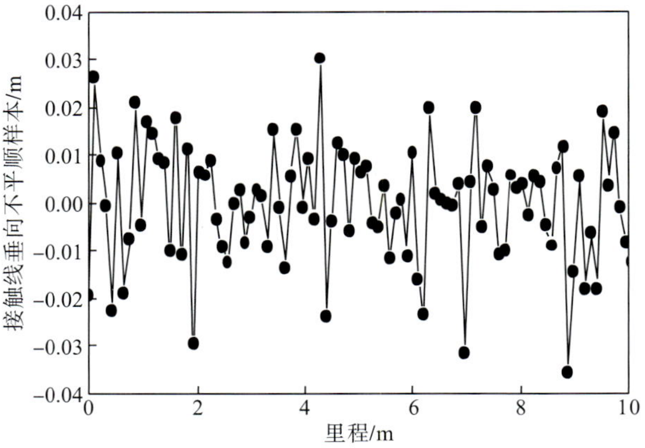

图 4.18 哈大高速铁路接触线垂向不平顺样本

2. 受电弓

就受电弓而言，其结构及参数同样决定着弓网系统的动力学性能。目前，在我国主要采用的高速受电弓主要有三种类型：中车株洲电力机车有限公司引进德国西门子公司技术生产的 TSG 19 型受电弓(SSS 400+)，如图 4.19(a)所示；北京赛德高科铁道电气科技有限责任公司引进德国 Stemmann 公司技术生产的 DSA 380 型受电弓，如图 4.19(b)所示；中车青岛四方车辆研究所有限公司引进的法国法维莱 CX 25 型受电弓，如图 4.19(c)所示。

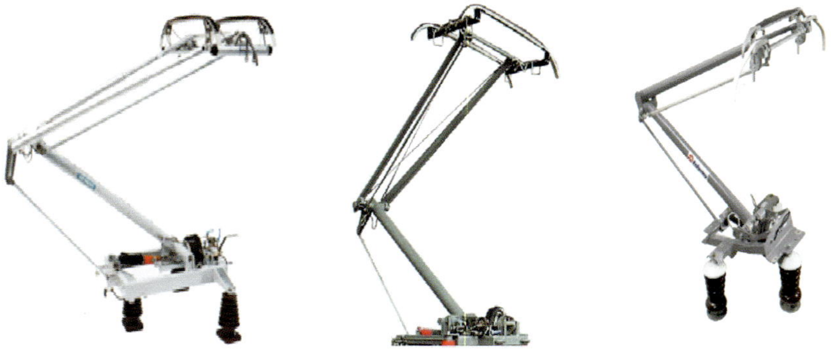

(a) TSG 19　(b) DSA 380　(c) CX 25

图 4.19 高速受电弓结构

高速受电弓的参数主要包括静态参数和动态参数两部分，其中静态参数主要包括受电弓的几何尺寸、静态压力、升降弓时间、落弓保持力等。例如，对于 TSG 19 型受电弓，其静态参数见表 4.16。

表 4.16　TSG 19 型受电弓主要静态参数

参数	取值
受电弓结构型式	单臂弓
滑板材料	整体碳滑板
驱动方式	压缩空气
升弓保持方式	空气弹簧
静态接触压力/N	70（可调）
最大升弓高度/mm	2800
最高工作高度/mm	2500
落弓折叠高度/mm	615
弓头最大长度/mm	1950
滑板长度/mm	1573
两滑板距离/mm	597

受电弓动态参数主要包括受电弓各主要部件的等效质量、刚度和阻尼等力学参数，如对于 TSG 19 和 DSA 380 两种受电弓的三质量块模型如图 4.20 所示，其等效力学参数分别如表 4.17 和表 4.18 所示。其中 m_1、m_2、m_3 分别为弓头、上框架和下框架的等效质量；c_1、c_2、c_3 分别为弓头、上框架和下框架的等效阻尼；k_1、k_2、k_3 分别为弓头、上框架和下框架的等效刚度。

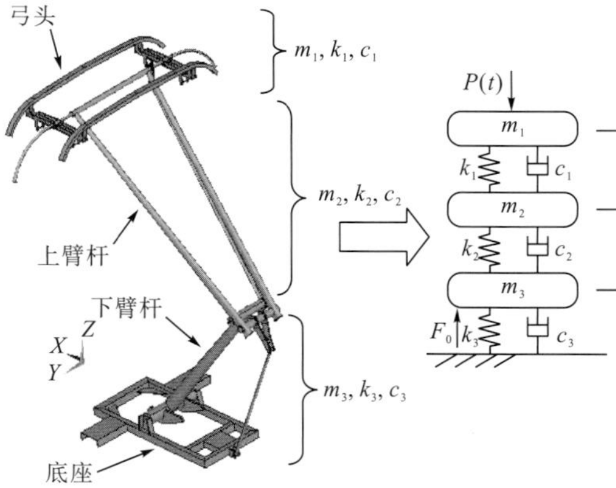

图 4.20　受电弓三质量块模型

表 4.17　TSG 19 受电弓等效力学参数

参数	取值	参数	取值
m_1/kg	6.10	c_3/(N·s/m)	120
m_2/kg	10.15	k_1/(N/m)	10400
m_3/kg	10.30	k_2/(N/m)	10600
c_1/(N·s/m)	10	k_3/(N/m)	0
c_2/(N·s/m)	0	F_0/N	70

表 4.18　DSA 380 受电弓等效力学参数

参数	取值	参数	取值
m_1/kg	7.12	c_3/(N·s/m)	70
m_2/kg	6	k_1/(N/m)	9430
m_3/kg	5.8	k_2/(N/m)	14100
c_1/(N·s/m)	0	k_3/(N/m)	0.1
c_2/(N·s/m)	0	F_0/N	70

4.1.4　流固耦合参数

列车的运行介质主要为空气，列车的外形、线路环境和气流的参数对列车的流固耦合动力学性能有着重要影响。流固耦合参数主要包括以下几个部分：

(1)列车的几何外形参数及运行参数，包括车辆长度、宽度、高度、头车流线型长度、车辆编组方式及数量和列车运行速度。例如，图 4.21 为 CRH 某型高速动车组的几何模型，采用八辆编组方式(头车+中间车+尾车)，列车全长 201.4m。

图 4.21　CRH 某型高速动车组计算模型

(2)线路环境及几何外形参数，包括线间距、桥梁距地面高度、桥梁宽度及厚度、路堤高度、宽度及坡度、隧道截面形状和隧道长度。例如，图 4.22 为某工况下的平地、路堤和桥梁简化几何模型。

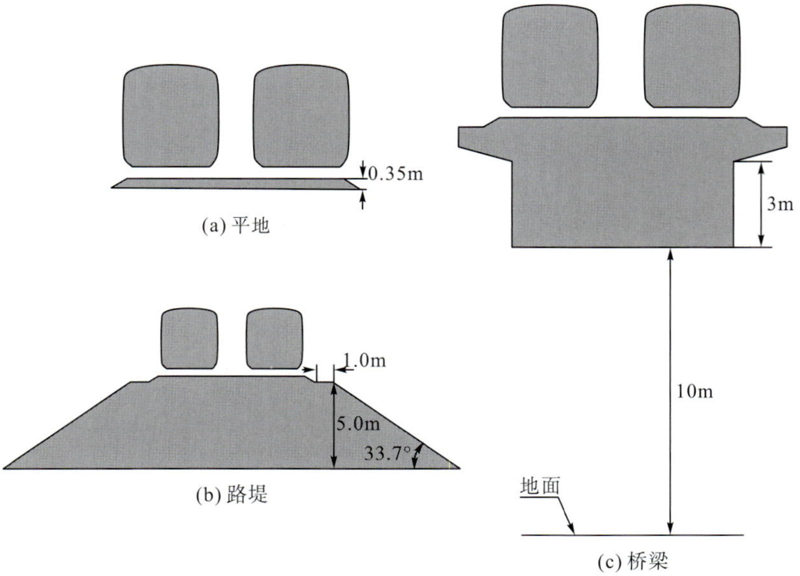

图 4.22　某工况下平地、路堤和桥梁简化几何模型

(3) 气流参数，包括空气密度、黏性、环境温度、侧风速度及风向角。针对非定常风，往往将风速分解为平均风速和脉动风速(阵风风速)。脉动风模型主要有两种：一种是确定性模型，从平均风速到极值风速之间的脉动，即脉动风速。加载和卸载形式是给定的函数曲线，如图 4.23 所示，主要有脉冲形式(图 4.23(a))和阶跃形式(图 4.23(b))。指数形式加载在 TSI 脉动风模型里面用到；1-cos 形式是气动声学中常用的形式；阶梯函数也是常用的函数。另一种属于随机风模型，即给定脉动风功率谱密度函数，然后根据脉动风功率谱将其转换成风速时程，最终获得作用于列车上的气动载荷。对于脉动风，其又可分为固定点和移动点处的脉动风，列车行驶过程中承受的脉动风可基于 Cooper 理论和谐波叠加法获得。

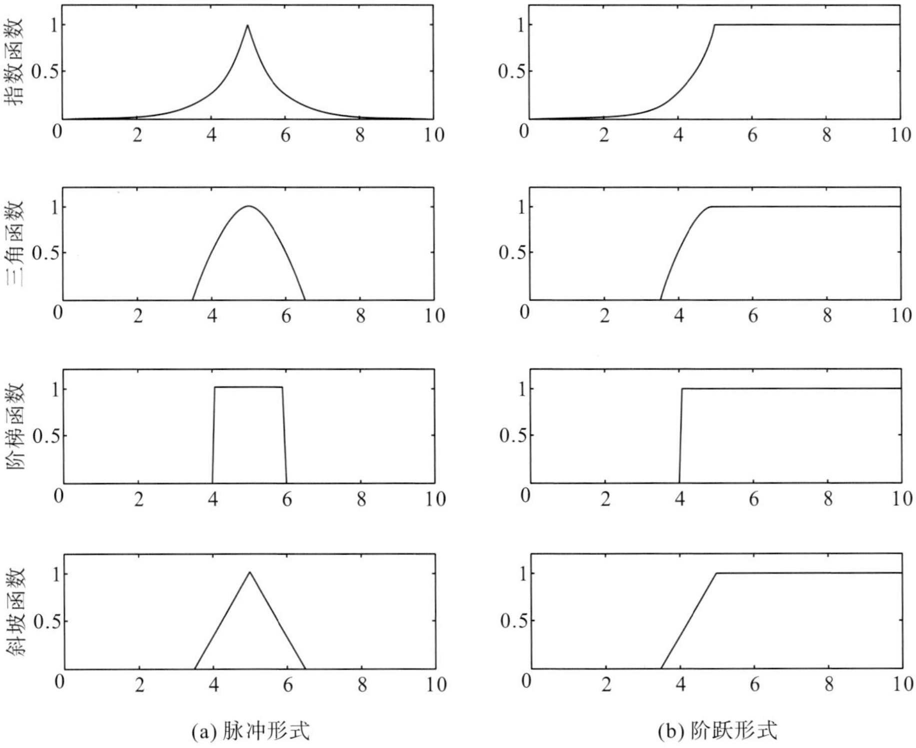

图 4.23　阵风加载形式(横坐标代表时间，单位为 s；纵坐标代表幅值，无单位)

基于 von Karman 谱，横风下随车移动点的脉动风的功率谱密度表达式[6]如下：

$$\frac{nS_w}{\sigma_w^2}=\left[\frac{4(nL'/\overline{u})}{\left(1+70.8\left((nL'/\overline{u})^2\right)^{5/6}\right)}\right]\times\left[\left(\frac{\overline{w}}{\overline{u}}\right)^2+\left(1-\left(\frac{\overline{w}}{\overline{u}}\right)^2\right)\frac{0.5+94.44(nL'/\overline{u})^2}{1+70.8\left((nL'/\overline{u})^2\right)}\right] \tag{4-8}$$

式中

$$L'=L_w^x\left((\overline{w}/\overline{u})^2+4\left(L_w^y/L_w^x\right)^2\left(1-(\overline{w}/\overline{u})^2\right)\right)^{0.5} \tag{4-9}$$

nS_w/σ_w^2 为脉动风的无量纲功率谱密度；n 为频率；S_w 为脉动风速的功率谱密度；σ_w 为脉动风速的标准差，$\sigma_w=I_z\overline{w}$；I_z 为湍流强度；L_w^x 为纵向湍流积分尺度；L_w^y 为横向湍流积分尺度；$\bar{u}$ 为平均合成风速，$\bar{u}=\sqrt{v_t^2+\bar{w}^2}$；$v_t$ 为车速。

图 4.24 为当列车运行速度分别为 200km/h 和 400km/h 时，平均风速为 20m/s 对应的脉动风速时程曲线。图 4.25 给出了当车速为 350km/h、平均风速分别为 10m/s 和 30m/s 时脉动风速的时程曲线。

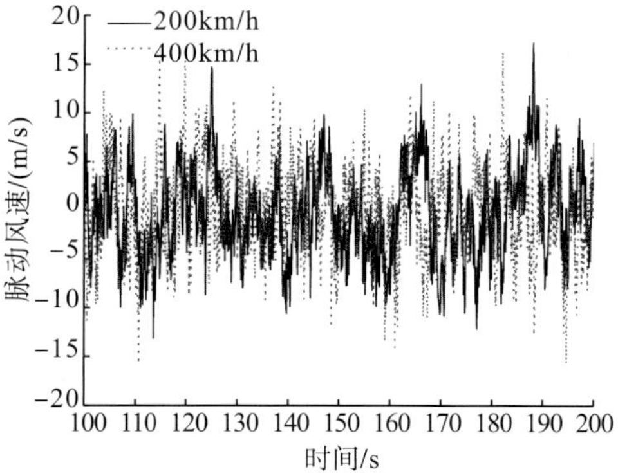

图 4.24 不同车速下的脉动风速

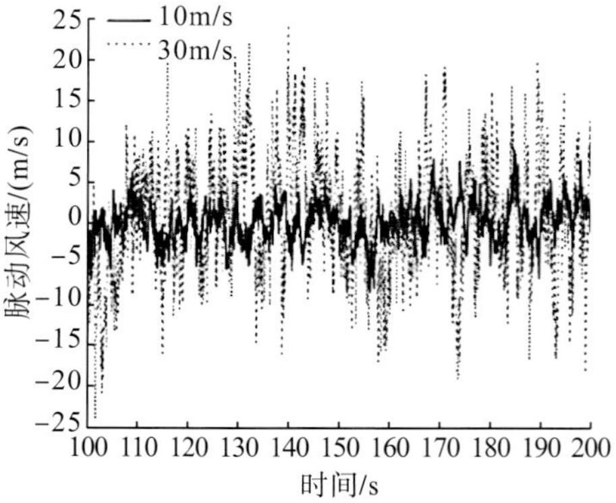

图 4.25 不同平均风速下的脉动风速

当平均风速一定时，随着列车运行速度的增加，脉动风速的波动程度变化不明显；而当车速一定时，随着平均风速的增加，脉动风速的波动程度明显增大。

4.1.5 机电耦合参数

列车的运行受运行控制系统及牵引供电系统的制约，列车的牵引/制动性能参数、牵引传动性能参数和牵引供电性能参数对列车的机电耦合动力学性能有着重要影响。机电耦合参数主要包括以下几个部分。

1. 列车牵引/制动性能参数

高速列车在铁路客运方面具备很强的时效性，旅行时间是其重要的衡量指标，而旅行时间除了受列车运行控制系统等级影响，很大程度上取决于列车牵引/制动性能。表 4.19 给出了列车牵引/制动性能参数。

表 4.19 列车牵引/制动性能参数

类别	参数名称	单位
牵引性能	启动加速度	m/s^2
	平直道上的平均加速度	m/s^2
	过坡能力	‰
	剩余加速度	m/s^2

续表

类别	参数名称	单位
制动性能	紧急制动距离	m
	各级常用制动距离	m
	制动减速度-速度特性	m/s^2-km/h
故障/救援模式	动力丢失下平直道运行的均衡速度	km/h
	救援模式(AW0(空车)工况列车牵引 AW3)下的最大启动坡道	‰

2. 牵引传动系统电气参数

高速列车牵引传动系统由传动主电路和控制系统组成，其中，传动主电路包括牵引变压器及辅助设备、牵引变流器和牵引电机。以 CRH 某型动车组传动系统为例，相关参数如下所示[7-9]。

1) 牵引变压器及辅助设备

牵引变压器将接触网上取得的 25kV 高压电变换为供给牵引变流器及其他电机、电器工作所适合的电压，其工作原理与普通电力变压器相同，主要参数如表 4.20 所示。

表 4.20　牵引变压器额定性能参数值

项目	参数名称	参数值
原边绕组	容量	3060kV·A
	电压	25000V
	电流	122A
牵引绕组	容量	2570kV·A
	电压	1500V
	电流	857A
辅助绕组	容量	490kV·A
	电压	400V
	电流	1225A

2) 牵引变流器

脉冲整流器是牵引传动系统的电源侧变流器，列车牵引时作为整流器，再生制动时作为逆变器，可以实现牵引与再生工况间快速平滑地转换。中间直流电路是网侧变流器和电机侧变流器之间的连接元件，起储能器作用，满足交流电动机对无功功率的需要。牵引逆变器是牵引传动系统的电机驱动侧变流器，列车牵引时作为逆变器，再生制动时作为整流器，可以实现牵引与再生工况间快速平滑地转换，其参数如表 4.21 所示。

表 4.21　牵引变流器额定性能参数值

项目	参数名称	参数值
输入侧	交流电压	1500V
	交流电流	857A
	交流频率	50Hz
	交流功率	1285kV·A
整流器	开关频率	1250Hz
	功率因数	0.97
中间直流侧	直流电压	3000V
	直流电流	432A
输出侧	交流电压	0～2300V
	交流电流	432A
	交流频率	0～220Hz
	交流功率	1475kV·A
逆变器	开关频率	500～1000Hz
变流器	总效率	0.96

3)牵引电机

牵引电机是实现电能和机械能转换的最核心的部件。列车牵引时作为电动机运行将电能转化成机械能，制动时作为发电机运行将机械能转化为电能，其参数如表 4.22 所示。

表 4.22　牵引电机额定性能参数值

参数名称	参数值
相数	3
极数	4
功率	300kW
电流	106A
额定频率	140Hz
转差率	1.4%
额定转速	4140r/min
效率	0.94
功率因数	0.86

3. 牵引供电系统电气参数

牵引变电所为牵引供电系统提供电源。在牵引变电所建模仿真中，主要参数包括牵引变压器接线方式、额定容量、额定电压、短路电压百分比、短路损耗；牵引变电所的补偿装置参数包括补偿装置类型、容量等，如表 4.23 所示。

表 4.23　牵引变电所主要参数

参数	取值
供电方式	全并联 AT 供电
变压器接线方式	三相 Vx 接线
额定容量	2×(50+50)MV·A
原次边电压等级	220kV/2×27.5kV
空载损耗	35kW
负载损耗	124kW
空载电流	0.28%
短路阻抗	10.5%
原边接入相序	ABC

常见的牵引供电系统供电方式包括直接供电方式、带回流线的直接供电方式和 AT 供电方式等。不同供电方式下，牵引供电网导线空间分布形式不同。复线 AT 情况下牵引网导线空间分布如图 4.26 所示。图中，MW、CW、R、PF、PW 分别表示承力索、接触线、钢轨、正馈线、保护线和加强线。根据牵引供电网导线的线材和空间分布计算牵引供电网阻抗。

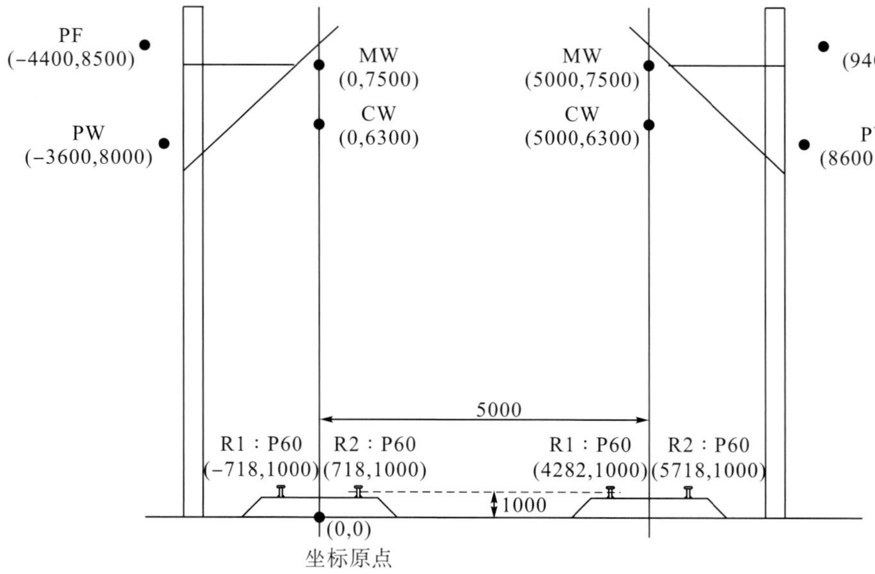

图 4.26　复线 AT 情况下牵引网导线空间分布(单位：mm)

牵引供电网主要参数如表 4.24 所示。

表 4.24 牵引供电网主要参数

参数	取值
接触线	CTMH-150
承力索	JTMH-120
正馈线	(JL/LB1A-200-26/7)×2
保护线	JL/LB1A-125-22/7
综合地线	JT70
CPW 线间隔	1.5km
综合地线埋地深度	0.7m

注：CPW 线为保护线和轨道辅助连接线。

AT 牵引供电方式下，AT 变电所的参数主要包括 AT 所位置、容量、短路电压百分比等；分区所的仿真参数包括分区所电分相起止位置、分区所内 AT 变压器参数、是否越区供电等。AT 所、分区所主要参数如表 4.25 所示。

表 4.25 AT 所、分区所主要参数

参数	取值
AT 变容量	32MV·A
额定电压	55/27.5kV
AT 变短路阻抗	1.72%
空载电流	0.086%
空载损耗	10964W
负载损耗	56170W
额定电流	581.8/1163.6A

4.2 动力学性能评价指标

4.2.1 列车振动评价指标

1. 运动稳定性评价指标

在轮轨间蠕滑力的作用下，车辆运行到达某一临界速度时会产生失稳的自激振动即蛇行运动。高速时的蛇行运动表现为轮对和转向架激烈的横向振动，会严重威胁车辆运行安全。车辆运动稳定性一般采用临界速度表示，但是对于非线性特征强烈的车辆系统，临界速度有不同的定义。根据文献[10]所述，车辆系统临界速度分为线性临界速度、非线性失稳速度、非线性稳定速度和线路不平顺激扰下的失稳速度。具体的定义、符号和解释见蛇行运动极限环图(图 4.27)和表 4.26。一般来说，$v_{C2}<v_C<v_{C0}<v_{C1}$。对于有些车辆，非线性失稳速度 v_{C1} 不一定出现，如果是车辆运行速度小于非线性稳定速度 v_{C2} 就可以保证车辆系统的绝对稳定。因此，有条件的情况下，应该找到 v_{C2}，并以此作为高速列车临界失稳速度评价指标。

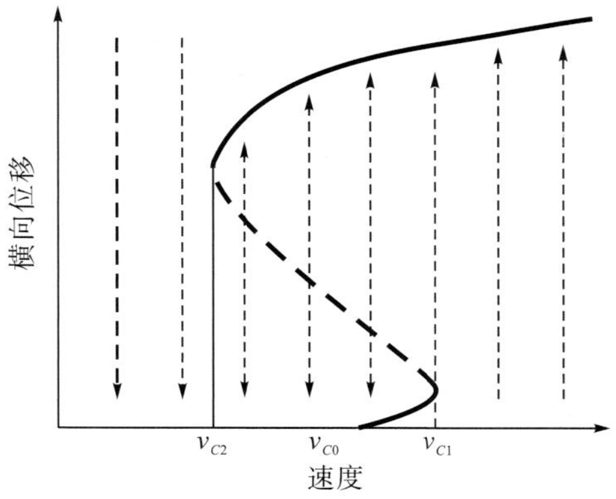

图 4.27　蛇行运动极限环图

表 4.26　不同类型临界速度判别表

评定	符号	定义
线性临界速度	v_{C0}	随着运行速度提高，车辆系统在微小扰动下，轮对出现蛇行失稳运动的临界速度
非线性失稳速度	v_{C1}	非线性车辆系统在出现小振幅失稳后，随着运行速度提高，轮对失稳的周期运动突然发散出现跳跃时的速度
非线性稳定速度	v_{C2}	在车辆系统出现完全的失稳运动后，降低运行速度，轮对蛇行失稳运动消失时的速度
(轨道不平顺激扰下)失稳速度	v_C	在轨道不平顺谱激扰下，随着运行速度升高，出现明显的蛇行失稳时的速度

在试验和实际运营中，由于车辆一直在有不平顺激扰的线路上运行，无法通过判断车辆系统各刚体是否收敛到平衡位置评判其稳定性，因此一般采用转向架构架横向加速度来评价转向架的运行稳定性。

UIC518 和 EN1436 建议依据以下方法来判定车辆的稳定性：

$$\ddot{y}^{+}_{\text{rms,lim}} = 6 - \frac{m^{+}}{10} \tag{4-10}$$

式中，m^{+}为转向架(包括轮对)的质量，t；$\ddot{y}^{+}_{\text{rms,lim}}$为转向架横向加速度均方根值，当该指标超过限度值时判定转向架横向失稳。

TSI L84 建议按下列方法来评定稳定性：对轴箱上方构架横向加速度进行实时连续监测和采样，进行 3～9Hz 带通滤波，若加速度峰值有连续 10 次以上达到或超过极限值 8m/s^2，则判定转向架横向失稳。

我国 200km/h 电动车组《动力学性能试验鉴定方法及评定标准》规定：当构架横向加速度滤波 10Hz，峰值有连续 6 次以上达到或超过极限值 8～10m/s^2(与转向架的设计相适应)时，判定转向架横向失稳。

2. 运行平稳性评价指标

现在对高速列车运行平稳性主要采用常规的评价指标有平稳性指标、舒适度指标和振动加速度。

1)平稳性指标

按照《机车车辆动力学性能评定及试验鉴定规范》(GB/T 5599—2019)的要求，平稳性标准测量时间长度为5s，每5s为一分析段，曲线和道岔等不足5s的，测量时间为实际测量时间。车体振动加速度包含多个频率成分，单一频率的平稳性指标计算公式为

$$W = 3.57\sqrt[10]{\frac{A^3}{f}F(f)} \tag{4-11}$$

式中，W为平稳性指标；A为振动加速度，$\mathrm{m/s^2}$；f为振动频率，Hz；$F(f)$为频率修正系数(表4.27)。

表4.27　频率修正系数

垂直振动		横向振动	
0.5～5.9Hz	$F(f)=0.325f^2$	0.5～5.4Hz	$F(f)=0.8f^2$
5.9～20.0Hz	$F(f)=400/f^2$	5.4～26.0Hz	$F(f)=650/f^2$
＞20.0Hz	$F(f)=1$	＞26.0Hz	$F(f)=1$

不同频率加速度的平稳性指标值再按式(4-12)进行合成，平稳性指标计算的频率范围为0.5～40Hz。

$$W = \sqrt[10]{\sum_{i=1}^{n} W_i^{10}} \tag{4-12}$$

车辆运行平稳性的等级如表4.28所示，垂向和横向采用相同的评定等级。

表4.28　平稳性指标评定等级

平稳性等级	评定	平稳性指标
1级	优	$W<2.5$
2级	良好	$2.5<W<2.75$
3级	合格	$2.75<W<3.0$

2)舒适度指标

舒适度指标用得较多的是UIC513定义的舒适度指标，它将时域加速度信号分成多段，对每段加权后得到一个值，然后统计处理得到舒适度指标。

UIC513定义的舒适度简化计算公式为

$$N_{\mathrm{MV}} = 6\sqrt{\left(a_{X\mathrm{P}95}^{W_d}\right)^2 + \left(a_{Y\mathrm{P}95}^{W_d}\right)^2 + \left(a_{Z\mathrm{P}95}^{W_b}\right)^2} \tag{4-13}$$

式中，N_{MV}为舒适度指标；a为加速度的均方根值；W_d、W_b与加权曲线d、b的频率加权值有关(图4.28)；iP95与界面及统计概率有关，$i = X,Y,Z$分别表示加速度传感器纵向、横向、垂向的敏度方向，P表示地板面；95表示分布概率分位点95%。

进行舒适度测量时，每个速度级的采样持续5min。计算时以5s为间隔按图4.28换算

频率加权后的纵向、横向和垂向加速度有效值，频率范围为 0.4～80Hz，然后分别统计 5min 测量时间内各方向 60 个加速度有效值 95%的置信限值，最后代入简化合成该 5min 采样段的舒适度值。车辆乘坐舒适度等级划分如表 4.29 所示。

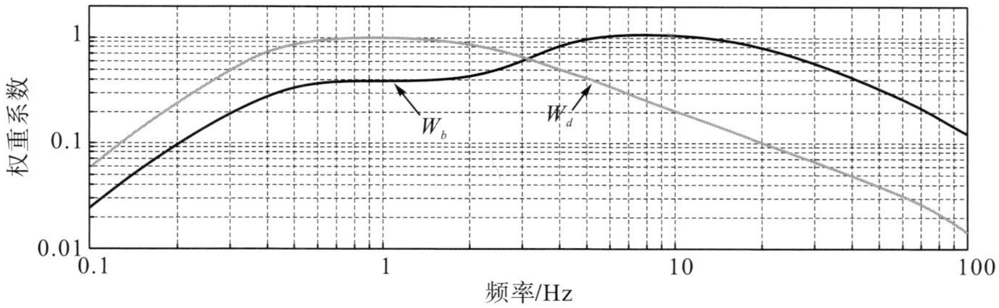

图 4.28　舒适度权函数

表 4.29　舒适度等级划分表

舒适度等级	舒适度指标	评定
1 级	$N_{MV}<1.5$	非常舒适
2 级	$1.5\leqslant N_{MV}<2.5$	舒适
3 级	$2.5\leqslant N_{MV}<3.5$	一般
4 级	$3.5\leqslant N_{MV}<4.5$	不舒适
5 级	$N_{MV}\geqslant 4.5$	非常不舒适

3) 振动加速度

车体振动加速度 A_y、A_z 是车辆振动特性的客观度量参数。我国 200km/h 以上速度等级的高速动车组对最大振动加速度专门作了以下规定：

$$A_{y\max} \leqslant 2.5\text{m}/\text{s}^2 \tag{4-14}$$

$$A_{z\max} \leqslant 2.5\text{m}/\text{s}^2 \tag{4-15}$$

我国高速铁路列车运行和试验的经验还不足，因此高速动车组振动特性的评价可选择以上一种或者几种评价指标，这样可取长补短，从而对动车组的振动特性进行一个全面的评价。

3. 振动烈度评价指标

为了考核列车的振动特性，需要对车辆各主要部件的振动加速度进行评定。然而，目前的列车运行平稳性评定主要是围绕车体振动进行的，其他零部件还没有形成特有的振动评价指标。

我国现有暂规《高速试验列车客车强度及动力学规范》(95J01-M)对车下悬挂件和构架上零部件的抗振动加速度烈度给定了要求。对车体上零部件要求能承受纵向加速度 3.0g，横向加速度 1.0g，垂向加速度 3.0g(车端)和 1.5g(中央)；在构架上的零部件要求能承受纵向加速度 5.0g，横向加速度 1.0g，垂向加速度 3.0g。尽管这些规定是一种指导性的要求，也还缺乏高速运行的应用考验，但却是一个很好的尝试。

建议根据不同零部件的运用状态，提出相应的振动限制标准。一方面在高速列车设计时需要这样的标准值作为设计的依据；另一方面在运营中也要控制相关零部件的振动，以保证零部件的振动在合理的、设计允许的范围内，保证零部件的安全服役。

4. 轮轨关系评价指标

在提速及高速线路上，由于列车运行速度的提高，轮轨之间的动力作用随之增加。过大的轮轨垂向力和横向力不仅对钢轨、扣件、轨枕(轨道板)等部件产生损伤、破坏，而且可能导致轨道不平顺的急剧增大，增加线路的养护维修工作量和费用，严重时还将危及行车安全。因此，必须对轮轨间的动力作用加以限制。

1) 轮轨垂向力

日本在既有线铁路提速试验规范中对轮重最大值有明确规定，要求其小于轨道部件(PC 轨枕、轨道板)的设计载荷。设计载荷，是考虑了因车轮扁疤引起的轮轨动力冲击作用而产生的载荷。据调查分析，车轮扁疤引起的轮载动静比约为 1.7，考虑一定的安全系数后取为 2.0，最大扁疤引起的轮重可取为静轮重的 3 倍，并将其作为设计载荷。新干线采用轴重 170kN 的 P 标准载荷，设计载荷为 270kN，而既有线采用轴重 160kN 的载荷，设计载荷为 255kN。

英国铁路(BR)早在 20 世纪 70 年代便注意到机车车辆通过轨道低接头时，产生严重的动力作用问题，通过试验首次发现了轮轨冲击力的特性，并由此定义了 P_1、P_2，同时规定了 P_1、P_2 限制标准：

$$\begin{cases} P_1 \leqslant 400\,\text{kN} \\ P_2 \leqslant 250\,\text{kN} \\ P_1 + P_2 \leqslant 600\,\text{kN} \end{cases} \tag{4-16}$$

德国联邦铁路规定，就线路载荷而言，轮轨垂向力不允许超过极限值 170kN。我国《高速试验列车动力车强度及动力学性能规范》(95J01-L)中规定，动力车通过直线、曲线、道岔和桥梁时，导向轮对每个车轮作用于轨道的垂向力峰值的极限值为 P_{max}=170kN。《高速动车组整车试验规范》(2008)也规定 P_{max}=170kN。

2) 轮轨横向力

铁路轨道结构在垂直方向具有相当大的强度储备，而在横向基本上是在保证线形圆滑的前提下凭经验来保证轨道有一个适当的强度。但是，当线路状况恶化时，过大的轮轨横向力可能导致扣件破损、轨道不平顺出现，甚至出现钢轨转动引发列车脱轨。轮轨横向力的限值主要根据木枕线路道钉所能承受的横向力极限、钢轨弹性和扣件的横向设计载荷来确定。木枕钩头道钉轨道在过大的轮轨横向力作用下，表现为道钉被挤出引起轨距扩大、道钉上拔引起钢轨转动(挤翻钢轨)两种破坏形式。日本 JR 对此进行详细研究后，提出了道钉挤压、拔起的横向力极限，如表 4.30 所示。其中，第一限度为道钉应力的屈服极限，为不能超过的限值；第二限度为道钉应力的弹性极限，为应该采取措施的限值。

表 4.30　日本 JR 道钉挤压及拔起时横向力限定标准

类型	道钉挤压横向力极限/kN		道钉拔起横向力极限/kN
	第一限度(屈服极限)	第二限度(弹性极限)	
有铁垫板	$Q \leqslant 29 + 0.30P$	$Q \leqslant 19 + 0.30P$	$Q \leqslant 17.3 + 0.51P$
无铁垫板	$Q \leqslant 18 + 0.30P$	$Q \leqslant 12 + 0.30P$	$Q \leqslant 20.9 + 0.28P$

对于采用弹性扣件的轨道，轮轨横向力应小于扣件的横向设计载荷。日本新干线采用的扣件横向设计载荷极限值为轴重的 40%。欧美铁路根据试验结果，一般也取 40%轴重作为轮轨横向力的限值，即要求：

$$Q \leqslant 0.4\left(P_{\mathrm{st1}} + P_{\mathrm{st2}}\right) \tag{4-17}$$

式中，P_{st1} 和 P_{st2} 分别为左轮及右轮静载荷，单位为 kN。

3) 轮轴横向力

无缝铁路稳定性问题的研究表明，过大的轮轴横向力是导致轨排横移、无缝线路动态失稳产生胀轨现象的最主要原因。因此，除了保证线路的纵、横向阻力，限制轮对作用于线路的最大横向力也是很重要的一个方面。表 4.31 给出了欧美国家、国际铁路联盟(UIC)及日本所采用的轮轴横向力限值计算公式。

表 4.31　欧美国家、UIC 及日本关于轮轨横向力限定标准

欧美国家及 UIC 标准/kN		日本标准/kN	
限度值	推荐值	第一限度值	第二限度值
$Q \leqslant 10 + P/3$	$Q \leqslant 0.85(10 + P/3)$	$Q \leqslant 10 + 0.35(P_{\mathrm{st1}} + P_{\mathrm{st2}})$	$Q \leqslant 0.85[10 + 0.35(P_{\mathrm{st1}} + P_{\mathrm{st2}})]$

我国《机车车辆动力学性能评定及试验鉴定规范》(GB/T 5599—2019)中，对于可能导致线路产生严重变形的轮轴横向力限度规定如下。

木轨枕：

$$H \leqslant 15 + P_0 / 3 \tag{4-18}$$

由表 4.31 可知，欧美国家、UIC、日本所采用的轮对横向力限值大体是相同的，我国早些年的标准与之差别较大。现在我国的《高速动车组整车试验规范》(2008)规定，轮轴横向力评定限值采用以下标准：

$$H \leqslant (10 + P_0 / 3) \tag{4-19}$$

式中，P_0 为静轴重。

5. 脱轨安全性指标

车辆运行安全性主要涉及车辆是否会出现脱轨和倾覆问题。车辆脱轨根据过程不同大体可以分为爬轨脱轨、跳轨脱轨和掉轨脱轨。其中，爬轨脱轨是随着车轮的转动，车轮轮缘逐渐爬上轨头而引起的脱轨，它是车辆运行中较常见的脱轨形式，也是各国学者研究的重点，一般以脱轨系数、轮重减载率、倾覆系数等指标来评定车辆运行的安全性。

1)脱轨系数

脱轨系数采用横向力和垂向力的比值来衡量脱轨安全性，此评定方法最早由 Nadal 提出。Nadal 的假定是：设有一车轮，已经开始爬轨并达到临界点(即已到达轮缘倾角最大点)，为了简化分析，不考虑轮对冲角和轮轨接触点提前量的作用。

取轮缘上轮轨接触斑为割离体，如图 4.29 所示。作用在接触斑上的车轮垂向力为 P，横向力为 Q，钢轨作用在接触斑上的作用力有法向力 N，阻止车轮向下滑动，钢轨给接触斑的摩擦力为 μN。接触斑在以上各力作用下处于平衡状态，即车轮处于向下滑而不能滑动的状况。

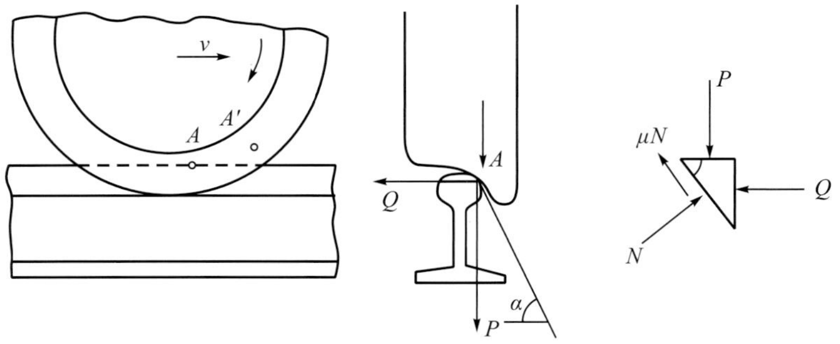

图 4.29　轮轨接触与作用力

将作用于接触斑 A 上的力分解为法线方向和切线方向的分量后可求得车轮爬轨的条件：

$$\begin{cases} P\sin\alpha - Q\cos\alpha = \mu N \\ N = P\cos\alpha + Q\sin\alpha \end{cases} \tag{4-20}$$

式中，α 为最大轮缘倾角(简称轮缘角)；μ 为轮缘与钢轨侧面的摩擦系数。

求解方程(4-20)可得

$$\frac{Q}{P} = \frac{\tan\alpha - \mu}{1 + \mu\tan\alpha} \tag{4-21}$$

式(4-21)表示轮对在爬轨临界点的平衡状态。如果 Q/P 大于式(4-21)中右项，车轮有可能爬上钢轨，反之则向下滑。因此，车轮爬轨的条件为

$$\frac{Q}{P} \geqslant \frac{\tan\alpha - \mu}{1 + \mu\tan\alpha} \tag{4-22}$$

其中，比值 Q/P 称为车轮脱轨系数，$\dfrac{\tan\alpha - \mu}{1 + \mu\tan\alpha}$ 称为车轮开始爬轨时的临界值，简称车轮脱轨系数临界值。临界值的大小与轮缘角 α 和轮缘与钢轨侧面的摩擦系数 μ 有关。图 4.30 给出了不同摩擦系数 μ 和不同轮缘角 α 时车轮脱轨临界值。由图可知，轮缘角 α 越小，摩擦系数 μ 越大，越容易出现爬轨。

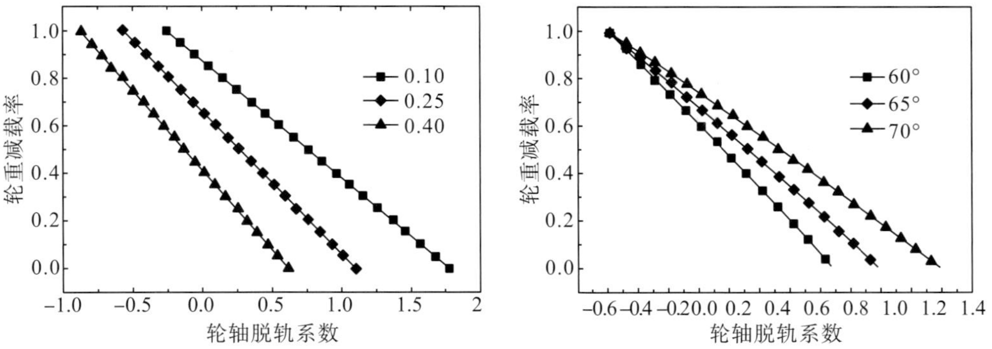

(a) 摩擦系数μ的影响　　(b) 轮缘角α的影响

图 4.30　摩擦系数μ和轮缘角 α 对脱轨的影响

UIC 规定$Q/P\leqslant 1.2$；德国 ICE 高速列车试验标准为$Q/P\leqslant 0.8$；日本既有线铁路提速试验标准也规定$Q/P\leqslant 0.8$；北美铁路则规定$Q/P\leqslant 1.0$。

我国制定的脱轨系数标准见表 4.32，《机车车辆动力学性能评定及试验鉴定规范》(GB/T 5599—2019)中，对脱轨系数的限值规定与曲线半径的大小相关。另外，《铁道机车动力学性能试验鉴定方法及评定标准》(TB/T 2360—1993)、《高速试验列车动力车强度及动力学性能规范》(95J01-L)和《高速试验列车客车强度及动力学规范》(95J01-M)中，规定的爬轨侧车轮的脱轨系数安全限定值也在表 4.32 中给出。可见，随着我国高速列车的发展，对脱轨系数的要求越来越严格，与国外高速列车的脱轨系数要求逐渐趋于一致。

表 4.32　我国脱轨系数安全限定值

指标	GB/T 5599—2019		TB/T 2360—1993		95J01-L(M)	《高速动车组整车试验规范》(2008)
脱轨系数	曲线半径 250m$\leqslant R\leqslant$400m	曲线半径 R>400m	良好	合格		
	$\leqslant$1.0	$\leqslant$0.8	0.8	0.9	$\leqslant$0.8	$\leqslant$0.8

以上是根据车轮爬轨状态时推导的脱轨系数，称为爬轨脱轨系数(横向力作用时间大于 0.05s)。此外，轮轨瞬时冲击钢轨也可能造成车轮跳上钢轨，称为跳轨(横向力作用时间小于 0.05s)。如日本规定，当轮轨间横向作用力的作用时间小于 0.05s 时，脱轨系数(跳轨安全系数)可适当放宽为

$$\frac{Q}{P}\leqslant\frac{0.04}{t} \tag{4-23}$$

式中，t 为轮轨间横向力作用时间，单位为 s。

$$\begin{cases}\dfrac{Q}{P}\leqslant\dfrac{0.04}{t}, & t<0.05\text{s}\\[2mm] \dfrac{Q}{P}\leqslant 0.8, & t\geqslant 0.05\text{s}\end{cases} \tag{4-24}$$

从式(4-24)可以看出，当 t=0.05s(判断跳轨和爬轨的分界时间)时，Q/P 的允许值为

0.8，该数值与 Nadal 爬轨脱轨系数对高速车的限制值是一致的。因此，可以通过横向力作用时间将跳轨脱轨系数和爬轨脱轨系数进行统一。与横向力作用时间相关的脱轨系数限度值如图 4.31 所示。

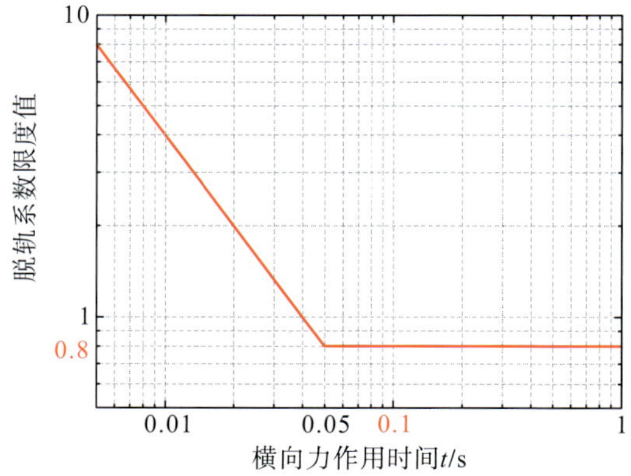

图 4.31　与横向力作用时间相关的脱轨系数限度值

跳轨脱轨系数公式表明，轮轨瞬时冲击钢轨的横向力可能较大，但作用时间很短，车轮并没有爬上钢轨，虽然此时的脱轨系数可能大于 0.8，但只要不超过跳轨脱轨系数限度值(0.04/t)，车轮也不会脱轨，这是符合实际情况的。

我国对轮轨瞬时冲击而造成车轮跳上钢轨的脱轨系数目前尚无明确规定，其主要原因是跳轨的机理还一直处于研究过程中。目前，我国不管轮轨横向力作用时间多少，一律采用某一个确定的限度值，这是偏保守的，相信随着我国高速列车的发展以及对高速列车研究的逐步深入，将来也可能对跳轨脱轨系数做出明确规定，这样对脱轨的评定就更加科学。

2) 轮重减载率

上面分析了脱轨系数对轮对脱轨的影响，这种脱轨原因是横向力 Q_1 大，而垂向力 P_1 小，但实际运用中还发现，在横向力并不很大而一侧车轮严重减载的情况也有脱轨的可能。下面分析轮重严重减载情况。

如果轮轴横向力 H 很小(令 $H=0$)，而 P_2 很大，P_1 很小，即 $P_2 \gg P_1$，由于某种原因，左轮轮缘已在轮缘角最大处与钢轨接触。由于右轮在很大的踏面摩擦力 $\mu_2 N_2$ 的作用下，左轮仍旧可以保持脱轨的临界状态。

左右车轮平均轮轨垂向力 P 和轮重减载量 ΔP 可用如下公式表示：

$$\begin{cases} P = \dfrac{1}{2}(P_1 + P_2) \\ \Delta P = \dfrac{1}{2}(P_2 - P_1) \end{cases} \tag{4-25}$$

式中，P 为左右车轮平均轮轨垂向力，即轮重；ΔP 为轮重减载量。

将式(4-25)代入式(4-22)，经整理后得

$$\frac{\Delta P}{P} \geqslant \frac{\dfrac{\tan\alpha_1-\mu_1}{1+\mu_1\tan\alpha_1}-\dfrac{\tan\alpha_2+\mu_2}{1-\mu_2\tan\alpha_2}}{\dfrac{\tan\alpha_1-\mu_1}{1+\mu_1\tan\alpha_1}+\dfrac{\tan\alpha_2+\mu_2}{1-\mu_2\tan\alpha_2}} \tag{4-26}$$

式中，$\dfrac{\Delta P}{P}$为轮重减载率；右边的值称为轮重减载率临界值。

当轮重减载率超过其临界值后，轮对有脱轨的趋势。日本 JR 标准中采用了 0.8 来作为动态轮重减载率的标准值，德国和美国采用的限值为 0.9。我国《机车车辆动力学性能评定及试验鉴定规范》(GB/T 5599—2019)、《高速试验列车动力车强度及动力学性能规范》(95J01-L)和《高速动车组整车试验规范》(2008)规定车辆轮重减载率应符合的标准值，如表 4.33 所示。

表 4.33　我国减载率安全限定值

指标	GB/T 5599—2019		95J01-L(M)	《高速动车组整车试验规范》(2008)
轮重减载率	$v\leqslant 160$ km/h	$v>160$ km/h		
	$\leqslant 0.65$	$\leqslant 0.80$	$\leqslant 0.6$	准静态$\leqslant 0.65$　动态$\leqslant 0.8$

需要指出的是，脱轨系数和轮重减载率分别是在轮对横向力 $H>0$ 和 $H=0$ 的条件下，根据车轮垂向力和横向力的平衡条件得出的，是在两种不同情况下评价车轮脱轨的指标。不能单靠轮重减载率来确保安全性，只有在脱轨系数和轮重减载率一起使用的前提下，该数值才能够充分地确保车辆运行安全性。

3) 倾覆系数

倾覆系数用于评价车辆在侧向风力、离心力、横向振动惯性力等最不利组合下是否会导致车辆向一侧倾覆。设车辆外轨侧的轮轨压力为 P_2，内轨侧的轮轨压力为 P_1，定义倾覆系数 D 为

$$D=\frac{P_2-P_1}{P_2+P_1} \tag{4-27}$$

当车辆一侧车轮轮重减载至零(P_1=0)时，车辆达到倾覆的临界状态，此时 $D=1$。因此，为防止车辆倾覆，必须满足 $D<1$ 条件。《高速试验列车客车强度及动力学规范》(95J01-M)中则规定 $D<0.8$。

4.2.2　弓网关系评价指标

弓网关系研究的主要目的是保证受电弓具有良好的受流性能，但如何评价弓网的受流性能，也就是依据什么标准来评价弓网关系的优劣程度，是弓网关系研究需重点解决的问题。在欧洲及日本，与弓网受流相关的标准作为铁路系列标准的一部分，已得到广泛的应用。而在我国，在对国外弓网相关评价体系消化吸收的基础上，结合国内弓网系

统的实际运行情况，逐步形成了满足我国铁路运行要求的弓网关系评价体系，其评价内容主要包括弓网动态接触力、离线(火花)率、硬点(垂向加速度)、接触线动态高度、接触线抬升量等。

1. 弓网动态接触力

接触网-受电弓之间的接触力是指受电弓滑板与接触导线间的动态接触压力。接触导线与受电弓滑板之间是相对滑动摩擦运动，导线与滑板可以说是一对摩擦副，弓网间的作用力可以分解为纵向(沿线路方向)力、横向力和垂向力。纵向力主要是指滑板和接触线之间的摩擦力以及接触线在制造、施工和运用过程中形成缺陷引起的纵向冲击力；横向力主要是由于接触网具有拉出值，接触导线在滑板中心线附近做相对运动形成的摩擦力；垂向力主要是指接触压力，主要影响接触导线抬升量以及接触导线和受电弓滑板的磨耗。接触导线抬升量的大小影响弓网运行安全，导线和滑板磨耗则影响接触网和滑板的使用寿命。受电弓和接触网要实现良好的接触，弓网接触力就要保持在一个限定范围内。接触力太大将会造成磨耗的加剧；而接触力太小将引起弓网电弧。可见，接触力是描述弓网在高速滑动接触条件下，受电弓与接触线之间的接触程度与状态，它是评价受流质量的重要指标。

对于弓网接触力的评价，通常用其统计数值来表征。接触力最大值、最小值、标准差基本表征了弓网的受流质量。接触力最大值过大，磨耗加剧；接触力最小值过小将造成弓网离线；接触力标准差过大将造成接触力变化异常，直接影响受流的稳定性。接触力的平均值也是评价受流质量的重要指标，它能表征列车运行过程中弓网接触力的整体状态。因此，《电力牵引架空接触网》(EN50119：2001)中对各指标评判标准如下。

(1) 最大值(N)：

$$F_{\max}=\begin{cases}300, & v\leqslant 200\\ 350, & v>200\end{cases}$$

(2) 最小值(N)：

$$F_{\min}>0$$

(3) 平均值(N)：

$$F_m\leqslant 0.00097v^2+70$$

式中，v为运行速度，单位为km/h。

2. 离线率

离线是指受电弓和接触导线产生的机械性脱开。良好的弓网关系表现在弓网运行中不出现或出现尽量少的离线火花，弓网的离线火花是弓网受流质量和状态的最终表现，它反映了弓网的各种运行状态对电流传输的影响。受电弓运行过程中出现连续火花的原因有很多，如接触线出现硬弯或波浪弯时，造成接触线和滑板接触点的电流传输不连续；接触导线高度不平顺，接触线静态刚度不均匀，弓网动力学参数不匹配等也将造成弓网离线火花。由于造成弓网离线火花的原因有很多，离线火花指标是一个综合性评价指标，同时也是衡量高速弓网关系的重要指标。评价离线火花指标的主要参数包括最大离线时间、单位距离内的火花次数和离线率。

离线时间是表征每一次机械脱开的持续时间。火花次数表征弓网间机械性脱开的频率，显然，在同等条件下，离线时间越长、离线次数越多，其受流性能越差。通常，离线时间在 0.1～60ms 的离线称为小离线，大于 100ms 的离线称为大离线。离线率是表示离线的综合指标，可表示为

$$s=\frac{\sum t_i}{T}\times 100\% \tag{4-28}$$

式中，t_i、T 分别为弓网机械脱开的时间及运行检测的总时间。

离线率表征弓网间的接触状态，离线率一般要求控制在 5%以下，其最大离线时间应小于 100ms，这样，弓网将有较好的受流质量。综上所述，离线火花的评价标准可归纳如下：

(1) 最大离线时间不大于 100ms；

(2) 火花次数不大于 1 次/160m；

(3) 离线率不大于 5%。

3. 硬点

硬点是接触网悬挂不均匀状态的统称。接触网悬挂的一个重要指标是弹性均匀。如果接触悬挂和接触线上的某些部分存在硬弯、底面扭曲、分段绝缘器及中心锚结的安装达不到要求、吊弦线夹和电连接线夹倾斜以及接触线坡度超标等，在列车高速运行过程中，这些部分就会出现异常的升高或降低，甚至出现撞弓、碰弓现象，也就是说在这些部位会出现力、位移、速度或加速度的突然变化。硬点会加快接触导线和受电弓滑板的异常磨耗及撞击性损伤，并常在硬点位置出现连续火花、弓网接触力峰值异常变化等，影响弓网间的正常接触和受流，严重的硬点还会危及行车安全。因此，硬点也是评价弓网关系的一个重要指标。

硬点指标主要通过受电弓运行时所受的冲击加速度来评价，这个加速度有两个方向，即水平方向和垂直方向，一般采用垂向的加速度来评价受电弓运行的硬点。评价硬点的标准主要包括：

(1) v(运行速度)＜200km/h 时，垂向加速度最大值不大于 490m/s^2(50g)；

(2) 200km/h≤v＜300km/h 时，垂向加速度最大值不大于 588m/s^2(60g)；

(3) 300km/h≤v≤350km/h 时，垂向加速度最大值不大于 686m/s^2(70g)。

4. 接触线动态高度

接触线动态高度主要是通过受电弓滑板的振动位移来反映的，描述了受电弓高速滑动运行时接触线高度的动态变化。通过检测该指标，可以评判接触线的不平顺性和动态弹性变化，以及接触线高度是否符合线路接触网的设计要求，特别是接触线的坡度要求，主要评价参数包括接触线动态最大高度 D_{max}、最小高度 D_{min} 以及接触线一跨内的最大振动幅度 D_{max}-D_{min}，其相应的评价标准为接触线最大垂向振幅 $D_{max}-D_{min}$≤150mm。

5. 接触线抬升量

接触线在静态状态下，由于受电弓静态抬升力的作用产生抬高，这时抬升量称为静态抬升量。受电弓在高速运行时由于弓网耦合振动的影响而形成的抬升量称为振动抬升量。高速运行时，在受电弓的作用下，接触线静态抬升量和振动抬升量之和形成动态抬升量。接触线抬升量指标主要是指动态抬升量，其评价方法是通过检查其数值是否超过一定的限值，具体的评价标准为接触线抬升量不大于 120mm。

4.2.3 流固关系评价指标

1. 车内外压力要求和车辆气密性要求

车辆内部的瞬变压力影响旅客的乘坐舒适性，车辆内部瞬变压力引起的人体舒适性评判标准[11]如下。

单线隧道：车内压力＜0.80kPa/3s。

双线隧道：车内压力＜1.25kPa/3s。

车内外压差对车辆的强度有较大的影响，对于铁道车辆应该满足车内外压差小于 4000Pa 的要求[12]。

2. 隧道出口微气压波评价标准

隧道出口微气压波允许的最大峰值[11]见表 4.34。

表 4.34 微气压波标准

洞口条件			计算基准点	微压波峰值
1	洞口无建筑物 (建筑物距离洞口大于 50m)		距离洞口 20m 处	＜50Pa
2	洞口有建筑物	建筑物无特殊环境要求	建筑物处	＜20Pa
		建筑物有特殊环境要求		按要求

4.2.4 机电耦合关系评价指标

1. 能量转换效率评价指标

列车在牵引工况下运行时，由牵引传动系统通过受电弓将牵引供电系统的电能转换成驱动列车运行的机械能；在制动工况下，将列车运行的机械能转换成电能，结合列车机械制动系统，在轮轨耦合作用下完成列车的牵引或制动，从而实现列车在线路上的运行。因此，列车运行全过程是一个电能与机械能相互转换的过程，转换过程中各装置在进行能量传输或转换过程中都不可避免地存在一定的能量损失，用列车机电效率以及各部件的效率来描述。整车的机电效率是一个等效概念，是变压器、整流器、逆变器、电机以及齿轮传动装置等的效率的乘积。以 CRH 某型动车组为例，整车及各传动相关部件效率指标如下：

(1) 整车效率应不低于 0.85；

(2) 牵引变压器效率应不低于 0.95；

(3) 牵引变流器效率应不低于 0.96；

(4) 牵引电机在持续点的效率应不低于 0.94。

2. 牵引传动系统电气特性评价指标[13]

牵引传动系统电气特性评价指标如下。

(1) 供电制式：单相 AC25kV，50Hz。

(2) 电网供电品质：最高电压 29kV，最低电压 22.5kV，其余符合《轨道交通 牵引供电系统电压》(GB/T 1402—2010) 规格。

(3) 谐波值按表 4.35 的规定。

(4) JP(等效干扰电流值) 为 4.0A 以下(8 辆编组)；

(5) 动车组在额定牵引功率时，网侧总功率因数(λ) ≥0.97(额定载荷条件，辅助电路除外)。

(6) 牵引变压器原边电流畸变率＜10%(条件：不受其他车辆和其他设备状态影响的良好电源品质状态以及额定载荷)。

表 4.35　高次谐波目标值(单位：%)

受电电压	5 次	7 次	11 次	13 次	17 次	19 次	23 次	超过 23 次
6.6kV	4.0	2.8	1.8	1.5	1.1	1.0	0.87	0.80
22kV 以上	6.7	4.8	3.1	2.6	1.9	1.8	1.5	1.4

4.3　高速列车耦合大系统动力学性能

传统的车辆动力学主要研究车辆自身的结构参数和悬挂参数对车辆动力学性能的影响，不考虑车与车之间的耦合关系、车辆与线路的耦合关系、车辆与周围空气流场的耦合关系、车辆受电弓与接触网之间的耦合关系。动车组运行速度的提高，不仅对车辆动力学性能设计提出了更新、更高的要求，还加剧了轮轨和弓网的摩擦磨损，甚至导致失效，严重影响运行安全；高速气流也不再仅仅是运行阻力，同时影响动车组的运行性能。因此，高速动车组的技术创新不仅需要研究和解决动车组本身动态行为问题，更需要研究和解决动车组与其他各系统的耦合作用，实现高速动车组及其耦合大系统的系统优化和匹配。因此，非常有必要开展高速动车组耦合大系统动力学研究。

4.3.1　车间耦合动力学特性

单车模型无法考虑车间耦合装置如车钩缓冲器、车间减振器和风挡的影响，而车间耦合装置对列车动力学性能是有影响的。下面以 CRH 某型动车组为例，分析车间耦合装置

(车钩缓冲器、车间减振器和风挡)对列车动力学性能的影响(没有考虑空气动力学效应)。

稳定性和平稳性计算工况为直线工况，安全性计算工况为曲线工况(曲线半径为7000m，超高为180mm)，施加京津轨道谱，计算结果如图4.32～图4.39所示。

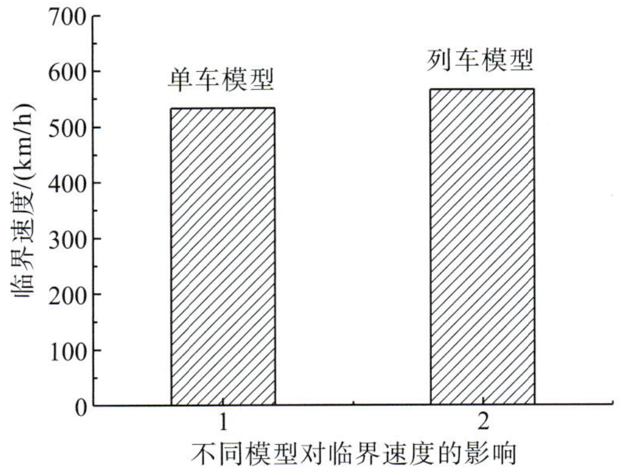

图4.32　临界速度的对比

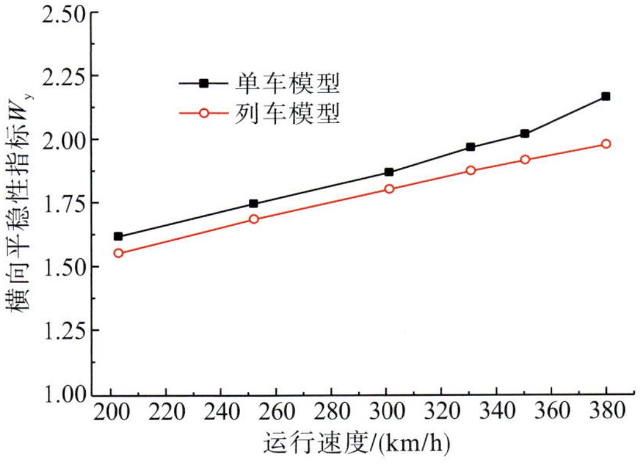

图4.33　横向平稳性对比

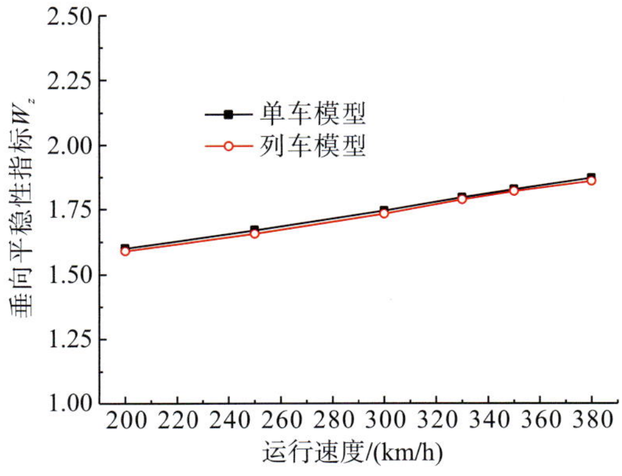

图4.34　垂向平稳性对比

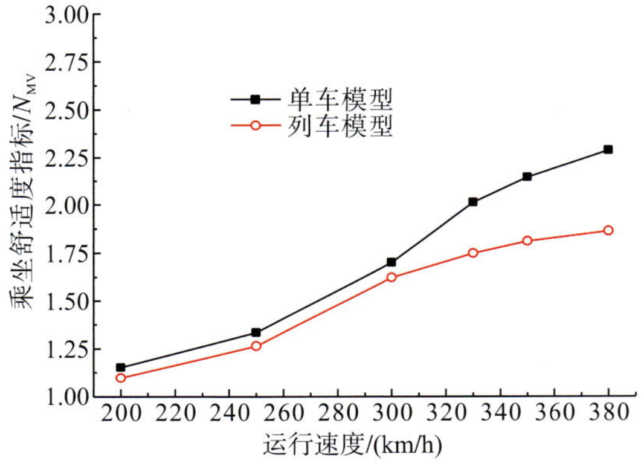

图4.35　乘坐舒适度对比

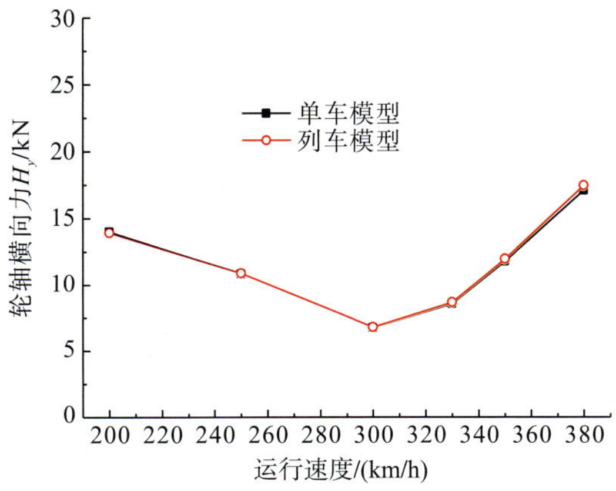

图4.36　轮轴横向力对比

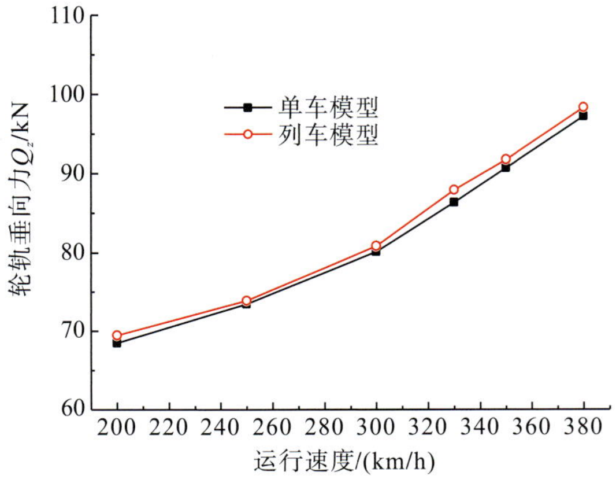

图4.37　轮轨垂向力对比

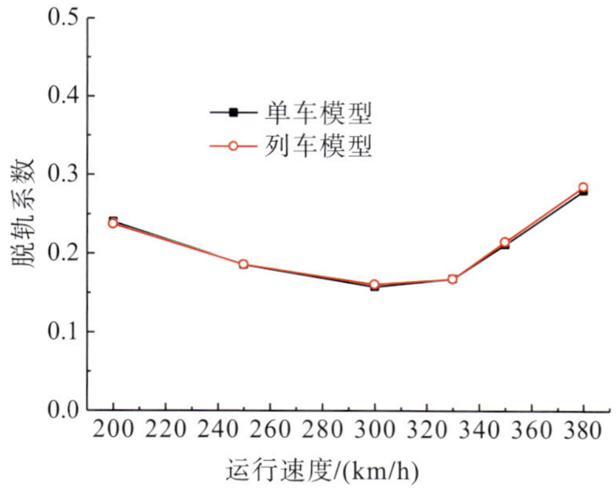

图 4.38　脱轨系数对比

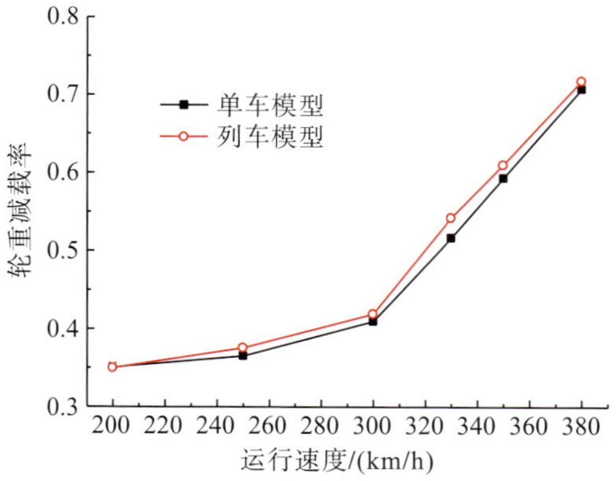

图 4.39　轮重减载率对比

根据以上计算结果可以得出如下规律：

(1) 列车模型的临界速度比单车模型的临界速度高，大约提高了 30km/h，即提高 6%；

(2) 列车模型的横向平稳性比单车模型有明显的改善，可改善 5%～10%；

(3) 列车模型的乘坐舒适度比单车模型有较大程度的改善，速度越高改善效果越好，在 300km/h 速度以下可改善 5%，在 300km/h 速度以上可改善 10%～20%；

(4) 列车模型与单车模型的垂向平稳性差别不大；

(5) 列车模型与单车模型的安全性指标(轮轴横向力、轮轨垂向力、脱轨系数和轮重减载率)差别很小。

通过列车模型与单车模型的计算结果可以发现：车间耦合装置(车钩缓冲器、车间减振器和风挡)对垂向平稳性和安全性的影响较小，对横向平稳性、乘坐舒适度和系统临界速度有较大的影响。为了准确分析列车系统动力学性能，应该优先考虑采用列车模型来分析。

4.3.2　轮轨耦合动力学特性

以我国 CRH 某型动车组为例，计算模型考虑单节车情况，主要考虑了刚性轨道、弹性有砟轨道和弹性无砟轨道对轮轨耦合动力学特性的影响。计算分析结果以轮轨法向作用力为例，分析车辆在直线轨道上，不受其他轨道不平顺激励输入影响。

图 4.40 给出了刚性轨道、弹性有砟轨道和弹性无砟轨道对应的轮轨法向正压力时间历程。对刚性轨道情况，模型中仅是将轨下轨枕、道砟或轨道板以下部分线路结构看成刚性基础结构，钢轨弹性和扣件系统的弹性支撑作用已作考虑。

由图 4.40 可知，三种轨道模型对应的轮轨法向正压力均值都非常接近，大约为 65.35kN，在没有轨道不平顺激励的情况下，轮轨法向正压力的波动起伏很小，尤其是弹性有砟轨道。由刚性轨道下的轮轨法向正压力可知，其具有显著的过轨跨频率波动，这是车线耦合激励滑移模型体现出来的列车过轨跨真实过程，也从另一个侧面验证了滑移模型的正确性。弹性无砟轨道下的轮轨法向正压力具有显著的波动周期特征，通过分析波动周期、列车运行速度(300km/h)和轨道板长度等参数，发现无砟轨道的轮轨法向正压力波动的周期刚好对应的是过轨道板频率，此特征频率在京津、武广高速客运专线线路谱测试数据中均有明确体现。

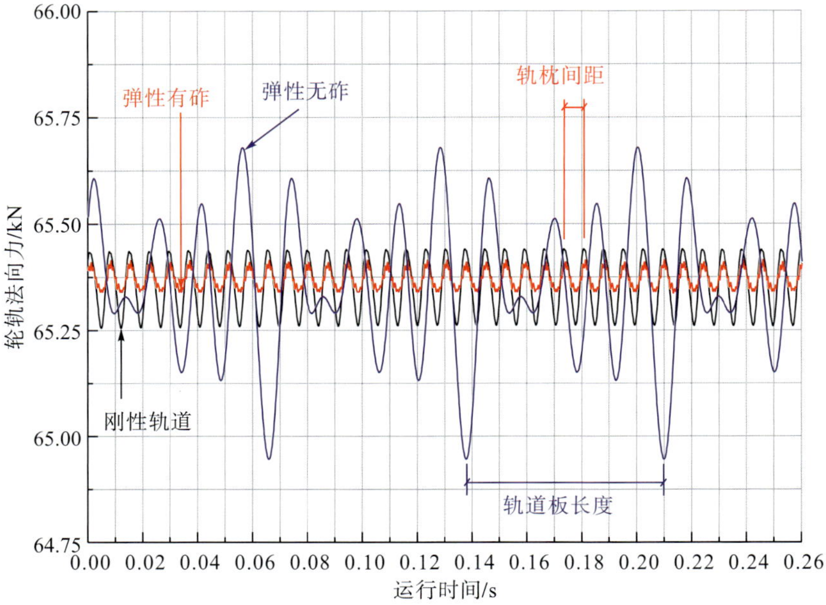

图 4.40　不同轨道模型下的轮轨法向正压力

4.3.3　弓网耦合动力学特性

1. 弓网动力学性能

当接触网达到稳态后，受电弓以一定速度沿接触网滑动，通过分析则可得到表征弓网动力学性能的参数，典型的动力学性能参数包括接触网抬升位移、弓网接触压力、受电弓振动加速度、动应力等。

1)接触网抬升位移

受电弓沿接触线高速滑行时，接触线在受电弓的作用下会产生相应的动态抬升位移。图 4.41(a)给出了典型的受电弓通过时弓网接触点处的接触网动态抬升位移。由图可知，弓网接触点抬升位移按照跨距周期进行变化。每个跨距中接触线抬升位移的极大值出现在跨中位置，极小值出现在定位器附近。图 4.41(b)给出了跨中节点接触网的动态抬升位移，由图可知，接触网跨中节点的抬升位移呈现出一定的波动性。当受电弓沿接触线向跨中位置滑动时，该节点的位移逐渐增大，直至受电弓滑动到接触网跨中节点时，抬升位移达到最大值。当受电弓逐步滑离跨中节点时，抬升位移逐渐减小。由此表明，接触网跨中位置的弹性最大，定位器处弹性最小。

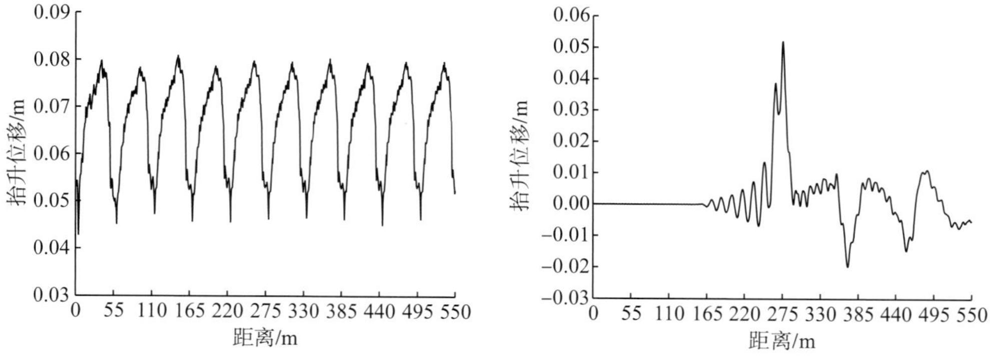

(a) 弓网接触位置　(b) 跨中位置

图 4.41　接触网的动态抬升位移

2) 弓网接触压力

受电弓和接触网滑动接触过程中，受电弓滑板和接触线需保持一定的接触压力。弓网间的动态接触压力可以反映受电弓在高速运行条件下与接触线之间的接触状态，它是反映弓网受流质量的重要指标。图 4.42 给出了两种不同速度下的接触压力变化曲线，由图可知，接触压力同样以跨距为周期进行变化，接触压力平均值大致为静态抬升力和气动抬升力的合力，并在平均值上下波动。随着速度的提高，接触压力的最大值和平均值基本呈增大的趋势，而最小值在减小，同时也表明接触压力的波动范围随速度的提高呈增大的趋势。

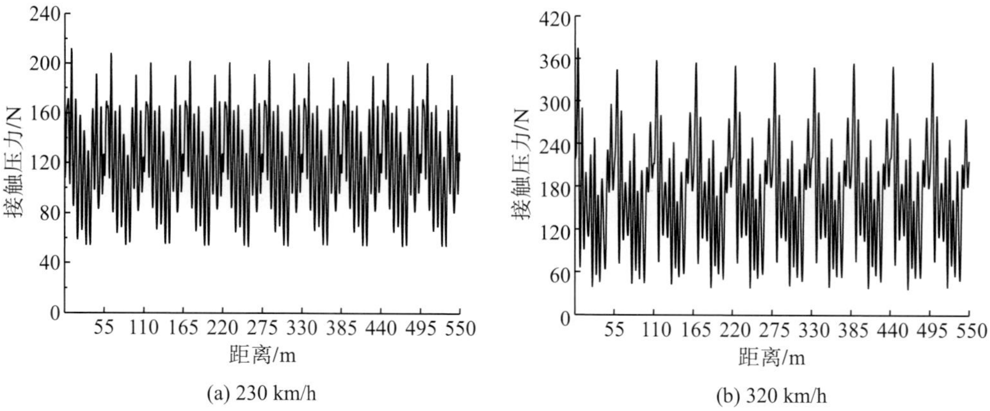

(a) 230 km/h　(b) 320 km/h

图 4.42　接触网和受电弓接触压力

3) 受电弓振动加速度

弓网相互作用过程中，受电弓的横向加速度较小，通常关注其垂向和纵向的加速度。图 4.43 和图 4.44 分别给出了运行速度为 330km/h 时某型高速受电弓弓头支架位置和下臂杆位置垂向和纵向加速度的实测数据。由图可知，下臂杆位置的垂向和纵向加速度远小于弓头处的加速度，其加速度值在 1g～2g，而弓头支架处的垂向和纵向加速度都较大，在 10g～15g。通常情况下，受电弓垂向和纵向加速度值从弓头滑板至受电弓底座，呈现由上至下的递减趋势。对于该型受电弓，速度在 300～350km/h 时，弓头滑板处的垂向和纵向加速度最大值可超过 60g，而受电弓底座处的振动加速度与车顶的振动加速度基本相当。

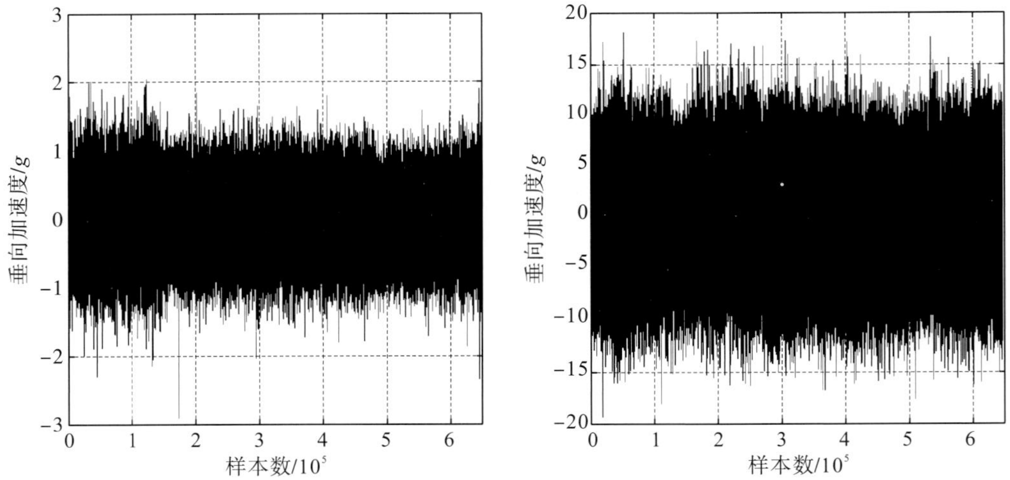

(a) 受电弓下臂杆　　(b) 弓头支架

图 4.43　受电弓垂向加速度

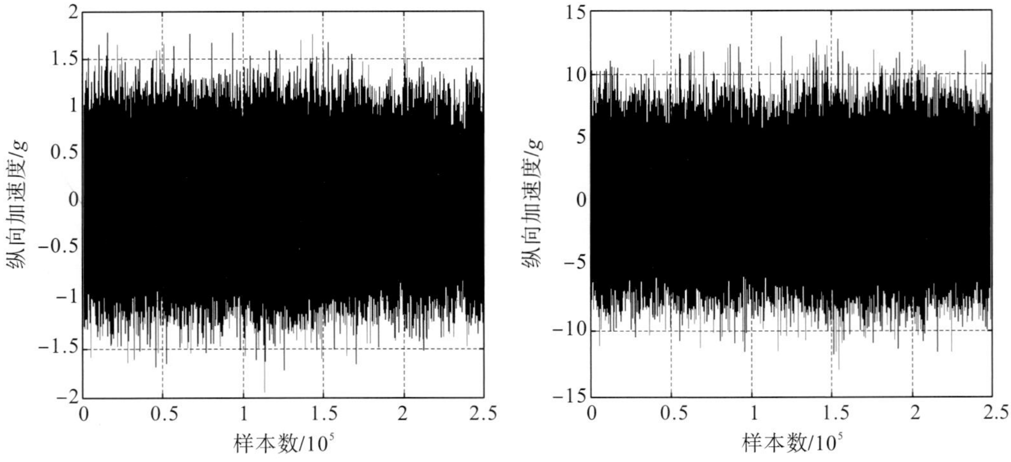

(a) 受电弓下臂杆　　(b) 弓头支架

图 4.44　受电弓纵向加速度

4) 动应力

为了提高接触网波动传播速度，通常采用增大接触线张力的方法，但同时也增大了接触线的应力，对接触网的可靠性造成影响。在接触网使用过程中，其主要零部件如承力索、线夹、定位器等疲劳破坏时有发生。对于受电弓，由于弓网相互作用过程中产生强烈振动，使受电弓零部件的动应力急剧增大，容易造成零部件的疲劳破坏，而且疲劳破坏会因列车运行速度的提高而加剧。因此，受电弓动应力也是评价弓网系统动态性能的重要指标之一，应力水平过高容易引发弓网故障，直接影响弓网受流的可靠性。

由于受电弓结构及服役环境都十分复杂，因此不同位置处的动应力分布也不尽相同。图 4.45 给出了某型受电弓运行速度为 330km/h 时受电弓下臂杆和弓头支架处的动应力实测数据。由图可知，动应力数值差异性较大，受电弓支架处的动应力较下臂杆处有明显的增加。通常情况下，受电弓的动应力分布呈现如下趋势：与接触线直接作用的弓头部分，尤其是一些关键零部件，如弓头支架、弓头横梁、转轴及弓头悬挂系统处的应力水平都较高，容易产生疲劳破坏；随着弓网接触压力和气动力等对弓头以下部件的影响减弱，受电弓动应力水平由上到下总体呈逐步降低的趋势。

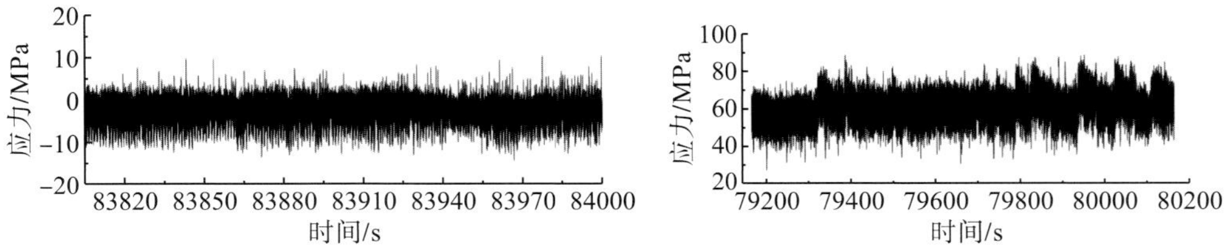

(a) 受电弓下臂杆　　(b) 弓头支架

图 4.45　受电弓动应力

2. 流固耦合作用对弓网动力学性能的影响

受电弓运行过程中，其垂向具有较大的运动幅度，受电弓运动必然对其周围流场产生影响，同时流场的变化也将引起受电弓气动力的改变，二者的交互作用便形成了复杂的流固耦合现象。为研究流固耦合作用对弓网动力学性能的影响，针对京津高速铁路使用的简单链形悬挂接触网和 TSG 19 受电弓进行了仿真分析。接触网采用有限元建模方法，建立 9 跨为一锚段的接触网模型；弓网耦合动力学计算时采用三质量块受电弓模型，受电弓空气动力学仿真时采用三维实体模型；弓网流固耦合联合仿真时，空气动力学计算和弓网耦合动力学计算的时间步长均取 0.001s。考虑到接触网边界条件对计算结果的影响，分析仿真结果时给出了 100～350m 距离内的计算结果。

离线仿真和流固耦合联合仿真时，受电弓空气动力学均采用非定常计算，湍流模型均采用 k-ε 模型。图 4.46 给出了离线仿真和流固耦合仿真时计算得到的受电弓气动抬升力；图 4.47 给出了流固耦合仿真时计算得到的弓头振动速度。由图可知，离线仿真时未考虑弓头振动对受电弓周围流场的影响，气动抬升力基本保持恒定，流固耦合仿真时考虑了弓头振动引起的流场变化，气动抬升力有较大的波动。由于接触网静态刚度按照跨距周期变化，因此受电弓气动抬升力和弓头振动速度基本也按照跨距周期变化。

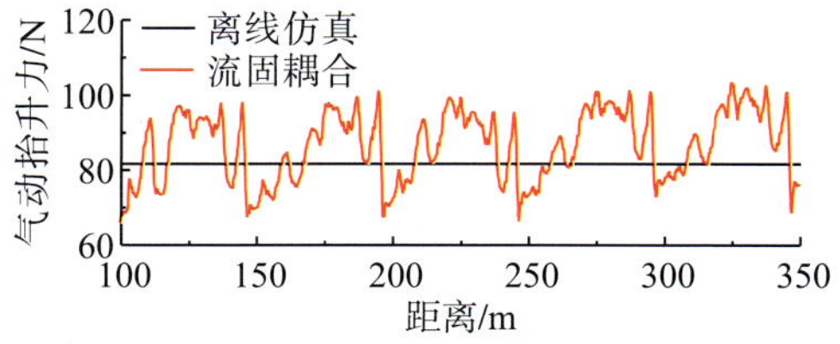

图 4.46 受电弓气动抬升力

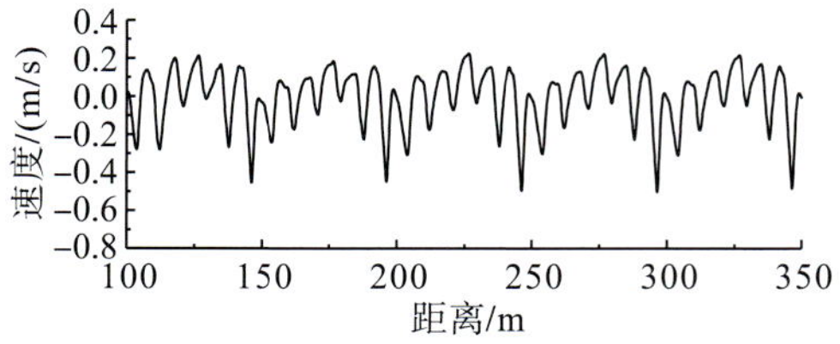

图 4.47 弓头振动速度

图 4.48 和图 4.49 分别给出了离线仿真和流固耦合计算得到的接触线抬升位移和弓网接触压力。由图可知，流固耦合计算得到的接触线抬升位移最大值相比离线仿真时的计算结果变大了；而弓网接触压力的最大值变大，最小值反而变小。对接触压力进行统计后发现，离线仿真时的接触压力平均值、最小值、最大值和标准差分别为 152.10N、53.87N、329.44N 和 45.68N；流固耦合计算得到的接触压力平均值、最小值、最大值和标准差分别为 157.38N、35.74N 和 346.26N 和 52.23N。由接触压力统计结果可知，受电弓流固耦合效应对弓网动力学性能具有较大影响，受电弓气动抬升力的波动使得弓网受流质量变差。

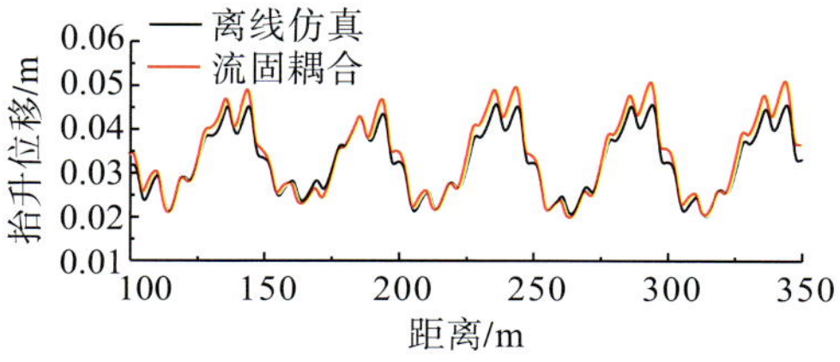

图 4.48 接触线抬升位移

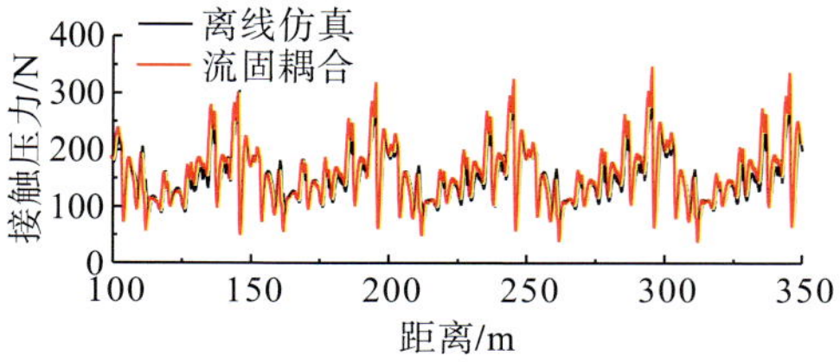

图 4.49 弓网接触压力

3. 车-桥耦合作用对弓网动力学性能的影响

为考察车-桥耦合作用对弓网系统动力学性能的影响，首先针对国内某高速铁路连续箱型桥梁，以及某高速铁路动车组，建立车-桥模型。桥梁采用 9 跨等距连续梁，跨距为 30m，如图 4.50 所示，桥面宽 12000mm，高度 3078mm。高速铁路动车组轴间距 L_w 为 2.5m，车辆定距 L_c 为 17.5m，车辆重约 60t。

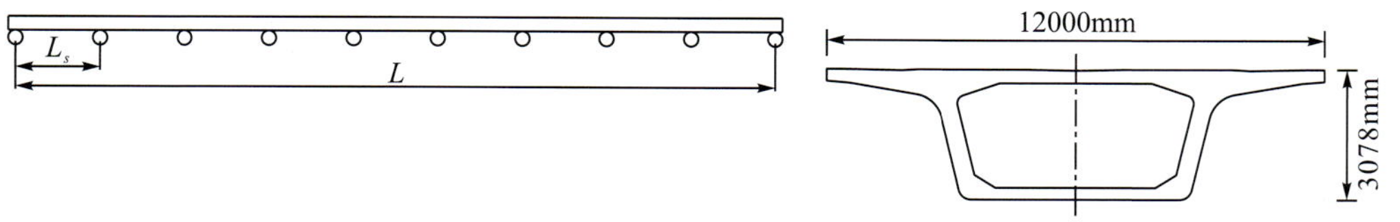

图 4.50 高速铁路箱型梁

在车-桥模型的基础上，建立高架桥上的弓网系统动力学模型。图 4.51 和图 4.52 分别给出了考虑车-桥振动和未考虑车-桥振动时弓网接触压力和接触线动态抬升位移的比较。

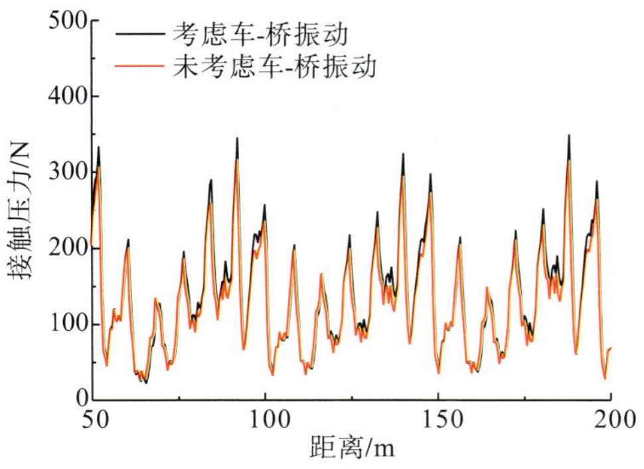

图 4.51　接触压力比较

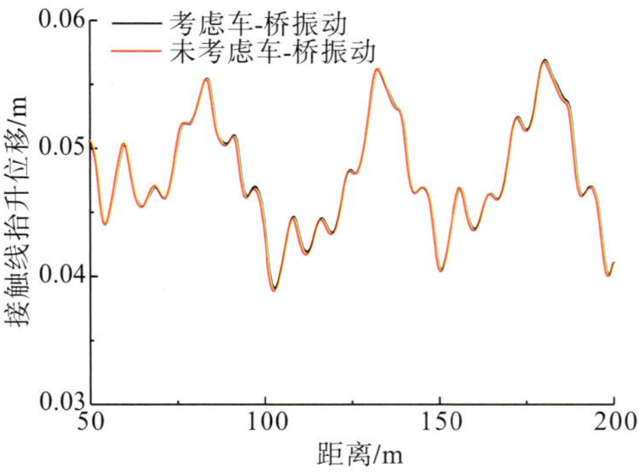

图 4.52　接触线动态抬升位移比较

由图 4.51 和图 4.52 可知，未考虑和考虑车-桥振动时，弓网接触压力的差异较大，而接触线动态抬升位移的差异较小；经过统计表明，未考虑车-桥振动时，接触压力平均值、最小值和最大值分别是 127.46N、25.99N 和 317.16N；考虑车-桥振动时，接触压力平均值、最小值和最大值分别是 135.52N、22.01N 和 350.01N，其中，接触压力最大值差异最大，变化幅度为 10.36%。

4.3.4　流固耦合动力学特性

相比高速列车会车或通过隧道的流固耦合效应，环境风作用下的高速列车流固耦合效应更加明显。因此，以环境风作用下高速列车流固耦合动力学性能为例分析气流与列车之间的相互作用。

1. 流固耦合效应

为了分析姿态变化对环境风作用下高速列车气动性能的影响，将考虑耦合和不考虑耦合时列车的气动特性进行比较。比较的工况为高速列车运行速度为 350km/h 且环境风速度为 13.8m/s，风向角为 90°。

环境风作用高速列车车体表面压力分布的侧视图如图 4.53 所示。由图可知，考虑和不考虑姿态变化时，车体表面压力分布的规律基本一致：压力幅值最大的区域位于头车鼻尖处；压力幅值最小的区域位于头车排障器附近；列车的迎风侧车体表面基本为正压，背风侧车体以负压为主。当考虑姿态的变化后，车体表面的最大压力幅值和最小压力幅值均有所增加，由于车间连接处出现错位而使得该区域迎风侧附近变为负压区域，车间连接处背风侧附近出现正压。

图 4.54 为考虑和不考虑姿态变化时头车气动力和姿态比较图。考虑气流和列车的相互作用后，头车的气动力和姿态变化如下[14, 15]：

(1) 头车的侧力幅值增加 6.5kN 左右，约 13.8%；头车的侧力幅值增加 15mm 左右。

(2) 头车的升力幅值增加 2.4kN 左右，约 15.7%；头车的沉浮量增加 4.2mm 左右。

(3) 若以头车质心为力矩参考点，头车的侧滚力矩方向为负，侧滚力矩幅值减小约 3.5kN·m；头车的侧滚角位移增大约 0.6°，方向为绕质心向背风侧旋转。

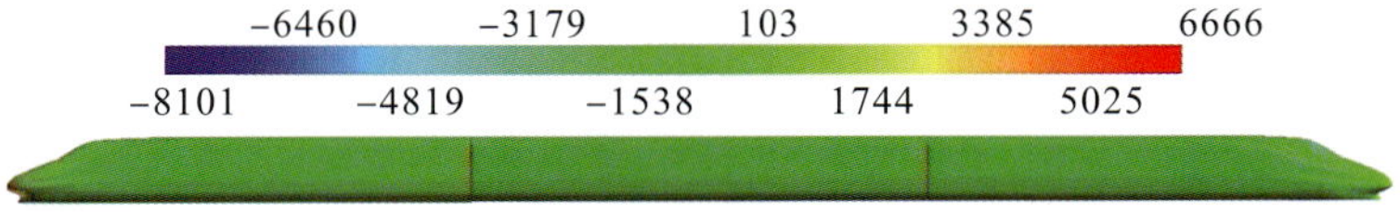

(a) 耦合

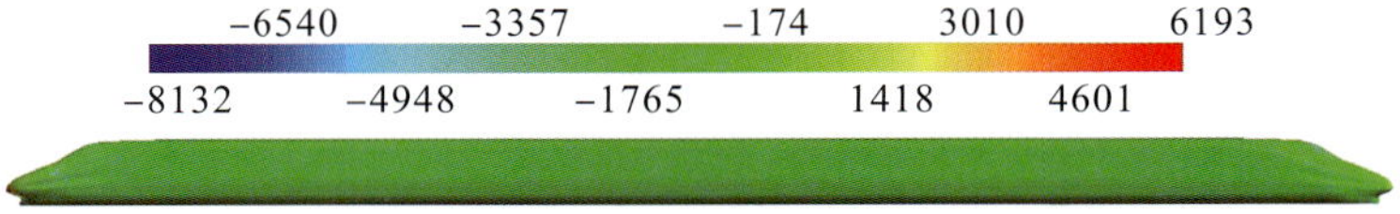

(b) 非耦合

图 4.53　列车表面压力分布(单位：Pa)

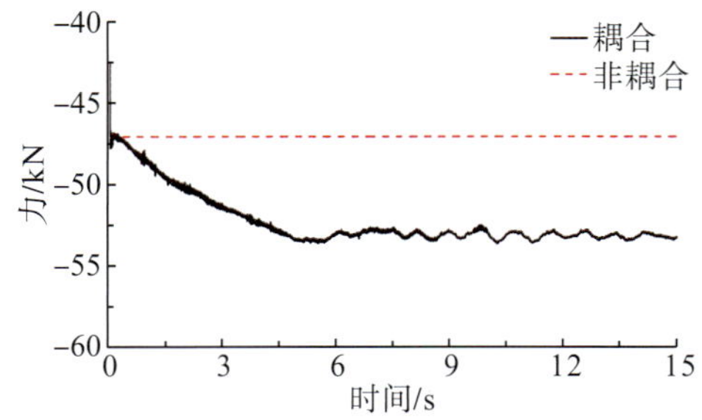

(a) 头车侧力比较

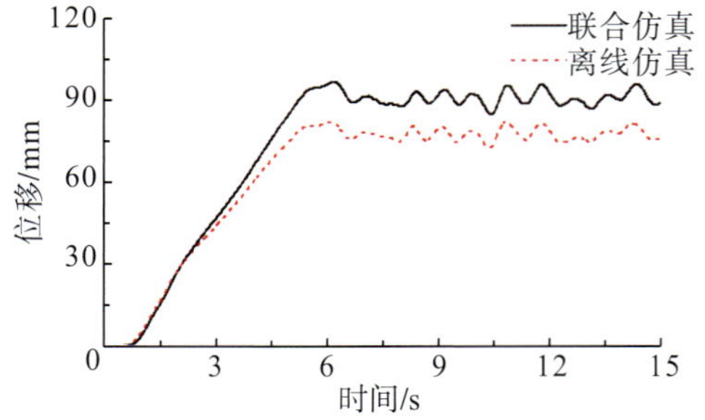

(b) 头车横移比较

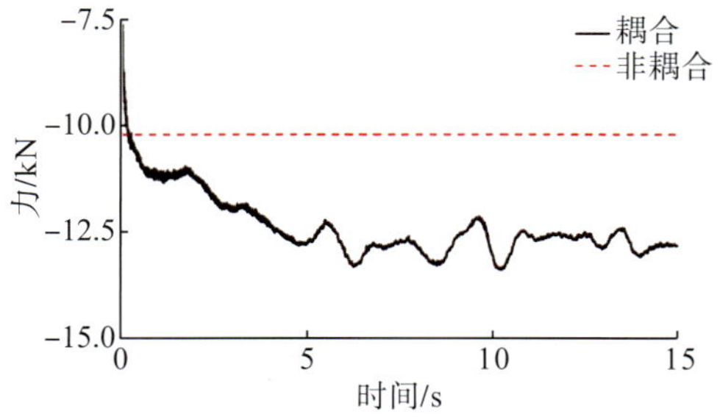

(c) 头车升力比较

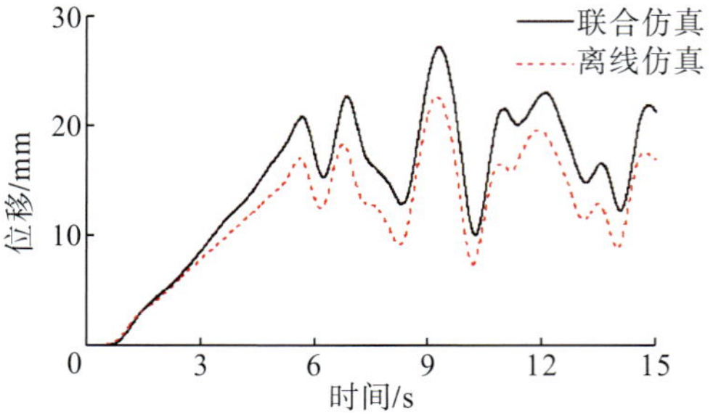

(d) 头车垂向位移比较

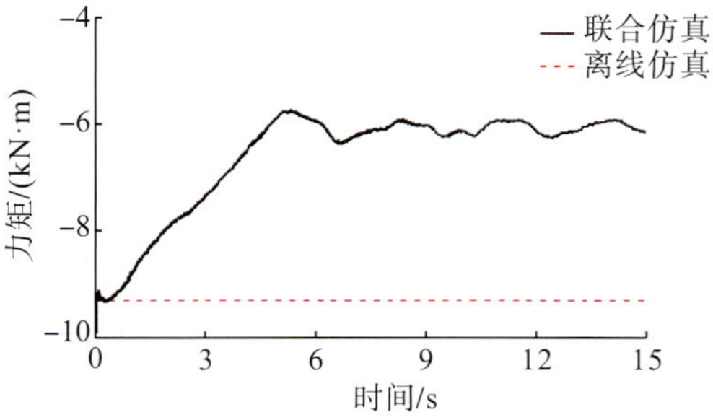

(e) 头车侧滚力矩比较

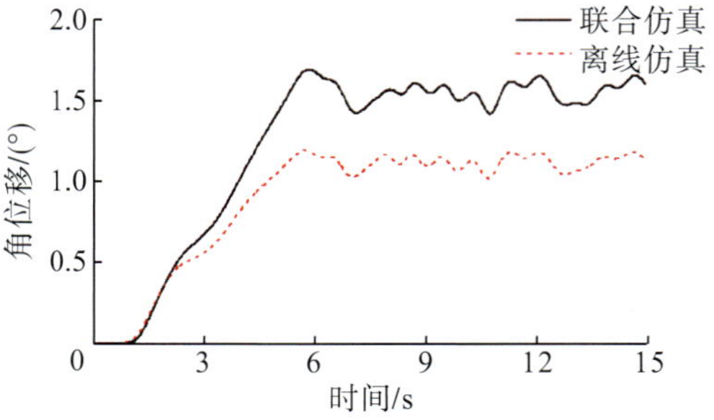

(f) 头车侧滚角比较

图 4.54　头车气动力(矩)和姿态比较

图 4.55 为考虑和不考虑姿态变化时，头车截面的压力分布。图 4.55(a)的截面位于头车流线型位置 x=5m，图 4.55(b)的截面位于头车流线型位置 x=18m 为头车非流线型位置。考虑气流和列车的相互作用后，迎风侧车体表面的压力有所增加，流线型与非流线型车体表面背风侧的压力变化略有不同。考虑气流和列车的相互作用后，头车车体截面压力变化如下[14]：

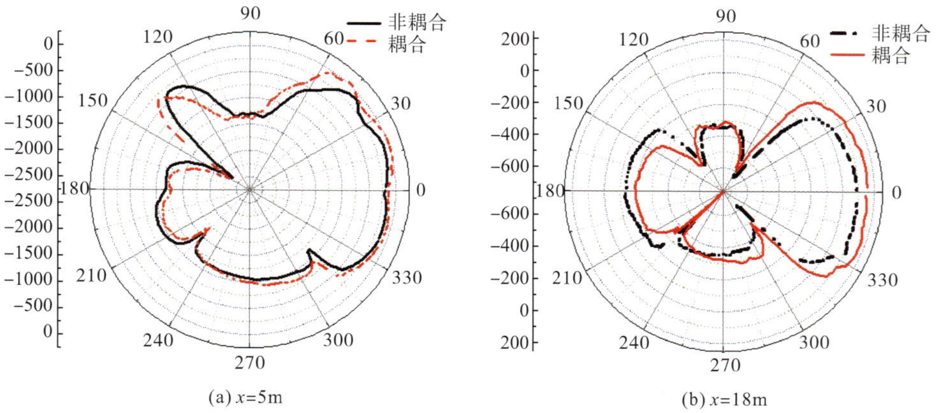

图 4.55　头车截面压力分布极坐标图(单位：Pa)

(1) 迎风侧车体的表面压力幅值有所增加；

(2) 迎风侧与车体底部交界处的负压幅值有所减小，这是由于头车车体向背风侧发生侧滚位移，迎风侧与车体底部交界部分区域变成迎风面；

(3) 背风侧与车体底部交界处的负压幅值有所增加，这是由于头车车体向背风侧发生侧滚位移，车体底部与地面的间隙变得狭小，交界处附近的漩涡脱落有所加剧。

2. 列车压力及流场分布

环境风作用下，当气流绕过高速列车后，车体背风侧表面发生脱落漩涡，进而车体表面压力将发生改变。本节主要讨论偏航角对列车截面压力和流场特性的影响。工况包括三种：①列车的运行速度为 200km/h 和环境风速度为 25m/s；②列车的运行速度为 300km/h 和环境风速度为 20m/s；③列车的运行速度为 350km/h 和环境风速度为 15m/s。风向角均为 90°，三种工况对应的合成偏航角分别为 24.23°、13.50° 和 8.77°。

图 4.56 为对应工况①、②和③三种情况下的列车车体截面压力和流场分布，各截面的压力和流场分布规律如下[15]。

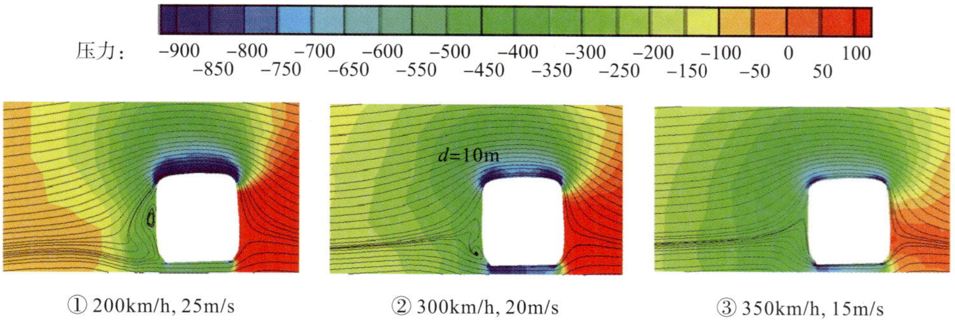

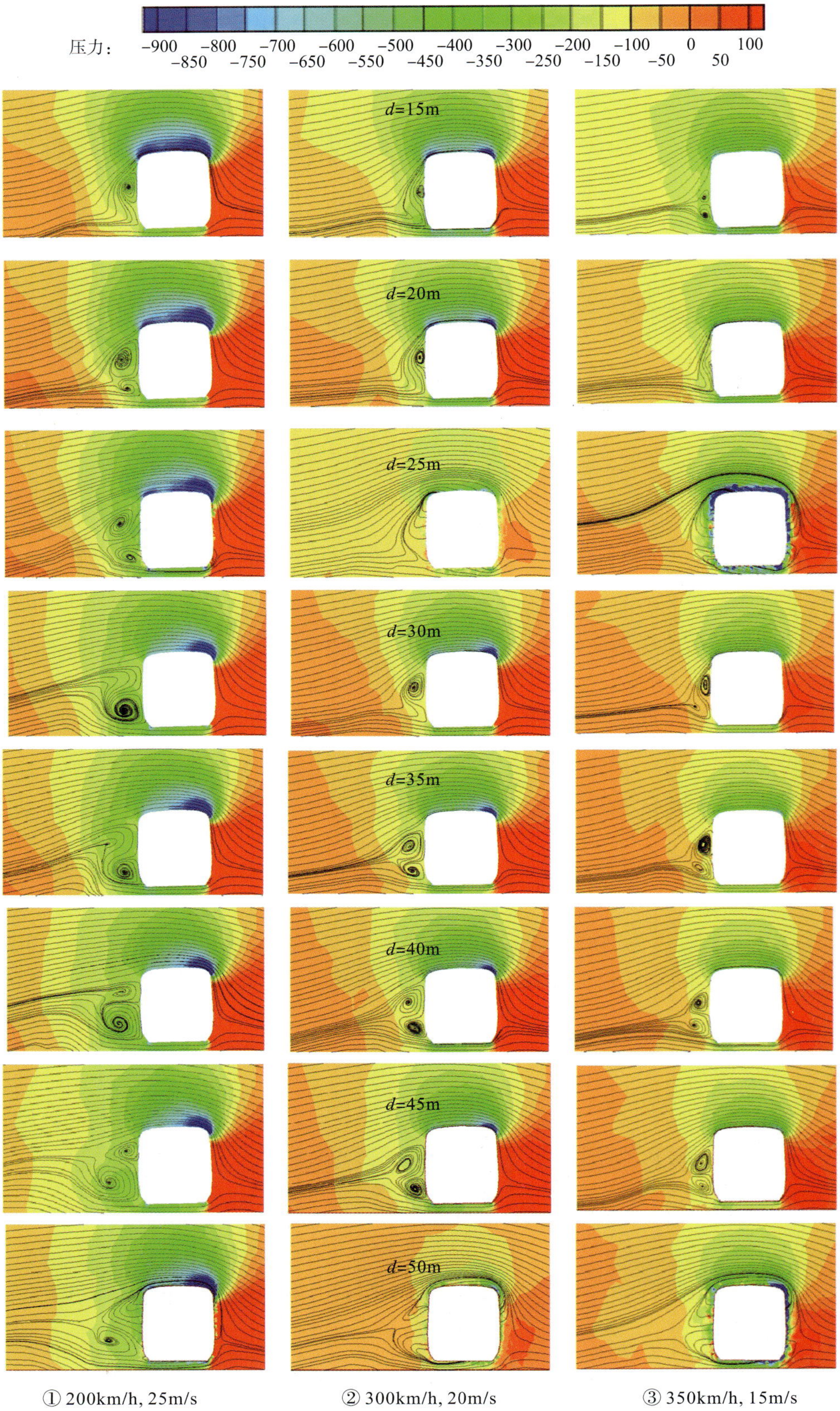
压力：
−900 −850 −800 −750 −700 −650 −600 −550 −500 −450 −400 −350 −300 −250 −200 −150 −100 −50 0 50 100
d=15m
d=20m
d=25m
d=30m
d=35m
d=40m
d=45m
d=50m
① 200km/h, 25m/s
② 300km/h, 20m/s
③ 350km/h, 15m/s

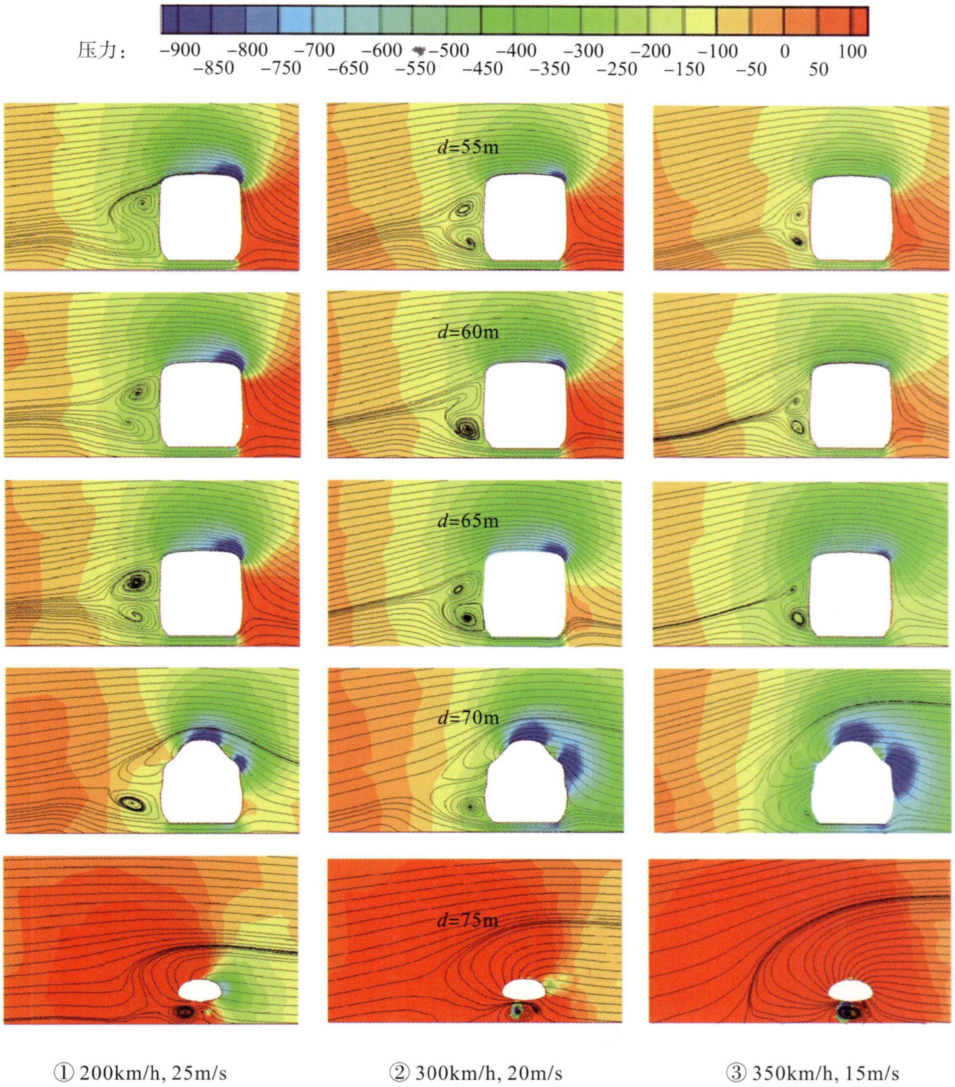

图 4.56 不同偏航角下列车截面压力和流场特性(单位：Pa)

1)压力分布

对于非流线型部位的车体截面，迎风侧车体表面的压力几乎全部为正压，车体底部、顶部和背风侧区域的压力几乎全部为负压，负压幅值相对较大的区域主要位于车体的四个角。与此不同的是：尾车流线型部位车体截面的压力截然不同，迎风侧车体表面出现较大的负压而背风侧车体表面出现较大的正压，这是由尾车流线型部位漩涡的急剧脱落而造成的，这也是尾车的侧力方向与其他车侧力方向不一致的重要原因。随着环境风的速度增加，非流线型部位的车体截面的迎风侧正压区域幅值均有所增加。由于考虑了气流与列车的相互作用，车间连接处出现错位，引起该区域的流场相对紊乱，区域附近的压力变化相对剧烈。

2)流场分布

偏航角是影响环境风下高速列车主涡结构的重要因素。由于偏航角的不同，高速列车背风侧漩涡的分离点、发展规模等均有所差别。例如，车体截面 d=10m 处，三种工况下分别为未出现主涡、主涡刚刚从列车背风侧表面分离、背风侧主涡正在发展。偏航角与背风侧脱落的主涡的最大高度尺寸相关，随着偏航角的增加，车体背风侧主涡的最大高度尺寸也增加，例如，工况③车体背风侧主涡的最大高度尺寸小于列车高度的 1/3，工况②车体背风侧主涡的最大高度尺寸约为列车高度的 1/3，工况①车体背风侧主涡的最大高度尺寸超过列车高度的 1/2。

3. 列车气动力和动力学特性

列车的运行速度和环境风的速度是影响高速列车气动力的重要因素。由于列车头尾车和中间车的外形不尽相同，各车的气动力存在较大的差别。下面主要讨论考虑气流与姿态相互作用后，列车气动力、姿态与列车运行速度、横风速度之间的关系[16]。

图 4.57 为平衡状态下高速列车各车侧力随列车运行速度和风速的变化趋势。头车和中间车的侧力幅值均随着列车运行速度的增大而增加，随着横风速度的增大而增加，而尾车侧力幅值的变化规律相对较复杂，可能随着列车运行速度的增大而减小。头车和中间车的侧力方向均指向背风侧，而尾车的侧力方向比较复杂，一般情况下尾车侧力的方向与头车和中间车的侧力方向相反；头车侧力的幅值最大，中间车侧力的幅值次之，尾车侧力的幅值相对较小。

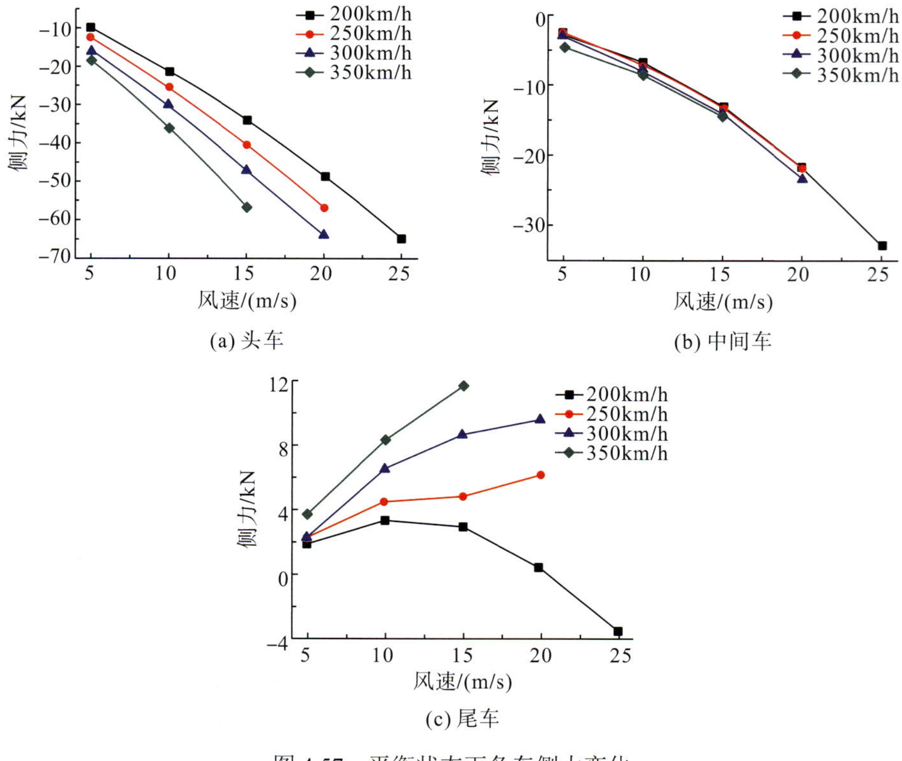

(a) 头车

(b) 中间车

(c) 尾车

图 4.57　平衡状态下各车侧力变化

图 4.58 为平衡状态下高速列车各车升力随列车运行速度和风速的变化趋势。一般情况下，中间车和尾车的升力幅值要比头车的升力幅值大；头车升力幅值随着列车运行速度的增大而变化复杂，中间车和尾车的升力幅值随着列车运行速度的增加而增大。头车的升力方向与列车的运行速度和风速有关，变化相对较复杂；中间车和尾车升力的方向均向上，即抬升力。

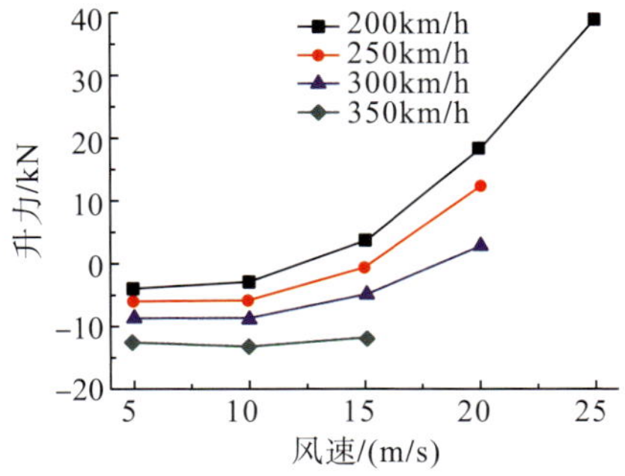

(a) 头车

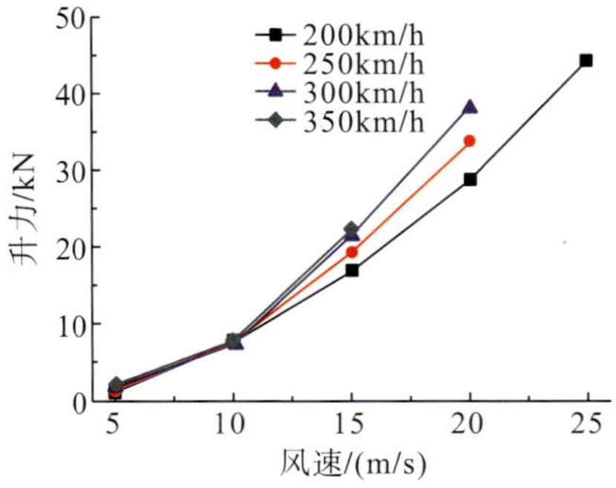

(b) 中间

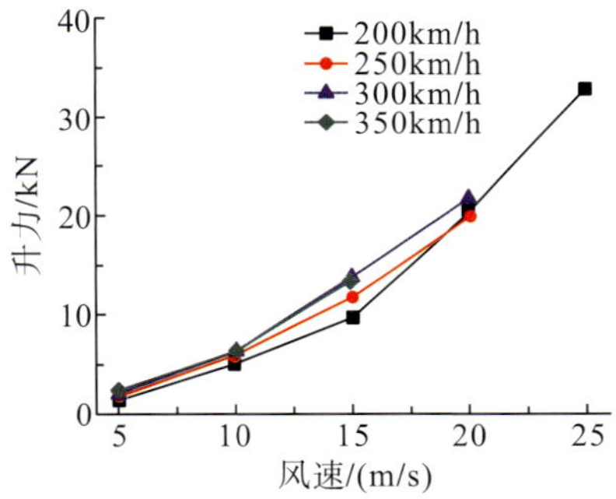

(c) 尾车

图 4.58　平衡状态下各车升力变化

图 4.59 为平衡状态下高速列车各车横移随列车运行速度和风速的变化趋势。头车的横移幅值最大，中间车的横移幅值次之，尾车的横移幅值相对较小。各车的横移变化趋势与侧力的变化趋势几乎保持一致。头车和中间车横移的方向均指向背风侧，尾车横移的方向与列车的运行速度和风速相关，变化比较复杂。

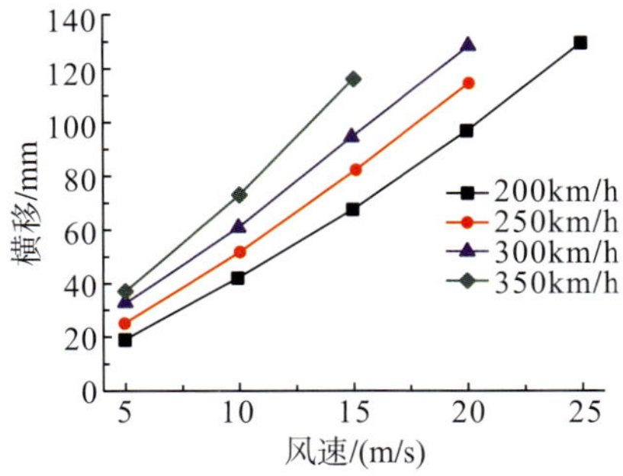

(a) 头车

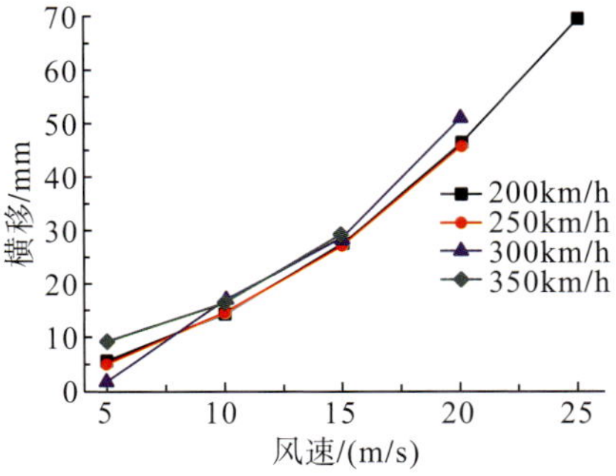

(b) 中间车

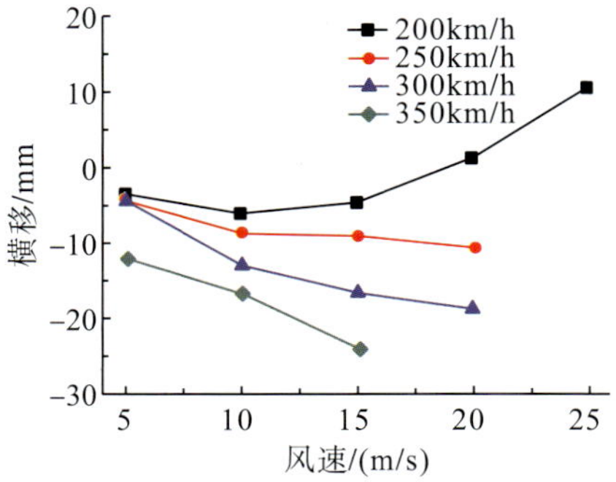

(c) 尾车

图 4.59　平衡状态下各车横移变化

图 4.60 为高速列车各车侧滚角随列车运行速度和风速的变化趋势。头车和中间车的侧滚角为正，即绕质心向背风侧旋转；尾车的侧滚角与列车的运行速度和风速相关，变化比较复杂。头车的侧滚角幅值最大，中间车的侧滚角幅值次之，尾车的侧滚角幅值相对较小。头车侧滚角幅值均随着列车运行速度的增加而增大；列车运行速度的变化对中间车侧滚角幅值的影响不大。

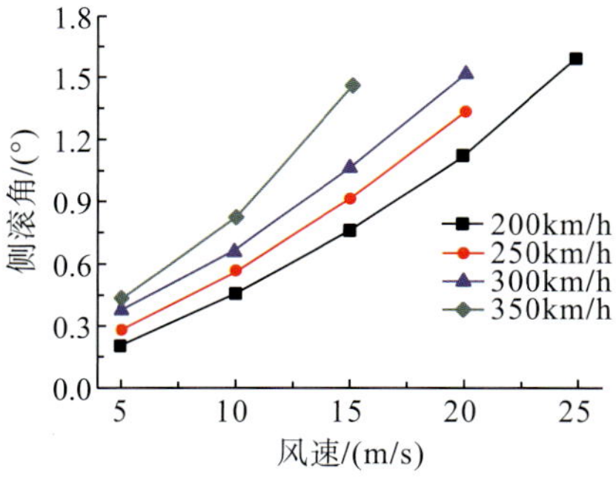

(a) 头车

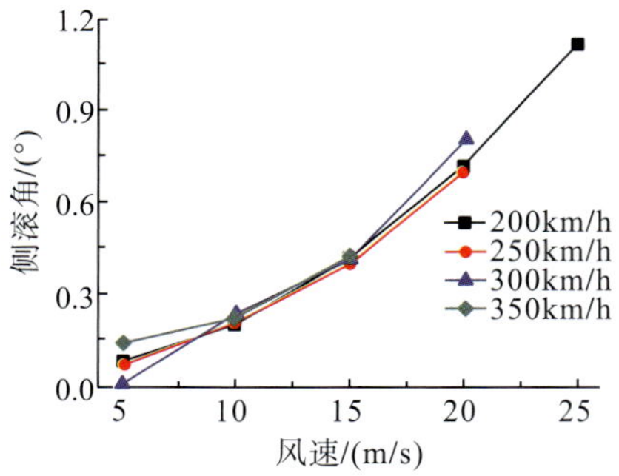

(b) 中间车

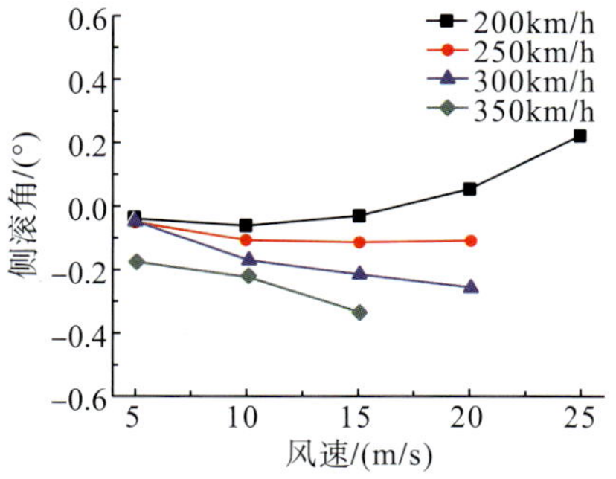

(c) 尾车

图 4.60　各车侧滚角变化

由于平衡状态下未考虑轨道不平顺的影响，列车轮对的位移波动会渐渐围绕着一个常值。在环境风作用下，头车的轮对横移量幅值往往最大[15]。图 4.61 为平衡状态下头车各轮对的横移随列车运行速度和风速的变化情况。头车二位轮对的横移幅值最大；头车一位和二位轮对横移方向指向背风侧，而三位和四位轮对的横移方向与一位和二位轮对的横移方向相反。头车二位、三位和四位轮对的横移幅值随着列车运行速度的增加而增大，随着风速的增加而增大。头车一位轮对的横移幅值变化比较复杂，主要由于二位轮对的横移幅值比较大，影响了一位轮对的横移。

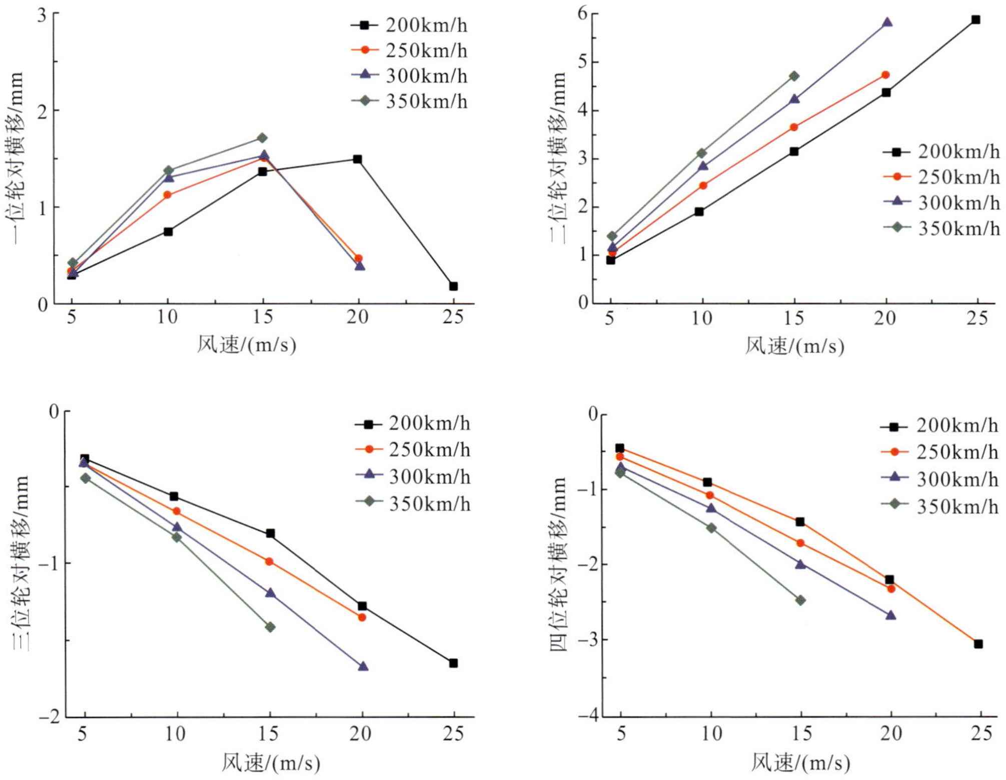

图 4.61　平衡状态下头车轮对横移变化

4. 环境风下高速列车运行速度安全域

列车的运行安全性指标包括轮重减载率、脱轨系数、轮轨垂向力和轮轴横向力。在环境风作用下，头车的安全性指标最大幅值要大于中间车和尾车的安全性指标最大幅值。图 4.62 为环境风作用下头车各安全性指标的最大幅值随列车运行速度和风速的变化趋势。各安全性指标的变化规律如下：头车轮轴横向力、轮轨垂向力、脱轨系数和轮重减载率等各个指标幅值几乎均随着列车运行速度的增加而增加，随着横风速度的增大而增大。轮轴横向力和轮重减载率指标均出现过超标现象；脱轨系数指标的幅值接近临界值；轮轨垂向力指标的幅值相对难以超过现行标准。

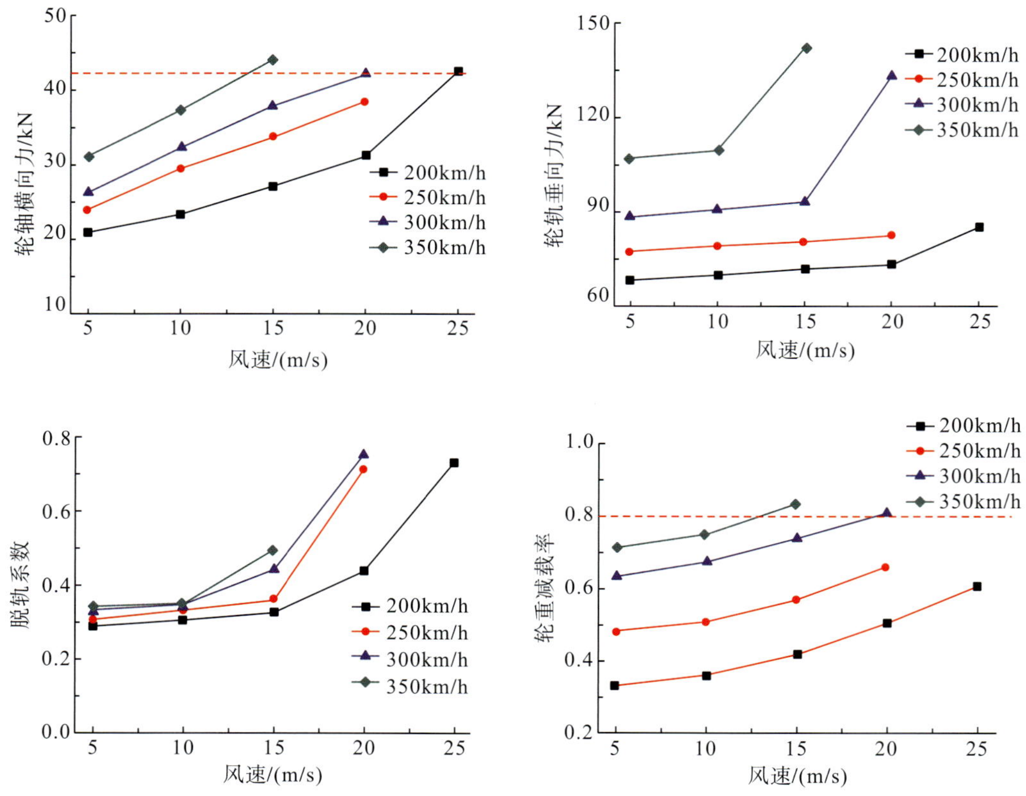

图 4.62 环境风作用下头车安全性指标变化

当列车运行速度大于等于 300km/h 时，轮重减载率指标更加容易超过相关的标准，即以轮重减载率作为安全评估指标；当列车运行速度小于等于 250km/h 时，轮轴横向力指标更加容易超过相关的标准，即以轮轴横向力作为安全评估指标。根据图 4.62 中的头车安全性指标和相关的标准可以得到环境风作用下的高速列车安全运行域[15]如图 4.63 所示。

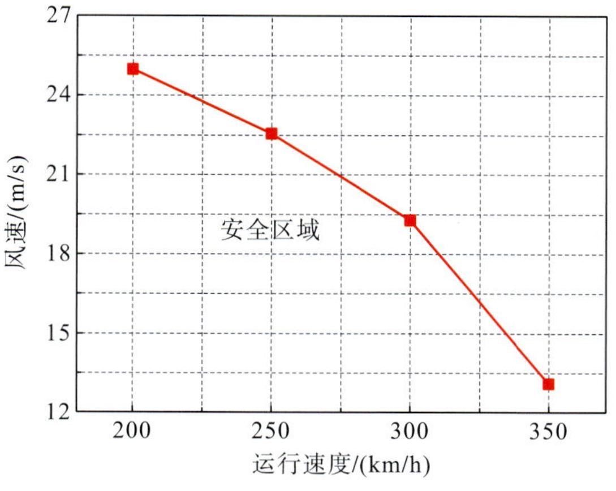

图 4.63 环境风作用下高速列车安全运行域

4.3.5　机电耦合动力学特性

1. 机电耦合系统行为特征

列车速度-网压-功率特性如图 4.64 所示。在网压波动时，牵引传动系统能保证：

(1) 网压在 22.5～29kV 范围内发挥额定功率；

(2) 网压在 22.5～19kV 时功率线性下降至额定功率的 84%；

(3) 网压在 19～17.5kV 时功率线性下降至零；

(4) 网压在 29～31kV 时各设备能正常工作。

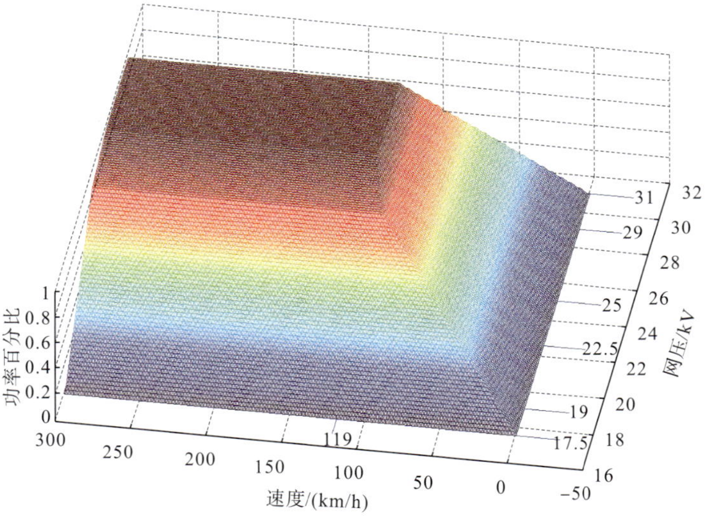

图 4.64　列车速度-网压-功率特性

图 4.65 为单列车运行情况下功率需求与位置的曲线。牵引供电系统采用 AT 供电方式，分区所设置在该段线路首端，牵引变电所设置在该段线路末端，AT 变电所设置在分区所和牵引变电所中间。图 4.66 为 AT 供电方式下单列车通过供电臂时牵引供电网最低网压的变化曲线。当列车处于牵引工况，距离 AT 所、牵引变电所较远时，牵引供电网电压损失较大。

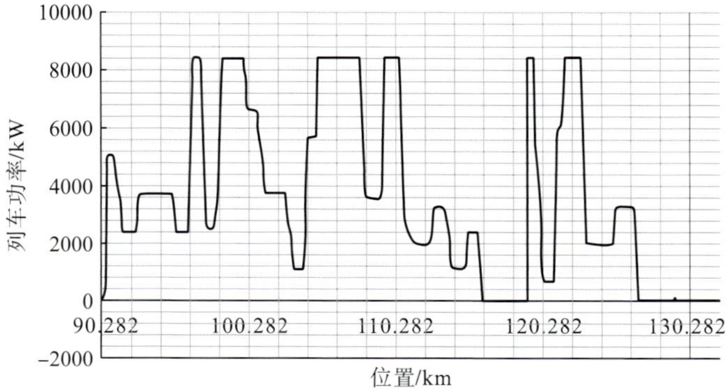

图 4.65　单列车运行情况下列车功率与位置的变化曲线

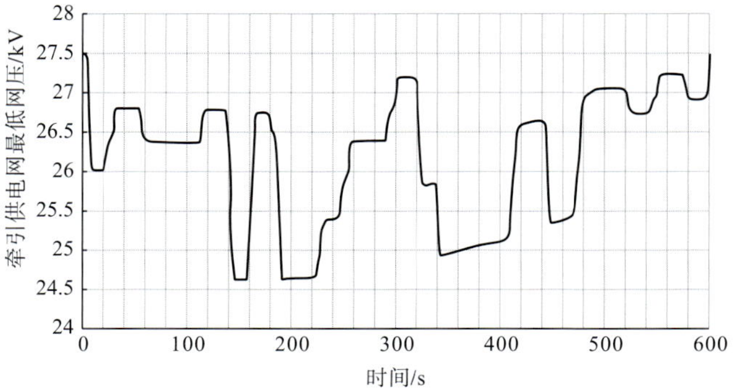

图 4.66 单列车通过供电臂时牵引供电网最低网压的变化

图 4.67 为不同发车间隔下牵引供电网最低网压的变化。由图可知，AT 供电方式中，牵引变电所的同一供电臂上不同发车间隔情况下牵引供电网最低网压的变化。牵引供电网最低网压与供电臂上同时存在的列车数目(发车密度)、列车运行状态、功率需求等紧密相关。随着列车发车密度的增大，牵引供电网网压降低，牵引传动系统的输出功率也相应降低。

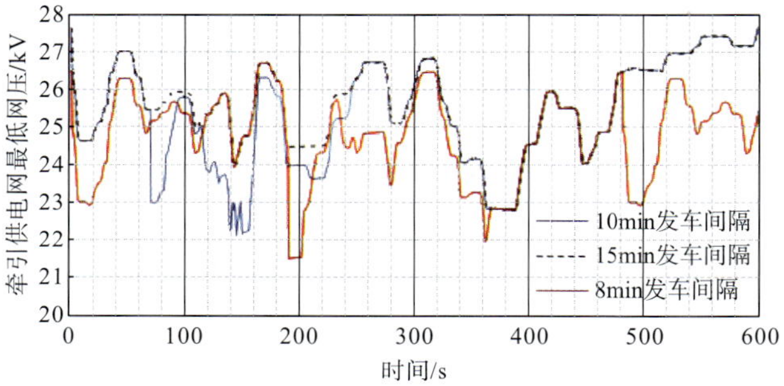

图 4.67 不同发车间隔下牵引供电网最低网压的变化

2. 弓网电弧对牵引供电系统的影响[17]

为分析弓网电弧对牵引供电系统的影响，首先建立弓网耦合动力学仿真模型，计算获得某个时刻弓网产生离线时受电弓滑板和接触线之间的振动间隙 d；其次根据振动间隙 d、牵引电流、受电弓弓头电压、弓网接触廓形等参数构建弓网电弧模型；最后结合牵引变电所、接触网、钢轨、高速动车组参数建立整个牵引供电系统的仿真模型，研究弓网电弧对牵引供电系统的影响，如图 4.68 所示。

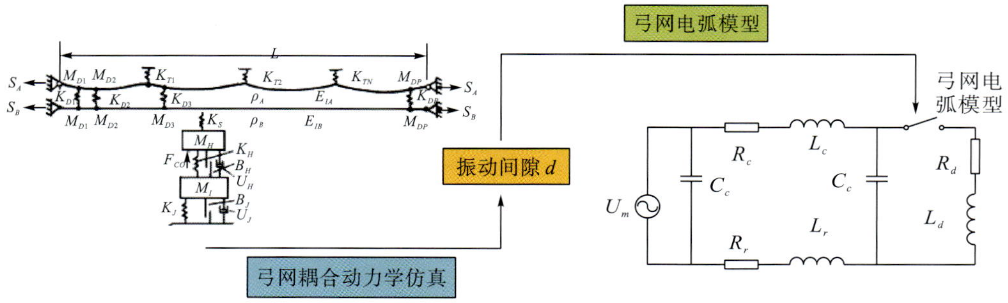

图 4.68 弓网电弧对牵引供电系统影响仿真示意图

我国某高速铁路线路的牵引变压器、接触网、钢轨和动车组参数如表 4.36～表 4.39 所示。

表 4.36　我国某高速铁路线路牵引变压器参数

参数	取值
额定容量	50000kV·A
额定电压	220/2×27.5kV
额定电流	227.27/909.08A
空载损耗	43.566kW
负载损耗	146.488kW
短路阻抗	16.48%
空载电流	0.23%
等值损耗电阻	0.177Ω
等值电感	31.7mH

表 4.37　某高速铁路线路接触网参数

名称	接触线	承力索
线型	CTMH-150	JTMH-120
单位长度电阻	0.191Ω/km	1.45Ω/km
等效半径	8.92mm	12.79mm
接触网距轨面平均高度	5.3m	

表 4.38　某高速铁路线路钢轨参数

参数	取值
钢轨规格	60kg/m
单位长度电阻	0.135Ω/km
轨距	1435mm
等效半径	12.79mm

表 4.39　某高速铁路线路动车组参数

参数	取值
整车功率容量	8800kW
功率因数	0.89
额定工作电压	25kV

根据上述参数计算得到牵引变电所、接触网-钢轨回路、高速动车组等值电路参数，由此建立整个牵引供电系统的仿真模型。

图 4.69 给出了初始燃弧相位为 90° 时弓网电弧对牵引供电系统的影响，由仿真结果可知：受电弓弓头过电压幅值约为 60.7kV，谐波畸变率为 26.7%，接触网过电压幅值 72kV，谐波畸变率 11.43%，而变压器出口过电压 64.97kV，谐波畸变率为 6.62%。

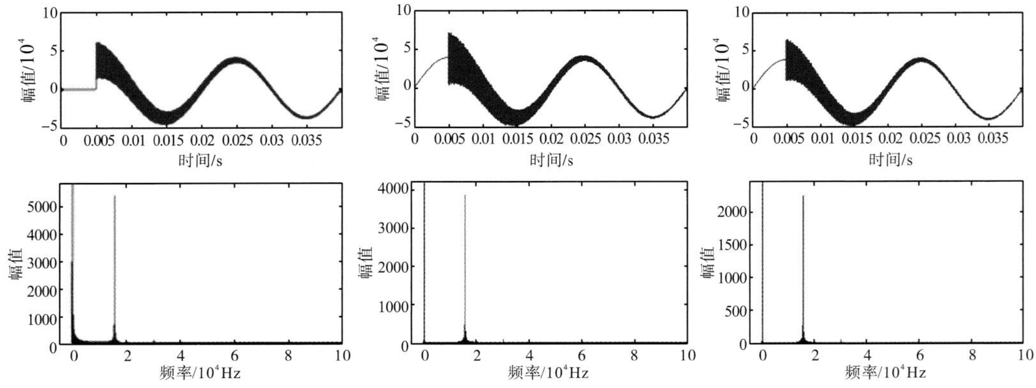

(a) 受电弓弓头 (b) 接触网中部 (c) 牵引变压器出口

图 4.69 牵引供电系统过电压与谐波特性(初始相位 90°)

图 4.70 和图 4.71 为初始相位分别为 27° 和 153°，电弧重燃时，牵引供电系统过电压时域特性和频域特性曲线，燃弧初始相位大于 90° 后过电压峰值出现在相位 270° 位置。根据不同初始燃弧相位的过电压和谐波畸变率特性可得到图 4.72 和图 4.73 的仿真数据，从结果中可以看出，过电压幅值及其谐波畸变率与燃弧的初始相位有关，初始相位在 90° 附近时，过电压幅值较高，接触导线上的过电压幅值为正常值的 1.8 倍，谐波畸变率在 90° 附近最大，受电弓弓头处谐波畸变率高达 27.5%。

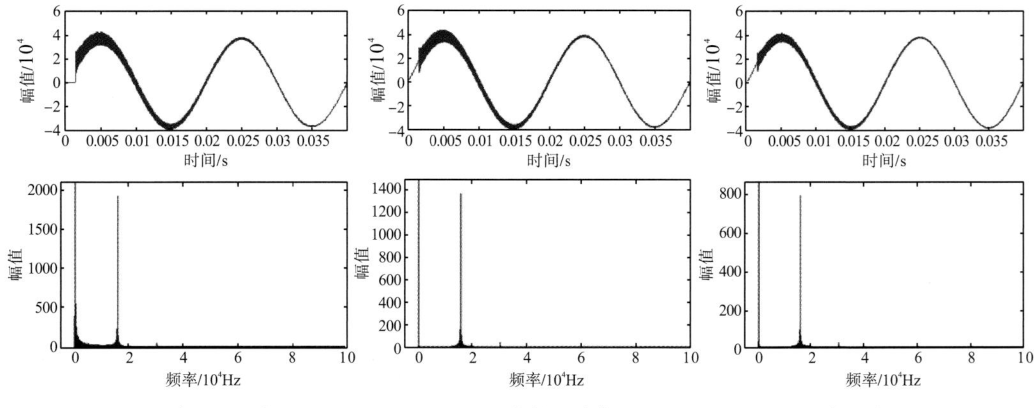

(a) 受电弓弓头 (b) 接触网中部 (c) 牵引变压器出口

图 4.70 牵引供电系统过电压与谐波特性(初始相位 27°)

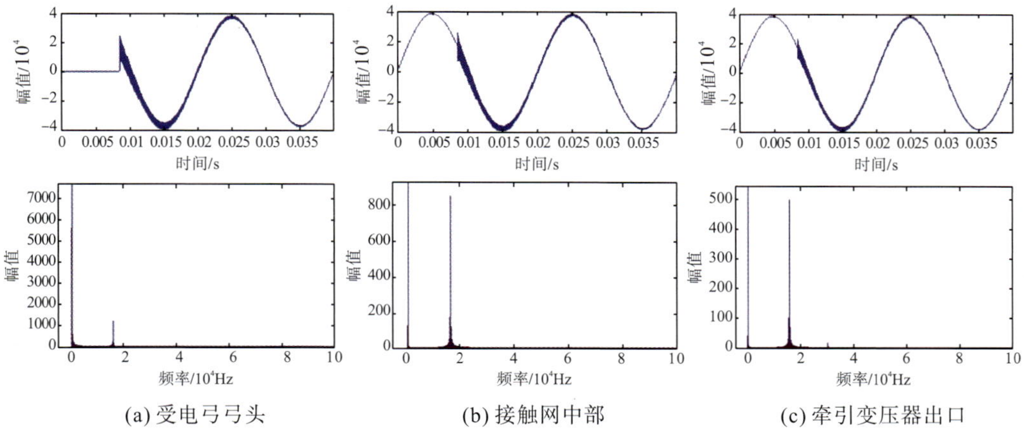

图 4.71　牵引供电系统过电压与谐波特性(初始相位 153°)

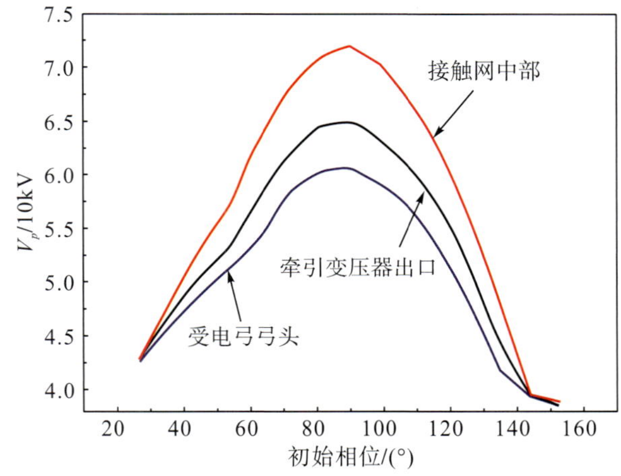

图 4.72　过电压峰值与初始相位的关系

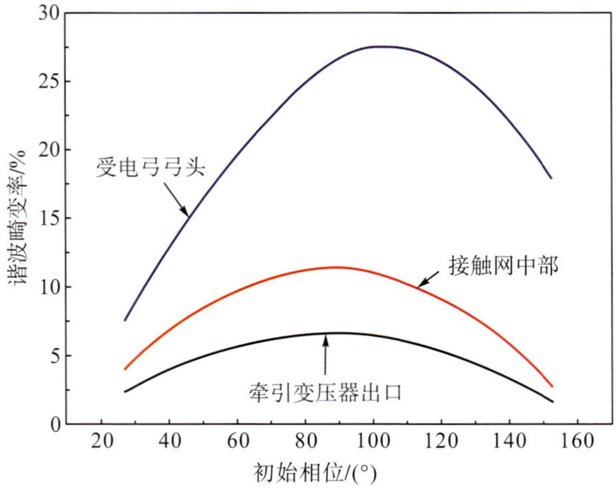

图 4.73　谐波畸变率与初始相位关系

由此可见，弓网电弧的发生将使牵引供电系统产生过电压、波形畸变和谐波，弓网电弧重燃初始相位不同，其过电压幅值、谐波畸变率也不相同，燃弧初始相位在 90° 附近影响最大。

参 考 文 献

[1] 赵长龙, 池茂儒, 吴兴文, 等. 铁道车辆空气弹簧模型的研究[J]. 铁道车辆, 2012, 50(9): 1-3.

[2] 于金帆. 铁路工程师桥涵设计铁路工程师隧道施工技术铁路工程师车站规划[M]. 北京: 中国标准出版社, 2004.

[3] 编委会. 最新高速铁路工程施工新技术应用与关键质量控制及施工安全管理实用手册[M]. 北京: 电力音像电子出版社, 2006.

[4] 张卫华, 梅桂明, 陈良麒. 接触线弛度及表面不平顺对接触受流的影响分析[J]. 铁道学报, 2000, 22(6): 50-54.

[5] 宦荣华, 焦京海, 苏光辉, 等. 计及接触线垂向不平顺的弓网耦合动力学分析[J]. 铁道学报, 2012, 34(7): 24-29.

[6] 于梦阁, 张继业, 张卫华. 随机风作用下高速列车的非定常气动载荷[J]. 机械工程学报, 2012, 48(20): 113-120.

[7] 邓学寿. CRH2 型 200 km/h 动车组牵引传动系统[J]. 机车电传动, 2008, (4): 1-7, 38.

[8] 许韵武, 邓小军, 鄢桂珍, 等. CRH2 型 200 km/h 动车组[J]. 机车电传动, 2007, (3): 39-45.

[9] 冯晓云. 电力牵引交流传动及其控制系统[M]. 北京: 高等教育出版社, 2009.

[10] 张卫华. 机车车辆动态模拟[M]. 北京: 中国铁道出版社, 2006.

[11] 百度文库. 关于印发《铁路隧道设计施工有关标准补充规定铁路隧道设计施工有关标准补充规定》的通知[EB/OL]. https://wenku.baidu.com/view/a18138896529647d2728528b.html[2020-10-12].

[12] 百度文库. 200km/h 及以上速度级铁道车辆强度设计及试验鉴定暂行规定[EB/OL]. https://wenku.baidu.com/view/8a08490c844769eae009edd9.html [2020-10-20].

[13] 张曙光. CRH2 型动车组[M]. 北京: 中国铁道出版社, 2008.

[14] 李田, 张继业, 张卫华. 横风下高速列车流固耦合动力学联合仿真[J]. 振动工程学报, 2012, 25(2): 138-145.

[15] 李田. 高速列车流固耦合计算方法及动力学性能研究[D]. 成都: 西南交通大学, 2012.

[16] Deng Y Q, Li T, Zou Y S, et al. Equilibrium characteristics of high-speed train in crosswind[J]. Applied Mechanics and Materials, 2013, 275-277: 532-536.

[17] 西南通大学牵引动力国家重点实验室. 时速 500 公里高速列车关键力学行为研究——中期报告[R]. 成都: 西南通大学牵引动力国家重点实验室, 2012.

第 5 章　高速列车动力学性能优化设计方法

5.1　高速列车优化目标和顶层指标设计

5.1.1　高速列车动力学性能优化目标

对于高速列车运行，线路是高速列车的运行基础，气流是高速列车运行的介质，接触网及其供电系统是高速列车运行动力的来源。高速列车以及运行边界条件的作用，其动力学性能影响列车运行的安全性、舒适性、环保性和经济性问题，解决这些问题就是高速列车动力学性能优化的目标。

根据高速列车的运行要求，以及制约高速列车的主要因素，高速列车动力学性能核心优化目标包括：

(1) 安全性要求的高速运动稳定性；

(2) 安全性要求的长时间服役和长距离运行可靠性；

(3) 舒适性要求的有效隔离和抵抗外部扰动的运行平稳性；

(4) 舒适性要求的旅客在高速、长距离旅行条件下的乘坐舒适性；

(5) 环保性要求的车外低噪声性能；

(6) 环保性要求的大地低振动性能；

(7) 经济性要求的节能和低能耗性能；

(8) 经济性要求的低阻力性能。

以上动力学性能优化主要目标可以通过图 5.1 示意。

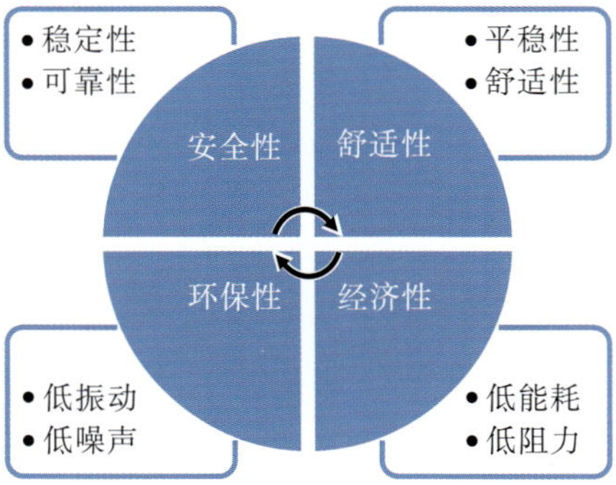

图 5.1　高速列车核心优化目标

这里除了动力学性能的稳定性、平稳性和舒适性这三要素，还包含环保性和经济性项目，而经济性目标的节能和低能耗实际上也在一定程度上反映了环保性。可靠性问题原则上是系统的可靠性问题，但对于动力学研究和机车车辆结构设计，可靠性问题主要是指结构疲劳可靠性。

5.1.2 高速列车顶层设计指标

我国幅员辽阔，乘客需求多元化，建设什么样的高速铁路，研制什么样的高速列车，成为我国发展高速铁路首先需要考虑的问题，也就是要做好顶层设计。顶层设计指标[1]是反映高速列车总体状态、核心技术以及系统接口的指标体系。顶层设计指标也是高速列车设计的基本依据。

对于高速列车的顶层设计指标，国内外还没有统一的认识和固定的描述格式。在我国引进高速动车组时，动车组的供货技术条件[2]主要包括：

(1)总则(车型、速度)；

(2)运用条件(地理条件、气候条件、线路条件、供电条件、通信信号、运输组织和运用服务设施等)；

(3)基本要求(动车组设计基本原则、动车组基本性能要求、标准及规范)；

(4)动车组基本特性、组成及主要技术参数(基本特征、主要技术参数、动车组牵引制动特性)；

(5)标记、外观与布置。

由于是供货技术条件，所规定的技术条款特别具体，但是没有说明为什么要这样设置技术指标。从设计的要求，如何考虑设置顶层指标，提出设置的依据，是值得思考的问题。

所有设计都是为了满足需求开展的，高速列车的顶层设计指标制定当然也离不开需求。高速列车作为载运工具，运输能力的设计当然是首要任务，高速列车作为以人为运输对象的载运工具，考虑旅客的乘坐舒适性是设计的第二要务。然而，不管什么载运工具，安全性是设计师永恒的设计目标，也是设计师无须强调必须考虑的设计要素。在和谐社会、科学发展的今天，设计必须考虑与环境的友好，环境友好已成为高速列车设计的基本任务。高速列车设计的顶层设计指标正是从运输能力、安全性、舒适性和环境友好为主要考虑因素而建立的，成为我国高速动车组技术编制的依据[3, 4]。

1. 运输能力指标

运输能力是通过高速列车运行的速度及列车的载客量得以实现的。速度是高速列车设计的核心指标，速度不仅仅是实现运输能力提高的直接因素，也是旅客选择交通工具及列车运营班次的重要依据。然而，速度的确定，往往不是设计师需要来研究确定的指标，而是高速铁路系统建设和总体运输规划的需求。就设计而言，速度是高速列车设计的目标或者是设计的输入条件。事实上，高速动车组的设计，其真正的关键技术都是围绕速度来开展的。因此，速度是第一顶层指标。

从运输能力的角度，速度指标的确定首先要考虑到如何在能力上达到这一速度，以及达到这样速度的加速过程。基本的考虑就是列车牵引功率以及功率配置的动拖比。当然，确定功率，速度仅仅是输入指标，具体功率确定还需要最高运行速度下的运行阻力、剩余加速度带来的惯性力和坡度阻力等。在考虑实现速度的同时，需要考虑保证高速运行的列车能安全停下来的制动能力，在保证制动距离的前提下，制动方法，甚至制动功率都是在顶层指标中需要确定的。牵引与制动模式尽管不是直接的数值性指标，但这是反映技术水平的核心技术模式，因此也作为技术指标来体现技术方向。

运输能力设计的另一个直接要素就是载客量。载客量取决于列车的编组长短，同时也依赖于客室的布置。而客室的布置，不仅要考虑运输能力的问题，而且要考虑整个列车功能配置和重量配置，更需要考虑旅客乘坐需求配置。载客量直接影响列车重量或者是轴重，列车重量最终会影响牵引和制动功率的配置。

图 5.2 是高速列车运输能力指标体系。显然，速度和载客量是需求性的顶层指标，后面是满足需求的技术性顶层指标。

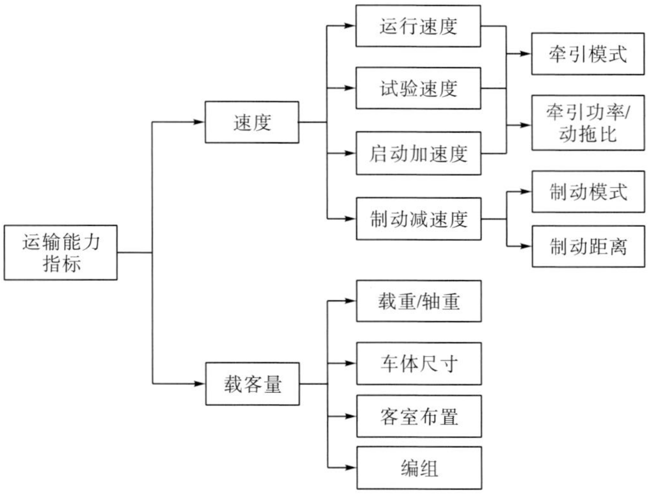

图 5.2　高速列车运输能力指标体系

2. 安全性指标

安全是高速列车运行的基本要求，作为顶层指标，安全问题主要考虑行车安全。高速列车的行车安全性影响因素主要来源于两类，一类是动车组本身性能所导致的安全性因素，另一类是动车组所受运行环境影响的安全性因素。

动车组自身性能对安全性影响的主要因素有车辆的运动稳定性、结构及系统可靠性。运动稳定性的高低体现在失稳临界速度上，如果临界速度低，一旦出现失稳现象，车辆会出现剧烈的周期横向晃动，这不仅严重影响旅客的乘坐舒适度，甚至威胁到行车安全。因此，临界速度的高低及其对参数的敏感性，可以反映出高速列车自身的安全性品质。

影响安全的系统可靠性问题主要是结构的可靠性，而结构可靠性在设计中往往很难给出具体的设计指标，一般采用对整车和主结构的使用年限来表示。从系统可靠性而言，可通过全寿命周期指标来体现，习惯上也采用百万公里的故障率或无故障时间来表征。

随着高速列车运行速度的提高，高速列车受到的外部激扰加剧。相对运动的高速气流不仅仅是随速度剧增的空气阻力，还有气动噪声，这些已经成为制约高速列车发展的重要因素。高速气流对高速列车运动的扰动已经成为影响高速列车安全运行的重要因素。气流造成行车安全问题是气动力中的侧向力、抬升力等，而决定气动力大小的主要是列车外形，同时与线路条件和运行环境相关，包括线间距、线路(路堤、高架、桥梁及隧道)状况及环境风等。高速列车所面临涉及安全的运行环境指标也应考虑成高速列车设计的顶层指标。

随着列车运行速度的提高，线路的状态不仅影响列车运行的平稳性，严重的还将影响行车的安全性。影响行车安全及乘坐舒适度的线路状态参数包括平纵断面、线路不平顺等。线路平断面相关指标主要是最高速度通过时的曲线半径以及允许通过的最小半径，线路纵断面相关指标主要是坡度，以及不同坡度间的变化率。当然，坡度对高速列车影响最大的还是牵引功率。线路不平顺影响的不仅仅是车辆振动，即乘坐舒适性，同时也极大地影响轮轨力和脱轨安全性指标。

气候对安全行车也将产生严重的行车安全问题，其中风直接影响的是列车的倾覆安全性。雨、雪和沙不仅仅是影响能见度，影响驾驶，如果线路有雨、雪和沙堆积，就会直接影响行车安全。面对沙和雪，还需考虑客室和设备通风系统，防止沙和雪的吸入问题。堆积到转向架上的雪还会引起冰冻，导致减振失效、运动空间堵塞或运动部件无法活动等影响列车性能和安全性问题，这是要在高寒车中特别注意的设计要素。

随着“7·23”动车组碰撞事故的发生，人们对高速列车耐撞性的认识越来越高，因此在顶层指标中增加耐撞性指标是必要的。根据车体碰撞标准，耐撞性可以用标准评价速度下碰撞变形量，或者是标准评价碰撞变形量下的最高碰撞速度作为耐碰撞指标。

图 5.3 是关于高速列车安全性指标体系。显然，稳定性和可靠性是有关高速列车自身性能品质的顶层指标，而线路扰动和气流扰动及气候是高速列车运行的基本条件要求，也是高速列车从安全性考虑的适应性指标。

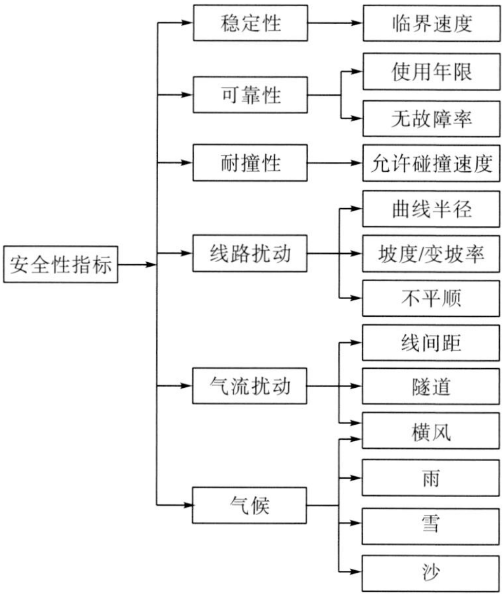

图 5.3　高速列车安全性指标体系

3. 舒适性指标

舒适性是乘坐交通工具的基本要求。传统的舒适性指标是单一性指标，如噪声的分贝数、振动的平稳性指标等。随着旅客综合舒适度的提出[2, 3]，舒适性不再是单一物理指标的评价，而是要考虑影响旅客乘坐舒适性的所有动态物理量，包括噪声、气压(及变化率)、振动、温度、湿度、照度等，这些指标均作为顶层指标来要求。

乘坐舒适性还需从人机工程、多媒体运用和乘坐环境等提出具体的指标要求，包括影响旅客活动的空间布置，如客室空间高度、走道宽度、座椅间距、行李架高等；影响旅客乘坐舒适性和乘坐疲劳的座椅，如座椅形状、面料和软硬度，尽管目前我国的座椅还没有型谱，但随着谱系化的建设，座椅也将可以定义；影响旅客心情的色彩，如考虑上下客、长途运行、睡眠和阅读等不同乘坐工况的灯光照度和色彩，客室色彩和座椅色彩等(注：色彩是根据高速列车运用地理环境、人文、教育和社会的因素确定的)，由于色彩要求是多样化的，可不作为顶层指标，但有特殊要求时，特别是和民族文化要求有关时，就会特别提出作为顶层指标；影响身心健康的空气质量，如新风量及其他空气质量指标；影响旅行质量的多媒体系统，如音、视频娱乐系统，上网和手机通信系统等。从乘客的健康安全来说，电磁辐射也是需要控制的指标。对于专用的检测列车，电磁辐射不仅要考虑对司乘人员的影响，更要考虑对检测设备干扰的影响。

图 5.4 是关于高速列车舒适性指标体系，这些指标不仅仅是以人为本的设计理念要求，同时也能反映当代信息社会旅客对智能化和信息化的新需求，是高速列车总体技术水平先进性的表示。

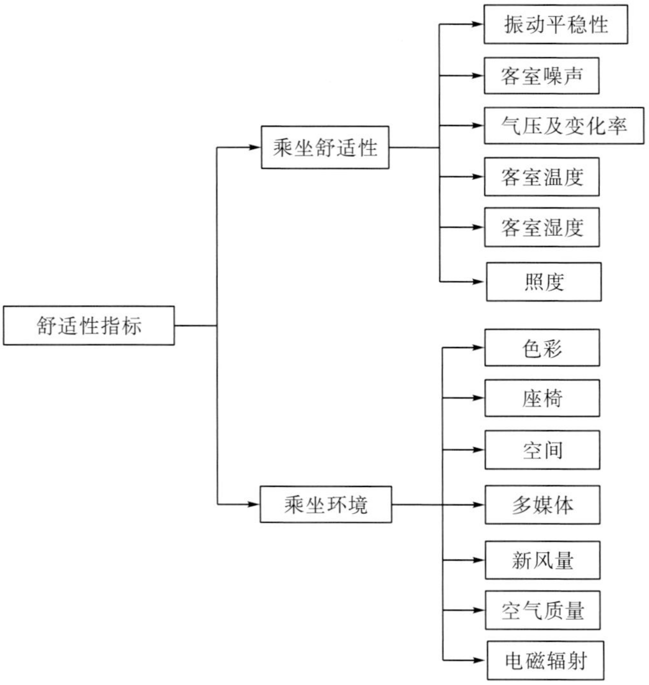

图 5.4　高速列车舒适性指标体系

4. 环境友好指标

环境友好指标是考虑高速列车对运行环境的适应能力以及对环境的影响。对运行环境适应能力，一是指高速列车运行中对自然环境的适应能力，二是指对高速列车设计需考虑与其他运行系统环境的适应能力，也就是接口关系。

考虑动车组对自然环境的适应能力，主要是对海拔和环境温度等环境指标，这些指标和动车组的能力设计有关。另外，环境中的风沙雨雾等因素，也是需要适应的指标要求，但这些指标还与行车安全性有关，因此在考虑安全性的指标中考虑。

环境友好还要考虑高速列车运行对环境所产生的影响。高速列车运行对周边环境的影响主要有噪声、振动、排放和电磁辐射等，减少这些影响也将是设计所需要考虑的。

体现可持续发展的举措是节能，高速列车所采用的节能措施和节能能力是评价高速列车设计质量的重要依据。在节能措施中，除了采用节能的再生制动技术，还应考虑通过设计来减小列车运行阻力和车体传热系数，以达到更加长效的节能。

高速列车运行的系统环境包括站台、线路(轨距和线间距)、接触网、供电系统、信号系统等，在设计顶层指标中需要明确主要的接口关系。

图 5.5 是高速列车环境友好指标体系，有自然环境适应、环境影响、节能和系统环境适应四个方面。

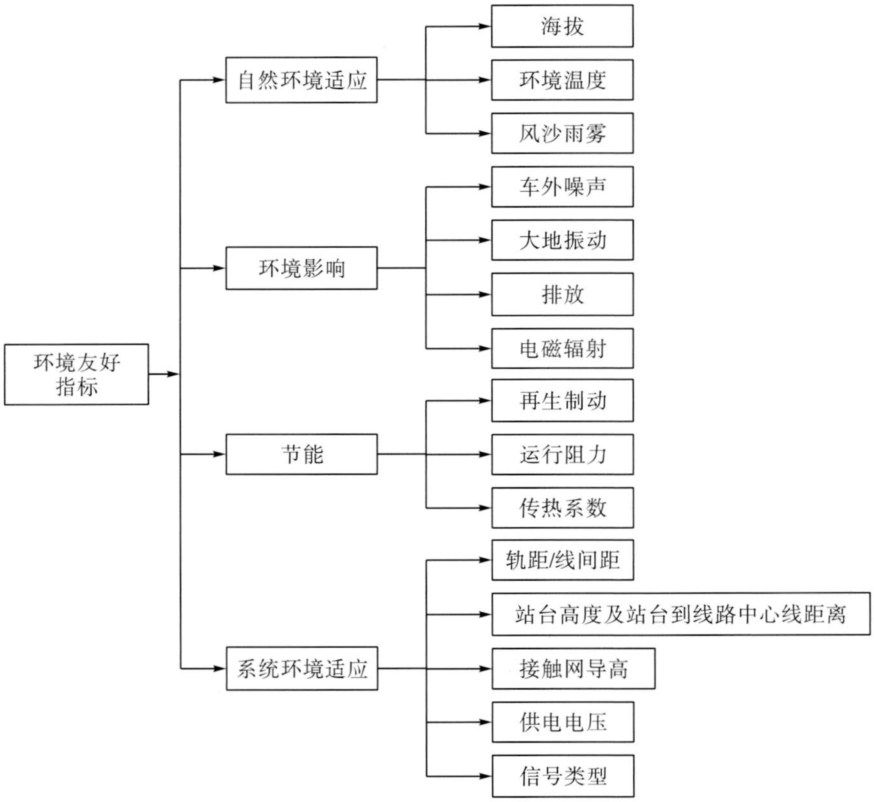

图 5.5　高速列车环境友好指标体系

5. 顶层设计指标

根据前面对高速列车的顶层设计指标分析和建立的指标体系，同时考虑高速列车在运行、维修对总体参数的要求，给出高速列车的顶层设计指标，包括指标属性、指标名称和指标单位等，详见表 5.1。这些指标基本和图 5.2～图 5.5 的指标名称对应，个别指标进行了进一步分解。由于有些指标第一次在类似指标体系中出现，如综合舒适度指标、轨道不平顺指标等，业内还没有一个统一的表达形式，为了便于理解，进行了注解。需要说明的是，这些具体的指标会根据不同的设计需求有所调整。

表 5.1　高速列车顶层设计指标

指标属性	指标名称	单位	备注
运输能力指标	运行速度	km/h	
	设计速度	km/h	
	试验速度	km/h	是设计速度的 1.1 倍
	启动加速度	m/s^2	
	剩余加速度	m/s^2	
	(最大)制动减速度	m/s^2	
	牵引模式		
	牵引功率	kW	
	动拖比		
	制动方式		
	制动距离	m	
	列车编组		
	列车长×宽×高	m×m×m	列车宽度考虑运用线路的站台设计
	轴重	t	
	列车定员	人	
安全性指标	蛇行失稳临界速度	km/h	
	故障率	次/10^6km	
	曲线半径	m	
	最小曲线半径	m	
	坡度及变坡率	‰	
	水平不平顺	mm	在什么类型轨道不平顺谱下的最大幅值
	垂向不平顺	mm	同上
	轨距不平顺	mm	同上
	方向不平顺	mm	同上
	三角坑	mm	一般表示为多少弦长下的三角坑幅值深度
	线间距	m	
	隧道面积	m^2	
	侧风风速	m/s	不同运行速度下的侧风风速限值
	路面积水高度	cm	(距轨面)

续表

指标属性	指标名称	单位	备注
安全性指标	路面积雪高度	cm	(距轨面)
	路面积沙高度	cm	(距轨面)
舒适性指标	综合舒适度指标		考虑客室振动、噪声、压力、温度、湿度和照度共同作用的综合舒适度指标
	垂向振动加速度	m/s^2	
	横向振动加速度	m/s^2	
	纵向冲击	m/s^3	
	振动平稳性指标或振动舒适度指标		
	客室噪声度指标	dB(A)	
	客室气压变化	Pa/s	
	客室温度范围	℃	
	客室湿度范围	%RH	
	客室照度	lx	
	新风量	L/min	
	空气质量		风尘、二氧化碳、有毒气体等含量
	座椅		
	通道宽度	mm	
	色彩		用户需求
	多媒体		音、视频娱乐系统
	车内通信		上网和手机通信系统
	车内电磁辐射	V/m	
环境友好及系统适应性指标	海拔	m	
	环境温度范围	℃	
	车外噪声	dB(A)	
	大地振动	dB	
	排放		
	电磁辐射	V/m	
	运行阻力	kN	
	传热系数		
	再生制动率	kW	
	站台高度	m	
	站台到线路中心线的距离	m	
	轨距	m	
	线间距	m	
	接触网网压	kV	应标明最低和最高许用网压
	接触网导高	m	
	信号方式		

5.2　高速列车运动稳定性设计方法

如何提高高速列车动力学性能的三大指标——运动稳定性、运行平稳性和曲线通过能力，是高速动车组研制的关键，而提高其运动稳定性是最基本的任务。因为列车运动稳定性不仅体现了运动失稳行为，更重要的是一旦车辆运动失稳，将直接影响列车运行平稳，甚至危及列车运行安全性。

稳定性概念早在 17 世纪 Torricelli 时期就已经形成，但直到 1892 年才由李雅普诺夫给出严格的定义[5]。稳定性的含义极广，有静态稳定性及动态稳定性(即运动稳定性)两大类。对于铁道车辆学科，轮对蛇行运动稳定性是机车车辆系统本身的固有属性，属于动态(运动)稳定性的范畴[6]。

在早期的机车车辆运动稳定性研究中，由于受计算条件的限制，大多采用线性模型或者是经过线性化的数学模型[6-9]来研究机车车辆的蛇行运动稳定性。这些研究是在系统小位移假设条件下，考虑线性轮轨相互作用及线性悬挂参数，用常系数线性微分方程组特征值判稳法确定系统的稳定性[10]。事实上，在机车车辆中存在着大量的非线性特征，从轮轨关系、悬挂特性到止挡特性。由于非线性因素对其运动稳定性影响较大，近几年采用对非线性系统进行直接数值积分来研究其运动稳定性的人越来越多，出现许多求解方法[11，12]。作者曾采用数值积分方法[13]，通过研究机车车辆系统周期解不动点的稳定性，对机车车辆系统的非线性运动稳定性进行分析，可以找到运动极限环，并就极限环的稳定性进行了探讨。

由于计算机运算速度的迅速提升，在机车车辆动力学参数设计优化过程中，大多采用海量方案进行对比选优，而没有采用更加科学的方法进行优化，甚至对优化得到的参数匹配方案为什么可以实现高速动车组优异的稳定性性能无法进行科学解释。为此，作者根据铁路机车车辆的结构和参数特点，提出运动稳定性的控制策略[14]，试图给出更加理性的研究方法和科学解释。

5.2.1　运动稳定性控制策略

车辆系统的运动稳定性首先取决于车辆系统自身的特性，同时也受到外部激扰的影响。

对于高速列车，外部的激扰有线路不平顺对列车的扰动，还有气流的扰动等。在轮轨系统铁路车辆中，由于轮对踏面的锥度效应，车轮在两个钢轨上具有周期横向运动特征，称为蛇行失稳运动。这种蛇行运动对车辆系统来说，就是轮对的自激扰动。扰动频率 f_w 的计算公式为

$$f_w = \frac{v}{2\pi}\sqrt{\frac{\lambda}{AR_0}} \tag{5-1}$$

式中，λ 为等效锥度；R_0 为车轮滚动圆半径；A 为左右轮接触点间距之半；v 为车轮滚动速度。

由于 R_0 和 A 的取值一般是固定的或在一定范围内，轮轨接触的等效锥度是可变的，等效锥度计算公式为

$$\lambda = \frac{R_R - R_L}{2y_w} \tag{5-2}$$

式中，R_L 和 R_R 为左、右轮接触点滚动圆半径；y_w 为轮对横移量。一般取轮对横移量为3mm 时的锥度值为轮对的等效锥度[15, 16]。式(5-2)中的 R_L、R_R 的值取决于轮轨型面外形、轮对内侧距和轮对横移量。

图 5.6 是在 1353mm 和 1360mm 轮对内侧距情况下，不同车轮踏面与中国 60kg 钢轨(CN60)匹配时的等效锥度[17]。在轮对内侧距 1353mm 时，中国高速车踏面 LMA、日本高速车踏面 JAPA 和欧洲高速车踏面 S1002 的等效锥度差别很小，但在内侧距 1360mm 时，踏面外形的等效锥度都明显增大，特别是 S1002 踏面在轮对横移量 0.5mm 处甚至出现了峰值，其值达到 0.5 以上。

图 5.7 是以某型动车组参数为基础，内侧距 1353mm 且配用 LMA 踏面，采用等效线性化处理后的不同等效锥度所对应的线性临界速度，车辆系统的线性临界速度最高可超过1000km/h，并且随踏面等效锥度的提高而逐渐下降。在线性假设条件下计算得到的线性临界速度偏高，而在考虑非线性因素后，其非线性临界失稳速度仅为 551.3km/h。

在高速列车稳定性研究中，首先需要确定车轮踏面形状和轮轨关系，即设定合理的轮轨匹配等效锥度。

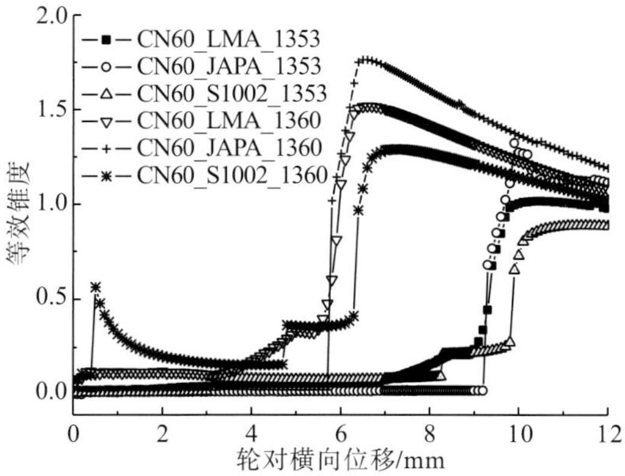

图 5.6 不同型面对应的等效锥度

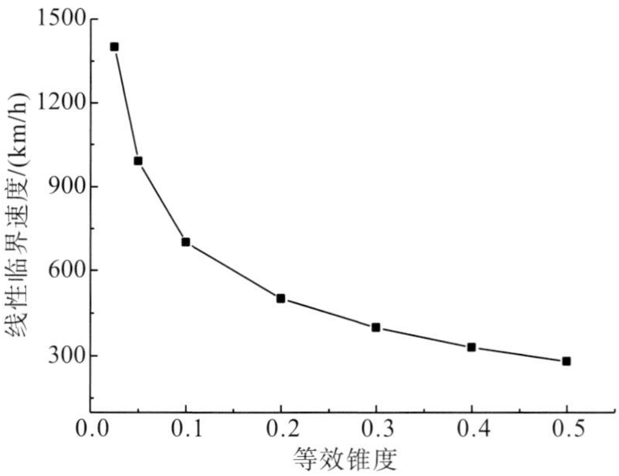

图 5.7 踏面等效锥度对线性临界速度的影响

式(5-1)所示的轮对蛇行运动频率是在自由状态下得到的，当轮对存在约束时，轮对的蛇行运动特征将发生改变，蛇行受到遏制。一旦车轮踏面外形确定，对轮对蛇行运动的遏制主要来自轮对的纵向约束，即轴箱纵向定位刚度的设置。但是在轮对内，在自激蛇行运动激励下，转向架构架同样可以随轮对蛇行，仅仅添加轮对相对于构架的纵向定位是无法遏制转向架蛇行的。因此，为了保证转向架的运动稳定性，就必须依赖车体，通过车体对构架的蛇行运动约束，来保证转向架的运动稳定性，其途径主要通过抗蛇行减振器，对于货车，可以通过心盘或旁承提供的回转摩擦力矩来遏制。但是这往往还不够，因为车体

并不是固定的，它也可以随转向架发生蛇行运动。为了保证车体有足够的“镇定”作用，遏制转向架蛇行，通常通过一定质量和转动惯量来实现车体的“镇定”作用。在车体质量不足以提供抗蛇行“镇定”作用时，还可以通过车与车之间的耦合来提高车体的抗蛇行能力。

在强调车体轻量化的动车组中，车体间设置了车间耦合减振器，在提高车辆稳定性时，还提高了车辆运行平稳性，图 5.8 是该动车组动力学性能台架试验结果，在加装车间减振器后，车辆的横向平稳性指标明显减小。图 5.9 是动车组动力学性能的线路试验结果[17]。

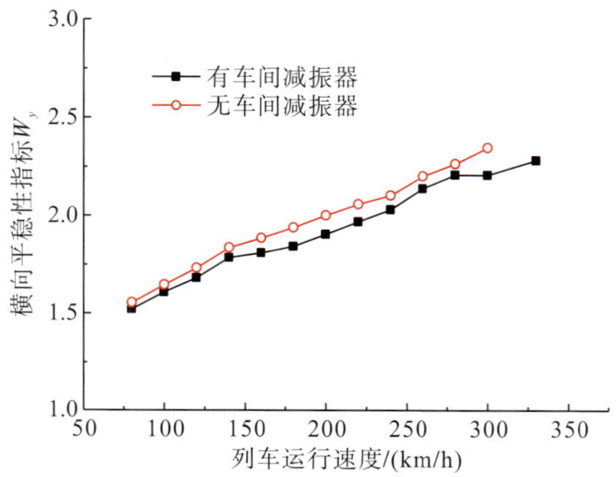

图 5.8　不同速度下车间减振器对车辆横向平稳性的影响(台架试验)

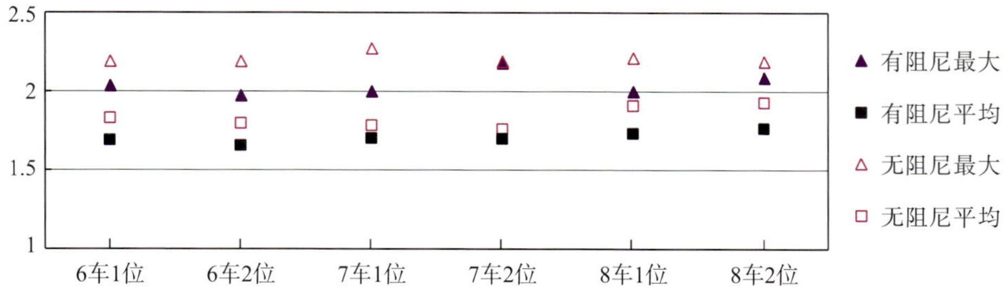

图 5.9　车间减振器对车辆横向平稳性的影响(线路试验)

通过上述分析，可以总结出列车运动稳定性的控制策略，如图 5.10 所示。在进行高速列车运动稳定性设计时，首先要保证车体有足够的“镇定”能力，在车体抗蛇行能力不足时，可以考虑通过车间耦合来提高稳定作用；其次通过车体对转向架运动的制约，来实现转向架构架的抗蛇行能力；最后才考虑轴箱定位，来限制轮对的蛇行运动。

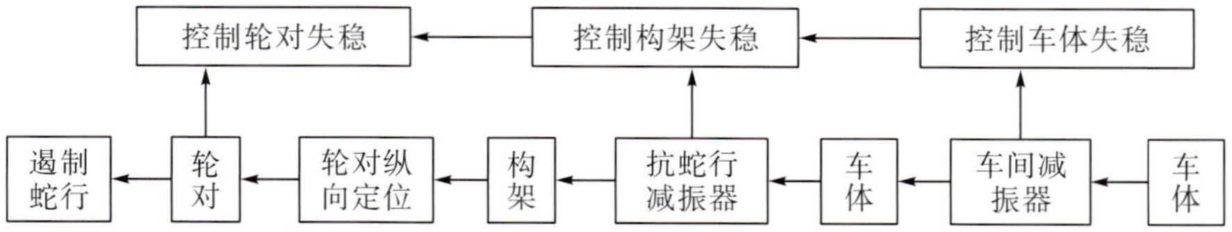

图 5.10　列车运动稳定性控制策略

为了诠释以上所述的列车稳定性控制策略，以某动车组为例研究了车体(簧上)、构架(簧间)和轮对(簧下)质量参数对车辆运动稳定性影响的灵敏度，如图 5.11 所示。可以看到，在车体较轻时，其灵敏度极高，达到 6，随着车体质量的提高，其灵敏度降低，说明车体的抗蛇行能力得到加强；簧间和簧下质量对车辆运动稳定性影响的灵敏度相对较小，灵敏度基本不变；构架等簧间质量对车辆的运动稳定性影响的灵敏度最小，其灵敏度值小于 0.5。

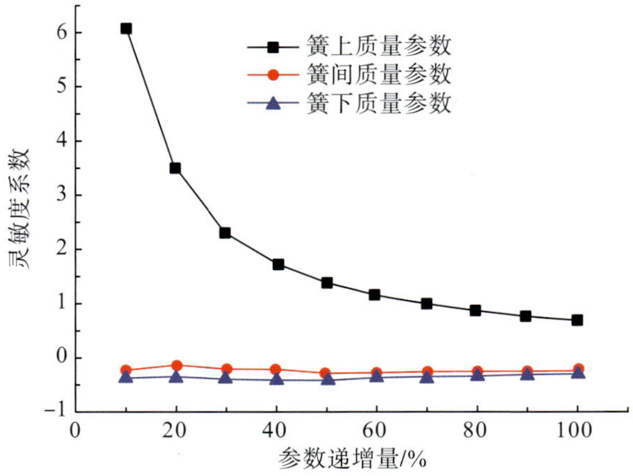

图 5.11 质量参数对车辆运动稳定性影响的灵敏度

在分析了质量后，再看看二系横向减振器阻尼、抗蛇行减振器阻尼及一系纵向定位刚度对车辆运动稳定性影响的灵敏度，如图 5.12 所示。抗蛇行减振器阻尼的灵敏度高于一系纵向定位刚度，其灵敏度系数最高大于 3，一系纵向定位刚度的灵敏度绝对值在 1 左右。从车体质量对车辆运动稳定性影响的灵敏度最高 6，到抗蛇行减振器阻尼的 3，再到一系纵向定位刚度的灵敏度绝对值在 1 左右，可以证明图 5.10 的列车运动稳定性控制策略的正确性。

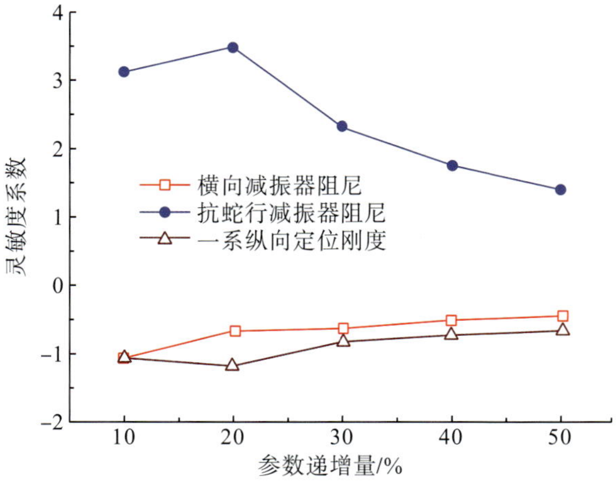

图 5.12 不同悬挂参数对运动稳定性影响的灵敏度

5.2.2　参数优化设计方法

从 5.2.1 节可以看到，列车运动稳定性对参数的灵敏度大小体现了参数优化的重要性，灵敏度分析实际上是参数优化设计工作的内容之一。在工程优化设计中已广泛采用了灵敏度分析，在机车车辆设计中也曾有过研究。对于一般系统，其状态方程[18, 19]为

$$\begin{cases}\dot{\boldsymbol{X}} = \boldsymbol{F}(\boldsymbol{X},\boldsymbol{P},t,\boldsymbol{u}) \\ x(t_0) = x_0\end{cases} \tag{5-3}$$

式中，$\boldsymbol{X}$ 为状态向量；$\boldsymbol{F}$ 为非线性向量函数；$\boldsymbol{P}$ 为参数向量，$\boldsymbol{P} = \left[P_1, P_2, \cdots, P_r\right]^{\mathrm{T}}$；$\boldsymbol{u}$ 为系统输入向量；t 为时间变量；x_0 为初始时刻 t_0 所对应的状态值。

当用性能函数 $\boldsymbol{Y} = \left[y_1, y_2, \cdots, y_n\right]^{\mathrm{T}}$ 表示系统性能时，如性能函数 y_i 对参数 $\boldsymbol{P}$ 存在 k 阶偏导，则有

$$\frac{\partial^k y_i(t,\boldsymbol{P})}{\partial P_1^{k_1} \partial P_2^{k_2} \cdots \partial P_r^{k_r}}, \quad k_1 + k_2 + \cdots + k_r = k \tag{5-4}$$

式(5-4)称为性能函数 y_i 对参数 $\boldsymbol{P}$ 的 k 阶灵敏度函数。一般只考虑一阶灵敏度函数。

对于铁路机车车辆的动力学性能，由于结构、参数和性能影响的非线性特征，灵敏度与参数之间很难用一个关系式(函数)来表达，即使在线性条件下。图 5.13 是文献[20]采用线性模型给出的某高速列车在不同速度下悬挂刚度和阻尼参数对车辆运动稳定性(最大特征根实部)的灵敏度情况，显然呈现明显的非线性特征。从计算结果看到，刚度影响为一系纵向刚度对稳定性的影响最灵敏，二系横向刚度次之；而阻尼对稳定性的影响灵敏度主要是抗蛇行减振器的阻尼，与前面控制策略的分析一致。所以，列车运动稳定性对参数的灵敏度计算一般采用数值求解。

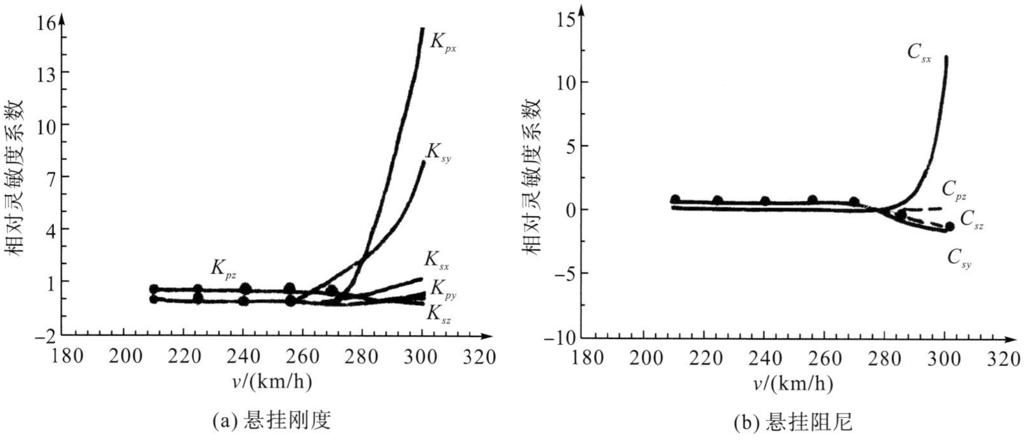

图 5.13　不同速度下悬挂参数对车辆运动稳定性的灵敏度

灵敏度研究是合理优化和确定动力学参数的重要方法。根据前面介绍的列车运动稳定性控制策略，也就可以进行参数的优化选择工作。然而，参数对车辆系统稳定性影响的规

律往往不是线性的，而且不一定存在峰值，而是单调变化的关系。图 5.14 是某动车组参数变化对非线性蛇行失稳影响的计算结果，图中只有一系(轴箱)纵向定位刚度具有极大值；抗蛇行减振器阻尼、(二系)横向减振器阻尼及一系的纵向和横向定位刚度对临界速度影响较大。

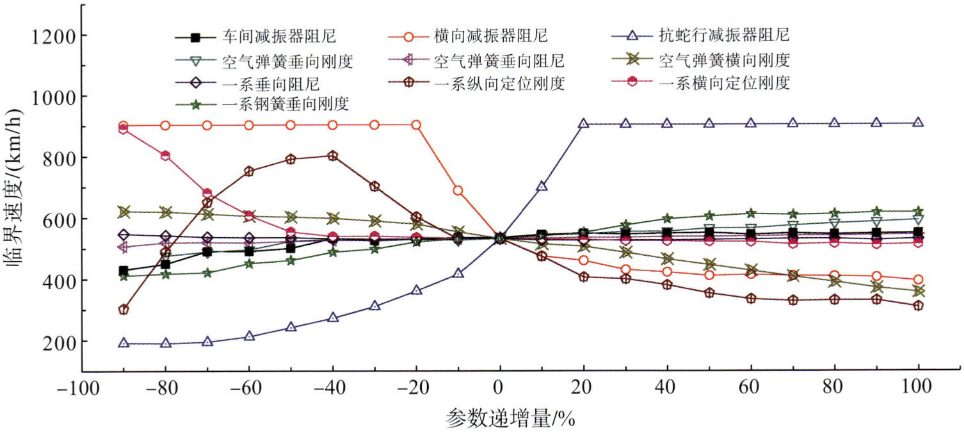

图 5.14　参数变化对临界速度的影响

由于单调影响的特征，在参数优化设计时不可能寻求极值，既有的极值优化方法不再适用。另外，单调影响不可以无限增加或者减小某一参数来寻求稳定性的极值。因此，高速列车的运动稳定性性能优化(或者参数的优化)需要基于以下条件或者规则。

1. 临界失稳速度的目标值确定原则

临界失稳速度的设计目标就是设计车辆所应达到的临界速度，是衡量高速列车运动稳定性的基本参数。在高速列车设计运行速度确定之后，临界速度的设计目标值一直没有一个公认的确定方法，仅仅有一个共识，即高速列车的运动稳定性指标临界失稳速度应该高于运行速度一个恰当的值，以保证列车有一定的裕度。

对于临界速度的确定，目前有两种方法。

(1) 中国科学院院士、中国工程院院士沈志云教授主张，为了保证高速列车的稳定性和安全性，高速列车的线路试验速度应该高于设计速度 100km/h，且不失稳；台架试验速度应该再加 100km/h，并保证不失稳。也就是有 200km/h 的临界失稳速度的裕量[21]。在新一代高速列车某型动车组设计中，设计的持续运行速度 350km/h，非线性失稳临界速度目标是 550km/h[17]，与沈志云院士的观点不谋而合。

(2) 西南交通大学牵引动力国家重点实验室是我国机车车辆动力学研究的最重要基地之一，承担了我国几乎所有的机车车辆动力学研究和参数优化工作。该实验室参考机械系统中稳定性设计的经验，要求临界速度高于工作速度的 25%以上[22]。针对高速列车的实际情况，在考虑临界失稳速度目标为线路试验速度的基础上增加 30%。针对该型动车组，由于设计最高运行速度 380km/h，线路试验确定的速度为 420km/h，因此该动车组的临界失稳速度目标为 550km/h，大于 420km/h×1.3=546km/h。

以上两种方法，无论是沈志云院士的经验确定，还是西南交通大学牵引动力国家重点实验室的参照确定，在实际应用中可以说明其有效性，但严格意义上讲，并没有根据机车车辆自身的运动稳定性要求来科学定义。

作者认为，高速列车运动稳定性指标临界速度目标确定的关键是充分考虑服役过程导致稳定性性能下降的幅度。根据动车组运用和检修规程，首先要考虑服役过程可能变化的参数，以及由此导致的临界速度下降值。另外，还要保证列车运行的平稳性和安全性，通过保留一定的临界失稳速度的裕度，来保证系统运动对阻尼的需要，从而保证车辆的运动品质。因此，临界速度的设计目标值是在设计运行速度的基础上，加上服役过程中导致的临界速度下降的值，再加上为了保证列车运行平稳性而提供系统运动阻尼所需保留的临界速度裕度，具体思路如图 5.15 所示。需要说明的是，临界速度目标值至少要大于线路试验速度加上为了保证列车运行平稳性而提供系统运动阻尼所需保留的临界速度裕度。当然，由于线路试验速度一般仅仅比设计运行速度高 10%，这一“大于”条件一般自然满足。因此，这一点不再特别强调。

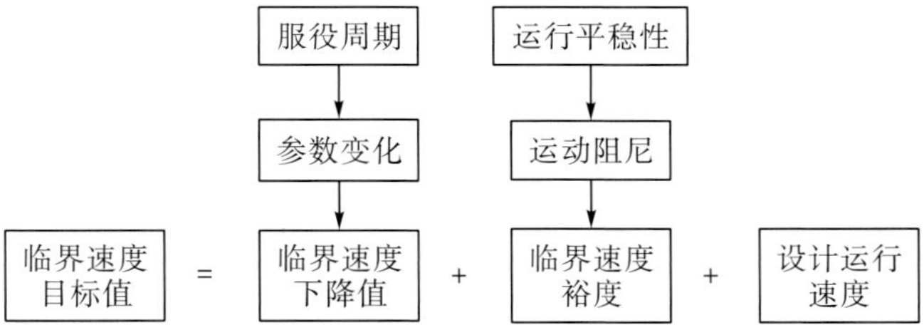

图 5.15　临界速度目标值确定原则

根据高速动车组的修程修制，高速动车组分一至五级的检修规程[23]，其中：一级检修主要对车轮踏面和悬挂元器件的外观进行检查，检查是否有明确的失效；二级检修除了对外观进行检查，还要进行踏面形状的测定，一旦超标，就要进行镟修；三级检修是对转向架进行解体检修，内容还是外观检查和踏面测定；四级检修同样是对转向架的解体检修，同时增加了悬挂件的参数测定，一旦发现动力学参数偏离允许范围，就会修理或更换元器件，以恢复悬挂参数；五级检修时，转向架和轮对全部更换，从动力学角度看，是新车状态。

在运营过程中一般不主动去检查动力学参数，特别是悬挂参数的数值，而是在动车组运行过程中，通过运行品质响应来判断是否有异常，一旦发生异常将进入检修程序。目前我国动车组还没有完整的悬挂参数服役变化规律的相关信息。某动车组在四级检修时，参数测定的结果表明，减振器在运用过程中阻尼会逐渐减小，在运行 60 万 km 后其抗蛇行阻尼约为新车的 90%。

对列车运动稳定性影响最明显的是踏面磨耗对等效锥度的影响。高速列车运用中，轮对磨耗无法避免，甚至超过了预估。图 5.16 是采用跟踪测量(运行 5 万 km 测定 1 次)得到的该型动车组同一轮对左、右车轮的踏面状态[24]，车辆以 200～250km/h 的速度运行于既有线。其中，LMA 代表原始踏面形状；S 代表实测型面外形，数值 1～4 代表测量的次数；L 和 R 分别代表左、右轮。由图可以看到，踏面磨耗集中在滚动圆附近，并且踏面出现了凹形；动车组在运行中出现轮对左、右轮的磨耗不一致。

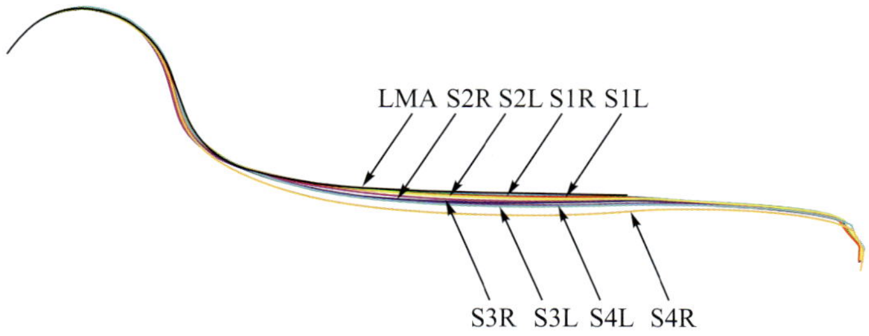

图 5.16 踏面磨耗的跟踪测量结果

不同的动车组其车轮磨耗特征不一样，同样的动车组在不同线路上运行甚至也会出现不一样的磨耗特征。图 5.17 是 2 型平台的某动车组和 3 型平台的某动车组的轮缘平均磨耗量和踏面平均磨耗量的对比[17]，从图中可以看出：

(1)踏面平均磨耗量小于通常 0.1mm/万 km 的平均磨耗量，特别是 3 型平台车；

(2)3 型平台车的轮缘磨耗大于 2 型平台车的轮缘磨耗；

(3)3 型平台车的踏面磨耗小于 2 型平台车的踏面磨耗。

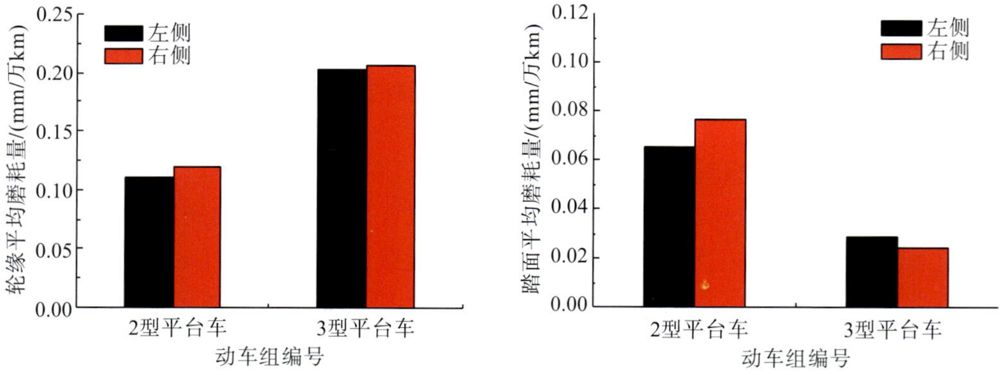

(a) 轮缘平均磨耗对比 (b) 踏面平均磨耗对比

图 5.17 动车组轮缘平均磨耗和踏面平均磨耗对比

无论是车轮踏面磨耗成凹型，还是左右车轮磨耗不一致，都会导致轮对等效锥度的变化，进而引起临界速度的变化。文献[24]详细比较了实测型面对应的等效锥度相对于原始型面状态下的变化情况，并发现轮对磨耗后，等效锥度明显增大，第四次测量得到踏面的等效锥度(3mm)就已大于 0.4。根据长期运行和分析，时速 200～250km 及时速 300～350km 的高速动车组在服役过程中其轮对的等效锥度不大于 0.4 和 0.3。

根据实测的踏面磨耗，计算得到的临界速度[24]如表 5.2 所示，可以看到，在第四次测量时，被测试的某动车组临界失稳速度下降幅度接近 200km/h，这大大超过了服役预期。由于该动车组最高运行速度仅为 250km/h，应该还有 100km/h 的裕量。保证高速列车运行平稳性的临界失稳速度裕度值是需要探讨的。由于每个车型参数不一致，其蛇行失稳运动的振型和模态阻尼比是不一样的。

表 5.2　踏面磨耗对临界速度的影响

工况序号	左轮踏面外形	右轮踏面外形	左轮直径/mm	右轮直径/mm	轮径差/mm	临界速度/(km/h)
0	LMA	LMA	860.00	860.00	0.00	543
1	S1L	S1R	858.99	859.73	0.74	480
2	S2L	S2R	858.30	856.71	1.59	475
3	S3L	S3R	855.73	857.82	2.09	472
4	S4L	S4R	853.68	856.68	3.00	344

因此，需要在给定为保证平稳性的蛇行失稳运动模态阻尼比的条件下，计算所需的临界速度的裕度值。根据线性振动理论，一般要求系统振动的阻尼比保持 5%的裕量，文献[25]中建议铁道车辆线性临界速度的计算应用 5%的临界阻尼比来考核，如图 5.18 所示。根据多年的计算和试验经验，建议其阻尼比裕度值取 0.05 以上。

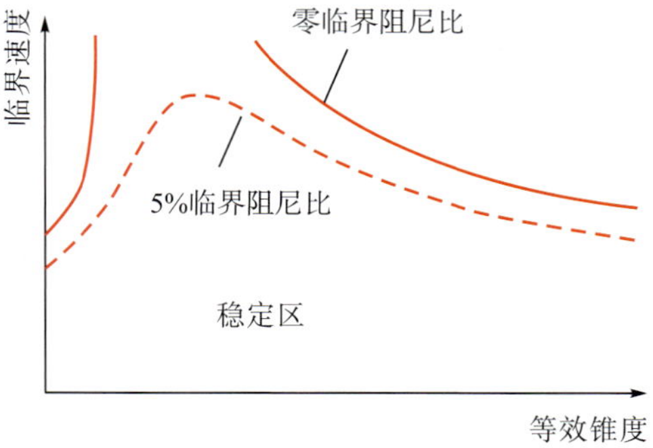

图 5.18　稳定性区域

2. 参数的工程化范围条件

单纯追求高运动稳定性，在单调影响蛇行失稳临界速度的情况下，也许是参数越小越好，或者是越大越好。但是，作为工程化产品，由于受到产品结构、材料、结构和尺寸等限制，有些参数无法任意设置。下面对一些重要参数进行探讨。

1) 车体质量

尽管稳定性对车体质量的灵敏度最大，车体质量的适当增加有利于车辆的运动稳定性，但这并不经济。事实上，在材料、结构和尺寸限制下，车体质量是经济性追求的目标，因此轻量化是优先的。在车体质量无法满足对高速列车运动稳定性起到“镇定”作用时，需考虑加装车间耦合减振器，以提高车体的抗蛇行能力。

2) 二系空气弹簧

由于要承载车体重量，空气弹簧在一定气压下，其作用面积是需要保证的。考虑悬挂器件结构尺寸的可能性，在一定的空气弹簧面积和气压下，空气弹簧所能提供的悬挂刚度总是在一定的范围内。

3) 二系减振器

二系减振器有横向减振器、抗蛇行减振器。根据图 5.14 的计算结果，二系横向和抗蛇行减振器对临界速度的影响都是单调的，且影响很大。很容易根据蛇行失稳临界速度目标，寻找所需的阻尼值，并从工程化的角度进行减振器的选型或者是定制。

4) 一系横向定位刚度

对于依靠弹簧轴箱定位的转向架，其一系定位刚度受弹簧垂直承载能力和垂向刚度需要的限制，垂直承载较大的大弹簧，由于受到空间的限制，垂直刚度就无法做小，横向定位刚度较大。在一定空间和垂直承载能力下，根据文献[26]可得到垂向刚度 K 和横向定位刚度 K_r 的关系为

$$K_r = \frac{\sqrt{1+4.29\left(\dfrac{D}{H}\right)^2}-1-\dfrac{f}{1.3H}}{\left[0.295\left(\dfrac{H}{D}\right)^2+0.384\right]\left[\sqrt{1+4.29\left(\dfrac{D}{H}\right)^2}-1\right]}K \tag{5-5}$$

式中，D 为弹簧中径；H 为弹簧有效工作高度，$H=H_0-f-d$；f 为垂向位移；H_0 为自由高度(固定定值)；d 为簧条直径。

由式(5-5)可知，在垂向刚度优先的条件下，横向定位刚度不是独立的。

对于转臂式定位方式，横向定位刚度除了与轴箱弹簧的横向刚度有关，还与转臂橡胶节点的轴向刚度 k_y 及节点扭转刚度 k_ϕ 和转臂长度 l 有关，根据图 5.19 的转臂橡胶节点轴箱附加横向定位计算模型，其转臂橡胶节点附加横向定位刚度 K_{py} 为

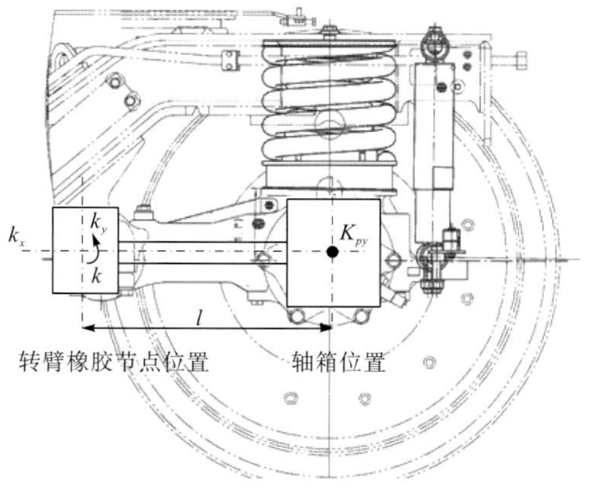

图 5.19 转臂橡胶节点轴箱附加横向定位计算模型

$$K_{py} = \frac{k_y k_\phi}{k_y l^2 + k_\phi} \tag{5-6}$$

转臂橡胶节点附加的横向定位刚度与转臂橡胶节点的轴向刚度、节点扭转刚度相关，转臂橡胶节点附加的横向定位刚度和轴箱弹簧的横向刚度并联，即得到一个轴箱综合横向定位刚度。因橡胶节点结构和工艺特点，转臂橡胶节点较大的纵向定位刚度控制了转臂橡胶节点的轴向刚度及节点扭转刚度，也就是控制了轴箱横向定位刚度。

5) 一系纵向定位刚度

高速列车普遍采用转臂式定位方式，尽管转臂定位橡胶节点空间有限制，但一系纵向定位刚度主要由单橡胶硬度和橡胶厚度控制，可以提供比较大的纵向定位刚度区间。如 2 型平台某车的轴箱一系纵向刚度只有 13.7MN/m，3 型平台某车的轴箱一系纵向刚度达到 120MN/m。

3. 基于灵敏度的优化原则

根据高速列车服役特点及前述的灵敏度分析，参数设计应从以下几方面进行考虑：

(1) 尽可能减小所选参数的灵敏度，使机车车辆系统具有性能良好的稳定度。

(2) 考虑元器件的性能和结构特点，如果元器件在服役中性能稳定性好，或具有自稳定特性，则灵敏度可以高一些，以保证其他参数具有更低的灵敏度。

(3) 由于阻尼器极易发生失效，应尽可能保证阻尼参数在失效时机车车辆的安全运行，即保证运动稳定性优良。

(4) 从图 5.14 可以看到，有些参数对稳定性的影响小，有些参数在列车稳定性设计中有决定性影响。因此，无论这时的灵敏度大小，都必须优先满足抗蛇行减振器阻尼、一系纵向定位刚度和二系横向减振器阻尼等。由于其他参数对列车失稳临界速度影响度小，在工程化合理的范围内，应优先调整这些具有控制作用的参数。

(5) 从图 5.7 可以看出，车轮踏面的等效锥度对车辆的运动稳定性性能影响较大，而且在服役过程中极易变化。因此，在设计中不仅要优先确定踏面形状，而且要考虑在服役过程中因踏面等效锥度变化对运动稳定性的影响。考虑实现参数的元器件性能和结构特点，如果元器件在服役中性能稳定性好，或具有自稳定特性，那么灵敏度可以高一些，以保证其他参数具有更低的灵敏度。

4. 动力学性能均衡原则

高速列车优良的动力学性能，要求运动稳定性、运行平稳性和涉及安全的曲线通过性能均要优良。然而，同一参数对于高速列车的三大动力学性能可能存在相同的重要性，但是对性能的影响趋势却是相反的。那么，如何选取车辆参数，运用的策略是哲学方法论中的折中处理方法，实现动力学性能的均衡。参数的选择首先应保证动车组的运动稳定性，并在此基础上尽可能改善其曲线通过性能，最后对运行平稳性进行优化。

对机车车辆动力学性能影响存在矛盾状态的参数主要有：

(1) 对于一系纵向刚度，是稳定性和曲线通过性能的矛盾；

(2) 对于抗蛇行减振器，是稳定性和曲线通过性能的矛盾；

(3) 对于轴距，是稳定性和曲线通过性能的矛盾；

(4) 对于(旁承)回转摩擦力矩，是稳定性和曲线通过性能的矛盾；

(5) 对于一系垂向刚度，可能出现舒适度和轮重减载率的矛盾；

(6) 对于牵引拉杆刚度，是黏滑振动和稳定性或平稳性的矛盾。

还有其他方法解决参数选取的矛盾，如采用径向转向架或者独立轮对结构，可实现临界速度和曲线通过性能的双向提高。因此，采用结构变化来解决参数取值矛盾的困境也是一种选择。

5. 运动稳定性的可靠度设计

车辆结构参数和悬挂参数决定了高速列车运动稳定性，这些参数在实际制造时允许有公差，而且在运用中可能会变化。这样即可通过实际产品的参数测定，获得其参数的分布规律。对于某个参数，参数的名义值为 e_0，许用公差(或者偏差)下参数范围在 (e_0-e_i, e_0+e_s)。参数在许用范围内会成一定的概率分布，对应参数名义 e_0 就可以得到失稳临界速度的设计名义值 $v_{\mathrm{cr}0}$；对应参数选取范围 (e_0-e_i, e_0+e_s)，就可以得到失稳临界速度的取值范围 $(v_{\mathrm{cr}0}-v_{\mathrm{ei}}, v_{\mathrm{cr}0}+v_{\mathrm{es}})$；对应于参数的分布律 P_e，相应也可得到临界速度的分布律 P_v。当然，由于非线性的存在，两者之间的映射关系不是线性的，反映在相对于各自名义值的范围对称度不同和分布律的不同，如图 5.20 所示。在设计中就要考虑临界速度的分布律以及基于概率的可靠度。

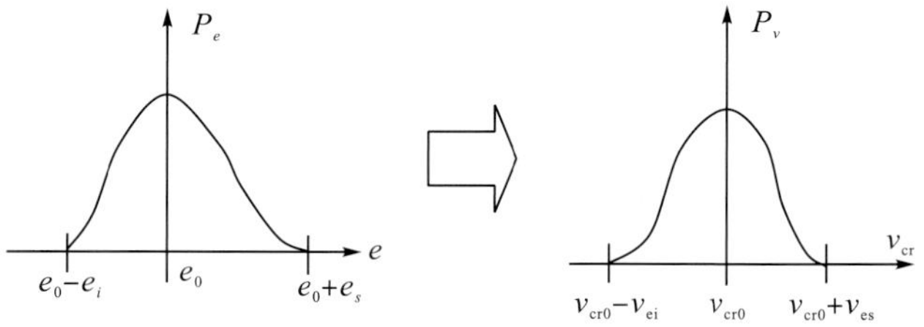

图 5.20 参数及对应临界速度的分布

5.3 高速列车运行平稳性性能优化设计方法

高速列车的运行平稳性实际上体现的是振动烈度。对于高速列车，列车运行的平稳性不仅取决于列车的减振性能，还取决于线路和气流的激扰。由于气流的激扰往往不是车辆工程专业所能控制的，车辆工程专业人员只能根据列车运行平稳性要求向轨道专业人员提出不平顺要求。所以，提高高速列车的运行平稳性还是需要依靠优化列车的自身减振和隔振性能来实现。

5.3.1　振动平稳性控制策略

车辆悬挂结构可以分为一系悬挂和二系悬挂。对于一个质量-弹簧-阻尼系统，提高列车的运动平稳性就是系统自身的隔振性能，特别是防止系统的共振，这样的共振称为悬挂共振(刚体共振)。然而，高速列车的车体、构架等质量体实际上是弹性体，因此在一定的振动条件下，结构体会产生结构振动，同样影响乘坐舒适度。

由于气流扰动一般为低频扰动，对车辆的运行平稳性影响小，在一般的车辆系统动力学研究时不予考虑。但气流往往对列车的尾车横向运动产生扰动，在高速列车运行平稳性研究中应该考虑其中。一般来说，线路和气流的激扰和列车运行速度相关，特别是激扰频率。在激扰中，还应该考虑轮对蛇行运动的倾向性激扰，这个激扰频率不仅和列车的运行速度有关，还与运行时踏面的磨耗所导致等效锥度增大有关(式(5-1))。

图 5.21 为高速列车动车组频率隔离控制策略。随着运行速度的提高，线路和气流的激扰频率增大，同时轮对的蛇行频率随着运行速度和踏面磨耗而增大。为了保证有效的隔振，动车组的车体和转向架自身具有结构和悬挂(刚体)的自身频率，应与线路激扰频率和轮对蛇行频率有效隔离，即使无法隔离，也必须在阻尼设计上保证各自振型的阻尼比，保证振动的衰减。对于具有固定周期的线路激扰，应在悬挂参数设计时，尽量在运行速度范围内避开共振点，有效隔离线路激扰带来的振动。

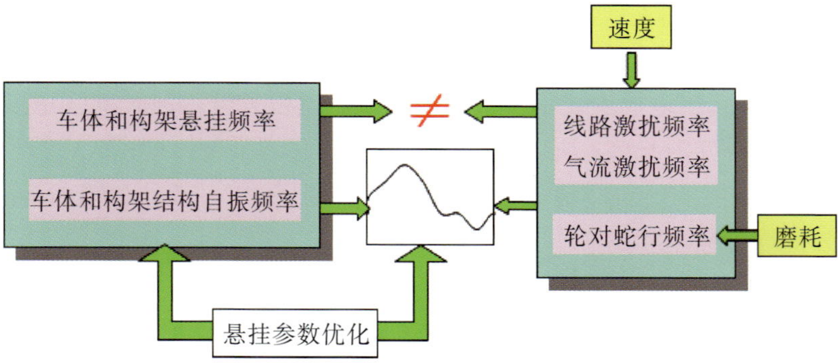

图 5.21　动车组频率隔离控制策略

根据高速列车频率隔离控制策略，可进行高速列车运动平稳性优化，第一步需要掌握激扰的频率，特别是线路的激扰频率。由于线路不平顺是轨道板、轨枕、钢轨接缝等线路结构产生的不平顺和随机钢轨不平顺组成的，因此线路不平顺包含随机的激扰和结构形成的固定频率激扰，如图 5.22 的京津线轨道谱[17]所示。有了激扰谱特征就可以进行车辆的悬挂参数设计，即优化设计机械振动的传递函数，一方面避免共振，同时保证系统合理的阻尼，有效衰减振动。

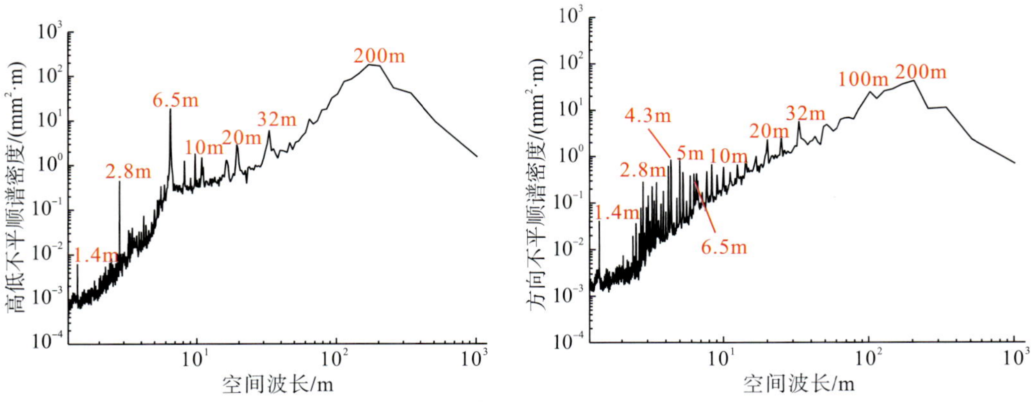

(a) 高低不平顺 (b) 方向不平顺

图 5.22 京津线轨道谱

5.3.2 参数优化设计方法

1. 共振的控制

共振控制就是尽量避免共振，当然首先是要知道其中线路结构造成的激扰频率。图 5.22(a)是京津线的高低不平顺轨道谱，从图中可以看出，京津线高低不平顺的振动主频十分明显，主频的波长分布在 1.4m、2.8m、6.5m、10m、20m、32m、200m 处，其中 1.4m 和 2.8m 与轨检车的车轮周长或者半周长相关，是车轮不圆或者偏心对轨检车的激扰造成的，理论上应该从线路不平顺谱中剔除，但是实际的动车组，由于车轮同样存在车轮不圆和偏心激扰，对动车组来说也是一种激扰输入；6.5m 为京津线的轨道板(采用博格无砟轨道)长度，会引起轨道板安装不平整造成的以轨道板长度为波长的强迫振动；32m 为京津高架结构线路桥梁的长度，所以该主频是桥梁引起的强迫振动；钢轨的长度为 100m，200m 波长为钢轨长度的倍长，是钢轨段引起的强迫振动[17]。图 5.22(b)所示的方向不平顺轨道谱的激扰峰值频率和高低不平顺谱类似。

图 5.22 的线路不平顺谱采用的道频谱，以波长来表达，而在动车组频谱研究时，是以频率(Hz)来表征的。线路不平顺的激扰频率可以根据波长计算得到，即

$$f_j = \frac{v}{L_j} \tag{5-7}$$

式中，v 为车辆运行速度；L_j 为激扰波长。显然随着速度的提高，轨道不平顺相关波长的激扰频率全面提高，加剧了对转向架的激振，导致列车运行平稳性下降。同时激扰频率的提高也增大了轮轨间的动力作用，加剧了对轨道系统的振动和破坏。

了解了轨道谱特性后，需知道动车组的自振特性。对于全自由度车辆模型，构架和车体的模态振型包括 3 个平动运动和 3 个转动运动，影响车辆运行平稳性的振动模态主要有横移、沉浮(垂向位移)、侧滚、点头和摇头，一般不考虑纵向运动。

为了避开共振，简单的检验方法就是给出不同速度下的线路激扰频率和车辆的悬挂

(质量)频率及结构自振频率，形成车辆系统振动图谱(图 5.23)。通过振动图谱可以看到车辆系统的自振频率和线路激扰频率的关系。图中所示的高速列车运行速度在 350 ～ 400km/h 时，轨道板长度、桥梁长度引起的强迫振动不会与车辆系统的垂向自振频率共振。转向架蛇行频率不会与车辆系统的横向自振频率共振。需要说明的是，车体和构架的悬挂与结构振动有多种振动模态，激扰的主频也不止一个，图 5.23 只是低频范围内的示意。事实上，为了避开某些激扰频率点，可以通过悬挂刚度的设计来实现。

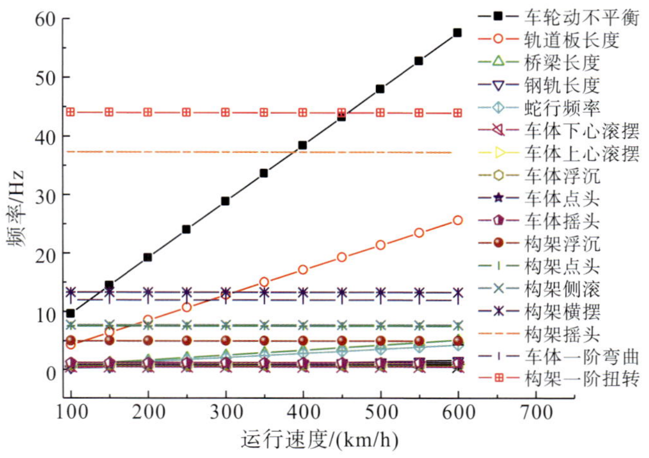

图 5.23　车辆系统低频振动图谱

2. 传递函数优化设计

对于旅客列车，为了使车辆具有良好的运行品质，改善旅客舒适条件，一般采用两系悬挂方式。从轴箱到构架的一系一般较硬，从构架到车体的二系比较软，一般采用刚度很小的空气弹簧。车体主频为低频，只和两系悬挂的总静挠度有关，与静挠度在两系中的分配无关，低频振动时车体和构架的位移同向；构架主频为高频，除和总静挠度有关，还与静挠度在两系中的分配和两系质量比有关，高频振动时车体和构架的位移反向[17]。

轨道激扰是高速列车振动的主要来源，除了固定的结构频率，还存在随机不平顺成分。因此，高速列车的运行平稳性性能优化，需要在全频率域有效隔开和遏制来自线路的激扰。其方法就是进行图 5.21 所示的传递函数优化设计。在车辆系统确定后，在不考虑服役过程参数的变化时，系统振动传递规律(传递函数)是不变的。通过传递函数来分析车辆对激扰的响应，能够全面反映各频率成分振动的传递规律。假设系统的传递函数为 $H(\omega)$，则在随机激扰谱 $S_x(\omega)$ 的作用下，系统的响应谱[17]为

$$S_y(\omega) = \left|H(\omega)\right|^2 S_x(\omega) \tag{5-8}$$

图 5.24 比较了 CRH 某型高速列车在整车线性模型条件下一系、二系悬挂的振动加速度传递率，一系和二系悬挂的传递率特征不同，二系悬挂对高频的传递率更低，能很好地隔离高频激扰，但车体固有频率的共振却有加强，如 1Hz 左右的共振峰值。

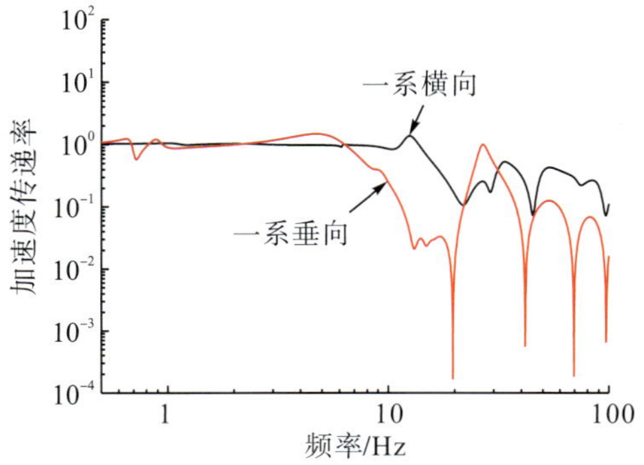

(a) 一系悬挂

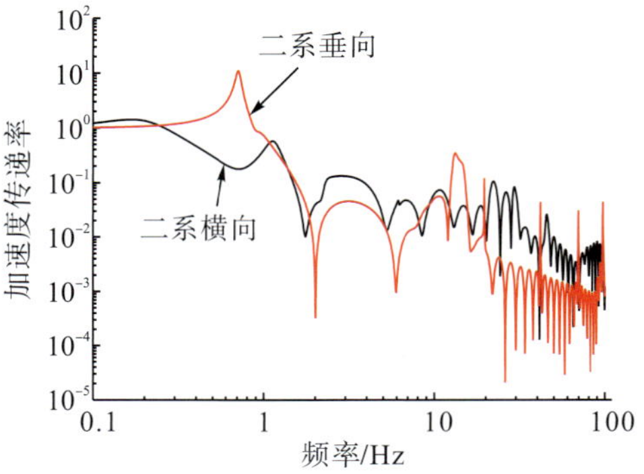

(b) 二系悬挂

图 5.24 CRH 某型高速列车一系和二系悬挂的加速度传递率

控制车辆振动的目的不仅可以减小表征整个频率范围内振动状态的平稳性和舒适度指标，更要能够减小某个频率范围的异常振动，或衰减某个频率的固有激扰。一般通过改变系统的阻尼比可以得到不同频率下不同的衰减比，若要改变频率响应的幅值，则需要变化阻尼来实现。图 5.25 反映了二系垂向阻尼变化对车体垂向振动的减振效果，显然，随着二系垂向阻尼的增加，1Hz 以下低频响应幅值降低，但高频响应的幅值有所增加。因此，不同激扰频率段的车辆响应是可以通过阻尼设计来控制的。

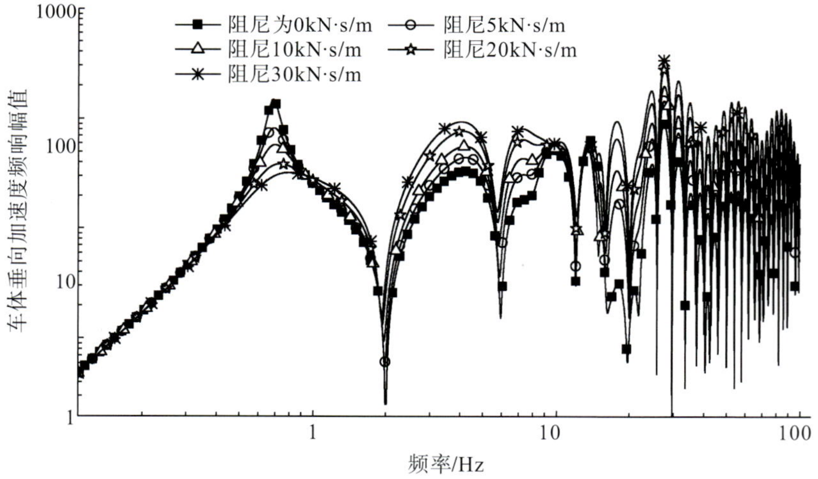

图 5.25 二系垂向阻尼对车体垂向加速度的影响

所有的运动平稳性性能优化必须针对具体线路谱特征，因为不同线路条件下，其线路不平顺特征不一，对车辆扰动后的响应也不一。图 5.26 是车辆在德国低干扰谱、武广轨道谱、京津轨道谱以及 300 km/h 等级临时补修谱(依据《高速铁路无砟轨道线路维修规则(试行)》要求而生成的轨道谱)作用下的响应加速度功率谱密度，可以明显发现，相同的传递函数(车辆特性)，在不同的轨道谱激扰下，响应谱不同。对于特定的车型，应结合线路新修状态以及运用服役状态的轨道特性，进行有针对性的车辆平稳性设计。

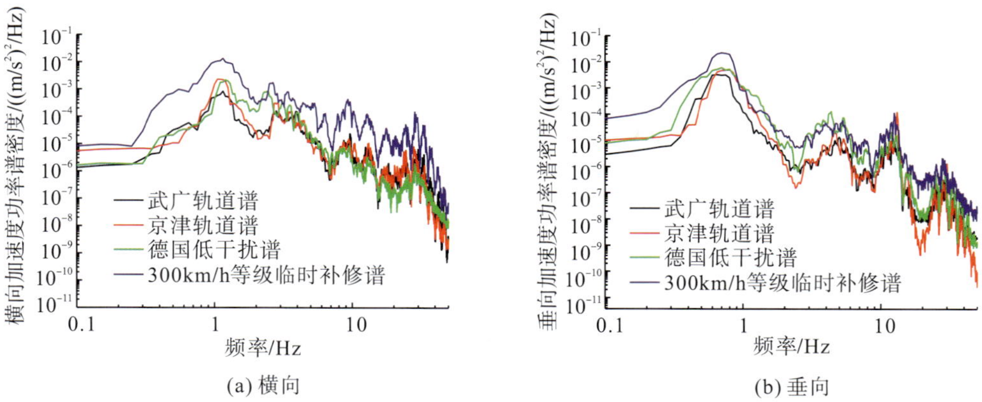

图 5.26　不同激扰谱作用下的车辆加速度响应

围绕高速列车运行平稳性性能优化，可以采取更加主动的控制方式，也就是传递函数设计。根据在随机激扰谱 $S_x(\omega)$ 的作用下，期望的车体响应谱为 $S_y(\omega)$，这样理论上就可以导出期望的传递函数 $H(\omega)$，再根据传递函数来设计动车组车辆的一系和二系悬挂参数。当然，由于动车组车辆结构受一系和二系悬挂的限制和参数工程化的制约，期望的传递函数 $H(\omega)$ 并不是可以任意设计的。

5.4　高速列车运行安全设计方法

高速列车运行的安全性问题始终是高速列车发展首先需要面对的问题，300～350km/h 的高速运行，其速度已经达到飞机起飞和降落的速度，一旦出现脱轨和碰撞将是灾难性的一幕。最惨痛的高铁事故是 1998 年 6 月 3 日在德国慕尼黑至汉堡以 200km/h 高速行驶的列车因车轮轮箍断裂脱轨撞桥，造成车毁桥塌，101 人死亡，88 人重伤，经济损失上亿马克。而刚刚起步的中国高铁，也因 2011 年 7 月 23 日的甬温线动车组列车发生追尾事故，敲响了高铁安全的警钟。尽管动车组仅仅以 99km/h 的速度与以 16km/h 前行的列车发生追尾，仍付出了 40 人死亡、约 200 人受伤的惨烈代价。以安全著称的日本铁路，2005 年 4 月 27 日在兵库县发生特大列车脱轨事故造成 106 人死亡，400 多人受伤。高速列车的运行安全备受关注。

保障高速列车的运行安全性，不仅仅是高速动车组研究者、设计者和制造者的基本任务，更是运营者的首要任务。从动力学研究的范畴，需要在高速列车基本性能保障和运用安全依据上承担起责任。

在讨论高速列车安全运行的基本控制策略之前，首先要认识影响列车运行安全的基本要素和特征。高速列车安全事故最严重的事故莫过于列车碰撞和列车脱轨。而列车碰撞事故往往是运营管理事故，不是由高速列车动力学性能导致的，而脱轨事故就有可能与列车系统动力学有关。

为了认识脱轨，下面首先介绍列车脱轨的基本特征。

(1)脱轨的固有性：轮轨关系是一种开放式约束。一方面，列车在轨道上具有向上运动的空间；另一方面，左右运动虽然有轮缘作用，但由于要顾及轮轨磨耗，因此列车轮对的横向运动并没有完全约束。因此，从约束的角度看，列车具有脱轨的固有性。

(2)脱轨的复杂性：脱轨行为不是孤立的，而是由一系列因素所导致的。就失效导致脱轨而言，由于失效部位、失效形式的不同，对列车运行安全性影响的程度也不同。加之自然灾害的影响，脱轨因素分析十分复杂。

(3)脱轨的可控性：尽管脱轨是铁路固有的特性，与生俱来，但脱轨是可以得到控制的，一旦掌握了脱轨的机理、影响因素和影响规律，完全可以避免脱轨事故的发生。正是脱轨的固有性和可控性的矛盾作用，脱轨才偶然发生。

脱轨可以分为四类[17]，第一类是人为事故类脱轨。它包括铁路设施被破坏、行车组织失误等非正常条件下引起的脱轨。这类脱轨不属于动力学的研究范围。第二类是灾害类脱轨。它是由地震、风沙、滑坡和泥石流等自然灾害等引起的脱轨。针对该类脱轨，需要研究灾害类型和灾害烈度对脱轨的影响，最终提出主动减小自然灾害破坏的措施。这正是考虑运行环境耦合的高速列车大系统动力学研究的另一重任，是动力学研究在运用层面的延伸。第三类是失效类脱轨。它是由于机车车辆结构或接触表面失效所引起的脱轨。失效是一个由积累到突发的过程，是动力学研究、结构强度研究、摩擦磨损研究和可靠性研究等多学科研究的内容。第四类是固有特性类脱轨。该类脱轨是由轮轨关系、弓网关系和车辆结构等自身的固有性能所引起的，往往在正常的运行条件下，由于铁路系统的自身特性，特别是由于长期运行所引起的特性变化(参数失效)而引起的。该类脱轨是非人为脱轨，必须在机理上、理论上和特征上来保证列车的运行安全，这需要在机车车辆设计之初，也就是从源头，就应得到解决。

尽管脱轨事故有四种类型，但是引发脱轨的程度却不同，其中，失效引发的事故最多，这包括德国的ICE和法国的TGV的脱轨事故也是由结构失效引起的。高速列车安全服役研究必须重视结构和材料失效对列车运行安全性的影响。

失效问题是一个普遍存在的问题，高速列车安全服役的失效有它自身的特殊性。失效基本都是由振动或相对运动引起的，对于高速列车，相对运动的形式十分特殊，呈现出多样性，基本的相对运动有高速滚动(轮轨)、高速滑动(弓网和制动)、紧配合微动(轮轴和螺纹连接)和结构振动(钢结构体)四种形式[17]。在振动条件下，不同的相对运动模式就有相应的失效形式，如高速轮轨滚动中的磨损和接触疲劳，高速弓网滑动中的摩擦磨损和电弧烧蚀，轮轴等紧配合中的微动疲劳和表面胶合，结构件的疲劳损伤等；在同一种相对运动模式下，往往还存在不同的失效形式，如轮轨系统中的摩擦磨损与接触疲劳。不同的失效形式有不同的失效机制，而且还存在不同的失效形式的共存和相互转化问题。然而，失效的原因除了失效带来的老化等问题，大多源于振动和相对运动的动力学问题。因此，在高速列车耦合大系统动力学研究中，称类似研究为广义动力学研究范畴。

高速列车安全性控制分两个层面，第一是设计层面，也就是在动力学基本性能上保证其安全性，即在理论上保证不脱轨。第二是运用层面，研究服役失效、参数退变和自然灾害下列车运行安全性。在基本的车辆系统动力学研究中，稳定性、平稳性和曲线通过是最基本的研究内容，首先在设计层面，首要任务是保障其运动稳定性，只有动车组有足够的稳定性(包括在服役过程中)，列车运行安全性才有基本的保障。曲线通过能力是考验转向架的转向能力，尽管高速铁路运营线路的曲线半径比较大，曲线通过问题不再突出，但轮轨横向力所导致的脱轨倾向性始终需要关注，特别是高速动车组还要考虑过站场等小曲线，我国的高速动车组曾发生过小曲线掉道事故。尽管传统的曲线通过能力研究不再特别，而高速道岔通过问题的研究更需要关注，这仅仅是对传统脱轨系数、轮重减载率等脱轨指标进行校验，更是需要从高速运动和冲击的角度给予重视。

尽管车辆的运行平稳性会影响轮重减载率，就安全性考虑，运行平稳性研究更要关注振动问题，也就是振动带来的结构失效问题，因此是应用层面的问题。到目前为止，有关动车组零部件振动的研究还没有得到关注，事实上，动车组零部件振动导致行车事故时有发生，如已经在某些动车组上出现的轴箱弹簧断裂、传动齿轮箱开裂、排障器断裂等严重事故。原因之一就是对零部件的振动烈度不清，设计和计算依据不足，或者是运用中动车组的平稳性性能下降，振动加剧所致。实现动车组运行的高平稳性，减小零部件的振动烈度，是减少动车组零部件失效的根本性措施。在应用层面，列车运行安全性面临的第二个问题就是列车的抗干扰能力，这主要是针对强烈的外部激扰，其中强侧风和强地震都是世人熟知的激扰。高速列车耦合大系统动力学，把线路及气流的影响耦合到动力学研究中，就可以一方面通过车体外形设计和悬挂设计，减少外部激扰影响，实现更高的抗干扰能力；另一方面，运用高速列车耦合大系统动力学，以列车脱轨为目标，研究保证列车能安全运行的阈值，可以在不同激扰等级下，如风和地震的级数，确定保证列车安全运行速度域，为列车安全运行提供依据。高速列车安全性控制策略如图 5.27 所示。

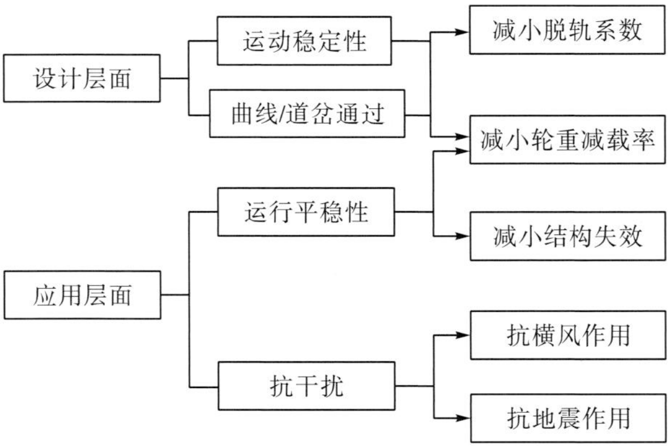

图 5.27　高速列车安全性控制策略

5.5　高速列车参数的综合设计

高速列车由动力车和拖车组成，由于动力车需要布置驱动系统，比拖车多了牵引电动机、齿轮联轴器和齿轮箱等，另外基础制动由于无法采用轴盘制动，只有采用车轮两侧的盘形制动(轮盘制动)，其他结构和拖车类似。对于动车转向架和拖车转向架，其他与动力学性能相关的结构参数和悬挂参数一般采用相同的设计原则，以实现元器件的互换。

5.5.1 高速列车参数对动力学性能的影响

高速列车的基本性能要求是运动稳定性、运行平稳性和涉及安全的曲线通过性能。以上讨论了相关的控制策略。然而，同一参数对车辆系统动力学可能同样重要，但是对不同性能的影响可能是相反的。表 5.3 是悬挂参数对车辆动力学性能的影响程度[27]。

表 5.3 悬挂参数对车辆动力学性能的影响程度

悬挂参数	稳定性	曲线通过性能	横向平稳性	垂向平稳性
一系纵向刚度	●	●	○	—
一系横向刚度	●	○	○	—
一系垂向刚度	—	—	—	○
一系垂向阻尼	—	—	—	○
二系横向刚度	○	—	●	—
二系垂向刚度	—	—	—	●
二系摇头角刚度	○	○	—	—
二系横向阻尼	○	—	●	—
二系垂向阻尼	—	—	—	●
二系回转阻尼矩/抗蛇行减振器阻尼	●	●	○	—

注：●代表强，○代表中，—代表弱。

从表 5.3 可以看到一系悬挂和二系回转阻尼矩(抗蛇行减振器阻尼)都对稳定性和曲线通过性能有强烈影响，参数变化对提升稳定性和曲线通过性能有相反的影响规律。如何选取其参数，在 5.2.2 节第四部分已提出折中处理方法，以均衡动力学性能。另外，还可以采取结构优化解决矛盾，如货车转向架的创新结构设计。著名的转 8A 转向架，其稳定性和曲线通过能力都不佳。为了提高其稳定性，采取了左右侧架加装交叉拉杆的方式来提高转向架的抗菱刚度，甚至采用了自导向和迫导向径向转向架技术，其结果达到了提高稳定性和曲线通过能力的两全其美的效果。图 5.28 展示了原 Z8A 转向架(模型 1)、迫导向(模型 2)、自导向(模型 3)和交叉拉杆支撑(模型 4)的临界速度和衡量曲线通过性能的轮轨横向力及脱轨系数[28]。显然，改进的三种结构方案均实现了临界速度和曲线通过性能的双提高。因此，在有条件的情况下，采用结构变化来解决参数遇到了矛盾取值的困境是最佳选择。

从前面的事例可以看到，运用哲学思想，采用方法论，有助于车辆系统动力学性能的优化。

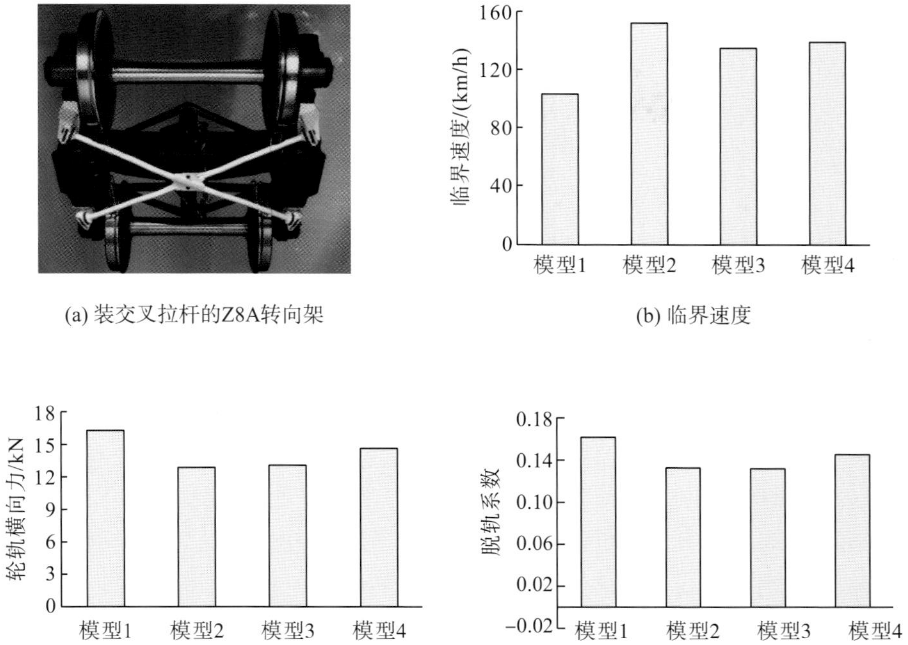

(a) 装交叉拉杆的Z8A转向架　(b) 临界速度

(c) 轮轨横向力　(d) 脱轨系数

图 5.28　不同改进方案的 Z8A 转向架性能对比

5.5.2　高速列车参数优化设计

影响高速列车动力学的因素有很多，但最核心的问题还在于转向架，因为转向架是列车的走行部，好比人的两条腿，它承担着列车的承载、导向和隔振功能，还是牵引列车和制动力的最终实现者，特别是转向架决定着整车的运动稳定性。转向架如果设计不好，随着运行速度的提高，列车就可能发生蛇行失稳，导致振动大甚至引起脱轨，从而会危及列车的运行安全，恶化乘坐品质。

机车车辆中影响动力学性能的参数有很多，如轮轨踏面形状、悬挂刚度和阻尼等，它们相互之间相互依赖，相互支撑，因此高速列车的高性能保证是通过参数的系统优化实现的。

1. 轮对踏面设计

由图 5.29 可以看出，随着等效锥度的增大，车辆系统的临界速度会降低。从图 5.30 可以看出，在超高为 100mm 的 R7000m 曲线半径上，当车辆以 250km/h 以上的速度通过曲线(欠超高)时，随着等效锥度的增大，脱轨系数会变小。这说明等效锥度对稳定性和曲线通过性能的影响是相反的。为了提高车辆的临界速度，需要较小的等效锥度；为了车辆的曲线通过性能，需要较大的等效锥度。

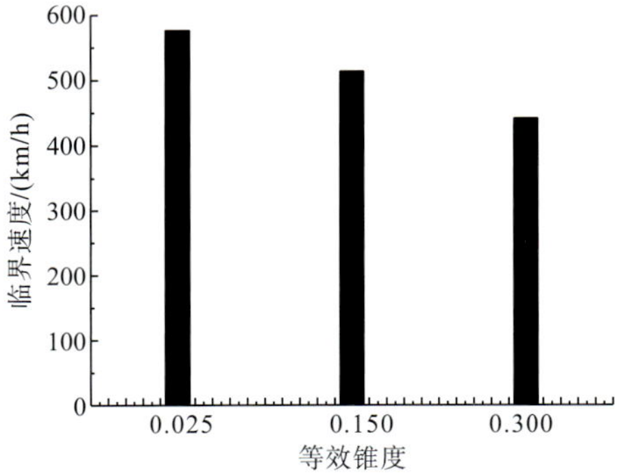

图 5.29 等效锥度对临界速度的影响

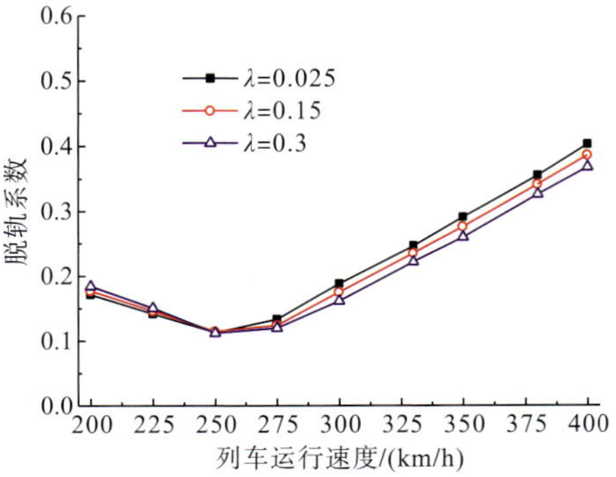

图 5.30 等效锥度对曲线脱轨系数的影响

由于等效锥度对稳定性和曲线通过性能的影响规律是相反的，传统的观念认为不能通过踏面设计来调和稳定性与曲线通过性能之间的矛盾。而实际上并非如此，首先，现在采用的车轮踏面并非简单的锥形踏面，而是磨耗型踏面(不同位置的等效锥度可以设计成不同值)；其次，车辆在直线上和曲线上运行时的轮轨接触位置是不同的(图 5.31)。因此，可以按图 5.32 所示的等效锥度目标曲线来设计车轮踏面外形(直线上的等效锥度较小，大半径曲线上的等效锥度较大，小半径曲线上的等效锥度更大)，这样就可以通过车轮踏面外形的特殊设计来解决铁道车辆稳定性与曲线通过性能之间的矛盾。

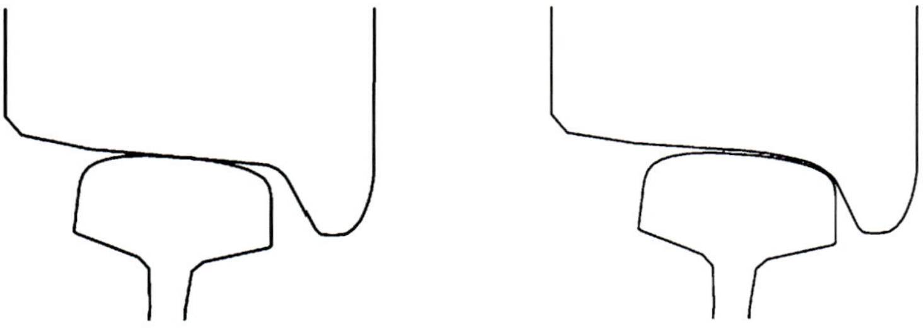

(a) 直线上的轮轨接触位置　　(b) 曲线上的轮轨接触位置

图 5.31 轮轨接触位置示意图

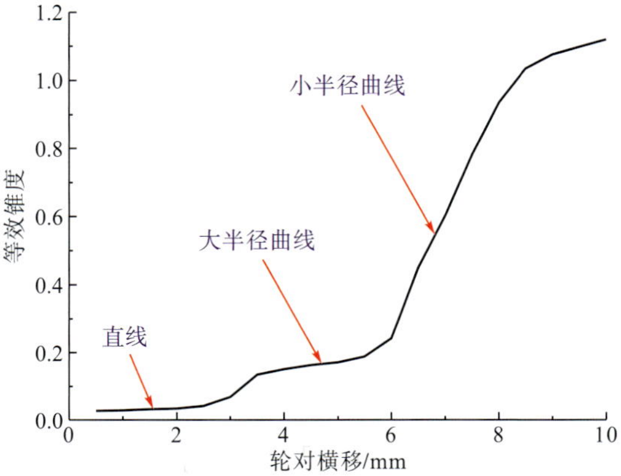

图 5.32 轮对等效锥度设计目标曲线示意图

通过传统的踏面设计方法(先设计踏面再计算其等效锥度)，要设计出如图 5.32 所示的目标等效锥度确实有困难。但根据 Shevtsov 等的 RRD 曲线反求法[29](根据需要的目标轮径差来反推踏面外形)是比较容易解决这个问题的。

2. 车轮直径的选择

“和谐号”系列动车组的车轮轮径引进技术平台不同，有 860mm、915mm 和 920mm 三种直径规格。车轮直径的选择一方面受限于轴箱轴承和齿轮箱轴承的极限转速，还受转向架结构空间布局的影响。从动力学研究的角度分析，增大车轮直径，轴承的转速可以降低，同时轮轨接触应力也可以降低，另外对车辆系统临界速度的提高也有帮助(图 5.33)；但在增大车轮直径的同时应关注簧下质量的变化，随着簧下质量的增加，轮轨动作用力和轮重减载率也会随之增加[27](图 5.34)。在这样矛盾的影响中，建议在结构空间允许的情况下，还是适当增大车轮直径，同时通过车轮辐板和空心车轴的精心设计来控制簧下质量，实现共赢。“和谐号”系列动车组车轴普遍采用中空轴，中心孔直径有 65mm、60mm 和 35mm。中心孔的设置一方面是为了减小簧下质量，更重要的是便于车轴内部裂纹的检测。

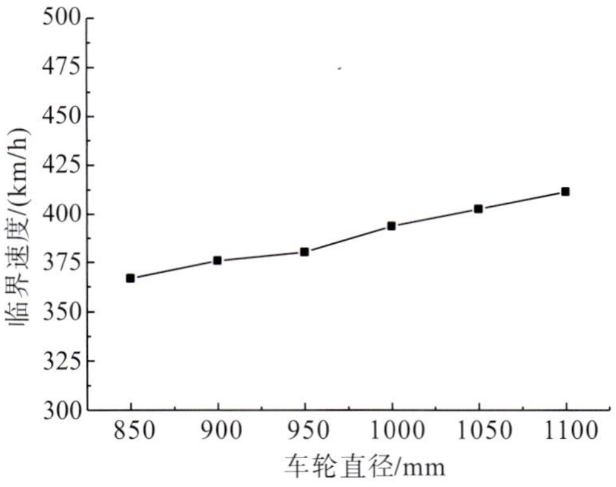

图 5.33　车轮直径对临界速度的影响

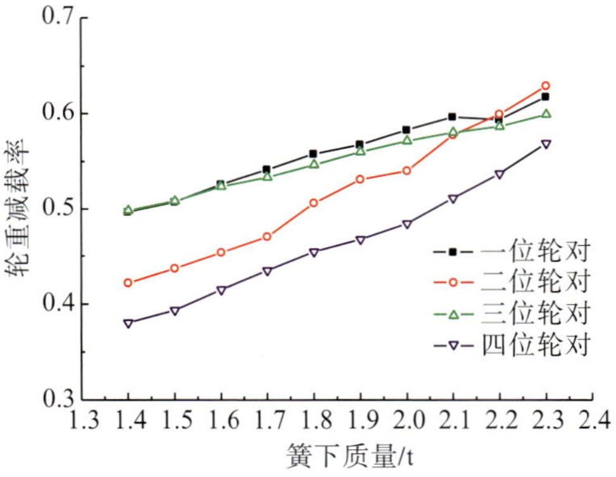

图 5.34　簧下质量对轮重减载率的影响

3. 轴距的选择

轴距多数情况下是由转向架结构尺寸设计决定的，以便电机和传动齿轮箱的布置等。实际上转向架轴距对车辆系统的稳定性影响很大：随着轴距的增加，车辆系统的临界速度会随之增大(图 5.35)，但曲线通过性能会有所降低，并增大轮轨横向力，加剧磨耗。如果优先考虑动车组的运动稳定性，高速动车组的轴距可以适当设计大一点。不过在轴距增大的同时，构架的摇头转动惯性半径通常会有所增加，随着构架摇头惯性半径的增加，车辆系统的临界速度又会有所降低(图 5.36)，所以在增大轴距的同时应关注构架的摇头转动惯量的变化，可以通过对转向架结构和附属部件的精心布局设计来控制构架的摇头转动惯量[27]。在“和谐号”系列动车组中，大部分转向架采用 2.5m 的轴距形式，主要是希望在结构上减小转向架纵向尺寸，有利于车体车下设备的布置，同时也可以降低制造成本。

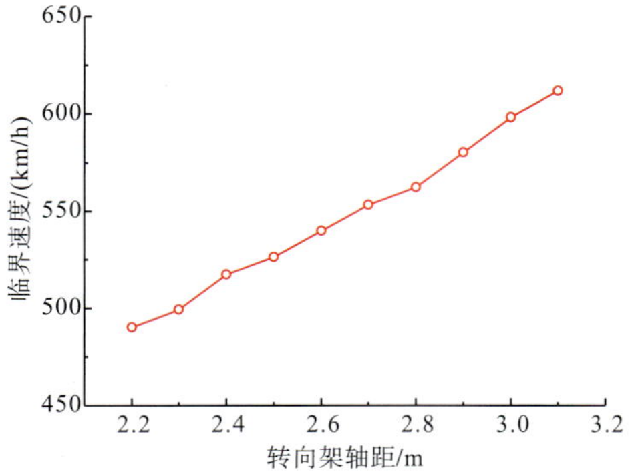

图 5.35 转向架轴距对临界速度的影响

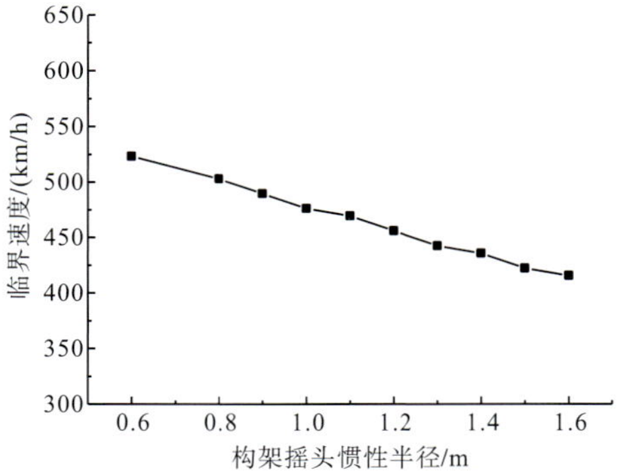

图 5.36 构架摇头惯性半径对临界速度的影响

4. 一系悬挂定位刚度设计

一般来说，适当增大一系悬挂纵向和横向定位刚度可以提高车辆系统的临界速度，但定位刚度并非越大越好，当一系悬挂定位刚度增大到一定程度后，临界速度增加越来越缓慢，甚至还会下降，从图 5.37 就可看出这种趋势。从图 5.38 可以看出，一系悬挂纵向定位刚度对曲线通过性能的影响较大，而一系悬挂横向定位刚度的影响相对较小。一系悬挂定位刚度对垂向平稳性影响很小，一系悬挂横向定位刚度对横向平稳性影响很小，一系悬挂纵向定位刚度对横向平稳性的影响有一个优化范围，太大和太小的纵向定位刚度都不利于提高横向平稳性，如图 5.39 和图 5.40 所示。

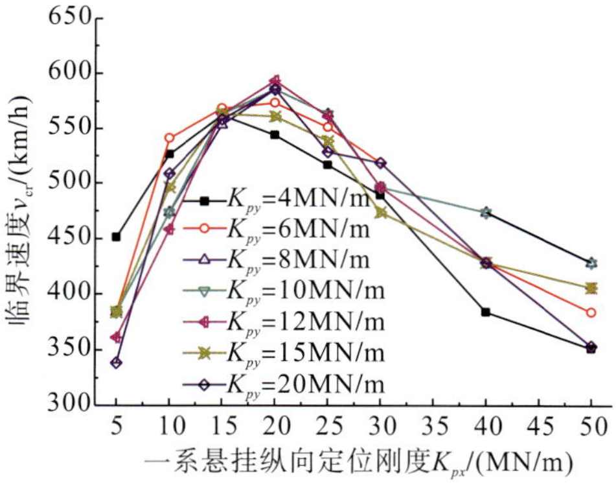

图 5.37 一系悬挂纵向定位刚度对临界速度的影响

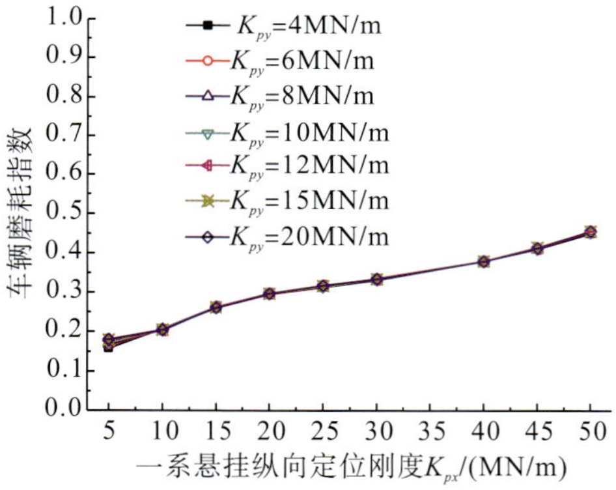

图 5.38 一系悬挂纵向定位刚度对车辆磨耗指数的影响

由于高速列车运行的曲线半径一般都比较大，曲线通过性能不会太差；而高速列车运行的速度较高，稳定性是需要解决的主要矛盾，所以转向架悬挂参数的选择主要应考虑车辆的稳定性。综合一系悬挂纵横向定位刚度对车辆动力学的影响规律，如要保证高速转向架 350km/h 的运行速度，一系悬挂纵向定位刚度取值在 10～20MN/m 的范围内，而一系悬挂横向定位刚度取值在 5～10MN/m 的范围内比较合适。

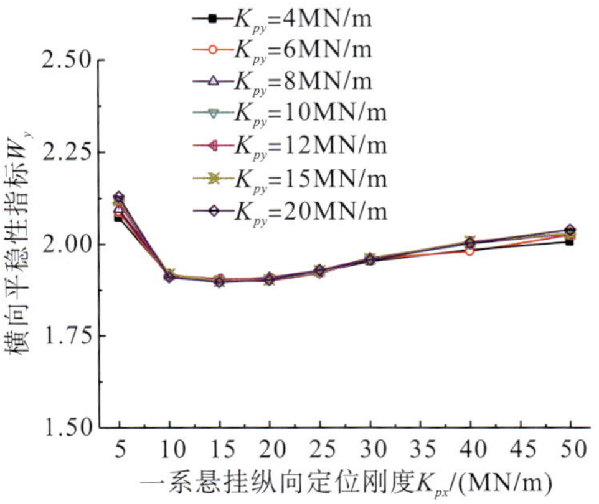

图 5.39　一系悬挂定位刚度对横向平稳性的影响

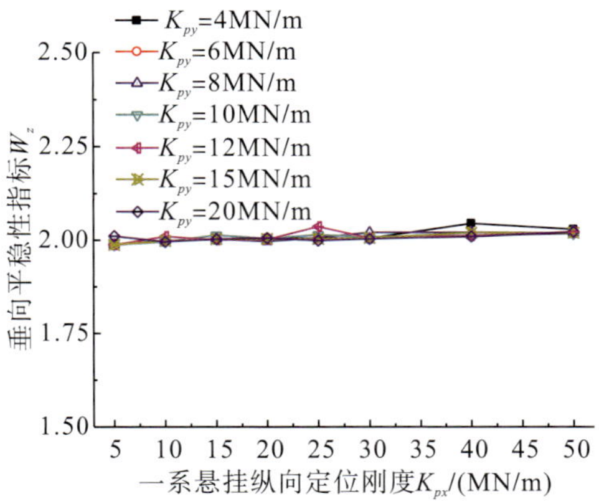

图 5.40　一系悬挂定位刚度对垂向平稳性的影响

5. 二系悬挂空气弹簧参数设计

高速动车组的二系悬挂从有摇动台到无摇动台，从有摇枕到无摇枕，经历了一个演变过程，最后发展到无摇枕的空气弹簧悬挂系统。

空气弹簧具有很多优点：极大的当量弹簧挠度、振动频率和工作高度不随载荷变化、内部可设置节流孔提供阻尼等。随着空气弹簧技术的发展，空气弹簧的种类和控制方式发生了很大变化。空气弹簧种类最显著的区别就是大气囊和小气囊之分[27]，如图 5.41 所示。

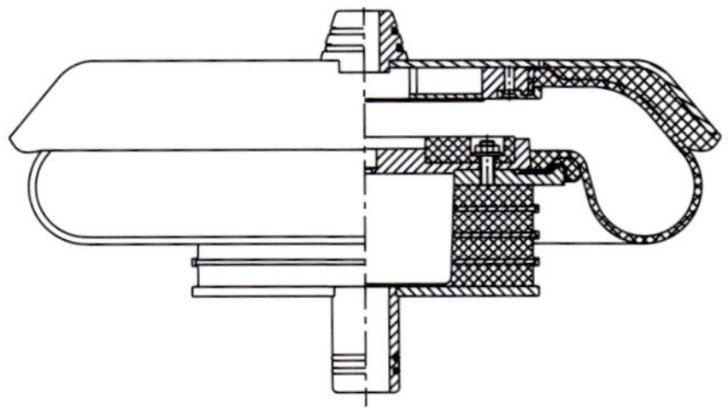

(a)小气囊空气弹簧

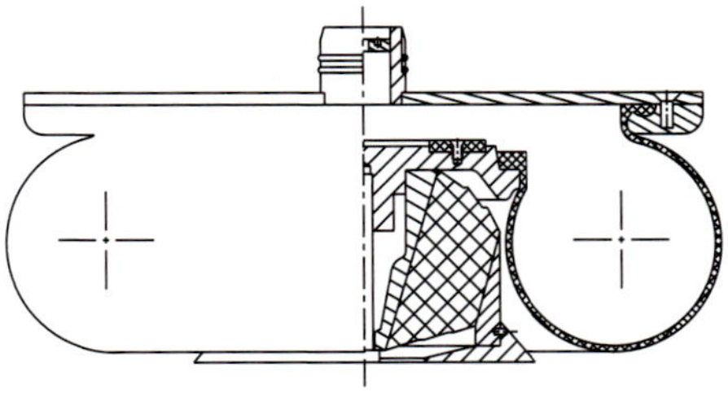

(b)大气囊空气弹簧

图 5.41　空气弹簧结构

空气弹簧的刚度与气囊的大小直接相关，同时与空气弹簧附加气室和节流孔的大小也有一定关系，从图 5.42 可以看出，增大气囊和附加气室的体积可以降低空气弹簧的刚度；此外，大气囊与小气囊空气弹簧对频率的响应是有区别的，在低频阶段，即使能把大小气囊空气弹簧的刚度做成相等，但随着频率的增大，大小气囊空气弹簧的刚度差别会逐渐拉大(图 5.43)，大气囊空气弹簧隔离高频振动的效果要优于小气囊空气弹簧。因此，为了有效隔离高频振动，改善车辆系统的平稳性，应尽可能选择较大气囊的空气弹簧[27]。

空气弹簧的动刚度与空气弹簧节流孔的大小关系尤其密切，从图 5.44 可以看出，节流孔直径越小空气弹簧的动静刚度差别越大，当空气弹簧节流孔直径增大到 30mm 后，动静刚度差别就很小，但当空气弹簧节流孔直径增大到 25mm 后基本上就不提供等效阻尼。增大空气弹簧节流孔对降低空气弹簧动刚度是有利的，但空气弹簧阻尼会大幅下降，对垂向振动的衰减作用会降低[27]。

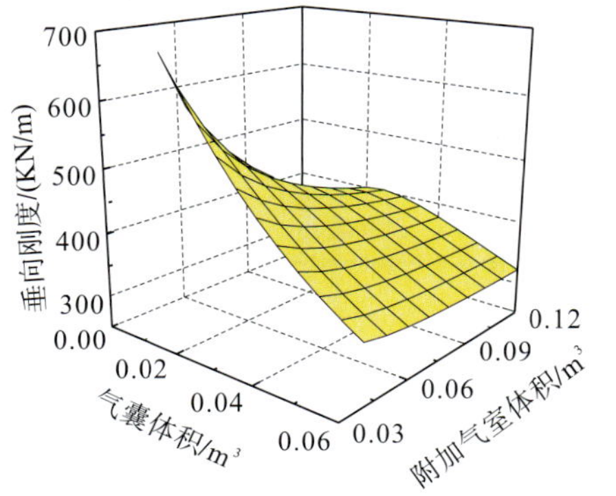

图 5.42 气囊和附加气室体积对垂向刚度的影响

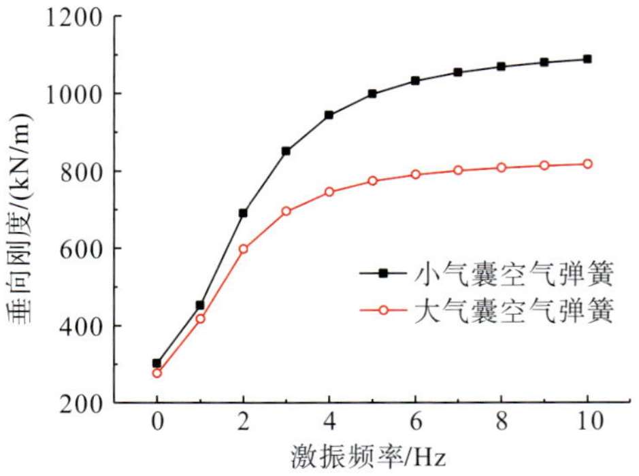

图 5.43 大小气囊刚度随频率的变化

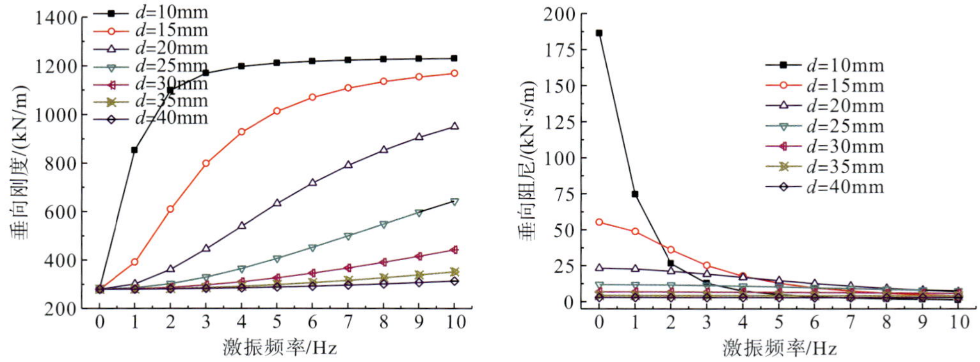

(a) 节流孔对空气弹簧动刚度的影响 (b) 节流孔对空气弹簧等效阻尼的影响

图 5.44 空气弹簧节流孔和对空气弹簧动刚度和等效阻尼的影响(图中的 d 为节流孔直径)

以某型动车组为例，改变空气弹簧节流孔直径以改变空气弹簧的等效阻尼，从而调整二系悬挂垂向阻尼，以达到最佳的减振效果。图 5.45 是空气弹簧节流孔直径对车体垂向平稳性和舒适度指标的影响[27]，可见，节流孔太大和太小都不好，应结合实际车辆的状况进行合理选取。

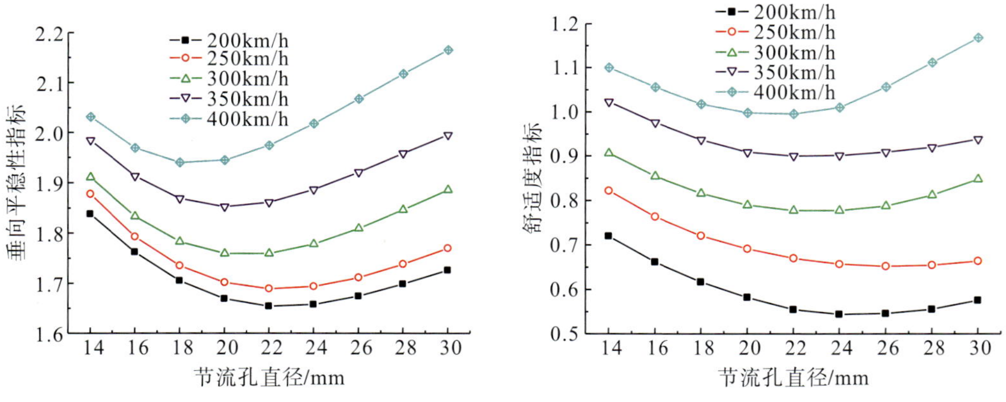

(a) 对平稳性指标的影响 (b) 对舒适度指标的影响

图 5.45 空气弹簧节流孔直径对车体垂向平稳性和舒适度指标的影响

6. 减振器的参数设计

为了减少振动，提高舒适性，在高速动车组转向架上设置多种减振器，主要有一系悬挂垂直、二系悬挂横向、二系悬挂垂直(可以空气弹簧节流孔设置代替)和抗蛇行减振器[27]，如图 5.46 所示。

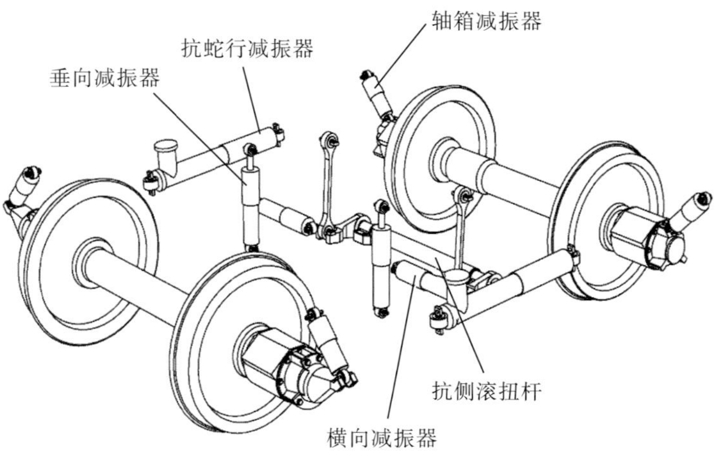

图 5.46　动车组转向架液压减振器系统

动车组转向架减振器一般采用液压减振器。液压减振器的阻力与活塞拉伸或压缩的速度有关，速度越高，阻力就越大。研究机械振动时通常认为黏性阻尼与振动速度的一次方成正比，即线性阻尼。为了防止减振器因振动速度过大致使油压过高，要求减振器有限压(荷)作用。典型的减振器卸荷特性如图 5.47 所示，曲线的 *OA* 段表示正常工作区，*AB* 段表示卸荷区，在此范围内，卸荷孔开启后，节流孔面积增大，阻力缓慢上升。通常，减振器工作在卸荷区之前。因此，“卸荷”实际上就是起安全阀的限制作用。

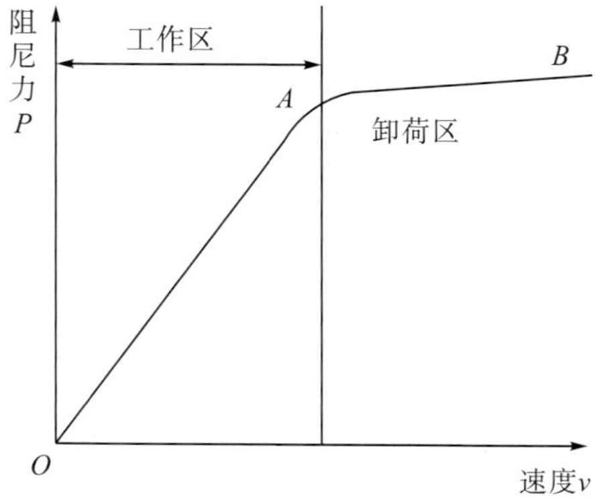

图 5.47　液压减振器卸荷特性

1) 垂向减振器

为了衰减轮轨界面向上传递的垂向振动，在轴箱与构架间垂向安装有液压减振器，以使得较大的轮对振动传递至构架时已得到部分衰减和抑制。在现代高速客车上，二系悬挂大多采用了空气弹簧，可以在空气弹簧结构中设置节流孔来提供垂向阻尼力(如 CRH2)，也可另外设置二系垂向减振器来提供垂向阻尼力(如 CRH1 和 CRH5)，CRH3 预留了二系垂向减振器的位置(但目前没有安装垂向减振器)。

设置一、二系垂向阻尼主要是为了改善车辆垂向平稳性，但并不是垂向阻尼越大越好[27]，从图 5.48 和图 5.49 可以看出，车辆运行速度越高，需要的垂向阻尼越小：对于一系垂向阻尼，200km/h 时的最佳垂向阻尼是 20kN·s/m，300km/h 时的最佳垂向阻尼是 15kN·s/m，350km/h 时的最佳垂向阻尼是 10kN·s/m；对于二系垂向阻尼，200km/h 时的最佳垂向阻尼是 60kN·s/m，300km/h 时的最佳垂向阻尼是 40kN·s/m，350km/h 时的最佳垂向阻尼是 20kN·s/m。

一般来说，阻尼对低频振动的抑制作用较好，但对高频振动的隔离反而不利。所以，车辆运行速度越高(激扰频率越高)，垂向阻尼值应越小，而且一系悬挂垂向阻尼较二系悬挂垂向阻尼应选取更小一些，因为轨道激扰传给一系悬挂的高频振动成分较多，经过了一系悬挂的隔振，传到二系悬挂的高频成分衰减了很多。从图 5.48 和图 5.49 还可以看出，垂向减振器对平稳性的影响呈现最佳值，这为减振器的阻尼值设计简单化。需要说明的是，无论是一系悬挂还是二系悬挂垂向阻尼对动车组运动稳定性和安全性影响都比较小，只需考虑其对运行平稳性的影响即可。

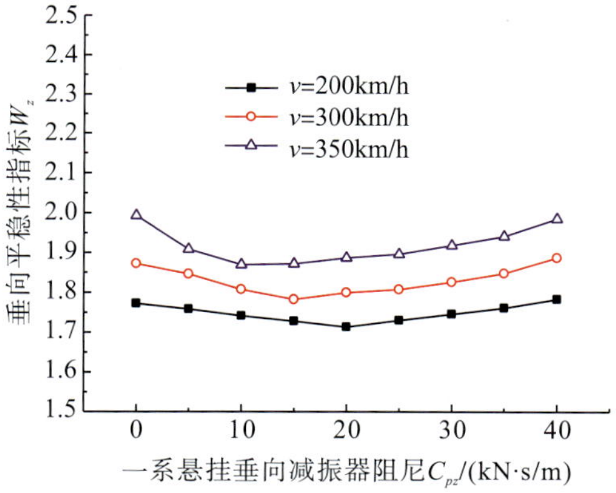

图 5.48 一系悬挂垂向阻尼对垂向平稳性的影响

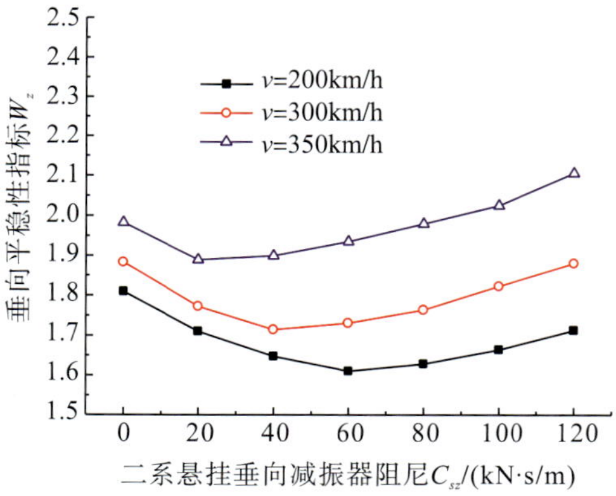

图 5.49 二系悬挂垂向阻尼对垂向平稳性的影响

2) 二系悬挂横向减振器

一般来说一系悬挂不单独设横向减振器，最多是利用一系悬挂垂向减振器，让减振器倾斜一个角度，起到一定的横向阻尼减振作用[27]，如图 5.50 所示。因此，横向减振器一般是指车体和构架之间的二系悬挂横向减振器。

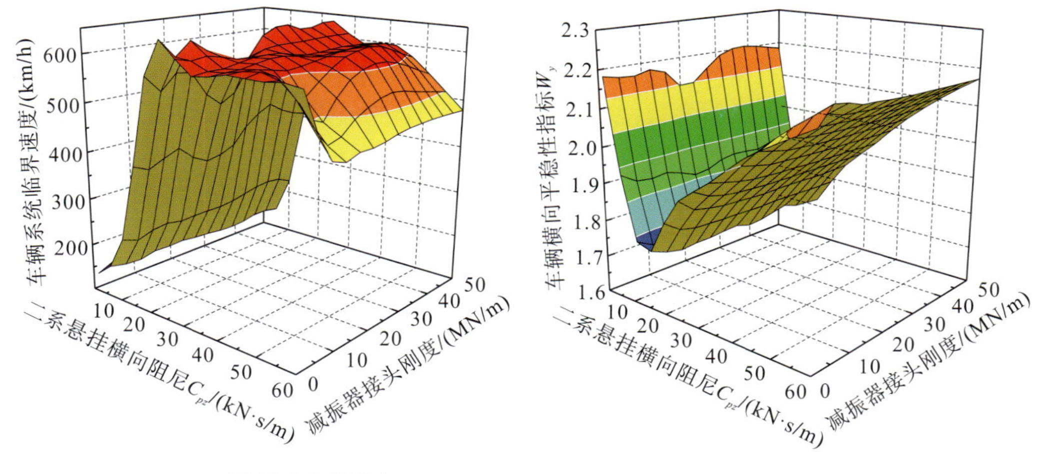

(a) 对临界速度的影响　　(b) 对横向平稳性的影响

图 5.50　二系悬挂横向减振器阻尼及接头刚度对临界速度和横向平稳性的影响

从图 5.50 可以看出，二系悬挂横向减振器对于衰减 CRH2 车辆横向振动功不可没，但并非横向减振器阻尼越大越好[27]。从图 5.50(b) 可以看出，高速转向架的横向阻尼不宜取得过大(横向阻尼过大，车辆系统临界速度和乘坐舒适性都会下降)。通过图 5.51 仿真与试验结果的对照也发现横向减振器阻尼不宜取得过大，如果每转向架安装 2 个横向减振器，每个横向减振器的阻尼选取 20～30kN·s/m 即可达到较好的效果。为了避免把过多的高频振动传给车体，二系悬挂横向减振器的接头刚度也不宜选取过大，二系悬挂横向减振器的接头刚度一般选取在 10MN/m 左右比较好。

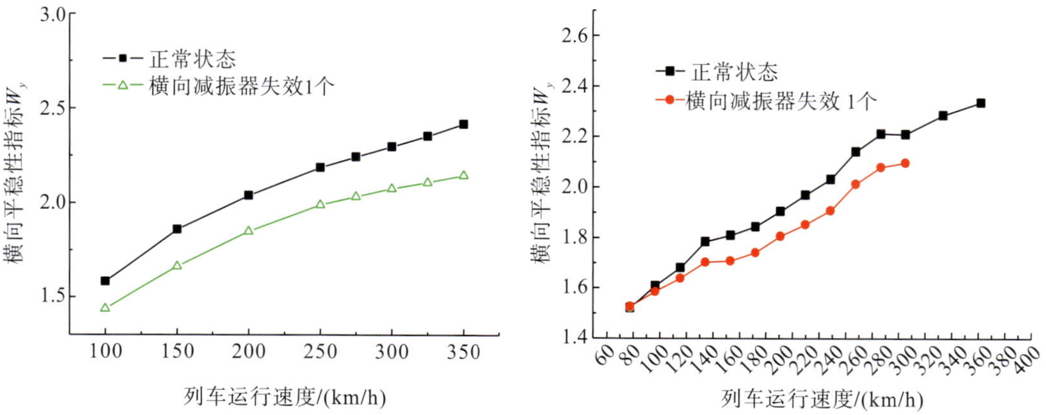

(a) 仿真分析　　(b) 台架试验结果

图 5.51　仿真与试验结果的对照

3) 抗蛇行减振器

在运动稳定性设计方法中提到，抗蛇行减振器对动车组的临界失稳速度影响强烈，同时从前面分析参数对动力学性能指标的影响矛盾中可知，抗蛇行减振器阻尼力阻碍转向架的转向，导致动车组曲线通过性能下降。

抗蛇行减振器具有油压减振器的特点，只是节流结构与节流特性与其他减振器有所不同。抗蛇行减振器的阻力特性曲线一般如图 5.52 所示。横坐标 v 为减振器两端端点的相对运动速度，纵坐标 F 表示的是减振器阻力。阻力特性曲线可以用减振器饱和阻力 F_{max} 和减振器卸荷速度 v_0 来表示。所以，减振器阻尼参数的选取可归结为 F_{max} 和 v_0 的选取。在饱和阻力 F_{max} 一定的条件下，卸荷速度 v_0 的减小就相当于增大其阻尼值。

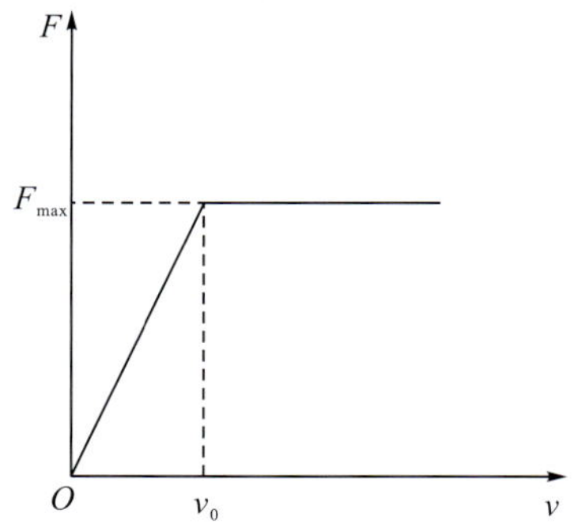

图 5.52 抗蛇行减振器阻力特性曲线

图 5.53(a)是某车的临界速度计算结果[27]，从图中可以看出：当抗蛇行减振器等效阻尼不足时，车辆系统的临界速度会大幅度下降，这说明高速动车组转向架加装抗蛇行减振器的必要性；图 5.53(b)是某车以 200km/h 速度通过 R2200m 曲线的磨耗指数计算结果，从图中可以看出，随着抗蛇行减振器等效阻尼增大，车辆的轮轨磨耗会增大，这说明转向架抗蛇行减振器的阻尼不能无限增大。从图 5.53 所示结果来看，该动车组抗蛇行减振器的卸荷力选取在 10kN 左右而卸荷速度选取在 0.005m/s 左右比较合理，这样既能保证动车组具有较高的临界速度，同时又不会带来过大的轮轨磨耗。

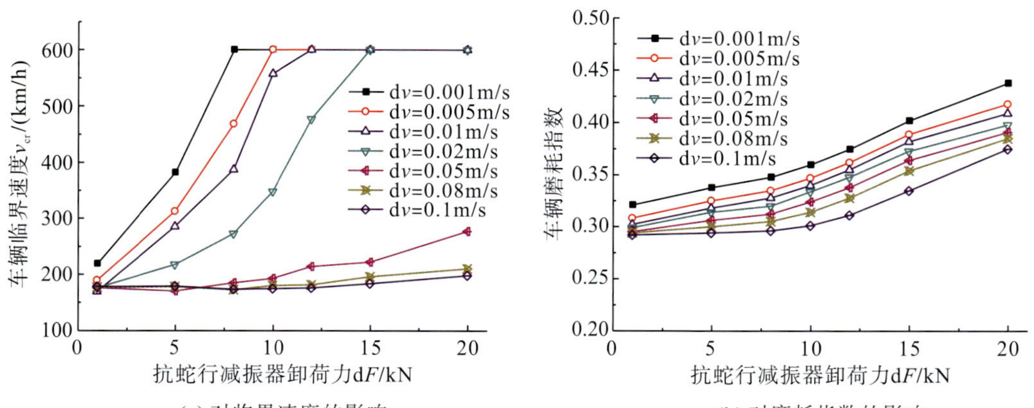

图 5.53 抗蛇行减振器对临界速度和磨耗指数的影响

从图 5.54 可以看出，仿真结果和台架试验结果都显示出当转向架的抗蛇行减振器有 1 个失效时，在高速阶段的横向平稳性会严重恶化，实际上出现了蛇行失稳[27]。因此，在运营过程中要时常监控抗蛇行减振器的工作状态，必要时可对转向架的抗蛇行减振器采取冗余设计(图 5.55)，即每转向架安装 4 个抗蛇行减振器。

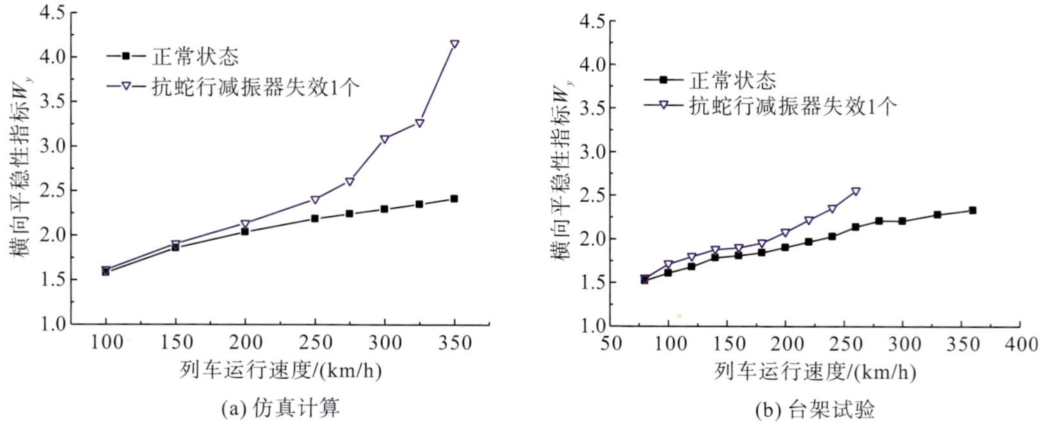

图 5.54　抗蛇行减振器故障对横向平稳性的影响

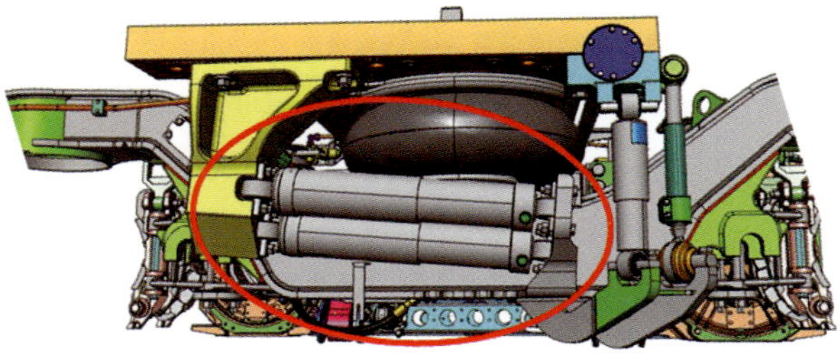

图 5.55　抗蛇行减振器冗余设计示意图

从图 5.56 可以看出，如果抗蛇行减振器采取冗余设计，即使每转向架的抗蛇行减振器失效一半(转向架每侧失效 1 个)，仍可保证高速列车平稳舒适地运行[27]。

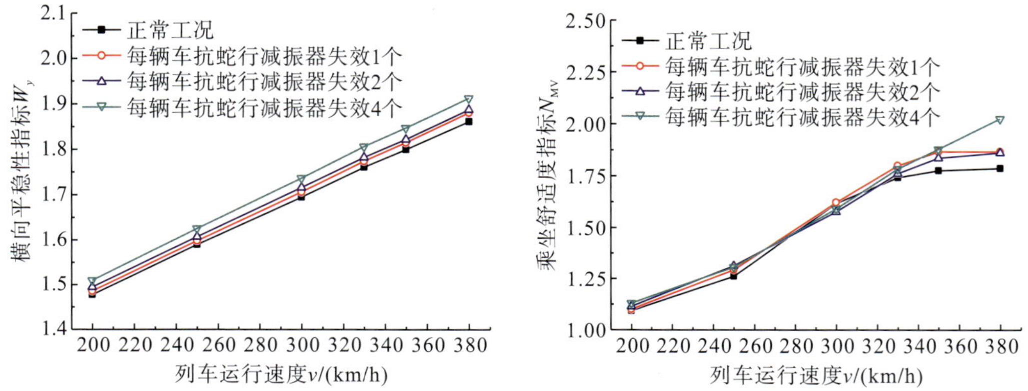

图 5.56　抗蛇行减振器冗余设计效果

参 考 文 献

[1] 张卫华. 高速列车顶层设计指标研究[J]. 铁道学报, 2012, 34(9): 15-19.

[2] 中华人民共和国铁道部. CRH3 动车组项目合同文件——附件 7 动车组供货技术条件[Z]. 北京: 中华人民共和国铁道部, 2005.

[3] 中华人民共和国铁道部. CRH2 型时速 300~350 公里动车组总体技术方案[Z]. 北京: 中华人民共和国铁道部, 2007.

[4] 中华人民共和国铁道部. CRH3 型时速 300~350 公里动车组总体技术方案[Z]. 北京: 中华人民共和国铁道部, 2007.

[5]舒仲周, 张继业, 曹登庆. 运动稳定性[M]. 北京: 中国铁道出版社, 2001.

[6] Abel S G, Cooperrider N K. An equivalent linearization algorithm for nonlinear system limit cycle analysis[J]. Journal of Dynamic Systems, Measurement, and Control, 1985, 107(2): 117-122.

[7] Alfred J. On the application of similarity laws to a scaled railway bogie mode[D]. Netherlands: University of Delft, 1990.

[8] Pater A D. The exact theory of the motion of a single wheelset moving on a perfectly straight track[C]. Proceedings of the 6th IAVSD Symposium on Vehicle System Dynamics, Netherlands, 1979: 397-407.

[9] Yokose K. An analysis of running stability of high speed railway trucks connected in series with elastic and frictional forces working against truck turning[J]. Vehicle System Dynamics, 1988, 17(sup1): 543-554.

[10] 孟宏. 提速机车车辆横向运动稳定性研究及应用[D]. 成都: 西南交通大学, 2009.

[11] 曾京, 邬平波. 车辆系统稳态方程收敛解的数值求解[J]. 铁道学报, 1994, 16(增刊): 125-130.

[12] True H, Chr K P. A bifurcation analysis of nonlinear oscillations in railway vehicles[C]. Proceedings of the 8th IAVSD Symposium on Vehicle System Dynamics, Netherlands, 1984: 655-665.

[13] 张卫华, 沈志云. 车辆非线性系统运动稳定性研究[J]. 铁道学报, 1996, 18(1): 29-34.

[14] 张卫华, 李艳, 宋冬利. 高速列车运动稳定性设计方法研究[J]. 西南交通大学学报, 2013, 48(1): 1-9.

[15] Polach O. Comparability of the non-linear and linearized stability assessment during railway vehicle design[J]. Vehicle System Dynamics, 2006, 44(sup1): 129-138.

[16] UIC518. Testing and approval of railway vehicles from the point of view of their dynamic behaviour safety track fatigue ride quality[S]. 3rd ed. [S. l.]: Union Internationale des Chemins de Fer Publications, 2005.

[17] 张曙光. 高速列车设计方法研究[M]. 北京: 中国铁道出版社, 2009.

[18] 罗键. 系统灵敏度理论导论[M]. 西安: 西北工业大学出版社, 1990.

[19] Nalecz A G. Application of sensitivity methods to analysis and synthesis of vehicle dynamic systems[J]. Vehicle System Dynamics, 1989, 18(1-3): 1-44.

[20] 曾京, 邬平波. 高速客车动力学性能的参数灵敏度分析[J]. 西南交通大学学报, 1996, 31(增刊): 186-198.

[21] 沈志云. 7 月起全国高铁限速 300 公里[N]. 华西都市报, 20110521(4).

[22] 谭庆昌, 赵洪志. 机械设计[M]. 北京: 高等教育出版社, 2004.

[23] 吴敌, 钟雁. 我国铁路客运动车组检修制度的研究[J]. 铁道运输与经济, 2006, 28(1): 50-51.

[24] 李艳, 张卫华, 池茂儒, 等. 车轮踏面外形及轮径差对车辆动力学性能的影响[J]. 铁道学报, 2010, 32(1): 104-108.

[25] Polach O, Vetter A. Methods for running stability prediction and their sensitivity to wheel/rail contact geometry[C]. The 6th International Conference on Railway Bogie and Running Gears, Budapest, 2004: 13-16.

[26] 郭荣生. 螺旋弹簧的横向弹性特性[J]. 铁道车辆, 1976, (4): 7-17.

[27] 张卫华. 动车组总体与转向架[M]. 北京: 中国铁道出版社, 2011.

[28] 王勇. 考虑液体晃动的三大件转向架罐车耦合系统动力学性能研究[D]. 成都: 西南交通大学, 2004.

[29] Shevtsov I Y, Markine V L, Esveld C. Optimal design of wheel profile for railway vehicles[J]. Wear, 2005, 258: 1022-1030.

第6章　高速列车耦合大系统参数优化设计方法

6.1　高速铁路线路参数优化设计

在国家973计划项目“高速列车服役安全基础科学问题研究”和国家863计划项目子课题“时速400公里高速检测列车总体技术条件及集成技术研究”中，对高速铁路线路参数优化设计进行了详细研究。本节通过线路参数对动车组的安全性和舒适性的影响分析，提出高速铁路线路参数的基本优化方法。

6.1.1　线路平纵断面设计

平纵断面设计参数包括线路的曲线半径、缓和曲线长度以及纵断面的变坡点类型等。这些参数直接影响高速列车运行的垂向动力学性能。

1. 曲线半径大小的影响[1]

为了探明高速列车通过曲线轨道时动力学性能指标的曲线半径效应，这里给出CRH某型动车组以250km/h速度分别通过曲线半径R为8000m、7000m、5500m和4500m曲线轨道时的轮轨横向力、脱轨系数、倾覆系数及车体横向振动加速度等行车安全性及舒适性指标，如图6.1所示。由图示结果可知，随着曲线半径的增大，轮轨横向力、脱轨系数、倾覆系数及车体横向振动加速度等指标均减小。值得注意的是，当曲线半径小于5500m

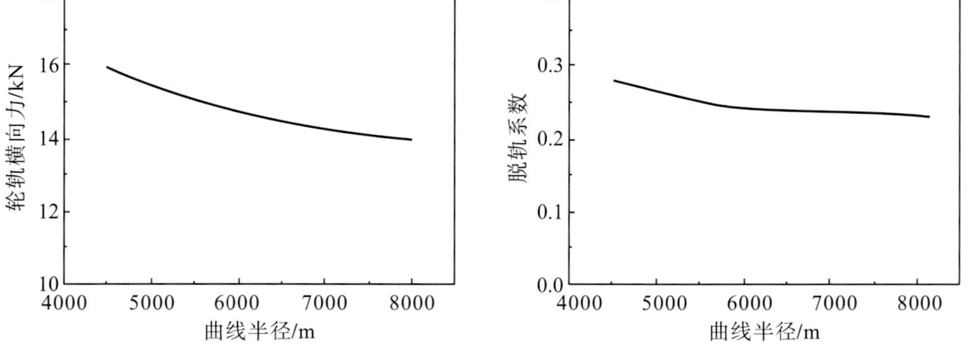

(a) 轮轨横向力　　(b) 脱轨系数

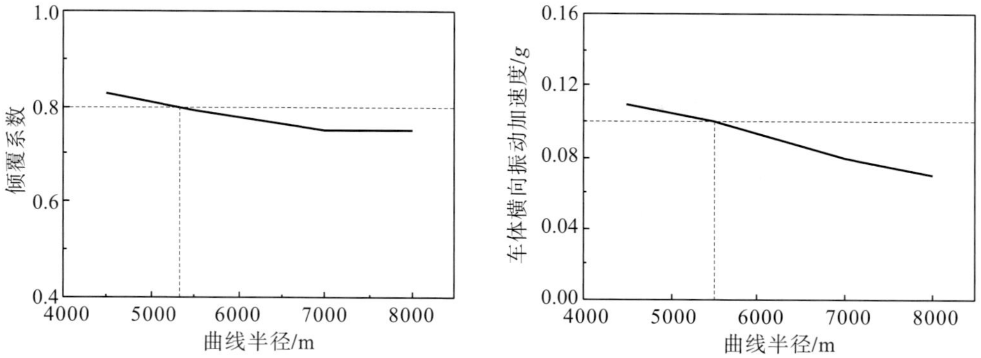

(c) 倾覆系数　　(d) 车体横向振动加速度

图 6.1　CRH 某型动车组曲线通过性能指标与曲线半径的变化关系

时车体横向振动加速度及倾覆系数均大于各自的合格限值，不能满足时速 250km 高速行车安全及舒适性要求，5500m 是列车运行时速 250km 的最小曲线半径。

2. 缓和曲线长度的影响

图 6.2 给出了缓和曲线长度对高速列车曲线通过(v=250km/h，R=7000m)时的行车安全性及乘坐舒适度的影响规律。由图中结果可知，缓和曲线越长，轮轨动力学性能越优，越有利于高速列车安全平稳地由直线轨道过渡到圆曲线轨道，如当缓和曲线长为 150m 时，脱轨系数及横向平稳性指标值分别是 0.33 和 2.68，而缓和曲线长度为 450m 时二者指标值分别是 0.18 和 2.42，安全性提高了 45%左右，乘坐舒适度由良好等级提高到优级。

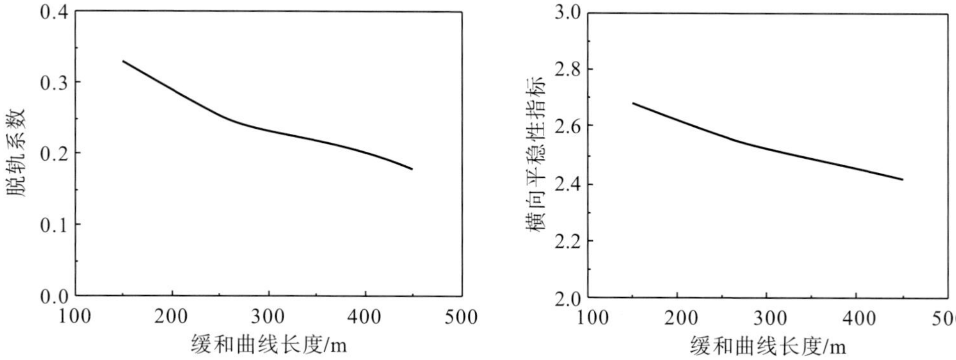

(a) 脱轨系数　　(b) 车体横向平稳性指标

图 6.2　CRH 某型动车组曲线通过性能指标与缓和曲线长度的变化关系

3. 变坡点的影响

为了减小线路建设工程造价，根据地势来建设铁路是选线的基本原则，因此线路在纵平面就存在上下坡，在上下坡之间就必须有过渡段。如果过渡段与动车组匹配不好，就会恶化动车组的运行平稳性。图 6.3 是 CRH-A 型和 CRH-B 型动车组在通过相同线路时的车体垂向振动加速度波形(10Hz 滤波)[2]，两种动车组在通过变坡点都出现了冲击振动，但由于两种动车组的悬挂参数不一样，两种动车组的振动波形存在很大差别，CRH-A 型动车组一般只产生 1 个明显的振动波，但 CRH-B 型动车组一般要产生 2～5 个明显的振动波。造成 CRH-B 型动车组通过边坡点振动衰减较慢的主要原因是二系悬挂垂向阻尼过小。为了改善车线匹配关系，减少变坡点对车辆振动响应的影响，CRH-B 型后续系列动车组对二系悬挂垂向悬挂参数进行了优化设计，取得了良好的效果。

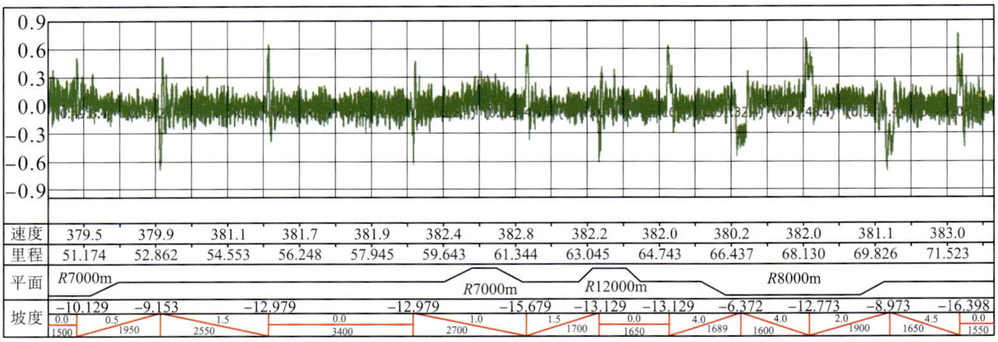

(a) CRH-A型动车组

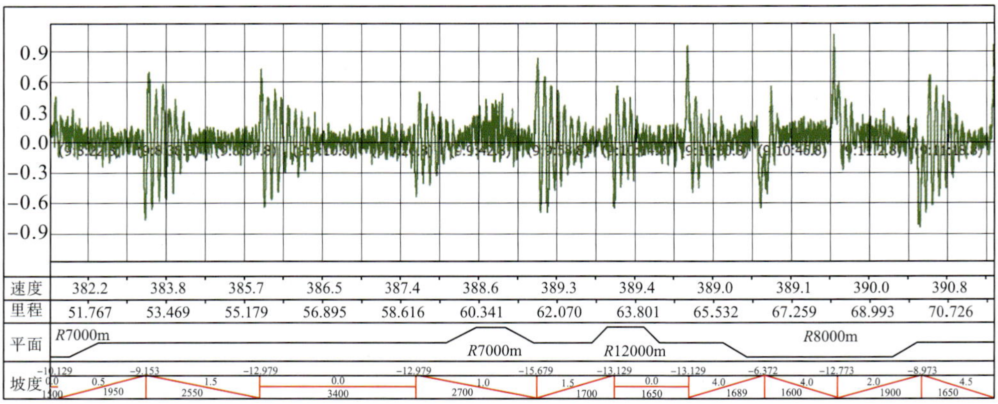

(b) CRH-B型动车组

图 6.3 变坡点对车体垂向振动加速度的影响(10Hz 滤波)

6.1.2 线路刚度优化设计[3]

线路平纵断面和线路不平顺是列车运行的外部激扰，而线路还存在线路结构带来的系统刚度和刚度不均匀性问题。线路刚度是高速列车耦合大系统模型的一部分，参与影响系统的振动响应，而线路刚度不均匀性相当于是系统内部的振动源，因为线路刚度不均匀性直接影响列车通过时线路静态变形，对列车也表现为外部激扰。

1. 轨道合理刚度

轨道刚度过大，会导致轮轨动力作用增大，轨道结构振动加剧，加速轨道整体结构及其部件的变形失效。轨道刚度过小，轨道在列车载荷作用下会产生超常的变形，线路状态不易保持，稳定性变差，影响线路的正常运营。因此，客运专线无砟轨道刚度合理设计具有重要意义。

表 6.1 为 CRH 某型高速动车组以 350km/h 速度在德国高干扰轨道谱激励下的轮轨系统动力学仿真结果。计算结果表明，随着轨下基础刚度的增大，轮轨垂向力、枕上压力、轮重减载率、轮轨磨耗指数增大，钢轨动弯应力、钢轨垂向位移减小。因此，从动力学的角度来看，在降低轮轨动作用力、保证轨道变形要求、降低轮轨磨耗、提高行车的安全性方面应该有一个平衡点，也就是轨道刚度有一个合理的范围。

表 6.1　轨下基础刚度对轮轨系统动力学性能的影响规律

轨下基础刚度/(MN/m)	轮轨磨耗指数/(N·m/m)	轮轨垂向力/kN	钢轨垂向位移/mm	枕上压力/kN	轮重减载率	钢轨动弯应力/MPa
10	10.66	102.42	2.71	29.09	0.3	98.3
20	12.55	108.79	1.68	34.56	0.38	90.57
30	13.77	114.36	1.3	39.53	0.45	88.12
40	14.24	118.37	1.09	44.23	0.51	87.15
50	14.45	122.29	0.96	49.2	0.56	86.43
60	14.58	126.27	0.86	52.98	0.61	85.89
70	14.66	129.68	0.8	55.16	0.65	85.31
80	14.74	132.51	0.74	56.68	0.69	85.08

为了综合分析无砟轨道轨下基础刚度对轮轨动力学性能的影响规律，将表 6.1 中的计算结果无量纲化，如图 6.4 所示。可以看出，高速客运专线无砟轨道结构轨下基础的合理刚度范围应该在 20～30MN/m。此时，钢轨变形的范围为 1.3～1.7mm。

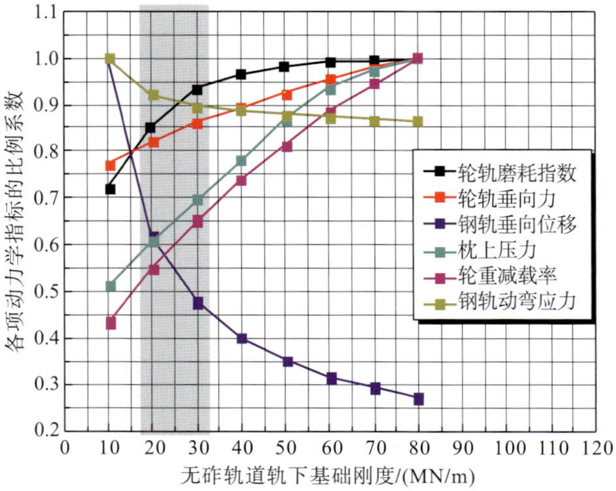

图 6.4　客运专线无砟轨道的合理刚度范围

2. 过渡段路基面合理刚度

在路桥连接处由于桥台和路基的结构差异很大，必须设置过渡段使线路的刚度和变形均匀过渡。无砟轨道结构的弹性主要由扣件提供，路基面的支承刚度直接影响无砟轨道结构的受力、变形及稳定性。无砟轨道扣件的静刚度为 20～30MN/m，计算中按最不利情况考虑，桥上扣件刚度取 30kN/mm，路基上扣件刚度取为 20MN/m，动静刚度比为 1.5。表 6.2 为列车以 350km/h 速度通过路桥连接处，路基面支承刚度对轮轨系统振动响应的影响。将表 6.2 中的计算结果无量纲化，结果如图 6.5 所示。

表 6.2 路基面支承刚度对轮轨系统振动响应的影响

路基面支承刚度/(MN/m)	轮轨垂向力/kN	枕上压力/kN	钢轨垂向位移/mm
50	81.89	30.68	1.23
100	80.94	30.30	1.17
200	79.94	27.80	1.09
500	79.12	26.81	0.98
1000	78.90	26.74	0.94
5000	78.52	26.71	0.91

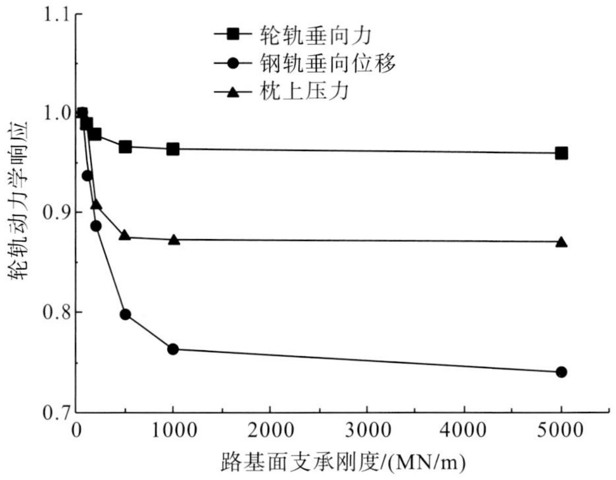

图 6.5 路基面支承刚度对轮轨动力学性能的影响

从仿真结果可以看出，当路基面支承刚度超过 1000MN/m 后对轮轨系统已经基本没有影响了。从轮轨作用力、枕上压力、钢轨垂向位移的计算结果来看，无砟轨道路桥(隧)过渡段的路基面刚度合理范围应为 500～1000MN/m。

6.1.3 轨道不平顺控制

尽管高速铁路采用高平顺、高稳定的整体无砟轨道结构，但线路不可能是完全平整的，总是与理想状态有误差。习惯上把轨道不平顺分为几大类，即轨距不平顺、水平不平顺、方向不平顺、垂向不平顺，如图 6.6 所示。

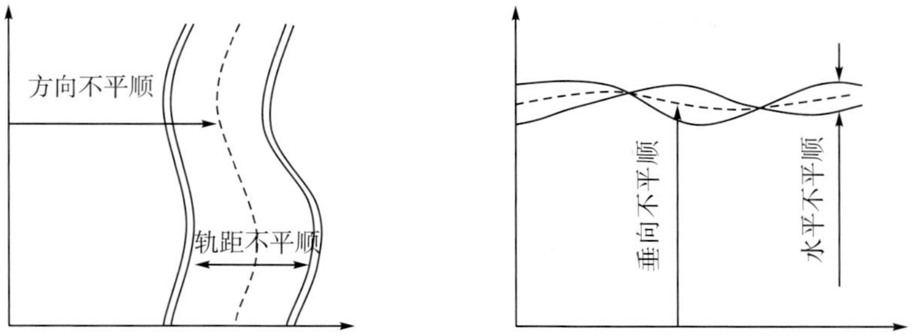

图 6.6　轨道不平顺定义

这几种轨道不平顺可以由左、右钢轨的垂向、横向误差(z_L, y_L, z_R, y_R)决定[4]：

轨距不平顺 $y_g = y_L - y_R$；

方向不平顺 $y_a = (y_L + y_R)/2$；

水平不平顺 $z_c = z_L - z_R$ 或 $\theta_c = (z_L - z_R)/(2l)$，$l$ 为轮对滚动圆横向间距之半；

垂向不平顺 $z_p = (z_L + z_R)/2$。

由图 5.22 的京津轨道不平顺可以看出，除了线路结构造成的固定频率激扰，轨道不平顺主要还是广谱的随机不平顺。另外由于线路沉降、钢轨焊接接头变形、高架线路桥墩下沉等不可避免的服役问题，还会出现三角坑和谐波不平顺等。下面以安全性指标轮重减载率为衡量指标，研究不同类型轨道不平顺对列车运行安全性的影响。

1. 轨道随机不平顺的影响[5]

1）250km/h 速度下的敏感轨道不平顺

在第六次铁路大提速时，通过进行全面的安全性测试，发现高速动车组对线路比较敏感，特别是轴重比较轻的动车组，在既有线上发现过轮重减载率超过 0.8 的情况。为了分析高速列车对线路不平顺的适应情况，这里具体计算了该动车组以时速 250km 在客运专线运行时，在单向随机不平顺(高低或轨向)激扰下动车组的轮重减载率，以期探明高低和轨向不平顺对轮重减载率的影响程度。分析时，不平顺的波长范围取为 1～45m，计算用的轨道谱为德国高干扰谱。

图 6.7 分别给出了高低不平顺、轨向不平顺、综合(高低和轨向共同作用)不平顺激扰下的轮重减载率计算结果(图中负值表示轮重增载情况)。从图 6.7(a)可以看出，在单独的高低不平顺激扰下，轮重减载率超出动态合格限值(0.8)的现象非常普遍，个别时刻的轮重减载率接近 1.0，表明车轮和钢轨之间出现了疑似瞬时脱离的现象，但减载或腾空时间很短，小于日本提出的脱轨安全标准暂行方案所要求的轮重减载率达到 1.0 的时间不能超过 0.015s 的规定[6]。图 6.7(b)结果表明，单独的轨向不平顺激扰对轮重减载率影响较小。图 6.7(c)轮重减载率的结果(高低与轨向共同作用)表明，单一高低不平顺激扰下的轮重减载率与综合不平顺激扰下的值非常接近，两者之间无明显差异。由此表明，动车组减载现象主要是由轨道高低不平顺引起的，而轨向不平顺对轮重减载率的贡献量很小。

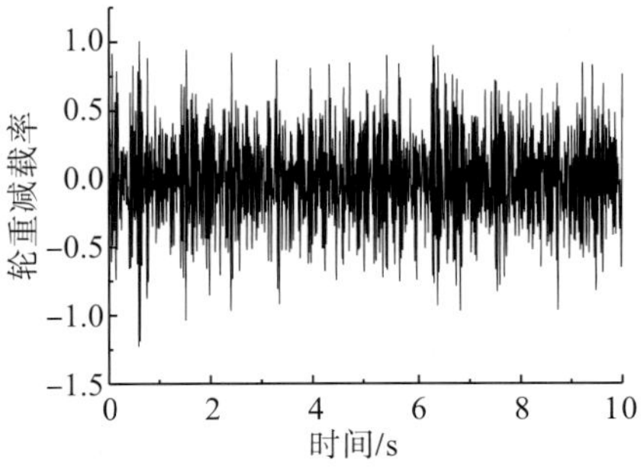

(a) 高低不平顺激扰

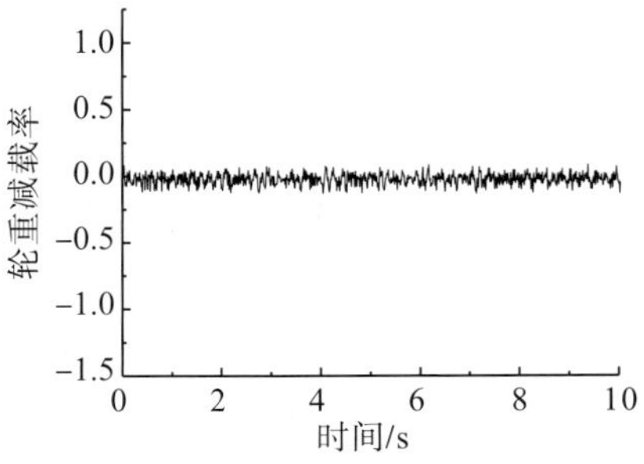

(b) 轨向不平顺激扰

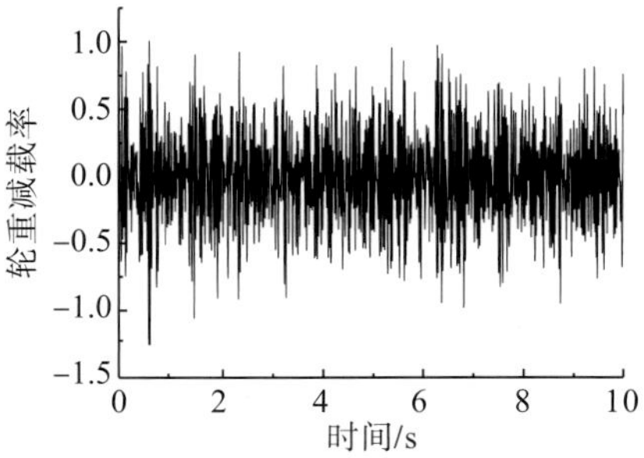

(c) 高低和轨向不平顺共同激扰

图 6.7 不平顺激扰下轮重减载率时域响应的计算结果

在波长 1～45m 的不平顺激扰下，计算了动车组拖车(空车)以 160km/h、180km/h、200km/h、210km/h、220km/h、230km/h、240km/h、250km/h、260km/h、270km/h 速度通过竖曲线线路时的轮重减载率指标值。运用频谱分析技术，得到 160～270km/h 速度范围内轮重减载率的主频值，如表 6.3 所示。计算结果表明，160～270km/h 速度下的轮重减载率主频集中在 30～40Hz。根据波长、速度与频率的关系，可以推算得出 160～270km/h 速度下轮重减载率的敏感波长为 1～2.5m。

表 6.3 不同速度下轮重减载率的主频及敏感波长

速度/(km/h)	主频/Hz	波长/m	速度/(km/h)	主频/Hz	波长/m
160	32.2	1.38	230	36.5	1.75
180	34.0	1.47	240	37.3	1.79
200	36.5	1.52	250	37.3	1.86
210	34.8	1.68	260	37.8	1.91
220	35.8	1.71	270	35.0	2.14

由上述分析可知，2.5m 波长是一个界限值，因此拟定 3 个不同波长范围不平顺，即 1～2.5m、2.5～45m、1～45m，探讨不同波长范围不平顺对该动车组行车安全性的影响。该动车组拖车(空车)以 250km/h 速度运行时轮重减载率的时域和频域响应计算结果如图 6.8～图 6.10 所示。

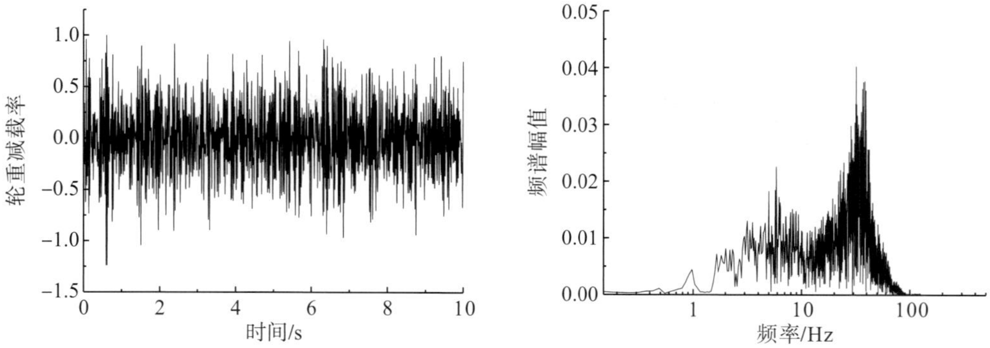

(a) 轮重减载率的时域响应　　(b) 轮重减载率的频域响应

图 6.8　波长范围 1～45m 不平顺激扰下轮重减载率的计算结果

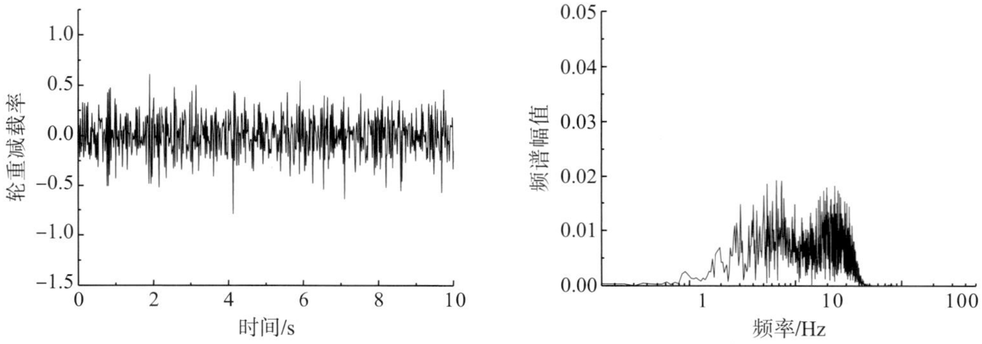

(a) 轮重减载率的时域响应　　(b) 轮重减载率的频域响应

图 6.9　波长范围 2.5～45m 不平顺激扰下轮重减载率的计算结果

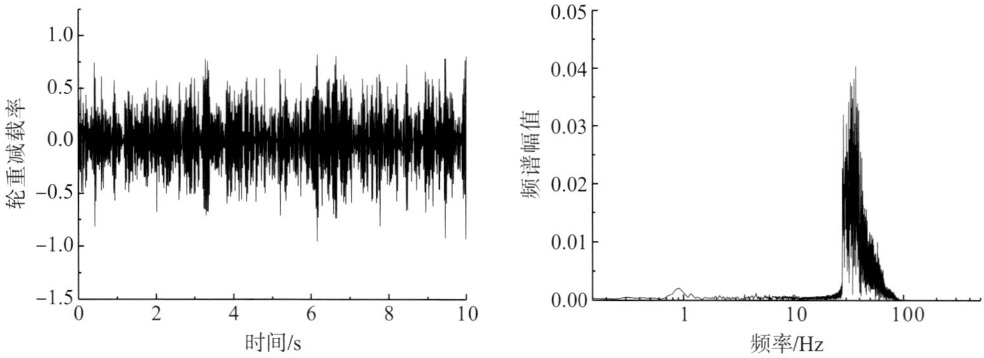

(a) 轮重减载率的时域响应　　(b) 轮重减载率的频域响应

图 6.10　波长范围 1～2.5m 不平顺激扰下轮重减载率的计算结果

对比图 6.8～图 6.10 的计算结果可以发现：在 1～45m 波长范围的不平顺激扰下，动车组拖车以 250km/h 速度运行时，轮重减载较严重，减载率达到 1.0 的时刻较多，大于动态减载率限值 0.8 的现象非常普遍，对安全行车不利；在主频范围处幅值较大。在 2.5～45m 波长范围的不平顺激扰下，轮重减载率均在 0.65 以下，小于稳态减载率限值，满足安全行车要求；在主频范围处幅值要较 1～45m 波长下的值要小得多。在 1～2.5m 波长范围的不平顺激扰下，在少数时刻，轮重减载率达到了动态减载率限值 0.8；在主频范围处幅值与 1～45m 波长下的值非常接近。由此可见，在 250km/h 的速度条件下，1～2.5m 波长范围的轨道不平顺是导致动车组高速运行时轮重减载的主要原因，应加以重视。

2）350km/h 速度下的敏感轨道不平顺

由于运行速度更高，这里初步设定波长范围为 1～120m，用设计速度更高的某时速 300km 高速动车组(空车)为计算对象，计算用轨道谱仍是德国高干扰谱。以 350km/h 速度运行时轮重减载率计算结果如图 6.11 所示，同样正值为轮重减载情况，负值为轮重增载情况。

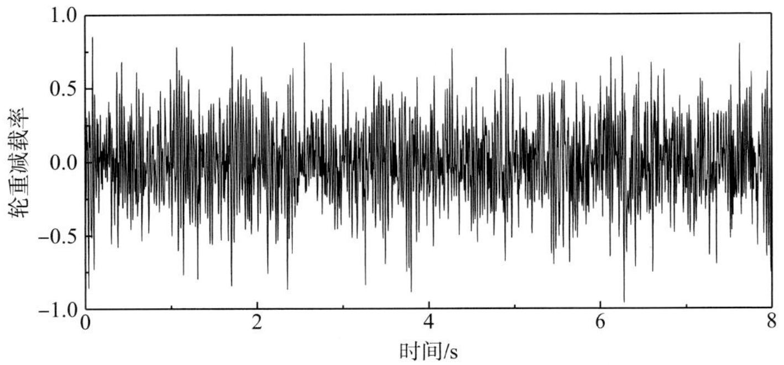

图 6.11 高速动车组轮重减载率指标的时间响应

图 6.11 结果表明，在德国高干扰谱的线路条件下，轮重减载率最大峰值达到了 0.85，超出了动态合格限值 0.8。因此，在该不平顺激扰下，不能满足高速行车安全性。

运用频谱分析技术，得到减载率频域响应，如图 6.12 所示。从图 6.12 中可以看出，减载率的主频为 37Hz。

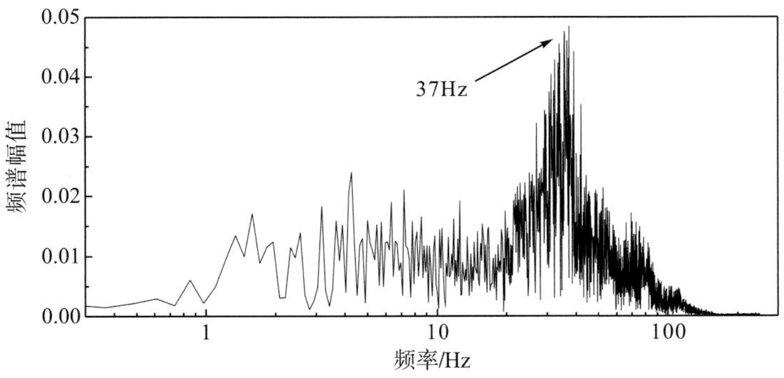

图 6.12 高速动车组轮重减载率指标的频域响应

根据波长、速度与频率的关系，可以推算得出 350km/h 速度下轮重减载率的敏感波长约为 3m。

2. 线路谐波不平顺的影响[5]

下面在速度 250km/h 下分析线路谐波不平顺的影响。

1) 三角坑不平顺对轮重减载率的影响

图 6.13 描述了线路上常见三角坑不平顺几何状态。

不平顺的波形函数为

$$Z=\frac{A}{2}\left(1-\cos\frac{2\pi x}{L}\right) \tag{6-1}$$

式中，L、A 分别为不平顺的波长和幅值，对于三角坑，L 取 12.5m。

(1) 三角坑幅值的影响。

图 6.14 给出了某型时速 250km 动车组拖车(空车)以 250km/h 速度运行时轮重减载率随三角坑幅值变化情况(没有考虑随机不平顺的影响)。由图可见，若幅值 A 小于 15.7mm，轮重减载率小于 0.65(准静态合格限值)；若幅值 A 小于 17.2mm，轮重减载率小于 0.8(动态合格限值)。

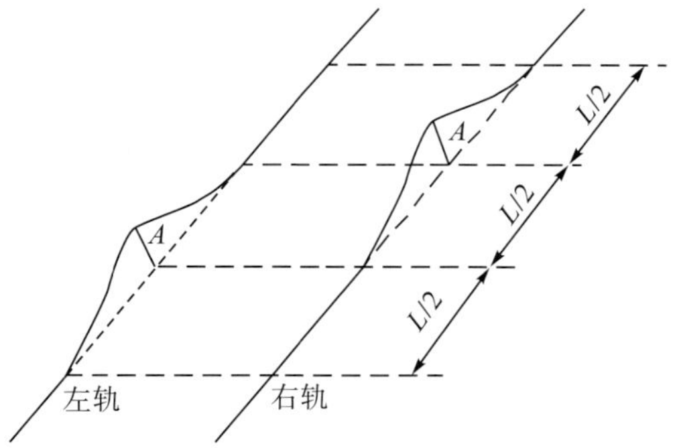

图 6.13　三角坑不平顺示意图

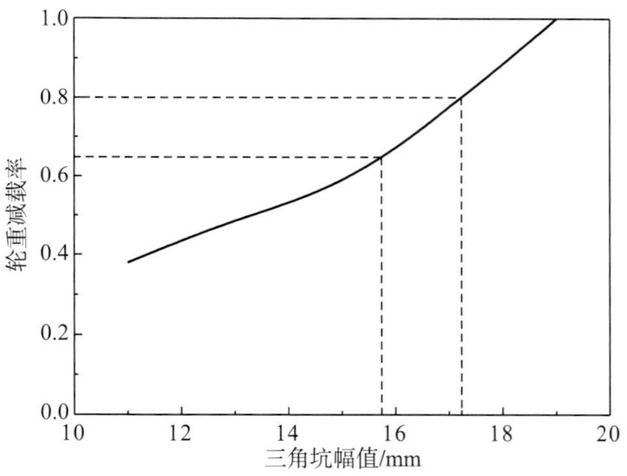

图 6.14　三角坑幅值对轮重减载率的影响

因此，若线路上存在三角坑不平顺，则必须严格限值其幅值，最好控制在 15.7mm 以内(12.5m 波长)，才能满足高速列车轮重减载率准静态标准要求。

(2) 三角坑波长的影响。

与随机不平顺相似，三角坑波长影响轮轨系统的激振频率。这里仅以幅值为 15mm 的三角坑为例，对三角坑波长 L 与动车组高速行车时的轮重减载率指标的关系进行研究和分析。计算时，不考虑轨道随机不平顺。

图 6.15 给出了该动车组拖车(空车)以 250km/h 速度运行时轮重减载率的波长效应。图 6.15 表明，当三角坑波长一定时，波长越短，轮重减载率越大，车轮脱离钢轨的可能性越大；当三角坑波长大于 10.8m 时，轮重减载率值均小于准静态合格限值(0.65)，波长

在 10.8～7.6m 范围内的轮重减载率介于 0.65 和 0.8(动态合格限值)之间,当波长小于 7.6m 时，轮重减载率指标将超出动态合格限值，不能满足高速行车要求。

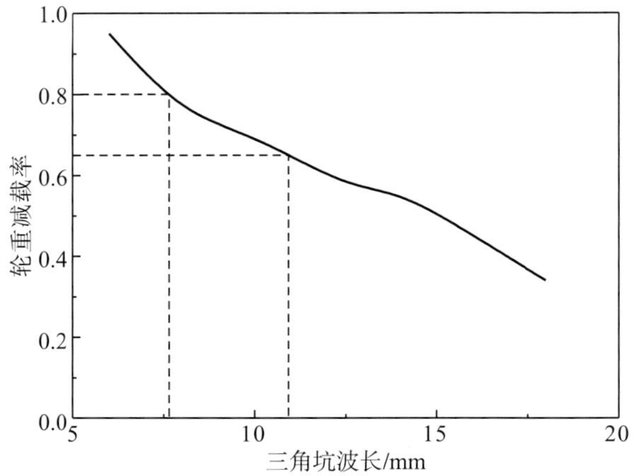

图 6.15 三角坑波长对轮重减载率的影响

当然，上述计算与分析仅为一个例子，即幅值为 15mm，对于不同幅值，相应的有一个波长限值，一般而言，幅值越大，波长限值越大。

(3) 三角坑形状的影响。

从单侧钢轨来看，上述三角坑的余弦形状均为凸形。如果三角坑的余弦形状为凹形，将对动车组高速行车的轮重减载率有何影响，这里将进一步对此问题予以分析。

图 6.16 给出了该动车组拖车(空车)以 250km/h 速度通过凸、凹形状三角坑(A=14mm、L=12.5m)时轮重减载率时程响应。

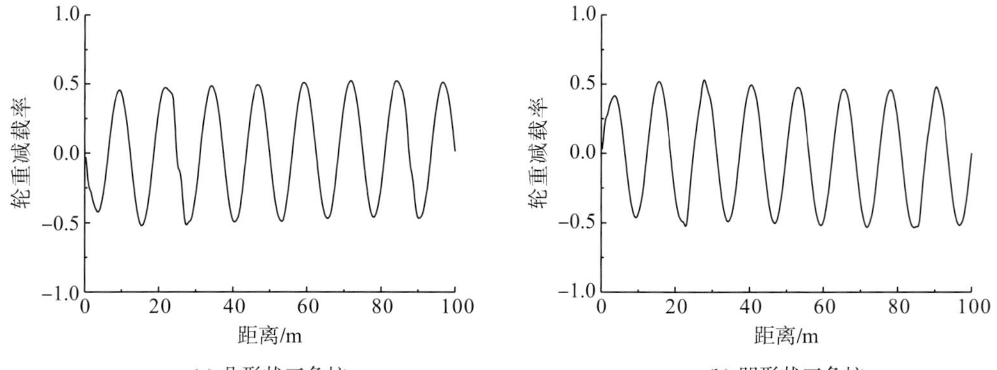

(a) 凸形状三角坑 (b) 凹形状三角坑

图 6.16 不同形状三角坑条件下轮重减载率的计算结果

图 6.16 结果表明，凸、凹形状三角坑对轮重减载率的影响甚微，两种条件下的轮重减载率最大值均为 0.53。

2) 高低谐波不平顺对轮重减载率的影响

线路上常见高低谐波不平顺几何状态如图 6.17 所示。

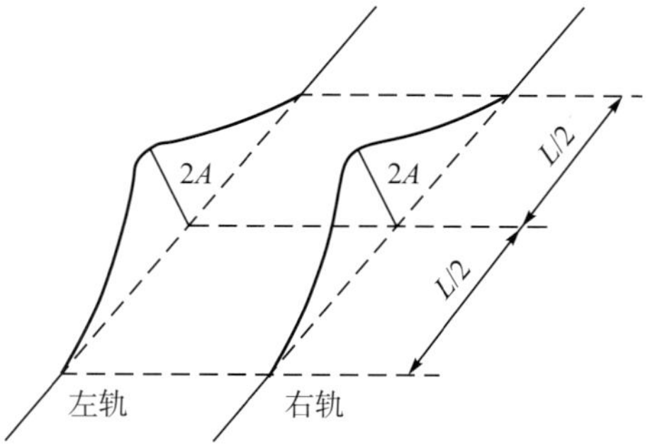

图 6.17　高低谐波不平顺示意图

不平顺的波形函数为

$$Z = A\left(1-\cos\frac{2\pi x}{L}\right) \text{ 或 } Z = 2A\sin\frac{2\pi x}{L} \tag{6-2}$$

式中，L、A 分别为不平顺的波长和半峰值，L 取 10m。

(1) 高低谐波不平顺幅值的影响。

图 6.18 给出了该动车组拖车(空车)以 250km/h 速度通过高低谐波不平顺时轮重减载率大小随不平顺半峰值变化情况。从图中结果可以看出，轮重减载率随幅值几乎呈线性增长，当半峰值小于 12.2mm 时，轮重减载率小于准静态合格限值 0.65，当半峰值介于 12.2mm 与 15.3mm 之间时，减载率在 0.65～0.8 范围内变化，当半峰值大于 15.3mm 时，轮重减载率超出动态限值 0.8，不能满足安全行车要求。

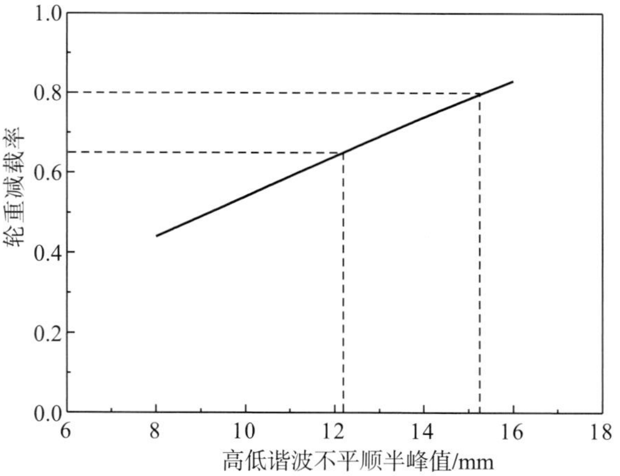

图 6.18　高低谐波不平顺半峰值对轮重减载率的影响

由此可见，若在单一的高低谐波不平顺(L=10m)作用下，半峰值控制在 12.2mm 以内能满足时速 250km 的减载率准静态标准要求。

(2)高低谐波不平顺波长的影响。

这里以半幅值为 8mm 的高低谐波不平顺为例，对波长 L 与动车组高速行车时的轮重减载率指标的关系进行研究和分析。计算时，也不考虑轨道随机不平顺。图 6.19 给出了该动车组拖车(空车)以 250km/h 速度运行时轮重减载率的波长效应。

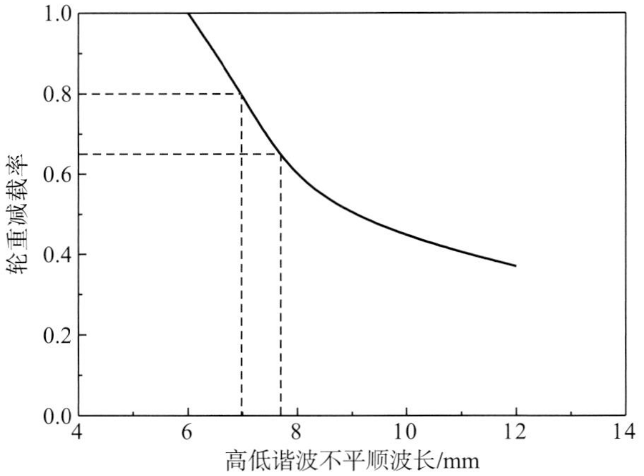

图 6.19 高低谐波不平顺波长对轮重减载率的影响

图 6.19 表明，当高低谐波不平顺幅值一定时，轮重减载率随着波长变短而增加，当波长小于 7m 时，轮重减载率超过 0.8，属于不合格，当波长为 7～7.7m 时，轮重减载率介于 0.65 和 0.8 之间，当波长大于 7.7m 时，轮重减载率指标小于准静态合格限值 0.65，满足高速行车要求。

同样，轮重减载率的波长效应分析结果与不平顺幅值相关，一般而言，幅值越大，波长限值越大。

3)水平谐波不平顺对轮重减载率的影响

线路上常见水平谐波不平顺几何状态如图 6.20 所示，不平顺的波形函数与式(6-2)相似，其中 L 取 12.5m。

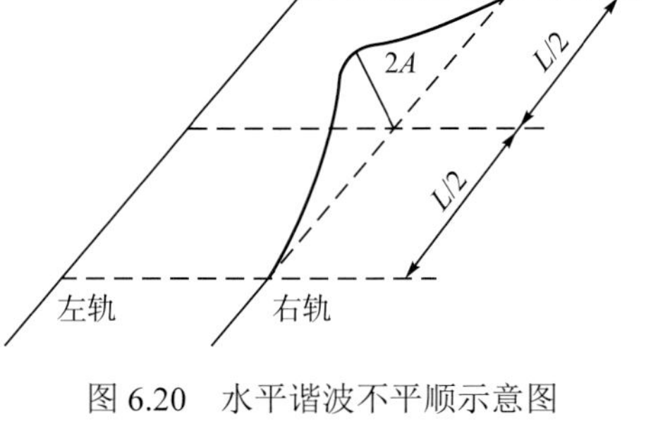

图 6.20 水平谐波不平顺示意图

(1) 水平谐波不平顺幅值的影响。

某型时速 250km 动车组拖车(空车)以 250km/h 速度通过水平谐波不平顺时轮重减载率大小随不平顺半峰值变化情况如图 6.21 所示。从图中可以看出，轮重减载率与不平顺半峰值的增长趋势呈线性，当半峰值小于 11.7mm 时，轮重减载率小于准静态合格限值 0.65，当半峰值介于 11.7mm 与 15mm 之间时，减载率在 0.65～0.8 范围内变化，当半峰值大于 15mm 时，减载率超出动态合格限值 0.8，不能满足安全行车要求。

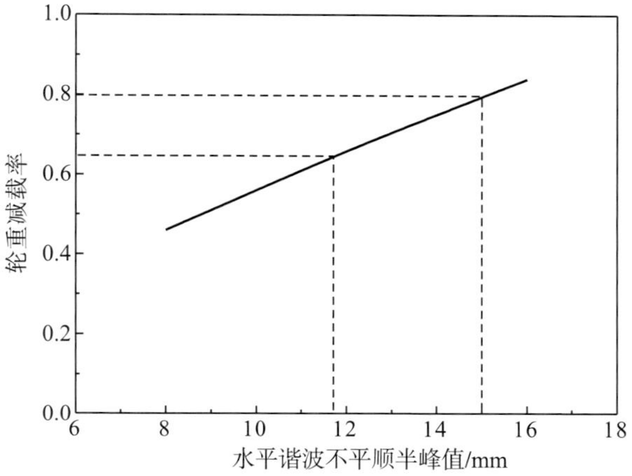

图 6.21　水平谐波不平顺半峰值对轮重减载率的影响

由此表明，若在单一的水平谐波不平顺(L=12.5m)作用下，半峰值控制在 11.7mm 以内轮重减载率才能满足时速 250km 的要求。

(2) 水平谐波不平顺波长的影响。

这里对水平谐波波长 L 与动车组高速行车时的轮重减载率指标的关系进行研究，分析时，取半幅值为 10mm，不考虑轨道随机不平顺。图 6.22 给出了该动车组拖车(空车)以 250km/h 速度运行时轮重减载率的波长效应。

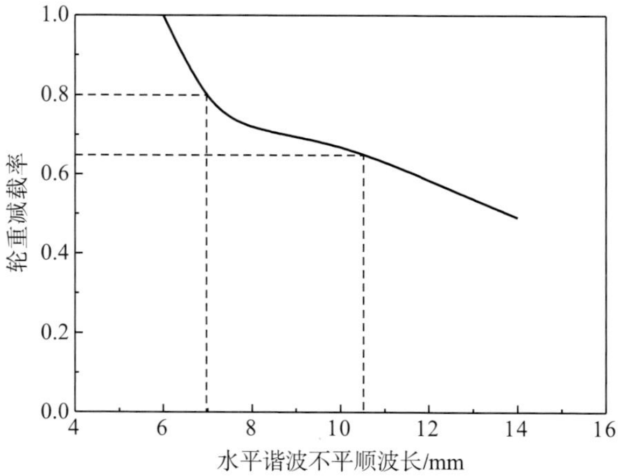

图 6.22　水平谐波不平顺波长对轮重减载率的影响

图 6.22 表明，随着波长变短，轮重减载率增加，当波长小于 7m 时，轮重减载率超过 0.8，属于不合格；当波长为 7～10.5m 时，减载率介于 0.65 和 0.8 之间；当波长大于 10.5m 时，轮重减载率指标小于准静态合格限值 0.65，满足高速行车要求。

同样，该分析结果与不平顺幅值相关，幅值越大，波长限值也越大。

4) 轨道随机不平顺对动车组行车舒适性的影响研究

针对某型时速 250km 动车组，从频域内深入研究列车运行舒适性指标值的随机振动特性。常用的列车运行舒适性指标主要包括车体横向与垂向振动加速度及其相应的 Sperling 指标。

(1) 舒适性指标的敏感波长分析。

图 6.23 给出了在我国客运专线轨道不平顺激扰下，某型时速 250km 动车组以 250km/h 速度运行时车体横向及垂向振动加速度的频域响应。由图 6.23 可知，车体横向和垂向振动能量主要集中在低频区域，在 1～10Hz 范围内分布。

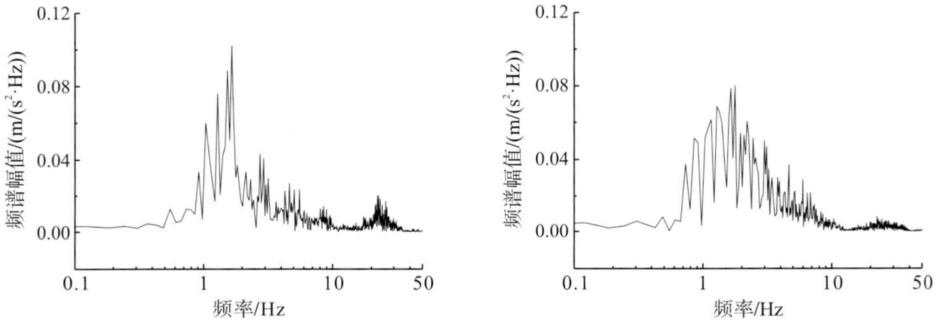

(a) 横向振动加速度 (b) 垂向振动加速度

图 6.23 车体振动加速度的频域响应(v=250km/h)

表 6.4 列出了高速动车组以 160～280km/h 速度运行时车体横向振动加速度的振动主频及相应的敏感波长(根据速度、频率和波长的关系，不难计算得到每个速度下主频所对应的不平顺波长，即敏感波长)。垂向指标的计算结果见表 6.5。

表 6.4 车体横向振动主频及敏感波长

速度/(km/h)	主频/Hz	波长/m	速度/(km/h)	主频/Hz	波长/m
160	1.0	44.44	220	1.4	43.65
180	1.2	41.67	250	1.5	46.30
200	1.2	46.30	280	1.6	48.61

表 6.5 车体垂向振动主频及敏感波长

速度/(km/h)	主频/Hz	波长/m	速度/(km/h)	主频/Hz	波长/m
160	1.1	40.40	220	1.3	47.00
180	1.2	41.67	250	1.5	46.30
200	1.2	46.30	280	1.5	51.85

由表 6.4 可知，在计算速度范围内，车体横向振动的主频主要集中在 1～2Hz 范围内，随着速度的提高，主频略有增加。在 160～280km/h 速度范围内，不平顺的敏感波长为 40～50m，由此也可说明，在 40～50m 波长范围内，车体横向振动能量最大。

从表 6.5 中结果可以看出，对于车体垂向振动，每个速度下的主频与横向的主频非常接近，敏感波长范围也与横向的范围相近。

另外，值得注意的是，高速列车车体振动主要体现在低频范围内(1～2Hz)。就人体敏感频率而言，横向及垂向的范围分别是 2Hz 以下和 4～8Hz，因此在研究和分析高速列车乘坐舒适性时必须对横向振动加速度予以足够重视。

(2)不同波长的舒适性能对比分析。

鉴于上面的结论，以车体横向振动为研究对象，对不同波长范围随机不平顺激扰下的平稳性指标进行对比分析。据前文分析可知，40～50m 为敏感波长范围，计算时，特设置了 3 种波长范围的客运专线轨道随机不平顺。第一种波长范围是 1～40m，没有考虑敏感波长；第二种是在前者基础上叠加了敏感波长，波长范围是 1～50m；第三种是在第二种的基础上，考虑了更长波长的不平顺，最大波长达到了 100m。

表 6.6 给出了该动车组以 250km/h 速度运行时的车体横向平稳性指标计算结果，对比表中结果可知：如果没有敏感波长和长波长的影响，仅考虑 1～40m 的波长，车体横向平稳性指标为 2.45，根据动力学性能评定标准，属优级；在 1～50m 波长不平顺的激扰下，由于叠加了敏感波长不平顺，车体横向平稳性急剧下降，指标值大幅度增加，达到了 2.56，属良好等级；若在 1～50m 波长范围基础上进一步增大不平顺波长至 100m，则车体横向平稳性指标略有增大，为 2.59，与 1～50m 波长的指标属相同等级。由此表明，敏感波长不平顺在车体横向平稳性指标中起主要控制作用，高于敏感波长的长波不平顺对车体横向平稳性指标影响较小。

表 6.6 横向平稳性指标计算结果

波长范围/m	1～40	1～50	1～100
横向平稳性指标	2.45	2.56	2.59

6.2 高速受电弓和接触网参数优化设计

6.2.1 受电弓参数优化设计

受电弓的参数是影响弓网系统动力学性能的重要因素之一。在确定接触网结构及参数条件下，如果受电弓参数不匹配，不仅会导致弓网振动加剧、离线增加、受流恶化，而且会带来弓网异常磨耗和严重的碰弓、钻弓等一系列问题。因此，需要对受电弓进行参数优化，分析受电弓与接触网参数是否匹配，定性了解弓头及框架的质量、刚度和阻尼等参数对其动力学性能的影响，以获得最佳的受电弓设计参数。下面以 TSG 19 高速受电弓的参数为基础，简要介绍受电弓参数的优化设计。

1) 弓头悬挂刚度

当运行速度为 350km/h 时，弓头悬挂刚度对接触压力的影响如图 6.24 所示。由图可知，随着弓头刚度由 8000N/m 增至 15000N/m，接触压力最小值先增大后减小，而最大值和标准差呈减小的趋势。由此说明，对于该型受电弓，适当增大弓头悬挂刚度有利于抑制弓头悬挂系统过大的振动位移，避免较大的接触压力振荡。但由于增大弓头悬挂刚度造成接触压力最小值总体在减小，易导致弓网离线，因而弓头悬挂刚度也不能过大。

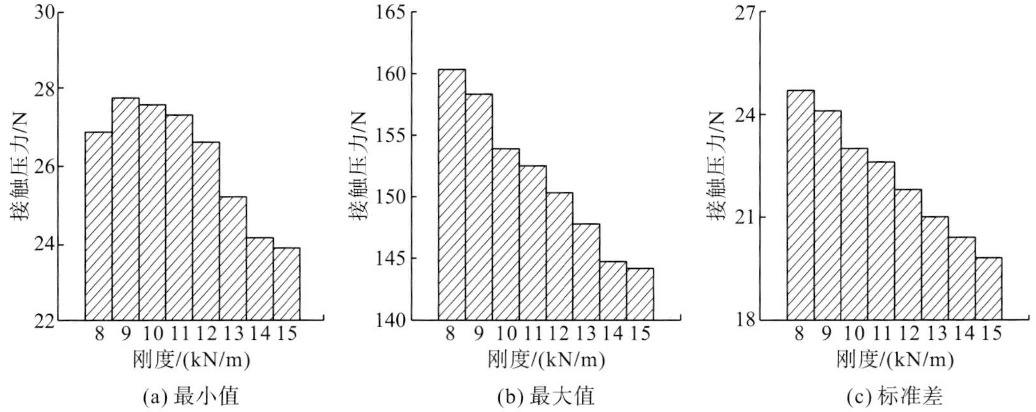

图 6.24 弓头悬挂刚度对接触压力影响

2) 弓头悬挂阻尼

弓头悬挂阻尼对减小振动、遏止受电弓弓头悬挂系统振荡是有利的，但过大的阻尼又会阻碍弓头的运动而影响其跟随性。因此，应合理选择弓头悬挂系统的阻尼值，以获得良好的弓网动力学性能。当运行速度为 350km/h 时，弓头悬挂阻尼对接触压力的影响如图 6.25 所示。

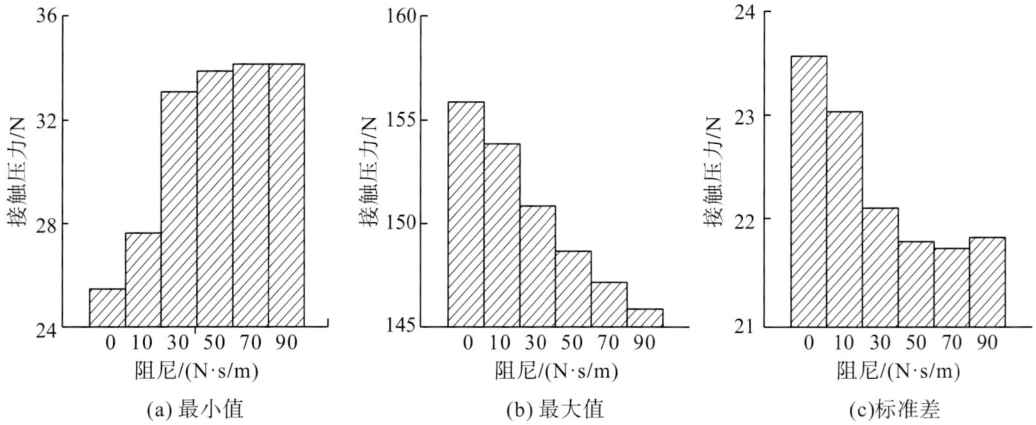

图 6.25 弓头悬挂阻尼对接触压力影响

由图 6.25 可知，当悬挂系统没有阻尼时，接触压力的最小值最小，而最大值和标准差最大。说明在受到接触网扰动后，接触压力以较大振幅波动，对受流极为不利；随着悬挂系统阻尼的增大，接触压力的振荡幅度减小，受流质量得到较大的改善。当阻尼值增至 50N·s/m 后，阻尼对接触压力的影响已逐步减小。因此，对于该型受电弓，弓头悬挂系统的阻尼值控制在 50N·s/m 左右是较为合理的，再大的阻尼值对接触压力的改善作用已不明显。

3) 弓头悬挂质量、框架质量

当运行速度为 350km/h 时，弓头悬挂质量对接触压力的影响如图 6.26 所示。由图可知，随着弓头悬挂质量逐步增大，接触压力最小值减小，而最大值和标准差不断增大，弓网接触压力逐步恶化。由此说明，就改善弓头的动力学性能而言，应尽可能减小弓头悬挂的质量，以保证弓头的跟随性，使得受电弓跟得上接触网的振动。对于框架质量的优化设计，情况也类似。

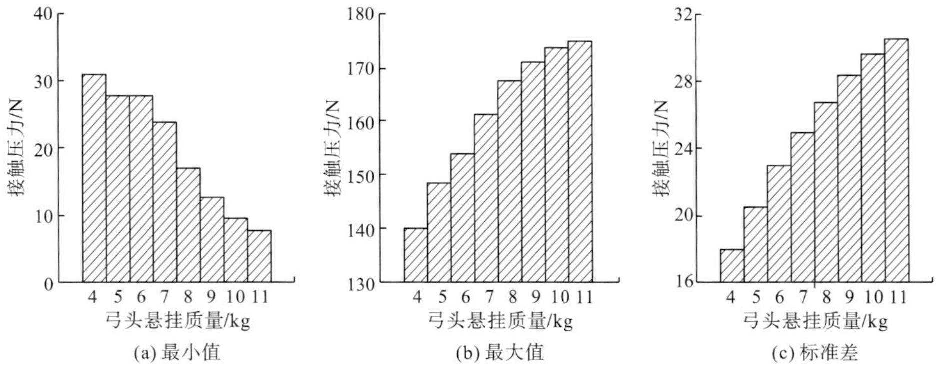

图 6.26　弓头悬挂质量对接触压力影响

4) 框架刚度

当运行速度为 350km/h 时，受电弓框架刚度对接触压力的影响如图 6.27 所示。由图可知，随着框架刚度的增大，接触压力的最小值基本呈增大的趋势，最大值在减小，而标准差变化不大。由此说明对于该型受电弓，适当增加框架的刚度对改善受电弓的振动、减小接触压力的波动、提高弓网的受流质量是有利的。

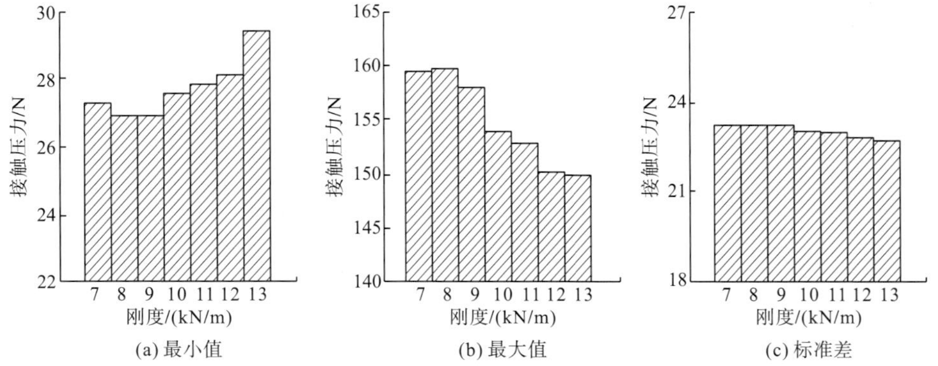

图 6.27　受电弓框架刚度对接触压力影响

5)框架阻尼

当运行速度为 350km/h 时，受电弓框架阻尼对接触压力的影响如图 6.28 所示。由图可知，框架阻尼对接触压力的影响不如弓头悬挂阻尼明显。随着框架阻尼的增大，接触压力最小值先增大后减小，最大值和标准差变化不大。由此说明，过小或过大的阻尼值对受电弓的动力学性能都是不利的。对于该型受电弓，阻尼值在 40N·s/m 左右是最为合理的。

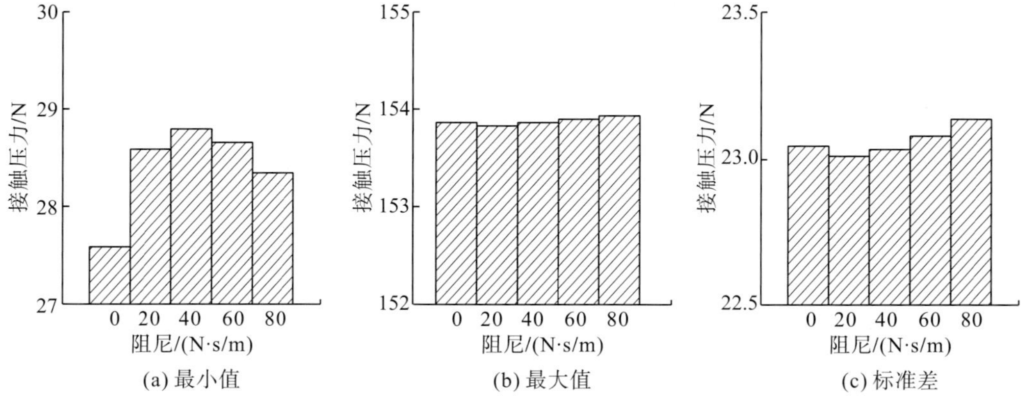

图 6.28　受电弓框架阻尼对接触压力影响

6)抬升力

当运行速度为 350km/h 时，受电弓抬升力对接触压力的影响如图 6.29 所示。由图可知，随着抬升力的增大，接触压力最小值呈先增大后减小的趋势，而最大值、平均值和标准差都在不断增大。由此说明，在其他参数不变的条件下，通过适当增加受电弓的抬升力对改善其动力学性能是有好处的。但是，当抬升力增至一定程度后，由于其会使得弓网接触压力的平均值、标准差和最大值增大，接触压力的振荡加大，从而弓网受流质量也会变差。

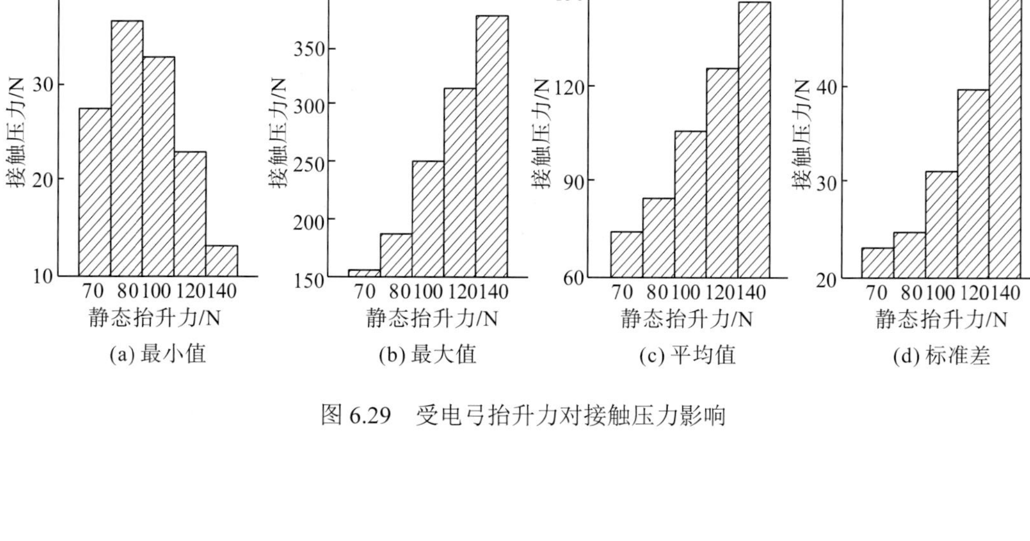

图 6.29　受电弓抬升力对接触压力影响

6.2.2　接触网参数优化设计

为满足高速受流的要求，世界各国都根据自己国家高速铁路的实际情况而采用了不同的接触网系统。对于不同的接触网系统，其结构及参数存在较大的差异，对弓网受流质量有重要的影响。因此，以下以武广线接触网系统的参数为基础，就接触网的不同悬挂形式、跨距、张力以及吊弦间距等参数对动力学性能的影响进行讨论，为接触网参数的优化设计提供参考依据。

1. 悬挂形式

高速接触网结构的悬挂形式就目前的情况而言，主要有简单链型悬挂、弹性链型悬挂和复式链型悬挂三种类型。运行实践证明，上述三种接触网悬挂形式都能适应高速运行的要求，但各有优劣。由于简单链型悬挂接触网具有结构简单、施工方便、工程造价低、运行维修费用少等优点，被世界各国所认可，已成为较为常见的高速铁路接触网类型。其中比较有代表性的如法国(图 6.30)、意大利和中国的高速接触网系统。

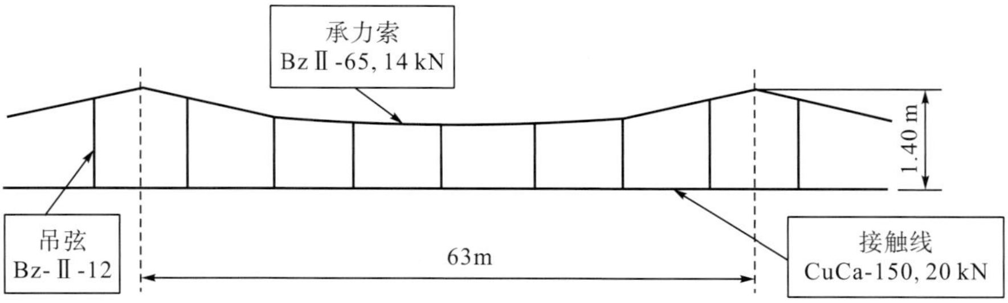

图 6.30　法国 TGV 标准简单链型悬挂接触网

相比于简单链型悬挂接触网，弹性链型悬挂接触网由于增加了弹性吊索，具有更好的弹性均匀系数，可获得更优的受流质量，因此这种高速接触网类型也被较多的国家所采用，包括德国(图 6.31)、西班牙和中国等。德国高速铁路接触网一直采用弹性链型悬挂，在总结 Re75、Re100、Re160 三种标准的基础上，形成了 Re200、Re250 和 Re330 标准系列。Re 表示标准接触网，后边的数字为在该标准接触网型式下列车可运行的最大时速。

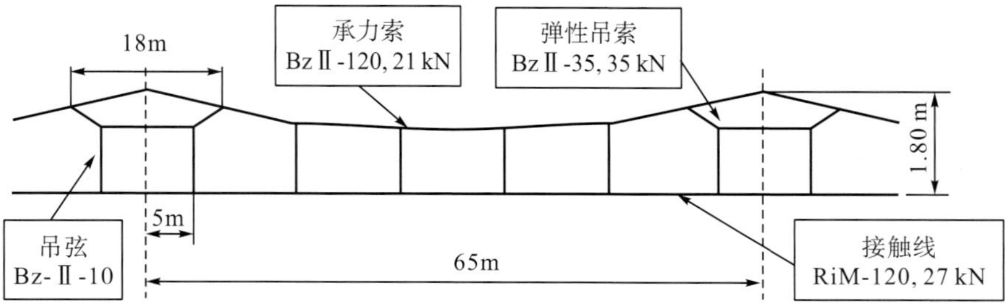

图 6.31　德国 Re330 弹性链型悬挂接触网

对于复式链型悬挂接触网，主要在日本得到较多的应用。日本由于多台风、多地震等特点，从第一条高速铁路接触网系统采用复式链型悬挂以来，基本沿用自己传统的接触网悬挂方式——复链，如图 6.32 所示。虽然此类型接触网弹性均匀系数相当好，但是造价高，且施工、维修等方面均不方便。从新建线路来看，速度低于 300km/h 的线路有向简单链型接触网过渡的趋势。

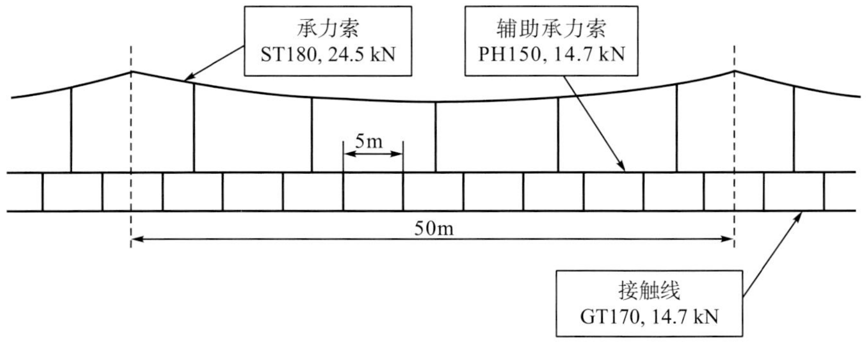

图 6.32 日本复式链型悬挂接触网

结合不同接触网悬挂形式的优劣，目前我国主要采用简单链型和弹性链型的接触网结构悬挂类型。为对比两种悬挂形式对弓网动力学性能的影响，在原型武广线接触网系统的基础上，取消弹性吊索，得到简单链型接触网系统。表 6.7 给出了速度 350km/h 时两种接触网悬挂形式的接触压力计算结果。

表 6.7 不同接触网悬挂形式的接触压力

速度/(km/h)	接触网类型	接触压力/N		
		最小值	最大值	标准差
350	弹性链型	31.53	159.83	23.86
	简单链型	16.35	160.41	26.95

由表 6.7 可知，在其他参数不变的条件下，采用弹性链型悬挂时，弓网接触压力的最小值更大，而最大值和标准差略小，弓网接触压力的波动幅度较小。由此可知，如果不考虑经济性方面等其他因素，对于高速弓网关系的优化设计，采用弹性链型悬挂接触网较好，跨内弹性均匀度提高，相同条件下可获得更优的受流质量。

2. 跨距

接触网弹性及弹性均匀度是接触网优化设计中一个重要的性能指标，同时对弓网系统的动力学性能也有直接的影响。通常，接触网的弹性均匀度越好，弓网的动力学性能以及受流质量就越好。影响接触网弹性以及弹性均匀度的参数较多，除上述接触网悬挂形式外，还包括跨距、吊弦间距以及张力等。以下在武广线接触网系统 50m 跨距的基础上，采用相同的吊弦间距，分别增加和减少一根吊弦，以对比分析 58m 和 42m 不同跨距对接触网弹性以及弓网动力学性能的影响。

三种不同跨距的接触网静态刚度(接触网弹性的倒数)曲线如图 6.33 所示。同时，由式(6-3)计算其弹性差异系数，结果见表 6.8。由此可知，跨距不同，接触网的静态刚度及弹性差异系数存在较为明显的差异；跨距越小，其静态刚度越大、弹性越小，而弹性差异系数越小；虽然跨距不同，但其跨内的静态刚度有类似的分布规律，靠近支柱位置刚度较大，而靠近跨中位置刚度较小、弹性较大。

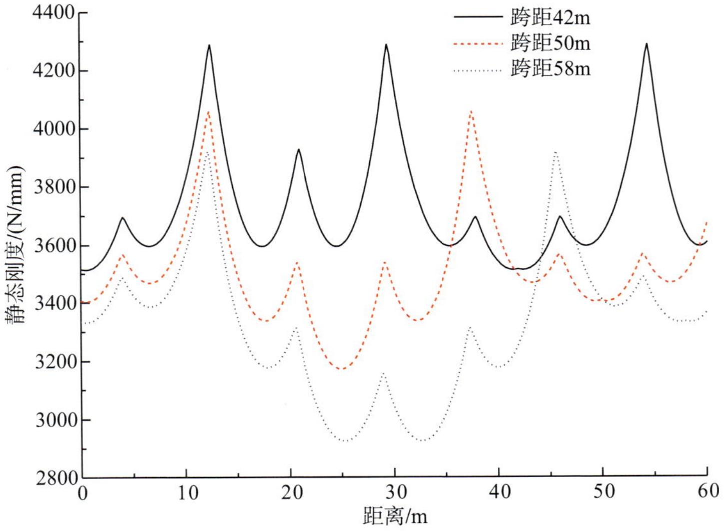

图 6.33　接触网跨内的静态刚度曲线

$$\varepsilon = \frac{K_{\max} - K_{\min}}{K_{\max} + K_{\min}} \times 100\% \tag{6-3}$$

表 6.8　不同跨距的弹性差异系数

参数	跨距 42m	跨距 50m	跨距 58m
刚度最大值 $K_{\max}$/(N/mm)	4289.08	4059.11	3922.46
刚度最小值 $K_{\min}$/(N/mm)	3512.98	3172.40	2925.27
弹性差异系数 ε/%	9.95	12.26	14.56

表 6.9 给出了速度分别为 350km/h、吊弦间距相同时，三种不同接触网跨距的弓网接触压力统计结果。

表 6.9 不同接触网跨距的弓网接触压力

速度/(km/h)	接触网跨距/m	接触压力/N		
		最小值	最大值	标准差
350	42	34.93261	143.59668	21.20449
	50	31.52539	159.83049	23.85548
	58	30.69958	164.87238	26.44999

由表 6.8 和表 6.9 可知，随着跨距的减小，接触网跨内的弹性差异系数减小，从而使得接触压力的最小值增大，而最大值和标准差减小，接触压力的变化趋于平稳，受流质量改善。由此说明，接触网跨内的弹性差异系数对弓网动力学性能有重要的影响，而短跨距有利于提高跨中附近的静态刚度，从而使得接触网跨内的弹性更均匀，受流质量更好。但是，跨距也不能过小，因为跨距越小，接触网整体的静态刚度越大，接触网整体的弹性降低，对其动力学性能及受流质量也是不利的。

3. 吊弦间距

吊弦间距也是影响接触网弹性及弹性均匀度，进而影响弓网动力学性能的一个重要参数。为研究不同吊弦间距对弓网动力学性能的影响，保持跨距不变，设计两种不同的吊弦布置方案，如图 6.34 所示。表 6.10 给出了速度 350km/h 时两种吊弦布置方案的弓网接触压力结果。

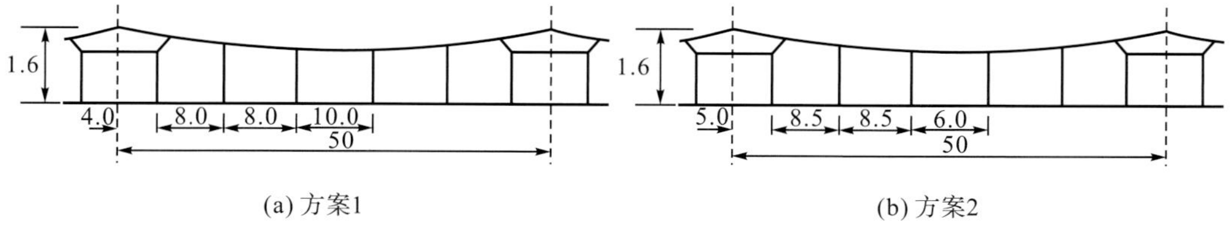

图 6.34 接触网吊弦布置方案(单位：m)

表 6.10 不同接触网吊弦布置方案的接触压力

速度/(km/h)	吊弦布置方案	接触压力/N		
		最小值	最大值	标准差
350	方案 1	27.12363	161.00239	26.14716
	方案 2	32.12524	155.12256	23.25614

由表 6.10 可见，相比吊弦布置的方案 1，采用方案 2 时，接触压力的最大值和标准差减小，而最小值在增大，接触压力的变化呈减小的趋势；在跨距不变的条件下，方案 2 增大了支柱处的吊弦间距，同时减小了跨中位置的间距，从而使得跨内接触网的弹性差异系数减小，利于提升弓网系统的动力学性能。由此说明，在跨距不变的条件下，采用类似于方案 2 的这种非等间距吊弦布置，适当增大支柱附近的吊弦间距，并适当减小跨中附近

的吊弦间距，对改善跨内的弹性差异系数、提升弓网动力学性能和受流质量是有好处的。

4. 接触网张力

接触网波速是指接触网波动沿接触网传播的速度，其传播方向包括向前和向后两个方向，接触网波速是描述接触网性能指标重要且有效的参数之一。接触网波速主要与接触线张力及线密度密切相关，通常可通过式(6-4)确定。随着列车运行速度的不断提升，与接触网波速逐渐逼近，此时弓网关系将发生明显恶化，弓网接触力波动幅度大幅增大，弓网受流质量显著下降。为此，在确定接触网材质的条件下，主要通过增大接触线张力以提升波动传播速度，从而提高列车最大运行速度。

$$C_p = \sqrt{\frac{T}{\rho}} \tag{6-4}$$

式中，C_p 为接触网波动速度，m/s；T 为接触线张力，N；ρ 为接触线线密度，kg/m。

另外，接触网张力的增大总是有限的，同时张力的增大也会带来接触网安全性及可靠性降低等一系列问题。因此，目前对于接触网的张力一般是按 70%～80%的波速利用率进行设计，即列车最大运行速度与接触网波速之比，同时通过弓网结构及参数的优化，在确定张力的条件下尽可能提升波速利用率。

图 6.35 给出了基于武广线接触网系统，不同接触线张力与速度的关系。由图可知，如接触网的张力按 70%～80%的波速利用率进行设计，要达到时速 500km，接触线张力至少应该在 40kN。为此，基于原型接触网系统参数，在其他参数保持不变的条件下，将接触线张力增至 40kN，然后进行弓网系统动力学计算验证。

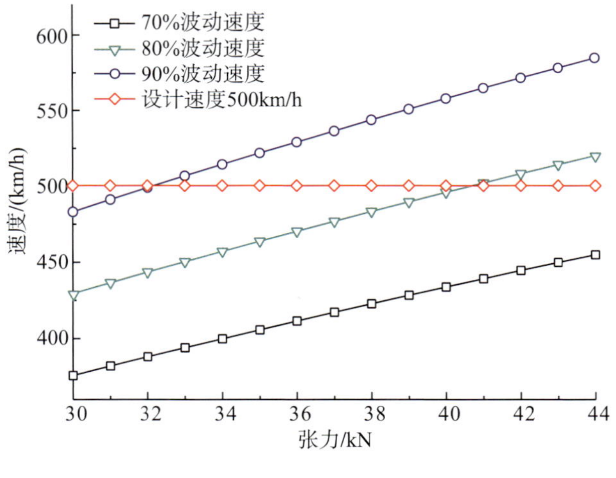

图 6.35　接触线张力与速度的关系

图 6.36(a)给出了速度 500km/h 时弓网间接触压力的计算结果。可见，在其他参数保持不变的条件下，即使将接触线张力增至 40kN，此时受电弓和接触网仍有离线。为此，进一步通过弓网系统其他参数的优化，得到优化后的弓网间接触压力，如图 6.36(b)所示。由图可知，此时受电弓和接触网没有离线发生。由此说明，按 70%～80%的波速利用率进

行接触线张力的设计，并通过弓网系统的参数优化，进一步提升波速利用率，从而达到设计速度的要求是可行的。

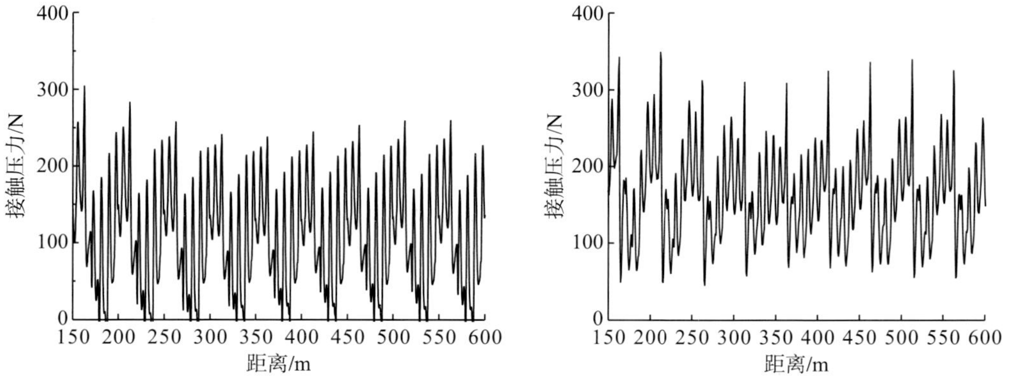

(a) 优化前 (b) 优化后

图 6.36 速度 500km/h 时弓网接触压力

5. 接触网材质

对于高速铁路接触网，其材质目前主要趋向于选用高强、高导、轻量化的材料，同时尽可能地提高接触线的张力，保证线材可靠性的同时，提高接触线的波动速度。目前我国已能在自主产权技术条件下生产铜银合金接触线(CTA/CTAH)、铜镁合金接触线(CTM/CTMH)、铜锡合金接触线(CTS)等。而对于适用于高速的接触线截面，目前主要采用 150mm^2 和 120mm^2 两种，前者的线密度一般在 1.33～1.35kg/m，而后者在 1.07～1.08kg/m，在满足接触线的磨耗和载流量等要求的前提下，采用轻质的 120mm^2 接触线有利于提高波速，改善受流。表 6.11 给出了 350km/h 速度下 150mm^2 和 120mm^2 两种接触线材质的接触压力结果。

表 6.11 不同接触线材质的接触压力

速度/(km/h)	截面积/mm^2	接触压力/N		
		最小值	最大值	标准差
350	150	31.52539	159.83049	23.85548
	120	35.39313	155.35917	21.377

由表 6.11 可知，在其他参数不变的条件下，当接触线的截面由原来的 150mm^2 减小为 120mm^2 时，接触压力的最小值增大，而最大值和标准差都在减小，说明接触压力的波动减小，弓网系统动力学性能改善。由此证实，在满足弓网载流量以及强度等要求的条件下，采用轻质的接触线确实有利于提高接触线波速，改善弓网系统的动力学性能以及受流质量。

6.2.3　受电弓弓间距优化设计

为提高列车运输能力，高速列车常采用 16 辆大编组形式，这相当于两列高速动车组联挂运行。由于受到受电弓导电容量的限制，在 16 辆大编组形式下，高速列车须采用双弓运行。众所周知，当机车运行时，受电弓沿接触网的滑动将造成接触线的振动，这种振动以波的形式沿接触线传播。当双弓运行时，由于接触线的波动作用，列车后弓的动力学性能往往受前弓运行的干扰，将对后弓受流造成不利影响。同时，如果后弓所处位置不同，这种影响可能被恶化，导致后弓离线严重，不能受流。因此，探讨如何合理选择双弓间距，以保证良好、稳定地受流及使接触线具有较长的使用寿命是非常有必要的。

当受电弓沿接触线高速滑动时，接触网静态刚度的不一致，势必引起接触网和受电弓的耦合振动，这种振动将以波的形式在接触线上传播。当振动波抵达两固定端时会发生反射，多重反射的许多波合成后互相抵消，因此实际对接触线振动起主导作用的主要为基波。图 6.37 中实线描述了在弓网接触点处引起的接触线振动波形。由图可知，弓网接触点处振动波形的变化以跨距为周期呈一定的周期性。在每跨内，振动波的极大值出现在跨中位置附近，极小值位于支柱位置附近[7, 8]。

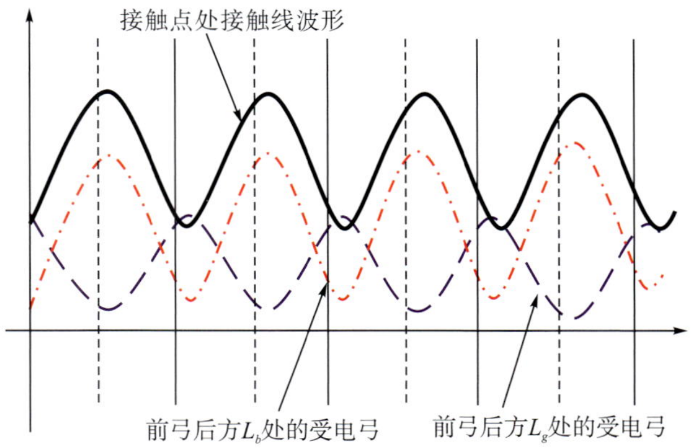

图 6.37　接触线不同位置的振动波形

当两个受电弓以双弓的形式沿接触线高速滑动时，受电弓和接触网的耦合作用，势必也会引起振动方向平行的受电弓振动波形。若将图 6.37 中虚线看成处于前弓后方 L_g 处的受电弓振动波形，将实线看成弓网接触点处接触线的振动波形则接触线和受电弓的两个振动波相位会相差 180° ，处于反相，由于波的干涉和叠加，弓网接触点的振动减弱，改善接触网刚度的不一致，进而提高后弓的受流质量。由此可知，当双弓间距最佳时，在接触点处接触线的振动波形将与受电弓的振动波形处于反相位置。据此可得，如果后弓运行至前弓后方 L_g 处所需的时间等于接触线振动波周期奇数倍的一半，则会造成上述情况。此时有

$$\frac{L_g}{u}=\left(k+\frac{1}{2}\right)\frac{\lambda}{v},\quad k=1,2,\cdots \tag{6-5}$$

式中，L_g 为最佳双弓间距；u 为受电弓运行速度；λ 为振动波波长；v 为振动波波速。在此基础上，通过确定振动波的波长 λ 和波动速度 v，可推得最佳双弓间距的计算公式为

$$L_g = (2k+1)\frac{Lu}{\alpha\sqrt{T/\rho}}, \quad k=1,2,\cdots \tag{6-6}$$

式中，L 为接触网跨距；T 为接触线张力；ρ 为接触线线密度；α 为修正系数，对弹性链型悬挂接触网结构取 0.8。

另外，若将图 6.37 中点划线看成前弓后方 L_b 处的受电弓振动波形，此时，接触线和受电弓引起的两个振动波相位相差 0°，处于同相，使得弓网接触点的振动加强，加剧接触网刚度不一致的影响，恶化后弓的受流质量。由此可以推得最差双弓间距的计算公式为

$$L_b = 2k\frac{Lu}{\alpha\sqrt{T/\rho}}, \quad k=1,2,\cdots \tag{6-7}$$

针对武广线的弹性链型悬挂接触网系统，通过式(6-7)分别对受电弓运行速度为 270km/h、300km/h、330km/h 和 350km/h 时的最佳双弓间距进行计算，结果见表 6.12。

表 6.12　武广线弓网系统最佳双弓间距计算结果

速度/(km/h)	最佳双弓间距/m		
	k=1	k=2	k=3
270	94.33	157.22	220.11
300	104.82	174.70	244.57
330	115.30	192.16	269.03
350	122.29	203.81	285.33

由表 6.12 可知，通过式(6-7)即可得到最佳的双弓间距。当运行速度在 330～350km/h 时，200m 的双弓间距正好处于 k=2 时的最佳间距附近。由此也说明，就武广线的弓网系统而言，200m 的双弓间距对 350km/h 双弓受流是合理的。

另外，通过对双弓作用下的弓网系统进行动力学仿真计算，研究不同双弓间距对动力学性能的影响，也可确定双弓的不利和有利间距，同时与计算公式结果进行对比。

为获得不同速度下的受电弓不利和有利间距，以下分别对速度为 270km/h、300km/h、330km/h 和 350km/h 时不同双弓间距情况下的弓网动力学性能进行计算。图 6.38 给出了四种速度下后弓接触压力标准差随双弓间距变化的结果。

由图 6.38 可知，双弓间距对后弓接触压力波动影响较大，双弓间距不同，后弓的接触压力波动有明显的差异；在一定间距范围内，双弓间距并非越大越好；在一定速度下，双弓间距对后弓接触压力波动的影响存在一定的规律性，不利和有利间距呈现一定的周期分布。当后弓处于不利间距时，接触压力波动加剧，标准差增大，后弓离线率增加。

结合理论公式的计算结果可知，在表 6.12 给出的有利间距中，后弓的接触压力的标准差基本处于最小位置，说明此时接触压力的波动较小，后弓有较好的受流质量，由此也有效验证了弓间距计算公式的正确性。

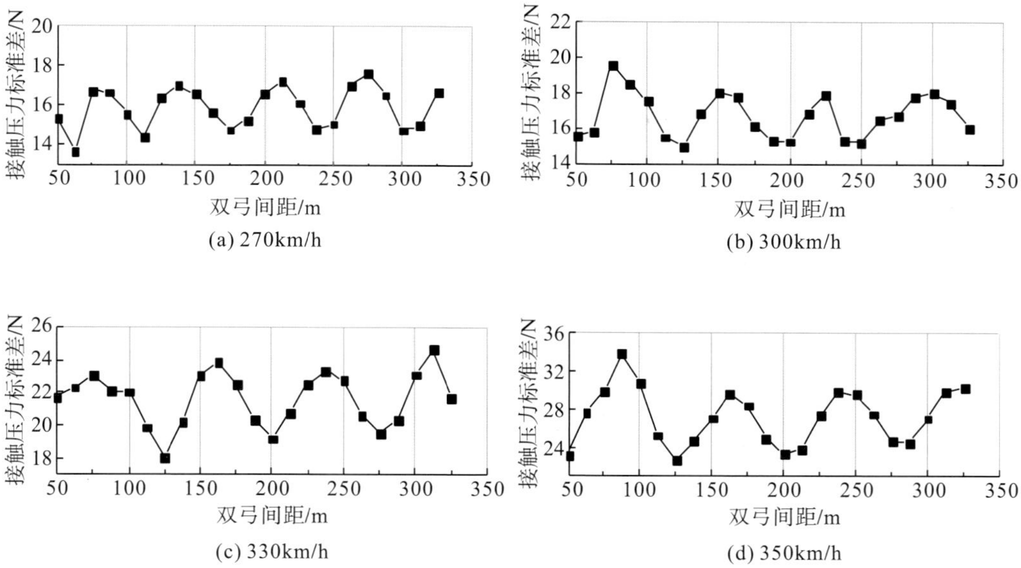

图 6.38　不同速度下不同双弓间距的后弓接触压力标准差

由此可见，双弓重联运行时弓间距对后弓受流有重要影响，合理选择双弓间距是非常必要的。在进行弓网系统参数设计时，可以通过理论计算或双弓作用下的弓网系统仿真得到其最优的弓间距，以保证后弓稳定的受流质量。

6.3　高速列车气动特性优化设计

6.3.1　高速列车外形优化设计

高速列车外形是影响高速列车气动性能以及运行安全性的重要因素。列车的头形影响高速列车运行的明线稳态基本气动性能(气动阻力、升力、横向力等)、会车气动性能、横风气动性能、隧道气动性能和气动噪声等方面[9]。合理的列车流线化外形设计能够降低气动性能对高速列车带来的负面影响。

1. 头部剖面控制线

纵向剖面控制线和水平剖面控制线是列车头形设计的关键参数。为了研究纵向剖面控制线和水平剖面控制线对列车气动性能的影响，建立了如图 6.39 所示的三种纵向剖面控制线和三种水平剖面控制线。通过组合水平剖面控制线和纵向剖面控制线，建立了如图 6.40 所示的九种组合头形，分别命名为 A-1、A-2、A-3、B-1、B-2、B-3、C-1、C-2 和 C-3。

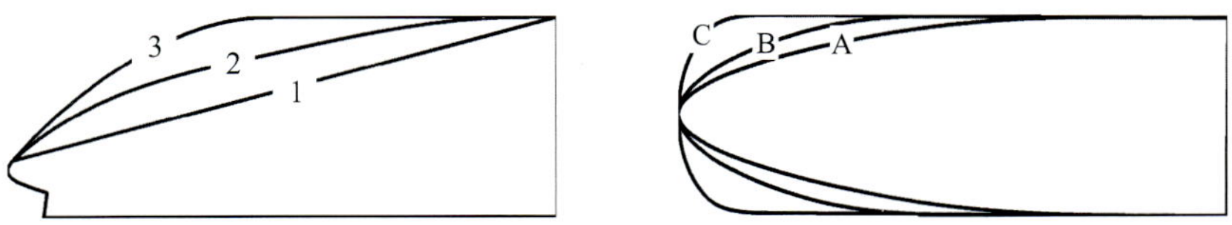

图 6.39　头形纵向剖面控制线及水平剖面控制线

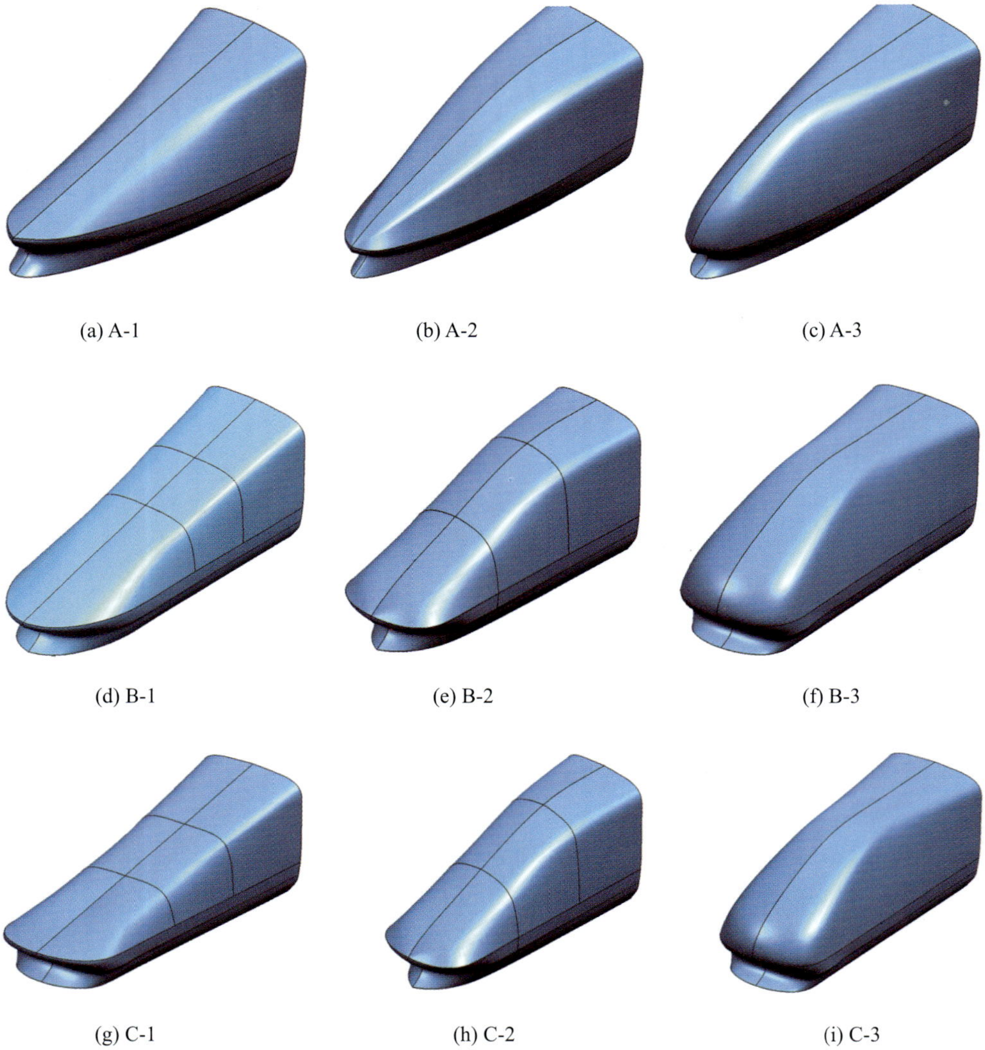

图 6.40　基于不同纵向和水平控制线形状的高速列车头形

2. 头部剖面控制线与稳态基本气动特性

为了研究头部剖面控制线与列车稳态运行基本气动性能的关系，以图 6.40 中的列车头形为研究对象建立了相应的稳态运行计算模型。图 6.41 和图 6.42 分别是列车运行速度为 350km/h 时不同外形的列车气动阻力和气动升力。

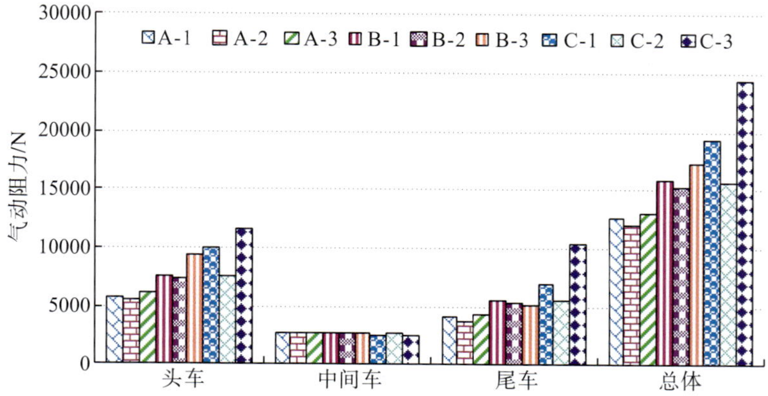

图 6.41　350km/h 下不同外形列车气动阻力

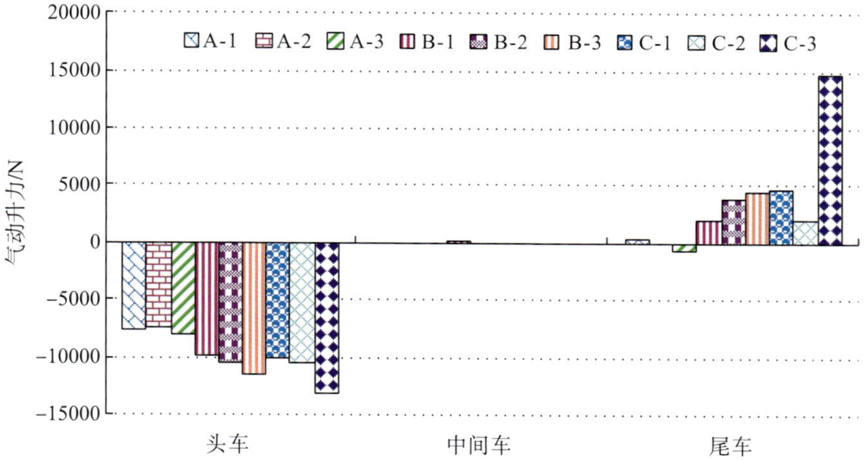

图 6.42　350km/h 下不同外形列车气动升力

首先，分析头部剖面控制线对列车气动阻力的影响。若列车头部的水平剖面控制线形状一致，具有弧形纵向剖面控制线 2 的列车气动阻力最小，具有平直形纵向剖面控制线 1 的列车气动阻力次之，具有鼓形纵向剖面控制线 3 的列车气动阻力最大；若列车头部的纵向剖面控制线形状一致，具有尖锥形水平剖面控制线 A 的列车气动阻力最小，具有方形水平剖面控制线 C 的列车气动阻力最大。通过比较发现，水平剖面控制线对气动阻力的影响较之纵向剖面控制线的影响要大。综上可知，具有尖锥形水平剖面控制线 A 和弧形纵向剖面控制线 2 组合的列车气动阻力最小。

其次，分析头部剖面控制线对列车气动升力的影响。若列车头部的水平剖面控制线形状一致，具有弧形纵向剖面控制线 2 的头车气动升力幅值最小，具有鼓形纵向剖面控制线 3 的头车气动升力幅值最大；若列车头部的纵向剖面控制线形状一致，具有尖锥形水平剖面控制线 A 的头车气动升力幅值最小，具有方形水平剖面控制线 C 的头车气动升力幅值最大。对于尾车的升力，具有尖锥形水平剖面控制线 A 的尾车气动升力可能出现负值，即气动升力向下，具有尖锥形水平剖面控制线 A 的尾车气动升力性能相对较好。综上可知，具有尖锥形水平剖面控制线 A 和弧形纵向剖面控制线 2 组合而成的列车，头车和尾车的气动升力性能相对较好。

综合考虑头部剖面控制线与列车稳态运行时气动阻力和气动升力的关系，主要结论如下：

(1) 水平剖面控制线对气动阻力的影响较之纵向剖面控制线的影响要大。具有尖锥形水平剖面控制线 A 和弧形纵向剖面控制线 2 组合的列车气动阻力最小。

(2) 具有尖锥形水平剖面控制线 A 和适当纵向剖面控制线组合能够使得尾车的气动升力接近于零，具有尖锥形水平剖面控制线 A 和弧形纵向剖面控制线 2 组合而成的列车，头车和尾车的气动升力性能相对较好。

3. 头部剖面控制线与横风气动性能

为了研究头部剖面控制线与列车横风气动性能的关系，以图 6.42 中的列车头形为研究对象建立了相应的横风计算模型。考虑的工况为列车运行速度 350km/h、横风速度 17.1m/s。

图 6.43 为横风作用下不同外形列车侧力的变化趋势。头车侧力的幅值最大，中间车侧力的幅值次之，尾车侧力幅值相对较小。在横风作用下，纵向剖面控制线对列车侧力影响较大，而水平剖面控制线对列车侧力的影响较小。若列车头部的水平剖面控制线形状一致，具有平直形纵向剖面控制线 1 的头车侧力幅值最小，具有鼓形纵向剖面控制线 3 的头车侧力幅值最大。

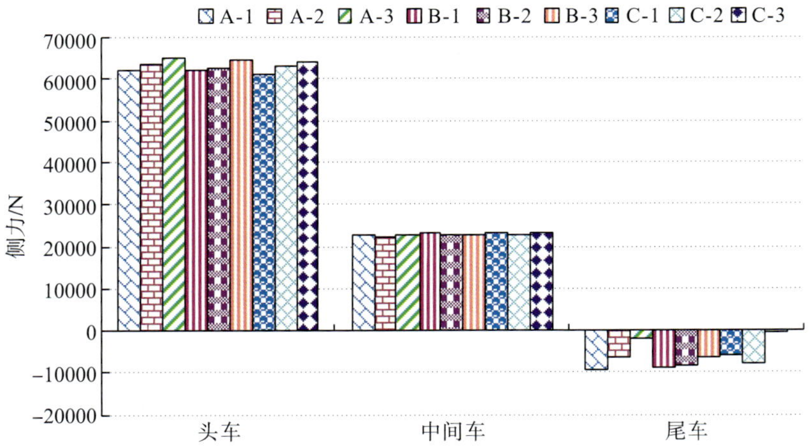

图 6.43 横风作用下不同外形列车的侧力

图 6.44 为横风作用下不同外形列车升力的变化趋势。在横风作用下，头车升力的幅值接近于零，中间车和尾车的升力幅值相对较大。若列车头部的纵向剖面控制线形状一致，具有尖锥形水平剖面控制线 A 的头车和尾车气动升力幅值最小，具有方形水平剖面控制线 C 的头车和尾车气动升力幅值最大。

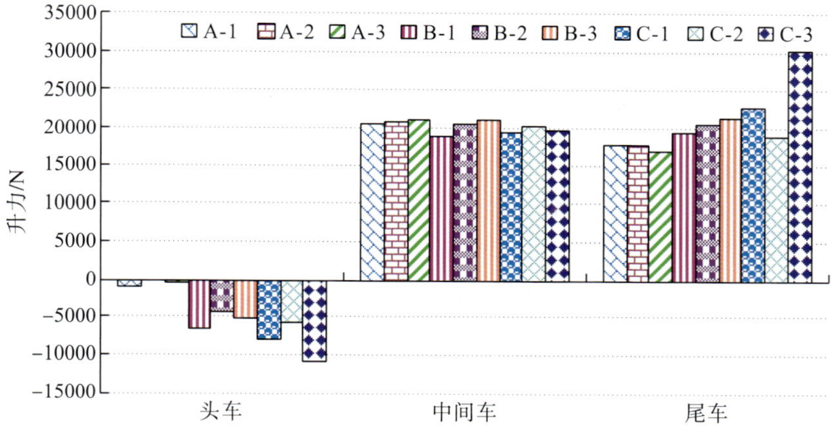

图 6.44　横风作用下不同外形列车的升力

图 6.45 为横风作用下不同外形列车侧滚力矩的变化趋势，头车侧滚力矩的幅值最大，中间车侧滚力矩的幅值次之，尾车侧滚力矩的幅值相对较小。在横风作用下，纵向剖面控制线对列车侧滚力矩影响较大，而水平剖面控制线对列车侧滚力矩的影响较小。若列车头部的水平剖面控制线形状一致，具有平直形纵向剖面控制线 1 的头车和尾车侧滚力矩幅值最大，具有鼓形纵向剖面控制线 3 的头车和尾车侧滚力矩幅值最小。

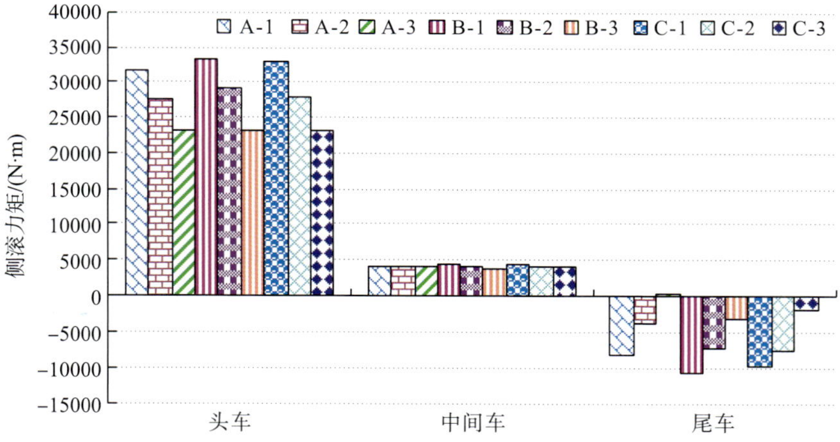

图 6.45　横风作用下不同外形列车的侧滚力矩

综合考虑头部剖面控制线与列车横风气动性能的关系，主要结论如下：

(1) 纵向剖面控制线对列车侧力影响较大，而水平剖面控制线对列车侧力的影响较小。具有平直形纵向剖面控制线 1 的头车侧力幅值相对较小。

(2) 具有尖锥形水平剖面控制线 A 的头车和尾车气动升力幅值相对较小，具有方形水平剖面控制线 C 的头车和尾车气动升力幅值相对较大。

(3) 纵向剖面控制线对列车侧滚力矩影响较大，而水平剖面控制线对列车侧滚力矩的影响较小。具有鼓形纵向剖面控制线 3 的头车和尾车侧力幅值最小。

4. 头部控制线与列车会车性能

为了研究头部剖面控制线与列车会车气动性能的关系，以图 6.40 中的列车头形为研究对象建立了相应的会车计算模型，压力波的监测测点分布如图 6.46 所示。考虑的工况为两列列车以 350km/h 的运行速度在平地上等速交会。

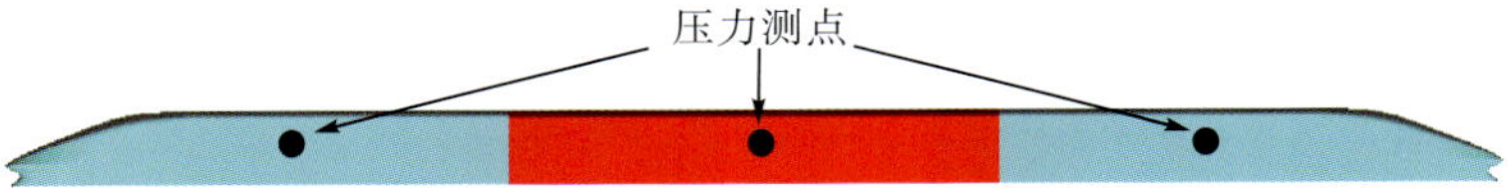

图 6.46　压力波监测测点示意图

图 6.47 为不同外形列车在等速交会过程中压力波峰峰值的变化趋势。纵向剖面控制线对压力波峰峰值影响较大，而水平剖面控制线对压力波峰峰值的影响较小。若列车头部的水平剖面控制线形状一致，则具有平直形纵向剖面控制线 1 和弧形纵向剖面控制线 2 的会车压力波峰峰值相对较小，具有鼓形纵向剖面控制线 3 的会车压力波峰峰值相对较大。

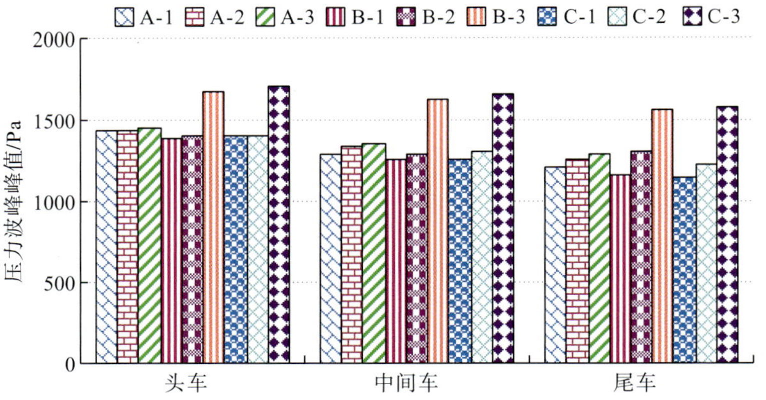

图 6.47　不同外形列车会车压力波峰峰值

图 6.48 为不同外形列车在等速交会过程中侧力峰峰值的变化趋势。由图可知，头部剖面控制线对侧力峰峰值的影响规律与头部剖面控制线对压力波峰峰值的影响规律一致。

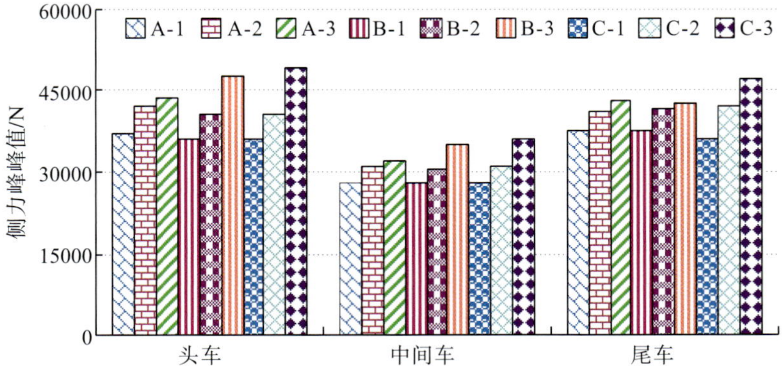

图 6.48　不同外形列车会车侧力峰峰值

通过对不同头部控制线形状头形列车的会车性能的分析可知：

(1) 纵向剖面控制线对压力波峰峰值影响较大，而水平剖面控制线对压力波峰峰值的影响较小。具有鼓形纵向剖面控制线 3 的会车压力波峰峰值相对较大。

(2) 头部剖面控制线对侧力峰峰值的影响规律与头部剖面控制线对压力波峰峰值的影响规律一致。

6.3.2　线间距优化设计

当两列高速列车交会时，会引起列车周围空气的波动，在两列车的头车和尾车交会的瞬间，列车的头部和两车的交会侧侧面表面压力会产生强烈的瞬时变化。行车安全、旅客的舒适性会由于列车交会受到严重影响。线间距是影响交会气动性能的重要参数之一，因此有必要研究线间距对列车交会气动性能的影响[10]。

1. 会车气动力和压力波

1) 线间距与交会气动力

首先，研究列车以相同的速度在不同的线间距线路交会时的气动性能。考虑的工况为：列车运行速度为 350km/h，线间距为 4.2m、4.5m、5.0m、5.5m 及 6.0m。图 6.49 为头车侧力和侧滚力矩在不同线间距下的变化趋势。

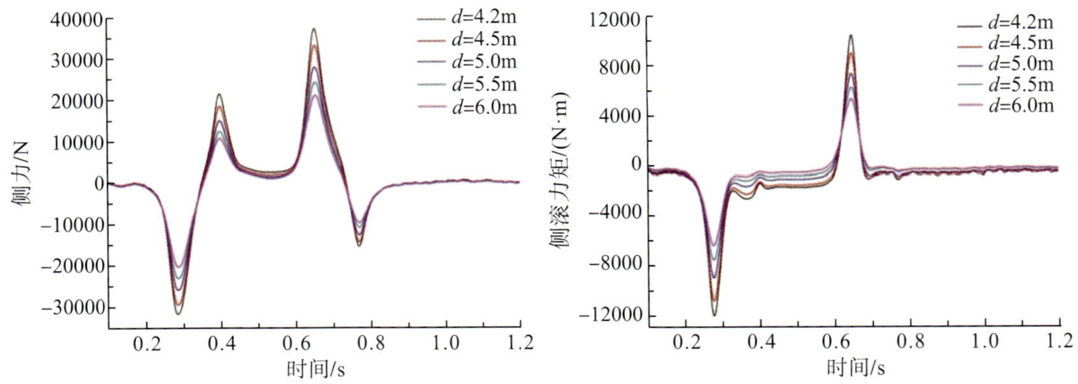

(a) 头车侧力　　(b) 头车侧滚力矩

图 6.49　头车侧力和侧滚力矩在不同线间距下的变化趋势

当列车运行速度为 350km/h 时，线间距为 4.2m、4.5m、5.0m、5.5m 及 6.0m，头车和尾车车窗处测点在不同线间距下的会车压力波与线间距之间的关系如图 6.50 所示。

拟合得到头车车窗处及尾车车窗处会车压力波峰峰值与线间距之间的关系分别如下：

头车车窗处测点 $y = 2501.5e^{-0.1889x}$， $R^2 = 0.9969$；

尾车车窗处测点 $y = 2462.3e^{-0.1831x}$， $R^2 = 0.9973$。

根据公式可知，列车交会压力波与线间距呈负指数关系。

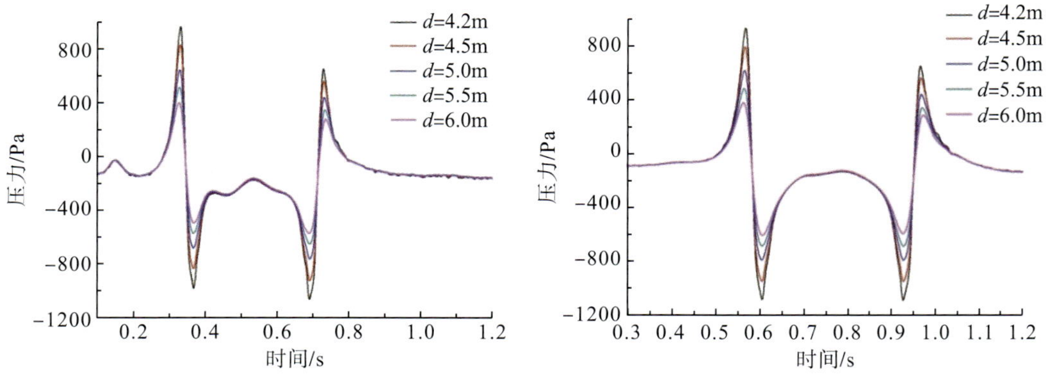

(a) 头车车窗处 (b) 尾车车窗处

图 6.50 不同测点在不同线间距下的会车压力波

2) 列车交会速度与交会气动力

其次，研究列车以不同的速度在固定的线间距线路交会时的气动性能。分析工况为：线间距为 5m，列车运行速度分别为 350km/h、380km/h、400km/h、420km/h 及 450km/h。图 6.51 为头车侧力和侧滚力矩在不同列车运行速度下的变化趋势。

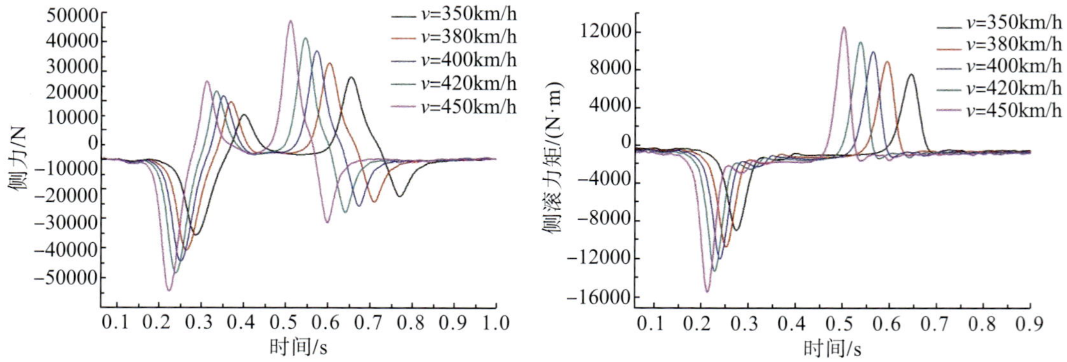

(b) 头车侧力 (b) 头车侧滚力矩

图 6.51 头车侧力和侧滚力矩在不同列车运行速度下的变化趋势

当列车交会速度分别为 350km/h、380km/h、400km/h、420km/h 及 450km/h 时，头车和尾车车窗处测点不同车速下的会车压力波与交会速度之间的关系如图 6.52 所示。

拟合得到头车车窗处及尾车车窗处会车压力波峰峰值与交会速度之间的关系分别如下：

头车车窗处测点 $y = 1249.6\mathrm{e}^{0.1241x}$， $R^2 = 0.9885$；

尾车车窗处测点 $y = 1258.6\mathrm{e}^{0.1264x}$， $R^2 = 0.884$。

根据公式可知，列车交会压力波与线间距呈指数关系。

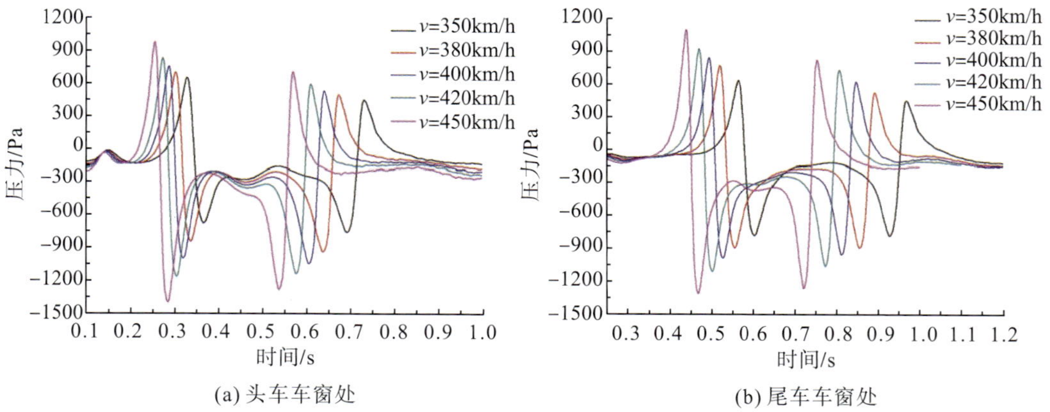

图 6.52　不同测点在不同交会速度下的会车压力波

2. 5m 线间距建议运营速度

1) 列车交会安全性

当线间距为 5m 且列车等速交会速度为 350km/h 时，头车一位轮对的轮轴横向力的变化规律如图 6.53 所示。列车轮轴横向力在会车过程中发生了较大的波动。

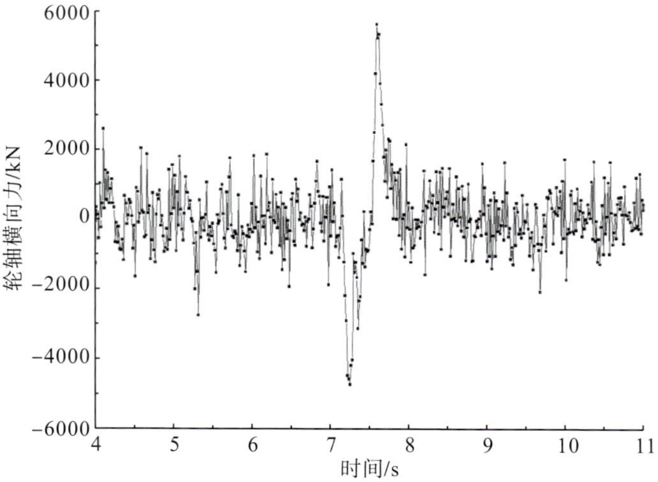

图 6.53　会车过程中头车某轮轴横向力变化规律

当列车等速交会速度为 350km/h 时，头车、中间车及尾车最大轮轴横向力幅值与线间距之间的关系如图 6.54 所示。由图可知，头车、中间车及尾车的轮轴横向力幅值远小于标准限定值。因此，列车以 350km/h 的速度等速交会时，列车在线间距为 4.2～6.0m 的线路上运行均处于安全区域内。

此外，当列车等速交会速度为 380km/h 且线间距为 5.0m 时，头车、中间车及尾车的最大轮轴横向力幅值也均在限定值之内。

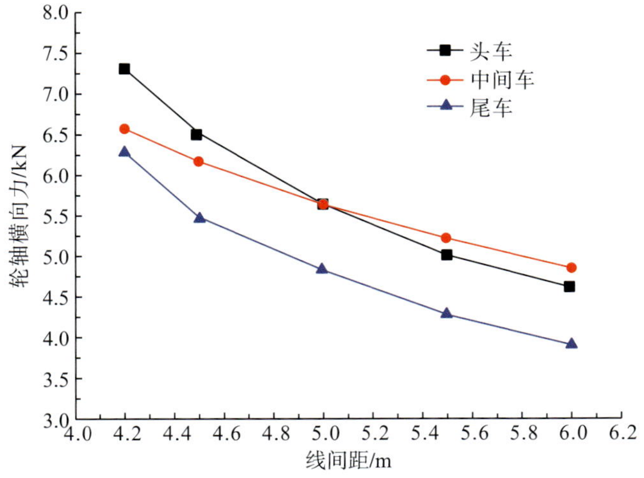

图 6.54 轮轴横向力最大值与线间距关系(交会速度 350km/h)

2) 列车平稳性分析

当线间距为 5m 且列车等速交会速度为 350km/h 时，尾车后右测点的横向和垂向加速度的变化规律如图 6.55 所示。

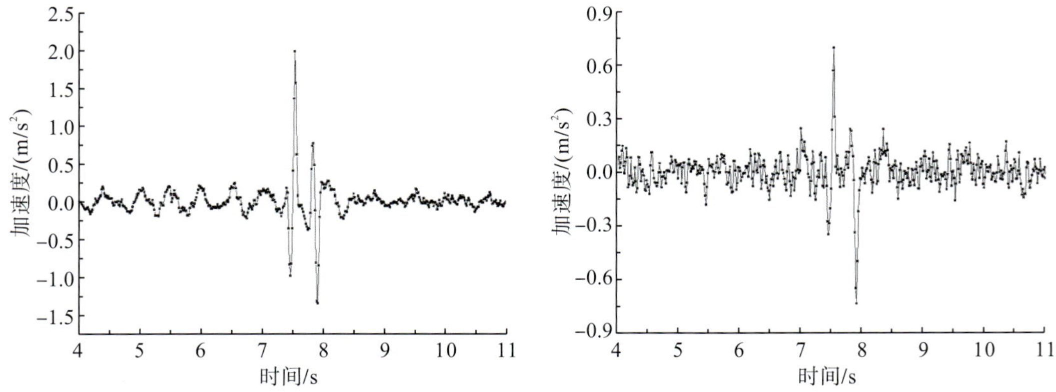

(a) 尾车后右测点横向加速度

(b) 尾车后右测点垂向加速度

图 6.55 交会速度为 350km/h 时尾车后右测点加速度变化规律

当列车等速交会速度为 350km/h 时，头车、中间车及尾车的横向和垂向加速度与线间距之间的关系如图 6.56 所示。由图可知，当线间距为 4.5m 时，尾车横向加速度最大幅值为 $2.52m/s^2$，超出了限值；当线间距为 5m 时，头车、中间车及尾车的横向加速度最大幅值均在限值之内。

此外，当列车等速交会速度为 380km/h 且线间距为 5.0m 时，头车、中间车及尾车的横向加速度最大幅值分别为 $1.96m/s^2$、$1.63m/s^2$ 及 $2.38m/s^2$，均在限值之内；垂向加速度值分别为 $0.67m/s^2$、$0.51m/s^2$ 及 $0.88m/s^2$，均在限值之内。

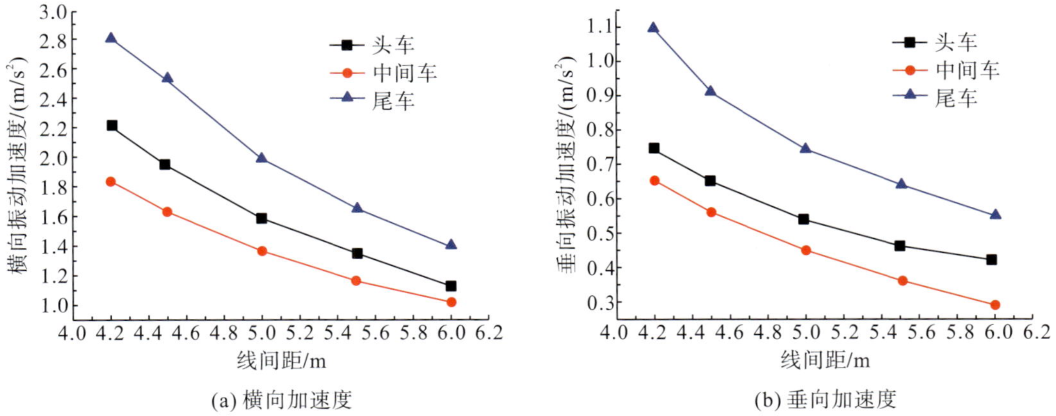

图 6.56　交会速度为 350km/h 时车体振动加速度与线间距的关系

综上所述，当列车运营速度为 350km/h 或 380km/h 时，线间距取 5.0m 满足列车交会安全性和稳定性要求。

3. 时速 380km/h 以上的线间距建议

1) 安全性分析

当列车交会速度等于 400km/h 时，头车、中间车及尾车的轮轴横向力最大幅值与线间距之间的关系如表 6.13 所示。由表可知，头车、中间车及尾车的轮轴横向力最大幅值远小于标准限定值。因此，当列车运营速度为 400km/h 时，列车交会安全性在线间距选取 5.0m、5.2m 及 5.5m 情况下均满足要求。

表 6.13　列车交会速度为 400km/h 时轮轴横向力(单位：kN)

线间距	头车	中间车	尾车
5.0m	7.09	6.81	6.21
5.2m	6.82	6.73	5.75
5.5m	6.40	6.46	5.47

当列车交会速度等于 450km/h 时，头车、中间车及尾车的轮轴横向力最大幅值与线间距之间的关系如表 6.14 所示。由表可知，头车、中间车及尾车的轮轴横向力最大幅值远小于标准限定值。因此，当列车运营速度为 450km/h 时，列车交会安全性在线间距选取 5.5m 或 6.0m 情况下均满足要求。

表 6.14　交会速度为 450km/h 时轮轴横向力(单位：kN)

线间距	头车	中间车	尾车
5.5m	6.49	6.02	6.85
6.0m	5.89	5.72	6.07

2) 平稳性分析

当列车交会速度等于 400km/h 时，头车、中间车及尾车车体振动加速度在不同线间距下的数值如表 6.15 所示。由表可知，当线间距为 5.0m 时，尾车横向加速度为 2.64m/s^2，超出了横向振动加速度限值；当线间距为 5.2m 或 5.5m 时，头车、中间车及尾车的横向加速度值均在限值范围内；当线间距为 5.0m、5.2m 及 5.5m 时，头车、中间车及尾车的垂向加速度均在限值范围内。

表 6.15 列车交会速度为 400km/h 时车体振动加速度(单位：m/s^2)

线间距	头车		中间车		尾车	
	横向	垂向	横向	垂向	横向	垂向
5.0m	2.10	0.64	1.81	0.56	2.64	0.96
5.2m	1.95	0.58	1.69	0.50	2.43	0.86
5.5m	1.75	0.51	1.56	0.45	2.20	0.72

当列车交会速度等于 450km/h 时，头车、中间车及尾车在不同线间距下的车体振动加速度如表 6.16 所示。由表可知，当线间距为 5.5m 时，尾车横向加速度为 2.85m/s^2，超出了限值；当线间距为 6.0m 时，头车、中间车及尾车的横向加速度值均在限值之内；当线间距为 5.5m、6.0m 时，头车、中间车及尾车的垂向加速度均在限值之内。

表 6.16 交会速度为 450km/h 时车体振动加速度(单位：m/s^2)

线间距	头车		中间车		尾车	
	横向	垂向	横向	垂向	横向	垂向
5.5m	2.47	0.74	1.85	0.76	2.85	1.01
6.0m	2.08	0.58	1.64	0.63	2.41	0.80

综上所述，当列车运营速度为 400km/h 时，建议线间距取 5.2m；当列车运营速度为 450km/h 时，建议线间距取 6.0m。

6.3.3 挡风墙优化设计

在大风地区铁路沿线，合理修建挡风墙是防护高速列车运行安全的重要措施。

1. 计算模型

为了分析讨论挡风墙的高度对列车气动力的影响，建立了侧风下高速列车的计算模型。列车的编组方式是八辆编组，包括头车、六节中间车和尾车，总长为 201.4m。其计算模型和网格划分分别如图 6.57 和图 6.58 所示。

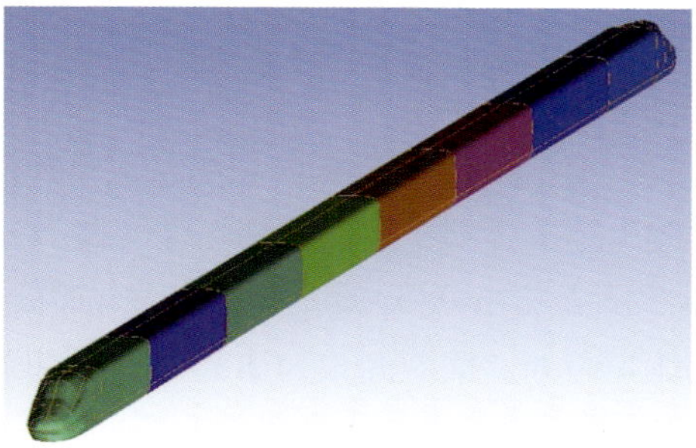

图 6.57　CRH 某型动车组模型

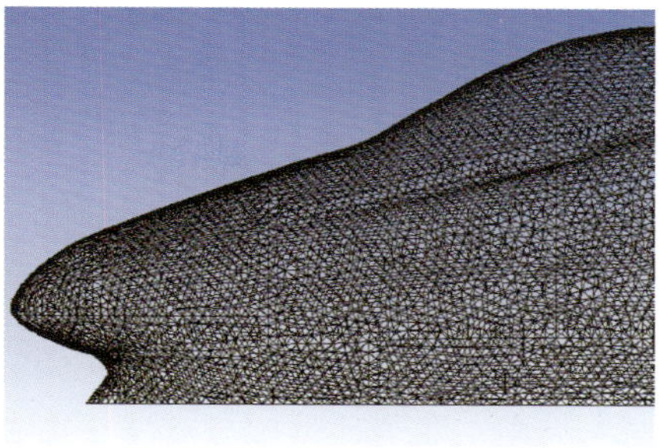

图 6.58　车头局部网格图

计算选用的挡风墙为加筋对拉式挡风墙[11]，挡风墙横截面宽度为 1.5m。图 6.59 和图 6.60 分别给出了挡风墙的简化几何模型和网格划分局部图。

图 6.59　挡风墙简化几何模型

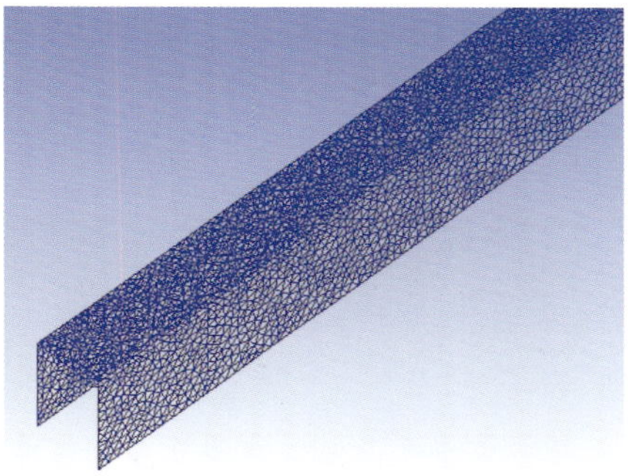

图 6.60　挡风墙网格划分局部图

为了研究挡风墙的高度对列车所受气动力的影响，给出合理的挡风墙高度的建议，主要考虑车体受到的侧力、升力、阻力和侧滚力矩的大小。计算选取列车的运行速度为 350km/h，横风风速为 32.6m/s，风向角采用最危险风向角 90°，挡风墙离铁路中心线距离(图 6.61)为 L=3.5m，挡风墙高度的计算范围为 H=2～4m。

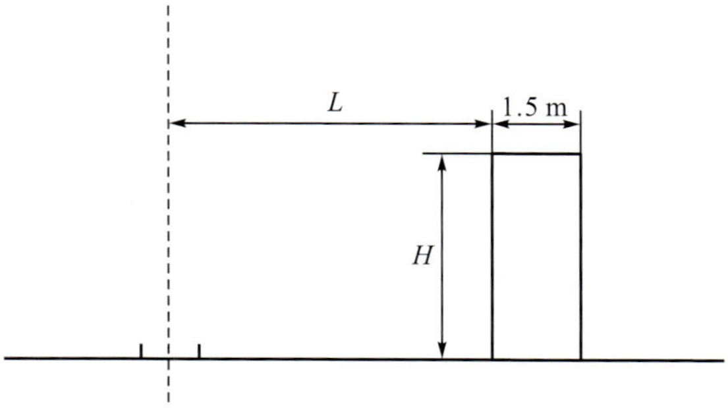

图 6.61　挡风墙与轨道中心距离示意图

2. 车体压力分布规律

在不同高度挡风墙、列车运行于修建有挡风墙的路况下，表面受到的压力状况是不同的。为了对列车表面的压力分布有更直观的分析，提取出列车各节车不同横截面处的压力云图，如图 6.62 所示，横截面 1 为头车流线型部分离头车鼻尖 5.7m 处，横截面 2 为头车非流线型部分离头车鼻尖 13.2m 处，横截面 3 为第二节车体中心处，横截面 4 为第七节车体中心处，横截面 5 为尾车非流线型部分离尾车鼻尖 13.2m 处，横截面 6 为尾车流线型部分离尾车鼻尖 5.7m 处。由于中间车压力云图基本一样，因此中间车只提取第二节车和第七节车。

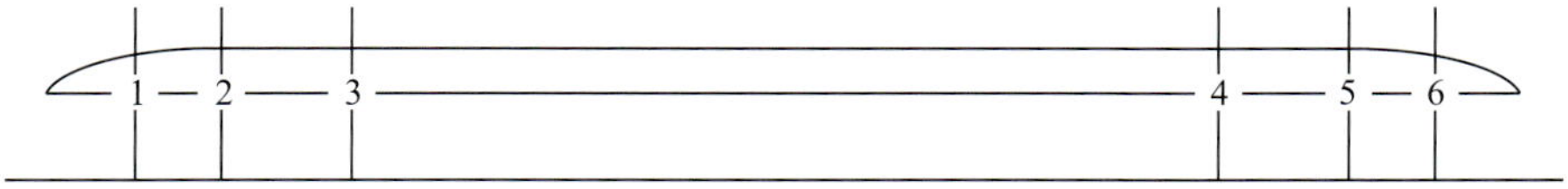

图 6.62 列车横截面示意图

为了比较不同横截面上的压力分布情况，固定挡风墙的高度 H 为 3.2m，图 6.63 给出了六个横截面处的空气压力云图。

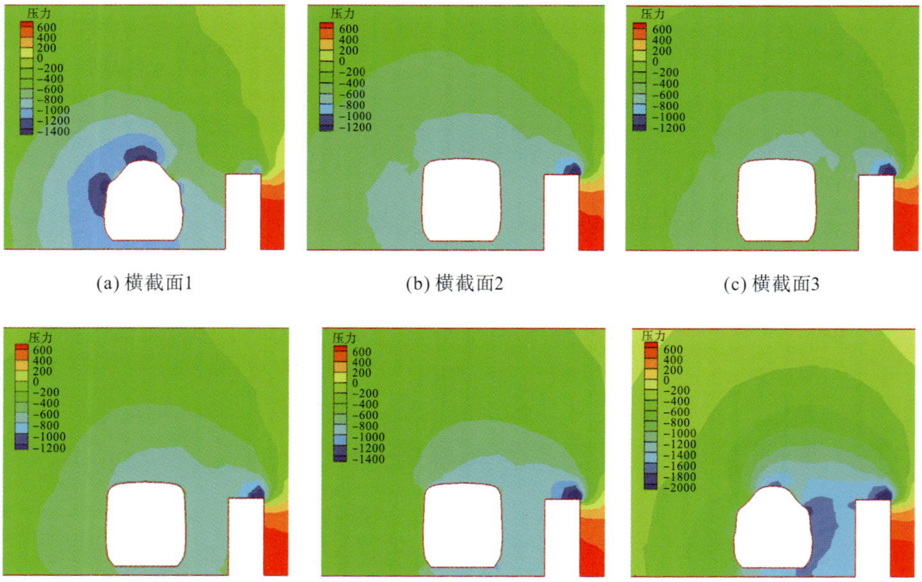

(a) 横截面1 (b) 横截面2 (c) 横截面3

(d) 横截面4 (e) 横截面5 (f) 横截面6

图 6.63 不同列车横截面的空气压力分布云图(单位：Pa)

从图 6.63 可知：头车和尾车流线型部分压力云图与其他横截面处的压力分布差别较大。而头尾车非流线型部分和中间车部分的压力分布比较接近。头车流线型部分分布的基本上是负压，在背风侧列车侧面和顶部负压值达到最大；而尾车流线型部分分布的压力基本上也是负压，而且在迎风面其负压有明显变大的趋势，负压最大值分布在迎风面头车鼻头附近。头尾车非流线型部分和中间车的表面分布基本是负压，且各处的负压值变化较小。

为了比较不同高度挡风墙下列车表面的压力分布，以横截面 1(即头车流线型部分)为例，图 6.64 给出了不同高度挡风墙工况下列车横截面 1 处的压力分布情况。挡风墙的高度对列车表面的压力分布有着较为显著的影响。当挡风墙的高度较小时(不超过 2.8m)，列车表面的压力分布云图比较相似，随着挡风墙高度的增加，其负压最大值呈变小趋势；当墙的高度增大到 3.2m 时，列车的迎风面出现了较强的负压，随着墙高的进一步增大，列车背风面的负压值在变小，而迎风面的负压呈增大趋势，当墙高达到 4.0m 时，这一趋势变得更加明显。

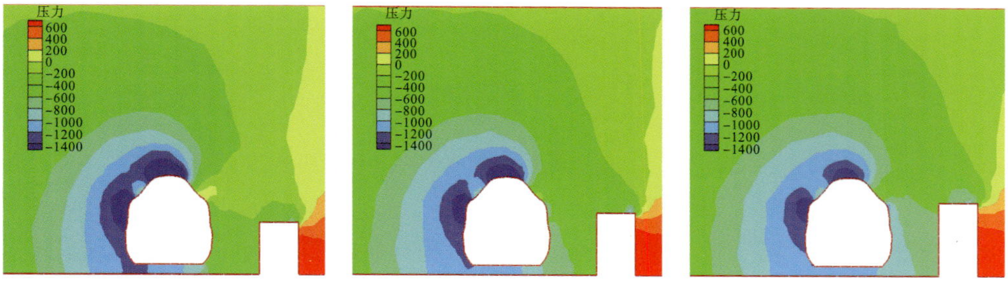

(a) H=2.0m　(b) H=2.4m　(c) H=2.8m

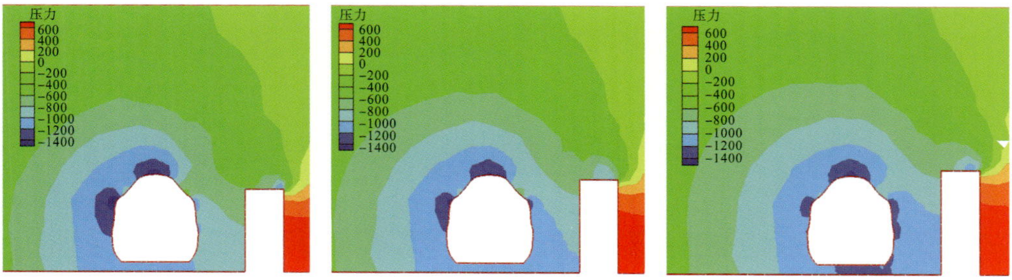

(e) H=3.2m　(f) H=3.6m　(g) H=4.0m

图 6.64　不同高度的挡风墙下列车横截面压力分布云图(单位：Pa)

3. 列车气动力特性

图 6.65 为头车气动力随挡风墙高度变化趋势图。当挡风墙高度小于等于 3m 时，头车侧力和升力为正值；当挡风墙高度大于 3m 以上时，侧力和升力变为负值。随着挡风墙高度的增加，侧力、升力和侧滚力矩先减小然后反方向增大，在挡风墙高 3.3m 时，头车侧力达到最小，在挡风墙高度为 3.2m 时，头车升力值最小。

由于中间车受到的气动力差别不是很大，本节只提取在不同高度挡风墙下列车第二节车辆和第七节车辆受到的侧力与升力。

图 6.66 为第二节车与第七节车受到的气动力随挡风墙高度变化趋势。随着挡风墙高度的增加，第二节车和第七节车受到的气动力变化趋势是一样的，曲线走势相差不大。挡风墙在 2.6m 以下时，第二节车和第七节车受到的侧力方向是顺着侧风风向，当挡风墙高于 2.6m 时侧力改变方向。当挡风墙在 3.2m 以下时，第二节车和第七节车受到的升力为正

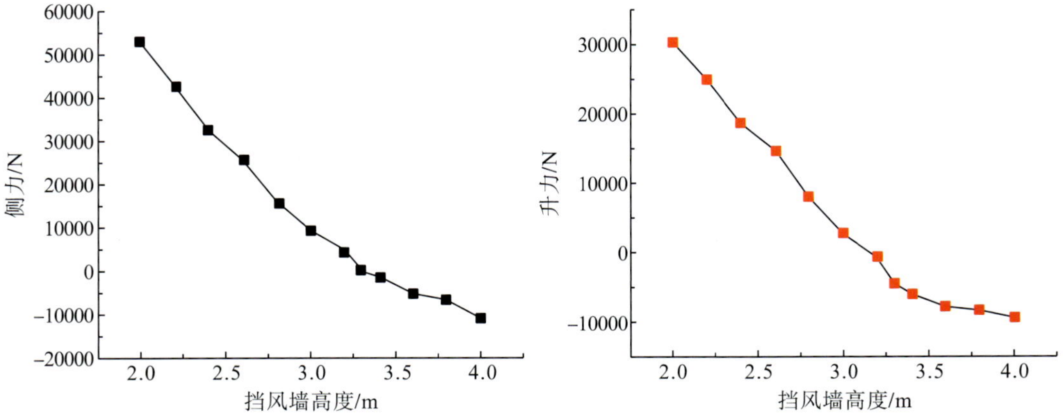

(a) 侧力 (b) 升力

图 6.65 头车气动力随挡风墙高度变化趋势

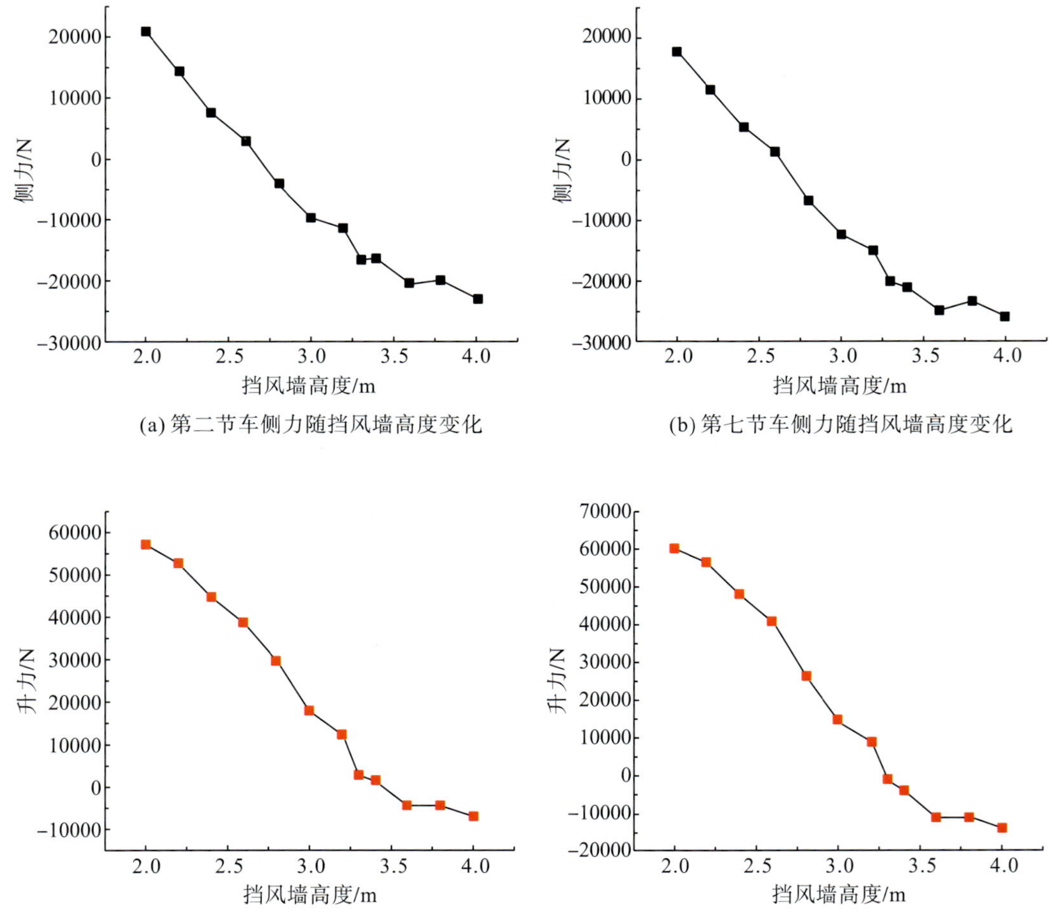

(a) 第二节车侧力随挡风墙高度变化 (b) 第七节车侧力随挡风墙高度变化

(c) 第二节车升力随挡风墙高度变化 (d) 第七节车升力随挡风墙高度变化

图 6.66 中间车气动力随挡风墙高度变化趋势

值，方向是向上的，随着挡风墙高度增加，升力变为负值。随着挡风墙高度增加，第二节车和第七节车受到侧力和升力都是先减小然后向反向增加。在挡风墙高度为 3m 时，作用在第二节车和第七节车上的侧滚力矩最小，在挡风墙高度为 2.6m 时，作用在第二节车和第七节车上的侧力值最小。当挡风墙高度在 3.3m 左右时，作用在第二节车和第七节车上的升力值最小。

图 6.67 为尾车受到的气动力随挡风墙高度变化趋势，可以看出，当挡风墙高度小于 3m 时，尾车受到的升力方向向上，随着挡风墙高度的增加，尾车升力变为向下。随着挡风墙高度的增加，尾车侧力先增大后减小，尾车升力先减小然后反向增大。当挡风墙高度为 3.2m 时，尾车受到的升力最小。

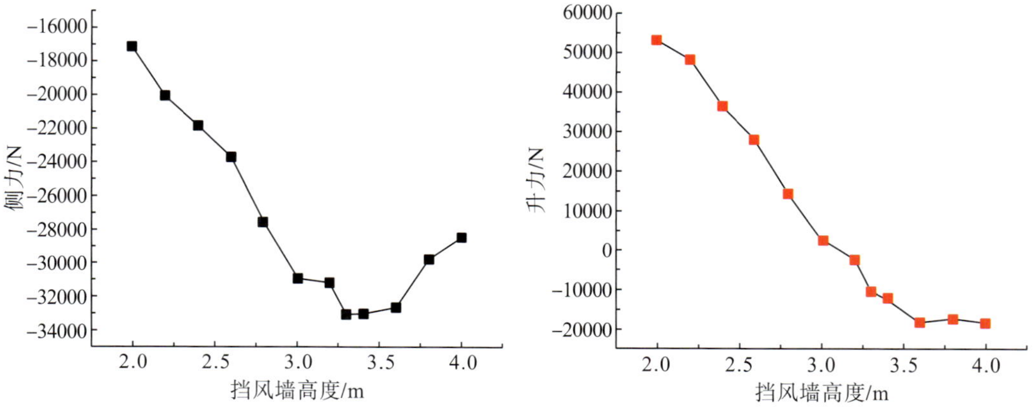

(a) 侧力　　(b) 升力

图 6.67　尾车气动力随挡风墙高度变化趋势

图 6.68 为列车气动力随挡风墙高度变化趋势。各中间车的曲线走势图基本一样，中间车受到的气动力基本一样。当挡风墙高度小于 3.2m 时，头车受到的侧力与尾车受到的侧力方向相反，作用在头车的侧力顺着横风方向，而作用在尾车上的侧力与横风方向相反。

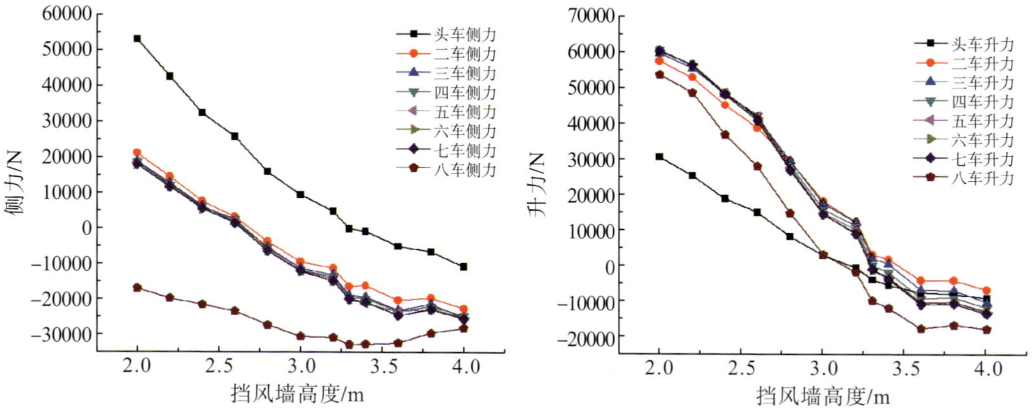

(a) 各车侧力随挡风墙高度变化　　(b) 各车升力随挡风墙高度变化

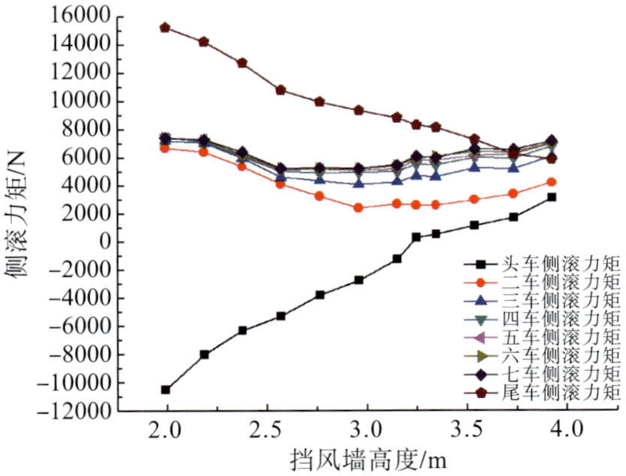

(c) 各车侧滚力矩随挡风墙高度变化

图 6.68 不同高度挡风墙下列车气动力(二车指第二节车，以此类推)

由图 6.68 可知，当挡风墙高度小于 3.2m 时，头车受到的侧滚力矩与尾车侧滚力矩方向相反。中间车侧滚力矩与尾车侧滚力矩一直方向相同，而且中间车侧滚力矩值变化幅度极小。随着挡风墙高度的增加，头车和尾车侧滚力矩的变化幅度远远大于中间车侧滚力矩的变化幅度。各节车侧力和升力的变化趋势一致。综合分析各节车受到的侧力、升力和侧滚力矩值，在挡风墙高度为 3.3m 时，各节车受到的侧力、升力和侧滚力矩综合比较最低。

4. 挡风墙高度的建议

通过研究了不同高度挡风墙下列车气动力的分析和比较，得到结论如下：当挡风墙高度为 3.3m 时，列车受到的气动力相对最小，因此建议挡风墙修建高度为 3.2～3.4m。

参 考 文 献

[1] 张卫华. 高速列车安全服役关键基础问题研究 2008 年年度进展报告[R]. 成都: 西南交通大学牵引动力国家重点实验室, 2008.

[2] 张曙光. 高速列车设计方法研究[M]. 北京: 中国铁道出版社, 2009.

[3] 张卫华. 机车车辆动态模拟[M]. 北京: 中国铁道出版社, 2006.

[4] 王福天. 车辆系统动力学[M]. 北京: 中国铁道出版社, 1994.

[5] CRH 动车组线路适应性研究报告[R]. 成都: 西南交通大学牵引动力国家重点实验室, 2007.

[6] 张洪, 杨国桢. 关于客车转向架的脱轨和轮重减载问题[J]. 铁道车辆, 2005, 43(6): 10-16.

[7] 周宁, 张卫华. 双弓作用下弓网动力学性能[J]. 西南交通大学学报, 2009, 44(4): 552-557.

[8] 张卫华, 周宁, 李瑞平, 等. 时速 350 公里及以上高速列车双弓受流技术研究与应用[C]. 第七届世界高速铁路大会, 北京, 2010: 91-95.

[9] 冯志鹏. 高速列车气动性能与外形设计[D]. 成都: 西南交通大学, 2011.

[10] 赵迎辉. 高速交会列车的气动性能及车辆动力学特性研究[D]. 成都: 西南交通大学, 2012.

[11] 李田, 张继业, 张卫华. 横风下高速列车通过挡风墙动力学研究[J]. 铁道学报, 2012, 34(7): 30-36.

第 7 章　高速列车耦合大系统动力学性能试验技术

7.1　轨道交通国家实验室的高速列车研究平台建设[1]

中国高速列车的创新发展，不仅需要创新的理论，更需要有创新研究平台。在科技部、教育部和铁道部建议下，西南交通大学筹划建设了轨道交通国家实验室，其建设目标是以高速列车为核心，开展高速列车动力学、高速轮轨关系、高速弓网关系等基础理论和工程应用研究。实验室根据高速列车创新研究平台的系统性、试验性和实践性要求进行了总体技术方案设计和实施。

1) 系统性

在高速铁路系统中，高速列车作为直接服务于旅客的载运工具，是高速铁路的核心。为了实现高速列车的高速、平稳和安全运行，高速列车集高速走行技术、高效牵引技术和高可靠性制动技术于一身。高速动车组的运行受线路和接触网等固定设施条件的限制，受牵引供电和列车运行控制系统的制约，同时还受气流及噪声的影响。因此，在高速运行条件下，列车与线路、接触网和气流等耦合作用加剧，形成了复杂的耦合系统动力学——高速列车耦合大系统动力学。

高速列车耦合大系统动力学试验研究平台建设，充分考虑系统性要求，不仅研究高速列车本身的响应，同时研究高速列车耦合系统的响应，包括轮轨关系、弓网关系、流固耦合关系和机电耦合关系等。

2) 试验性

试验研究用于验证理论模型、理论研究和促进技术创新，其更重要的任务是揭示科学的本质和规律。试验性研究重在基础研究，包括列车动力学性能、列车运行安全性和结构可靠性，以及与其他系统相关联的轮轨关系、弓网关系、流固及机电耦合关系等。为了开展这些研究，轨道交通国家实验室建设以高速列车为研究核心的基础研究试验平台，研究其中的机理、机制和规律性问题。

3) 实践性

探索研究高速列车的服役行为与服役性能，以及线桥隧等固定设备在运用过程中的性能变化规律，必须建立服役性能试验平台。通过高速铁路系统长期的运行实时监测数据，在时间域、空间域、频率域进行数据的综合比对分析，掌握和揭示高速列车及其耦合系统的性能演变规律。

高速列车动力学性能由高速列车本身的结构和参数决定，同时也受来自线路线桥隧、接触网、供电等耦合系统的结构和参数影响。因此，必须研究和优化高速列车及其耦合系统的结构和参数，并通过试验和应用加以验证。

基于以上系统性、试验性和实践性的总体思路，轨道交通国家实验室的高速列车研究平台建设方案可以归结为如图 7.1 所描述的结构。采用基础研究试验、数字化仿真和服役性能试验三种研究手段，对高速列车及其耦合系统进行研究，特别是其中高速列车动力学和轮轨、弓网、流固及机电耦合关系的试验研究。三种研究手段可以相互进行验证。

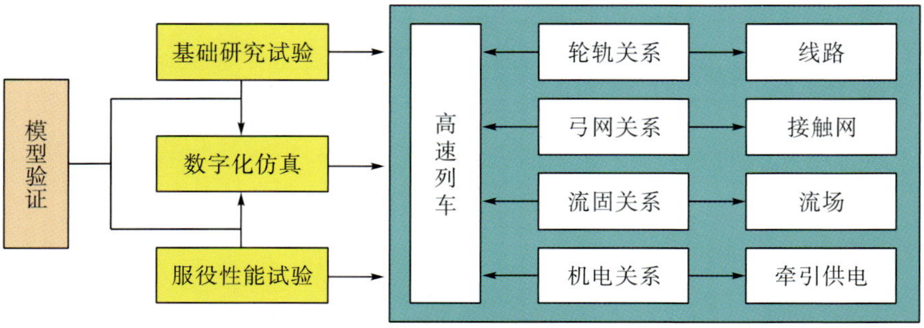

图 7.1 轨道交通国家实验室高速列车研究平台建设研究框架体系

综上，轨道交通国家实验室建设的三个平台包括：

(1)高速列车基础研究试验平台；

(2)高速列车数字化仿真平台；

(3)高速列车服役性能试验研究平台。

根据图 7.1 所确立的研究框架和三个拟建设平台，从高速列车运行的基本要求(安全性和舒适性)出发，形成了如图 7.2 所示的建设方案。通过服役性能试验研究平台，由试验车获得高速列车的动态响应，由试验线获得线路(线桥隧)和接触网系统(接触网和牵引供电系统)的动态响应，通过线路和试验车的响应映射关系，得到轮轨系统、弓网系统、流固及机电耦合系统映射关系。

利用基础研究试验平台，研究高速列车的稳定性、平稳性、安全性和可靠性问题；研究轮轨接触的摩擦磨损、疲劳、黏着和车线耦合问题；研究弓网接触中的动力学、电接触和载流摩擦磨损问题；研究流固耦合中气动阻力、压力波和风致安全性性能，研究雨雪等对列车安全运行的影响。通过基础研究试验平台揭示高速列车系统的力学本质关系、耦合系统和相互作用机制。

在获得轮轨、弓网、流固和机电等耦合模型的基础上，建立高速列车及其耦合系统的动力学模型，构建高速列车数字化仿真平台，开展高速列车系统动力学的研究，特别是高速列车及其耦合系统的结构和参数研究，并通过服役性能试验研究平台进行动力学模型和仿真平台的试验验证。高速列车在服役过程中的性能变化及其耦合系统在服役过程中的演变规律，可通过服役性能试验研究平台获得，并建立其服役模型，加载到仿真平台中，使仿真平台具备高速列车系统的服役模拟功能。结合上述研究过程，进行高速列车及其耦合系统的理论研究，进行高速列车及其耦合系统的系统优化和耦合关系匹配研究。

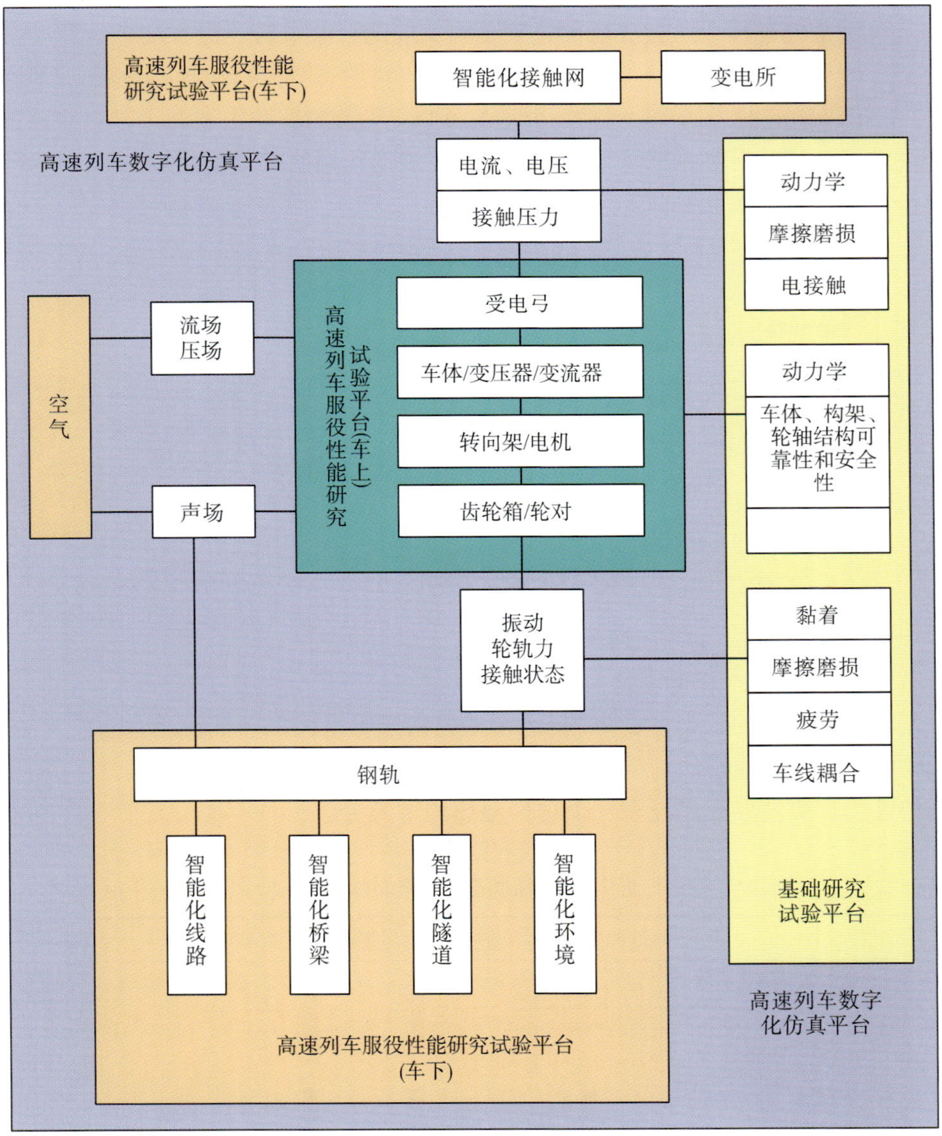

图 7.2 三个平台的建设构架

7.2 高速列车基础研究台架试验技术

7.2.1 高速动车组动力学性能试验技术

1. 实车试验[2-5]

目前，整列车的高速动车组台架试验还没有相应装备开展，一般采用单辆车进行。在铁路机车车辆研究过程中，世界各国建立不同功能的台架试验，进行动力学和功率试验。试验台架一般采用滚动台试验技术，利用滚动的轨道轮(简称滚轮)模拟钢轨，车轮在滚轮上滚动，模拟车辆的前进运动。就动力学研究而言，车辆的振动主要源于来自线路的激扰，因此先进的滚动试验台利用激振装备，使滚轮在滚动的同时实现激扰运动，再现铁路机车车辆的运行状态，如图 7.3 所示。

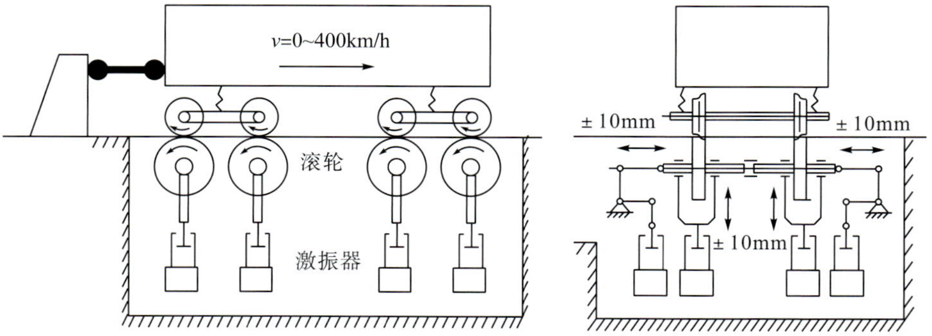

图 7.3 滚动振动试验台示意图

根据轨道不平顺的定义，表 7.1 描述了如何用滚轮来模拟多种轨道状态差异形式。最好的试验台不仅可以模拟轨道的不平顺，同时还能模拟曲线状态，遗憾的是，由于机械结构的复杂性，目前世界上还没有一个这样理想的试验台。

表 7.1 线路状态和滚轮的关系[2]

序号	不平顺类型	轨道状态	滚轮状态	说明
1	水平不平顺	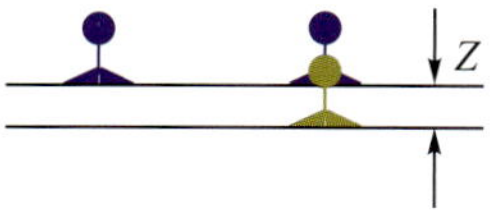	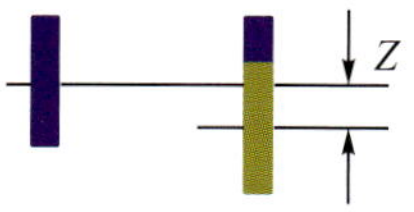	左右滚轮相对在垂向移动
2	垂向不平顺	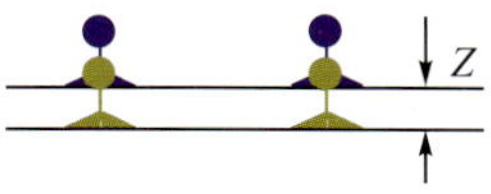	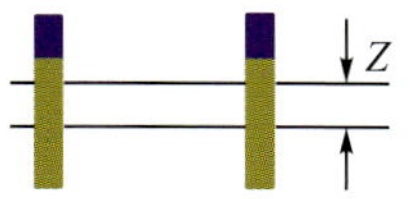	左右滚轮同步在垂向移动

续表

序号	不平顺类型	轨道状态	滚轮状态	说明
3	方向不平顺	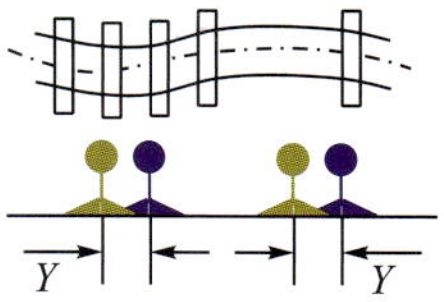	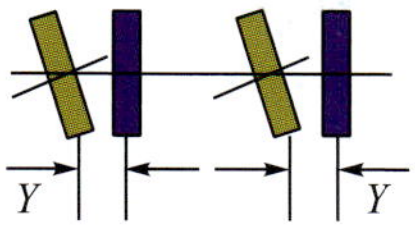	左右滚轮同向横向移动和偏转
4	轨距不平顺	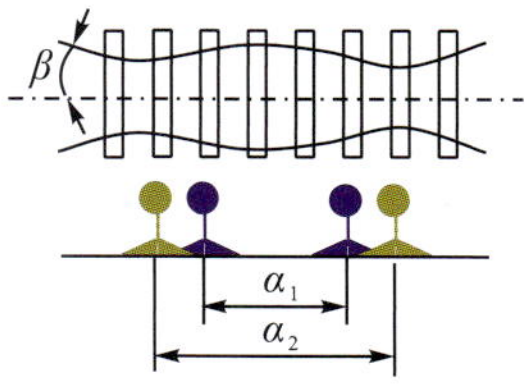	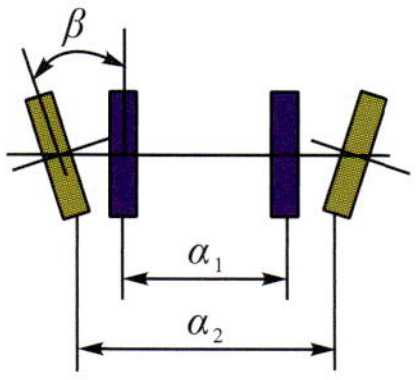	左右滚轮相对反向横向移动和相对反向偏转
5	曲线	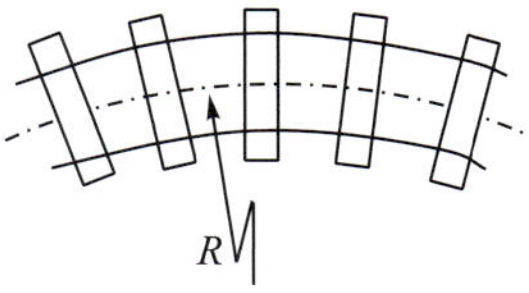	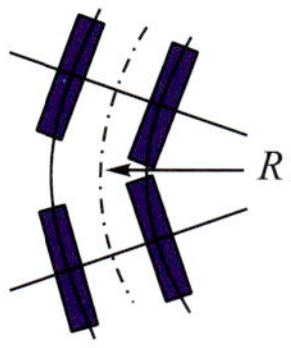	左右滚轮设置在曲线上，并进行差速滚动
6	曲线超高	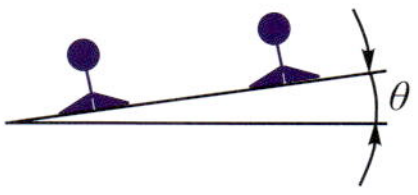	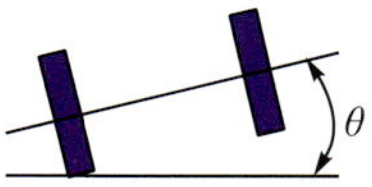	左右滚轮同轴倾斜

坐落在西南交通大学牵引动力国家重点实验室的机车车辆整车滚动振动试验台，在提速机车车辆和高速动车组创新研究发挥过重要作用。试验台在设计时，在对设计可能性、制造难度、投入资金和试验台综合性能要求进行综合考虑的基础上，确定了该滚动振动试验台滚轮的运动自由度如图 7.4 所示。

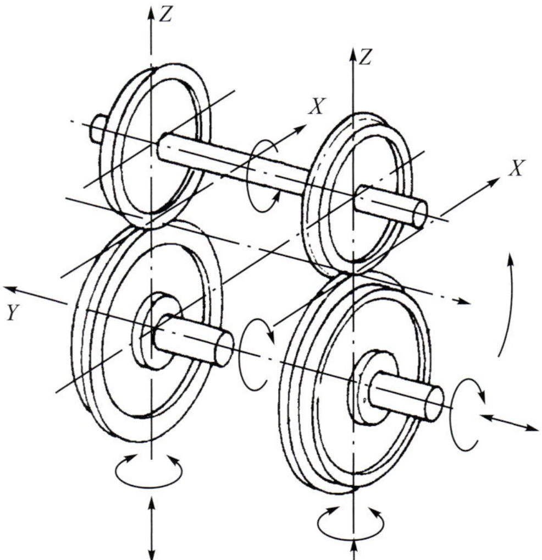

图 7.4　滚轮运动自由度

(1)左右滚轮沿 Y 轴方向分别移动，模拟轨距变化和方向不平顺。

(2)左右滚轮沿 Z 轴方向分别移动，模拟水平和垂向不平顺。

(3)左右滚轮同时绕 X 轴转动，模拟曲线外轨超高。

(4)左右滚轮绕 Y 轴转动，模拟车辆的向前运动。模拟直线时，左右滚轮同步，模拟曲线时，左右滚轮差速。

(5)左右滚轮绕 Z 轴分别转动，模拟轨道弯曲方向。

在以上滚轮运动自由度中，沿 Y 轴、Z 轴方向的移动和绕 Y 轴方向的转动可实时控制，绕 X 轴、Z 轴的转动需在试验前按要求预先设置。其中每个滚轮沿 Y、Z 轴方向的移动可通过两台电液伺服液压激振器实现动态控制，Y 轴方向的转动可由直流或交流伺服电机驱动，绕 Z 轴转动预留了用电液伺服激振器激振进行动态转动的功能，从而实现了滚振结合这一最佳模拟方式。为满足不同轴距和定距的机车车辆试验要求，每个试验台单元可在 X 方向移动并固定。

机车车辆整车滚动振动试验台主要由滚轮单元、驱动单元、液压激振系统、驱动系统、数据采集和处理系统、监视系统等组成。其中，滚轮单元和驱动单元组成完整的试验单元，被试车的每一个轮对(轴)就有一个试验单元相对应，其系统框图如图 7.5 所示。铁路专用电 25kV、50Hz，主要用于机车或其他动力车运行供电，同时可用于试验台驱动系统的供电，市电 380V、50Hz，主要用于液压激振系统和驱动系统及其他辅助系统供电。

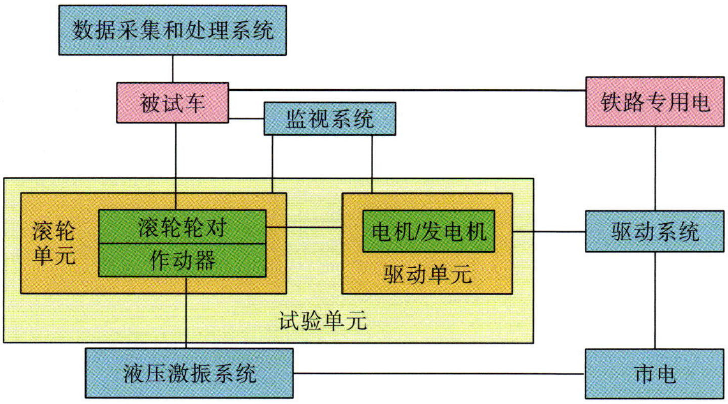

图 7.5 滚动振动试验台系统框图

滚动振动试验台具有 6 个独立试验单元，可根据被试车进行位置调整以适应不同定距和轴距的要求。每个试验单元由滚轮单元和驱动单元组成，如图 7.6 所示。根据不同试验任务，驱动单元可以通过万向联轴器对滚轮提供不同速度和扭矩，驱动单元由 1 台直流或者交流伺服电机、2 个齿轮箱、飞轮和扭矩仪组成，它们被固定在一个焊接结构平台上。电机可按驱动或制动的需要作为电动机或发电机来工作，飞轮不仅可以使驱动运行平稳工作，而且更主要是用来模拟列车的重量；图中齿轮箱 II 用来提高飞轮旋转速度，齿轮箱 I

用来向滚轮轮对提供不同的速度和扭矩。通过不同的安装方式，传动比可设置成 1∶1、2∶1(用于大扭矩)或 1∶2(用于高速)。

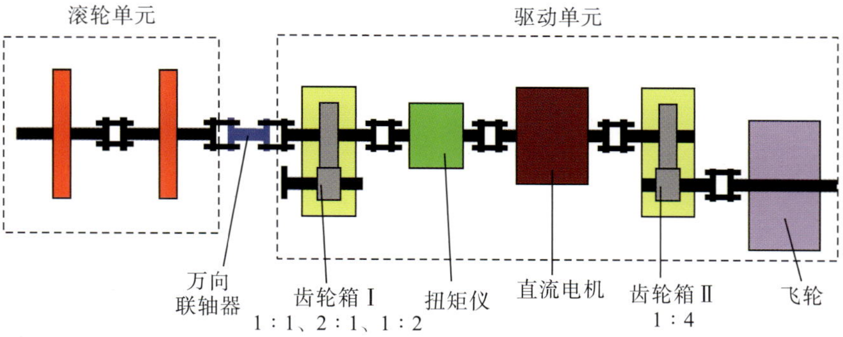

图 7.6　滚动振动试验台独立试验单元

滚轮单元是滚动振动试验台的关键部件，所有的滚轮运动通过复杂的机械结构得以实现。西南交通大学滚动振动试验台滚轮单元结构如图 7.7 所示，滚轮通过滚轮轴由一个 U 字形框架支持。滚轮通过万向联轴器驱动可在 U 字形框架里转动；U 字形框架限定为垂向运动，在液压激振器系统的驱动下，滚轮可实现垂向运动；滚轮绕滚轮轴在圆柱滚子轴承内中转动，同时随滚轮轴通过轴承座的拐臂在液压激振器作用下实现横向运动；滚轮在滚轮体内通过环形轴承转动，以模拟不同半径曲线的切线方向。垂向和横向的激振力通过激振器活塞杆顶部的力传感器测定。左右滚轮运动是独立的，中间设置有一个齿轮联轴器，以传递转动和扭矩，通过齿轮联轴器允许左右滚轮在垂向和轴向(横向)做相对运动。左右滚轮安装在一个可倾底座上，在液压作动器的推举下，可倾底座倾斜，实现曲线超高的模拟。所有设备安装在基座上，通过移动基座，使滚轮适应不同机车车辆的轴距要求。

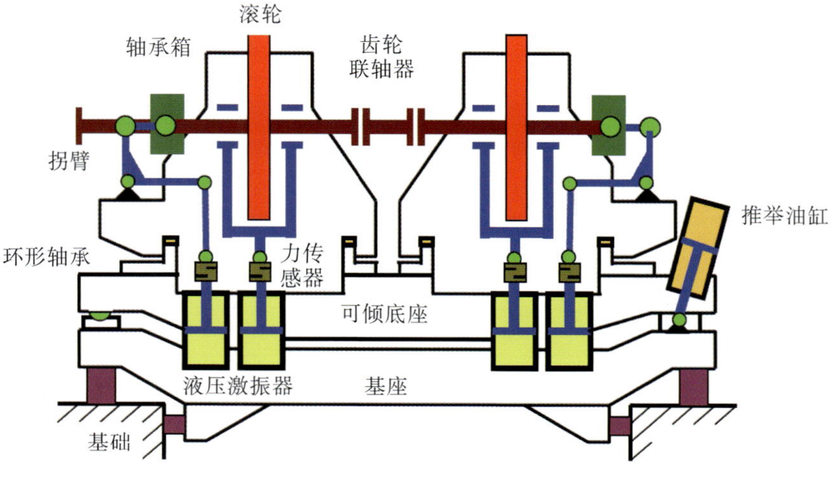

图 7.7　滚轮单元的结构图

机车车辆整车滚动振动试验台1993年建成，当时为四轴，设计速度450km/h。由于提速对机车的需求，2002年对试验台进行了扩建，轴数增加到6轴，轴功率短时可达1200kW，且增加了左右滚轮的差速功能。基于此，西南交通大学滚动振动试验台成为世界上第一个实现滚轮(轨道轮)滚动和垂向、横向激振及左右轨道轮差速的四维运动耦合的整车试验台，实现了曲线通过试验功能。左右滚轮差速驱动机构原理见图7.8，通过调速电机，使差速齿轮箱实现齿轮箱输入和输出端转速不同，从而实现滚动振动试验台左右滚轮的滚动运动速差。

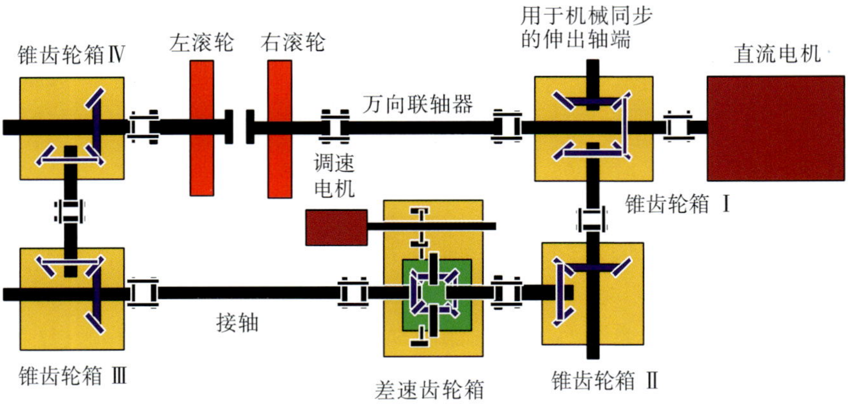

图7.8 左右滚轮差速驱动系统的原理框图

到2006年，中国高速铁路迅猛发展，原设计的试验台无法满足高速化和大功率需求。利用轨道交通国家实验室建设之际，把试验的速度提升到600km/h，功率提升到1800kW。目前试验的技术指标见表7.2。

表7.2 机车车辆整车滚动振动试验台的主要技术指标

垂向激振	最高频率 $f_{v\max}$	30Hz	横向激振	最高频率 $f_{h\max}$	30Hz
	最大振幅 $A_{v\max}$	±10mm		最大振幅 $A_{h\max}$	±10mm
	最大加速度 $a_{v\max}$	±4g		最大加速度 $a_{h\max}$	±5g
单轴最大纵向牵引力 F_e		10t	最大轴重 M_w		25t
最大持续/短时电机功率		1800kW	最高运行速度 v		600km/h
最大超高角 $\phi_{\max}$		7°	机车车辆定距 L		4～22m
转向架轴距 l		1680～2800mm	轨道轨距 A_0		1000～1676mm
最小曲线半径 R		200m	最大轴数 N		6

在动车组进行试验，一般进行1辆车(动车或者拖车)的动力学性能试验，但为了研究车间耦合对车辆动力学性能的影响，也开展2辆车连挂的试验，其中1辆车置于地面，如图7.9所示。

图 7.9　连挂动车组的台架试验

2. 比例动模试验

整车台架试验过程中，车辆不真实前进，而是通过车轮和模拟轨道的滚轮相对运行模拟前进运动，其缺点是无法模拟气流对车辆动力学性能的影响，因此弹射比例模型的动模试验技术得到了应用。

弹射的动模试验技术主要用于研究列车的空气动力学，能够模拟真实的车与地面相对运动气动效应(也称为地面效应)。中南大学(原长沙铁道学院部分)利用弹弓原理建设了 1∶16 动模风洞试验台[6]，中国科学院力学研究所在开展高速列车气动研究中，拟建一个利用高压气源实现弹射的 1∶10 动模风洞试验台，速度达到 500km/h。轨道交通国家实验室也正在建设高速列车动力学性能研究动模试验台，其特点如下：

(1) 高速，即速度大于 400km/h；

(2) 大比例，即模型 1∶10；

(3) 线路，即双线、隧道；

(4) 环境模拟，即横风、下雨、下雪；

(5) 地震模拟，即 10 跨桥的 10 级烈度地震模拟；

(6) 弹射，即可任意控制的电磁弹射；

(7) 气压，即模拟气压 0.05～10bar①。

此动模试验台相比其他动模风洞更具优势。该弹射试验台全长仅为 142.6m，其中主弹射段长 50m，试验段 43.6m，制动段 40m，副弹射段长 40m。试验段长度 55.6m。可实现交会试验的复合段为 36.6m，大部分试验内容在本试验段完成，平面布置如图 7.10 所示。复合试验段包括 12m 的雨雪模拟段、20m 的横风模拟段以及 32m(10 跨桥)的地震模拟段。该试验台是类似试验装置中最短的，对大加速度弹射和制动技术提出了更高的要求，其驱动加速度要求达到 8～15g，制动加速度幅值要达到 20g。为实现恒加速度和大加速度，弹

① 1bar=10^5Pa。

射驱动采用电磁弹射方式，制动采用永磁条件下电涡流制动方式。整个试验系统置于模拟真空和高压管道内，断面布置如图 7.11 所示。其管道直径为 4.2m，可进行不同气压下的气动力学分析研究，特别是在高压施加时可以获取比例试验所需的雷诺系数，另外真空条件的试验是为未来真空管道列车研究做准备的。试验用模型列车为 3 辆编组，比例为 1：10，质量控制在 200kg 左右。模型车内内置振动、气压等相关信息的检测传感器，记录试验运行时的相关信息。

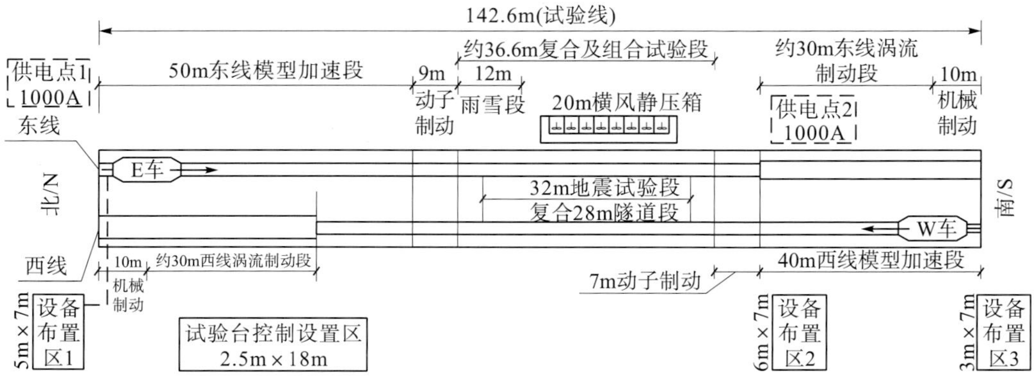

图 7.10 多功能高速列车运行模拟试验台平面图

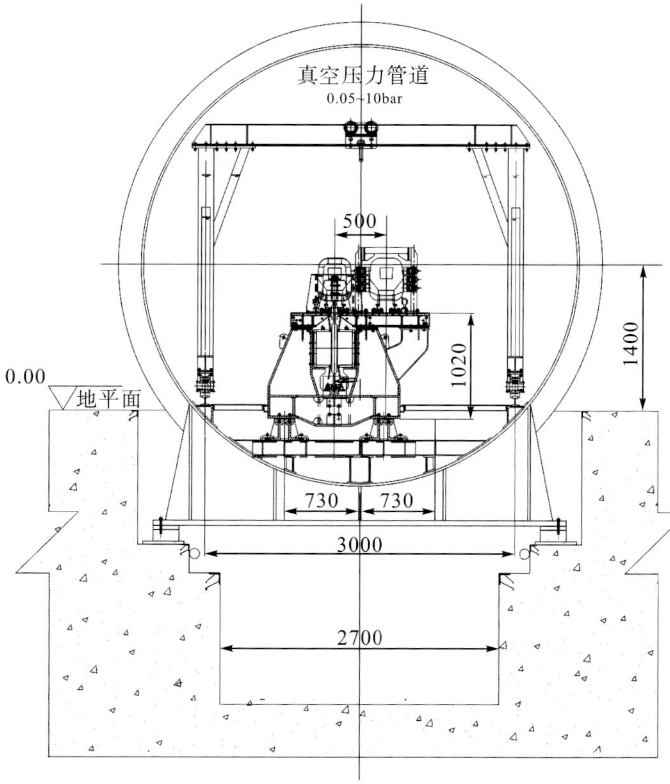

(a)断面布置(单位:mm)

(b)实物照片

图 7.11 多功能高速列车运行模拟试验台断面图及实物照片

利用这样一个多功能试验台，可开展的试验研究项目包括：

(1) 高速列车运行气动力学和流固耦合振动响应的研究；

(2) 高速列车隧道内运行气动力学和流固耦合振动响应的研究；

(3) 高速列车在会车时气动力学和流固耦合振动响应的研究；

(4) 高速列车在雨、雪、风多相流介质下的运行响应的研究；

(5) 高速列车横风安全性研究；

(6) 高速列车地震条件下动态响应和安全性研究；

(7) 高速列车气动噪声的研究；

(8) 不同海拔高速列车气动力学研究；

(9) 真空管道列车运行响应和气动力学研究。

7.2.2 轮轨关系试验技术

轮轨关系是铁路的基本特征，也是铁路最重要的相互作用副。它不仅起到承载、导向作用，还起到牵引力和制动力的传递作用。因此，轮轨关系研究一直是铁路领域研究，特别是车辆系统动力学研究的重点方向。广义的轮轨关系包括轮轨几何接触关系、轮轨力相互作用关系、轮轨材料及硬度匹配关系。需要研究的轮轨关系问题包括轮轨蠕滑/黏着、轮轨接触疲劳、轮轨摩擦磨损、脱轨机理等。在轨道交通国家实验室建设中，建立了相应的室内台架试验台，开展相关基础研究。

1. 轮轨蠕滑力试验技术[2]

轮轨蠕滑力试验是为了确定在特定的轮轨型面、形貌、材料及硬度匹配条件下轮轨接触力的相互作用，最基本的要求是测定其单轮对轮轨蠕滑力。轨道交通国家实验室(牵引动力国家重点实验室)利用既有的机车车辆整车滚动振动试验台，建成了 1∶1 的轮轨蠕滑力测试装置(图 7.12)，示意图见图 7.13。它主要由三部分组成：①机械系统，包含滚动振动试验台、测力轮对和测力轮对定位框架；②数据采集和测试系统，包括计算机、光栅、集流环、弹性测力杆、位移计和加速度计及相关的二次仪表；③液压激振和动力控制系统。试验时，滚动振动试验台的滚轮(轨道轮)由电机驱动，通过轮轨间摩擦带动轮对转动以模拟车辆轮对前进运动；滚轮在液压激振器的作用下可做独立的垂向和横向运动，用来模拟钢轨垂向和横向振动；可通过滚轮平动设置试验轮对相对滚轮的横移；通过定位框架的摇头，可设置轮对相对滚轮的摇头角；试验台顶部液压作动器可通过轮对承载鞍上方进行不同轴重要求的模拟加载；轮对和定位框之间弹性测力杆件的刚度可变，用来模拟轮对和转向架构架之间的纵向和横向悬挂刚度。由于轮对横移和摇头角的存在，左右轮轨接触几何不对称，车辆和滚轮的接触斑上部分或全部介质发生相对微小滑动，形成了轮对和滚轮之间的蠕滑力作用机制。

图 7.12 单轮对轮轨蠕滑力试验装置照片

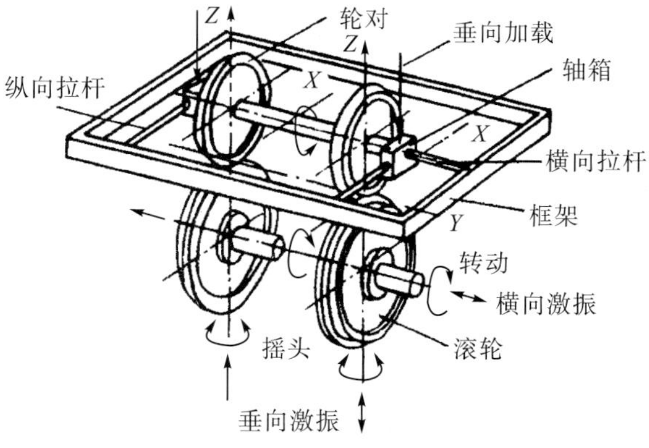

图 7.13 单轮对轮轨蠕滑力试验装置示意图

试验中为了测得轮对和轨轮之间的纵、横向蠕滑力，采用了测力轮对。测力轮对对轮轨之间垂向和横向蠕滑力测量比较准确，但纵向蠕滑力的测量精度无法达到要求，所以在实际的数据中除了测力轮对的数据，在单轮对蠕滑试验台中还采用了纵向和横向定位拉杆应变来测定作用在轮对上的蠕滑力。

蠕滑力的定义和计算公式见 2.3.1 节。试验时通过轮对横移来改变左右轮滚圆直径，使得左右轮纵向蠕滑力的变化，获得轮轨接触纵向蠕滑力与轮对横移量的关系；通过轮对的摇头角(冲角)设置，来测定横向蠕滑力与轮对摇头角的关系。在比较试验结果和 Kalker 三维非赫兹滚动接触模型时，先通过数据分析得到轮轨力，直接用蠕滑力进行比较。图 7.14(a)[7]为左轮纵向蠕滑力随轮对中心横移 Y 而变化的情况。图 7.14(b)[7]为左右轮接触斑上横向蠕滑力随摇头角 ψ 而变化。1∶1 轮轨关系的试验结果和 Kalker 三维非赫兹滚动接触模型的计算结果具有良好的一致性，Kalker 三维非赫兹滚动接触理论的有效性得以证实。

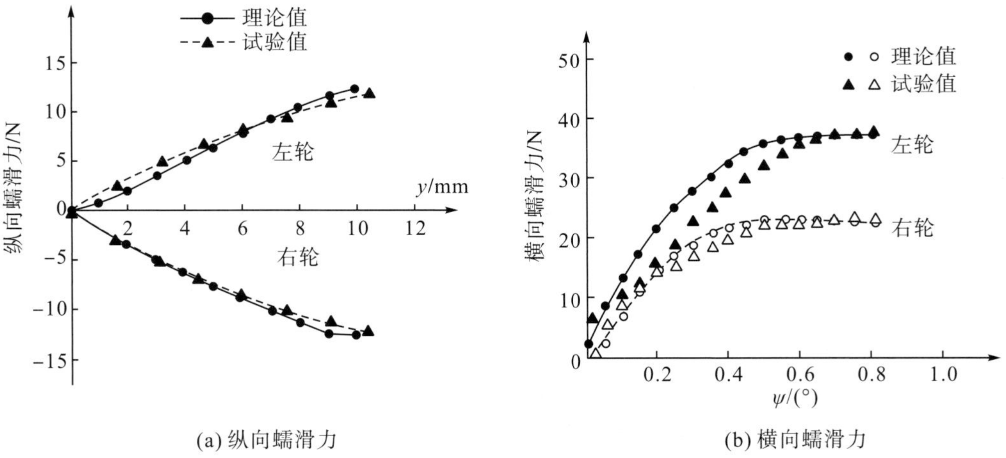

图 7.14　Kalker 三维非赫兹滚动接触模型验证

2. 轮轨黏着试验技术

轮轨黏着实际上是指在牵引力作用下，轮轨间的牵引力传递的能力，需要测量轮轨黏着系数与轮轨间滑动差接触点蠕滑率的关系，在线性条件下，黏着力和蠕滑力吻合良好，在非线性区，特别是滑动区，Kalker 的蠕滑理论得到计算结果和实际的黏着系数有很大差异，见图 7.15。轮轨黏着试验主要的测试任务就是确定非线性区和滑动区黏着状况，特别是轮轨接触从黏着到滑动的转折点及黏着饱和时的黏着系数。

作者在文献[2]中介绍过牵引动力国家重点实验室所进行的黏着试验工作，包括试验装备的介绍。在轨道交通国家实验室建设中新建设了具有轮轨黏着试验功能的轮轨试验台。

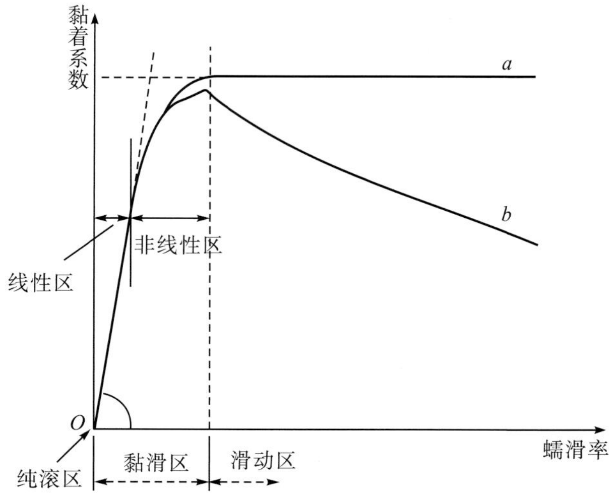

图 7.15 理论和实际黏着模型的区别(a 为 Kallker 理论曲线，b 为实际应用曲线)

该试验台是一个两轴试验台(图 7.16)，可实现一个转向架的滚动试验，包括黏着试验和疲劳试验等，试验速度达到 600km/h。为了能真实地模拟轮轨接触状态，本试验台采用了 1950mm 的大滚轮，因此被试转向架的轴距可在 2000～3000mm 范围调整。转向架上方设置了加载架，可在垂向、横向和纵向进行加载和动态激扰(图 7.17)。为了模拟车辆的惯性，以满足黏着试验要求，在主要滚轮中间设置同直径的飞轮，转动惯量不小于 18000kg·m^2。在进行黏着试验时被试转向架轮对必须加装大功率和大扭矩的驱动系统，以实现轮轨黏着饱和点的测定以及轮轨滑动后的黏着曲线测定。本试验本身的驱动功率比较小，仅 750kW 每轴，是为轮对疲劳试验配置的。在黏着试验时，利用本试验台滚轮及滚轮之间的飞轮大惯性，在瞬间保持滚轮转速，而上面的被试转向架轮对则实施加减速来实现轮轨间的滑动，以得到不同蠕滑率下的黏着系数。

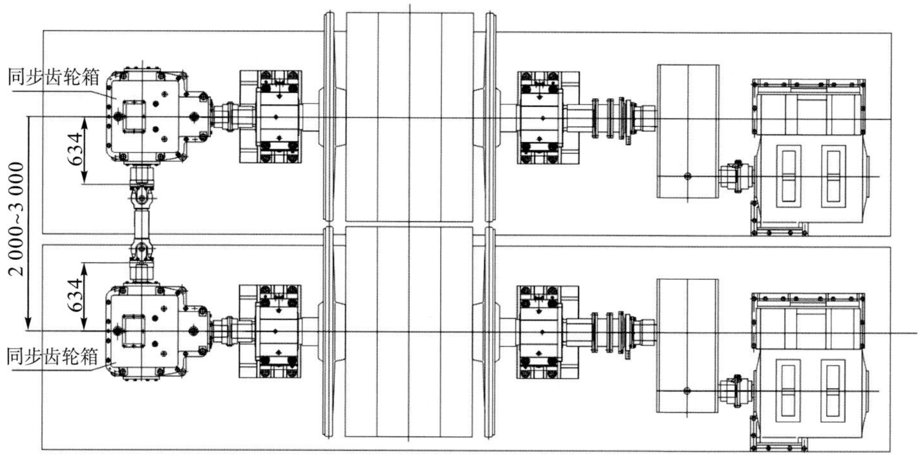

图 7.16 轮轨黏着及轮对疲劳试验台平面布置图(单位：mm)

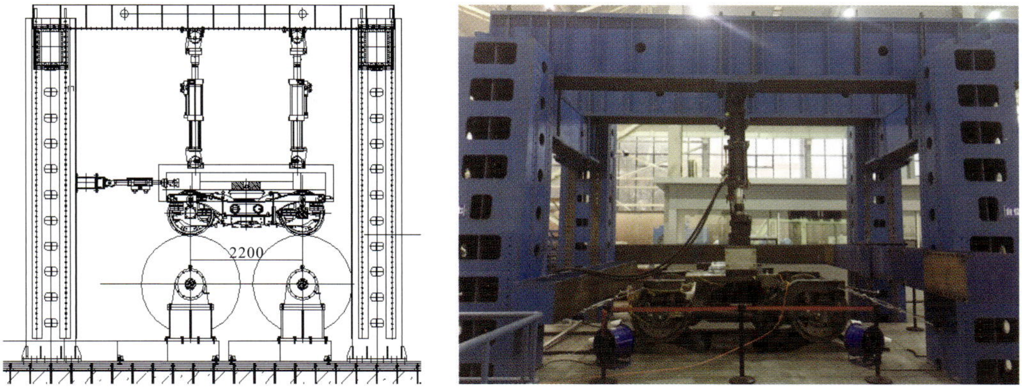

(a)设计图　　　　(b)实验台照片

图 7.17　轮轨黏着及轮对疲劳试验台试验场景设计图和试验台照片(单位：mm)

试验时，测定滚轮和轮对的滑差(蠕滑率)及扭矩，从而可得到黏着系数与蠕滑率的关系，黏着系数的计算公式为

$$\mu=\frac{F}{N}=\frac{M_{滚轮}}{R_{滚轮}N}=\frac{M_{轮对}}{R_{轮对}N} \tag{7-1}$$

式中，F 为接触点的牵引力；N 为接触点的正压力；M 为扭矩；R 为半径。

由式(7-1)可知，黏着系数可以根据滚轮上的扭矩计算，也可以根据轮对上的扭矩计算。在试验过程中，精确控制滚轮和轮对的滑差很困难，特别是在轮轨出现打滑时。本试验在设计之初就考虑采用轮对加减速而保持滚轮对(滚轮+飞轮)稳定转动来实现动态的滑差。图 7.18 为黏着试验时轮对和滚轮对的扭矩受力情况，轮轨接触点的黏着牵引力为 F，J 是滚轮对或轮对的转动惯量，ε 是转动加速度。在动态条件下，这时黏着扭矩有下列关系：

$$\begin{cases}M_{轮对}=FR_{轮对}+\varepsilon_{轮对}J_{轮对}\\M_{滚轮}=FR_{滚轮}+\varepsilon_{滚轮}J_{滚轮}\end{cases} \tag{7-2}$$

即所测量到的扭矩包含着惯性力矩，而计算黏着系数时应把惯性力去掉，然后用牵引力来计算。

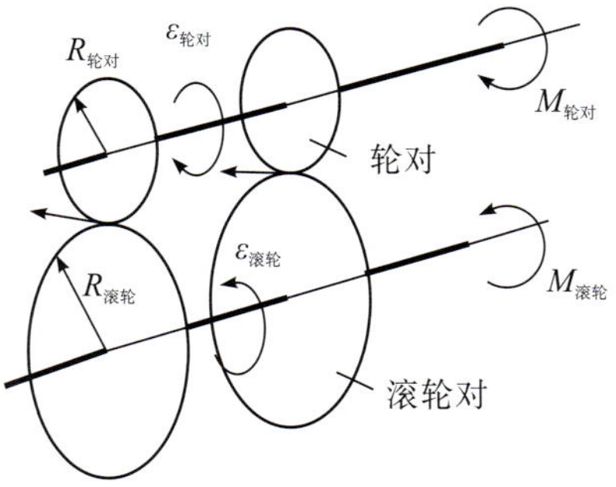

图 7.18　轮对和滚轮的扭矩受力情况

3. 摩擦磨损和接触疲劳试验技术

高速列车服役过程中，随服役过程变化最严重的参数是踏面的等效锥度，其原因是严重的轮轨摩擦磨损。因此，轮轨摩擦磨损试验是轮轨关系研究的主要内容。在轨道交通国家实验室建设中有关轮轨摩擦磨损和接触疲劳的试验共计 3 个，均采用比例试验方式。试验的基本方法是轨道或者轨道轮进行旋转，来实现车轮相对钢轨的前进运动，而车轮一般可以在垂向和横向施加运动和力来模拟轮轨的动态作用，同时为了模拟牵引或者制动状态的轮轨摩擦磨损，车轮也具有施加扭矩的功能，来获取牵引力或者制动力。

图 7.19 是传统的车轮和轨道轮对滚的试验台方案，该试验台主要由冲角驱动装置、转销、模拟轨盘、底座平台、立座、直流驱动电机、膜片联轴器、升变速齿轮箱、模拟轮、加载测力头、激振动作器及激振系统、电动缸及驱动系统、平衡配重、制动装置和转座组成。其特点是体积小、效率高、使用成本低，但它只能模拟轮轨的接触应力，而真实的钢轨是通过枕木离散支撑的，在车轮通过时，钢轨上就会有很大的弯曲应力存在。如果希望试验台研究轮轨疲劳问题，就必须考虑钢轨的弯曲应力模拟。

图 7.19 对滚式轮轨摩擦磨损试验台效果图及实物照片

图 7.20 就是考虑钢轨弯曲应力的轮轨试验台，与传统的车轮和轨道轮对滚的试验台方案比较，主要的改变就在于钢轨的真实模拟，这时钢轨采用真实断面的钢轨，钢轨被铺设在带枕木模拟支撑的圆盘上，钢轨随着圆盘的高速旋转相对车轮运动。圆盘的直径达到 3m，模拟的最高速度为 380km/h。缩小比例(1∶3)的车轮不仅可以垂直加载和进行牵引/制动扭矩的施加，同时可以设置冲角(±4°)，以研究冲击带来的横向摩擦磨损情况。该试验台综合考虑轮轨滚动接触应力和钢轨弯曲应力对轮轨材料服役性能的影响，可开展模拟高速轮轨损伤(摩擦磨损和疲劳)和高速轮轨材料选型试验。主要功能如下：

(1) 再现滚动接触应力和钢轨弯曲应力的联合作用对轮轨材料服役性能的影响；

(2) 模拟不同轮轨型面、材料和硬度条件下的轮轨接触疲劳问题，包括压溃、龟裂、剥离和斜裂纹；

(3) 模拟不同轮轨型面、材料和硬度条件下的轮轨摩擦磨损问题，包括均匀磨损和波浪形磨损。

图 7.20　轮轨滚动行为模拟试验台

4. 脱轨试验技术

脱轨是高速列车最严重的事故之一。因此，关于脱轨研究一直没有停止过，Nadal 提出基于摩擦力平衡的脱轨准则沿用至今。由于脱轨时刻车辆状态的各异、摩擦行为的不同，脱轨准则在实际运用中很难精确评判脱轨行为。开展脱轨试验是十分必要的，作者在文献[2]中介绍了利用机车车辆整车滚动振动试验台进行的脱轨试验研究，其试验装置利用了前面介绍的单轮对蠕滑试验台，见图 7.12 和图 7.13。所不同的是，在脱轨试验时定位框架是活动的，通过横向布置的液压作动器对框架横向加载，实现对轮对横向力的施加，通过垂向加载作动器可实现左右轮轮重和偏载的施加。在试验中，可设置轮对相对滚动振动试验台轨道轮的摇头角。图 7.21 是文献[2]中所展示的脱轨过程情况。

图 7.21　试验过程中脱轨情况

文献[2]介绍的脱轨试验技术是利用滚动振动试验台进行的，在轨道交通国家实验室建设中，研制了一个在真实线路上的脱轨试验装置，如图 7.22 所示。

图 7.22　脱轨试验台

图 7.22 所示的脱轨试验台能实现转向架在轨道上运行的全尺寸脱轨机理试验研究，可随需求调节、改变及测量车辆及轨道的试验参数，可进行车辆脱轨掉道的极端工况的研究。其转向架尺寸和轨道尺寸与真实的转向架和轨道完全相同，轮轨接触状态的接触斑形状和尺寸也与实际轮轨接触状态相同，能真实反映实际的轮轨相互作用特征，从而为列车脱轨机理与控制研究提供更加真实有效的试验数据，对确保高速、重载铁路安全运营等具有重要意义。

本脱轨试验台轨道采用高速铁路普遍采用的无砟轨道，轨距 1435mm，钢轨为 60kg，并在试验段设置了测力钢轨，以确定轮轨相互作用力。轨道的外侧设有牵引车导轨，牵引车导轨与牵引小车的车轮配合，能限制牵引小车的运动自由度，保证牵引车只沿线路方向前后运动，轨道前方的驱动装置通过钢丝绳与牵引小车的前后端相连，实现牵引小车的前后往复运动，运动最高速度为 35km/h。转向架置于牵引小车内，牵引小车左侧部位的前、后两个横向电动缸的缸杆分别通过各自的横向钢丝绳与转向架左侧的前、后轴箱连接；牵引小车前部的左、右两个纵向电动缸的缸杆分别通过各自的纵向钢丝绳与转向架的构架相连。转向架上方设置了配重箱，不仅可加载所需模拟的载重，还可以实现偏载的模拟。转向架的轮对采用测力车轮，以测定轮轨相互作用。

试验时，驱动装置通过钢丝绳驱动牵引小车沿牵引车导轨前进。同时，牵引小车再通过钢丝绳带动试验用的转向架沿铁路轨道前进。牵引小车通过其前部的左、右两个纵向电动缸向转向架持续施加左右两个独立的纵向作用力，以调节轮对的冲角。而牵引小车左侧部位的前、后横向电动缸则为转向架轮对持续提供前、后两个独立的横向激扰力(由于列车左、右两侧对称，只需研究一侧的脱轨机理，因此只在左侧施加横向激扰力)。通过偏载、冲角和横向力的设置及作用，轮对就可能发生脱轨。在试验过程中测试并记录横向激扰力、纵向作用力、轮对冲角、轮轨横向力、轮轨垂向力等试验参数，为列车脱轨机理与控制研究提供更加真实有效的试验数据。

本试验台的主要功能如下：

(1) 模拟轮对低速爬轨过程；

(2) 试验研究爬轨脱轨机理；

(3) 试验研究轮轨型面匹配关系；

(4) 试验研究脱轨时的轮轨相互作用机制；

(5) 试验研究脱轨时的轮轨接触几何状态；

(6) 试验研究轮对冲角对脱轨的影响；

(7) 试验研究轨底坡对脱轨的影响；

(8) 试验研究不同型面的轮轨静态接触几何关系；

(9) 试验研究轨道几何形位(轨距、水平、轨底坡)对轮轨关系的影响规律。

利用本试验台，还开展了脱轨防脱线的试验研究。试验时，在钢轨上设置爬轨脱轨器，让转向架脱轨，然后研究脱轨后的运动行为，以及转向架零部件和线路(钢轨、枕木、扣件组成及轨道板)相互作用，检验防脱线装置的有效性。图 7.23 是脱轨过程影像的截图，可以看到轴箱下面的掉道止挡与钢轨侧面接触，防止轮对进一步的横移，从而起到防止轮对(转向架)掉道的作用。

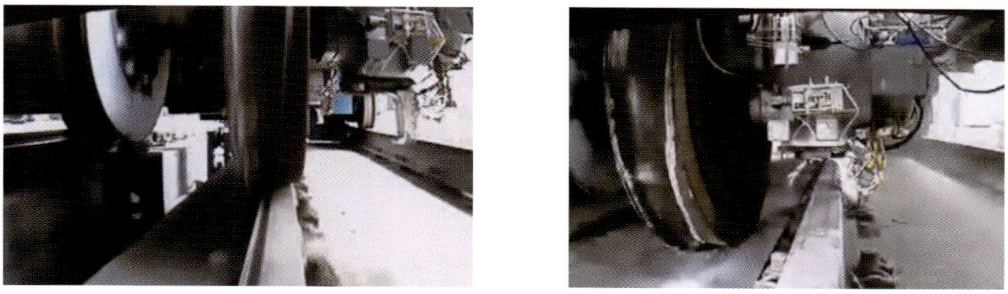

(a) 脱轨前　(b) 脱轨后

图 7.23　脱轨过程

7.2.3　流固关系试验技术

在传统的空气动力学模型试验中，由于模型运动实现困难，列车模型通常是静止的，称为定模试验。此时，为了实现列车模型与空气间的相对运动，需要人为创造均匀的风环境，风洞便应运而生。在风洞中不仅容易实现均匀稳定的流场，而且容易改变空气流速，满足更高速的试验要求。然而，风洞试验是在人为营造的列车运行环境中进行的，试验段风洞洞体的围合封闭环境破坏了实际运行列车周围的敞开大气环境；此外，由于列车模型静止，无法模拟地面效应的影响。图 7.10 和图 7.11 所示的多功能高速列车运行模拟试验台实现了运行模型空气动力学试验，这里称为动模试验。

动模试验虽然解决了定模试验无法考虑的地面效应影响的问题，但动模试验仍属模型试验，试验台的建设及试验参数的设置，都必须满足相似准则的要求，并考虑风洞壁面边界对试验结果的影响。

1. 相似准则

相似准则是指对于同一类物理现象，若两个现象的单值性条件相似，且由这些单值条件组成的同名相似准则数在数值上相等，则两个现象必定相似。为了满足相似条件，必须保证模型列车与实际列车几何外形相似，且模型试验与实车试验的同名准则数相等。对于几何相似，仅需将模型按实际尺寸缩放即可。而对于空气动力学试验的相似准则数，主要包括普朗特数 Pr、弗劳德数 Fr、马赫数 Ma 和雷诺数 Re。其中，普朗特数 Pr 反映流体动量传递和热量传递的比；弗劳德数反映流体惯性力和重力的比；马赫数反映流体惯性力与弹性力的比；雷诺数 Re 则反映流体惯性力与黏性力的比。各准则数的定义如下[8]：

$$Pr=\frac{\nu}{\alpha} \tag{7-3}$$

$$Fr=\frac{u}{\sqrt{gl}} \tag{7-4}$$

$$Ma=\frac{u}{a} \tag{7-5}$$

$$Re=\frac{\rho ul}{\eta} \tag{7-6}$$

式中，ν为空气运动黏度，m^2/s；α 为流体的热扩散系数，m^2/s；u为风洞来流速度或模型列车运行速度，m/s；ρ 为空气密度，kg/m^3；g 为重力加速度，m/s^2；l 为列车的特征尺寸，m；η 为空气的动力黏度，Pa·s；a为当地声速，m/s。

由于列车实车试验和风洞试验列车周围的介质都是空气，在温度相差不大的情况下，模型试验与现车试验时的普朗特数 Pr 和弗劳德数 Fr 是相同的。图 7.10 和图 7.11 所含列车动模试验运行速度达到 400km/h，与实车试验的马赫数 Ma 也是相同的。

对于雷诺数 Re，由式(7-6)可知，当模型列车缩尺比为 1∶10，即$\frac{l_{模型}}{l_{实车}}=\frac{1}{10}$时，在相同的温度和压力试验条件下，$\frac{Re_{模型}}{Re_{实车}}=\frac{1}{10}$。

2. 动模风洞结构参数确定

无论是定模风洞还是动模风洞，均是通过风洞洞体围合的环境创造均匀环境风条件，因此必须考虑风洞壁面对试验结果的影响。实车以及模型列车在定模和动模风洞中运行时，列车周围的流场分布示意分别如图 7.24(a)、(b)和(c)所示。

在敞开大气中运行的列车，由于受车头的挤压及车身的摩擦，列车周围的空气随之运动，形成列车风。从运动的列车上观察列车风，列车周围的流场可以看成由空气以与列车相同的速度大小、逆列车运行方向绕流静止列车而形成，故也可称为“列车绕流”，如图 7.24(a)所示[9]。从图 7.24(a)中可以看出，当空气绕流列车时，由于空气的黏性作用，紧贴列车表面的空气保持静止，并在薄的边界层内空气速度由零增大到未受扰动的来流速度；随着空气绕流列车，边界层厚度逐渐增加；在列车尾部，空气形成强湍流尾流，由于尾部压力低，尾流中出现回流，并形成一对很强的、相向内卷的涡。由此可见，在敞开大气中运行的列车受到的气动作用主要取决于列车自身的几何外形及运行条件。

在定模风洞内，列车周围的流场与在敞开大气中运行列车上观测到的列车绕流是相同的，但在风洞壁面附近的空气流动却与实车运行不同。实际列车是在敞开大气中运行的，列车远场空气不受扰动，也不会对列车的气动特性产生影响。而在定模风洞中，当气流流过壁面时，由于受空气黏性的作用，会在壁面上形成一层由层流到湍流的边界层，如图 7.24(b)所示。风洞壁面边界层越厚，越容易与列车绕流相互干扰，壁面效应的影响越明显，对试验结果的影响越大。因此，在风洞试验中，要求模型与风洞之间的阻塞度小于5%，并且采取相应措施吸收壁面边界层。

在动模风洞中运行的列车，列车周围的空气流动与在敞开大气中运行列车上观察到的列车绕流是相同的，但轨道交通国家实验室的弹射试验台放置在管道里，情况就有所不同。在列车远场，当列车风流过壁面时，在风洞壁面上也会形成边界层，如图 7.24(c)所示。若风洞横截面积较大，模型阻塞度小，则壁面附近空气受列车扰动小，空气流速低，边界层将较薄。但如果风洞横截面积较小，模型阻塞度大，壁面附近空气受列车运行扰动大，空气流速高，边界层较厚，则有可能与列车绕流边界层相互干扰，从而影响试验结果。

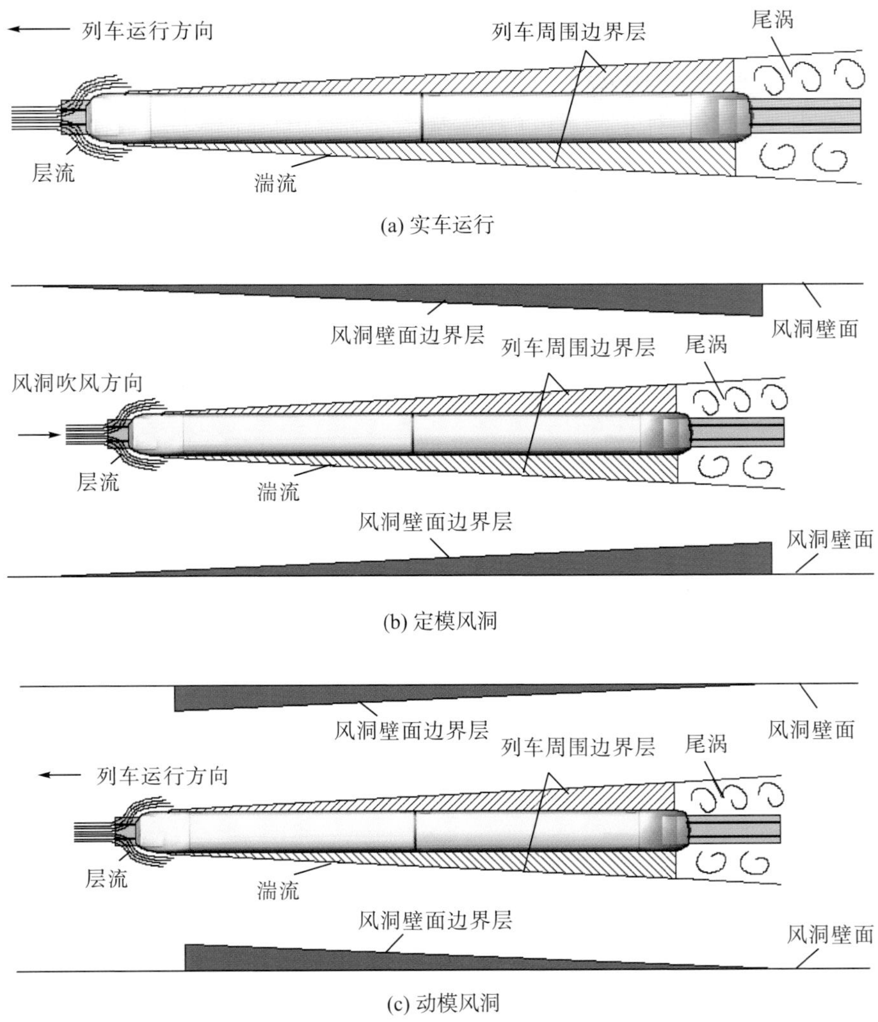

图 7.24　列车周围流场分布示意图

从上述分析可以看出，动模风洞虽然比定模风洞更接近实车试验，但风洞横截面积也必须足够大以克服壁面效应的影响。由于在动模风洞中列车绕流边界层与风洞壁面边界层的形成方向不同，与定模风洞试验相比，动模风洞对横截面的要求应该比定模风洞低一些。现假定模型列车为某型“和谐号”列车，列车最大宽度约 3.38m，最大高度约 3.7m，车头长约 8.6m，列车最大横截面积约 11.5m^2，考虑线间距以及阻塞比，确定动模风洞的直径为 4.2m。

3. 试验条件

根据相似准则，模型试验与实车试验的相似准则数必须相等。如前所述，*Pr*、*Fr* 和 *Ma* 均已自动相等，而 *Re* 则相差 10 倍。

尽管根据低速试验研究结果，当 $Re=3.6\times10^5$ 时，雷诺数 *Re* 即进入自模区，本试验台的列车速度达到 400km/h，*Re* 远超过了达到自模区的临界雷诺数。但国内外现车试验的结果已经表明：当 Ma 大于 0.3 时，空气压缩性的影响已经不能忽略。由于压缩性影响带来的风洞试验与现车试验的误差比低速流动时大得多，为了提高模型试验的准确性，试验中应尽可能保证 Re 相等。

根据式(7-6)，列车模型的定形尺寸是实车的 1/10，提高模型试验 Re 的方法有提高模型列车运行速度、提高空气密度 ρ 和降低空气动力黏度 η 。由于空气动力黏度 η 是温度的函数，随压力变化的影响较小，因此在提高模型列车速度较为困难的情况下，除了通过降低风洞内的空气温度来减小 η 和增大 ρ 以提高 Re，另一个办法就是通过提高风洞内压力来提高 ρ 。

根据理想气体状态方程

$$p = \rho RT \tag{7-7}$$

在温度不变的情况下，气体的密度与压力成正比。若使风洞内的空气密度提高 10 倍，则需将风洞内的压力提高 10 倍，即风洞内的绝对压力达到 10atm①，这样就能够实现 $Re_{模型} = Re_{实车}$ ，从而达到模型试验与现车试验的相似。这就是高速列车动力学性能研究动模试验台管道压力确定的依据。

如果研究的实际运行列车速度小于 400km/h，而模型列车速度为 400km/h，则实际需要的管道内压力也会低于 10atm。管道内实际需要的绝对压力按式(7-8)计算：

$$p_2 = 10\frac{p_1 U_{T1}}{U_{T2}} \tag{7-8}$$

式中， p_1 为实车运行环境压力，Pa； U_{T1} 为实车运行速度，km/h； U_{T2} 为模型列车运行速度，km/h； p_2 为动模风洞内需要的绝对压力，Pa。

需要说明的是，式(7-8)给出的是常压下列车空气动力学模型试验需要的风洞内压力条件。应用该试验台进行真空管道空气动力学试验时，可根据需要模拟的真空度设置管道内压力。

7.2.4 弓网关系试验技术

传统的弓网关系主要是研究动力学关系，而随着铁路的高速化和研究的深入，弓网关系除了动力学关系，还包括弓网接触电特性关系及材料的摩擦磨损关系。由于弓网接触的电特性关系与弓网接触状态有关，也就是与反映弓网系统动力学性能的接触压力有关，且材料的摩擦磨损也与弓网接触状态(是否有电弧)及导电状态(电流大小)相关；因此弓网动力学关系最为基础。这里主要介绍反映弓网动力学关系的试验技术。

作者在相关著作[2]和论文[10-12]中已经介绍了弓网动态运行的模拟试验技术。由于接触网系统尺度达几百米，甚至上千米，无法在实验室内做到全实物模拟，而虚拟仿真又达不到对受电弓性能进行工程研究的目的。所以，作者采用半实物半虚拟的技术，建立了受电弓-接触网系统混合模拟试验台，其中受电弓为实物模拟，而接触网是虚拟的数学模型。混合模拟弓网试验台由三部分组成：下部是模拟机车振动的激振系统，中间是被试受电弓，上部为模拟接触网动态行为的系统。接触网的数学模型被储存在与液压激振控制系统连接

① 1atm=1.01×10^{5}Pa。

的计算机中。图 7.25 是混合模拟弓网试验台的方案图。作者在相关文献[2, 10]中介绍的弓网混合模拟试验台仅模拟弓网垂向运动，而实际上，受电弓在运行中存在横向运动(包括倾摆)，接触网也有横向振动，包括接触网特殊之字形布置。在轨道交通国家实验室建设中，建设了考虑受电弓空间运动的模拟运行试验台，如图 7.26 所示。

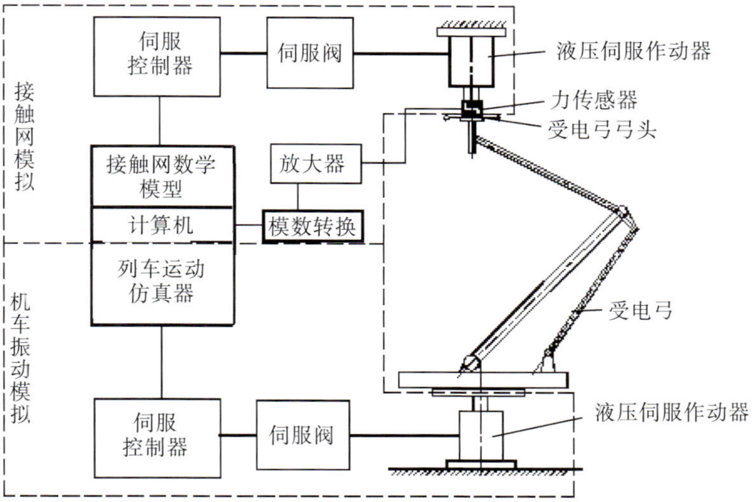

图 7.25　混合模拟弓网试验台方案图

图 7.26　弓网运行混合模拟试验台

与高速动车组的质量相比，受电弓的质量小得可以忽略不计，也就是说弓网的振动不会影响动车组的运动。根据高速列车耦合大系统动力学，先把动车组车体顶部受电弓安装位置的振动状态计算好，再回放受电弓底部振动，通过试验台受电弓下面运动平台把动车组的运动再现出来，实现动车组振动的模拟。考虑到受电弓运动主要体现在垂向、横向和侧滚运动，受电弓下面的运动平台是三自由度运动平台，由液压伺服激振器确定。运动平台垂向位移±50mm，侧滚±3°，横向位移±25mm，最高激振频率 30Hz。

当受电弓在接触网下运行时，受电弓弓头和接触线相互作用(接触压力)引起接触网和受电弓的耦合振动，而弓网振动的真正因素是接触力的变化，因此在混合模拟的弓网试验台中，测量弓网间的接触压力，且将其输送到计算机，作为受电弓对接触网抬升力的输入。

使用积分方法，根据接触压力和接触点位置，可以计算得到接触线的运动，再把计算得到的接触线垂向振动位移作为输入，通过液压伺服激振系统的激振油缸的活塞运动，把接触线的运动再现出来。激振油缸的活塞运动通过力传感器作用到受电弓弓头上，这时活塞的运动使受电弓运动，并导致接触压力的变化，新的接触压力将被检测到，并被当成接触网运动积分的新输入，积分得到新的接触线运动位移，就这样一步步循环下去，实现半实物半虚拟的弓网混合模拟。这种混合模拟的关键是积分的实时化，接触网运动的积分时间必须小于真实时间，才可能实现混合模拟。接触线垂向运动模拟范围±50mm，动态运动最高频率 30Hz，最大工作载荷 10kN。

本试验台考虑了接触网的横向拉出值，以表征接触网的之字形布置。本试验台设置了接触线拉出值模拟激振器，最大接触线拉出值模拟量为 300mm，最高运动频率 3Hz。

本试验台除可以进行弓网的混合模拟、研究弓网耦合系统动力学性能，还有其他基本检测功能，主要包括：

(1) 弓网混合仿真。可模拟受电弓与接触网在不同速度下的运行品质，即接触压力的变化情况，还可以寻找适应既有受电弓下最佳接触网参数(接触网高度，接触网跨距，接触网结构高度，接触线线材、张力，承力索线材、张力，吊弦线材及布置，接触线弛度，接触线表面不平顺)及既有接触网下最佳受电弓型号。

(2) 动态特性的测试。可以进行不同工作高度下受电弓等效参数、跟随性及频响特性测试，受电弓纵向、横向、垂向抗冲击试验，受电弓横向振动试验。

(3) 静态特性的测试。可进行受电弓升、降弓时间，横向刚度，落弓保持力及静态接触压力与工作高度关系曲线测试。

(4) 受电弓耐久性测试。耐久性试验中的型式试验(如升弓/降弓操作、受电弓悬挂装置、横向振动等试验)及调查性试验(如垂向振动试验)等测试。

在轨道交通国家实验室建设中，围绕弓网关系还建立了各类研究弓网电接触特性和载流条件下弓网摩擦磨损试验台，如图 7.27 所示。基本结构是用装备有接触线的圆盘高速旋转来模拟弓网相对运动，相对速度可达到 300～350km/h。而受电弓有两种基本类型，一种是采用实物受电弓，如图 7.27(a) 所示；另一种仅仅是滑板材料，如图 7.27(b) 所示，滑板材料相对接触线横向移动，来模拟接触线的拉出值。

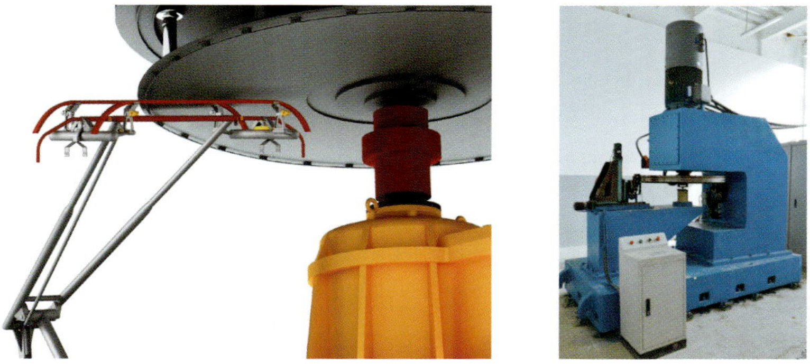

(a) 实物受电弓试验台　　(b) 滑板材料试验台

图 7.27　接触网运动方式弓网载流摩擦磨损试验台

在轨道交通国家实验室还建设了一种接触线不动而受电弓滑板运动弓网试验台，如图 7.28 所示。其中图 7.28(a)的接触线为环状，接触线安装在 8 个立柱上，呈八边形。接触线在支柱处安装了激扰作动器，可模拟接触线的垂向运动。受电弓滑板安装在旋转臂上，通过电机驱动，实现模拟受电弓的高速运动。图 7.28(b)的接触线为直线，接触网前后固定，并可调整张力；受电弓采用实物受电弓，安装在可运动的小车上。由于受电弓在一定距离内往复运行，运行速度无法太高，设计速度仅 15km/h。这种试验台主要研究列车启动时，在大电流(最高 3000A)受流过程中的弓网接触电特性和弓网接触温升特性等，主要包括弓网系统的稳态电接触试验、滑动电接触过程中的暂态热效应试验以及弓网系统电弧的产生原因与影响试验等。

(a) 环形接触线方式

(b) 直线形接触线方式

图 7.28　受电弓运动方式弓网电接触试验台

以上弓网关系试验台均考虑了载流模拟，模拟电源有两类：一类是采用铁路电源，电源等级为 25kV，主要考虑模拟电压对弓网电接触特性的影响；另一类主要模拟电流，采用低压方式，模拟电流通过对电弧和弓网材料摩擦磨损的影响，电压等级为 100～3000V，电流等级可以达到 1000A。

7.3　高速列车动力学服役性能线路试验技术

7.3.1　高速列车服役研究平台

高速列车服役性能研究是动力学研究的延伸，服役性能研究的内涵包括：

(1)高速列车耦合大系统的动力学性能。在时空同步的条件下，通过检测和仿真研究，掌握高速列车及其耦合系统动力学性能、振动状态和传递关系。

(2)高速列车服役性能演变规律。通过现场跟踪检测，研究高速列车长期服役条件下性能变化，掌握在不同运用周期内性能的演变规律。

为了研究高速列车的服役性能，轨道交通国家实验室建立了高速列车服役性能试验研究平台如图 7.29 所示。为了实现车上到车下、车前到车后、车内到车外的高速列车及其耦合系统的动力学状态，根据高速列车运行的特点，高速列车服役性能试验研究平台分车上检测系统和车下检测系统。

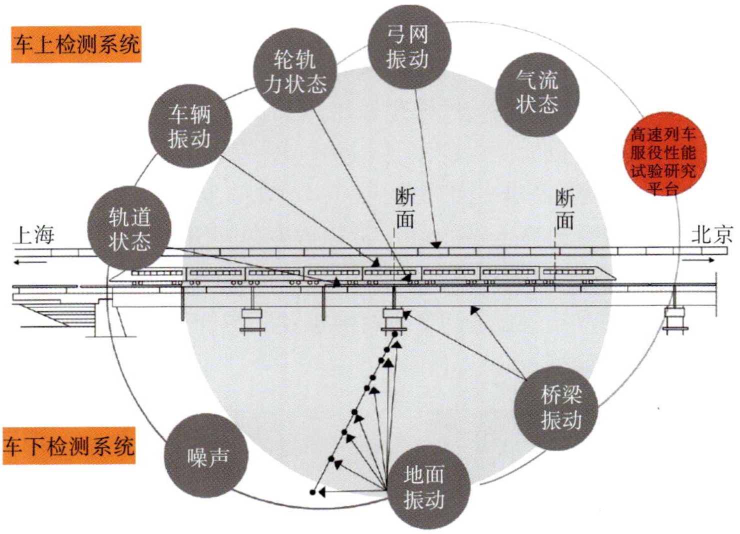

图 7.29 高速列车服役性能试验研究平台

车上检测系统包括：

(1)轨道状态检测子系统，用于检测不平顺、三角坑等特殊缺陷；

(2)轮轨力状态检测子系统，用于检测轮轨接触点和接触力；

(3)气流状态检测子系统，用于检测车内气压、空间气流状态及列车表面气压；

(4)接触网状态检测子系统，用于检测气动力、弓网接触状态和电弧；

(5)列车振动状态及服役性能检测子系统，用于检测振动、模态、综合舒适度(噪声、压力、温度等)；

(6)车上数据无线传输、处理及评估中心。

车下检测系统包括：

(1)高速列车运行状态(地面)测定子系统，用于检测轮轨相互作用力；

(2)高速列车对线路作用状态测定子系统，用于检测轨道路基振动、应变和变形；

(3)高速列车对桥梁作用状态测定子系统，用于检测桥梁结构振动、应变和变形；

(4)高速列车对接触网及供电系统作用状态测定子系统，用于检测接触网振动、供电系统参数；

(5)高速列车对环境作用状态测定子系统，用于检测大地振动、噪声和环境风；

(6)车下数据无线传输、处理及评估中心。

高速列车服役性能研究试验平台的车上检测系统和车下检测系统，是由高速列车移动特征所决定的。为了把所检测到的数据汇总到地面检测中心，实现数据融合，车上和车下均设立了数据无线传输、处理及评估中心。车上数据无线传输、处理及评估中心通过每个车厢采用无线传感器网络，其数据传输速率可以达到 54Mbit/s。网络内的各检测子系统可以共享数据。车内采用无线局域网(WLAN)作为各车厢的检测子系统的信息公路，数据传输速率可以达到 54Mbit/s。列车检测系统通过通用无线分组业务调制解调器(GPRS MODEM)接入移动公网，实现车上与车下遥测中心的数据交换。头、尾、中间车厢的置于车厢外的检测子系统，包括嵌入式计算机、传感信号检测系统、无线传感器网络(WSN)通信模块等三个部分。嵌入式计算机为服务器，采用实时操作系统，接收监控中心的命令，控制现场各检测子系统的同步检测，对检测数据进行预处理。各检测子系统通过无线传感器网络实现检测数据的本地共享，并通过信息公路实现列车级内部检测数据的共享。高速列车检测系统的所有计算机通过车上无线传感器网络互联组成局域网(LAN)。数据处理终端计算机通过车上无线传感器网络收集该车厢的各检测子系统的检测数据，并进行记录、处理、显示和报警。车上无线传感器网络计算机数据处理系统如图 7.30 所示。车下数据无线传输、处理及评估中心也具有类似的功能。由于地面测点可能会比较远，测点到数据无线传输、处理及评估中心可以采用无线传输，也可以采用有线传输。

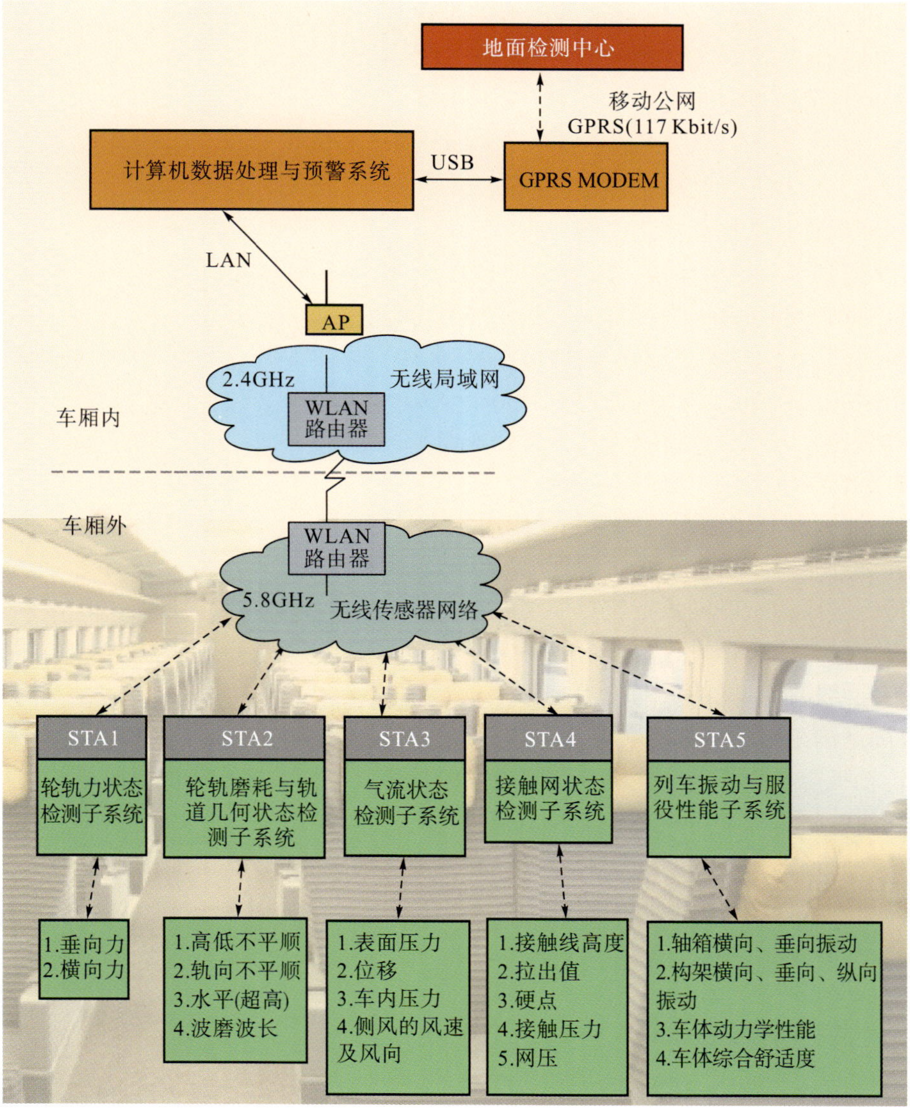

图 7.30　车上无线传感器网络计算机数据处理系统

(AP 代表无线接入点，USB 代表通用串行总线)

对运营列车进行跟踪试验，以获得高速列车服役性能演变规律，由于无法像试验列车那样随便在车体上开孔拉信号传输线，因此实验室团队开发了基于 Zigbee 技术无线检测系统，实现对检测系统的控制(包括电源管理)及数据的无线传输。

对于车上检测系统，具体检测内容见图 7.30。车下检测系统各子系统的功能包括：

(1) 高速列车运行状态(地面)测定：

①高速列车轮轨动态相互作用力检测；

②车辆蛇行失稳状态监测；

③高速轮轨接触状态检测；

④高速行车安全性地面监测。

(2) 高速列车对线路作用状态测定：

①高速列车对线路(3～4 种的有砟与无砟轨道结构)动力作用测试；

②线路结构力及应力作用检测；

③线路结构沉降变形及应变监测；

④高速列车对道岔状态检测；

⑤线路几何状态及结构性能检测；

⑥线路结构长期性能演化监测。

(3) 高速列车对桥梁作用状态测定：

①桥梁结构的自振特性与动力学响应检测；

②桥梁结构静力响应检测；

③桥梁结构损伤监测与评估；

④铁路预应力混凝土桥梁长期徐变性能监测；

⑤桥梁温度场检测。

(4) 高速列车对接触网及供电系统作用状态测定：

①高速列车对牵引供电系统运行作用状态监测；

②特定区段的接触网正定位点振动波形和反定位点振动波形测量；

③操作过电压及谐振过电压检测；

④不同结构接触网的振动检测。

(5) 高速列车对环境作用状态测定：

①轮轨噪声、空气动力性噪声、集电系统噪声以及构筑物噪声的实时监测；

②高速铁路车外噪声分布和声源识别；

③各种轨道结构(尤其是减振型轨道)减振降噪功能的持久性监测；

④高速列车作用下大地振动测试；

⑤高速列车对气动环境影响监测。

7.3.2 运营列车跟踪试验

运营列车的跟踪试验是希望了解列车在长期服役过程中动车组运行状态及变化规律。在已经完成武广、沪宁和京沪高速铁路的高速动车组跟踪试验中，跟踪的状态不仅与动力学有关，还有综合舒适度，以及牵引和传动等系统性能的跟踪测量。跟踪试验是高速动车组研制初期，掌握其性能及其变化规律，并为再设计和系统优化提供支撑条件的创新研究。这里以武广客运专线某“和谐号”动车组跟踪试验为例介绍运营列车跟踪试验。跟踪该动车组是为了研究该动车组在武广线运营的性能状态和性能演变规律。试验研究内容除动力学性能，还考察了车下悬挂设备振动特性、车内振动特性、车内气压及温度变化规律、车下设备舱压差变化规律、转向架温度及电气参数变化特性。

整个跟踪试验系统和轨道交通国家实验室的高速列车服役性能试验研究平台基本一致，由以下几个子系统组成：无线数据采集系统、列车级检测系统、地面数据处理系统、远程监控中心。图 7.31 为跟踪试验系统组成结构。

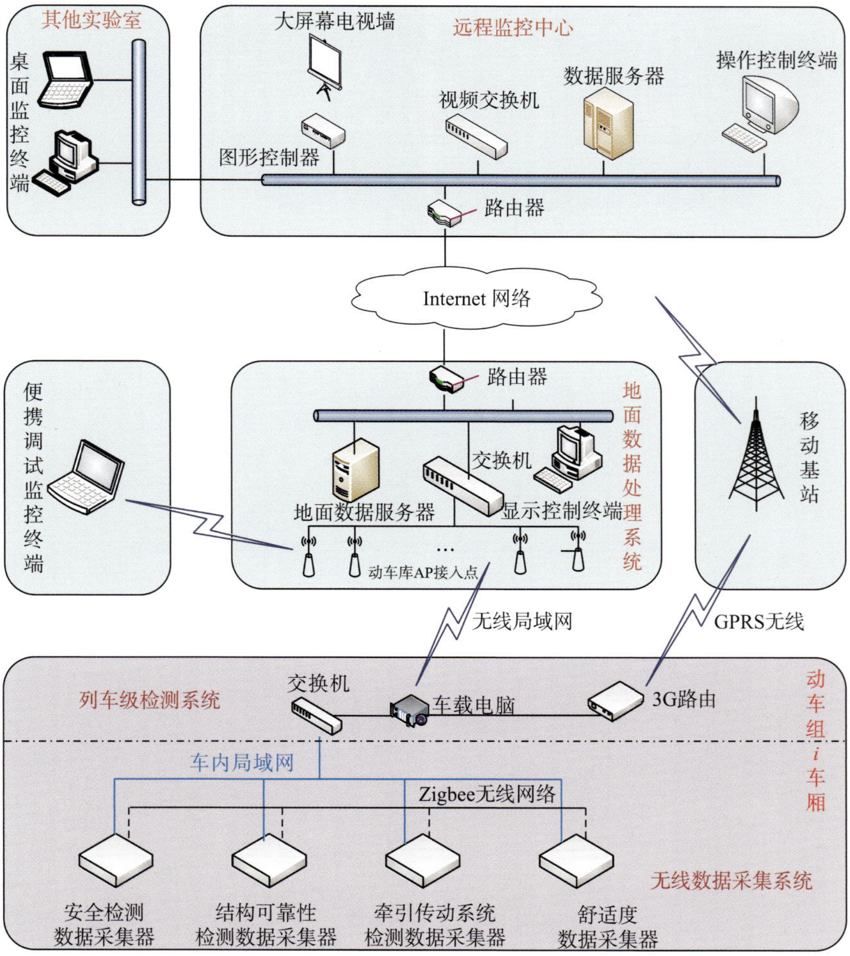

图 7.31　跟踪试验系统结构

列车级检测系统主要由采集器、交换机、车载电脑、3G 路由和全球定位系统(GPS，测速模块)构成，车载电脑通过车内局域网对整个采集系统进行控制。

每节车独立构成采集系统，系统通过车载电脑数据采集软件控制，实现数据收集和保存，3G 路由用以实现远程操控，1～4 车采集系统结构如图 7.32 所示。

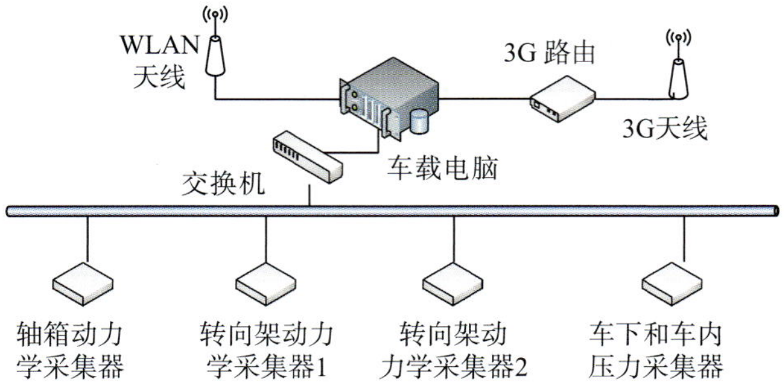

(a) 1车采集系统

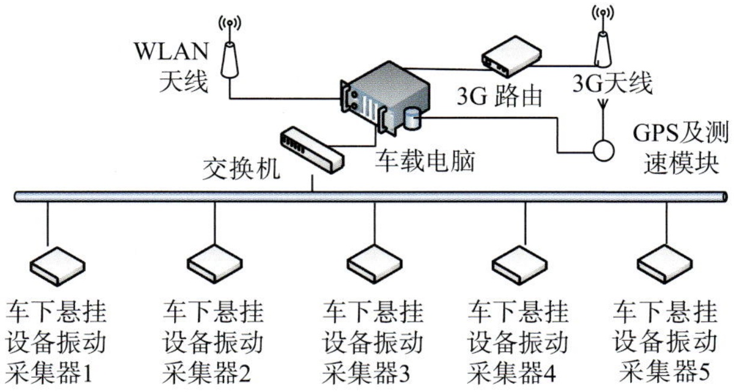

(b) 2车采集系统

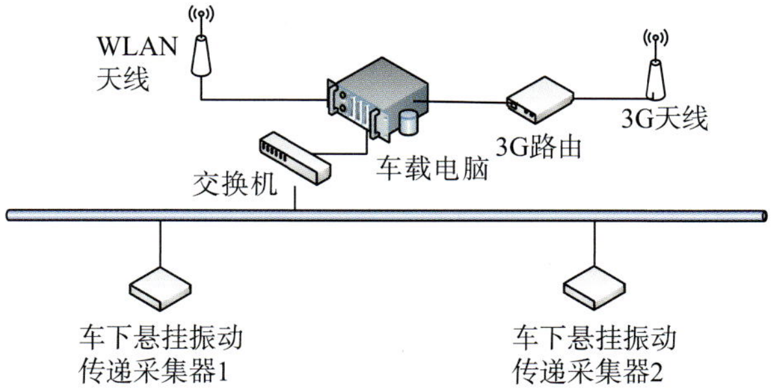

(c) 3车采集系统

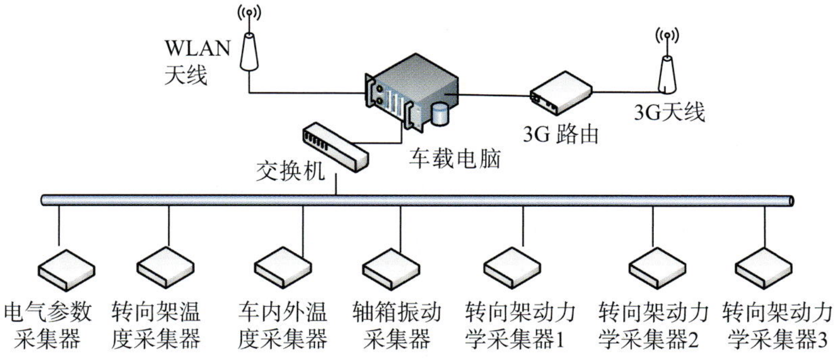

(d) 4车采集系统

图 7.32　各节车厢采集系统结构图

试验所用传感器包括加速度传感器、绝压传感器、温度传感器。轴箱和构架使用的是 2 向(垂、横)加速度传感器，量程 100g；空气弹簧座使用 3 向加速度传感器，量程 18g；车内及车下悬挂设备采用 2g 量程的 3 向加速度传感器；绝压传感器量程 0～0.11MPa，温度传感器量程-50～250℃。

采样频率：轴箱加速度的采样频率为 5kHz，其他加速度的采样频率为 2kHz，气压的采样频率为 2kHz，温度采样频率为 1Hz。

在该动车组跟踪试验中，相关的动力学状态检测在 1 车(拖车)和 4 车(动车)上进行。其中 1 车转向架 3 向振动加速度传感器 6 个，2 向振动加速度传感器 6 个；4 车转向架 3 向振动加速度传感器 9 个，2 向振动加速度传感器 6 个，如表 7.3 所示。

表 7.3　动力学检测加速度布点

序号	测点位置	传感器类型	传感器方向	数量	
				拖车	动车
1	空气弹簧座	加速度	X、Y、Z	2	2
2	轴箱	加速度	X、Y、Z	4	4
3	电机	加速度	X、Y、Z	0	1
4	电机安装座	加速度	X、Y、Z	0	1
5	齿轮箱	加速度	X、Y、Z	0	1
6	齿轮箱吊座	加速度	X、Y、Z	0	1
7	构架弹簧座	加速度	Y、Z	2	2
8	制动夹钳座	加速度	X、Y、Z	1	1
9	车内地板	加速度	X、Y、Z	1	1
10	车体下部枕梁	加速度	X、Y、Z	2	2

7.4　高速列车科学研究性试验及重要结论

7.4.1　京津城际高速列车科学研究性试验技术

京津城际高速铁路是我国第一条设计速度达到 350km/h 的高速铁路，于 2008 年北京奥运会前开通。作者作为技术负责人牵头承担了京津城际高速铁路科学研究试验，在中国第一次以科学研究为目的开展高速列车的系统试验研究。在 2008 年，我国高速铁路建设刚刚开始，成套的高速铁路技术尚未形成，特别是高速动车组和相关系统的相互作用关系还有待探明，高速铁路对人们来说还比较陌生。京津城际高速铁路的投入使用，为开展高速铁路技术的系统试验和研究提供了前所未有的条件，以考虑各系统耦合的高速列车耦合大系统为研究对象，在全面深入理论研究的基础上，通过京津城际高速铁路科学研究试验，确定高速列车在高速运行条件下的动态特性，掌握高速列车运行时对固定设备和周围环境的影响规律，探明高速列车耦合大系统中的轮轨关系、弓网关系、流固耦合关系、机电耦合关系和环境耦合关系。

京津城际高速铁路的科学研究性试验，以高速列车耦合大系统动力学试验研究为核心，同时研究与振动相关的噪声问题，以及与牵引相关的供电问题，系统框图见图 7.33。

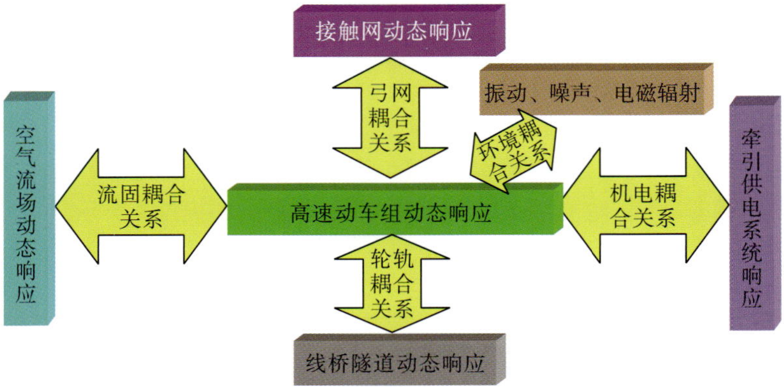

图 7.33 高速列车耦合大系统框图

具体检测的研究的内容如下。

(1) 高速列车系统动力学:

①轮轨相互耦合作用力及作用点位置;

②动车组各车车体、转向架和轴箱振动加速度;

③动车组一系、二系悬挂位移;

④动车组刚体(悬挂)模态和结构工作模态。

(2) 线路和基础振动:

①轮轨力(地面测量);

②轨道结构振动位移、加速度;

③道岔区轮对横移测试;

④路基及过渡段长期服役累积沉降;

⑤桥梁结构振动位移、加速度;

⑥地面振动加速度。

(3) 牵引供电:

①高速列车牵引、制动特性;

②钢轨的分布式接地电阻，综合地线分布式接地电阻，钢轨、综合地线、回流线之间的互阻;

③牵引变电所出口母线 bus 处电压、电流、功率因数及电能质量;

④AT 所电压、电流及电能质量;

⑤供电臂末端分区所电压、电流及电能质量;

⑥接触网并联点接触网电压及电流分布;

⑦接触网电分相过电压;

⑧接触网过电压随线路的分布;

⑨钢轨和综合接地线的电压以及电压衰减系数；
⑩综合接地线的分布式对地泄漏电流。
(4) 弓网关系：
①接触网的垂向振动位移；
②弓网接触电弧；
③弓网接触取流量；
④弓网接触压力；
⑤受电弓振动位移或加速度；
⑥硬度冲击。
(5) 流固耦合关系：
①空气阻力；
②列车表面压力；
③车体变形；
④列车风场；
⑤侧风。
(6) 噪声：
①车内声场；
②列车通过两侧的声场；
③线路环境声场；
④高速轮轨噪声及轮轨型面粗糙度。

京津城际高速铁路科学研究试验首次采用时空同步的检测方法，力求取得高速列车及其耦合系统的全息状态，下面以大系统动力学为核心介绍相关测试结果[13, 14]。

7.4.2　头车到尾车的振动行为

在铁路机车车辆的型式试验中，对机车车辆或者动车组的动车和拖车的代表车进行检测，以获取机车或车辆的动力学性能，并根据评判标准进行评估。传统的型式试验仅掌握被测试车辆的动力学性能。由于高速列车在运行中受高速气流等扰动，列车不同位置车辆的动力学各异。为了了解整个列车性能，并掌握不同位置车辆的性能特点，在京津城际高速铁路的科学研究性试验时，采取全列车检测方案，测点布置见图 7.34[13]。

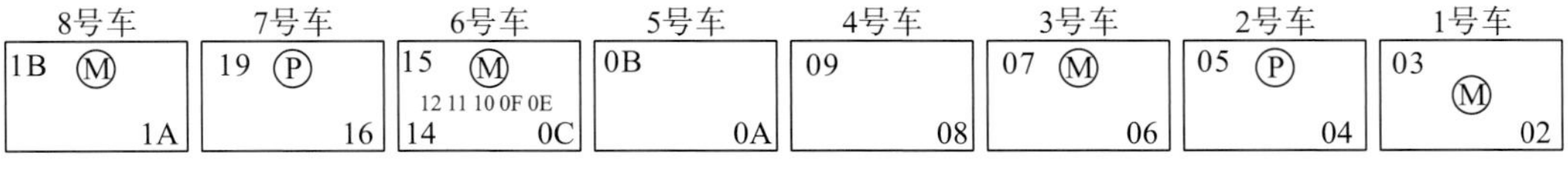

图 7.34　CRH 某型动车组的测试布点图

Ⓜ表示动车车辆，Ⓟ表示受电弓所在车辆

图 7.35 是 CRH 某型动车组各自不同位置车体的加速度变化规律，从图中可以看出，该动车组不同位置车体的垂向和横向加速度都存在类似的统计规律。

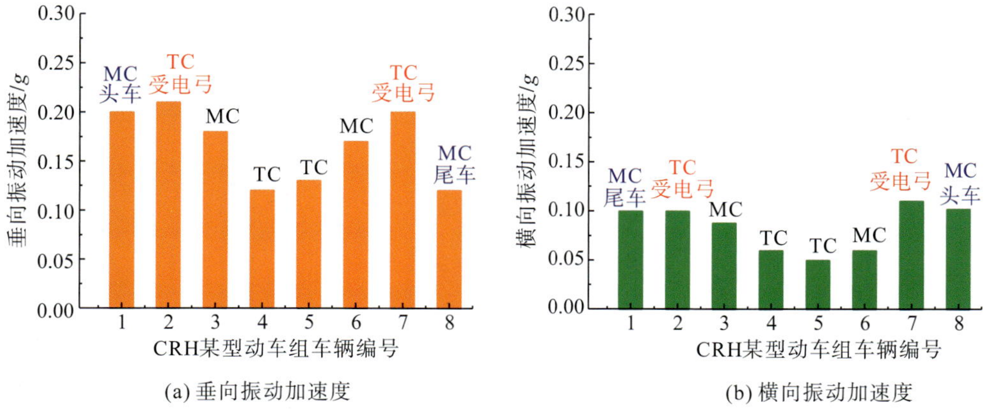

图 7.35 CRH 某型动车组不同位置车体加速度变化规律

TC 指拖车(不含动力单元), MC 指动车(含动力单元)

(1) 垂向振动规律:

①正向和反向运行的列车振动行为基本一致。

②每节车辆的振动响应不一，因此以往仅选择某一节车辆进行评判不够严谨，至少应该选择动力学性能最差的车辆作为被试车辆。

③装有受电弓的车体比其相邻车体的振动加速度要大,就被测试的 CRH 某型动车组,装有受电弓的车体的垂向振动在列车中振动最大。因此，受电弓气动扰动对车辆的动力学性能影响较大，值得关注。

④列车中部车辆的车体振动加速度明显小，说明列车中部车辆的乘坐舒适性最好。

⑤头车的振动较其他车大(除装有受电弓的车辆),说明头车的气动扰动对车辆的振动影响较大。

⑥所测 CRH 型列车尾车垂向振动相比头车轻微，但其他车型尾车垂向振动相比头车可能更为剧烈。

(2) 横向振动规律:

①与垂向振动一样，正向和反向运行的列车横向振动行为基本一致，而且每节车辆的横向振动响应不一。

②横向振动加速度比垂向小。

③装有受电弓的车体比其相邻车体的横向振动加速度要大。

④列车中部的车辆的车体横向振动加速度明显小。

⑤头车的横向振动也较其他车大(除装有受电弓的车辆)。

⑥尾车的横向振动相对于垂向而言没有明显减小，几乎和头车的横向振动相当，这说明尾车的尾部涡流横向扰动还是比较大。

根据测试结果，高速动车组都存在头尾车横向振动加速度大于中间车的现象，这在一定程度上可以解释人们坐在高速列车的头尾车时会明显感觉比坐在中间车时的晃动大一些的现象。究其原因，主要影响因素有两点:

(1) 头车和尾车只有一端有车端约束，而中间车两端都有车端约束。

(2) 作用在头车和尾车的气动力大，而且前后车端差异很大；而中间车前后端的气流扰动较小，空气扰动力对头尾车的运动姿态扰动尤为明显。

关于本次试验发现装有受电弓的车比其相邻车的振动加速度要大一些的现象，主要是由受电弓受气流扰动引起的。因此，受电弓气动性能设计非常重要。

7.4.3　接触网到大地的振动传递

在以往的型式试验中，各个专业是分工的，具体承担测试任务的中国铁道科学研究院，由机车车辆研究所测试动车组上的相关性能，由铁道建筑研究所测定线路的相关响应，由节能环保劳卫研究所测量噪声等，由通信信号研究所测试通信信号性能。所测结果一般不再合并分析，而是单独出报告。然而，为了研究高速列车耦合大系统动力学，全面掌握高速列车及其相互作用介质振动情况，在京津城际高速铁路的科学研究性试验中，检测了接触网、车体、转向架、轮对、钢轨、轨道板和桥梁的振动响应，其结果详见表 7.4。

表 7.4　高速列车耦合大系统振动响应测试结果

序号	测试项	测试值
1	接触网限位器垂向振动加速度	$0.5g \sim 1.5g$
2	车体垂向振动加速度	$0.2g \sim 0.3g$
3	构架垂向振动加速度	$2g \sim 3g$
4	轴箱垂向振动加速度	$20g \sim 30g$
5	钢轨垂向加速度	$150g \sim 380g$
6	轨道板垂向加速度	$1.5g \sim 2.5g$
7	桥梁体垂向加速度	$0.05g \sim 0.09g$
8	地面(15m 处)Z 振级 $V_{Lz,\max}$	70～75dB
9	地面(30m 处)Z 振级 $V_{Lz,\max}$	68～72dB
10	钢轨垂向力	75～96kN
11	钢轨横向力	约为 10kN
12	钢轨垂向位移	0.7～0.8mm
13	钢轨横向位移	0.6～0.9mm
14	轨道板垂向位移	0.25～0.44mm
15	底座垂向位移	0.03～0.08mm

通过试验可得出以下结论：

(1) 车轮和钢轨(尤其是钢轨)的振动最为剧烈，振动是由线路不平顺和车轮表面不平顺激发的，整个高速列车系统的振动起源于轮轨的动态相互作用。钢轨振动更大，是因为参与振动的钢轨质量相比车轮更轻，在激励能量一致的情况下，钢轨振动加速度大。

(2) 对于轨道，越向下振动越小。由于钢轨与轨道板之间有钢轨垫的隔振作用，所以轨道板的振动加速度急剧下降(相对于钢轨降低了 2 个数量级)。由于轨道板和桥梁之间也设有减振层，而且桥梁的质量巨大(一般在 500t 左右)，当振动传到桥梁时已十分微弱(相对于钢轨降低了 3 个数量级多)。

(3) 对于车辆，越向上振动越小。由于轮对与构架之间有一系悬挂的隔振作用，因此构架的振动加速度相对于轴箱降低了 1 个数量级；由于构架与车体之间有二系悬挂的隔振作用，因此车体的振动加速度相对于轴箱降低了 2 个数量级。

(4) 车辆振动通过受电弓其实不会直接传递到接触网上，而接触网的振动源于弓网系统的耦合振动。从检测的结果看，振动也有 1g 左右。

(5) 在高架线路的桥墩附近的大地振动比较小，采用分贝(dB)数来表征，其振动加速度在 0.05g 以内。显然 30m 处的振动比 15m 处有明显减小。

(6) 线路各部件的振动都在 1mm 范围内。

(7) 从钢轨上检测到的轮轨相互作用力集中在垂向，达到 70～100kN，而横向轮轨力很小，在 10kN 左右，这是直线上检测到的结果。

通过表 7.4 的测试结果，我们基本掌握了在无砟整体高速线路上运行高速动车组时的系统响应状态，为相关的理论研究和系统设计提供了依据。

不同的运行速度对动车组的响应会有一定影响，图 7.36 为某动车组在 250km/h、300km/h 和 350km/h 速度下的车体垂向和横向加速度响应情况，可以看到，尽管振动加速度值不大，但随着列车运行速度的提高，车体振动还是明显增大。

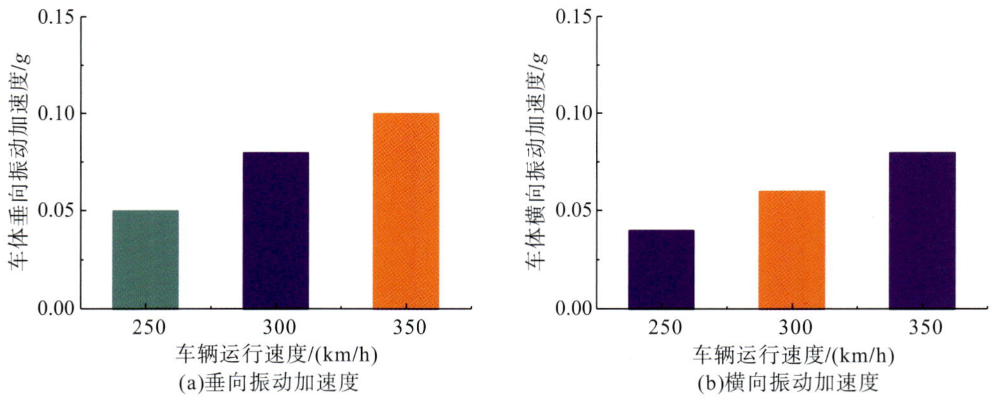

图 7.36 不同速度下车体振动加速度比较

不同动车组对线路的振动影响是不一样的。在京津城际高速铁路试验中，行车速度从 160km/h 提升到 350km/h。观察其轨道结构的振动加速度增量(图 7.37)，可见速度对轨道板振动加速度影响十分显著，明显大于对支承层和过渡板振动加速度的影响。而速度对支承层和过渡板的振动加速度的影响，CRH-A 某型动车组要大于 CRH-B 某型动车组，说明对于 CRH-A 某型动车组，钢轨下面的轨道结构更多地参与振动。这与 CRH-A 某型动车组轴重轻有关系。

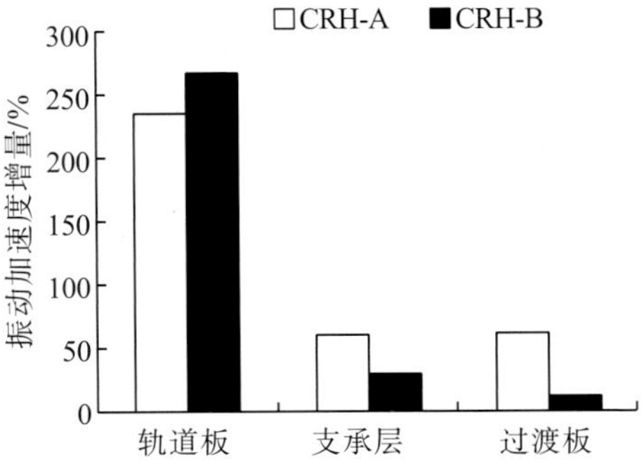

图 7.37　轨道结构振动加速度增量

7.4.4　列车交会的振动行为

列车交会是列车运行经常需要遇到的典型工况，会车过程中，旅客会感受到强烈的气动声响，还会有短暂的振动。这里以在京沪高速铁路先导段上动车组交会为例，给出列车明线交会及隧道会车工况下动车组车体振动行为特性，特别是车体的横向振动特征。明线会车和隧道会车中的最大值为交会时上、下峰峰值之差除以 2，有效值为交会时间段之间的有效值。传感器布置在 CRH 某型各车 1 位端 2 位侧车内地板上，两车交会时，CRH 某型是 2 位侧与 CRH 某型的 1 位侧交会。

1. 明线会车列车振动行为

表 7.5 为 CRH 某型长编组高速列车与某高速列车在 380km/h 速度下进行明线交会时，列车中各车车内地板横向振动加速度的最大值和有效值。16 辆车加速度最大值平均为 0.16g，其中有效值表示振动能量的大小。

表 7.5　横向振动特征值

测点	加速度最大值/g	加速度有效值/g
1 车地板	0.179	0.0395
2 车地板	0.132	0.0148
3 车地板	0.135	0.0175
4 车地板	0.157	0.0177
5 车地板	0.156	0.0135
6 车地板	0.171	0.0195
7 车地板	0.160	0.0172
8 车地板	0.174	0.0167
9 车地板	0.165	0.0166
10 车地板	0.16	0.0165
11 车地板	0.163	0.0161

续表

测点	加速度最大值/g	加速度有效值/g
12 车地板	0.170	0.0169
13 车地板	0.161	0.0170
14 车地板	0.163	0.0154
15 车地板	0.151	0.0151
16 车地板	0.164	0.0147

图 7.38 和图 7.39 为 380km/h 速度下在交会过程中，1 车到 16 车车内地板横向振动加速度最大值和有效值的柱状图，1 车为头车先交会。从图中可以看出，1 车振动明显大于其他车振动，而且振动有效值大于其他车近 1 倍，这是因为头车受空气动力学影响更大。

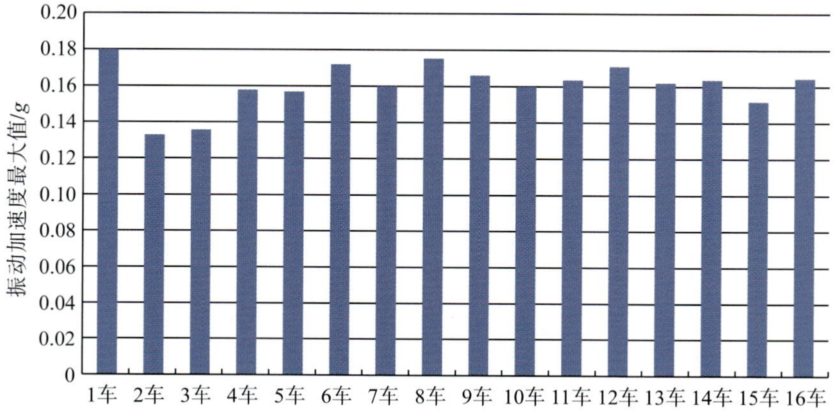

图 7.38　明线会车时各车横向振动加速度最大值

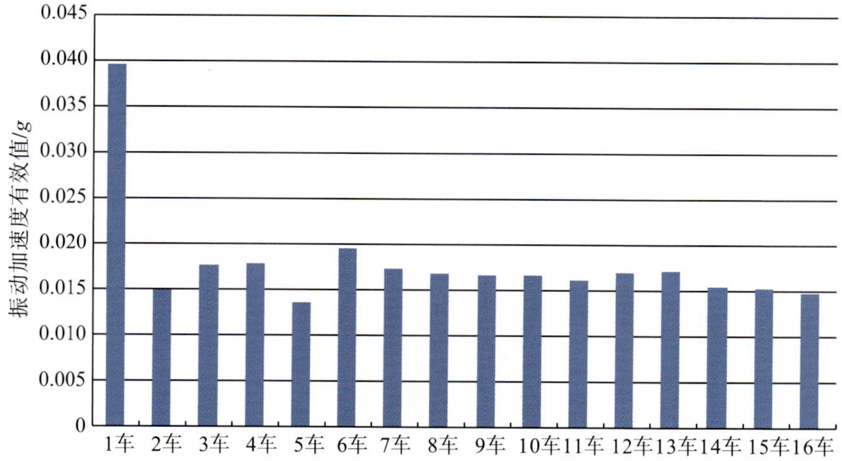

图 7.39　明线会车时各车横向振动加速度有效值

图 7.40 为 380km/h 速度级下明线交会时，1 车地板横向振动加速度时域图。从图中可以看出，列车交会开始、结束时，对车内地板横向振动有一定的冲击，测点振动振幅明显增大，交会开始时测点振幅最大变化为 1 车约 0.179g，交会结束时测点振幅最大为 1 车约 0.17g。

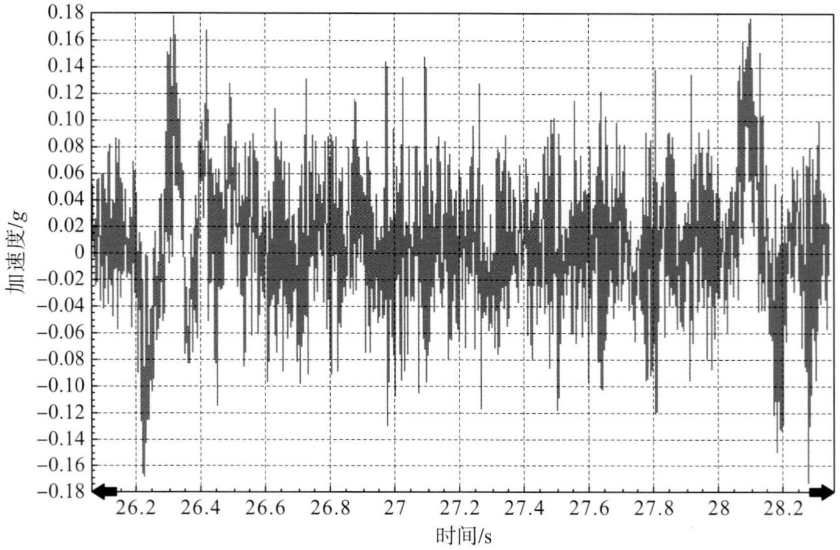

图 7.40　明线会车时 1 车地板横向振动加速度时域图

2. 隧道会车列车振动行为

表 7.6 为在 380km/h 速度下进行隧道交会的车辆振动检测结果，16 辆车加速度最大值平均为 0.238g。

表 7.6　列车隧道会车的横向特征

测点	加速度最大值/g	加速度有效值/g
1 车地板	0.289	0.0260
2 车地板	0.188	0.0225
3 车地板	0.226	0.0222
4 车地板	0.234	0.0208
5 车地板	0.253	0.0216
6 车地板	0.227	0.0249
7 车地板	0.234	0.0179
8 车地板	0.242	0.0245
9 车地板	0.274	0.0211
10 车地板	0.240	0.0149
11 车地板	0.253	0.0179

续表

测点	加速度最大值/g	加速度有效值/g
12 车地板	0.248	0.0167
13 车地板	0.255	0.0210
14 车地板	0.221	0.0178
15 车地板	0.202	0.0190
16 车地板	0.227	0.0185

图 7.41 和图 7.42 为 380km/h 速度下隧道会车时，各车车内地板横向振动加速度最大值和有效值柱状图。从图中可以看出，1 车车内地板振动明显大于其他车振动，其余测点振动差别不大。这意味着头车在开始交会时巨大的气动力使头车头部发生晃动，车内地板振动明显，而其他车由于车之间的耦合和气动力扩散，振动减弱。

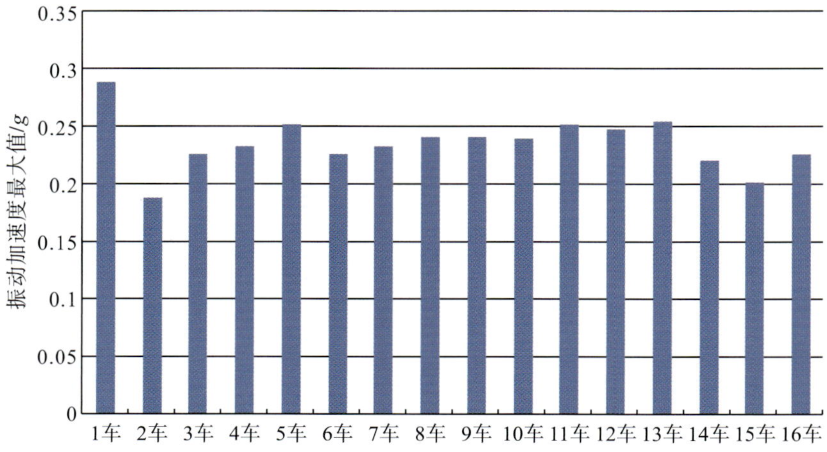

图 7.41　隧道会车时各车横向振动加速度最大值

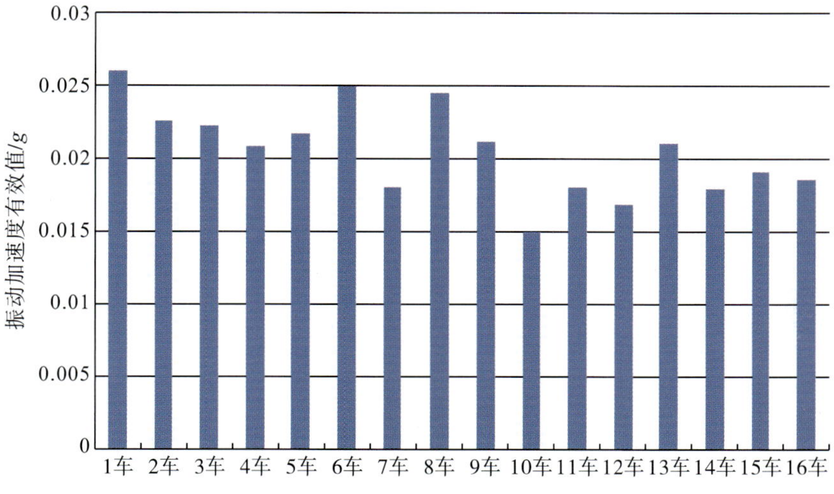

图 7.42　隧道会车时各车横向振动加速度有效值

图 7.43 为 380km/h 速度下 1 车车内地板横向振动加速度时域图。从图中可以看出，列车交会开始、结束时，对车内地板横向振动有一定的冲击，测点振动振幅明显增大，交会开始时测点振幅最大值为 0.289g，交会结束时测点振幅最大约为 0.195g。

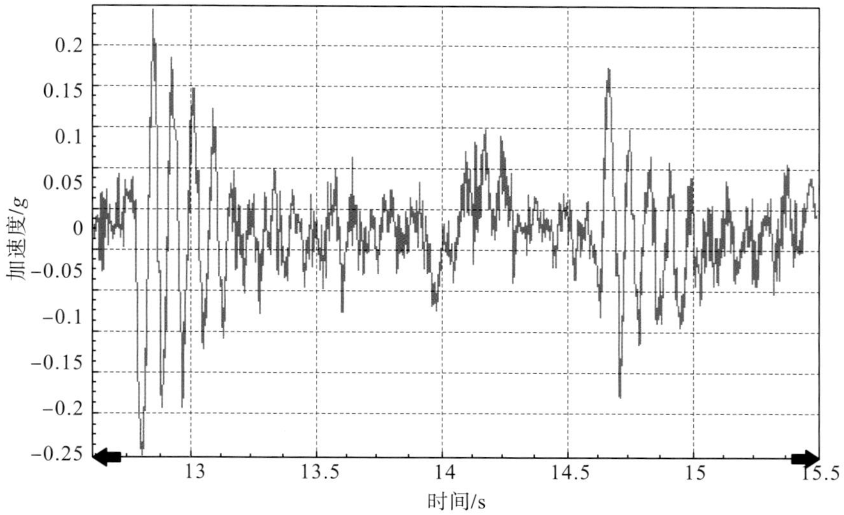

图 7.43　隧道会车时 1 车地板横向振动加速度时域图

通过图 7.39～图 7.43 明线交会和隧道交会比较可以得出：隧道交会时各车横向振动幅值大于明线交会，这是由于在隧道内交会时，交会压力波受隧道壁反射影响，不能像明线交会那样有效散去；而且隧道交会时，存在压力波反复作用在车体上的交会波形，这是由隧道内交会压力波通过隧道反射作用引起的。

7.4.5　内外噪声

噪声是制约列车提速的主要因素之一，也是实现可持续和谐发展的重要因素。为此，利用轨道交通国家实验室建设高速列车服役性能试验研究平台之际，围绕车内和车外噪声研究，购置先进的检测设备，并结合京津、武广、京沪和哈大等高速铁路的调试运行，开展了大量基础性的检测和研究工作。

噪声是振动的另一种表达形式，对于高速列车，噪声主要是轮轨和气流作用造成的。在京津城际高速铁路的科学研究性试验中，第一次对车内外的噪声进行了测定，辨识出声源分布云图，并制定出噪声谱。

1. 车外噪声

传统噪声测试时声学传感器安装于不同测量位置进行噪声测定和评定，但是这仅能给出某一个点的噪声强度，无法辨识噪声的来源。为了辨识噪声声源，试验中采用多通道阵列式噪声检测分析系统。对应的车外声源识别系统如图 7.44 所示，主要包括：78 通道 4m 直径的轮辐型阵列声源识别系统，配套有 60 通道 1m 直径轮形阵列架，可根据现场需要进行局部细化声源识别；12 套声强套件组成的声强阵列声源识别系统，弥补声压阵列在低频区段的频率分辨率和空间分辨率下降导致的不足；表面麦克风，可粘贴在高速列车表面，对其气动噪声进行连续测量，弥补车外声阵列系统数据采样短导致的不足。

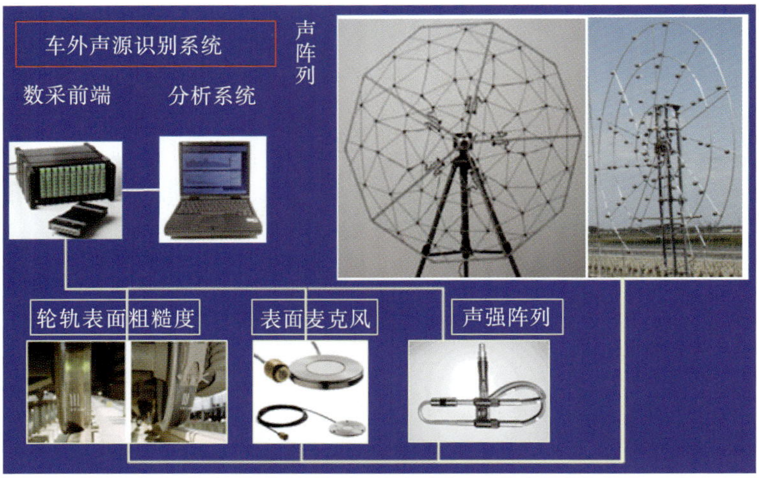

图 7.44　车外声源识别系统

声波的传播过程实质是声振动能量的传播过程。垂直于声波传播方向，单位时间通过单位面积的声能量称为声强。声强是矢量，有大小和方向。由声强表示的噪声云图一般作为相控声阵列声源识别系统典型结果的首选表示方式，其结果直观明了，还可以根据声源区域面积直接计算其对应的声功率。根据声阵列测试数据，基于波束形成声源识别原理，测得我国 CRH 某型高速列车以 394km/h 速度运行情况下的车外辐射噪声声强云图，如图 7.45 所示。

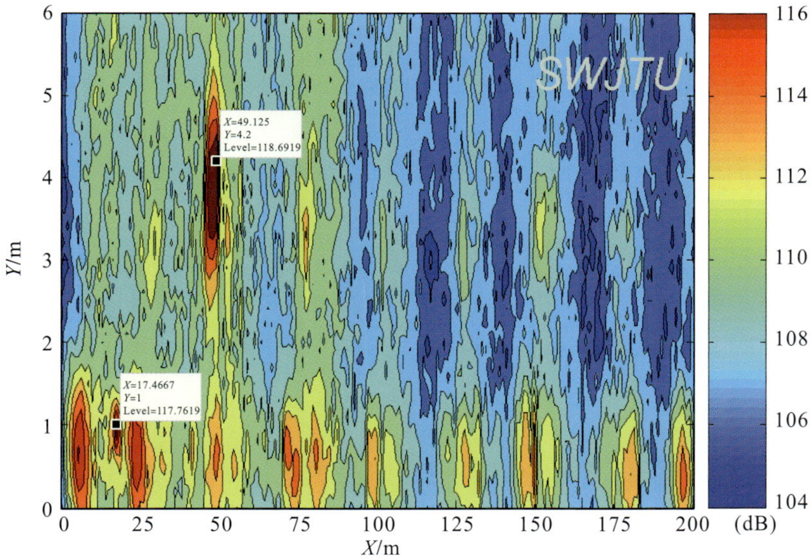

图 7.45　高速列车与外辐射噪声云图

图 7.45 中，横轴表示列车长度方向，竖轴表示与钢轨顶面的垂直距离。云图对应的数值是声强级，图中对最高的两个声强级位置给出了标注，*X* 表示该点位置与列车车头的纵向距离，*Y* 表示该点与钢轨顶面的垂直距离，Level 表示该点的声强级，单位为 dB。可以看到，车外辐射噪声的主要声源来自转向架、轮轨接触位置、受电弓及其底座以及车辆连接处。与其他位置转向架处的气动噪声相比，头车转向架的气动噪声更大。

将声强云图按高速列车结构和声源作用范围进行区域划分，由区域面积大小和相应的声强值，就可得到各部分对车外辐射噪声的能量贡献，这是构建高速列车车外噪声谱的核心数据来源之一和高速列车车外噪声谱对应的声源模型建立的依据。

受声源数量、位置和频谱特性等对列车通过噪声的影响，最显著的辐射噪声源并不总是通过噪声的主要来源，或通过噪声的最大值并不一定对应着最显著的噪声源。为此，图 7.46 给出了高速列车对应声强云图平面处的声暴露级垂向分布情况。图中测得的最大声暴露级位于头车轮轨接触位置处，在车轮中心处达到最大，该处同时对应着声强云图中最大声源点；次大声暴露级位于第 2 节车辆受电弓位置，此时受电弓呈升起状态；其下依次位于第 2 节车辆的轮轨接触位置、头车和第 2 节车辆上部。图 7.47 是在高架线路区段不同速度下动车组声暴露级垂向分布情况，显然分布情况一致，而且随着速度的提高而增强。

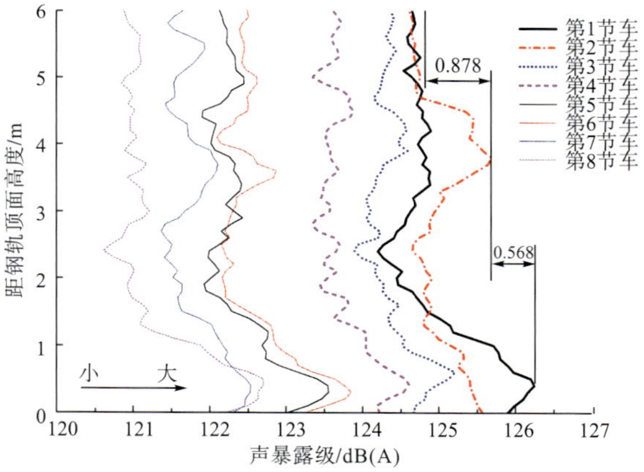

图 7.46　速度 394km/h 时某“和谐号”动车组各车辆的声暴露级垂向分布

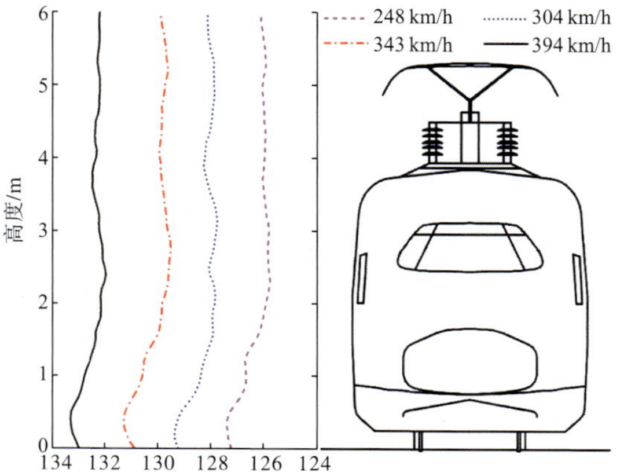

图 7.47　高架区段不同速度下的声暴露级垂向分布图

图 7.48 是高架线路区段和路堤区段的声暴露级比较，显然路堤区段的车外噪声高于高架线路区段。

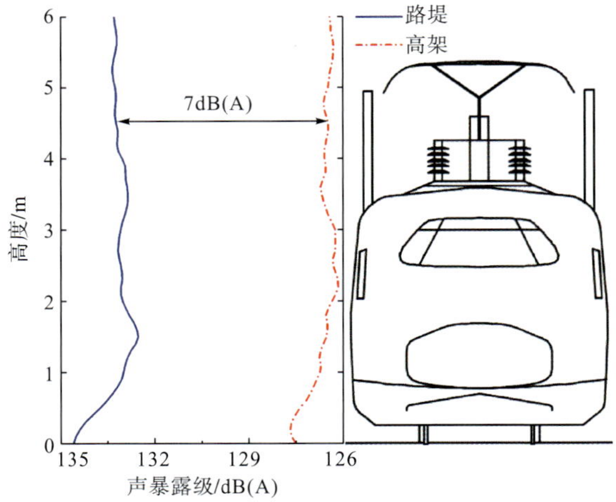

图 7.48 345km/h 速度下高架区段和路堤区段的声暴露级

根据线路试验获得的噪声信息，就可以进行噪声谱的处理。噪声谱是不同频率下的噪声功率谱。根据京津城际高速铁路噪声科学研究试验和武广客运专线高速铁路噪声专项试验结果，处理得到的车外噪声谱见图 7.49。由图可见，350km/h 速度等级下车外噪声具有显著的低频特性，其最显著频率发生在低频区段，主要来源于高速列车气动噪声贡献；在 1000Hz 频率区段，有较显著的局部峰值，主要来源于轮轨噪声贡献；在 5000Hz 和 8000Hz 高频区段，主要来源于高速列车气动噪声贡献。总体而言，测点 1(距轨道中心线 7.5m、高 1.2m)要比测点 2(距轨道中心线 7.5m、高 3.5m)的能量高，说明高速列车下部噪声要比上部噪声显著；从测点与轨道中心线距离与其噪声变化规律可知，低频噪声衰减较小，而高频噪声衰减较大，在 1000～2000Hz 噪声环境影响的敏感频率区段，噪声随距离变化不显著。由图 7.50 可见，速度越高噪声谱就越高，而且重联情况下车外噪声情况要比短编组情况显著，尤其在 200～6000Hz 噪声敏感频率区段。

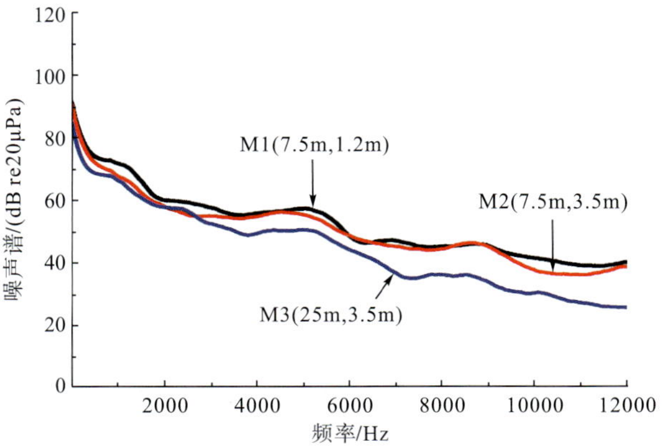

图 7.49 350km/h 速度下车外噪声谱

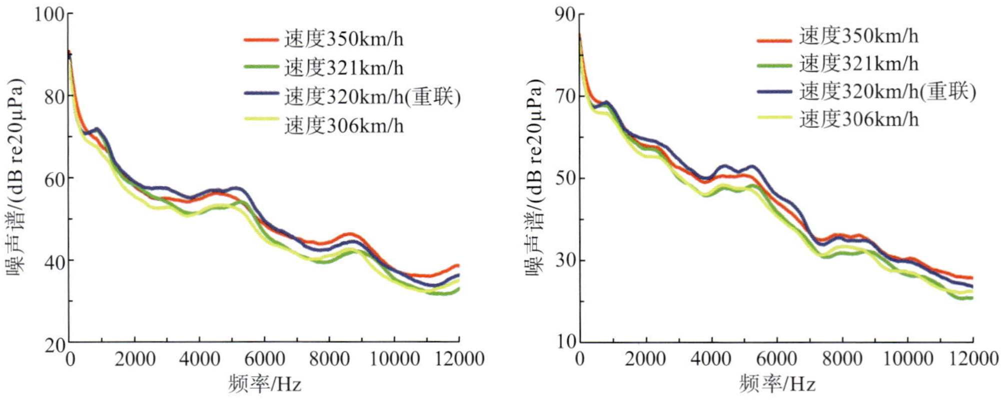

(a) 距轨道中心线7.5m、高3.5m　　(b) 距轨道中心线25m、高3.5m

图 7.50　不同速度下的高速列车车外噪声谱

2. 车内噪声

车内噪声测试和车外一样，除了按照标准检测的点位传感器，同时从学科研究的角度，还进行了声源识别方面的检测和研究。车内噪声检测和识别系统如图 7.51 所示，主要包括：50 通道麦克风、12 通道摄像头的球形阵列声源识别系统，为弥补球形阵列在低频区段的频率分辨率和空间分辨率下降导致的不足，配置了双面 6×6×2 的 SONAH 手持阵列，可根据球形阵列声源识别结果的声源分布区域，对局部声源位置进行细化测试。

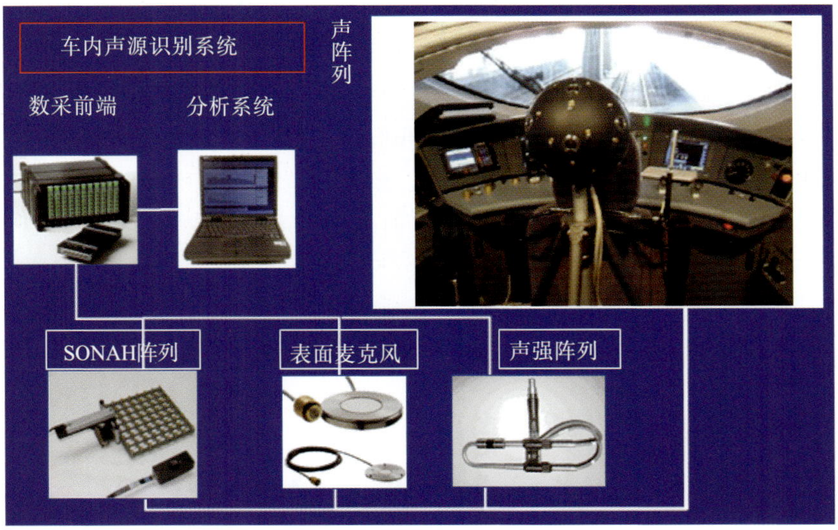

图 7.51　车内噪声检测和识别系统

基于车内声源识别系统的高速列车声源识别如图 7.52 所示，注意到此噪声云图结果为高速列车车内表面声强分布结果。云图显示有系列的表面场点声强值，各个点上的声强不仅包含大小(源强)和方向(指向性)信息，还包含了各自的频谱特性。从测试结果可以看到，在 360° 车内视景下叠加了噪声声强，明显可以看到在车厢左侧上部到站显示装置安装位置有明显噪声出现，原因是为了安装显示装置，双层车体的外侧开了孔，双层变单层，车外噪声透射进来；在客室端部的门缝也有明显的泄漏声，这和试验时有电缆通过端面门缝关闭不严有关；转向架位置明显有来自轮轨的噪声，它通过车底结构传递进来；悬挂在车下的辅助设备，通过结构传递，也把噪声传递到车内。通过噪声源分布的辨识，可以很方便、清晰地找到声源，为针对性进行减振降噪处理提供有力依据。

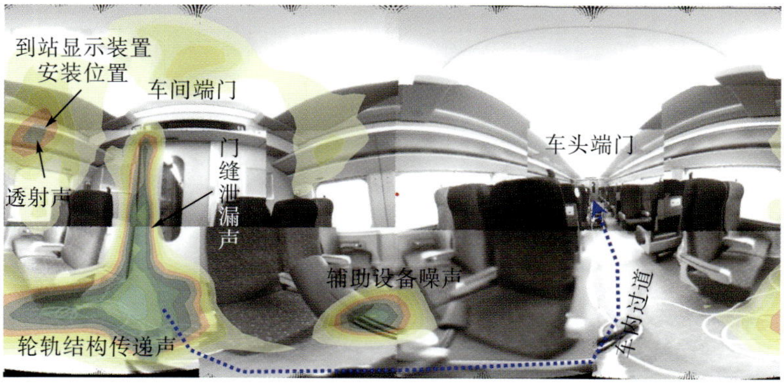

图 7.52　高速列车声源识别结果

客室噪声还定位检测了转向架上方和客室中央车高 1.6m 和 1.2m 处共四个测点(分别是测点 M1～M4)的噪声状况。图 7.53 是某动车组 350km/h 速度条件下四个测点的噪声谱图，显然，高速列车车内噪声具有非常显著的低频特性，而且各测点位置不同，但在噪声谱能量体现差异很小，由此可见车内混响场特性显著，造成各点噪声在频谱上基本一致。试验中还检测了其他速度工况，处理的 330km/h 和 300km/h 速度等级噪声谱变化情况基本与 350km/h 的噪声谱类似，如图 7.54 所示。相对其他速度，350km/h 速度等级下，在车内噪声的 2000Hz 以上高频，噪声显著增加，但总的噪声主要由低频区段控制，随速度呈整体变大趋势。

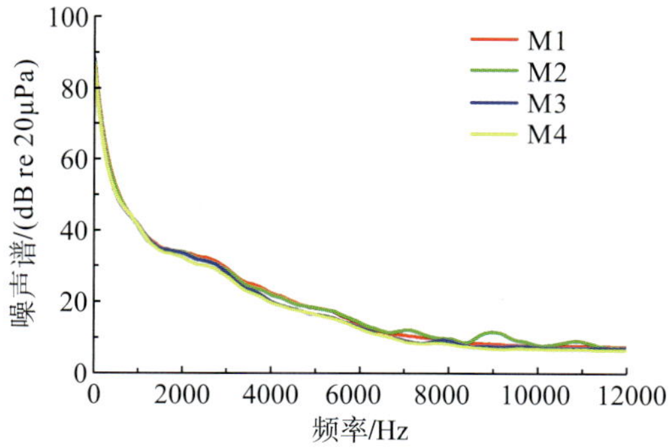

图 7.53　350km/h 速度等级车内噪声谱

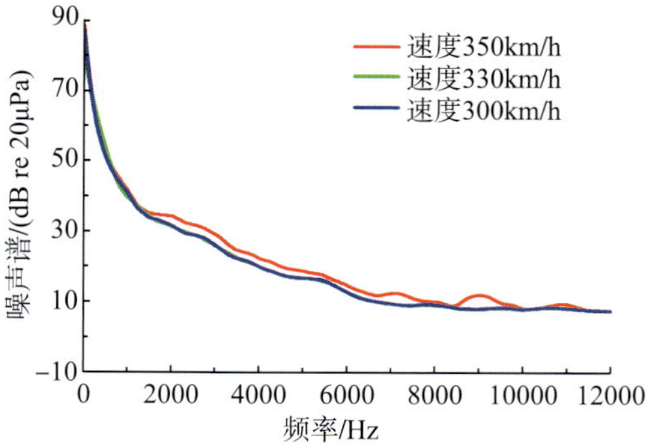

图 7.54　不同速度等级车内噪声谱

在列车通过隧道时，乘客很容易感受到隧道内噪声的增加，而且隧道噪声可能成为制约高速列车隧道通过速度的一个重要因素。然而，乘客很难分辨出噪声正在从哪个方位传入，即便是一般点位拾声传感器也只能得到混响之后的声强。采用 12 通道摄像头的球形阵列声源识别系统，可以识别在隧道内的噪声来源。图 7.55 是高速列车通过隧道时的客室噪声比较结果，是 50Hz 时的处理结果。注意图像右侧靠双向隧道的隧道壁近，不难看出，靠近隧道壁近的右侧噪声明显提高，从 75dB 提高到 83dB，而且是通过车窗传入的，这是强大的轮轨噪声，通过隧道壁折射再通过车窗透射而入。

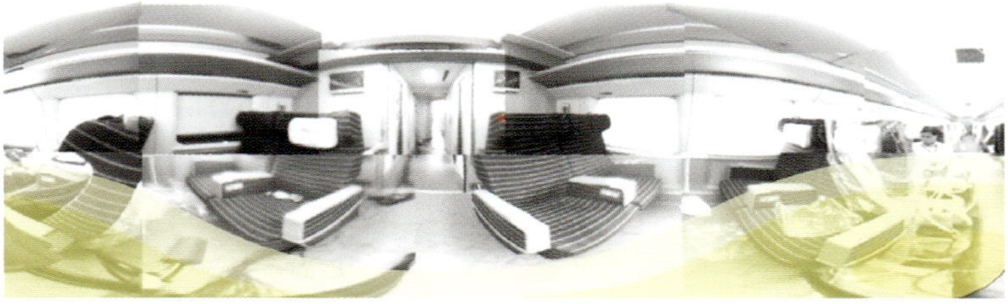

(a) 通过隧道前

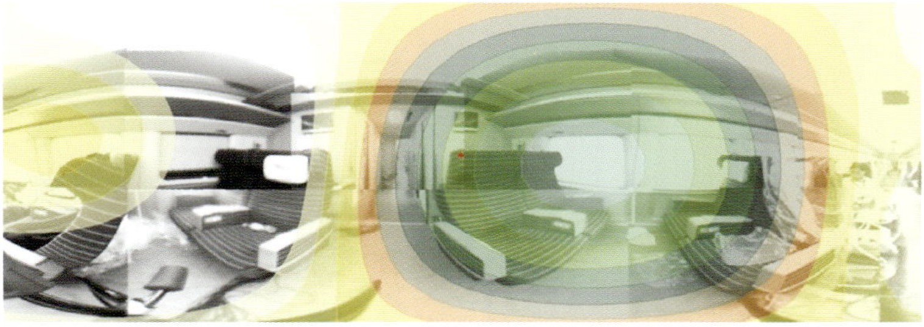

(b) 通过隧道时

图 7.55　高速列车通过隧道时的客室噪声比较

参 考 文 献

[1] 西南交通大学. 轨道交通国家实验室可行性研究报告[R]. 成都: 西南交通大学, 2009.

[2] 张卫华. 机车车辆动态模拟[M]. 北京: 中国铁道出版社, 2006.

[3] Ma S J, Zhang W H, Chen G X, et al. Full scale roller rig simulation for railway vehicles[J]. Vehicle System Dynamics, 1994, 23(1): 346-357.

[4] 陈良麒, 张卫华, 陈建政. 机车车辆滚动振动试验台和试验方法. 西南交通大学学报, 1997, 32(2): 208-213.

[5] Iwnicki S D. Handbook of Railway Vehicle Dynamics[M]. CRC/Taylor & Francis, 2006.

[6] 田红旗. 列车空气动力学[M]. 北京: 中国铁道出版社, 2007.

[7] 金学松, 刘启跃. 轮轨摩擦学[M]. 北京: 中国铁道出版社, 2004.

[8] 中国人民解放军总装备部军事训练教材编辑工作委员会. 高低速风洞气动与结构设计[M]. 北京: 国防工业出版社, 2003.

[9] Ahmed S R, Gawthorpe R G, Mackrodt P A. Aerodynamics of road- and rail vehicles[J]. Vehicle System Dynamics, 1985, 14(4-6): 319-392.

[10] Zhang W H, Mei G M, Wu X J, et al. Hybrid simulation of dynamics for the pantograph-catenary system[J]. Vehicle System Dynamics, 2002, 38(6): 393-414.

[11] 梅桂明, 张卫华. 利用半实物半虚拟试验方法研究接触网参数对弓网接触力的影响[J]. 铁道学报, 2004, 26(1): 33-39.

[12] 吴学杰, 张卫华, 梅桂明. 受电弓/接触网半实物半虚拟混合模拟系统的研究[J]. 铁道学报, 2002, 24(1): 14-18.

[13] 西南交通大学牵引动力国家重点实验室. CRH3 京津城际变建铁路科学研究试验报告[R]. 成都: 西南交通大学牵引动力国家重点实验室, 2008.

[14] 西南交通大学牵引动力国家重点实验室. 武广客运专线科学研究试验报告[R]. 成都: 西南交通大学牵引动力国家重点实验室, 2009.

第 8 章　高速列车服役性能及其安全控制

8.1　高速列车服役性能的演变规律

在系统分析动车组服役状态试验数据的基础上，选择高速动车组在服役过程中有关安全性、结构可靠性、舒适度等参数进行跟踪监测和试验，掌握列车在实际载客运营状态下各监测参数随服役时间变化而产生的变化趋势，对关键系统的性能、可靠性及安全性问题进行研究，为优化高速列车设计及制定合理的检修维护周期提供依据，进而建立关键部件随服役时间变化的数据库等。

结合我国高速铁路实际运行速度以及运行里程情况，分等速状态、不同速度状态、不同里程状态三种工况进行服役性能的演变规律分析。

8.1.1　等速状态下基本规律

为了研究高速列车在 300km/h 下时基本规律，以某型动车组的轴箱、构架、车体在武广线上实际振动加速度为例进行说明，现以截取平直道上 303km/h 恒定速度的振动时间长度为 60s 为例进行分析。

表 8.1 是轴箱、构架、车体在 303km/h 恒定速度的振动时间长度为 60s 内振动加速度的最大值和有效值分析表，从表中可以得出轴箱、构架、车体等垂向振动加速度大于横向振动加速度和纵向振动加速度，轴箱到构架的振动能量衰减至原来的 1/5～1/3，构架到车体振动衰减至原来的 1/20～1/10，说明一、二系减振效果明显。

表 8.1　恒速下轴箱、构架、车体振动特征值表（单位：g）

对象		加速度最大值	加速度有效值
轴箱	垂向	11.35	1.25
	横向	9.86	0.67
构架	垂向	3.08	0.46
	横向	2.01	0.25
	纵向	1.40	0.19
车体	垂向	0.24	0.04
	横向	0.16	0.03
	纵向	0.10	0.02

轴箱的垂向和横向加速度时域、频域如图 8.1 和图 8.2 所示。

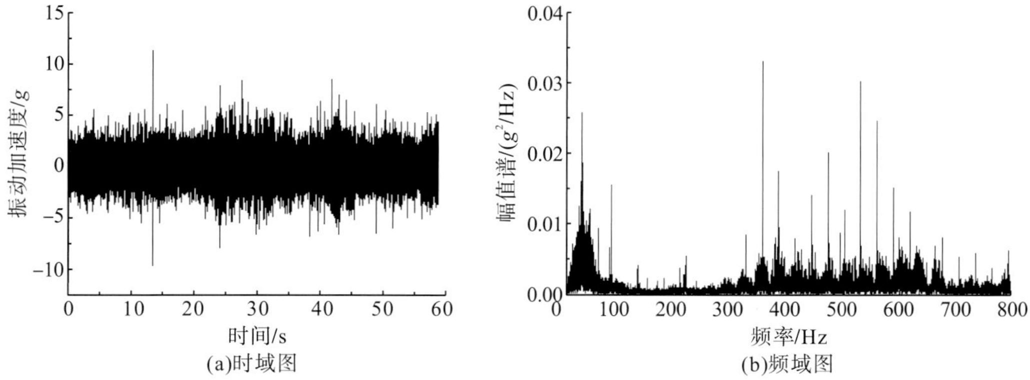

图 8.1　轴箱垂向振动加速度时域、频域图

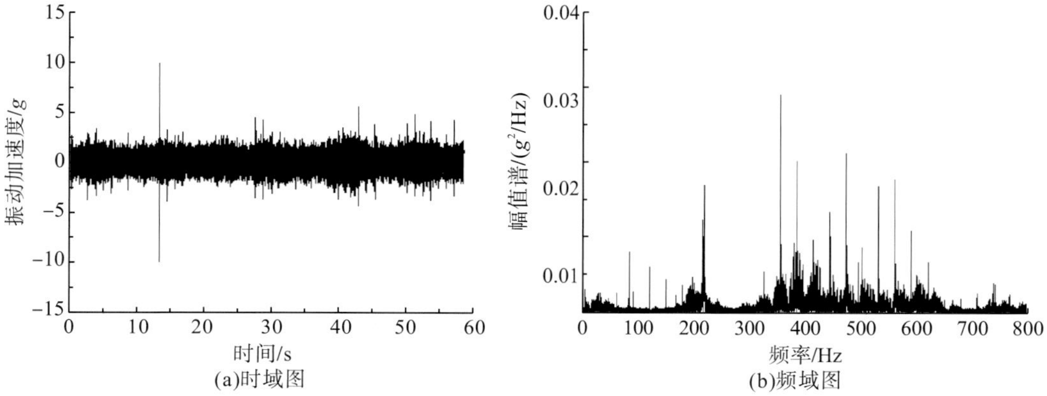

图 8.2　轴箱横向振动加速度时域、频域图

轴箱垂向振动加速度主频主要成分为 29.2Hz、58.9Hz、82.3Hz、215.5Hz、353.93～618.9Hz，轴箱横向振动加速度主频主要成分为 2.15Hz、29.2Hz、58.9Hz、82.3Hz、117.7Hz、215.5Hz、353.93～618.9Hz。

在轴箱垂向和横向振动中，轴箱垂向的振动能量主要集中在低频率 20～50Hz 和高频 350～650Hz 处，其中 29.2Hz 处频率和速度有关，为列车的动不平衡成分(速度 303km/h、轮径 918mm 对应的动不平衡频率成分正好为 29.18Hz)，与车轮对不平衡造成的强迫振动频率一致。而 58.9Hz、353.53～618.9Hz 为 29.2 的 2 倍、15～21 倍频成分，说明轮对存在 2 阶、15～21 阶不圆。82.3Hz 为电机振动频率，该频率成分通过齿轮箱传递给轴箱。

构架的垂向、横向、纵向加速度时域、频域如图 8.3～图 8.5 所示。

构架垂向振动加速度主频主要成分为 29.2Hz、82.3Hz、215.5Hz、353.93～618.9Hz，构架横向振动加速度主频主要成分为 2.15Hz、8.6Hz、29.2Hz、82.3Hz、131.9Hz、215.5Hz、353.93～560.4Hz，构架纵向振动加速度主频主要成分为 29.2Hz、82.3Hz、117.7Hz、215.5Hz、353.93～530.2Hz。

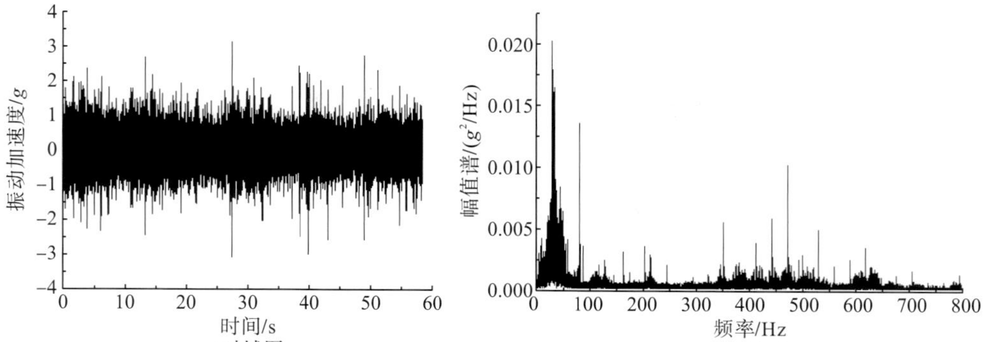

(a)时域图　(b)频域图

图 8.3　构架垂向振动加速度时域、频域图

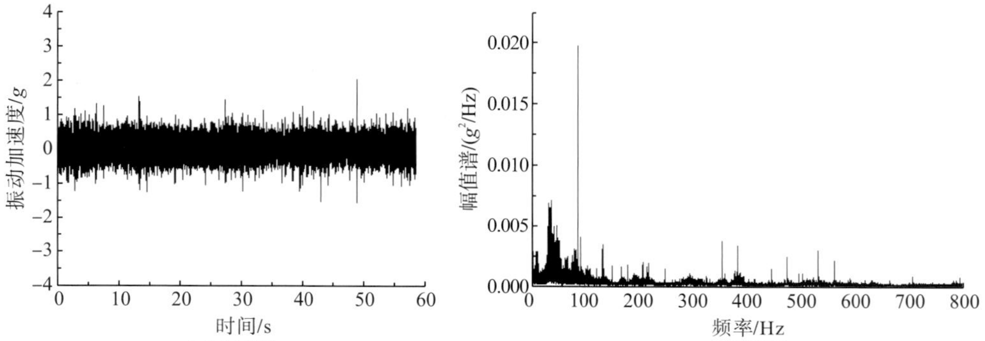

(a)时域图　(b)频域图

图 8.4　构架横向振动加速度时域、频域图

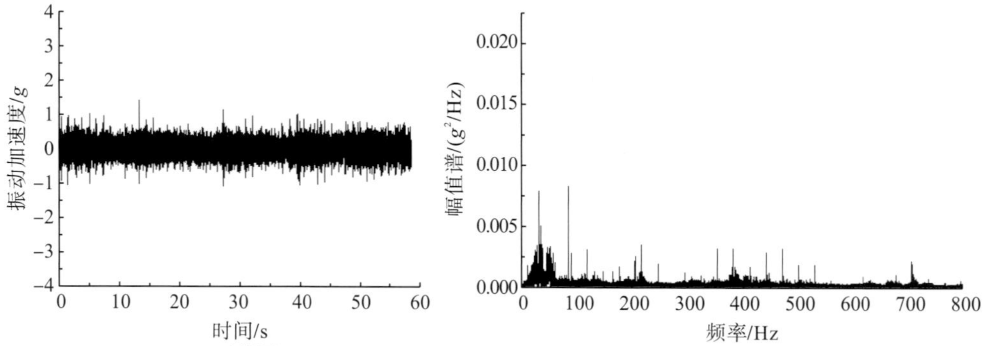

(a)时域图　(b)频域图

图 8.5　构架纵向振动加速度时域、频域图

在构架垂向和横向振动中，构架垂向的振动能量主要集中在低频 20～50Hz 和高频 350～620Hz 处，其中 29.2Hz 处频率和速度有关，与车轮对不平衡造成的强迫振动频率一致，低频成分相对于轴箱有一定的减少，而高频成分相当于轴箱高频成分的 1/6，说明一系悬挂减振作用对高频成分很明显，而对 50Hz 内的低频减振效果差一些。横向 82.3Hz 频率成分比轴箱的还大一些，这是因为电机安装在构架上。

车体的垂向、横向、纵向加速度时域、频域如图 8.6～图 8.8 所示。

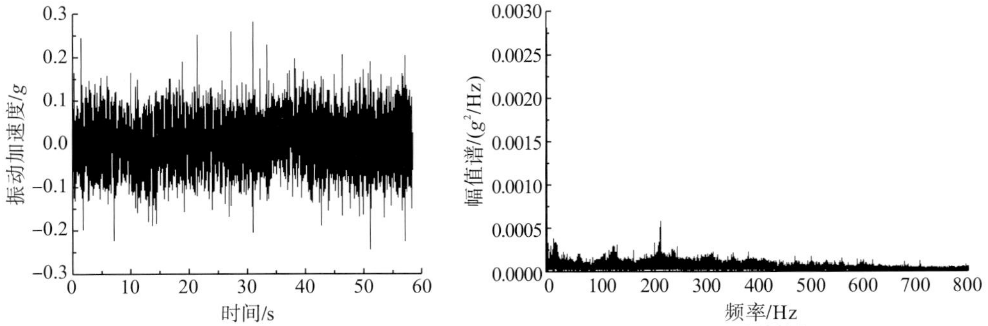

(a)时域图　　(b)频域图

图 8.6　车体垂向振动加速度时域、频域图

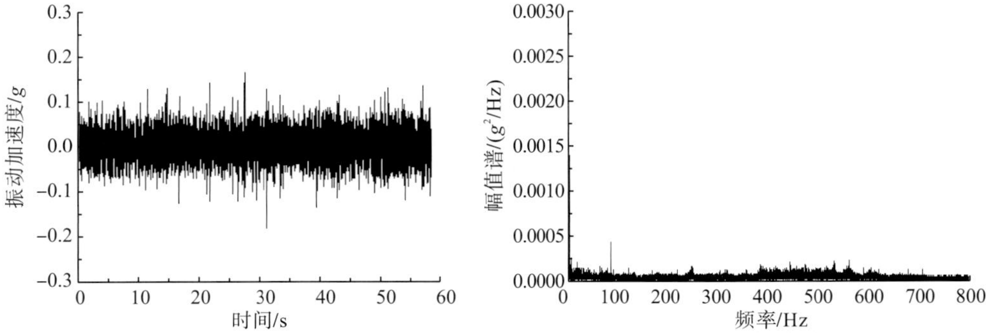

(a)时域图　　(b)频域图

图 8.7　车体横向振动加速度时域、频域图

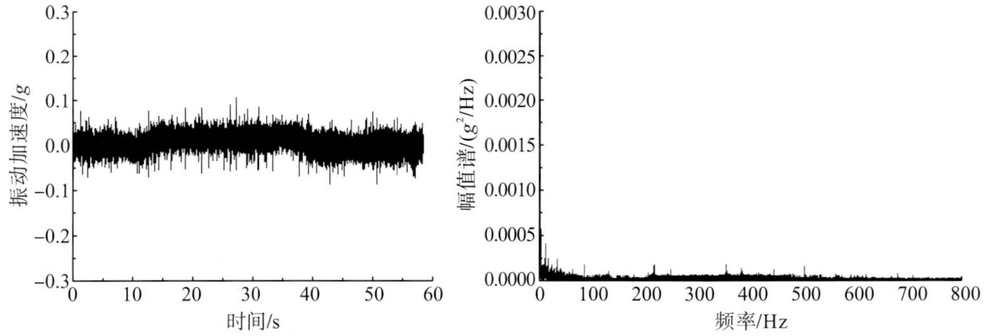

(a)时域图　　(b)频域图

图 8.8　车体纵向振动加速度时域、频域图

车体垂向振动加速度主频主要成分为 1.6Hz、10～20Hz、215.5Hz，车体横向振动加速度主频主要成分为 1.7Hz、82.3Hz，车体纵向振动加速度主频主要成分为 1.5Hz、7.8Hz、29.2Hz。

在车体垂向、横向和纵向振动中，构架的振动能量主要集中在低频率 2Hz 内，这些应该是车体垂向悬挂自振频率与车体的横摆和摇头悬挂自振频率。在垂向存在 215.5Hz 频率成分，但其能量仅为低频的 1/6，对车体影响不大，在横向上存在 82.3Hz 频率成分，这应该是电机的振动频率传递到车体上的，其振动能量为构架的 1/40，而垂向和纵向上该频率成分能量就更小，说明二系悬挂减振效果明显。

8.1.2　不同速度状态下变化规律

为了分析一个交路下不同速度对轴箱、构架、车体振动的影响，选择轴箱、构架、车体的振动加速度在广州到武汉全程路段的最大值、有效值随速度的变化规律进行分析，其结果如图 8.9～图 8.14 所示。

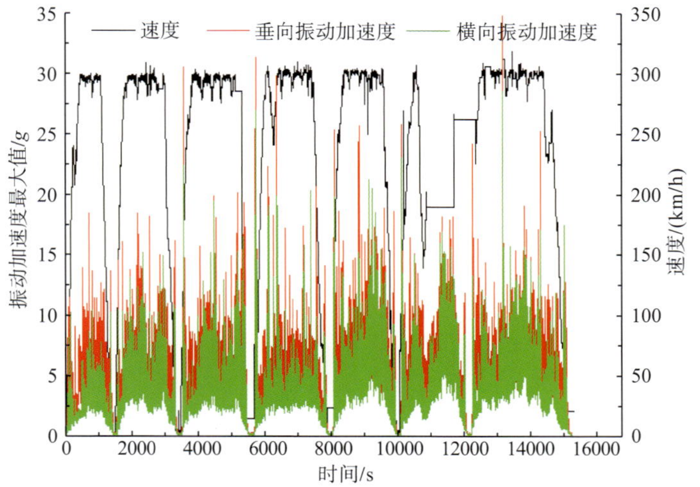

图 8.9　轴箱垂向、横向振动加速度最大值随速度变化全程图

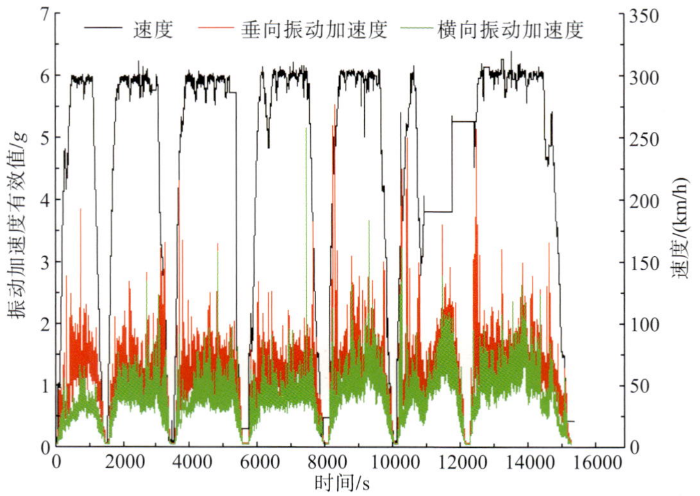

图 8.10　轴箱垂向、横向振动加速度有效值随速度变化全程图

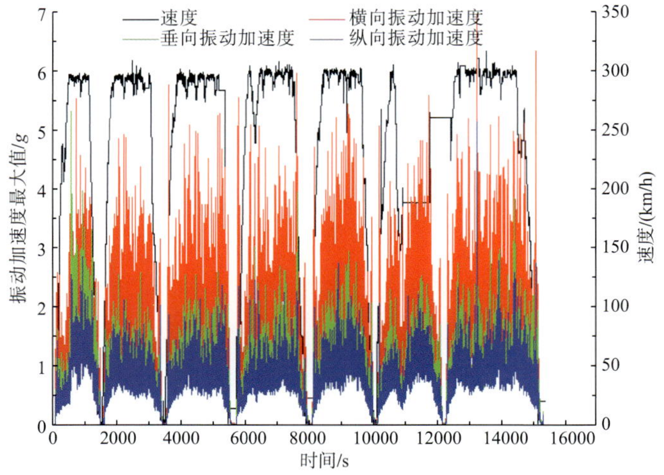

图 8.11 构架垂向、横向、纵向振动加速度最大值随速度变化全程图

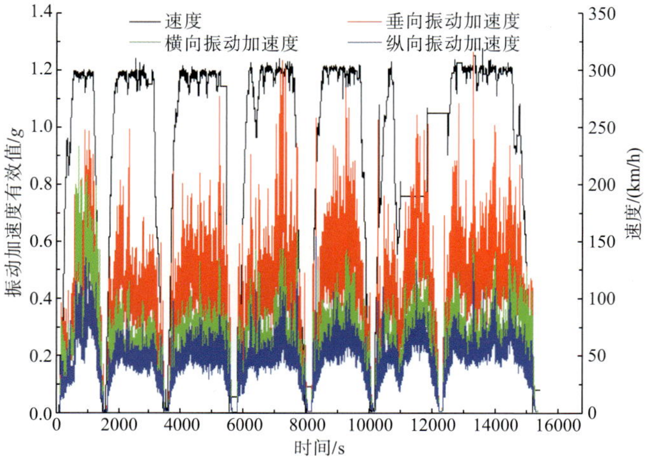

图 8.12 构架垂向、横向、纵向振动加速度有效值随速度变化全程图

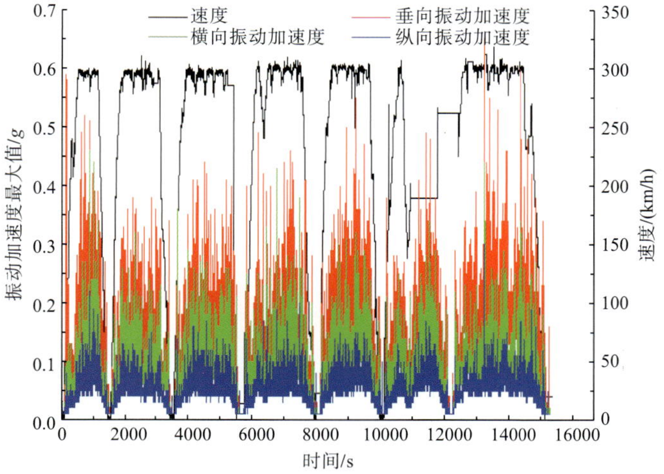

图 8.13 车体垂向、横向、纵向振动加速度最大值随速度变化全程图

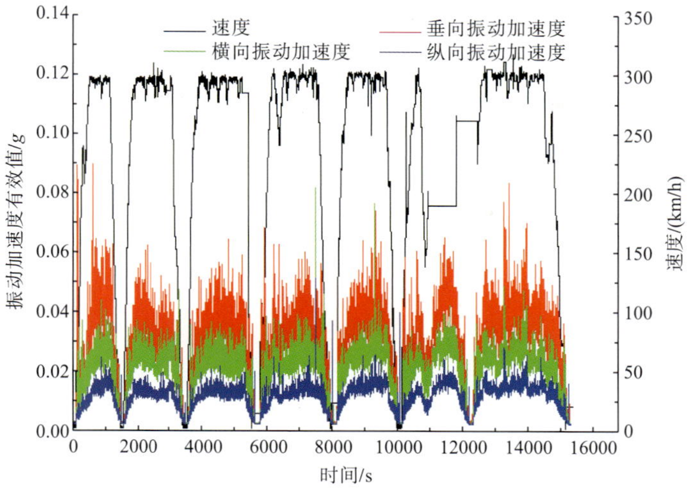

图 8.14　车体垂向、横向、纵向振动加速度有效值随速度变化全程图

从图 8.9～图 8.14 中可以得出以下结论：

(1) 轴箱、构架、车体振动加速度随速度的增加而增大，同时与线路还有密切的关系，特别是在进出站时存在振动冲击现象，这是因为进出站时存在道岔、轨缝等。

(2) 在 300km/h 速度级下，轴箱垂向振动加速度最大值为 $20g$～$35g$，有效值大部分在 $2g$～$3g$，横向振动加速度最大值为 $15g$～$25g$，有效值大部分在 $1.5g$～$2g$，垂向振动加速度大于横向振动加速度。构架垂向振动加速度最大值为 $5g$～$7g$，有效值大部分在 $0.8g$～$1g$，构架横向振动加速度最大值为 $2g$～$3g$，有效值大部分在 $0.3g$～$0.4g$，构架纵向振动加速度最大值为 $2g$～$3g$，有效值大部分在 $0.2g$～$0.3g$，三者关系为垂向振动加速度＞横向振动加速度＞纵向振动加速度。车体垂向振动加速度最大值为 $0.3g$～$0.4g$，有效值大部分在 $0.05g$～$0.06g$，车体横向振动加速度最大值为 $0.2g$～$0.3g$，有效值大部分在 $0.03g$～$0.04g$，车体纵向振动加速度最大值为 $0.1g$～$0.2g$，有效值大部分在 $0.01g$～$0.02g$，三者的关系为垂向振动加速度＞横向振动加速度＞纵向振动加速度。

(3) 轴箱、构架、车体三者振动逐渐减小，从轴箱到构架振动减小了 1/5 左右，从构架到车体振动减小了 1/20 左右，说明系统的一系悬挂和二系悬挂隔振效果明显，二系悬挂空气弹簧的隔振效果好于一系悬挂钢簧。

8.1.3　不同里程状态下演变规律

为了分析运行里程以及镟修对轴箱、构架、车体的影响，选择武广线 CRH 动车组的轮对从新轮到运行 112 万 km 的五个完整周期进行分析，其间有三次镟轮，分别在 40.8 万 km、74.6 万 km、97.4 万 km。轴箱、构架、车体等的三向振动加速度选择在京沪线上某一路段以及同一速度(300km/h)下，每 5 万 km 的特征值(最大值和有效值)进行分析，不同里程下振动加速度最大值结果如表 8.2 所示，振动加速度有效值结果如表 8.3 所示。

表 8.2 轴箱、构架、车体不同里程振动加速度最大值(单位：g)

里程/万 km	轴箱		构架			车体		
	垂向	横向	垂向	横向	纵向	垂向	横向	纵向
39.9	10.61	7.53	3.68	1.57	1.25	0.15	0.08	0.06
45.1	9.23	5.11	3.22	1.34	1.12	0.11	0.05	0.05
49.1	9.25	5.14	3.21	1.2	1.02	0.12	0.05	0.05
58.9	9.26	5.16	3.23	1.21	1.04	0.12	0.06	0.05
63.2	9.38	5.21	3.26	1.23	1.05	0.12	0.07	0.05
67.4	9.45	5.45	3.31	1.31	1.12	0.12	0.08	0.06
71.0	9.88	6.67	3.56	1.49	1.24	0.13	0.08	0.06
81.1	9.24	5.66	3.25	1.24	0.97	0.10	0.05	0.05
90.9	9.45	5.86	3.14	1.55	1.22	0.12	0.06	0.05
96.6	9.94	6.12	3.35	1.54	1.26	0.14	0.08	0.06
101.3	8.32	5.48	3.03	1.36	1.02	0.13	0.06	0.05
107.7	8.41	5.84	3.41	1.14	1.04	0.12	0.08	0.06
112.0	9.31	5.92	3.51	1.47	1.35	0.14	0.08	0.08

表 8.3 轴箱、构架、车体不同里程振动加速度有效值(单位：g)

里程/万 km	轴箱		构架			车体		
	垂向	横向	垂向	横向	纵向	垂向	横向	纵向
39.9	1.528	1.243	0.638	0.301	0.223	0.037	0.022	0.016
45.1	1.32	1.053	0.598	0.272	0.197	0.031	0.016	0.014
49.1	1.379	1.104	0.603	0.278	0.202	0.033	0.017	0.015
58.9	1.436	1.125	0.608	0.283	0.206	0.034	0.018	0.016
63.1	1.458	1.169	0.609	0.285	0.212	0.035	0.019	0.017
67.4	1.496	1.219	0.612	0.284	0.205	0.035	0.02	0.018
71.0	1.563	1.321	0.628	0.293	0.191	0.037	0.021	0.019
81.1	1.498	1.130	0.618	0.267	0.188	0.03	0.018	0.015
90.9	1.578	1.182	0.648	0.292	0.211	0.031	0.019	0.016
96.6	1.567	1.398	0.676	0.304	0.222	0.034	0.02	0.017
101.3	1.451	1.039	0.616	0.265	0.201	0.031	0.016	0.013
107.7	1.488	1.054	0.625	0.262	0.201	0.032	0.017	0.014
112.0	1.563	1.076	0.667	0.279	0.216	0.034	0.018	0.016

结合镟修里程，得到轴箱、构架、车体振动加速度最大值和有效值随里程变化曲线如图 8.15～图 8.20 所示。

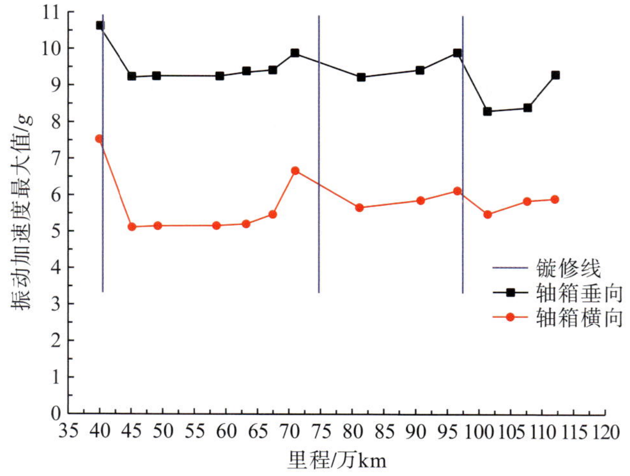

图 8.15　轴箱垂向、横向振动加速度最大值随里程变化图

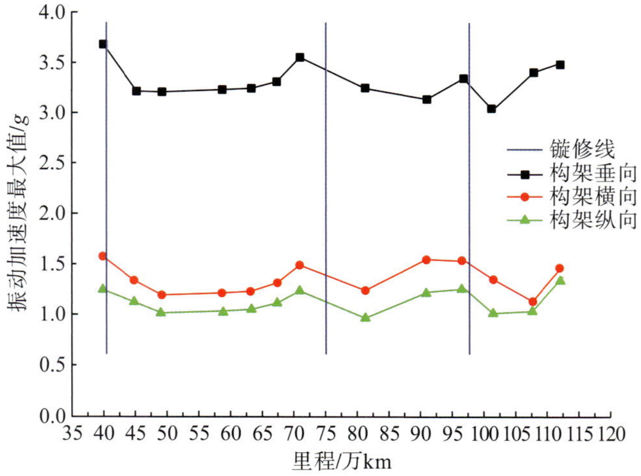

图 8.16　构架垂向、横向、纵向振动加速度最大值随里程变化图

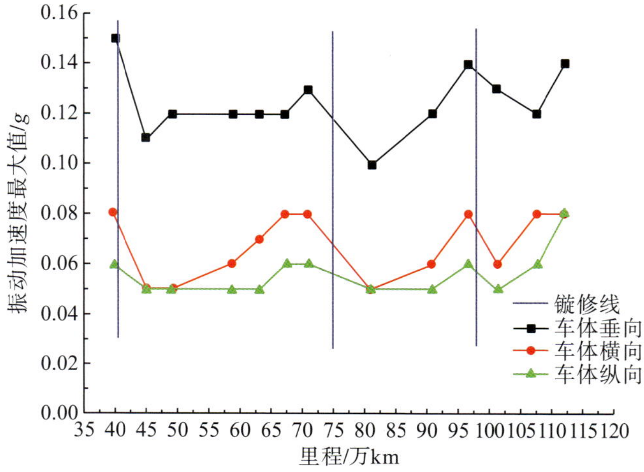

图 8.17　车体垂向、横向、纵向振动加速度最大值随里程变化图

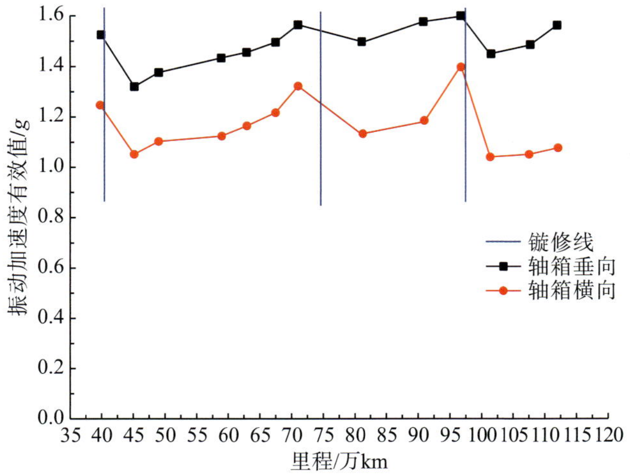

图 8.18 轴箱垂向、横向振动加速度有效值随里程变化图

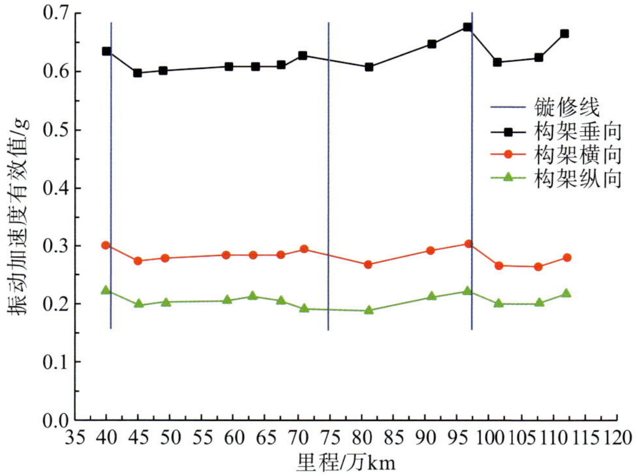

图 8.19 构架垂向、横向、纵向振动加速度有效值随里程变化图

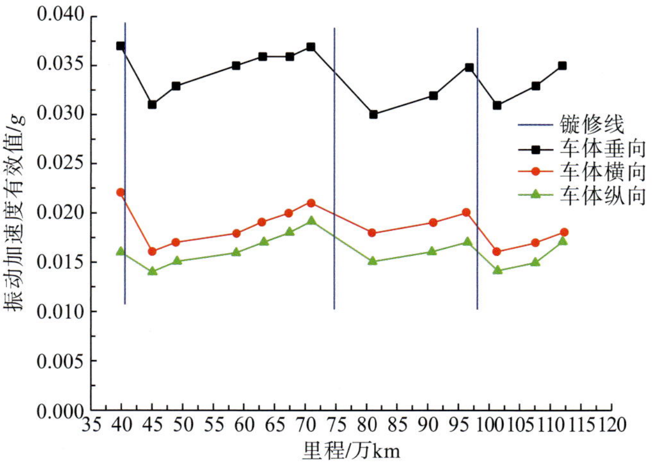

图 8.20 车体垂向、横向、纵向振动加速度有效值随里程变化图

从表 8.2、表 8.3 和图 8.15～图 8.20 可以得出：

(1) 在 120 万 km 里程内，里程数对轴箱、构架、车体振动影响不大，这可能是列车机械磨合的原因，随着磨耗的增加，各部件的振动会逐步增大。

(2) 在一个镟修周期内，随着轮对磨耗的增加，轴箱、构架、车体的振动加大，镟修后各部件的振动减小，说明轮对磨耗对列车振动特性影响较大。

(3) 从不同的镟修周期结果来看，轮对镟修对轴箱、构架、车体都有影响。镟修后，三者的振动都相应减小，说明轮对镟修对轴箱、构架、车体振动特性影响很大。

8.2　高速列车走行部安全监控技术

8.2.1　安全监控平台框架

高速列车走行部的动力学性能可以保证车辆运行的安全性和平稳性。因此，对高速列车走行部的安全运行状态进行监控是十分必要的。由于高速列车走行部动力学性能复杂，且各部件响应相互耦合，加上高速运行、强烈振动和复杂环境的影响，对其进行状态监控具有相当大的难度。

1. 安全监控平台主要功能

高速列车走行部安全监控平台应具备以下功能：

(1) 全面获取走行部关键部件状态参数及系统响应。通过车载监测技术实时获取系统动态响应，通过地面入库监测系统建立车辆走行部静态状态库，同时基于走行部维修和检修数字化档案记录，系统性地掌握走行部服役运行全过程状态。

(2) 高速列车走行部服役性能演变规律分析。基于走行部关键部件长期追踪监测数据，结合高速列车系统动力学，挖掘高速列车服役性能演变规律。

(3) 车线状态辨识与状态估计。运用高速列车耦合大系统动力学模型，利用车载状态响应，进行走行部性能状态与线路状态的辨识及估计。

(4) 走行部安全性评估与预测。基于实时的车线状态及高速列车大系统动力学理论与仿真，对高速列车走行部运行安全性和结构可靠性进行评估；结合历史信息及走行部服役性能演变规律，对走行部安全性态发展进行预测。

(5) 走行部安全控制。基于走行部安全性评估与预测结果，实现高速列车在途安全预警，提供车辆减速运行、停车检修等辅助决策信息，保障高速列车运行安全，指导高速动车组择优保养、高效检修、可靠运营。

2. 安全监控平台框架结构

高速列车走行部监控平台旨在构建列车走行部安全状态全方位立体检测、综合分析、预测预警与辅助决策的一体化监控系统，框架结构如图 8.21 所示，其主要内容归纳为状态监测、诊断评估与安全控制三个方面。

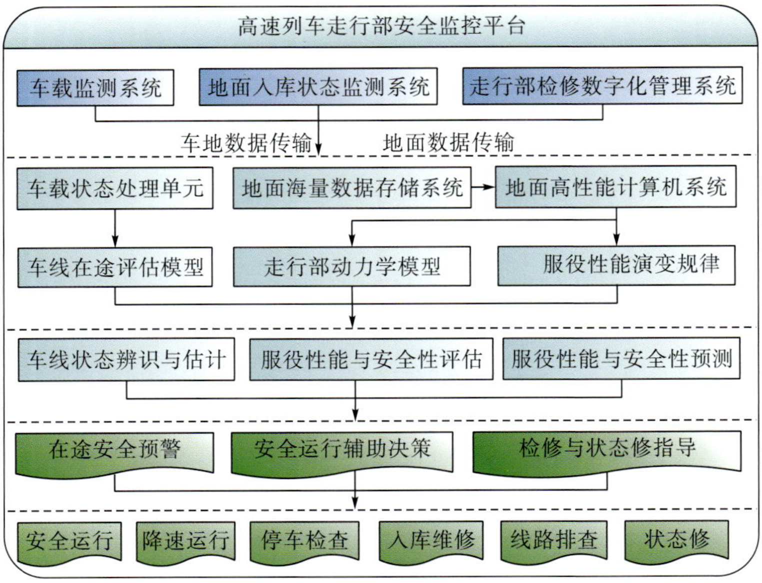

图 8.21 高速列车走行部安全监控平台框架结构

1)状态监测

全面获取高速列车走行部运行状态及动力学响应，是开展走行部安全监控的必要条件，而对走行部进行监测(图 8.22)是获取系统状态与响应的基本途径。在对高速列车走行部结构组成、主要服役参数、部件间作用关系、运行特性及工作条件等信息全面掌握的基础上确定走行部监测方案。监测方案以全方位获取走行部性能状态为目的，以最少测点获取最丰富状态信息、适于安装且高效灵敏为原则；再依据走行部各方面信息，确定高速列车走行部运行过程中关乎走行安全及安全评估监控所需的重要参数和系统响应，构建全面科学、结构最优的走行部状态获取检测网络。

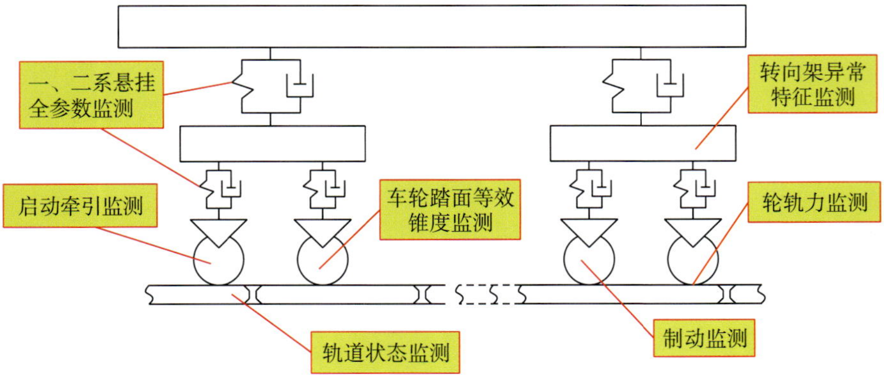

图 8.22 高速列车走行部监测示意图

2) 诊断评估

高速列车走行部各部件组成了一个时变耦合系统，其响应具有明显的非平稳特性；当部件出现损伤时，响应表现出非线性、非高斯特性。由于高速列车运行时空上的跨越所面临的强振动、复杂环境和长期时变的服役状态，其走行系统不仅是典型的“三非”系统，其动态安全监测数据还被强噪声干扰或淹没，海量化信息的处理和分析更为走行部状态的诊断评估增加了难度。采用近代信号分析方法，对不同状态信息的海量数据进行降噪、净化、延拓、分解、重构等处理，是辨识走行部安全状态的第一步；基于高速列车大系统动力学理论与仿真计算，结合台架试验与线路试验，揭示走行部各部件及系统性能状态值随服役时间增长的变化情况，挖掘走行部各部件及系统服役性能演变规律，建立高效的车线状态和性能发展趋势的辨识、诊断与评估模型；再依据各部件性能偏离度、损伤梯度、故障发展趋势对走行部运行安全性的作用规律和贡献量，构建高速列车走行部综合安全评估模型，实现高速列车走行部系统运行安全状态的诊断与评估。

3) 安全控制

安全控制是高速列车走行部监控平台构建的最终目的。基于高速列车走行部运行安全状态实时的监控、诊断与评估，为车辆安全运行提供在线的辅助决策与预警信息，如安全运行、降速运行、停车检查、线路排查、入库检修等，将高速列车走行部各部件性能、系统性能及安全状态发展势态控制在高速列车耦合大系统动力学的安全作用域内，在保障走行部无病态或微病态运行的同时，更从系统性角度监控着车辆每一次运行的安全。

8.2.2 车载安全监控检测技术

1. 车载安全监控系统框架

高速列车走行部的结构参数随着列车服役时间的增加将发生缓变(如弹簧刚度、车轮踏面磨耗)，同时在一定程度上造成结构部件的形位误差(车轮不圆、缘蚀)，在特殊激励或特殊理化环境作用下系统结构可能出现瞬态突变(如车轮擦伤、钢轨断裂、空气弹簧失气等)。以定期、定型或分解型的检测与维修保养方式不能实时感知走行部结构参数缓变过程，也无法预测缓变趋势，从而无法在线评估走行部安全性能势态。建立高速列车走行部车载安全监控系统(图 8.23)，可在线实时检测、跟踪、辨识、诊断、预测走行部各部位性能状态，利用时空环比凸显同车同位状态信息差异，及时挖掘安全隐患与早期故障，追踪走行部结构参数缓变过程，杜绝突发事故。

车载安全监控系统主要由车载传感器网络和车载处理单元组成，通过车载状态判别，实现安全状态在途评估、在线预警、实时提供辅助安全决策等功能。

高速列车走行部动力学性能分析，包括各部件力学特性及运动形式，是构建车载传感器网络的理论基础和技术依据，同时还需考虑高速列车特殊服役环境下满足走行部动态安全检测的传感器适应性要求及其安装方法。而走行部动态安全状态对走行部动力学性能的逆向推演，则是走行部安全状态辨识、损伤识别、故障定位的重要依据。车载状态处理单元需有针对性地对海量、多物理量的信息进行分层分类存储、滤波及多传感信息融合，在时域、频域、时频域、混沌域中提取状态信息有用特征，从传感器网络获取的系统响应信号中甄别出异常信号。走行部安全状态的辨识、损伤的识别及故障的定位过程即走行部动力学性能逆向推演过程，分析异常状态发生与传递路径，结合动力学模型，从而确定异常振源或热源，识别故障部件，排除安全隐患。

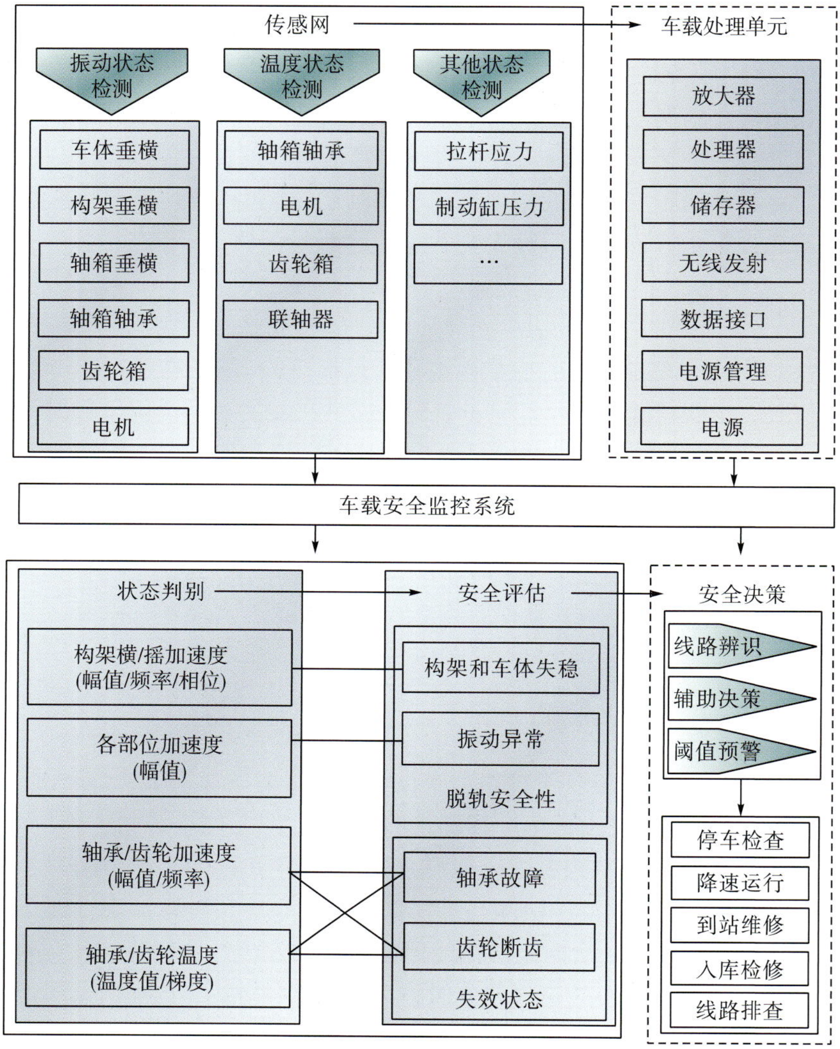

图 8.23 高速列车走行部车载安全监控系统框架

2. 转向架横向稳定性检测技术

由于轮缘与钢轨间存在横动量，车轮在钢轨上运行会产生蛇行运动。轮对的蛇行运动经轴箱传递到走行部再传递到车体，当产生的横向晃动频率与轮对的蛇行激扰频率一致时，列车将形成一个由列车本身连同轮轨接触关系构成的系统共振，使车体侧摆和摇头，产生晃车。

车体横向晃动问题可能导致走行部出现制动闸片偏磨、制动盘裂纹、制动盘螺栓丢失、齿轮箱吊杆螺栓松动、齿轮箱安全止挡断裂、轴箱弹簧断裂、抗侧滚扭杆橡胶节点突出等问题。

当系统的横向总阻尼与速度达到一定匹配程度时有可能出现无衰减振动(等幅振荡)，随着输入速度条件的变化，等幅振荡能够还原成衰减振动，否则提高速度有可能出现发散振动，因而我国高速铁路开发过程中提出通过监测等幅振动来判断转向架横向稳定性[1-3]。表征轮对和构架横向稳定性解的形式是相同的，都具有如图 8.24 所示的准等幅振荡的形式[3]。构架横向失稳时，自激振动是构架横向的主振型，因此通过识别构架横向加速度即能识别转向架是否出现横向失稳[4]。按照《铁道客车行车安全监测诊断系统技术条件》(TB/T 3188—2007)标准进行转向架横向运动失稳判断，虽然不同车型的转向架结构有差异，但其基本结构是类似的，安装传感器的大体位置是一致的(图 8.25)。

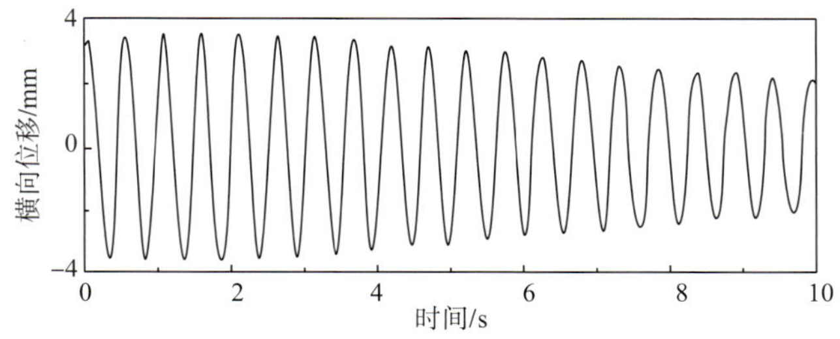

(a) 轮对横向失稳示意

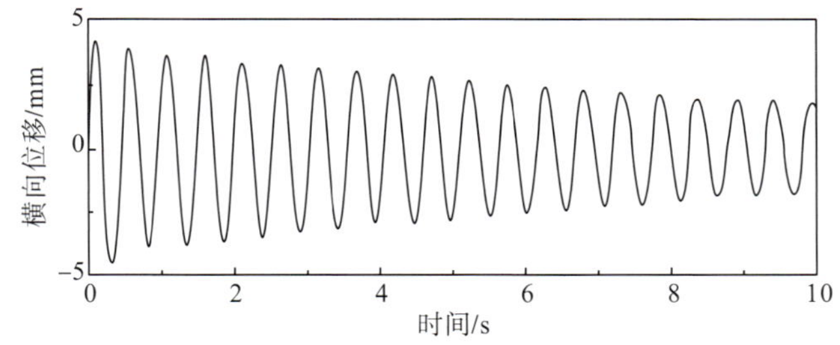

(b) 构架横向失稳示意

图 8.24　轮对与构架横向失稳示意图

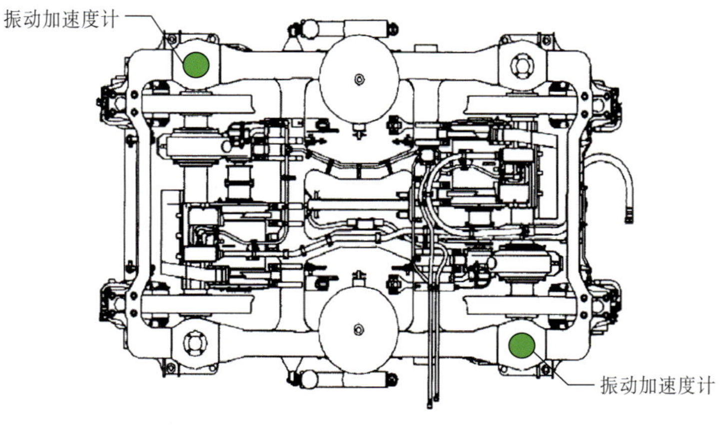

图 8.25　转向架横向运动失稳检测点布置图

引起转向架横向失稳的主要要素是轮对踏面锥度，其他要素包括转臂定位节点的刚度、抗蛇行减振器的性能等。这些要素随着各种运用工况及运用里程的增加，使其磨耗加剧、性能下降，因此通过监测转向架横向稳定性也可实现转向架的状态维修。

3. 走行部异常振动检测技术

走行部振动异常是指对列车行车安全影响比较严重的需紧急停车排除故障的异常振动现象[5]。异常振动监测主要针对轴箱、构架、齿轮箱、电机、车体等关键部位(图 8.26)。

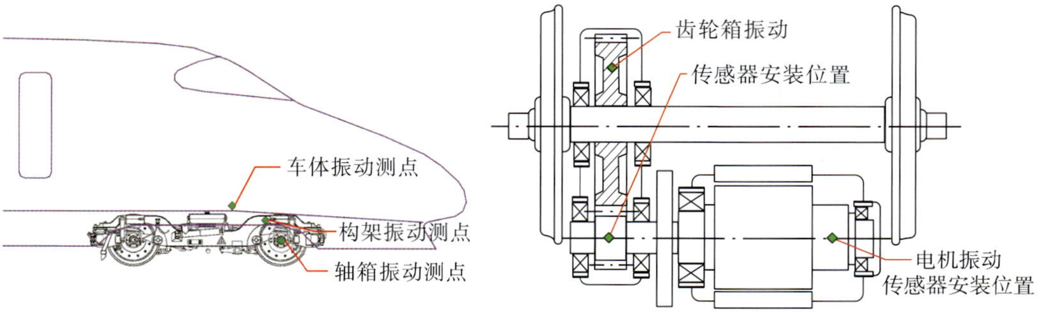

图 8.26　走行部异常振动监测点布置图

由于高速列车存在明显的尺度特性、走行部结构复杂、力耦合和众多随机因素影响作用显著，异常振动源难以判断，可能是系统故障引发也可能是轨道不平顺所产生的激扰，因此采用统一的参数阈值作为异常振动评判标准是不科学的，应采用相对评判和绝对评判两种方法进行综合诊断。根据走行部部分已有绝对边界值的动态性能采用绝对评判原则；对边界值难以界定的性能统计特征值，采用相对基准法对其进行性能动态划分，相对基准则来自同一类型转向架在相同线况、相同工况下运行的同一动态性能的特征分布规律。

4. 旋转部件状态检测技术

旋转部件是高速列车走行系统中最容易危及行车安全的易损件，主要有轮对轴承、电机轴承、齿轮等。由于结构设计、安装工艺、使用条件及突发载荷等因素作用，旋转部件在运行一段时间后易发生各种各样的缺陷，包括裂纹、电蚀、擦伤、麻点、剥离和磨损等多种形式，这些缺陷在旋转部件高速、振动、耦合作用、长期时变等特殊服役环境下将进一步扩展，使其性能发生劣化，可能在短时间内造成热轴、燃轴、切轴、齿轮断齿失效而导致列车颠覆等重大行车事故。目前采用定时维修方式对旋转部件安全状态进行监控，但这种方式容易带来过剩维修，更可怕的是可能带来不足维修，使其存在重大安全隐患不能及时发现与排除。因此，对高速列车走行部旋转部件状态进行车载实时检测，依据故障发展演变规律，重点监测其早期故障，及时排除旋转部件安全隐患。

高速列车走行部旋转件现有轴温检测技术主要基于旋转部件故障后带来强摩擦生热致温升机理，能有效检测出中度或重度故障或损伤，但对早期微小故障并不敏感，且易受润滑油比热容影响而出现故障漏报或误报。旋转部件的损伤和故障会加剧部件的振动，而振动特性的变化与部件故障产生到发展的过程保持了同步性，振动信号对早期微小故障具有较好的敏感性，因此在已有轴温系统上增加旋转部件振动信号检测，可实现旋转部件状态多角度全方位检测。

旋转部件运行发生异常时，会产生附加冲击振动，由于损伤或故障形状是不规则的，附加冲击振动将是由多种频率成分组成的随机振动，系统结构的固有频率及阻尼大小决定了由它激起的系统高频响应水平，将附加冲击振动信号从系统响应信号中表征出来，依据其振动特性及旋转部件动力学性能模型，则可实现旋转部件故障或损伤形式及程度的综合判别。

5. 悬挂元件状态检测技术

当一系悬挂元件发生故障时，如弹簧断裂、减振器失效，往往会使垂向高频振动传递到构架，造成构架的剧烈振动，可能导致构架侧梁端部疲劳损伤，从而影响行车安全[5]。当二系悬挂元件发生损伤或故障时，如空气弹簧失气、高圆弹簧断裂、二系垂向减振器失效等，往往会使车体的振动加大，造成舒适度指标下降，通过缓和曲线时还会使轮重减载率增大，影响行车安全[5]。

悬挂元件状态检测通常是基于动力学模型分析其损伤特性与走行部系统或车体振动的关系，依据其他部位振动信号设计列车悬挂元件状态识别算法来实现的。一系悬挂元件状态的检测可基于轴箱、构架等部件振动信号检测来实现，二系悬挂元件则可基于构架或车体振动来检测。普遍做法是对走行部振动系统进行建模后运用卡尔曼滤波器或粒子滤波器对悬挂元件进行参数估计[6-8]，但采用的车辆动力学模型是根据车辆正常运行状态进行建模得到的。当某个悬挂元件发生故障时，车辆的振动特性与正常运行时的振动特性是不一致的。假设悬挂元件的工作特性用线性特性近似描述，以垂向振动为例，当悬挂元件正常工作时，车体的点头自由度和垂向自由度的运行相对独立；而当某个垂向悬挂元件故障时，振动结构的对称性受到破坏，此时车辆的点头自由度和垂向自由度的运动不再互相独立，而产生了振动耦合[9]。因此，悬挂元件状态检测评判算法不能局限于对正常状态下的走行部振动系统建模，需要对故障状态下的系统进行建模。

8.2.3　地面安全监控检测技术

1. 地面安全监控系统框架

高速列车走行部内部常见故障主要发生在轮对(如轮缘磨耗、踏面圆周磨耗、踏面剥离、车轮裂纹)、滚动轴承(如疲劳损伤、保持架开裂)、构架(如结构性断裂)、车轴(如车轴裂纹)和拉杆(如销折断)。受限于高速列车走行部复杂恶劣的检测环境及车载信息处理能力，车载安全监控系统并不能覆盖车辆走行部全部检测要素，构建地面安全监控系统(图 8.27)，开展地面入库静态检测，建立状态信息数字化管理体系，结合走行部保养检修档案记录，能更全面地掌握走行部性能状态，实现走行部线上线下立体化监测。

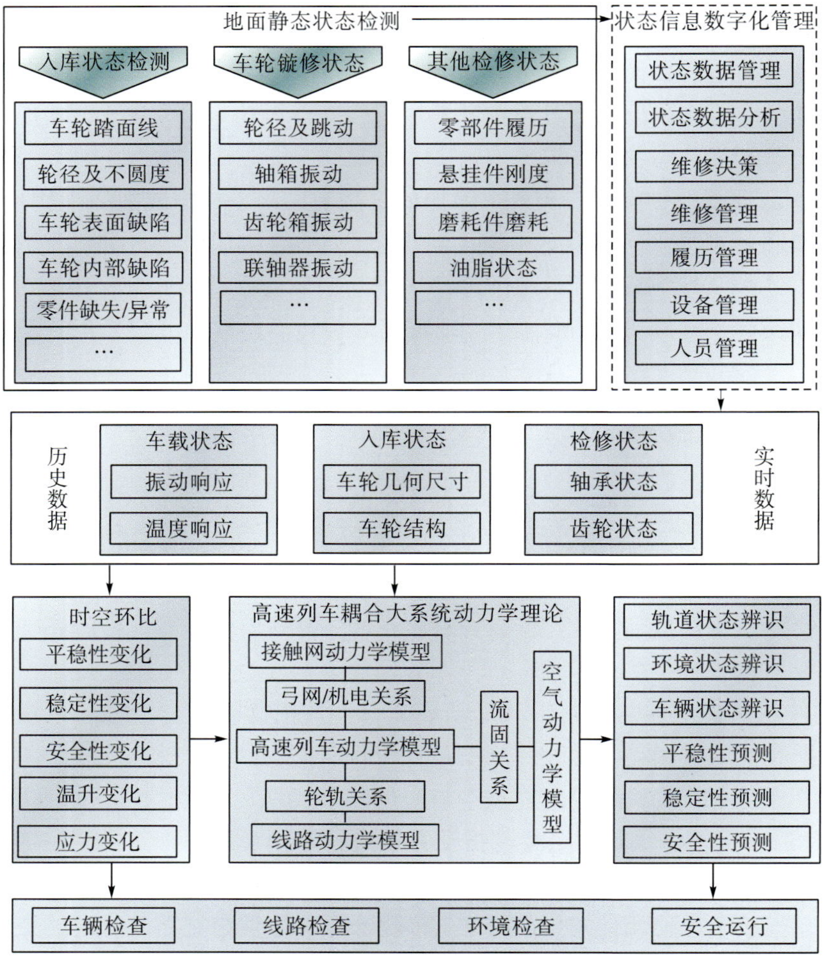

图 8.27 高速列车走行部地面安全监控系统框架

高速列车走行部地面安全监控系统建设内容主要包括地面静态状态检测和状态信息数字化管理。地面静态状态检测主要考虑入库状态、车轮镟修状态和其他检修状态，主要的检测对象是轮对、车轴等难以实现车载动态检测的部件。状态信息数字化管理旨在对高速列车走行部动静态状态数据、模型库、经验库、检修记录、设备、人员进行系统性一体化管理，也是海量状态信息后台处理平台。后台处理平台综合历史数据与实时数据进行时空环比分析，结合高速列车大系统理论对状态信息进行二次特征抽取，辨识轨道、环境及车辆状态，探索各部件及系统服役性能演变规律，进行车辆走行部运行平稳性、稳定性、安全性预测，实现走行部安全性能诊断与评估，提出辅助安全决策与预警信息。

2. 轮轴探伤检测技术

轨道车辆轮轴是行车安全至关重要的部件，国内外对其质量要求十分严格，对刚生产的轮对都要进行无损检测，如采用超声波或射线等检测方法。对于已经运行的轨道车辆，轮轴质量检测一般在车辆中修或大修时进行，检修期间需将车轮拆卸搬到检测台上进行检测，而在平时只能粗略低效地进行局限性检测[10]。轮轴损伤通常在修程未到期时便发生了，因此逐渐产生了地面入库检测方式对其进行探伤检测。德国、法国等铁路发达国家均设计研发了先进的超声车轮探伤设备，我国也自主研发了移动式轮辋轮辐探伤系统，采用相控超声探伤技术和常规探伤技术结合，实现了轮辋轮辐在线探伤及各类疲劳缺陷、材质缺陷的检测[11]。我国研制的通过式轮对探伤装置(图 8.28)采用大角度横波探头、纵波双晶聚焦探头及单晶(小角度)纵波探头组合技术方式，可自动、有效地探测表层裂纹、轮辋深度裂纹和辐板部位裂纹。探测精度如下。

(1)踏面近表面剥离、裂纹(踏面下 10mm 以内)：径向 30mm(长)×3mm(深)的当量裂纹。

(2)轮辋内部裂纹(踏面下 90mm 以内)：踏面以下 30mm 处 ϕ3mm 横孔的当量缺陷。

图 8.28 通过式轮对探伤装置

3. 轮对外形尺寸检测技术

轮对尺寸测量是车辆检修的重要环节。车轮的几何状态，特别是踏面磨耗造成的等效锥度的改变，磨耗造成的轮对左右轮径差的出现，都将直接导致车辆的运动稳定性性能下降，而车轮的擦伤和磨耗造成的不圆度会直接影响乘坐舒适性。另外，车轮的外形损伤也会成为运行车辆的附加激励源，引起轮轨系统产生强烈的冲击振动，恶化运行环境，加速部件损耗。

车辆入库轮对外形尺寸检测装置(图 8.29)在国内外铁道车辆维修中已有广泛应用，基本实现了轮缘高度、轮缘厚度、轮辋厚度、轮对内侧距、车轮直径、轮缘 Q_r 值(轮缘斜度)、轮缘角度等轮对基本外形尺寸参数检测，但多采用了基于纯摄影的第一代检测技术和采用单条激光线、单次摄像方式的第二代检测技术，缺乏对车辆速度、车轮实际直径、钢轨形变等应变能力，无法准确定位轮芯，检测精度较低。基于激光检测技术和高速多次摄影方式的第三代轮对外形尺寸检测技术，能准确判定轮芯，在检测精度上提高到了 0.25mm，但由于入库检测技术与车辆实时运行状态缺少结合，导致大量的入库检测信息未得到有效利用，更未建立轮对外形几何尺寸变化对车辆等效锥度、临界速度、垂向振动特性等作用指标和技术评判指标。因此，轮对外形尺寸检测技术在进一步提高检测精度的同时，需与车载监控系统进行有效关联，为车辆安全运行和检修提供直接有效的依据。

图 8.29 轮对外形尺寸检测装置

4. 车轮踏面检测技术

车辆车轮在长期高速服役环境下，经常发生紧急制动等工况，车轮可能被抱死、滑行，车轮表面擦伤变平，转动时发生冲击振动和噪声，还能出现表面硬化脱落的剥离和热裂纹，不仅降低了车辆和线路的使用寿命，还成为高速列车重大行车事故的隐患之一，因此有必要对车轮踏面进行检测，尽早发现损伤，指导车轮磨削或镟修。

国内外将车轮踏面检测分为静态检测和动态检测，由于静态检测需将车辆解体，过程复杂，主要用于检修过程中；动态检测可采用车载式和地面式两种方式。车载式车轮踏面检测技术应用并不广泛，存在应用成本较高、检测精度有限等问题。我国研制的地面式车轮踏面检测装置(图 8.30)，由电磁超声探伤系统完成，具有较高的自动化程度，采用通过式检测方式，车辆运行过程中就可完成车轮踏面检测，但检测过程中车轮将给检测系统带来较大的冲击和振动，容易造成承重物瞬间脱离轮缘，失去测量基准，造成漏测或误测，因此检测系统必须有效减少车轮冲击和振动，且需消除横向摆动带来的检测误差，才能保证测量准确度，图 8.30 所示车轮踏面检测装置检测精度为 0.2mm。

图 8.30 车轮踏面检测装置

8.3　高速列车服役性能预测与阈值

8.3.1　车轮踏面磨耗对动力学性能影响及阈值

高速列车在运行过程中车轮磨耗在所难免，这会导致踏面形状发生改变(图 8.31)，进而可能导致等效锥度和轮径差发生变化，最终影响动车组的动力学性能[12, 13]。

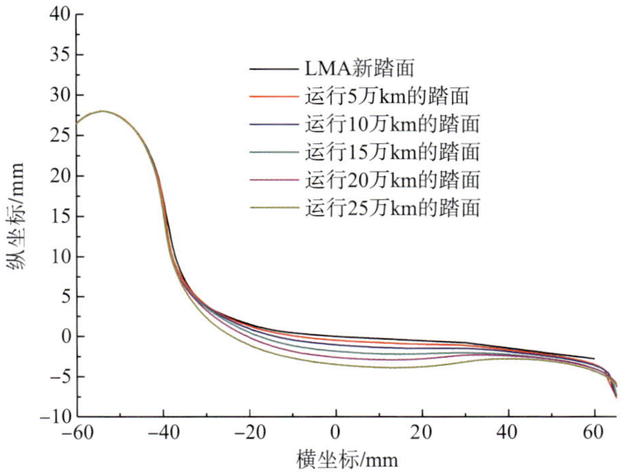

图 8.31　踏面磨耗的 4 次跟踪测量结果

1. 等效锥度的影响

为了考察等效锥度对车辆稳定性的影响，而又兼顾车轮磨耗后的大致外形，在实测踏面的基础上，通过微调轨距来获得不同的等效锥度，然后纳入列车系统进行临界速度分析，计算结果见表 8.4。根据计算结果，随着踏面等效锥度的增大，列车系统的临界速度逐渐降低。若临界速度要考虑 30%的安全裕量，对于 350km/h 速度级动车组，则应该把踏面等效锥度控制在 0.3 以内；对于 250km/h 速度级动车组，则应该把踏面等效锥度控制在 0.4 以内。

表 8.4　踏面等效锥度对临界速度的影响

等效锥度	0.05	0.10	0.15	0.20	0.25	0.30	0.35	0.40	0.45	0.50
临界速度 V_{cr}/(km/h)	＞550	545	513	491	478	456	407	351	283	186

2. 轮径差的影响

对一个转向架，四个车轮轮径差可以表达为四种最典型的轮径差组合方式，如图 8.32 所示。图 8.32(a)所示的转向架前后轮对的同侧车轮直径相等，这样转向架前后轮对的轮径差大小相等且正负号相同，称为等值同相轮径差；图 8.32(b)所示的转向架对角线上的车轮直径相等，这样转向架前后轮对的轮径差大小相等，但正负号相反，称为等值反相轮径差；图 8.32(c)所示的转向架仅后轮对有轮径差；图 8.32(d)所示的转向架仅前轮对有轮径差。

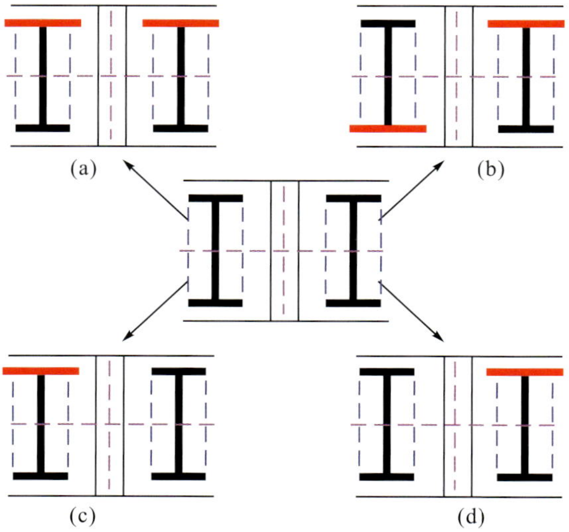

图 8.32 转向架轮径差示意图

转向架各种轮径差表现形式对车辆的动力学性能影响程度是不相同的[12]，从图 8.33～图 8.35 可以看出，当转向架前后轮对具有同相轮径差时对安全性的影响较小(其中转向架前后轮对具有等值同相轮径差时的影响最小)；当转向架前后轮对具有反相轮径差时对安全性影响较大(其中转向架前后轮对具有等值反相轮径差时影响最大)；其他轮径差情形对安全性的影响介于转向架前后轮对具有同相轮径差与反相轮径差的影响程度之间。当转向架反相轮径差大于 1mm 后，车辆系统的安全性指标明显恶化。

为了保证高速列车的行车安全性和乘坐舒适性，建议在运营过程中把轮径差(特别是转向架前后轮对反相位轮径差)控制在 1mm 范围内。

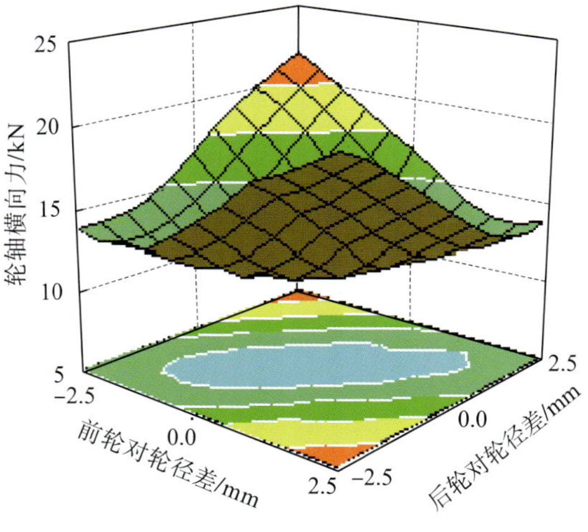

图 8.33 轮径差对轮轴横向力的影响

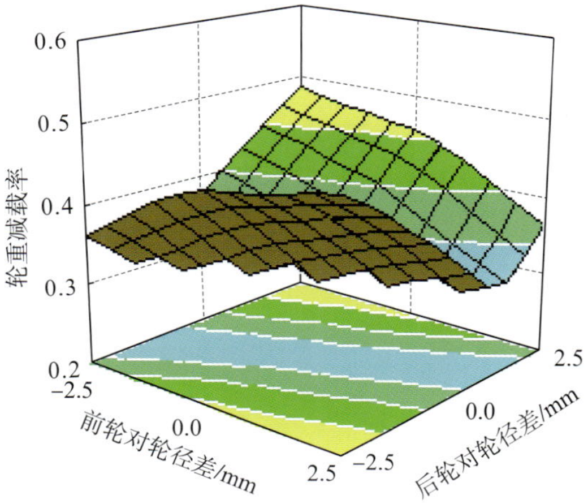

图 8.34　轮径差对轮重减载率的影响

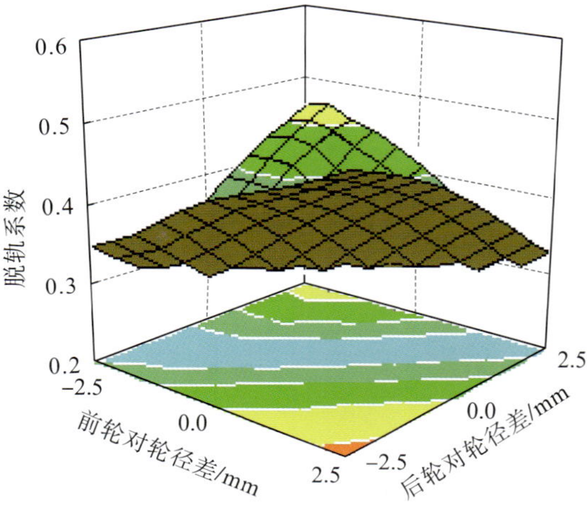

图 8.35　轮径差对脱轨系数的影响

3. 多边形的影响

铁路车辆在高速运行时，由于在车轮的制造和维修过程中不可避免地造成了质量偏心或几何偏心，这会导致轮轨法向力的巨大变化，加之车辆振动、轮对弯曲振动、轨道不平顺等激励，会使车轮出现不圆的现象，呈现出一种多边形化的状态，称为车轮多边形。小幅值的车轮多边形会导致车辆平稳性下降、运行噪声增大等不利因素，而当车轮多边形幅值达到足够大时，甚至会产生跳轨的现象。车轮每在轨道上跳跃一次，就必定会对轨道和车辆都产生一次相当大的冲击，这对车辆安全运行和轨道使用寿命都会造成非常大的威胁。

研究发现，车轮低阶不圆顺对车辆系统影响较大，某相同的波深幅值下，1～4 阶车轮多边形对车辆部件振动的影响如图 8.36～图 8.38 所示。

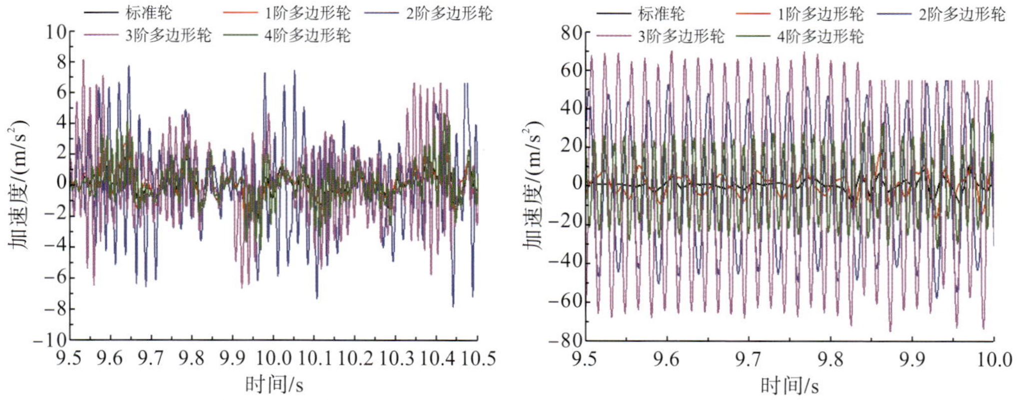

(a) 横向振动　　(b) 垂向振动

图 8.36　车轮多边形阶数对轴箱振动的影响

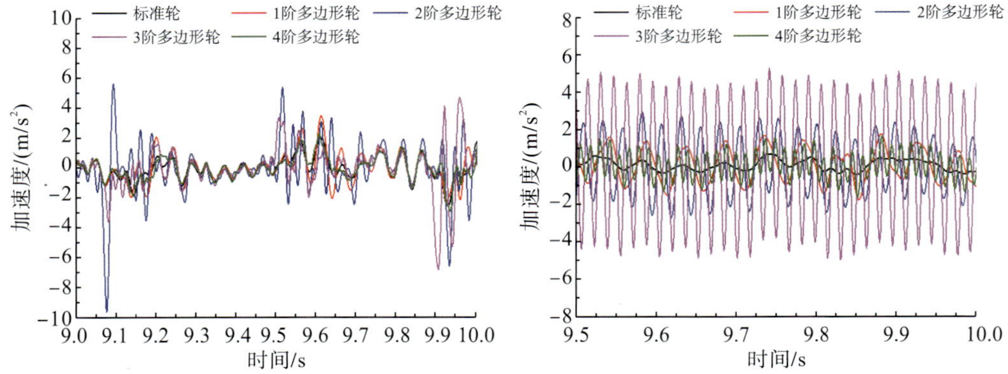

(a) 横向振动　　(b) 垂向振动

图 8.37　车轮多边形阶数对构架振动的影响

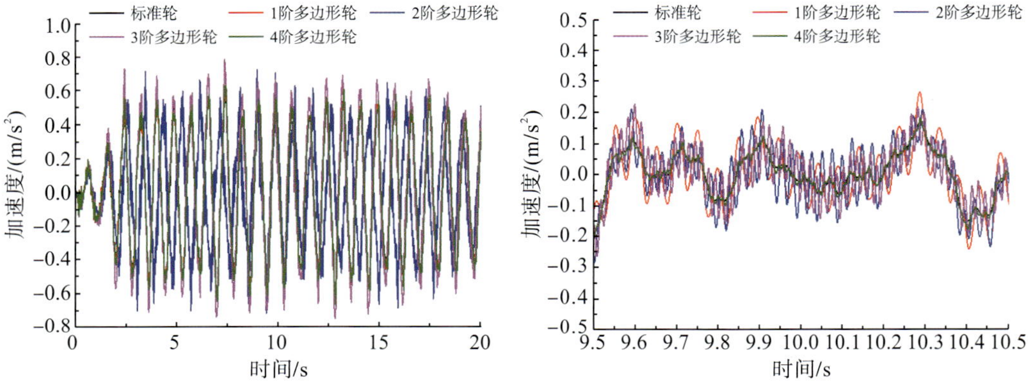

(a) 横向振动　　(b) 垂向振动

图 8.38　车轮多边形阶数对车体振动的影响

由图 8.36～图 8.38 可以看出，车轮多边形阶数对车辆系统的垂向振动有较大影响，而对横向振动总体影响不大。其中，3 阶多边形化车轮对车辆振动影响最大，在这一阶数下，不同的波深幅值对车辆振动的影响如图 8.39～图 8.41 所示。

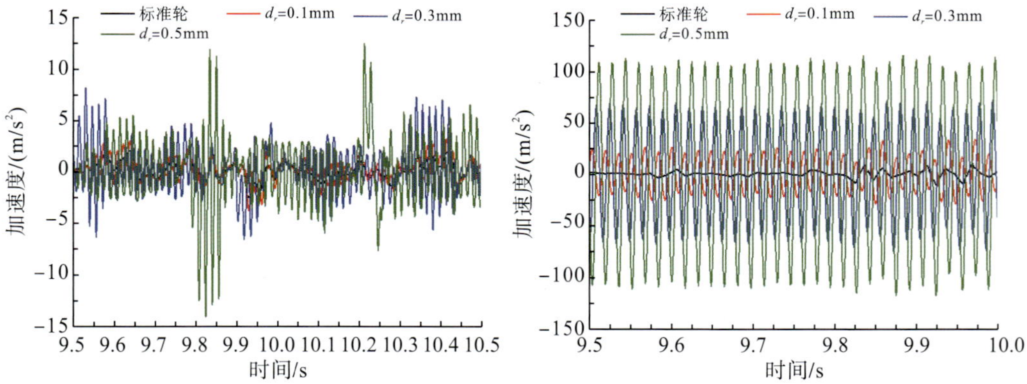

(a) 横向振动　　(b) 垂向振动

图 8.39　3 阶多边形下不同波深幅值对轴箱振动的影响

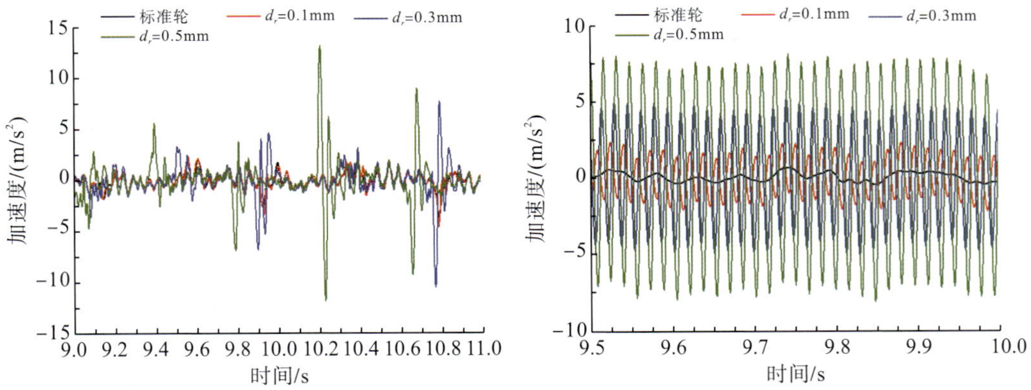

(a) 横向振动　　(b) 垂向振动

图 8.40　3 阶多边形下不同波深幅值对构架振动的影响

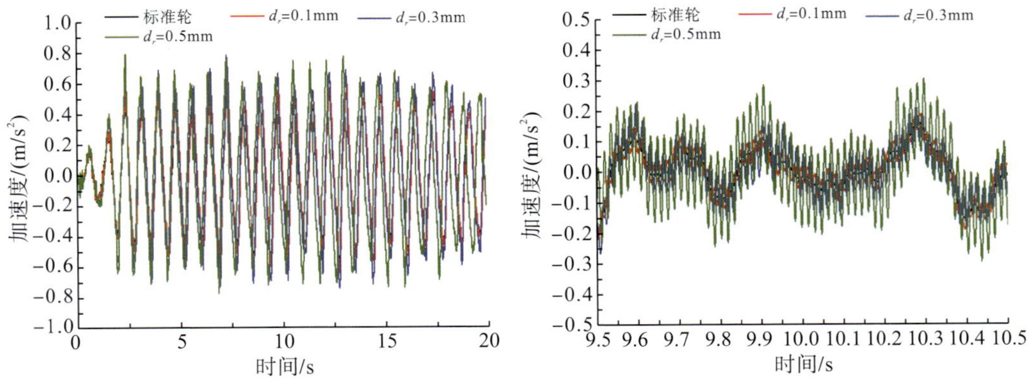

(a) 横向振动　　(b) 垂向振动

图 8.41　3 阶多边形下不同波深幅值对车体振动的影响

由图 8.39～图 8.41 可以看出，随着波深幅值的增大，无论是横向振动还是垂向振动都有加强的趋势，而相对来说，其对垂向振动的影响更大，由此可见车轮多边形对车辆系统带来的影响主要是垂向的。

车辆振动更偏重于对车辆运行过程中的舒适度的评价，而对于行车的安全性，就需要从力学的角度来分析，因此分别给出不同阶数的多边形车轮和不同波深幅值的多边形车轮对车辆轮轨垂向力的影响，如图 8.42 和图 8.43 所示。

从图 8.42 和图 8.43 可以看出，轮轨垂向力的结果与垂向振动结果基本是一致的，多边形化车轮对轮轨垂向力的影响非常显著，多边形化的阶数不同，对轮轨垂向力的影响程度也不同，而其中 3 阶多边形车轮的影响最大。另外，在同一阶谐波激励下，轮轨垂向力峰值随着波深幅值增大而增大。

根据《高速动车组整车试验规范》(2008) 中的相关内容，高速列车的轮轨垂向力峰值不能超过 170kN，因此可以根据此轮轨力限值得到不同阶数下多边形波深限值。

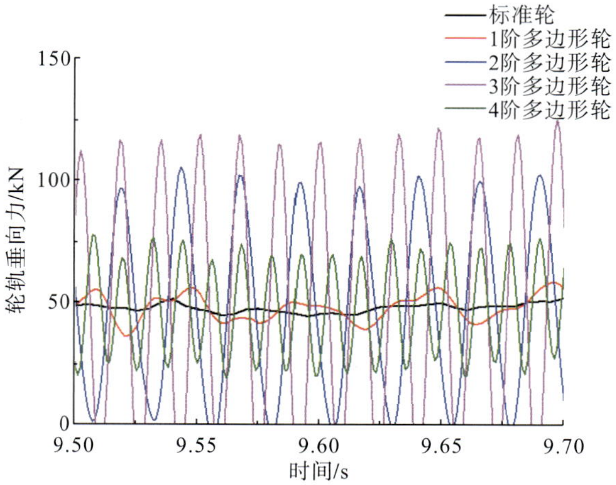

图 8.42　不同阶数的多边形车轮对轮轨垂向力的影响

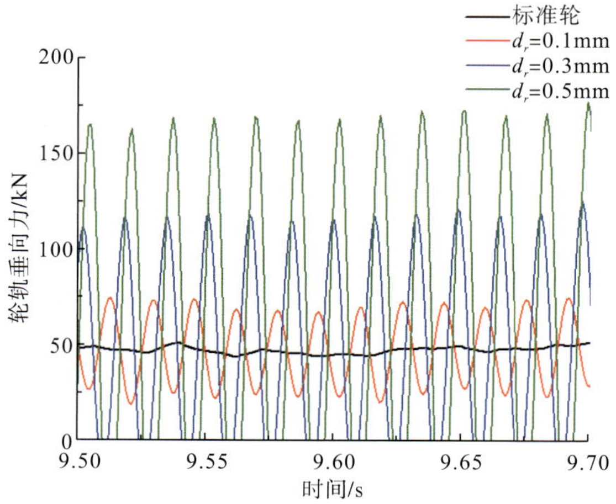

图 8.43　不同波深幅值的多边形车轮对轮轨垂向力的影响

8.3.2　尺寸误差对动力学性能影响及阈值

1. 轮对安装形位误差

理想的标准转向架(无形位误差)的基本特点是：前后车轴左右侧的轴距相等且前后车轴对角线的距离也相等。前后车轴左右侧的轴距不相等，就是通常所说的平行度误差；前后车轴对角线的距离不相等，就是通常所说的转向架对角线误差；这两种误差统称为转向架组装形位误差(或轮对安装形位误差)。这种误差在制造、运用和维修过程均会出现，会直接影响列车的动力学性能。

图 8.44 是四种最基本的轮对安装形位误差。图 8.44(a)所示的转向架前后轮对同时向同一方向偏转了相同的角度，此时虽然前后车轴左右侧的轴距仍然相等，但前后车轴对角线的距离已经不相等了，所以它存在对角线误差；图 8.44(b)所示的转向架前后轮对同时向相反方向偏转了相同的角度，此时虽然前后车轴对角线的距离仍然相等，但前后车轴左

右侧的轴距已经不相等了，所以它存在平行度误差；图 8.44(c)所示的转向架仅后轮对发生了偏转，图 8.44(d)所示的转向架仅前轮对发生了偏转，这两种情形不仅前后车轴对角线的距离不相等，而且前后车轴也不平行，所以它们同时存在平行度误差和对角线误差。在实际中，轮对安装形位误差的表现形式还很多，但它们都可以通过这四种最基本的形位误差形式组合得到。

不同的轮对安装形位误差对车辆的动力学性能影响程度是不相同的[13]，从图 8.45～图 8.47 可以看出，当转向架前后轮对安装偏转角是同相位变化时对安全性影响较小(其中转向架前后轮对安装偏转角等值同相位变化时对安全性影响最小)；而转向架前后轮对安装偏转角反相位变化时对安全性影响较大(其中转向架前后轮对安装偏转角等值反相位变化时对安全性影响最大)；其他轮对安装形位偏差情形对安全性影响介于转向架前后轮对同相偏转与反相偏转之间。当转向架前后轮对平行度误差大于 0.5mrad 后，车辆系统的安全性指标明显恶化。为了确保高速列车的行车安全性，建议在运营过程中把转向架前后轮对平行度误差控制在 0.5mrad 范围内。

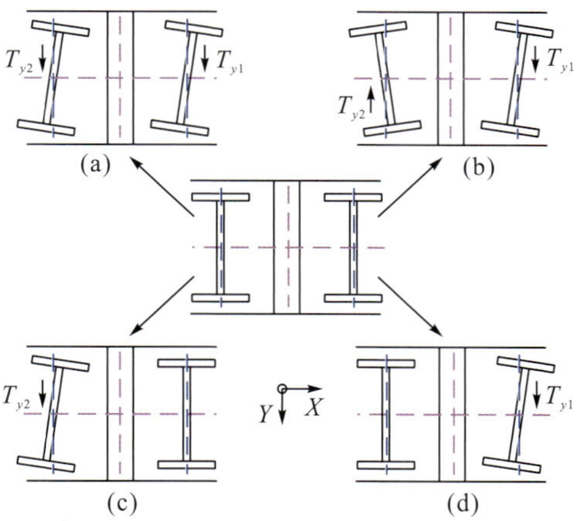

图 8.44　轮对安装形位误差示意图

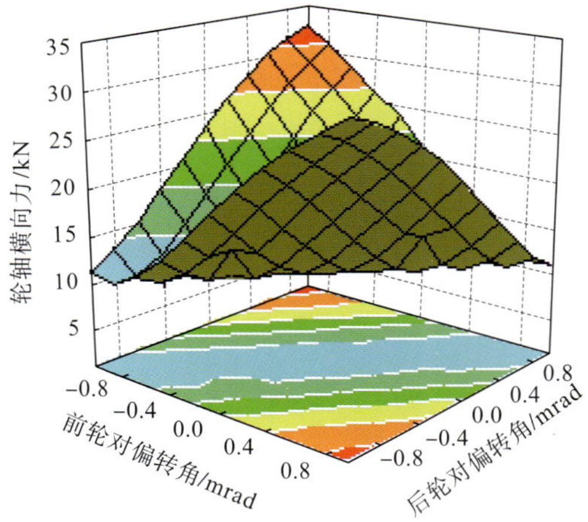

图 8.45　形位误差对轮轴横向力的影响

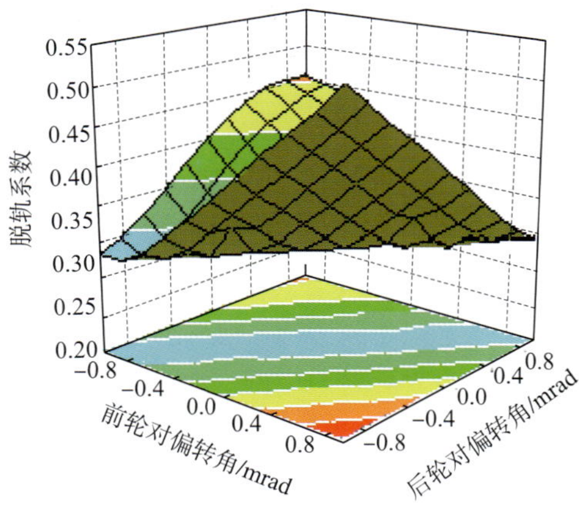

图 8.46　形位误差对脱轨系数的影响

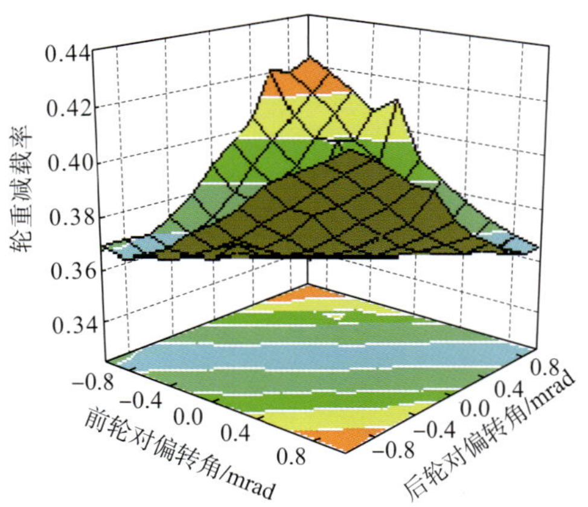

图 8.47　形位误差对轮重减载率的影响

2. 轮重差

由于高速列车是运送乘客的，流动的乘客可能导致偏载，进而导致轮重差。假定无偏载车体的重心就在车体的几何形心上，那么偏载车体的重心就会在如图 8.48 所示的车体几何中心周围的阴影区域内变化。偏载主要有两种基本形式：一是纵向偏载(如图 8.48 左边所示，此时车体的重心只在 X 方向发生变化，它会使转臂定位转向架的轴距发生变化)；二是横向偏载(如图 8.48 右边所示，此时车体的重心只在 Y 方向发生变化，它会使转臂定位转向架前后轴的平行度发生变化)。而实际中，偏载车体的重心相对于几何中心可能既在纵向有偏移也在横向有偏移(如图中阴影区为偏载车体重心变化范围)，但各种形式的偏载都可以通过纵向偏载和横向偏载这两种最基本的偏载形式组合得到。

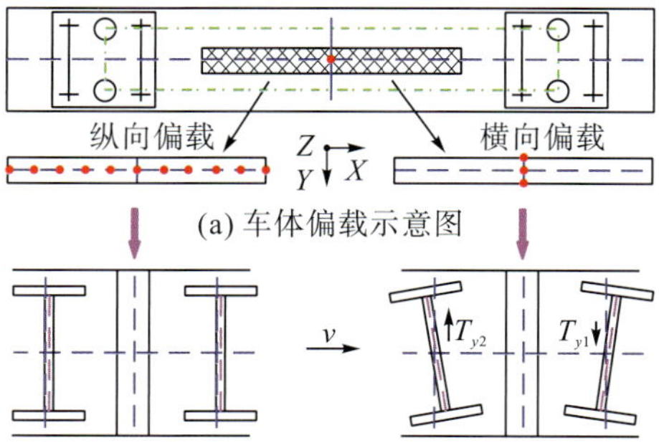

(a) 车体偏载示意图

(b) 偏载对转向架运动状态的影响示意图

图 8.48 偏载示意图

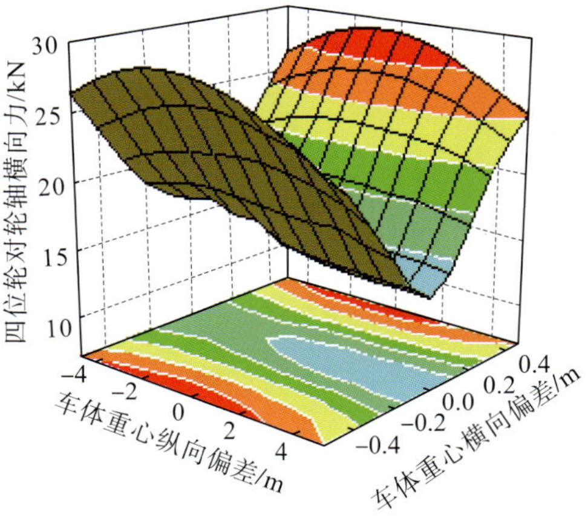

图 8.49 偏载对轮轴横向力的影响

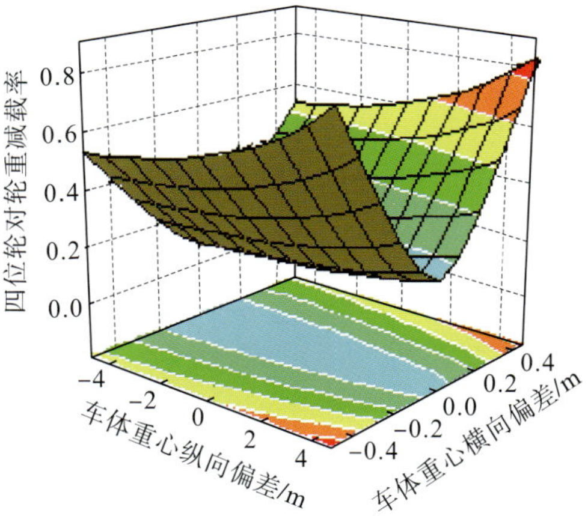

图 8.50 偏载对轮重减载率的影响

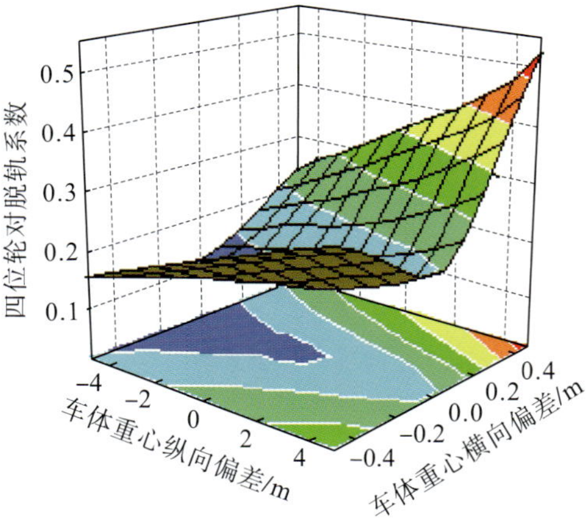

图 8.51 偏载对脱轨系数的影响

从图 8.49～图 8.51 可以看出，随着偏载的增大，车辆运行安全性指标逐渐变差；但不同偏载形式对行车安全性的影响程度是不相同的[14]：纵向偏载对车辆的行车安全性影响较小，而横向偏载对车辆的行车安全性影响较大。究其原因，主要是车辆的纵向偏载对转向架前后轮对的冲角影响较小，而车辆横向偏载会引起转向架前后轮对产生较大的附加冲角。从表 8.5 中还可以看出，当横向偏载控制在 0.25m 以内(此时轮重差为 10%)时，对安全性的影响不是太大。

表 8.5　车体偏载与轮重差对照表

车体重心横向偏差/m	0	0.05	0.10	0.15	0.20	0.25	0.30	0.35	0.40
轮重差/%	0	2%	4%	6%	8%	10%	12%	14%	16%

综上，为了保证高速动车组的行车安全性，建议在运营过程中把轮重差控制在 10%以内。

8.3.3　悬挂参数对动力学性能影响及阈值

1. 一系悬挂定位刚度的控制阈值

轮对轴箱定位装置的纵向和横向定位刚度(特别是纵向定位刚度)对转向架临界速度具有决定性的作用，当轮对轴箱定位节点的橡胶发生老化而刚度发生变化时，车辆系统的临界速度会降低，不同的车型有不同的影响规律。对于 CRH 某型动车组，一系悬挂纵向定位刚度对临界速度的影响如图 8.52 和图 8.53 所示，以致不能满足正常运营的要求。因此，为了保证转向架具有较高的临界速度，必须给轮对轴箱合理的弹性定位：纵向刚度一般应控制在 10～20MN/m 的范围之内，横向刚度一般应控制在 5～10MN/m 的范围之内。在保证转向架已具备足够高的临界速度时，不宜将纵向和横向定位刚度选得过大，这样可同时改善曲线通过性能，减小轮轨作用力和轮轨磨耗。

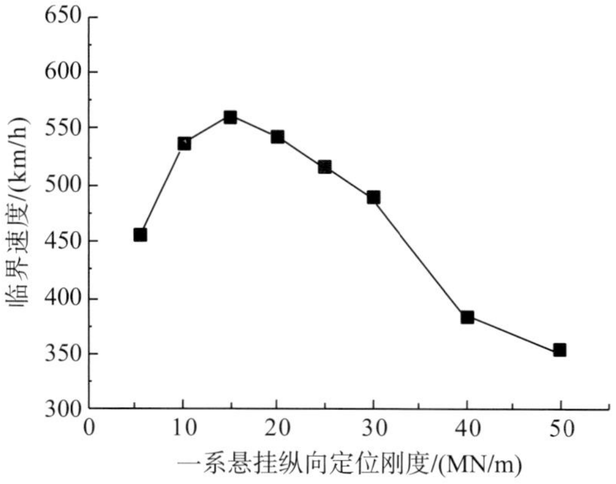

图 8.52　一系悬挂纵向定位刚度对临界速度的影响

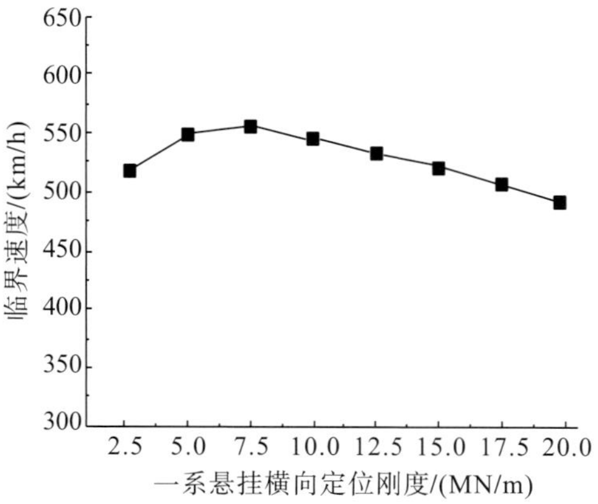

图 8.53　一系悬挂横向定位刚度对临界速度的影响

为了保证车辆系统的动力学性能，建议在运营过程中转向架的实际一系悬挂定位刚度不要超出理论设计值的±20%。

2. 抗蛇行减振器的控制阈值

抗蛇行减振器对于高速列车非常重要，因为抗蛇行减振器可有效抑制转向架蛇行运动，从而提高列车的稳定性和乘坐舒适度。

CRH 某型动车组的抗蛇行减振器阻尼约为 2500kN·s/m(卸荷力为 7.36kN，卸荷速度为 0.003m/s)，图 8.54 和图 8.55 是在保持卸荷力不变通过调整卸荷速度来改变抗蛇行减振器等效阻尼的计算结果。当抗蛇行减振器等效阻尼取值在理论值附近时，动车组稳定性裕量充足，乘坐舒适度优良；当抗蛇行减振器等效阻尼降低到理论值 80%(即 2000kN·s/m)以下时，动车组的临界速度会大幅度下降，乘坐舒适度严重恶化。

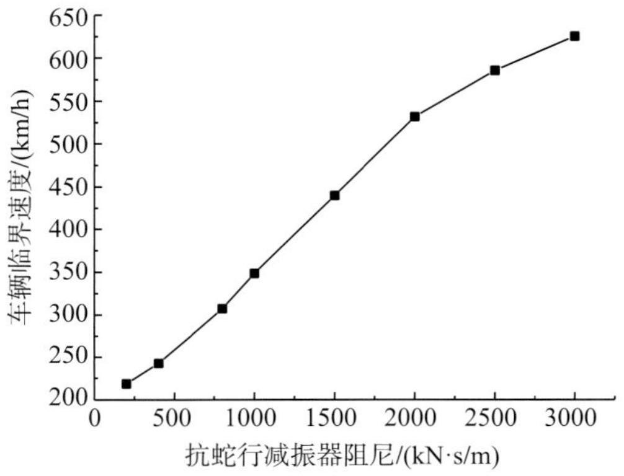

图 8.54　抗蛇行减振器阻尼对临界速度的影响

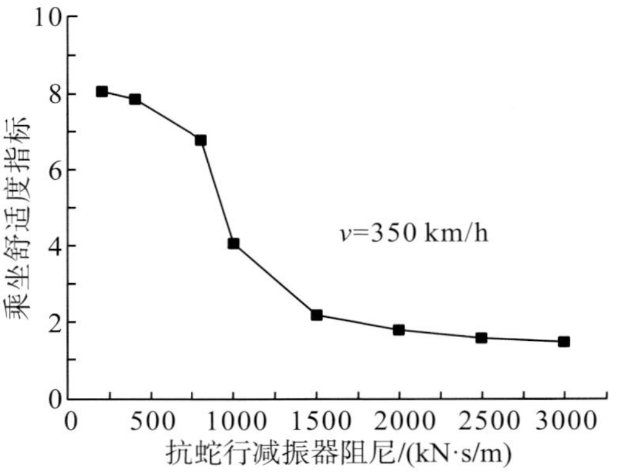

图 8.55　抗蛇行减振器阻尼对舒适度的影响

抗蛇行减振器在运营过程中可能会由于油液的渗漏而降低其等效阻尼，为了保证动车组良好的动力学性能，建议在运营过程中抗蛇行减振器等效阻尼值降低量不要超出理论设计值的 20%。

8.4　高速列车服役性能控制

8.4.1　参数设计公差和偏差控制策略

铁路机车车辆的动力学性能是受结构参数和悬持刚度及阻尼等动力学参数所决定的。本节主要结合转向架的结构来探讨参数设计公差和偏差的可靠度控制策略。

机车车辆影响动力学性能的参数有很多，如轮轨踏面形状、悬挂刚度和阻尼等，它们之间相互依赖，相互支撑，因此高速列车的安全性、可靠性保证是通过参数的可靠性实现的。

1. 轮对踏面可靠性设计

1) 轮对踏面设计目标

轮对踏面设计的可靠性目标有三个：①轮对在直线上运行的蛇行失稳的临界速度具有高可靠度；②过曲线时轮轨之间的横向力足够小，使其可靠度达到分配可靠度；③轮轨间接触压力尽可能小。

对于踏面设计，考虑到轮轨系统的标准化设计，一般它们是单独设计好的，在我国有 TB 型、LM 型和 LMA 型踏面等，分别适应于低速、准高速和高速线路。对于稳定性，主要是控制踏面的等效锥度。

2) 等效锥度参数的随机性

轮轨几何型面是由几条半径不同的圆弧或直线段构成的，这样型面的轮轨在滚动接触过程中，接触点从一个圆弧转到另一个半径不同的圆弧，接触点要发生跳跃，而实际轮轨挤压变形会缓解这种跳跃和突变。等效锥度由踏面形状确定，但又受轮轨挤压变形的影响，具有一定的随机性，因此把等效锥度视为一个随机变量。在缺少统计数据时，由于影响等效锥度的因素有气候、环境、车辆参数等，可假设等效锥度服从对数正态分布。

高速列车的运动稳定性是由车辆结构参数和悬挂参数决定的，而这些参数在实际制造时允许有公差，而且在运用中可能会变化。这样，可以通过实际产品的参数测定，获得其参数的分布规律。

图 8.56 是根据 CRH 某型动车组线路运行中的测量和仿真计算的等效锥度数据，得到其在 20 万 km 服役过程中踏面等效锥度的分布律，采用对数正态分布拟合其分布律，其分布函数如式(8-1)所示，其中均值 u_λ 为 lg0.25，均方差 σ_λ 为 0.11。

$$\lg\lambda \sim N\left(u_\lambda,{\sigma_\lambda}^2\right)=N\left(\lg 0.25,0.11^2\right) \tag{8-1}$$

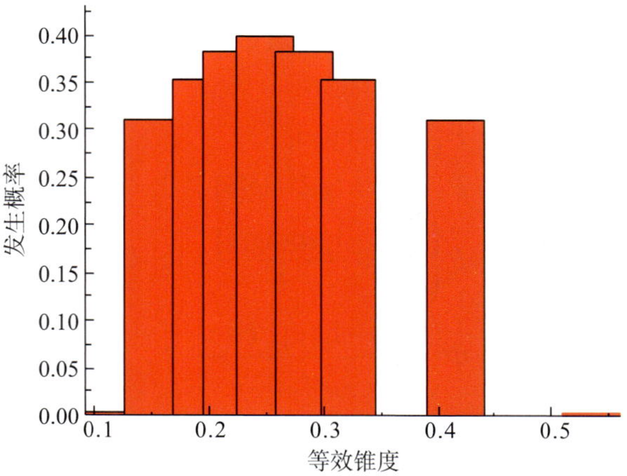

图 8.56　踏面等效锥度随机性

3) 等效锥度与线性临界速度的关系

图 8.57 是以 CRH 某型动车组的参数为基础，采用等效线性化后，计算得到的不同踏面等效锥度的线性临界速度。

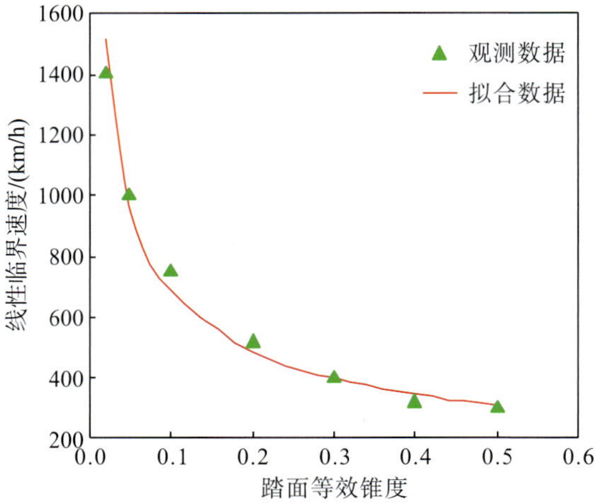

图 8.57 不同踏面等效锥度的线性临界速度拟合函数曲线

用函数拟合 CRH 某型动车组踏面等效锥度与临界速度的关系，得

$$\lg v = \lg a - b \lg \lambda = \lg 219.821 - 0.4944 \times \lg \lambda \tag{8-2}$$

式中，λ 为踏面等效锥度；v 为临界速度。

4) 预测运动稳定性和可靠度

当高速列车的许用临界速度为$[v]$，设临界速度 $v \geqslant [v]$ 时为列车运行安全，则其可靠度为

$$R = P\{v \geqslant [v]\} \tag{8-3}$$

将踏面等效锥度与临界速度关系即式(8-2)代入计算可靠度的公式(8-3)得

$$\begin{aligned} R &= P\{v \geqslant [v]\} \\ &= P\{\lg v \geqslant \lg[v]\} \\ &= P\{\lg a - b\lg\lambda - \lg[v] \geqslant 0\} \\ &= P\left\{\lg\lambda \geqslant \frac{\lg a - \lg[v]}{b} = \lg[\lambda]\right\} \\ &= \Phi\left(\frac{(\lg a - \lg[v])/b - u_\lambda}{\sigma_\lambda}\right) \end{aligned} \tag{8-4}$$

式(8-4)即踏面等效锥度安全可靠度。由式(8-4)可知，等效锥度安全可靠度除了与许用临界速度$[v]$有关，还与踏面等效锥度的对数 $\lg\lambda$ 的均值 u_λ 和均方差 σ_λ 有关。当踏面等效锥度分布如式(8-1)所示、等效锥度与临界速度的关系如式(8-2)所示时，根据式(8-4)可得不

同许用临界速度[v]对可靠度的影响。

分别设许用临界速度为 250km/h、275km/h、300km/h、350km/h 和 400km/h，计算踏面等效锥度安全可靠度，计算结果如表 8.6 所示，许用临界速度与踏面等效锥度安全可靠度的关系如图 8.58 所示。

表 8.6　踏面等效锥度安全可靠度

许用临界速度[v]	可靠度 R	许用临界速度[v]	可靠度 R
250	0.999996	350	0.960708
275	0.999886	400	0.755727
300	0.998605		

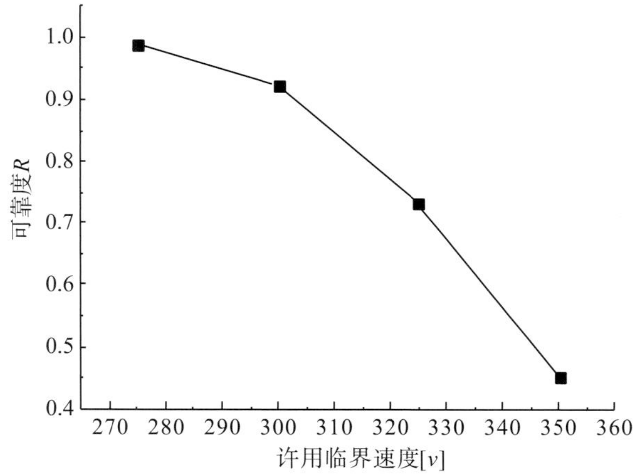

图 8.58　许用临界速度与踏面等效锥度安全可靠度的关系

由图 8.58 可以看到，由于等效锥度的离散分布特性，不同许用临界速度条件下，列车的运动稳定性存在一个可靠度问题。而且随着运行速度的提高，运行稳定性可靠度下降，意味着蛇行失稳发生概率提高。

不同等效锥度的离散性σ_λ对可靠度的影响如下。

分别设踏面等效锥度的对数的均方差σ_λ为 0.100715、0.141001、0.20143、0.251788、0.302145、0.40286，计算对应的踏面等效锥度安全的可靠度如表 8.7 所示，两者的关系如图 8.59 所示。

表 8.7　踏面等效锥度对数的均方差与可靠度的关系

σ_λ	可靠度 R	σ_λ	可靠度 R
0.100715	0.997832	0.251788	0.873081
0.141001	0.979207	0.302145	0.829171
0.20143	0.923115	0.40286	0.76213

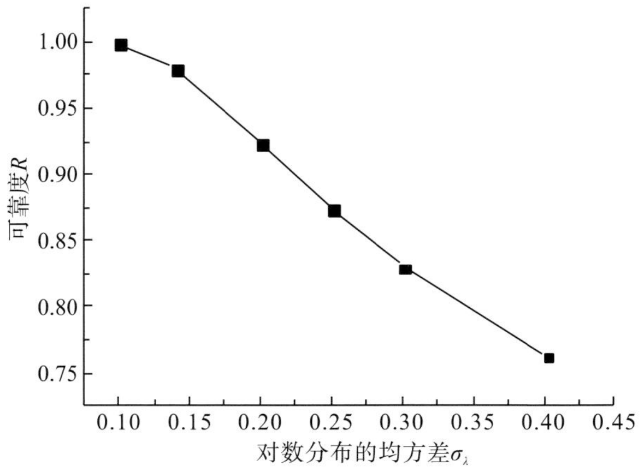

图 8.59　踏面等效锥度对数的均方差与踏面等效锥度安全可靠度的关系

由图 8.59 可见，即使许用临界速度[v]不变，踏面等效锥度对数的均值 u_λ 不变，但随着踏面等效锥度对数分布的均方差 σ_λ 增加，踏面等效锥度安全可靠度 R 也会减小。

5) 给定可靠度[R]设计踏面等效锥度

由于踏面等效锥度的均方差由使用环境、材料缺陷等诸多因素所致，难以控制，而踏面等效锥度的均值由踏面外形设计确定，因此通过设计踏面等效锥度的均值来保证车辆运行在临界速度下的安全可靠度。根据式(8-4)可得

$$\begin{cases}\lg[\lambda]=z_{[R]}\sigma_\lambda+u_\lambda\\ u_\lambda=\lg[\lambda]-z_{[R]}\sigma_\lambda\end{cases}\tag{8-5}$$

式中，[λ]为保证临界速度安全的许用等效锥度。

分别给定可靠度为 0.5、0.9、0.95、0.99、0.999，代入式(8-5)，设计其对应的等效锥度的均值，计算结果如表 8.8 所示。

表 8.8　踏面等效锥度计算结果

R	lg[λ]	分位点	均方差	μ_λ	等效锥度均值
0.999	−0.62898	3.090232	0.11	−0.96891	0.107422
0.99	−0.62898	2.326348	0.11	−0.88488	0.130353
0.95	−0.62898	1.644854	0.11	−0.80991	0.154912
0.9	−0.62898	1.281552	0.11	−0.76995	0.169844
0.5	−0.62898	-1.4×10^{-16}	0.11	−0.62898	0.234974

由表 8.8 可知，随着可靠度的增加，踏面等效锥度的均值设计必须随之减小，才能达到许用可靠度。

2. 一系悬挂定位系统可靠性设计

轴箱定位有多种结构形式，如导框式、导柱式、拉板式、拉杆式、转臂式以及采用橡胶元件的定位方式等，其中转臂定位和橡胶堆定位是两种典型的轴箱定位方式。

1) 一系悬挂定位系统可靠性设计目标

一系悬挂定位系统可靠性设计目标是：①轮对在直线上运行的蛇行失稳的临界速度具有高可靠度；②轮对在直线上运行的平稳性指标符合标准要求的可靠度高；③轮轴横向力以高可靠度满足标准要求；④一系悬挂定位刚度对曲线通过性能具有高度可靠性。

一系悬挂定位系统三个方向均具有刚度，对其进行可靠性设计主要是控制其刚度。

2) 一系悬挂定位系统的随机性

以橡胶堆定位系统为例，其性能受环境温度和自身离散特性的影响，其刚度是一个随机变量，据统计，一系悬挂定位系统刚度往往服从正态分布，即 $k \sim N\left(u_k, \sigma_k\right)$。

3) 刚度与车辆动力学响应的关系

以 CRH 某型动车组为例，改变一系悬挂定位系统的垂向刚度，车辆动力学响应如表 8.9 所示。

表 8.9　一系悬挂垂向刚度与车辆动力学响应的关系

一系悬挂垂向刚度/(MN/m)	轮轨横向力/kN	轮轨垂向力/kN	轮轴横向力/kN		脱轨系数	平稳性指标	
			最大值	均值		横向加速度/(m/s²)	垂向加速度/(m/s²)
0.9996	14.5219	131.0050	24.9782	−1.1327	0.2351	2.3774	1.6451
1.0584	15.1623	131.2080	26.1923	−1.0857	0.2370	2.3803	1.6454
1.1172	15.7095	134.3670	26.7673	−1.0430	0.2401	2.3810	1.6456
1.176	16.1626	134.3130	27.8062	−1.0047	0.2411	2.3791	1.6458
1.2348	15.9705	134.1740	27.4727	−0.9685	0.2399	2.3851	1.6459
1.2936	16.6729	134.1210	28.4413	−0.9371	0.2422	2.3862	1.6460
1.3524	16.8000	134.2080	28.6462	−0.9071	0.2422	2.3835	1.6460

图 8.60 为脱轨系数随一系悬挂垂向刚度的变化规律，拟合一系悬挂垂向刚度 k 与脱轨系数的关系，如式(8-6)和图 8.61 所示。

$$y_1 = 0.21716 + 1.91327 \times 10^{-5} x \tag{8-6}$$

图 8.62 为轮轴横向力最大值随一系悬挂垂向刚度的变化规律，拟合一系悬挂垂向刚度 k 与轮轨横向力最大值的关系，如式(8-7)和图 8.63 所示。

$$y_2 = 15.61 + 0.009k \tag{8-7}$$

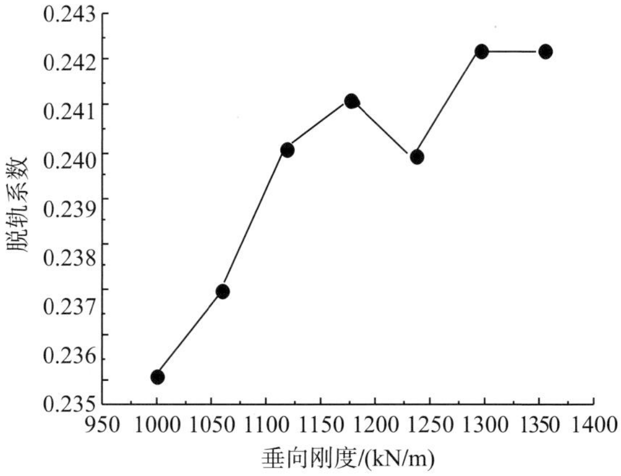

图 8.60 一系悬挂垂向刚度和脱轨系数的关系

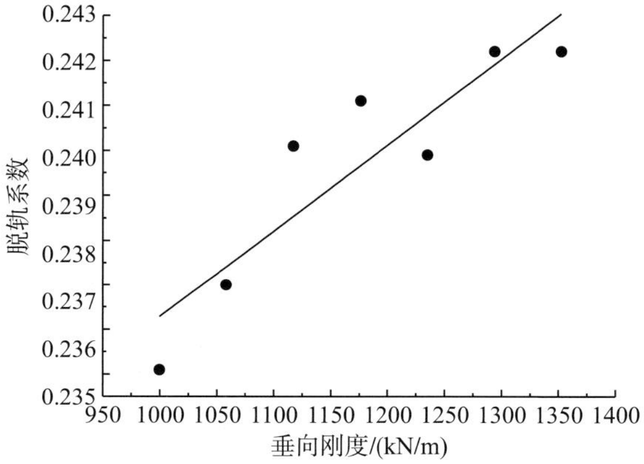

图 8.61 一系悬挂垂向刚度和脱轨系数关系的拟合

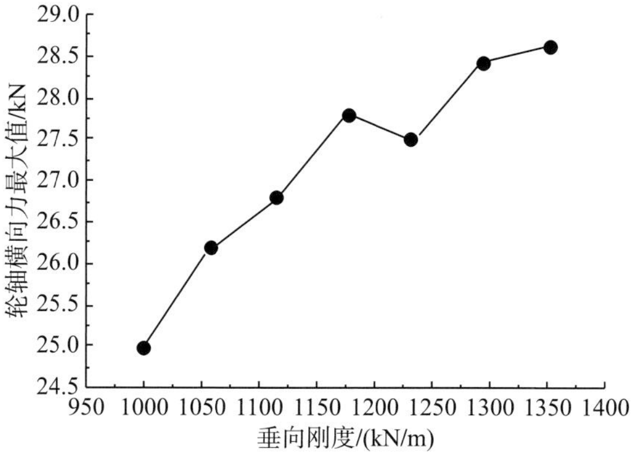

图 8.62 一系悬挂垂向刚度和轮轴横向力最大值的关系

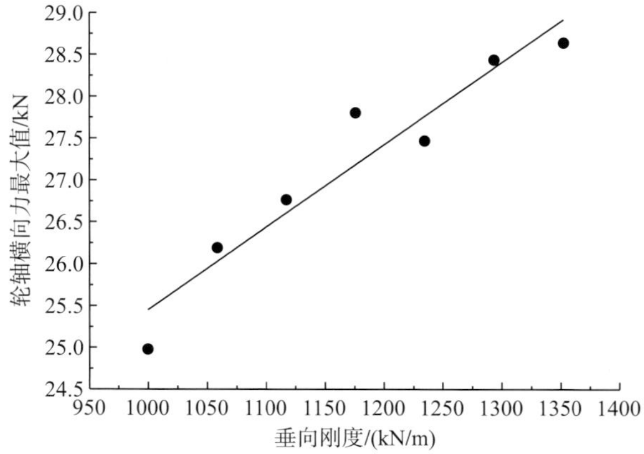

图 8.63　一系悬挂垂向刚度和轮轴横向力最大值关系的拟合

4) 一系悬挂定位安全的可靠性分析

我国列车运行稳定性的脱轨系数评价指标如表 8.10 所示。

表 8.10　我国脱轨系数安全限定值

指标	GB/T 5599—2019		TB/T 2360—1993		95J01-L(M)	《高速动车组整车试验规范》(2008)
脱轨系数	第一限度	第二限度	良好	合格		
	≤1.0	≤0.8	0.8	0.9	≤0.8	≤0.8

则车辆运行良好的可靠度 R_1 为

$$R_1 = P\{y_1 \leqslant 0.8\} \tag{8-8}$$

将式 (8-6) 代入式 (8-8)，有

$$\begin{aligned} R_1 &= P\{a + bx \leqslant 0.8\} \\ &= P\{x \leqslant (0.8 - a)/b\} \\ &= \varPhi\left(\frac{(0.8-a)/b - \mu_k}{\sigma_k}\right) \end{aligned} \tag{8-9}$$

将式 (8-6) 和 $u_k = 1176\text{kN}$、$\sigma_k = 117.6$ 代入式 (8-9)，可得 $R_1 = 1$；将式 (8-6) 和 $u_k = 1176\text{kN}$、$\sigma_k = 78.4$ 代入式 (8-9)，可得 $R_1=1$。

车辆运行合格的可靠度 R_2 为

$$R_2 = P\{y_1 \leqslant 0.9\} \tag{8-10}$$

将式 (8-6) 代入式 (8-10)，有

$$\begin{aligned} R_2 &= P\{a + bx \leqslant 0.9\} \\ &= P\{x \leqslant (0.9 - a)/b\} \\ &= \varPhi\left(\frac{(0.9-a)/b - \mu_k}{\sigma_k}\right) \end{aligned} \tag{8-11}$$

将式 (8-6) 和 $u_k = 1176\text{kN}$、$\sigma_k = 117.6$ 代入式 (8-11)，可得 $R_2=1$；将式 (8-6) 和

$u_k=1176\text{kN}$、$\sigma_k=78.4$代入式(8-11)，可得R_2=1。

由$R_1=1$、$R_2=1$可见，一系悬挂定位弹簧可以达到车辆运行合格的可靠度，也可以达到车辆运行良好的可靠度。

现在我国的《高速动车组整车试验规范》(2008)规定，轮轴横向力评定限值采用以下标准：

最大值$H\leqslant(10+P_0/3)$(P_0为净轴重)；

均值$H_{\text{ave}}\leqslant 20\text{kN}$。

则车辆运行轮轴横向力评定值的可靠度R_3为

$$R_3=P\left\{y_2\leqslant 10+P_0/3\right\} \tag{8-12}$$

将式(8-7)代入式(8-12)，有

$$\begin{aligned}R_3&=P\left\{b_0+b_1k\leqslant 10+P_0/3\right\}\\&=P\left\{k\leqslant\frac{10+P_0/3-b_0}{b_1}\right\}\\&=\Phi\left(\frac{\left(10+P_0/3-b_0\right)/b_1-u_k}{\sigma_k}\right)\end{aligned} \tag{8-13}$$

式中，$b_0=15.61$，$b_1=0.009$，$P_0=51.012\text{kN}$，当$u_k=1176\text{kN}$，$\sigma_k=117.6$时，轮轴横向力安全可靠度为0.7780；当$u_k=1176\text{kN}$，$\sigma_k=78.4$时，轮轴横向力安全可靠度为0.8745；当$u_k=1176\text{kN}$、$\sigma_k=39.2$时，轮轴横向力安全可靠度为0.9892。

考察R_1、R_2、R_3，取一系悬挂定位刚度的可靠度$R=\min\left\{R_1,R_2,R_3\right\}$。

5)给定可靠度的一系悬挂定位弹簧的刚度设计

由4)的分析可知，对于多目标的可靠度，应依可靠度最低的状态进行设计。因此，以一系悬挂定位弹簧使车辆运行良好的可靠度进行弹簧刚度可靠性设计。

给定可靠度R_1，且k_1=0.151408，k_2=2.287154，σ_k=0.4，设计u_k。根据式(8-9)，用数值逼近的方法求解给定可靠度R_1=0.99时，u_k=1.325MN/m；若σ_k=0.2，则当给定可靠度R_1=0.99时，u_k=1.815MN/m。

8.4.2 高速列车服役可靠性退化规律

1. 可靠性指标

一般用一个非负随机变量X来描述产品(或者系统)的寿命，X的分布函数为

$$F(t)=P\left\{X\leqslant t\right\},\quad t\geqslant 0 \tag{8-14}$$

于是系统在时刻t以前都正常工作的概率为

$$R(t)=P\left\{X>t\right\}=1-F(t) \tag{8-15}$$

称$R(t)$为系统的可靠度函数或可靠度。易知$R(t)$是系统在时间$(0,t]$内不失效的概率。

对于可修系统，其运行进程由正常和故障交替出现，记X_i和Y_i分别为第i个周期的开工时间和停工时间，i=1,2,⋯。一般而言，$X_1,X_2,\cdots$或$Y_1,Y_2,\cdots$不同分布。描述系统可靠

性的主要指标如下。

(1) 首次故障前平均时间：

$$\mathrm{MTTFF} = E\left(X_1\right) = \int_0^{+\infty} t\mathrm{d}F_1\left(t\right) \tag{8-16}$$

式中，$F_1\left(t\right) = P\left\{X_1 \leqslant t\right\}$ 是系统首次故障前时间 X_1 的分布。

(2) 可用度。令

$$X\left(t\right)=\begin{cases}1, & \text{时刻}t\text{系统正常}\\0, & \text{时刻}t\text{系统故障}\end{cases} \tag{8-17}$$

则系统在时刻 t 的瞬时可用度定义为

$$A\left(t\right)=P\left\{X\left(t\right)=1\right\} \tag{8-18}$$

系统在 $\left[0,t\right]$ 时间内平均可用度为

$$\tilde{A}\left(t\right) = \frac{1}{t}\int_0^t A\left(u\right)\mathrm{d}u \tag{8-19}$$

若极限

$$\tilde{A} = \lim_{t\to\infty} \tilde{A}\left(t\right) \tag{8-20}$$

存在，则称 $\tilde{A}$ 为稳态平均可用度。若极限

$$A=\lim_{t\to\infty} A\left(t\right) \tag{8-21}$$

存在，则称其为系统的稳态可用度。

(3) 稳态故障频度。对于可修系统，令 $N\left(t\right)$ 为系统在 $\left(0,t\right]$ 时间内的故障次数，则系统在 $\left(0,t\right]$ 时间内故障次数的分布为

$$P_k\left(t\right) = P\left\{N\left(t\right) = k\right\},\quad k = 0,1,2,\cdots \tag{8-22}$$

系统在 $\left(0,t\right]$ 时间内的平均故障次数为

$$M\left(t\right) = EN\left(t\right) = \sum_{k=1}^{+\infty} kP_k\left(t\right) \tag{8-23}$$

系统的稳态故障频度定义为

$$M = \lim_{t\to\infty} \frac{M\left(t\right)}{t} \tag{8-24}$$

2. 基于历史失效数据的部件可靠性退化研究

高速列车运维数据库是研究关键部件可靠性退化规律的基础，高速列车大量、长期服役所积累的海量、多源、异构运维数据是以可靠性为中心的维修(reliability centered maintenance，RCM)数据库的主要来源，是一笔宝贵的资源和财富，对提高高速列车服役可靠性具有重要价值。另外，完善的车辆和部件履历记录也是揭示关键部件可靠性退化规律的重要基础，如车辆运用交路及里程、车轮镟修记录、关键部件更换记录等。

考虑到高速列车服役过程中车辆新旧程度差异很大，且存在配属转入转出的情况，故采用生存分析方法中的寿命表法研究可靠性退化规律，寿命表法采用列表的方式概括原始数据和计算过程，列表栏目如表 8.11 所示。

表 8.11 寿命表法采用的参数

区间	死亡数	删失数	历险数	N'_j	$\hat{q}_j$	$\hat{p}_j$	$\hat{P}_j$
I_j	D_j	W_j	N_j	$N_j-\frac{1}{2}W_j$	$\frac{D_j}{N'_j}$	$1-\hat{q}_j$	$\hat{p}_1\cdots\hat{p}_j$

生存分析寿命表法充分考虑了删失数据的影响，计算得到关键部件可靠度随运用里程变化的散点，进而用经验分布对可靠度散点进行拟合，得到参数化的关键部件可靠度退化规律模型。

图 8.64 是以某型高速列车轮辋轮辐探伤发现的车轮材质缺陷为例，采用生存分析寿命表法计算其可靠度随运用里程的退化规律，并采用 Weibull 分布进行参数拟合和拟合优度检验，其形状参数为 0.9471，尺度参数为 3.9330×10^8，拟合优度为 0.9930。

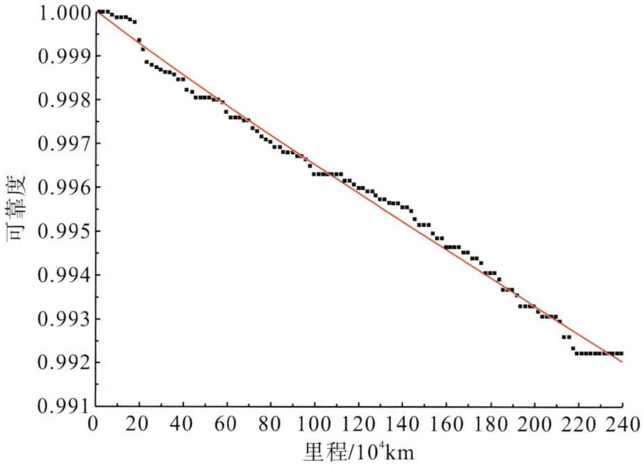

图 8.64 车轮材质缺陷可靠度退化规律模型

图 8.65 是基于运用修重点故障库，采用生存分析寿命表法和经验分布拟合的方法，计算某型高速列车轴箱轴承可靠度随运用里程的退化规律，采用双参数 Weibull 分布进行拟合和优化度检验，其形状参数为 1.20883，尺度参数为 1.1909×10^9，拟合优化度为 0.94116。

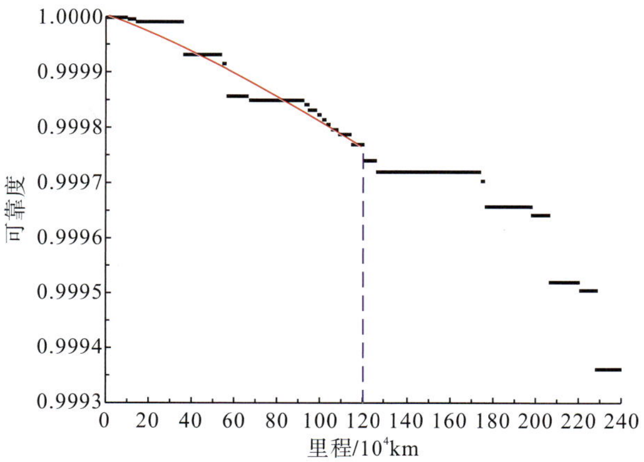

图 8.65 轴箱轴承可靠度退化规律模型

上述分析方法也可以应用于关键部件整体可靠性退化模型分析，对转向架系统整体级的可靠性分析，是基于转向架系统首次故障里程，并按照安全性、使用性、扣车维修进一步分类的。如图 8.66(a)所示，利用转向架系统首次故障数据，得到其可靠度退化规律，采用 Weibull 拟合，拟合优度为 0.98344。图 8.66(b)和(c)为整合转向架所有扣车维修故障，主要包括更换轮对、车轮镟修、更换空气弹簧等，采用寿命表法得到其可靠度退化规律，以及各主要故障模式占比情况。采用 Weibull 分布拟合，拟合优度为 0.93452。采用整体可靠性分析方法样本量更大，拟合优度更高，且可以对比不同故障模式的失效规律。

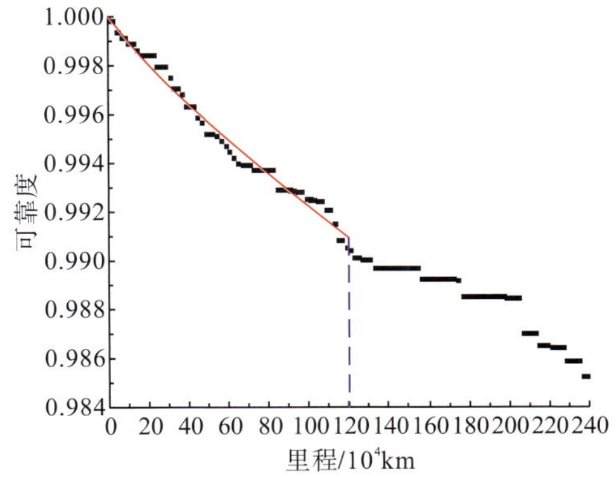

(a)可靠度退化规律
（利用转向架系统首次故障数据）

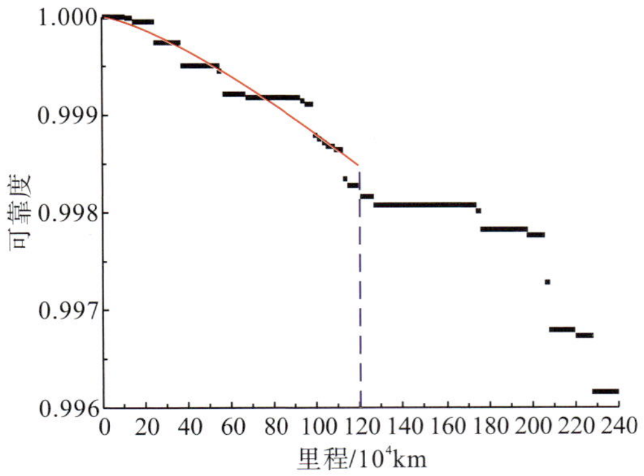

(b)可靠度退化规律
（利用转向架所有扣车维修故障数据）

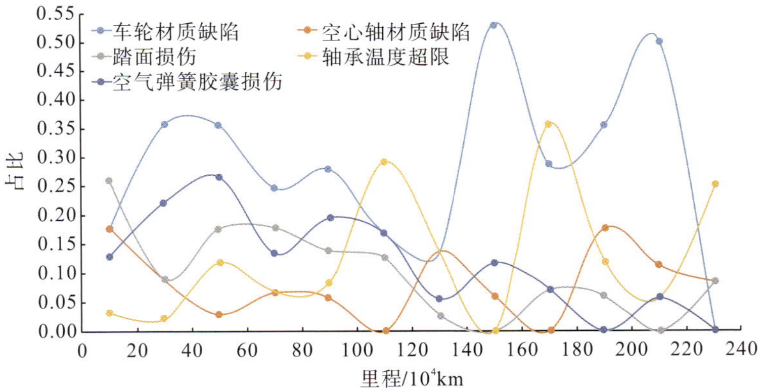

(c)主要故障模式占比

图 8.66　转向架整体可靠度退化规律模型

8.4.3　高速列车服役可靠度控制策略

1. 高速列车服役评价参数

高速列车服役可靠性评价参数包括：描述参数分布特性的参数分布函数、参数可靠度函数、参数失效率函数；描述参数可靠性的参数首次失效平均时间、参数可用度、参数故障频度；描述参数灵敏性的参数结构重要度。

对高速列车服役中的激扰因素进行可靠性分析，分析激扰因素退化对临界速度、脱轨系数、轮重减载率及倾覆系数等安全性指标的影响，识别危险源，遵循 EN50126 中所规定的“降低到合理可行”原则(ALARP)进行安全风险管理。

对安全分析中识别出的风险等级高的事件，必须进行故障树分析(FTA)，并采取相应预防纠正措施降低其风险。

2. 影响高速列车服役安全性和舒适性的激扰因素

当高速列车沿轨道运行时，由于轮轨之间的相互作用，产生各种垂向和横向作用力并引起车辆系统的各种振动。引起车辆振动的原因包括来自车辆的激励和来自轨道的激扰。来自车辆的激扰因素包括车轮磨耗、车轮偏心、车轮不均重、车轮踏面擦伤、锥形踏面轮对的蛇行运动等；来自轨道的激扰因素包括钢轨接头处的轮轨冲击、轨道的垂向变形、轨道局部不平顺、轨道随机不平顺等，如图 8.67 所示。

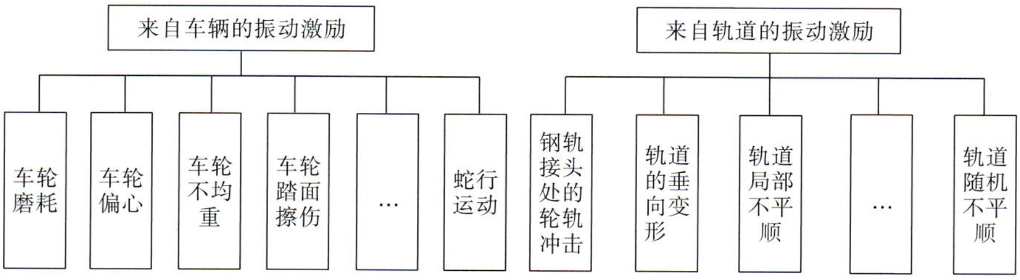

图 8.67　引起高速列车振动的激扰因素

3. 激扰因素与高速列车运行安全性的映射关系

由于激扰因素具有分散性，因此其退化规律包括激扰因素均值随里程增加退化规律以及同一里程下激扰因素分布特性。

图 8.68 表明，激扰因素的均值按黑色实线随里程退化，任意里程下，其退化又具有分散性，呈一定的分布。

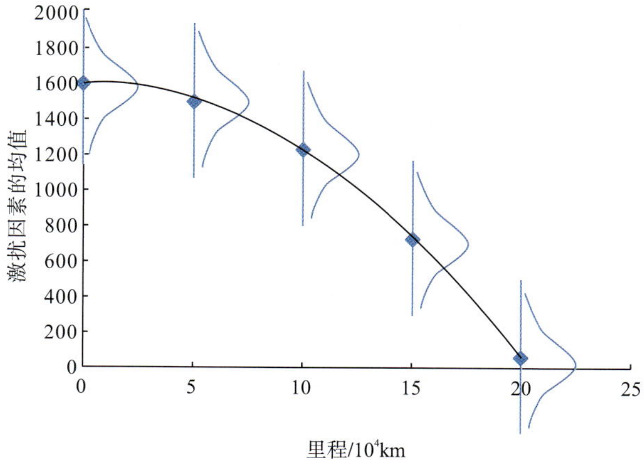

图 8.68　激扰因素的均值随里程退化特征

以车轮磨耗为例，分析车轮轮径磨耗量与运营里程的关系。在一个镟轮周期内，车轮逐渐磨耗，按照运营里程定期对同一辆车的 8 个车轮型面和轮径进行跟踪测试，共测试了 5 次，得到 5 组实测的外形和轮径数据，整合为 5 个磨耗工况，获得了车轮轮径磨耗量与运营里程的关系，如图 8.69 所示。

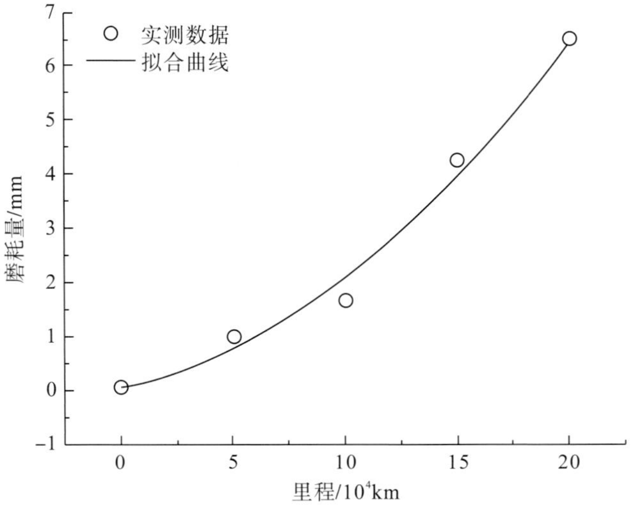

图 8.69　运营里程与车轮轮径磨耗量的关系

用二次函数拟合轮径磨耗量与运营里程的关系，其拟合函数及拟合优度如式(8-25)所示：

$$\begin{aligned} & y = f_1(x) = 0.0457 + 0.0917x + 0.0113x^2 \\ & R^2 = 0.97706 \end{aligned} \tag{8-25}$$

式中，x 为运营里程；y 为轮径磨耗量。

由于车轮磨耗除与运行里程有关，还受轨面状态、车辆载重、气候环境等诸多因素的影响，因此其磨耗往往呈正态分布。据线路实测轮径磨耗量统计，CRH 某型受电弓轮径磨耗量的方差约为 0.04mm。

影响高速列车安全运行的激扰因素众多，且各因素间存在复杂的耦合特性，激扰因素与高速列车运行安全性的映射关系难以实现精确数学模型描述。神经网络技术以人脑工作模式为基础，研究自适应及非程序的信息处理方法，可用来描述认知、决策及控制的智能行为。本节探讨采用当前使用最为广泛的反向传播(BP)神经网络实现激扰因素与列车运行安全性映射关系描述的可行性。

BP 神经网络最早由美国以 Rumelhart 和 McCelland 为代表的并行分布式处理(parallel distributed processing，PDP)科学家研究小组提出[15]，是一种基于误差反向传播算法训练的多层前馈网络。图 8.70 为 3 层 BP 神经网络的拓扑结构，包括输入层、隐含层和输出层，各层神经元的个数分别为 n、m 和 l，w_{ij} $(1 \leqslant i \leqslant n,\ 1 \leqslant j \leqslant m)$ 为输入层与隐含层的连接权值，v_{jk} $(1 \leqslant j \leqslant m,\ 1 \leqslant k \leqslant l)$ 为隐含层与输出层的连接权值，$f(x)$、$g(x)$ 分别为输入层到隐含层和隐含层到输出层的传递函数。

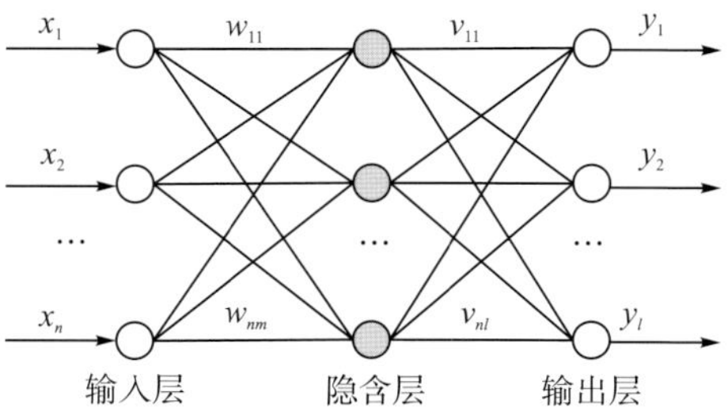

图 8.70　3 层 BP 神经网络的拓扑结构

神经元节点的前后值的计算公式如下。

隐含层：

$$\begin{cases} c_{1j} = \sum_{i=1}^{n} w_{ij} x_i - \theta_j \\ c_{2j} = g\left(c_{1j}\right) \end{cases} \tag{8-26}$$

输出层：

$$\begin{cases} y_{1k} = \sum_{j=1}^{n} v_{jk} c_{2j} - t_k \\ y_{2k} = f\left(y_{1k}\right) \end{cases} \tag{8-27}$$

式中，下标 1 表示输入侧，2 表示输出侧；θ_j、t_k 分别表示各神经元的输出阈值。传统的 BP 神经网络模型采用的传递函数通常为 Sigmoid 型函数，即

$$f\left(x\right) = g\left(x\right) = \frac{1}{1+\mathrm{e}^{-x}}, \quad -\infty < x < \infty \tag{8-28}$$

训练阶段模型输出值与预期值的全局均方根误差计算公式为

$$E = 0.5\sum_{t=1}^{p} E_t = 0.5\sum_{t=1}^{p}\sum_{k=1}^{l}\left(e_k^t\right)^2 = 0.5\sum_{t=1}^{p}\sum_{k=1}^{l}\left(y_{2k}^t - y_{0k}^t\right)^2 \tag{8-29}$$

式中，y_{2k}^t、y_{0k}^t 分别为第 t 个训练样本对应的输出值和期望值；p 为训练样本个数。

BP 神经网络对目标对象的预测过程可归纳为：首先通过模拟和仿真生物大脑的神经网络系统，利用式(8-25)～式(8-27)对输入的样本数据进行非线性处理和预测；根据式(8-29)计算预测结果值与输入预期值的误差，并判断该值是否符合预先设定的目标，若不符合，则按照误差最速下降法或梯度下降法的学习规则，通过反向传播来调整网络的权值和阈值，循环该过程直至均方根误差满足要求，从而训练出最优神经网络模型；最后根据训练好的神经网络模型对待预测的数据进行计算。

以某型高速列车横向稳定性为例，采用 BP 神经网络构建其与悬挂参数、车轮参数等车辆激扰的映射关系模型。首先通过车辆/轨道耦合系统动力学模型的单参数影响分析确定该型动车组的关键影响因素集；然后随机生成多组关键影响因素集参数，参数取值为运营期间的可能值，采用仿真模型计算参数组合下对应的列车横向稳定性临界速度；接着以仿真结果为训练样本，设置不同的 BP 神经网络参数，对比筛选出对本样本最优的参数值，并通过样本训练生成映射关系经验模型；最后基于生成的模型，通过输入激扰因素状态实现列车横向稳定性预测。映射关系模型建模流程如图 8.71 所示。

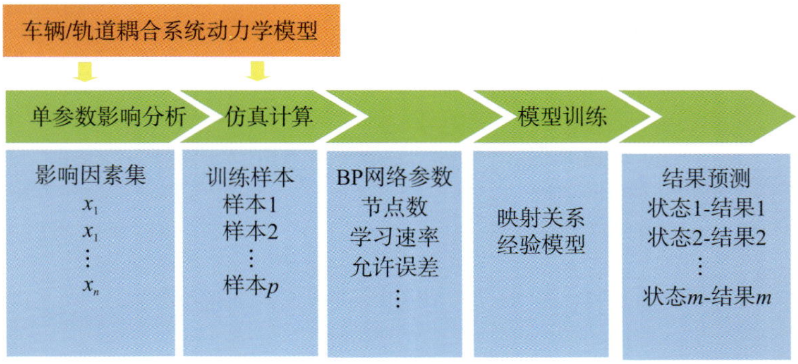

图 8.71　映射关系模型建模流程

根据单参数影响分析，确定本型号动车组悬挂参数和车轮参数的关键影响因素集为抗蛇行减振器阻尼、二系悬挂横向减振器阻尼、一系悬挂纵向定位刚度、同轴轮径差、同架轮径差、踏面等效锥度、车轮多边形阶数和深度。以仿真生成的数据为训练样本，得到车辆激扰参数与横向稳定性临界速度的映射关系模型，模型在训练阶段和预测阶段的预测值与实际值(期望值)对比曲线如图 8.72 所示，图 8.73 为输出值与期望值的线性相关性分析结果。

由图 8.73 可见，BP 神经网络的输出值与期望值有较好的重合度，训练阶段和预测阶段的线性相关性拟合优度分别为 0.98 和 0.93，二者的线性相关性强。表明本节所建立的 BP 神经网络模型能很好地表征车辆激扰参数与横向稳定性的映射关系，基于该映射关系的车辆横向稳定性预测模型是有效的。

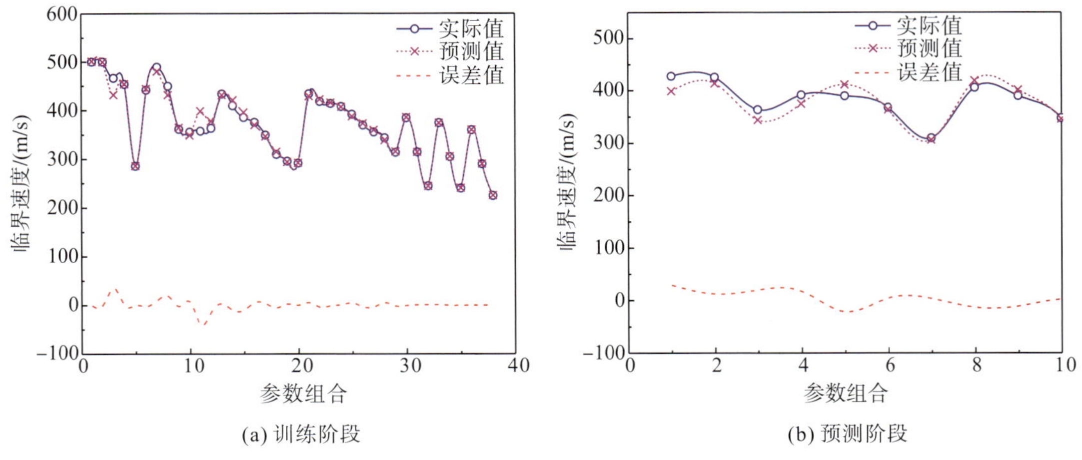

图 8.72　BP 神经网络预测值与期望值对比曲线

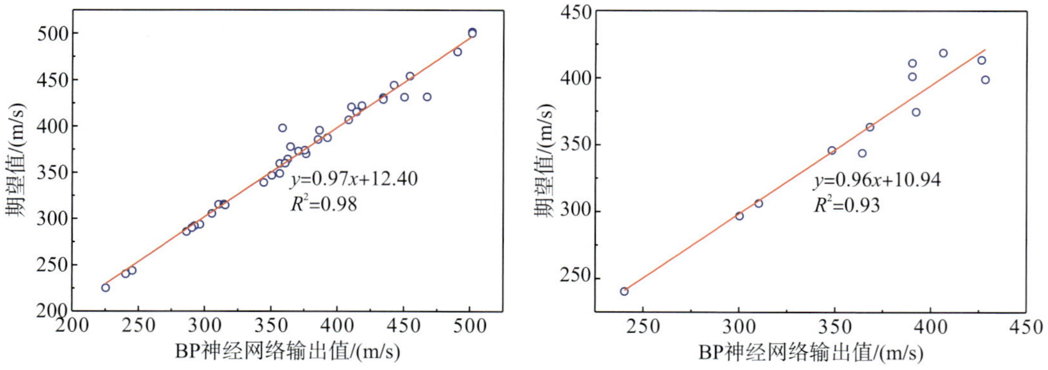

(a) 训练阶段　　(b) 预测阶段

图 8.73　BP 神经网络输出值与期望值的相关性

4. 激扰因素与服役安全的关系

车轮磨耗会导致等效锥度增加，进一步使临界速度减小，从而影响列车服役安全性及可靠性。

1) 轮径磨耗量与等效锥度

随着运营里程的增加，车轮型面和轮径发生改变，使轮对横移和摇头，车轮与钢轨匹配的新平衡位置发生了较大的偏移，这必将引起轮轨接触关系的变化，锥度曲线较原设计曲线有显著差异。

根据仿真计算，得到 CRH 某型高速列车车轮轮径磨耗量与等效锥度的关系，如图 8.74 所示。

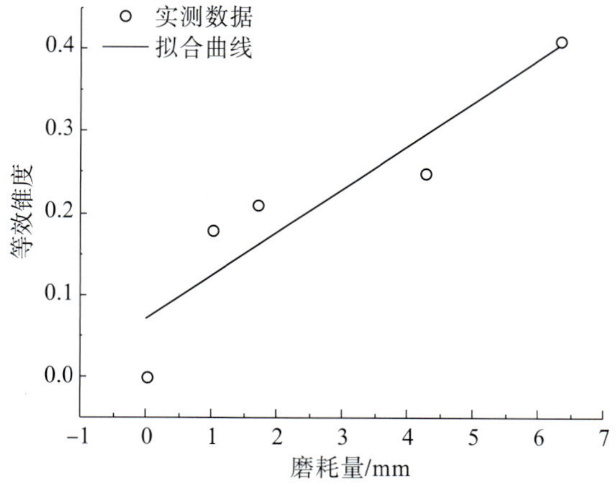

图 8.74　车轮轮径磨耗量与等效锥度的关系

拟合等效锥度与轮径磨耗量的关系，用线性函数拟合轮径磨耗量与运营里程的关系，其拟合函数及拟合优度如式(8-30)所示：

$$\begin{cases}\lambda = f_2(y) = 0.067y \\ R^2 = 0.730\end{cases} \tag{8-30}$$

式中，λ 为等效锥度；y 为轮径磨耗量。

2) 等效锥度与临界速度

随着运营里程的增加，车轮逐渐磨耗，踏面等效锥度变化，从而导致临界速度变化。根据表 8.4 的分析计算结果，CRH 某型动车组等效锥度与临界速度的关系如图 8.75 所示。

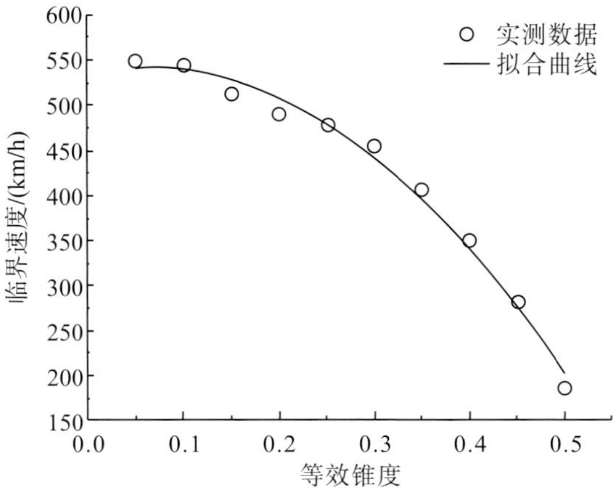

图 8.75　等效锥度与临界速度的关系

拟合等效锥度 λ 与临界速度 v 的关系如式(8-31)所示：

$$\begin{cases}v = f_3(\lambda) = 530.633 + 267.545\lambda - 1851.51\lambda^2 \\ R^2 = 0.9860\end{cases} \tag{8-31}$$

5. 以可靠性为中心的维修决策

1) 基于安全裕度的维修周期优化

在上述关于车轮磨耗规律、等效锥度演变规律及其对临界速度影响规律的基础上，根据动车组运行许用临界速度约为运行速度的 130%，则运行速度为 300km/h 的动车组，其许用临界速度 $[v]$=390km/h，运行速度为 350km/h 的动车组，则其许用临界速度 $[v]$=455km/h。动车组运行 x 万 km，其临界速度的可靠度 R 用安全裕度即式(8-32)表示，即

$$R = P([v] - f_3(f_2(f_1(x))) > 0) \tag{8-32}$$

反解式(8-32)求满足这一许用临界速度 390km/h 的车轮可靠度的车轮磨耗寿命，计算结果如表 8.12 所示。

表 8.12 给定可靠度的车轮磨耗寿命

给定可靠度	车轮磨耗寿命/万 km
0.50	17.94640
0.90	17.84307
0.95	17.81369
0.99	17.75848

2)基于风险阈值的维修周期优化

根据部件各故障模式的影响危害程度，包括安全性、使用性、经济性、故障恶化速度、冗余度等指标，可确定固定间隔计划预防修的可接受风险阈值 F_c。结合 8.4.2 节第三部分得到的部件各故障模式可靠度退化规模模型，确定各故障模式的维修周期，并进一步对各故障模式的维修周期进行组包、整合。

$$\max\left\{\frac{R\left(T_i\right)-R\left(T_{i+1}\right)}{R\left(T_i\right)}\right\}\leqslant F_c \tag{8-33}$$

基于 8.4.2 节第二部分得到的部件整体可靠性退化规律及各故障模式占比情况，可得到延长维修周期对应的风险变化。例如，如果延长转向架三级修周期至 140 万 km，发生扣车维修故障的风险将提高 12.9%，且车轮材质缺陷、车轴材质缺陷、轴承温度超限的风险增大。

3)基于系统可靠性模型的整体维修周期优化

为充分考虑车辆系统中多种因素可靠性对系统整体可靠性的相互影响和共同作用，需建立系统级的可靠性模型，进一步结合各部件的失效规律模型开展维修周期优化。本节以转向架稳定性系统为例，介绍基于正交试验与极差分析的可靠性建模方法，并结合相关部件失效规律开展转向架高级修周期优化。

高速列车稳定性是一个多因素耦合作用的功能系统，系统中任何一个参数失效都以一定的程度导致横向失稳的发生，因此采用等效串联模型描述系统的逻辑关系，如图 8.76 所示。进一步考虑各单元的数量、重要度、工作时间，建立系统可靠度分析模型为

$$R_s(t_s)=\prod[1-E_i(1-R_i(t_i))] \tag{8-34}$$

式中，$R_s\left(t_s\right)$ 为系统工作 t_s 时间的可靠度；R_i 为第 i 单元工作 t_i 时间的可靠度；E_i 为第 i 单元的重要度。

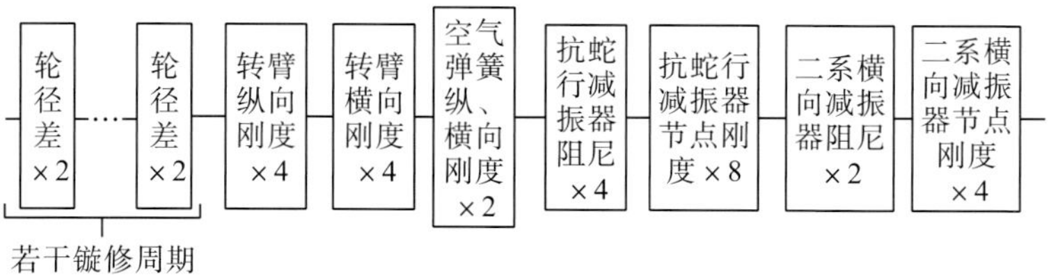

图 8.76 高速列车稳定性系统可靠性逻辑关系

进一步基于正交试验和极差分析确定各单元的重要度。基于高速列车服役过程中失效零部件的参数分布，基于整车台架试验或数字仿真，采用正交试验法确定多种组合工况的车辆临界速度，进一步采用极差分析法确定各因素的重要度，如式(8-35)所示：

$$E_i = \frac{R_i}{\overline{y}_{\max} - \overline{y}_{\min}} = \frac{\max[\overline{y}_{i1}, \ \overline{y}_{i2}, \cdots] - \min[\overline{y}_{i1}, \ \overline{y}_{i2}, \cdots]}{\overline{y}_{\max} - \overline{y}_{\min}} \tag{8-35}$$

式中，$\overline{y}_{ik}$ 为因素 i 第 k 水平对应的所有 j 个试验指标结果的平均值；$\overline{y}_{\max}$、$\overline{y}_{\min}$ 分别为所有试验指标结果由大到小排序，前 j 个与后 j 个的平均值。

采用上述方法计算得到各参数的重要度如表 8.13 所示。

表 8.13　各参数重要度计算结果

参数	轮径差	转臂纵向定位刚度	转臂横向定位刚度	空气弹簧纵、横向刚度
重要度	0.078204	0.468585	0.179304	0.145406
参数	抗蛇行减振器阻尼	抗蛇行减振器节点刚度	二系横向减振器阻尼	二系横向减振器节点刚度
重要度	0.405611	0.482516	0.109426	0.081772

进一步基于系统可靠性模型，结合各参数的可靠度退化规律，开展以可靠性为中心的转向架高级修周期优化。其中保持转向架高级修周期 T_s 与车轮镟修周期 T_w 的整数倍关系，系统维修周期 T_s 及车轮镟修周期 T_w 的优化算法为

$$\begin{cases} T_s = kT_w, \quad k = 1,2,\cdots \\ R_w = 1 - F_w(T_w) \\ R_i = 1 - F_i(T_s) \\ R_s \leqslant \prod[1 - E_w(1 - R_w)]\prod[1 - E_i(1 - R_i)] \end{cases} \tag{8-36}$$

计算得到建议的转向架三级修周期及车轮镟修周期方案为：延长车轮镟修周期至 24 万～25 万 km，延长转向架三级修周期至 144 万～150 万 km，可保证车辆稳定性的可靠性满足要求。

8.4.4　高速列车服役安全度评估

1. 高速列车服役安全度评估策略

高速列车的服役性能，特别是动力学性能，直接影响高速列车运行安全性与可靠性。国内外轨道交通运营历史上发生过众多因动力学问题所导致的安全事故；同时，高速列车的动力学问题还会造成大量不良表现，如横向失稳、车辆异常振动与噪声、轮轨异常磨耗磨损、车辆零部件损伤等。高速列车系统动力学具有强非线性、强耦合性的特点，在高速列车的长期、广域服役过程中，轮对参数、悬挂参数等发生退化，动力学性能发生劣化，进而造成服役安全性能下降。而当前，高速列车运用检修的主要依据是固定里程周期或单参数超限，并未考虑动力学性能的耦合关系，存在过度维修或维修不足的情况。

在以上章节对高速列车服役性能演变规律、高速列车服役性能预测与阈值、高速列车

服役退化规律研究的基础上，基于广义系统安全性的角度建立系统安全度理念，通过高速列车状态、运行系统状态和运行环境状态检测，融合车载、入库和维修的多维服役状态信息，对在线检测数据、已有历史数据、同一列车状态数据和同一地点检测数据进行时空环比分析，通过高速列车系统模型，建立高速列车系统振动传递关系、失效链路和部件与系统安全性状态映射关系的数学模型，最终实现多源运维数据融合的高速列车服役安全度在线评估、安全度预警、原因推断和维修建议。高速列车服役安全度评估技术路线如图 8.77 所示。

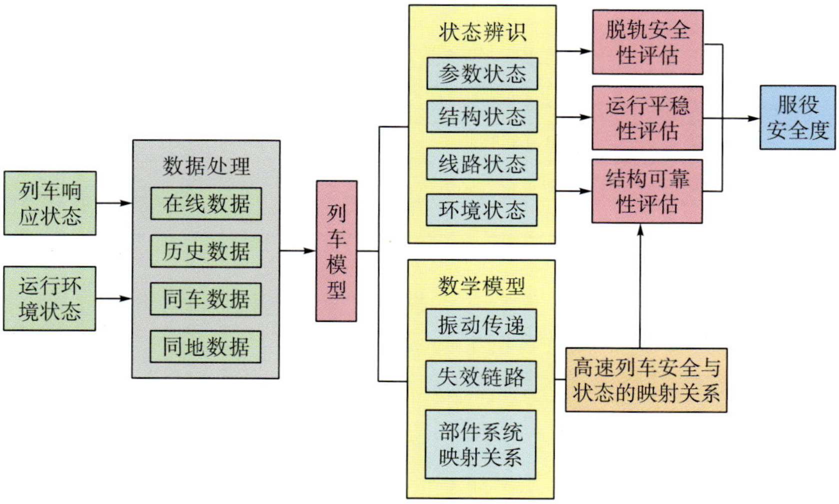

图 8.77 高速列车服役安全度评估技术路线

2. 高速列车服役安全度评估方法

本节在复杂系统广义安全度理论框架下，提出高速列车服役安全度评估的多维度安全度方法，包括稳定性安全度、平稳性安全度、轮轨作用安全度、振动安全度、脱轨安全度。

1) 高速列车稳定性安全度

运动稳定性是高速列车最基本、最重要的动力学性能之一，直接关系着高速列车的运行安全性与可靠性，转向架相关部件出现磨耗或性能退化，会导致高速列车整体稳定性下降，甚至会导致在运营过程中出现横向失稳，引发降速或停车。另外，运动稳定性是非线性、耦合性最强的高速列车动力学响应，受轮对、悬挂、载重、环境等多重因素的综合作用，并且具有一定的随机性和难预测性。

临界速度是高速列车稳定性评价最重要的指标，其反映了高速列车在外部干扰情况下发生横向自激振动的安全速度限制。临界速度可进一步分为线性临界速度和非线性临界速度，其中后者是更为可靠安全的指标，但求解更加复杂。同时，分岔是非线性系统的典型动力学特征，高速列车也不例外，由于轮对参数、悬挂参数不同，高速列车具有多种分岔形式，以 Hopf 分岔最为常见，并且可以进一步分为超临界分岔与亚临界分岔。亚临界分岔在非线性临界速度与线性临界速度之间存在一个不稳定的极限环，因此更不安全。

在评估高速列车稳定性安全度时，优先选取的动力学指标是非线性临界速度、分岔形式，并进一步由动力学指标合成为高速列车稳定性安全度。对于高速列车稳定性，其主要影响因素包括轮径差、等效锥度、多边形、一系悬挂纵向/横向定位刚度、二系悬挂纵向/横向刚度、二系悬挂回转阻尼、二系悬挂横向阻尼。

2) 高速列车平稳性安全度

平稳性是高速列车众多动力学指标中最直观，也是与旅客关系最密切的，其直接影响车辆的乘坐舒适性。转向架相关部件出现磨耗或性能退化，会导致高速列车平稳性的下降，影响旅客乘坐舒适度。另外，平稳性同样是非线性、耦合性较强的高速列车动力学响应，受轮对、悬挂、载重等多重因素的综合作用，并且具有一定的随机性。

平稳性主要是指客车上旅客的乘坐舒适度，主要的评价参数是车体上规定位置的各方向的振动加速度，将其统计处理后得到评价指标值。各国都有自己的评价体系，我国《机车车辆动力学性能评定及试验鉴定规范》(GB/T 5599—2019)[15]动力学标准采用修改了的Sperling指标来评价高速列车的平稳性。在评估高速列车平稳性安全度时，优先选取的动力学指标是垂向、横向平稳性指标，并进一步由动力学指标合成为高速列车平稳性安全度。对于高速列车平稳性，其主要影响因素包括轮径差、等效锥度、多边形、一系悬挂垂向/横向定位刚度、二系悬挂垂向/横向刚度、二系悬挂垂向/横向阻尼。

3) 高速列车轮轨作用安全度

通过轮对与轨道承重、导向是轨道交通的典型特点与优势所在，运行速度与车辆轴重的增加，对钢轮与钢轨的可靠性提出了更高的要求，而轮轨作用是车辆系统的重点和难点。尤其是随着相关部件出现磨耗或性能退化，特别是多边形的出现，会导致轮轨作用的严重恶化，容易造成轮对与轨道的损伤，也进而会加剧高速列车的振动。另外，轮轨作用是高速列车非线性最强的动力学响应，其中的轮轨接触与蠕滑理论是车辆动力学领域发展的重点和难点。

反映轮轨作用程度大小最直观的动力学指标就是轮轨力。借鉴日本、英国、德国对轮轨力的动力学标准和限制，参照我国GB/T 5599—2019[15]动力学标准以及95J01-M[16]、95J01-L[17]高速列车动力学试验标准中对于轮轨力的规定，选取轮轨垂向力、轮轨横向力、轮轴横向力作为评估轮轨作用安全度的主要指标。同时，为了揭示轮轨作用程度对转向架结构件、紧固件的影响，也选取了轴箱垂向、横向振动加速度作为评价轮轨作用程度的指标之一，并进一步由动力学指标合成为高速列车轮轨作用安全度。对于高速列车轮轨作用，其主要影响因素包括轮径差、等效锥度、多边形、一系悬挂垂向/横向/纵向定位刚度、一系悬挂垂向阻尼。

4) 高速列车振动安全度

作为高速列车核心部件，转向架承担了高速列车承重、导向、减振、驱动等众多重要功能，因而结构复杂，包含大量重要的零部件，如轴箱组成、齿轮传动、齿轮箱、牵引电机，同时还有大量辅助功能设备，如轴温监控装置、轴端接地装置、轮缘润滑装置等。转向架振动的剧烈程度直接影响零部件及整体的可靠性。尤其是随着相关部件出现磨耗或性能退化，特别是高速列车多边形的出现，会导致振动的严重恶化，容易造成零部件的损伤。

高速列车振动的动力学指标缺少相关的标准，故在开展大量振动跟踪检测的基础上，采用轴箱振动加速度、构架端部垂向和横向振动加速度分别作为簧下质量、簧间质量的振动评价指标。采用“时空环比”的思想，提出振动加速度落在特定某一概率下对应的振动区间时系统工作正常，应用该方法可以不受数据分布类型的影响。进一步由动力学指标将其合成为高速列车振动安全度。对于高速列车的振动程度，其主要影响因素包括轮径差、等效锥度、多边形、一系悬挂垂向/横向/纵向定位刚度、一系悬挂垂向阻尼。

5) 高速列车脱轨安全度

脱轨安全度是高速列车最基本、最重要的动力学指标之一，在曲线、轨道不平顺、气动载荷等多种边界载荷的作用下，高速列车在运行超速、悬挂故障等工况下均存在一定的脱轨风险，列车脱轨将导致列车脱离轨道中断运行，严重的还将导致列车倾覆、掉道、坠桥或与其他基础设施发生碰撞，造成更为严重的安全事故。另外，脱轨是非线性、复杂性很强的高速列车动力学问题，受轮对、悬挂、载重、环境、载荷等多重因素的综合作用。

在车辆系统动力学理论中，车辆的脱轨安全性评价指标一般与轮轨力有关，且往往选取车辆曲线通过时的工况进行评估。车辆的脱轨机理十分复杂，包括爬轨、跳轨等多种模式，不同脱轨模式的轮轨作用机理不同，所引发的动力学响应也不同。车辆脱轨安全性的相关标准已经被国内外广泛应用于车辆设计与动力学试验，我国 GB/T 5599—2019[15]中规定的运行安全性指标包括脱轨系数、轮重减载率、轮轴横向力、横向稳定性等，其中脱轨系数是最为常用的脱轨安全性评价指标。参照 GB/T 5599—2019[15]动力学标准以及 95J01-M[16]、95J01-L[17]高速列车动力学试验标准，进一步由动力学指标将其合成为高速列车脱轨安全度。对于高速列车脱轨安全性，其主要影响因素包括轮径差、等效锥度、多边形、一系悬挂垂向刚度、二系悬挂垂向刚度。

3. 高速列车服役安全度评估软件应用与预警实例

基于上述方法，融合车载、入库和维修的多维服役状态信息，基于高速列车系统状态参数与系统响应的映射关系模型，可以计算得到稳定性安全度、平稳性安全度、轮轨作用安全度、振动安全度、脱轨安全度，实现高速列车安全度评估，进而输出预警等级、预警描述和维修建议。上述方法体系已经开发成高速列车服役安全度评估模型及其软件，并在相关的高速列车运用单位进行现场应用，部分界面截图如图 8.78 所示。其创新点和优势在于：从系统全局性和耦合性考虑，基于状态数据对高速列车整体动力学性能进行评估和预警，并给出维修建议，保障高速列车服役安全可靠。

下面给出两个高速列车安全度评估预警实例，以说明该方法的有效性。

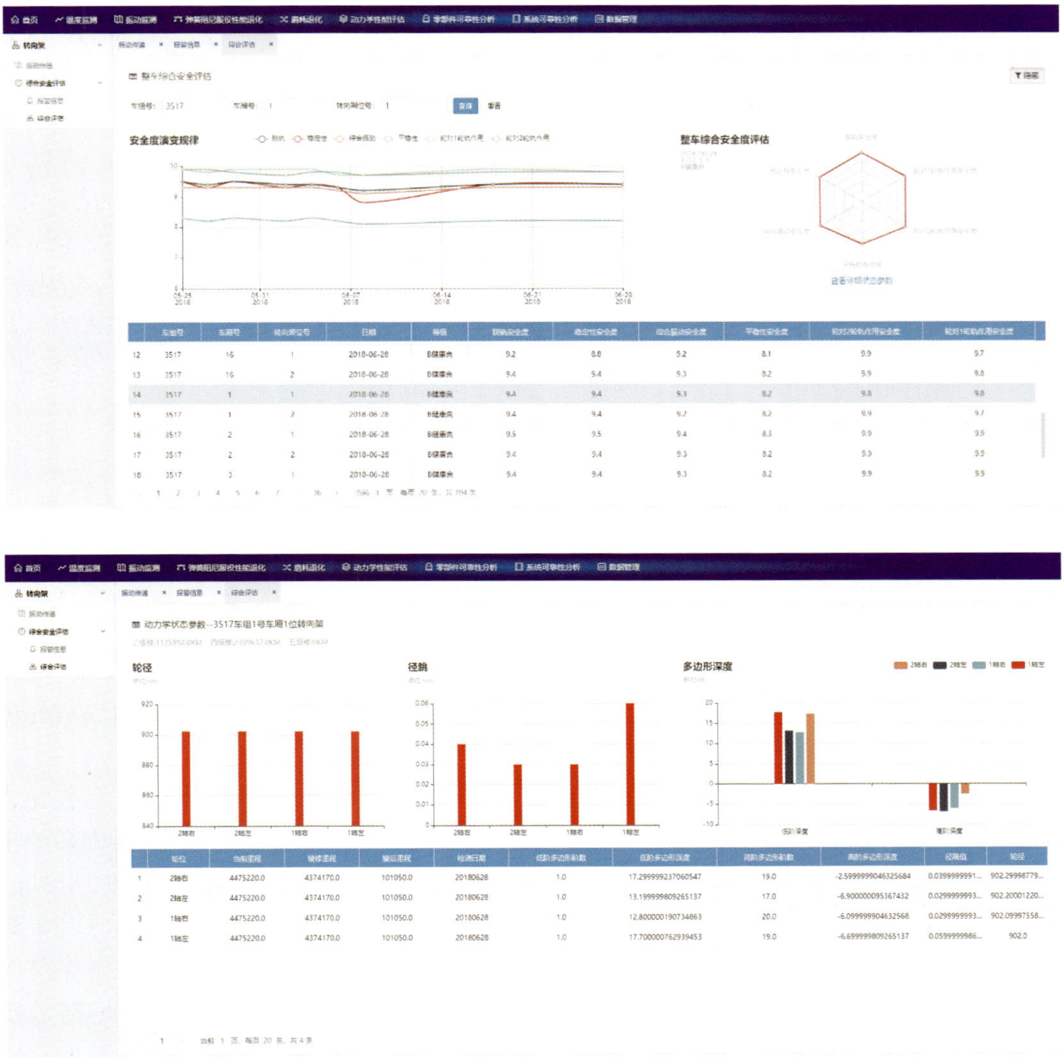

图 8.78　高速列车服役安全度评估软件应用

1) 实例 1

某车组某转向架的安全度评估结果如图 8.79(a)所示，综合评估等级为“一般故障”，预警级别为“二级预警”，预警描述为“轮对 1 轮轨作用剧烈、转向架振动剧烈”，维修建议为“运行结束后入库维修：镟修轮对 1、关注轨边噪声检测结果、重点检查转向架结构件和紧固件”。

实际比对轨边噪声检测结果以及入库检查结果，因轮对 1 高阶多边形严重，发现该转向架声压级 81.1dBA 超限，且轴温线卡丢失，因而验证了评估预警结果的有效性。

2) 实例 2

某车组某转向架的安全度评估结果如图 8.79(b)所示，综合评估等级为“潜在故障”，预警级别为“三级预警”，预警描述为“存在失稳风险、轮对 2 轮轨作用较剧烈、转向架振动较剧烈”，维修建议为“运行结束后入库检查：复核测量两轮对尺寸、关注轨边噪声检测结果、重点检查转向架结构件和紧固件”。

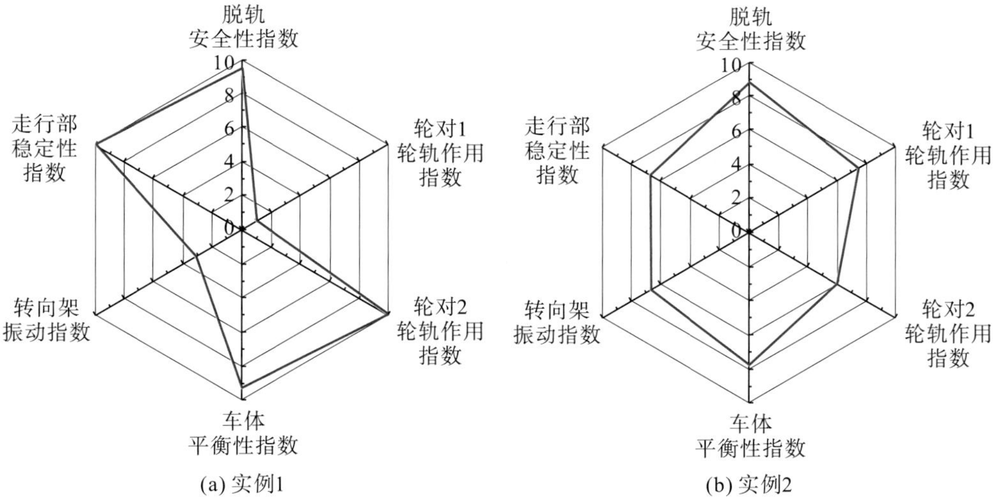

图 8.79 转向架的安全度评估雷达图

实际比对轨边噪声检测结果，发现该转向架声压级超限，同时转向架横向振动监测装置发出横向失稳报警，因而验证了本模型的评估预警结果。值得注意的是，该转向架的轮径差并未超过 1mm 的运用镟修限制，但由于轮径差、等效锥度、多边形的耦合作用影响，该列车发生了横向失稳，这更加说明把高速列车作为系统整体，在其动力学复杂性和耦合性的基础上，进行综合评估预警的重要性和有效性。

参考文献

[1] 欧洲高速铁路联网高速列车技术条件[Z]. 曾敏士, 译. 北京: 铁道部标准计量研究所, 1994.

[2] 中华人民共和国铁道部. 铁道客车行车安全监测诊断系统技术条件: TB/T 3188—2007[S]. 北京: 中国铁道出版社, 2008.

[3] 刘峰, 延九磊, 董孝卿, 等. 转向架横向稳定性的实时在线监测[J]. 铁道机车车辆, 2010, 30(2): 5-7, 64.

[4] 王福天. 车辆系统动力学[M]. 北京: 中国铁道出版社, 1994.

[5] 张兵. 列车关键部件安全监测理论与分析研究[D]. 成都: 西南交通大学, 2008.

[6] Simani S, Fantuzzi C, Patton R J. Model-based Fault Diagnosis in Dynamic Systems Using Identification Techniques[M]. London: Spriner-Verlag, 2003.

[7] Goda K, Goodall R. Fault-detection-and-isolation system for a railway vehicle bogie[J]. Vehicle System Dynamics Supplyment, 2004, 41: 468-476.

[8] Bruni S, Goodall R, Mei T X, et al. Control and monitoring for railway vehicle dynamics[J]. Vehicle System Dynamics, 2007, 45(7-8): 743-779.

[9] 李海涛, 王成国. 基于轨道车辆频域模型的二系垂向悬挂元件状态监测[J]. 铁道机车车辆, 2008, 28(2): 1-5.

[10] 姜长泓. 轨道车辆轮轴故障检测系统研究[D]. 长春: 吉林大学, 2006.

[11] 王祯. 轮对超声探伤系统缺陷自动定位算法研究[D]. 成都: 西南交通大学, 2011.

[12] 池茂儒, 张卫华, 曾京, 等. 轮径差对行车安全性的影响[J]. 交通运输工程学报, 2008, 8(5): 19-22.

[13] 池茂儒, 张卫华, 金学松, 等. 轮对安装误差对铁道车辆行车安全性的影响[J]. 西南交通大学学报, 2010, 45(1): 12-16.

[14] 池茂儒, 张卫华, 曾京, 等. 偏载对转臂定位转向架运行安全性的影响[J]. 中国铁道科学, 2009, 30(3): 81-85.

[15] 国家铁路局. 机车车辆动力学性能评定及试验鉴定规范: GB/T 5599—2019[S]. 北京: 中国标准出版社, 2019.

[16] 铁道科学研究院. 高速试验客车动力车强度及动力学规范 [S]. 95J01-M. 北京: 铁道科学研究院, 1995.

[17] 铁道科学研究院. 高速试验列车动力车强度及动力学性能规范[S]. 95J01-L. 北京: 铁道科学研究院, 1995.